中国媒介素养研究年度报告 2015

彭少健 主　编
王天德　吴　吟 副主编

中国广播影视出版社

图书在版编目（CIP）数据

中国媒介素养研究年度报告.2015 / 彭少健主编.
--北京：中国广播影视出版社，2017.5
  ISBN 978-7-5043-7892-7

Ⅰ.①中… Ⅱ.①彭… Ⅲ.①传播媒介—研究报告—中国—2015 Ⅳ.①G219.2

中国版本图书馆CIP数据核字（2017）第065727号

中国媒介素养研究年度报告：2015
彭少健　主编　王天德　吴吟　副主编

统　　筹：	庞强　刘媛
责任编辑：	许珊珊
封面设计：	宋晓璐·贝壳悦读
出版发行：	中国广播影视出版社
电　　话：	010-86093580　010-86093583
社　　址：	北京市西城区真武庙二条9号
邮　　编：	100045
网　　址：	www.crtp.com.cn
电子信箱：	crtp8@sina.com
经　　销：	全国各地新华书店
印　　刷：	北京市金星印务有限公司
开　　本：	710毫米×1000毫米　1/16
字　　数：	591（千）字
印　　张：	27.75
版　　次：	2017年5月第1版　2017年5月第1次印刷
书　　号：	ISBN 978-7-5043-7892-7
定　　价：	84.00元

（版权所有　翻印必究·印装有误　负责调换）

目 录

第一部分 媒介素养理论探讨 ……………………………………… 1
全文刊登 …………………………………………………………………… 2
近十年国外媒介素养课程研究的现状与发展趋势………… 耿益群 徐玥 2
信息素养与媒介素养的对比研究
　　——基于知识图谱可视化分析的视角 ……… 兰国帅 张舒予 张一春 13
社会化媒体环境下受众应对信息风险的路径
　　——基于媒介素养教育的研究视角 ………………… 刘君荣 信莉丽 26
事实真相、新闻尊严和道德共识的媒介素养框架
　　——基于"陈永洲"事件的观察与分析 ……………………… 张瑜烨 34
制衡视角下媒介素养赋权范式的新诠释 …………………………… 廖 峰 44

学术卡片 …………………………………………………………………… 51
从"释放"到"赋权":自媒体语境下媒介素养教育理念的嬗变 … 闫方洁 51
公众媒介素养指数初探 …………………………………………… 白传之 52
基于 CSSCI(1986—2014)的信息素养与媒介素养的比较研究
　　………………………………………… 周晶 兰国帅 张一春 54
论国学教育与媒介素养教育 ………………………………………… 黄洁 55
论网络电视批评对文化公民的塑造 ………………………………… 谭玲 56
媒介环境学视野下的社交媒体依赖现象 …………………………… 聂莺 58
媒介融合语境中的媒介素养教育创新 ………………………… 周灵 张舒予 60
媒介素养研究热点及趋势分析
　　——基于教育学、新闻学与传播学 CSSCI(2012—2013)来源期刊数据
　　……………………………………………………… 赵丽 张舒予 61
媒体形态裂变中的媒介素养缺失与提高
　　——基于李光耀去世假消息的传播分析 …………………… 闫晋瑛 63
拟态环境下高校馆院协同开展新式媒介素养教育的应然策略 …… 兰孝慈 65

逆转新闻的成因及应对策略
　　——从媒介素养的视角分析 ········· 黄楚新　王丹　66
司法公开背景下提升媒介素养的意义与途径 ········· 石安琪　67
要素性补位：正视媒介素养的缺失与错位 ······· 江作苏　廖冬妮　69
英国媒介素养教育的理论与实践对我国的启示 ············· 王琪　71

专家述评 ··· 73
　　2015年中国媒介素养研究理论述评 ··················· 朱小翠　73

第二部分　青少年媒介素养教育 ························· 91

全文刊登 ··· 92
　　儿童媒介素养教育：实践、问题与路径 ············· 李树培　92
　　自媒体语境下高校媒介素养教育探析 ··············· 穆建亚　100
　　城市青少年接触媒介行为与家庭环境的相关性研究
　　——以江苏省为例 ··· 刘荃　106
　　城乡青少年媒介使用的家庭环境差异及其影响因素
　　——基于2013年度中国教育追踪（CEPS）数据的分析 ········ 郑素侠　116

学术卡片 ··· 128
　　传媒专业大学生的媒介素养培育 ······················· 刘昂　128
　　打破技术迷思：儿童媒介素养教育的重要视角 ····· 李树培　129
　　大学生媒介沉迷对新闻传播教育的影响 ······· 贾广惠　邓建农　130
　　大学生批判性思维培育的实证研究 ··················· 陈世华　131
　　大学生阅读素养、媒介素养及信息素养教育融合的可行性分析
　　 ··· 罗文华　唐芬芬　133
　　高校德育视角下媒介素养教育课程研究 ············· 刘颖洁　135
　　关于高校媒介素养教育的思考 ························· 赵世环　136
　　基于马克思主义人学思想的大学生现代媒介素养教育研究 ······· 丁北川　137
　　吉林省大学生媒介素养现状与教育应对 ······· 刘津池　包文泉　139
　　论学前儿童的家庭媒介素养教育 ······················· 魏艳　141
　　媒介暴力对青少年暴力犯罪的影响及其控制 ········· 葛双龙　142
　　试论办报实践对学生媒介素养的影响
　　——以高校学生报《事件直击》为个案 ··············· 王之延　143
　　试论媒介素养教育与高校思想政治理论教育的有机融合 ····· 杨克平　徐柏才　144
　　试论思想品德教育与媒介素养教育的融合 ········· 王浩宇　146
　　网络朋辈辅导：青少年道德行为养成的新视角 ········· 彭榕　147

中学生媒介素养调查报告
　　——以江苏、甘肃、河南等地高中为例⋯⋯⋯⋯⋯⋯⋯⋯⋯冯莉　149
专家述评⋯⋯⋯⋯⋯⋯⋯⋯⋯⋯⋯⋯⋯⋯⋯⋯⋯⋯⋯⋯⋯⋯⋯⋯⋯⋯　151
　2015年青少年媒介素养教育研究综述⋯⋯⋯⋯⋯⋯⋯⋯⋯李新祥　151

第三部分　媒介素养教育实践实证⋯⋯⋯⋯⋯⋯⋯⋯⋯　157
全文刊登⋯⋯⋯⋯⋯⋯⋯⋯⋯⋯⋯⋯⋯⋯⋯⋯⋯⋯⋯⋯⋯⋯⋯⋯⋯⋯　158
　小学媒介素养"晶体"课程资源设计及应用研究⋯陈晓慧　吴靖　张煜锟　158
　论媒介素养核心评论能力及其培养
　　——基于新闻评论课的实践⋯⋯⋯⋯⋯⋯⋯⋯⋯⋯陈瑛　潘涌　166
　高校媒介素养教育的融合式课程探索⋯⋯⋯⋯⋯⋯⋯⋯羊晓莹　172
学术卡片⋯⋯⋯⋯⋯⋯⋯⋯⋯⋯⋯⋯⋯⋯⋯⋯⋯⋯⋯⋯⋯⋯⋯⋯⋯⋯　178
　当代大学生媒介素养教育中批判性思维的培养
　　——基于贵州省五所高校的实际调查⋯⋯⋯⋯⋯⋯⋯⋯曹正勇　178
　高校德育视角下媒介素养教育课程研究⋯⋯⋯⋯⋯⋯⋯⋯刘颖洁　179
　高职英语报刊教学与媒介素养教育⋯⋯⋯⋯⋯⋯⋯⋯⋯⋯封海燕　180
　基于媒介素养培养的聋生语文课程项目开发研究⋯⋯⋯⋯袁芯　181
　媒介素养教育嵌入高校文献检索课的探究⋯⋯⋯⋯⋯⋯⋯李晓蕾　182
　媒介素养在政治教学中的渗透⋯⋯⋯⋯⋯⋯⋯⋯⋯⋯⋯⋯刘海　183
　浅谈媒介素养对语文教学的影响⋯⋯⋯⋯⋯⋯⋯⋯⋯⋯⋯李爽　184
　试论媒介素养教育的理论探索与实践操作⋯⋯⋯⋯⋯⋯⋯李斌　185
　小学媒介素养"晶体"课程评价及实践研究⋯吴靖　陈晓慧　张煜锟　187
　校园媒体发展与大学生媒介素养互动研究
　　——以广西师范大学为例⋯⋯⋯⋯⋯⋯⋯⋯⋯张婷婷　杨凯　187
　农村留守儿童媒介素养实证研究
　　——以安徽省石台县为例⋯⋯⋯⋯⋯⋯⋯⋯⋯⋯⋯⋯陈烨　189
专家述评⋯⋯⋯⋯⋯⋯⋯⋯⋯⋯⋯⋯⋯⋯⋯⋯⋯⋯⋯⋯⋯⋯⋯⋯⋯⋯　191
　媒介素养教育实践实证研究述评⋯⋯⋯⋯⋯⋯⋯⋯⋯⋯张舒予　191

第四部分　新媒介素养教育⋯⋯⋯⋯⋯⋯⋯⋯⋯⋯⋯　199
全文刊登⋯⋯⋯⋯⋯⋯⋯⋯⋯⋯⋯⋯⋯⋯⋯⋯⋯⋯⋯⋯⋯⋯⋯⋯⋯⋯　200
　论手机媒介素养的涵义和特点⋯⋯⋯⋯⋯⋯⋯⋯于杨　李静霞　200
　媒介素养之塔：新媒体技术影响下的媒介素养构成⋯⋯⋯卢峰　206
　青少年的网瘾问题与网络素养教育⋯⋯⋯⋯⋯⋯⋯⋯⋯王国珍　215

媒介与青少年发展视野下的网络欺凌……………………………… 黄佩　王琳　225
　　网络流言在大学生中的传播路径及应对策略……………………………… 孙琦琰　231
学术卡片 …………………………………………………………………………………… 239
　　"微传播"时代理工院校媒介素养现状研究
　　　　——以西安石油大学微信使用状况为例……………… 张瑜　雷洁　刘小静　239
　　城乡小学生新媒介素养现状对比及提升策略研究
　　　　——以鲁西南地区为例……………… 康宁　丁梦鸽　付宗玲　任士伟　胡彪　240
　　从儿童对网络素养的现实需求看网络素养核心能力构建：基于儿童学习
　　　　成长视角………………………………………………………… 李宝敏　张良　241
　　大学生手机阅读行为研究………………………………… 毕秋敏　曾志勇　陈楠　243
　　国外网络欺凌研究的回顾与最新进展……………………… 祝玉红　陈群　周华珍　244
　　媒介素养视角下的大学男生网络游戏成瘾问题……………………… 毛家武　廖月　246
　　浅谈如何提高大学生对网络公共事件的鉴别能力 …… 尹楠楠　崔新　赵桐桐　248
　　青少年网络法律素养的培育………………………………… 柳琦　鲍韵　易军　249
　　试论新媒介环境下高校学生媒介素养教育模式
　　　　——以内蒙古民族大学为例…………………………………………… 董拓　251
　　网络素养教育与青少年网络暴力治理……………………………… 李岩　高焕静　252
　　网络舆情引导与大学生网络素养的培育…………………………… 杨丽英　郁有凯　253
　　问题与策展：微媒体时代的青少年媒介素养建构………………… 漆亚林　高敏　255
　　新媒介素养教育：大学生思想政治教育工作的新使命……………………… 季海菊　256
专家述评 …………………………………………………………………………………… 258
　　今天我们如何讲述自己的故事
　　　　——2015年媒介素养研究述评…………………………………………… 南山　258

第五部分　其他群体媒介素养 …………………………………………………… 267
全文刊登 …………………………………………………………………………………… 268
　　新媒体视域下"沉默的螺旋"理论的检视与研究
　　　　——以长三角农民工的QQ表达为例…………………… 宋红岩　曾静平　268
　　公安机关新录用民警的媒介素养研究
　　　　——以450名新警为样本……………………………… 卫兰兰　音卫东　281
　　大数据背景下教师数据素养的内涵、价值与发展路径…… 张进良　李保臻　290
学术卡片 …………………………………………………………………………………… 300
　　公民批判性媒介素养构建
　　　　——基于西方媒体对华报道倾向性的解读……………………………… 甘璐瑶　300

公务员群体媒介素养的影响因子与差异化分析
　　——以浙江省公务员为例………………………………………………王井　301
互联网新常态下网络编辑的素养提升…………………………………………杨迪　303
基层政府公务员媒介素养提升策略探讨………………………赵世环　王惠英　304
农民工媒介素养对其话语权的影响研究………………………党静萍　甄雪瑶　305
提高大学生村官媒介素养策略研究……………………………尼欣欣　林炜　307
县级高中教师媒介素养的实证研究
　　——以河南省通许县和博爱县为基础的调查…………………………李贝贝　310
现阶段老年人媒介素养现状考察与提升对策…………………………………郧晶晶　311
新生代农民工媒介素养研究……………………………………周明星　康艳钦　313

专家述评 … 315
2015年国内大众媒介素养研究述评……………………………………………朱小翠　315

第六部分　信息素养 … 327

全文刊登 … 328
国际学生信息素养测评框架、方法与评价……………………………………唐晓玲　328
社会化媒体信息共享虚拟空间特征及其对信息素养培育的启示
　　……………………………………………………鲍雪莹　赵宇翔　朱庆华　342
国内外高校信息素养MOOC关键成功因素研究………………蒋丽丽　陈幼华　350
新加坡国家图书馆网络素养教育探析…………………………………………罗皓　359

学术卡片 … 366
高校图书馆读者个人信息共享的促进研究……………………李仪　张娟　366
基于文献调研的国内外高校信息素养教学内容与模式趋势探析………龚芙蓉　367
美国信息素养新标准：元素养解读及其启迪…………………邓灵斌　余玲　368
面向阅读困难群体的图书馆阅读资源配置机制研究
　　——基于信息公平视角……………………………………………………李昊青　369
嵌入新生专业导航课的图书馆信息素养教育
　　——以河北工业大学图书馆为例……………………庞丽川　田洁　李媛　369
日本高等教育信息素养标准及启示……………………………梁正华　张国臣　370
信息超载时代的用户信息素养…………………………………………………廖建国　371
研究生信息素养现状、需求与课程对策建议
　　——以首都师范大学为例………………………李金芳　钟宇　王莲　372
由慕课引发的关于高校信息素养教育的思考……………唐著　方东权　熊蝉　373

《全球媒体和信息素养评估框架》（UNESCO）解读及其启示
.... 程萌萌 夏文菁 王嘉舟 郑颖 张剑平 374
ACRL 的《高等教育信息素养框架》解读与启示 …… 刘彩娥 冯素洁 376

专家述评 378
信息素养：走向深化与融合
——2015 年研究述评 .... 于翠玲 378

第七部分　硕博士论文摘要 387
小学媒介素养"晶体"课程实施路径研究................................ 吴靖 388
重庆市城乡幼儿教师媒介素养现状对比研究................ 池安琪 389
中小学媒介素养教育实践探究................................ 邵恩君 390
图像传播中视觉暴力的冲击与抵制................................ 惠希娟 391
高中语文教学中学习者媒介素养提升研究................ 姜德智 392
父母媒介接触行为对学前儿童平板电脑使用的影响
　　——以广州为例 .... 陈子晞 393
现代化进程中的农民媒介素养研究................................ 李悦 394
青少年网络媒介素养实证研究
　　——以广东省青少年网络媒介素养调查为例 .... 王星榆 394
北京市农民工手机阅读内容分析................................ 朱文娇 395
Web2.0 时代青少年群体的网络道德问题及对策研究 .... 沈楼 395
北京市高校青年体育教师信息素养现状及对策研究........ 张彬 397
中学生化学信息素养量表的开发与使用................................ 李敏 398
广州市番禺区教师信息素养提升平台的设计与实现........ 伍健强 399
青岛市幼儿教师信息素养的现状调查与培训对策研究........ 白恩唐 400
安徽省高校图书馆信息素养教育的调查与研究................ 汪灵 401
物理师范生信息素养现状与影响因素................................ 高静茹 402
我国高校网络道德教育存在的问题及解决对策................ 马梦瑶 403
基于手机媒体传播的体育信息对北京市大学生参与体育的影响研究
.... 李全凯 405
信息技术伦理动画教学资源的设计与开发................ 成淑琳 406
MOOCs 背景下大学课堂教学模式的反思与建构 .... 李桂芳 407
面向个性化学习的高中信息技术微课程设计与应用研究........ 张立强 408
安康市小学生父母媒介素养研究................................ 刘奕婷 409
传播能力视角下基层政府媒介素养评价体系研究
　　——以 K 县为例 .... 张萌 410

高校思想政治理论课教师媒介素养培育研究 …………………… 陈娜　410
社会化媒体时代政府官员的媒介素养研究
　　——基于辽宁地区政府官员的调查分析 ………………… 陈明　411
危机事件下公众媒介素养评价
　　——以"兰州4.10水污染事件"为例 ……………………… 李梓瑄　412

2015中国媒介素养研究论文索引（2014.11—2015.10，按首字母排序）……… 414

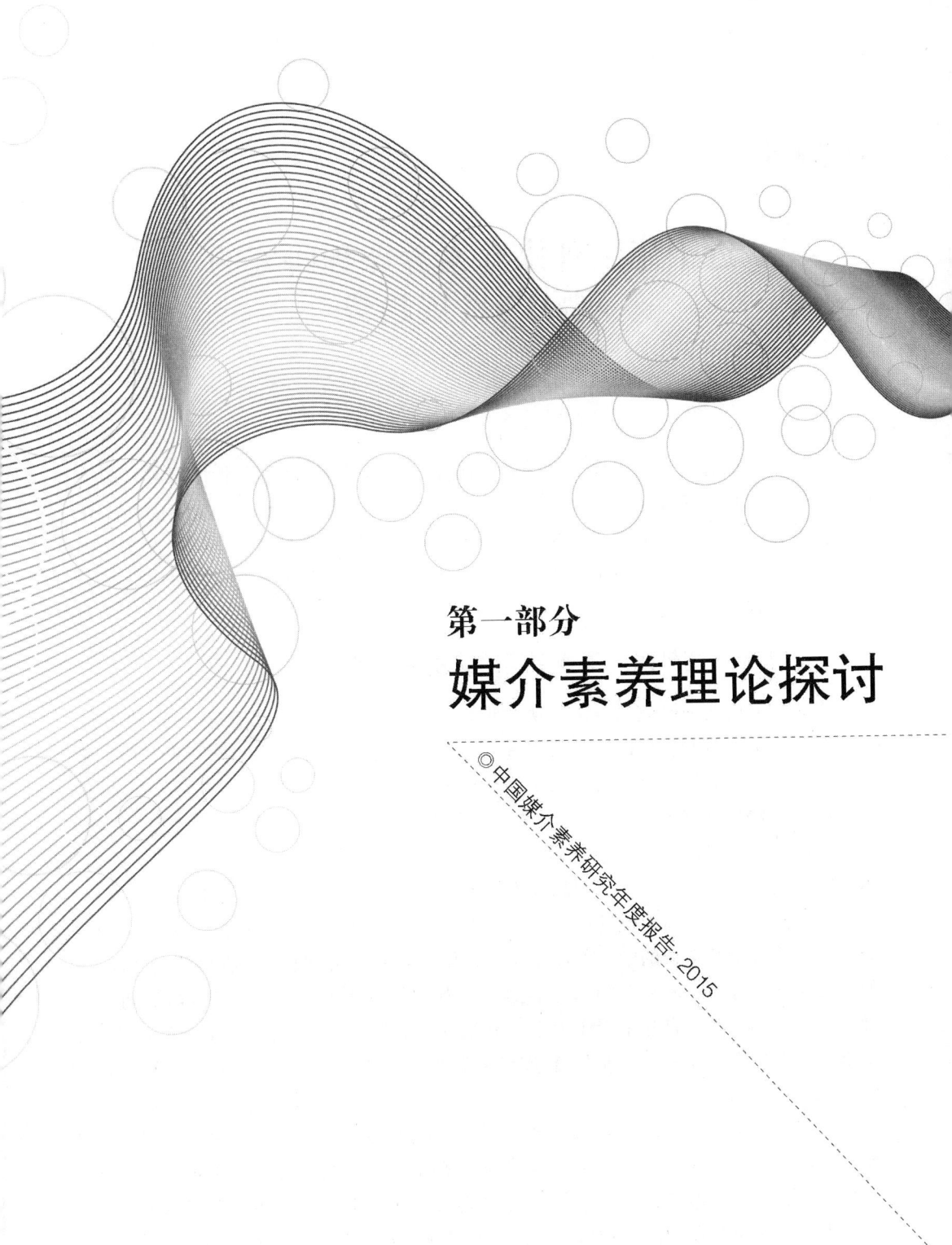

第一部分
媒介素养理论探讨

> 全文刊登

近十年国外媒介素养课程研究的现状与发展趋势

耿益群　徐玥

媒介素养课程研究作为媒介素养教育研究中最具实践性和操作性的领域，备受研究者关注，这一研究领域也日渐发展成熟。本文通过对2004~2013年国外媒介素养课程研究文献数据的分析，从研究群体、研究议题、研究理论、研究方法、研究视角等方面探讨这一阶段国外媒介素养课程研究状况以及未来发展趋势，以促进媒介素养课程理论研究和实践的发展。

一、近十年国外媒介素养课程研究发展现状

本研究采用实证研究的方法，从"研究群体""研究议题""理论应用""研究方法"四个维度对所收集的文献数据进行分析，对近十年国外媒介素养课程研究现状进行梳理，从而把握这一阶段的研究特点。

（一）研究群体分析

本研究通过对"论文发表期刊""学位论文专业分布""作者学科背景""作者国籍"这四个变量的分析，了解媒介素养课程研究者的基本情况。由于媒介素养是一个由不同学科交叉而形成的研究领域，教育学、新闻传播学、医学、心理学、社会学、语言学等学科的学者都涉足这一领域的研究。相应地，所收集的论文数据的来源期刊也分布在不同学科或学科领域，如"教育类期刊""新闻传播类期刊""医疗卫生类期刊""媒介素养作为学科领域的期刊"。对"作者学科背景"的考察主要分为"教育学及相关专业""新闻传播学及相关专业""医疗卫生及相关专业""其他专业"。

如下页图1所示，在36篇期刊论文中，56%的文章刊登在教育类期刊上；传播类期刊和医学类期刊也刊登了部分媒介素养课程研究的论文，分别占11%；其他学科期刊如图书馆学、管理学等也有相关文章，占14%。在硕博士论文的学科分布中，显示出与期刊论文较为一致的分布状况。申请教育学硕博士的论文占总样本的67%，新闻传播学的占22%，其余11%的为社会学、艺术学等专业。从作者

的专业背景看,教育学的占54%,新闻传播学的占24%。此外,还有社会学、语言学等其他专业学者的研究。值得关注的是,样本中有两篇论文是多学科领域的学者合作完成的,如必尔等(Bier, M.C., et. al.)所进行的以学校为基础的通过媒介素养教育预防吸烟的实验性研究,为6所学校的204位高中生开设了跨学科的戒烟草媒介素养课程。根据该项研究前后测的数据显示,学生与吸烟有关的媒介素养水平以及普遍意义上的媒介素养水平都有显著提高,这是一项教育学者、传播学者以及医学学者三方跨学科合作的成果[1];由布鲁斯(Bruce E.P., et. al.)对22所学校和社区的532位中学生开展了以媒介性写照为焦点的媒介素养项目,研究结果表明媒介素养教育可以作为性教育项目的一部分,为青少年提供一个必要的认知框架,来理解和抵制媒介对他们性决定的影响,这是由传播学者和教育学者联合进行的一项研究[2]。

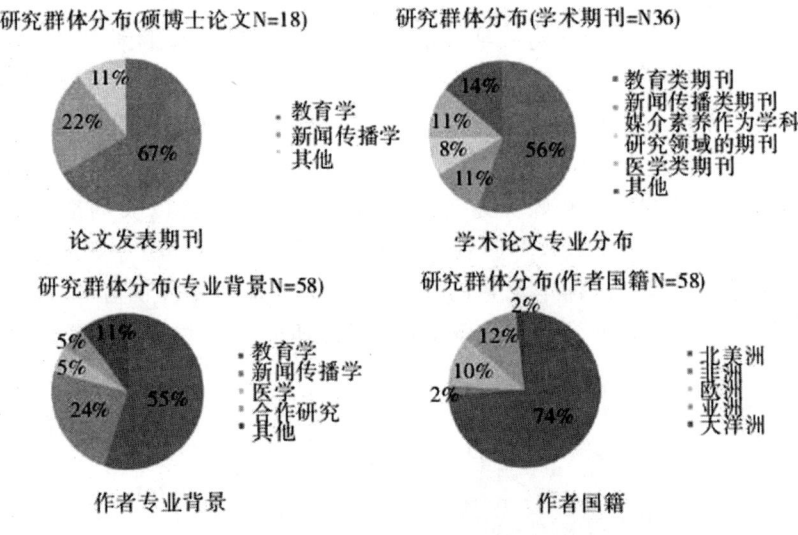

图 1 研究群体分析

从研究者的国籍看,来自北美洲的学者占研究样本的绝大部分,达74%,这与搜索语言为英语有一定的关系,但同时也反映出在媒介素养课程研究领域,北美洲的研究成果丰硕。来自亚洲,尤其是韩国和土耳其的学者,也对媒介素养课程进行了有益的探讨,占样本总量的12%。欧洲、非洲、大洋洲的样本数量较少,分别达10%、2%、2%,南美洲的文献样本中没有收录。由于国情的不同,北美洲的学者多关注媒介素养课程在课堂实施中的各个环节,包括课程理念,如对批判性媒介素养的核心观念、争论等的探讨[3];教学法,如电视教学中对戏仿法(Parody)的探讨[4];课程效果,如媒介素养课程对青少年性观念、身体形象、自我效能等的影响。亚洲学者的研究多从现有的教育政策入手,探讨媒介素养课程融入现有的教育制度的必要性和方法；土耳其学者通过对英格兰、加拿大、美国等国母语课程（L1 Teaching Programs）媒介素养教育项目文件的内容分析，来探讨将媒介素养教育融入土耳其语言教学的适切性[5]。欧洲学者则更关注媒介素养理论在课程中的应用，如探讨亨利·詹金斯（H. Jenkins）的新媒介素养概念在不同媒介素养课程项目中的体现[6]；有些研究者则创立了一个整体的教学框架，并将其运用于媒介与信息素养的教育中来[7]。

（二）研究议题分析

根据媒介素养课程的特点，本文采用了波斯纳（G. J. Posner）[8]对课程研究主要问题和取向的归纳及大卫·帕金翰（D. Buckingham）对媒介素养教育内容的界定，将媒介素养课程研究领域划分如下：（1）媒介素养课程价值取向研究；（2）媒介素养课程开发过程的研究；（3）媒介素养教育课程实施研究；（4）媒介素养课程中教学材料研究。

通过对58篇样本文献进行归纳发现，如图2所示除教学材料分析这一议题样本文献中无一涉及外，其他三个议题都有探讨。一般来说，对教学材料的研究主要包括教科书的意义、适切性、倾向、教学资源（如版权等问题）等，这些研究主要集中于媒介素养课程开发和实施初期，很多国外学者也做出了大量努力，如庞杰特（J. J. Pungente）等的安大略媒介素养课程资源库建设[9]，以及瑞尼·霍布斯等（R. Hobbs, et. al.）关于版权等问题的研究[10]。近十年的研究中，媒介素养教育课程实施的研究最多，占样本总量的69%，其次是媒介素养课程开发过程研究，占样本总量的15%，媒介素养教育概念和目的分析的研究占14%。

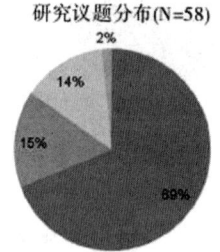

图 2 研究议题分析

近十年的媒介素养课程研究出现了从媒介素养课程开发研究到课程实施研究的转向。此外，媒介素养课程的效果研究、课程的主体研究及学校与课堂关系的研究等都有涉及。其中，媒介素养课程效果研究与只关注学生媒介素养水平提高的传统的课程效果研究不同，许多研究者开始关注媒介素养课程在提高学生不同知识能力上的效果，如杜夫梅尔（B. B. Duffelmeyer）关注学生对全球化和技术问题的理解和认知[11]，钱伯斯和亚历山大（K. L. Chambers & S. M. Alexander）关注学生对女性身体形象的认知[12]，路易丝（E. L. Keown）关注青少年的领导力自我效能[13]

等。此外，对学校和课堂的研究，从宏观层面看，集中在媒介素养与教育政策切合的研究上，中观层面则关注学校是如何推广及实施媒介素养项目的，如耶茨（B. L. Yates）运用创新扩散理论来衡量学校媒介素养项目的采用[14]。越来越多的学者开始进行课程主体研究，如学生接受媒介素养课程的前经验、学生如何经历课堂、学生实现概念转变的过程等。还有一部分学者研究教师群体，如关注中学语言艺术课程中媒介素养教育的实施范式问题，通过案例分析，考察中学语言艺术教师所面对的理念、知识及教学法的复杂性，认为教师对主题的看法及其学科知识会对课程设计和教学法的使用产生影响[15]。也有研究者提倡通过媒介素养课程来实现教师发展，并通过对公立学校中媒介素养课程实施的三个个案研究，回答了"教师在媒介素养教育中获得的知识是否会带来课堂上的显著变化？"这一问题[16]，该研究通过对三个教师的行动研究，观察他们在接受完媒介素养培训后在教学上发生的变化，认为媒介素养教育是一种重要的教育过程，能够提高学生的批判性思维能力。

针对媒介素养课程开发过程的研究，研究者关注的焦点多为课程理论框架的设计、课程的基本原则、教学法的设计等问题。如谢贝（C. L. Sheibe）通过观察"锐目透视项目"（Look Sharp Project）在纽约伊萨卡学院（Ithaca College）的实施情况，提出采用课程驱动的方法来实施媒介素养教育的基本原则和最佳实践[17]。维特沃斯（A. Whitworth）则通过对曼彻斯特媒介和信息素养这一本科课程的个案研究建立了一个关系框架，认为此框架可应用于教授"复合素养"方面[18]。

对于媒介素养课程价值取向的研究，主要集中于对媒介素养教育概念和目的的分析中。有些文献的关注点在批判性媒介素养（Critical Media Literacy）上，凯尔纳和谢尔（D. Kellner & J. Share）从概念、争论、组织和政策等几个维度对批判性媒介素养进行阐释，并从目标和教学法上对美国最活跃的几个媒介素养组织进行了评价[19]；也有文献试图从多方面论证媒介素养的重要性，如在面对信息爆炸时代媒介素养教育的迫切性、媒介素养作为推广公众接受气候变迁的核心策略等。通过这些概念上的探索，确定媒介素养课程的价值取向。从具体媒介素养课程研究主题看，传播学者对课程的探讨更看重媒介素养课程在培养"积极受众"上的作用，关注课程效果，尤其是课程在改变学生对媒介的刻板印象上的效果，在研究方法上多采用实证主义的研究方法。如安东尼（C. M. Anthony）通过一个针对减轻美容产品广告对女性影响的媒介素养项目，探讨女孩和妇女在媒体中的形象问题，旨在培养女学生的批判性思考能力，改变媒介在她们心中树立的关于"美"的刻板印象[20]。教育学者关注的角度则更加多元，除课程效果外，还有课程设计、课程实施、学生研究，以及多种理论上的探讨。值得注意的是，自 2004 年波特（J. Potter）提出要在媒介素养研究中引入认知理论后，不少教育学者运用该理论对学生接触媒介素养课程的认知过程进行探讨。安纳马瑞（K. W. Annmarie）通过对学生在传统语言艺术课和新媒介素养课程认知过程的比较研究,从挑战、意义、诉求、自我效能感和选择几个方面来观测学生对课堂质量的认知[21],这种在学校里开展的对学生态度和认知过程的经验研究,能够帮助其他研究者更有效地开发和评估媒介素养课程;也有些研究者开始关注教师在教学中的认知过程,通过案例研究来观察老师如何界定、教授"媒介素养"的,研究发现开发媒介素养课程的老师受到童年和青少年发展的意识和知识的影响,课堂上多采用学生为中心的方法,来引导学生进行媒介素养学习[22]。

(三) 理论应用分析

媒介素养研究作为一个跨学科的研究领域,需要不同学科领域的经典理论和研究模式相互促进和补充。在媒介素养课程研究中,可以采用多学科领域的不同理论,例如,运用传播学中的创新扩散理论来分析媒介素养项目如何在学校进行推广和应用[23],运用教育学中的活动理论来设计媒介素养课程的目标和核心要素[24],心理学中的信息解释过程模式来分析媒介素养课程对学生的影响[25]。

对样本论文的理论应用进行分析后发现,在58篇样本文献中,运用理论的文献为25篇,其中包括16篇硕博士论文,占总样本量的42%。如孙熙园、宋浩权针对媒介素养教育中过分重视媒介文本,忽视媒介作为社会文化环境这一事实的现象,借用活动理论,从社会文化视角出发,开发出一套针对幼儿的媒介素养课程,使儿童理解媒介活动的复杂性[26];安德鲁斯(S. K. Andrews)认为社会学习理论能够解释消费文化内化发生的过程,班杜拉(Bandura)认为个人通过条件反射(Classic Conditioning)、操作性反射(Operant Conditioning)和观察性学习(Observational Learning)三种途径来学习新事物。她在班杜拉的社会学理论的基础上,建立了一套媒介素养绿色课程,并衡量学习者在学习完课程后的行为特征[27];斯派赛(S. R. Spicer)。

(四) 研究方法分析

本文综合社会学、传播学、教育学等学科的研究方法,以及媒介素养课程研究的特点,从以下四种研究方法分析文献数据所包含的媒介素养课程研究方法:(1)定量研究,其中主要包括问卷调查法及实验法;(2)定性研究,其中主要包括叙事研究法、行动研究法及案例研究法;(3)混合研究,即在一个研究中,既采用了定量研究的方法,又采用了定性研究的方法;(4)文献研究;(5)比较研究;(6)历史研究;(7)理论研究。

如图3所示,在58篇文献中,由于一篇论文可能采用多种研究方法,故图中各项研究方法所占比例的总和大于100%。可以发现,定性研究所占的比例最大,占38%。其次是文献研究,占样本总数的34%,主要是对实践的概括总结,或者根据实践建立课程的理论框架。再次是定量分析,其中主要运用的研究方法是实验法。

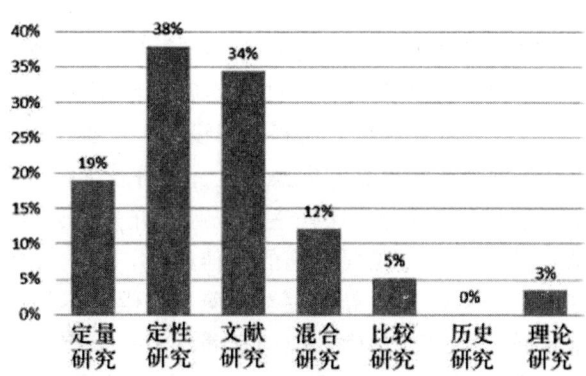

图3 研究方法分析

自2008年以来，实证的研究方法所占比例逐渐提升。数据分析显示，国外的媒介素养课程研究以实证研究为主导，文献研究也比较丰富。相对而言，比较研究和理论研究所占比例较低，总计8%。在所收集的文献中，没有相关的历史研究。但媒介素养教育已经积累了丰富的历史资料，媒介素养课程实践也有很多的经验可循。因此，对媒介素养课程进行历史研究，反思媒介素养课程理论研究和实践经验，有益于丰富媒介素养课程研究，促进媒介素养课程实践活动的开展。

二、国外媒介素养课程研究的特点

通过对近十年国外媒介素养课程研究数据分析发现，虽然教育学学者的研究仍占绝大多数，但研究群体学科背景日益多元化；研究议题实现了从围绕课程开发与设计研究到关注课程实施研究的转向；理论应用呈现出跨学科理论融合的特点；研究方法虽然以定性研究为主，但很多研究者倾向于采用定性研究和定量研究相结合的混合研究方法，力图实现研究方法的综合与创新。这一阶段的媒介素养课程研究内容不断深化，研究方法日益综合化，具有以下特点。

（一）注重媒介素养课程实践研究

媒介素养课程研究者非常关注课程设计与实施，重视课程实践研究，并在课程实践的基础上，进行相应的理论探讨，如瑞妮·霍布斯（R. Hobbs et. al.）等人对新罕布什尔州康科德高中长达9年的媒介素养与英语融合课程的研究[30]。在这项研究中，研究者应用定性研究和定量研究相结合的方法，探讨将媒介素养教育融入语言艺术课程的教学之中的课程实践问题。基于这一具有创新性的媒介素养课程实践，研究者不仅分析和反思了其课程实践经验，还深入研究了课程对学生的影响，以及与课程实践相关各方对课程实施的态度及其对课程实施的影响。此外，媒介素养实验室（Media Literacy Lab）开展的媒介素养课程及研究，纽约伊萨卡学院发起的锐目透视计划等,都是将课程实践与学术研究相结合,在实践基础上,进行具有针对性的研究,以进一步开展素养课程实践和推广活动。以媒介融合课程的发展为例,这一媒介素养课程模式的发展,是课程实践的结果。在媒介素养课程实践中,教育者通常通过独立课程和融合式课程的开设来实现媒介素养教育目的。在教育实践中,教育者发现融合课程更具有靠操作性、更符合学校教育现实需求。对近年来的研究文献分析也表明,融合式课程逐渐成为媒介素养课程实践的主流模式。教育者在实践基础上摸索出融合课程实施的最佳途径,有的课程将媒介素养与其他素养教育,如健康素养、民主素养、生态素养、科学素养等的融合,这一途径主要是通过媒介素养教育来提高学生其他的素养水平;也有将媒介素养教育与现有语言课程、社会研究课程、艺术课程等进行融合,其中主要是与语言课程的融合。

(二) 关注媒介素养课程主体研究

随着媒介素养课程设计与实施探讨的深入,研究者开始将兴趣点放到了课程实施的主体—老师和学生,探讨他们在媒介素养课程中的认知规律、观念转变及经验过程。如萨安妮·雷德蒙(T. A. Redmond)探讨了教师对媒介素养的前概念及这种差异对课程效果的影响,并深入课堂中观察教师实施媒介素养课程时所遇到的挑战、限制及机遇[31]。多德(V. S. Dodd)的研究对比了学生在接受传统语言艺术课程和新媒介素养课程的认知变化,提出教育者在设计课程的时候应更多地关注学生的对意义和兴趣的认知[32]。奥尔(A. Orr)通过对三个教师的行动研究,收集了学生在媒介素养课程中,对媒介分析和媒介消费的学习、态度以及自我效能的认识[33]。

(三) 强调媒介素养课程评价研究

文献数据统计显示,媒介素养课程开发的文献占样本总数的20%,而媒介素养课程的实施和评估的文献则占66%。这种比例上的变化体现了这十年来媒介素养课程研究十分关注课程评价研究。课程评价研究的主要议题包括媒介素养课程评估的方式方法、理论框架、实施过程、积极效果及面临的问题等。2004年以来,越来越多的研究者意识到,单纯的课程设计并不能为帮助媒介素养教育者解决课程实施过程中的种种问题,由于时代与媒介技术的快速变迁及各地社会文化背景的千差万别,一套课程的时效性和适切性都十分有限。因此,研究者开始关注媒介素养课程实施过程的种种要素及课程的评估方法,如扬鲍尔(V. W. Youngbauer)采用田野调查的方法,探讨在社会研究课程中融入媒介素养教育的问题。该研究通过对职前教师培养的社会学研究方法课程的实验研究,探讨在课程实施中遇到的各种问题[34];盖内尔(G. S. Gainer)关注的是中学生在参与一个关于批判媒介素养的课后俱乐部时遇到的种种问题,并寻找这些问题与教师之间的关系[35]。研究者还开始尝试利用各种不同的理论,如社会认知理论、社会学习理论、自我效能理论等来解释课程对于学生认知的影响，使得媒介素养课程的评估更加科学。

(四) 突出新媒介素养在课程中的地位

随着新技术的迅猛发展和媒介环境的快速变化，媒介素养的内涵和外延都得到了拓展。越来越多的学者开始将不同素养融合在一起，提出了如"数字与媒介素养""信息与媒介素养""新媒介素养"等概念。从霍布斯2009-2011年发表的多篇文章，强调数字素养，并将媒介素养扩展为"数字与媒介素养"[36]。她对数字与媒介素养的定义、包含的5种能力等方面进行了界定[37]。并且指出实施数字与媒介素养项目需要考虑的几个问题，提出使其走向行动的10个要素，以及需要行动的利益相关方。2013年，联合国教科文组织将媒介素养和信息素养的概念进行了整合，并提出了整体的评估框架，其中包括媒介素养课程的评估框架[38]。在课程研究领域，许多研究者开始利用新媒介素养、数字素养、媒介与信息素养的概念内涵进行课程设计和评估，如米希尔（M. Micheli）运用了亨利·詹金斯新媒介素养及参与式文化的概念对某一媒介素养项目进行了评估[39]。克罗林（J. G. R. Cronin）通过对媒介素养工作坊实践的研究，认为媒介和信息素养能够影响学生自主学习的能力[40]。

三、媒介素养课程研究的未来发展趋势

(一) 更加注重跨学科的理论和研究方法

从媒介素养研究的渊源看，这一研究领域是建立在传播学、教育学、心理学、社会学、语言学等学科的基础之上的。从现有的文献分析看，媒介素养课程研究领域学科交叉研究仍有待深入，跨学科的理论和方法的应用，为媒介素养课程研究进一步发展提供了广阔前景。社会学对宏观社会系统的把握，传播学者对媒介素养课程中各类传播现象的把握，心理学者对媒介素养课程参与者心理变化的细微把握，这些都有利于对课程的多维度探讨，实现课程效果的最优化。

(二) 媒介素养课程评估的视角趋向多样化

近十年来有诸多学者对媒介素养课程的评估进行了大量研究，他们有些将媒介素养课程和社会学习的过程结合起来，从认知的角度来衡量学生的课程学习效果，有些依据自我效能理论来评价学生对自身媒介素养水平的认可程度，有些则从心理学的角度切入，通过信息解码模式来理解学生处理信息和行为改变的过程。可以预见，课程评估的角度将更加多样化，能够更全面地反映出课程学习的效果。

(三) 日益重视与媒介素养课程的相关政策研究

对于媒介素养课程没有进入教育体系的国家而言，有必要研究本国已有教育政策及国外（尤其是媒介素养教育发达的国家）的教育政策。本研究发现，无论是韩国还是土耳其，都在媒介素养课程的政策研究上做出了有益的尝试，这也是媒介素

养课程发展的关键。

随着新媒体技术发展和新媒介形式不断出现，教育领域也开始受到前所未有的冲击。教育已经突破了空间限制，在校学习和在家自学、教师教和自学、教授式和网上学的混合式，小班化、在家化、个性化、协作化新的学习模式的出现[41]，"数字化学习""翻转课堂""在线学习"等新名词层出不穷。媒介素养教育作为以媒介为教学载体和教学内容的教育，不能忽视新媒体技术在教学中的作用，课程研究将不可避免地将这些新的技术及其所引发的新的教育理念纳入研究范畴之内。美学取向的课程观认为，课程是一种诗化的智慧，课程应该提供机会，帮助人们在今天这个日益开放的世界里获取意义[42]。在新的媒介环境下，旨在培养公民参与精神和能力的媒介素养课程，还将循着美学的路径，增进个体对媒介信息的审美体验。

四、对我国媒介素养课程实践的启示

经过十多年的理论研究和实践探索，我国媒介素养课程研究已经从单纯地介绍国外媒介素养课程设计、课程实践，转向本土课程实践研究，并开始在实践基础上探究媒介素养课程建设的理论问题，取得了一定成就。审视近十年国外媒介素养课程研究的发展状况及其特点，对我国媒介素养课程实践具有以下启示：

第一，以多学科的理论指导媒介素养课程实践。经过十几年的媒介素养课程实践，媒介素养课程的实践者已经从高等院校教师和媒介素养研究人员，拓展到社会教育者和中小学一线教师，课程实践活动也日益趋向科学化、制度化。在有些中小学，已经将媒介素养课程作为独立开设的课程教授，发展成为具有本校特色的校本课程。但总体来看，这些学校或者社会机构所实施的媒介素养课程还比较零散，缺乏系统性和理论指导。由高校研究者参与实施的媒介素养课程实践，虽然具有一定的理论作为课程实践的基础，但由于缺乏多学科的理论视角的融合，课程设计和实施经常会出现由传播学理论指导的课程缺乏教育学、心理学等的根基；而以教育学理论指导的课程又不能对媒介现象和媒介信息做出很好的解读和分析的现象。因此，应从多学科的理论视角研究媒介素养相关议题，指导我国媒介素养课程实践。

第二，在课程实践中，应将课程实施过程中的课程主体——学生和教师置于核心地位。在我国媒介素养课程实践中，比较重视课程本身，如课程设计、课程实施和课程效果等，但对课程实施过程中的主体——教师和学生关注较少。在国外媒介素养课程实践中，课程设计一般会根据学生的成长特点设计相应的课程，遵循以学生为中心原则，并关注课程学习后的持续效果。同时，课程设计也会对教师提出一定的要求。尤其是融合式媒介素养课程的设计，还要充分考虑考融入学科教师的知识背景等因素。同时，关注课程实施过程中学生的反馈、教师的特

第一部分 媒介素养理论探讨

点等。

第三,课程实践中,应重视课程评价方式的多样化。

目前我国媒介素养课程实践,对课程的评估主要停留在通过实验法对学生进行前侧和后侧对比,评价方法比较单一,很少通过评价关注学生认知和行为等方面的变化。此外,还应鼓励来自不同学科的教育者和研究者积极合作,参与到媒介素养课程实践之中。

参考文献:

[1] Bier, M. C., Schmidt, S. J., & Shields, D. School-based Smoking Prevention with Media Literacy: A Pilot Study [J]. Journal of Media Literacy Eduction, 2011, 2 (3): 185—198.

[2] [25] Pinkleton, E. Effects of a Peer-Led Media Literacy Curriculum on Adolescents' Knowledge and Attitudes Toward Sexual Behavior and Media Portrayals of Sex [J]. Health Communication, 2008, (23): 462—472.

[3] [19] Kellner, D., & Share, J. Toward Critical Media Literacy: Core concepts, debates, organizations, and policy [J]. Discourse. Studies in The Cultural Politics Of Education, 2005, 26 (3): 369—386.

[4] Gray, J. Television Teaching: Parody, The Simpsons, and Media Literacy Education [J]. Critical Studies in Media Communication, 2005, 22 (3): 223—238.

[5] TÜZEL, S. The Analysis of L1 Teaching Programs in England, Canada, the USA and Australia Regarding Media Literacy and Their Applicability to Turkish Language Teaching [J]. Educational Sciences: Theory & Practice, 2013, 13 (4): 2310—2316.

[6] [39] Micheli, M. New Media Literacies in After-school Settings: Three curricula from the program 'explore locally, excel Digitally' at Robert F. Kennedy community Schools in Los Angeles [J]. Journal of Media Practice, 2013, 14 (4): 331—350.

[7] [18] Whitworth, A. Teaching in the Relational Frame: the Media and Information Literacy Course at Manchester [J]. Journal of Information Literacy, 2009, 3 (2): 25—38.

[8] Posner, G. J. Making Sense of Diversity: The Current State of Curriculum Research [J]. Journal of Curriculum and Supervision, 1989, 4 (4): 340—61.

[9] Ontario Ministry of Education. Media Literacy: A Resource Guide [M]. Toronto: Ontario Queen's Printer, 1989.

[10] Hobbs, R., Jaszi, P. & Aufderheide, P. The Cost of Copyright Confusion for Media Literacy [EB/OL]. Retrieved: from: http://www.cmsimpact.org/sites/default/files/Final_CSM_copyright_report_0.pdf, 2014—08—04.

[11] Duffelmeyer, B. Visualizing Respect: Visual Media Literacy and Students' Understanding of Globalization and Technology Issues [J]. Journal Of Visual Literacy, 2004, 24 (2): 165—184.

[12] Chambers, K. L., & Alexander, S. M. Media literacy as an educational method for addressing college women's body image issues [J]. Education, 2007, 127 (4): 490—497.

[13] Keown, E. L. The Impact of An Art-based Media Literacy Curriculum on the Leadership Self-efficacy of Adolescent girls [D]. Madison: Edgewood College, 2012.

[14] [23] [29] Yates, Y. B. Applying Diffusion Theory: Adoption of Media Literacy Programs in School [J]. Studies in Media & Information Literacy Education, 2004, 4 (2): 1—12.

[15] Tobias, J. S. A. Paradigms of Praxis-Media Literacy in the Secondary Language Arts Curriculum [D]. Albuquerque: University of New Mexico, 2005.

[16] Abreu, B. S. D. The Implementation of a Media Literacy Curriculum in the Public Schools: Three Case Studies [D]. Hartford: University of Connecticut, 2008.

[17] Sheibe. C. L. A Deeper Sense of Literacy: Curriculum-Driven Approaches to Media Literacy in the K—12 Classroom [J]. American Behavioral Scientist, 2004, 48 (1): 60—68.

[20] Anthony, C. M. Images of Girls and Women in the Media: A Media Literacy Project to Mitigate the Influence of Beauty Product Advertising for Girl Scouts [D]. Spokane: Gonzaga University, 2009.

[21] [32] Dodd. V. S. From "Beowulf" to Facebook: Comparing student perceptions of traditional language arts and new media literacy curricula [D]. Atlanta: Mercer University, 2011.

[22] Redmond, T. A. Media Literacy at the Middle Level [D]. Boston: Boston University, 2011.

[24] Park, S. , & Kwon, S. Development of A Media Literacy Education Programme for Children-based on Activity Theory [J]. British Journal of Educational Technology, 2008, 39 (4): 732—733.

[26] Park, S. , & Kwon, S. Development of a media literacy education programme for children based on activity theory [J]. British Journal Of Educational Technology, 2008, 39 (4): 732—733.

[27] Andrews. K. S. (2012) Integrating Sustainability Into the Curriculum-A Green Media Literacy Approach [D]. Santa Barbara: University of California, 2012.

[28] Spicer. S. R. The Relationship Between Digital Storytelling Creation and Self-Efficacy Beliefs on Media Production Skill Sets in First Year College Students [D]. Twin Cities: University of Minnesota, 2013.

[30] Hobbs, R. Reading the Media: Media Literacy in High School English [M]. New York: Teachers College Press, 2007.

[31] Redmond, T. A. Media Literacy at the Middle Level [D]. Boston: Boston University, 2011.

[33] Orr, A. "I don't want to learn this stuff": A study of middle school students in a media literacy curriculum [D]. Reno: University of Nevada, 2008.

[34] Youngbauer, V. W. The Implementation of Media Literacy in the Social Studies Curriculum [D]. Philadelphia: The Pennsylvania State University, 2011.

[35] Gainer, J. S. Critical Media Literacy in Middle School: Exploring the Politics of Representation [J]. Journal Of Adolescent & Adult Literacy, 2010, 53 (5): 364—373.

[36] Hobbs, R. , & Jensen, A. The past, present, and future of media literacy education [J]. The Journal of Media Literacy Education, 2009, 1 (1): 1—11.

[37] Hobbs, R. Digital and media literacy: A plan of action [EB/OL]. The Aspen Institute. 2010. http://mediaeducationlab.com/sites/mediaeducationlab.com/files/Hobbs%20Digital%20and%20Media%20Literacy%20Plan%20of%20Action_0.pdf, 2014-07-08.

[38] UNESCO. Global Media and Information Literacy Assessment Framework: Country Readiness and Competencies [EB/OL]. http://www.uis.unesco.org/Communication/Documents/media-and-information literacy-assessment-framework.pdf, 2014-07-08.

[40] Cronin, J. R. Too much information: Why facilitate information and media literacy? [J]. International Journal Of Humanities & Arts Computing, 2010, 4 (1/2): 151-165.

[41] 周洪宇, 鲍成中. 扑面而来的第三次教育革命 [N]. 中国教育报, 2014-05-06 (5).

[42] 何茜. 西方课程研究的美学转向 [J]. 比较教育研究, 2010, (12): 7-12.

(作者简介：耿益群：博士，副教授，研究方向为比较教育、传媒教育。徐玥：在读硕士，研究方向为媒介素养教育。原文刊登于《中国电化教育》2014年12期。)

信息素养与媒介素养的对比研究
——基于知识图谱可视化分析的视角

兰国帅　张舒予　张一春

一、引言

在知识社会，目前呼吁培养人的信息素养和媒介素养的统合，需要这两个研究领域的通力合作。然而，关于其边界的不确定性阻碍了二者之间的顺利合作。目前尚不清楚信息素养和媒介素养是否是彼此的子集或单独实体。两种素养确切内涵是什么？二者之间有何区别与联系？不同的学者从不同的研究视角去理解和阐释这两个舶来词汇，因而见仁见智，使得其真义反倒显得扑朔迷离。本研究以科学引文数据库（WOS）为信息源，基于文献计量学和知识图谱可视化分析方法，对国外这两个领域1986—2014年间的文献数据，从时间分布、WOS学科类别分布、学术期刊、国家（地区）与高产出学术研究机构分布、高产出学者分布、研究主题与研究热点等方面，通过实证地对比它们的研究范围、讨论它们的异同来探究二者之间的关系，以期明晰二者之内涵，解析两者的差异与关联，揭示其相互融合的发展趋势，从而超越历史的局限，找到有力的支点来构建两者相互融合之桥梁。

二、数据来源与研究方法

本文以科学引文数据库（Web of Science Core Collection 中 Web of Science TM 核心合集，简称 WOS）为信息源，分布以"information literacy"和"media literacy"为主题词进行检索，下载信息素养和媒介素养 1986—2014 年的文献题录数据进行统计分析，题录数据包括标题、作者、摘要、来源出版物与参考文献等信息。出版时间选择 1986—2014 年，数据截止到 2014 年 7 月份，共搜到 1,552 条"信息素养"文献题录数据，其中期刊论文 1,006 条。518 条"媒介素养"文献题录数据，其中期刊论文 380 条。

本文的研究思路如下：首先利用 WOS 本身所具有的统计功能，对比分析了 1986—2014 年来有关"信息素养"和"媒介素养"的文献题录数据的时间分布、WOS 学科类别分布、学术期刊、国家（地区）与高产出学术研究机构分布和高产出与高影响力学者分布，旨在明晰二者之内涵，解析两者的差异与关联；其次，利用 WOS 和 CitespaceⅡ 的统计分析功能分别对研究"信息素养"和"媒介素养"的国家（地区）合作情况进行知识图谱可视化分析，旨在揭示其相互合作之现状与相互融合的发展趋势；最后，利用 CitespaceⅡ 信息可视化软件对"信息素养"和"媒介素养"两个领域内的文献关键词进行词频统计与共现知识图谱可视化分析，旨在从中管窥与对比目前国外这两个研究领域内的研究主题与研究热点前沿，探寻有力的支点来构建两者相互融合之桥梁。

三、研究结果与分析

为了清楚地了解国外"信息素养"和"媒介素养"研究的差异与关联及其总体趋势，本文首先根据文献的数量、WOS 学科类别、学术期刊、国家（地区）、高产出学术研究机构分布等维度对"信息素养"和"媒介素养"进行了对比分析，然后从知识图谱可视化分析视角，对相关文献进行了详细探究。

（一）文献年度分布

笔者利用 WOS 本身所具有的统计分析功能，对"信息素养"和"媒介素养"两个领域内十年来的发文总量进行统计对比与分析，得到图 1、图 2。从中不难看出，从发文总量来看，有关信息素养和媒介素养的研究均呈现出两大研究态势：一是进入 21 世纪后，尤其是 2000—2012 年，信息素养和媒介素养研究均进入了集中爆发期，文献数量平均逐年增加。有学者发表了许多有分量的经典文章对信息素养的起源、相关概念进行了系统研究。如在 2001 年，英国大卫·鲍登教授发表的《信息素养和数字素养：概念评论》一文对信息素养、网络素养和图书馆素养等相关概念进行了深入解读。信息素养研究年度数量从 2000 年的 18 篇上升到 2011 年的 182 篇。媒介素养研究年度数量从 2000 年的 8 篇上升到 2012 年的 67 篇。如美国滋滋答教授发表的经典文献《虚拟领域：互联网作为公共领域》一文对媒介素养及其相关概念进行了系统解读。信息素养研究文献总量高于媒介素养研究；二是2012年以来，信息素养和媒介素养研究均进入持续下滑期，研究文献总量与质量有待提高。

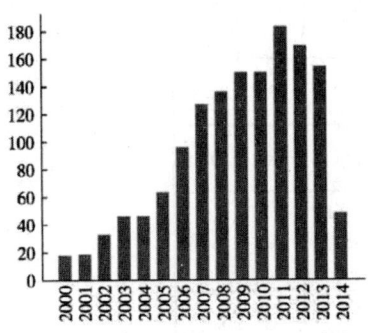

图1　每年出版的信息素养文献数

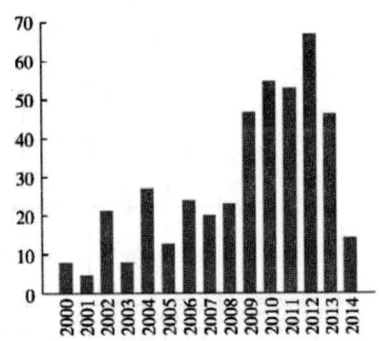

图2　每年出版的媒介素养文献数

（二）WOS学科类别分布

借助WOS自带的"检索结果分析工具"可以发现，信息素养研究论文分布在97个研究方向，其中排名前10的研究方向分别为图书情报学、计算机科学、教育学、护理学、工程学、企业经济学、医学信息图1每年出版的信息素养文献数图2每年出版的媒介素养文献数学、卫生保健科学、社会科学其他主题和通信（见表1）。图书情报学领域刊登的相关论文最多，占总论文数的73.94%，这说明信息素养与图书情报学领域的高度相关性。进一步对各个研究方向论文出现的起始点进行分析可以发现，WOS收录的信息素养研究文献最早始于医学领域（1985年），然后相继是图书情报学领域（1989年）、计算机科学领域（2000年）、教育学领域（2000年）等领域。媒介素养研究论文分布在76个研究方向，其中排名前10的研究方向分别为教育学、通信、心理学、公共环境职业健康、社会科学其他主题、电影广播电视、图书情报学、儿科学、计算机科学和精神病学（见表1）。教育学领域刊登的相关论文最多，占总论文数的47.56%，这说明媒介素养与教育本身的高度相关性。此外，电影广播电视领域占总论文数的6.27%，这也说明，媒介素养研究与信息素养研究取向不同，其重点关注于媒体内容、媒体行业和社会影响等方面。进一步对各个研究方向论文出现的起始点进行分析可以发现，WOS收录的媒介素养研究文献最早始于医学领域（1989年），然后相继是儿科学领域（1998年）、计算机科学领域（2000年）、教育学领域（2000年）等领域。

表1 1986—2004年刊发文献量前10的WOS学科类别（研究方向）

序号	信息素养 学科类别	数量（篇）	百分比（%）	序号	媒介素养 学科分类	发文量	百分比（%）
1	信息科学、图书馆学	1064	73.94	1	教育、教育研究	205	47.56
2	计算机科学	317	22.03	2	通信	133	30.86
3	教育、教育研究	251	17.44	3	心理学	90	20.88
4	护理学*	58	4.03	4	公共环境职业健康*	43	9.98
5	工程学*	36	2.50	5	社会科学其它主题	35	8.12
6	企业经济学*	30	2.09	6	电影广播电视*	27	6.27
7	医学信息学*	27	1.88	7	信息科学、图书馆学	21	4.87
8	卫生保健科学*	25	1.74	8	儿科学*	20	4.64
9	社会科学其它主题	11	0.76	9	计算机科学	15	3.48
10	通信	11	0.76	10	精神病学*	14	3.25
	发文总量	1,552	100		发文总量	518	100

带*号的表示只出现在信息素养/媒介素养领域

（三）学术期刊分布

信息素养和媒介素养两个领域内发文量占前10位的学术期刊如表2所示，一是就信息素养研究领域而言，其前10位的学术期刊，均来自图书情报学领域的专门期刊，合计发文576篇，占总发文量的37.1%，其中《大学图书馆学杂志》载文量最高，有140篇，占总发文量的9%。这充分说明信息素养在"图书情报学"领域获得了极高的关注，体现出图书情报学对信息素养的基础性支撑作用。二是就媒介素养研究领域而言，其前10位的学术期刊，合计发文149篇，占总发文量的28.8%，其中教育学领域的专业期刊《沟通》载文量最高，有55篇，占总发文量的10.6%，这充分说明教育学承载了媒介素养教学的主体。排名第2的《美国行为科学家》和排名第5的《社会与行为科学》均属于心理学领域的专门期刊，合计发文33篇，这充分说明媒介素养在"心理学"领域获得了极高的关注，也进一步说明理学为媒介素养教学提供了理论基础。此外，排名第6、7、8、9、10的期刊均是医学领域内专业期刊，它们对媒介素养教学提出了实际的需要。排名第3的《青少年成人素养杂志》和排名第4的《通俗电影电视杂志》是面向媒介素养教学的专门期刊，折射出国外媒介素养研究的对象主要是弱势群体，尤其是儿童、青少年和大学生，研究内容主要聚焦于电影、电视等媒体内容和媒体行业。

表2 1986—2004年刊发文献量前10位的学术期刊

	信息素养				媒介素养		
序号	期刊	数量（篇）	影响因子	序号	期刊	数量（篇）	影响因子
1	大学图书馆学杂志*	140	0.885	1	沟通*	55	0.350
2	门户网站-图书馆和学院*	74	0.400	2	美国行为科学家*	25	0.622
3	大学与研究图书馆*	64	1.016	3	青少年成人素养杂志	15	0.627
4	信息研究-国际电子杂志*	51	0.520	4	通俗电影电视杂志*	11	—
5	图书馆情报科学杂志*	46	0.286	5	社会与行为科学*	8	—
6	电子图书馆*	44	0.667	6	青少年健康杂志*	8	2.966
7	国际图书馆评论*	40	—	7	健康传播	8	1.221
8	参考资料与读者服务季刊*	39	—	8	身体意象*	7	—
9	图书馆动态*	39	0.273	9	儿科杂志	6	—
10	文献工作杂志*	39	1.138	10	学校卫生杂志*	6	1.495

带*号的表示只出现在信息素养/媒介素养领域

(四)国家(地区)分布

对国外1986—2014年刊发的有关信息素养和媒介素养研究的文献作者所属的国家(地区),且按照发文数量取前十名,得到表3。从国家(地区)分布情况来看,在发文量上美国、英国和澳大利亚占据绝对优势,仅以信息素养研究为例,其发文量分别高达595篇(38.3%)、129篇(8.3%)和108篇(6.9%)。值得注意的是,美国学者在信息素养和媒介素养研究领域发文总量的排名均是第一,分别是595篇和241篇,所占比例分别是38.3%和46.2%,这与美国教育技术在全球占据显著优势的学术地位有非常直接的关系。

表3 1986—2004年刊发文献量前10的国家(地区)

	信息素养				媒介素养		
序号	国家(地区)	数量(篇)	百分比(%)	序号	国家(地区)	数量(篇)	百分比(%)
1	美国	595	38.338	1	美国	241	46.257
2	英国	129	8.312	2	西班牙	35	6.718
3	澳大利亚	108	6.959	3	英国	34	6.526
4	中国	91	5.863	4	澳大利亚	27	5.182
5	加拿大	76	4.897	5	加拿大	22	4.223
6	西班牙	51	3.286	6	中国	18	3.455
7	南非	38	2.448	7	土耳其	17	3.263
8	台湾	35	2.255	8	德国	17	3.263
9	新西兰	31	1.997	9	荷兰	10	1.919
10	瑞典	28	1.804	10	葡萄牙	8	1.536

不难看出,美国和英国学者在这两个研究领域内的发文量均位居前三甲,已形成国际上关于信息素养和媒介素养领域研究的"分庭抗礼"之态势。此外,澳大利亚、加拿大、中国大陆和西班牙均榜上有名,显示出这些国家在这两个研究领域内

的实力与水平。中国大陆发文量在两个研究领域内排第四位和第六位,分别为 91 篇和 27 篇,所占百分比分别是 5.8 和 5.1%,显示出一定的发展潜力,但与美国相比,发文总量和质量差距很大。

为了进一步探究不同国家(地区)在信息素养和媒介素养研究领域中的合作关系,笔者利用 CitespaceⅡ 信息可视化软件对国家(地区)间的合作关系进行知识图谱可视化分析,得到图 3 和图 4。不难看出,一是就信息素养研究而言,共形成四类凝聚子群国家(地区)合作图谱(见图 3),分别是:以美国—英国—澳大利亚—加拿大为中心所形成的凝聚子群、以西班牙为中心所形成的凝聚子群、以南非为中心所形成的凝聚子群和以瑞典为中心所形成的凝聚子群;二是就媒介素养研究而言,共形成两类凝聚子群国家(地区)合作图谱(见图 4),分别是:以美国为中心所形成的美国—荷兰—匈牙利凝聚子群和以西班牙为中心所形成的西班牙—哥伦比亚—阿根廷凝聚子群;通过对比图 3 和图 4 不难发现,无论是在信息素养研究领域,还是在媒介素养研究领域,中国大陆均未与国际上任何国家(地区)形成合作图谱。

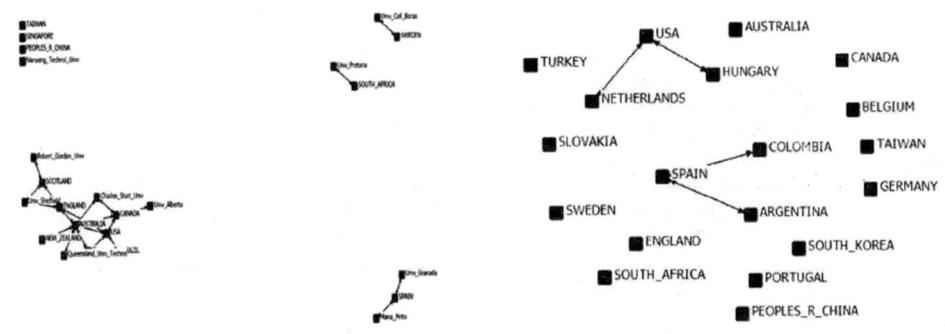

图 3 信息素养研究国家(地区)合作图谱　　图 4 媒介素养研究国家(地区)合作图谱

(五) 学术研究机构分布

对国外信息素养和媒介素养研究的文献作者所属的学术研究机构,且按照发文数量取前十名,得到表 4。从学术研究机构分布情况来看,在信息素养研究领域高产出研究机构排序中,西班牙格拉纳达大学、加拿大阿尔伯塔大学和英国谢菲尔德大学位居前三,查尔斯斯特大学(澳大利亚)、伊利诺斯大学(美国)、比勒陀利亚大学(南非)、昆士兰科技大学(澳大利亚)、南洋理工大学(新加坡)、华盛顿州立大学(美国)和拉夫堡大学(英国)分别位列第四和第十位,这说明这些学校在信息素养研究方面的实力亦不可小觑;在媒介素养研究领域,美国匹兹堡大学居榜首。华盛顿州立大学(美国)和北卡罗来纳 53 大学(美国)分别位列第二和第三位。值得注意的是,美国华盛顿州立大学亦榜上有名,充分显示出该校在信息素养和媒介素养研究领域的国际化影响力与实力。媒介素养研究领域发文量排在前十位的有七所学术研究机构均来自美国,再次显示出美国在此领域的强势学术地位。总之,通过对1986－2014年刊发的有关信息素养和媒介素养研究文献数量前10位的学术研究机构分布进行对比分析,可以发现以下几点:一是美国、英国、西班牙和加拿大等国家学术研究机构产出较多,在发文量上具有绝对优势。中国大陆的学术研究机构发文量和质量尚有一定差距;二是信息素养和媒介素养研究文献前10的研究机构群体主要集中在高等院校和研究所;三是美国华盛顿州立大学、英国谢菲尔德大学和西班牙格拉纳达大学等学术研究机构的发文量相对较高。

表4　1986—2004年刊发文献量前10位学术研究机构

	信息素养			媒介素养	
序号	研究机构	发文量	序号	研究机构	发文量
1	格拉纳达大学（西班牙）	24	1	匹兹堡大学（美国）	16
2	阿尔伯塔大学（加拿大）	24	2	华盛顿州立大学（美国）	13
3	谢菲尔德大学（英国）	21	3	北卡罗来纳大学（美国）	11
4	查尔斯斯特大学（澳大利亚）	21	4	巴塞罗那自治大学（西班牙）	9
5	伊利诺斯大学（美国）	19	5	坦普尔大学（美国）	9
6	比勒陀利亚大学（南非）	17	6	弗林德斯大学（澳大利亚）	9
7	昆士兰科技大学（澳大利亚）	17	7	威斯康辛大学（美国）	8
8	南洋理工大学（新加坡）	16	8	罗特格斯州立大学（美国）	8
9	华盛顿州立大学（美国）	13	9	哈佛大学（美国）	7
10	拉夫堡大学（英国）	13	10	多伦多大学（加拿大）	6

（六）高产出学者分布

对1986－2014年刊发的有关信息素养和媒介素养研究文献的高产出学者进行统计与分析,按照其文献发文数量取前十位,得到表5。在信息素养研究领域排名前列的高产学者有:美国纽约州立大学布法罗分校海蒂·朱利安（JULIENH）、西班牙格拉纳达大学平托·莫利纳（PINTOM）、澳大利亚查尔斯特大学安妮·劳埃德（LLOYDA）和澳大利亚昆士兰科技大学恭布鲁斯（BRUCEC）等。在媒介素养研究领域排名前列的高产学者有：美国匹兹堡大学布莱恩·普里马克（PRIMACK BA）、美国罗德岛大学蕾妮·霍布斯（HOBBSR）、美国华盛顿州立大学埃里卡·温特伯奥斯汀（AUSTIN EW）和澳大利亚弗林德斯大学西蒙（WILKSCH SM）。值得注意的是，美国和新加坡的学者在信息素养研究领域产出颇丰，而媒介素养研究领域前10位高产出学者中有一半以上是美国学者，中国大陆地区的学者均未进入前十。

表5 1986—2004年刊发文献量前10位高产出学者对比

	信息素养			媒介素养	
序号	作者	发文量	序号	作者	发文量
1	JULIENH	22	1	PRIMACKBA	15
2	PINTOM	19	2	HOBBSR	10
3	LLOYDA	15	3	AUSTINEW	9
4	BRUCEC	15	4	WILKSCHSM	7
5	MAJIDS	11	5	WADETD	7
6	FOURIEI	10	6	PINKLETON BE	7
7	FOOS	9	7	RAICH RM	5
8	BADKEW	9	8	LANDSR	5
9	OAKLEAFM	8	9	GREENEK	5
10	MOKHTARIA	8	10	FINEMJ	5

为了进一步探究不同国家（地区）学者在信息素养和媒介素养研究领域中的合作关系，笔者利用CitespaceII信息可视化软件对学者间的合作关系进行了知识图谱可视化分析，得到图5和图6。不难看出，一是就信息素养研究领域而言，共形成七个学者派系图谱（见图5），分别是：以美国海蒂·朱利安-加拿大乔丹·史密斯为中心的学者派系，以英国瑞秋·亚当斯、英国汉娜春为中心的学者派系，以塞尔维亚Dijana Karuovic-Jokic-Sneza-na为中心的学者派系，以澳大利亚安娜Lundh、路易丝Limberg、瑞典奥洛夫Sundin为中心的学者派系，以西班牙玛利亚·平托-多拉销售为中心的学者派系，以英国希拉·韦伯、马来西亚玛丽亚姆·纳扎里为中心的学者派系和澳大利亚学者恭布鲁斯-伊恩-曼迪勒普顿为中心的学者派系；二是就媒介素养研究领域而言，各国学者之间科研论文合著较少，没有形成合作关系和学者派系（见图6）。通过对比图5和图6不难发现，无论是在信息素养研究领域，还是在媒介素养研究领域，中国大陆学者均未与国际上任何国家（地区）的学者形成合作派系图谱。

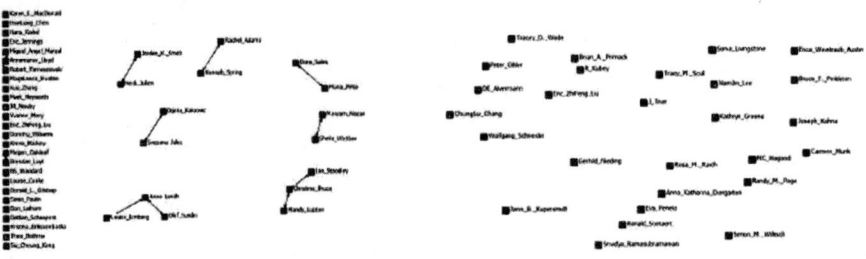

图 5　信息素养研究领域学者派系图谱　　图 6　媒介素养研究领域学者派系图谱

(七) 研究主题与热点

笔者首先用 CitespaceII 信息可视化软件对 1986—2014 年刊发的信息素养和媒介素养研究文献题录进行关键词词频分析,得到表 6。然后再利用 CitespaceII 对关键词词频分析结果进行关键词共现知识图谱可视化分析,得到图 7 和图 8。通过共词共现分析,人们可以发现研究对象之间的亲疏关系,挖掘隐含的或潜在的有用知识,并揭示某一学科或学科群的研究热点、结构与范式。

表 6　1986—2014 年刊发文献中高频关键词词频分析 (局部)

	信息素养					媒介素养			
序号	关键词	频次	突变值	点度中心度	序号	关键词	频次	突变值	点度中心度
1	Information literacy	521	0	0.38	1	Media literacy	264	0	0.21
2	Information literacy skills	100	0	0.35	2	Media education	44	0	0.16
3	Information literacy instruction	65	0	0.23	3	adolescents	38	0	0.15
4	Practical implications	52	4.16	0.23	4	television	36	0	0.26
5	Information technology	35	0	0.18	5	education	34	0	0.21
6	Undergraduate students	32	0	0.03	6	children	33	0	0.17
7	Lifelong learning	32	0	0.09	7	media	32	0	0.09
8	Information skills	31	0	0.11	8	Media literacy education	30	0	0.07
9	Information science	31	0	0.17	9	prevention	29	0	0.21
10	Information source	29	0	0.06	10	Adolescents girls	29	0	0.18
11	Information literacy education	29	0	0.16	11	Critical media literacy	23	0	0.08
12	Evidence–based practice	26	0	0.02	12	internet	23	0	0.08
13	Library instruction	26	0	0.10	13	attitudes	23	0	0.20
14	Focus group	25	0	0.11	14	Young people	21	0	0.12
15	Student learning	25	0	0.05	15	behavior	20	0	0.03

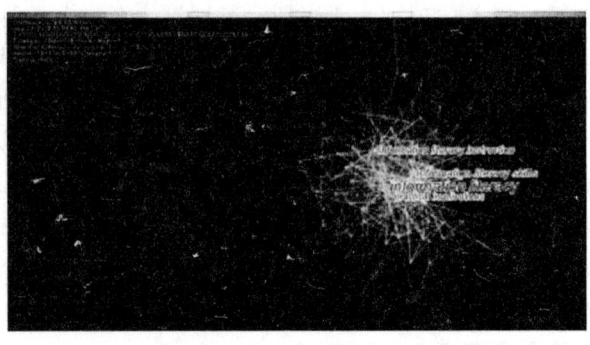

图 7　信息素养研究主题词共现知识图谱

第一部分　媒介素养理论探讨

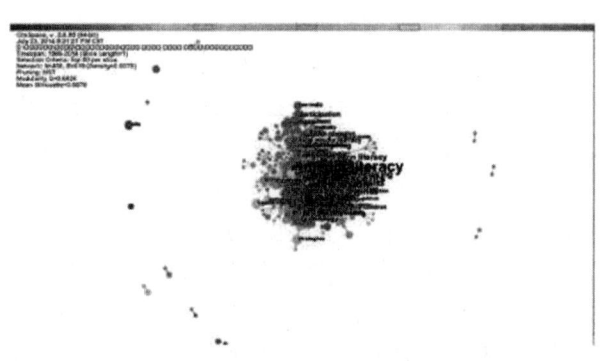

图 8　媒介素养研究主题词共现知识图谱

表 6 反映了 1986—2014 年刊发的信息素养和媒介素养研究文献中主要的高频关键词的局部分布情况，从某种程度上折射出目前国外在这两个研究领域内的研究主题与研究热点现状。首先，信息素养研究主要聚焦于信息素养、信息素养技能、信息素养教育、现实意义、信息技术、信息技能、大学生、终身学习、信息科学、信息源、循证实践、图书馆利用教育、学生学习、通信技术、信息素养课程、大学图书馆、信息化专业人才、卫生信息、信息社会、图书馆服务、信息化学者、学习过程、信息行为、学习效果、信息资源等研究主题；其次，媒介素养研究主要聚焦于媒介素养、媒介教育、青少年、电视、教育、儿童、媒体、媒介素养教育、预防、青少年女孩、批判性媒介素养、网络、态度、青年人、信息行为、信息素养、素养、酒精、大众传媒、媒介素养课程、批评性思维、媒体信息、大众文化、身体意象、新媒体、通信。

可以看出，由于以网络和手机为代表的新媒介的快速发展，泛在化学习和移动化学习的兴起，教与学环境也随之发生改变，新的教学或学习环境有利于学习者与教师进行方便的交互、能够帮助学习者进行积极主动的学习。因此，目前国外信息素养领域的研究主要聚焦于面向大学生和信息化专业人才的信息素养、信息素养技能、信息素养教育、现实意义、信息技术、终身学习、信息技能、信息科学、信息源、信息资源、图书馆利用教育、学生学习、通信技术、信息素养课程、大学图书馆、卫生信息、信息社会、图书馆服务、学习过程、信息行为和学习效果等研究主题与研究热点；媒介素养领域的研究主要聚焦于面向儿童和青少年的媒介素养、媒介教育、电视、媒体、媒介素养教育、批判性媒介素养、网络、行为、信息素养、素养、大众传媒、媒介素养课程、批评性思维、媒体信息、大众文化、身体意象、新媒体和通信等研究主题与研究热点。

此外，从"现实意义"、"图书馆利用教育"、"卫生信息"、"图书馆服务"、"行为"到"信息化专业人才"、"信息化学者"及"信息素养与健康"、"青少年批评性媒介素养"等研究主题可以看出，无论是信息素养研究，还是媒介素养研究，国际

23

研究者更加注重应用性研究，即注重技术如何在学习和生活中的具体应用。

对两个研究领域关键词共现知识图谱可视化分析显示（见图7和图8），目前国外信息素养和媒介素养领域的主要研究主题与研究热点可大致归纳为理论研究类、实践研究类、学习环境与资源类、媒体技术类和策略与方法类等五类。

一是理论研究类，主要是素养、信息素养、媒介素养、批判性媒介素养、批评性思维等相关研究；二是实践研究类，重点聚焦于现实意义、学习过程、学习效果、循证实践、信息化专业人才、信息化学者等主题；三是学习环境与资源类，其重点聚焦于终身学习、信息源、信息素养课程、媒介素养课程、大学图书馆、卫生信息、信息社会、图书馆服务、信息资源、电视、教育、媒体、网络、态度、媒体信息、大众文化、身体意象、新媒体等主题；四是媒体技术类，包括大众传媒、信息科学、信息技术、通信技术、信息素养技能、信息技能等主题。五是策略与方法类，重点聚焦于信息素养教育、媒介教育、媒介素养教育、图书馆利用教育等主题。

四、研究结论与启示

本文以科学引文数据库（WOS）为信息源，基于文献计量学和知识图谱可视化分析方法，通过实证地对比信息素养和媒介素养的研究范围、讨论它们的异同来探究二者之间的关系。研究结果发现：（1）二者在文献总量、学术起源和学科类别分布范围等方面均呈现差异性；（2）这两个领域具有不同的学术期刊、呈现不同的国家合作图谱及学术研究机构、不同的学者与学者派系合作图谱；（3）由于不同的学术取向，采用不同的研究方法，这两个领域在研究主题与热点方面也呈现明显差异性，信息素养与图书馆情报学呈高度相关性，而媒介素养与媒体内容、媒体行业和社会影响有着密切的联系；（4）国外信息素养和媒介素养的主要研究主题与研究热点均可大致归纳为理论研究类、实践研究类、学习环境与资源类、媒体技术类和策略与方法类等五类。这两个领域共享相同目标，两个领域的出版物在学科领域、国家分布和研究主题均有重叠。两个领域通过合作可以找到共同点，来提升知识社会中的新媒介素养。

该研究结果不仅对于国内信息素养和媒介素养领域的研究者和实践者有参考与借鉴价值，而且也可以说有助于我们明晰二者之内涵，解析两者的差异与关联，揭示其相互融合的发展趋势，从而超越历史的局限，找到有力的支点来构建两者相互融合之桥梁。

第一，注重对国外信息素养和媒介素养领域内经典文献的概念与观点解读，吸收转化以进行本土化研究。关注国外这两个领域内的研究进展、敏锐觉察研究动向，为国内研究提供新的研究视角，努力实现国内研究主题及研究趋势的转换。从本研究得出的结论可知，目前国外信息素养领域的研究主要聚焦于面向大学生和信息化专业人才的信息素养、信息素养技能、信息素养教育等研究主题；媒介素养领

第一部分　媒介素养理论探讨

域的研究主要聚焦于面向儿童和青少年的媒介素养、媒介教育、媒介素养教育、批判性媒介素养、批评性思维、大众文化等研究主题。研究热点主要包括理论研究类、实践研究类、学习环境与资源类、媒体技术类和策略与方法类等五类主题内容。这无疑给国内信息素养和媒介素养研究指明了方向，为这两个领域内的土化研究并"开疆拓土"提供了新的研究视角。

第二，明晰学科类别（研究方向）定位，进行领域内本土化的跨学科研究。"开疆拓土"是信息素养和媒介素养研究的必然选择，信息素养和媒介素养研究只有从内部的"跨类"走向外部的"跨界"，才能不断地拓展其研究的"空间"。如对于信息素养教育而言，可以从信息科学、图书馆学、计算机科学、教育学、医学信息学等不同视角切入。对于媒介素养教育而言，可以从教育学、通信、心理学、公共环境职业健康等不同视角切入，探寻有力的支点来构建信息素养和媒介素养教育相互融合之桥梁。

第三，打造面向领域内的专业性和跨专业性的高质量学术期刊，注重理论应用融合于实践。从本研究学术期刊分布得出的结论可知，目前国外已经形成面向信息素养和媒介素养研究领域的专业性期刊，而国内还没有形成在国际上有影响力的，面向信息素养和媒介素养研究领域的专业性期刊，媒介素养研究领域的专业性期刊尤为欠缺。在期刊建设过程中要注重努力吸收来自不同学科的成熟理论和国际学者的广泛参与，重视期刊建设的多元化问题。期刊如果只是吸收定型的成熟理论和注重权威专家的意见，将会导致期刊文章的研究创新性差，研究生气不足，不利于期刊的发展，尤其不利于应用型问题的研究。

第四，加强同国际上不同国家（地区）、学术研究机构和学者之间的合著。加强国际、国内信息素养和媒介素养领域学者之间的合著，构建不同地域、不同学科之间的学术共同体。从本研究可知，中国大陆地区的学者均未进入信息素养和媒介素养研究领域前十位高产出学者之列，中国大陆学者均未与国际上任何国家（地区）的学者形成信息素养和媒介素养研究合作派系。组建学术研究团队不仅可以促进自身学术科研水平的提升，对学科建设、科研团队建设具有很大的促进作用，而且可以提高学术团体在国际上的地位与影响力。因此，一方面我们应加强国际、国内信息素养和媒介素养领域学者之间的合作，构建不同地域、不同学科之间的学术群体；另一方面注重学术团队人员素质提升，重点培养学术带头人和领导人，同时促进年青一代学者的专业发展。

第五，紧跟国际前沿、彰显中国特色，关注文化，尤其是中国文化对信息素养和媒介素养研究的影响。在借鉴国外信息素养和媒介素养研究主题与研究趋势的同时，我们要注重与中国学习环境相结合彰显中国特色、注重构建信息素养和媒介素养本土化研究框架，关注中国文化对信息素养和媒介素养研究的影响，才能更好地构建两者相互融合之桥梁。

参考文献：

[1] 王帆,张舒予. 从教育视角解析媒介素养与信息素养 [J]. 电化教育研究,2007 (3): 35-39.

[2] Bawden, D.. Information and digital literacies: A re-view of concepts. Journal of Documentation, 2001, 57 (2): 218-259.

[3] Papacharissi, Z.. The virtual sphere: The internet as a public sphere. New Media & Society, 2002, 4 (1): 9-27.

[4] 钟伟金,李佳. 共词分析法研究(一)——共词分析的过程与方式 [J]. 情报杂志,2008 (5): 70-72.

[5] 潘基鑫,程璐璐. 近四年来《电化教育研究》载文被引分析 [J]. 电化教育研究,2010 (10): 46-49.

[6] 李龙. 学派建设与学科繁荣——兼论教育技术"原生学派"的创建 [J]. 电化教育研究, 2013 (1): 5-18.

[7] 兰国帅,张一春,王岚. 国内外教育技术新发展——基于WOS与Histcits知识图谱可视化分析 [J]. 开放教育研究,2014 (3): 111-120.

(作者简介：兰国帅,南京师范大学教育科学学院教育技术系博士研究生;张舒予,南京师范大学教育科学学院教育技术系教授,博士生导师;张一春,南京师范大学教育科学学院教育技术系教授,博士生导师。原文刊登于《现代远距离教育》2014年12期。)

社会化媒体环境下受众应对信息风险的路径

——基于媒介素养教育的研究视角

刘君荣　信莉丽

如果说受众在传统媒体时代的信息消费方式经历了从读到听再到看的视听觉变化,那么跨越时空屏障的社会化媒体则释放了公共领域,在为受众提供新的信息消费体验的同时,也改变了人际传播的传统路径。社会化媒体为各种真假难辨的信息碎片提供了生产和交换的场域,各种不确定性的增加易使群体情绪在公共领域中蔓延,从而致使谣言的扩散并诱发社会群体性事件。这种信息传播模式在提供信息的同时也加剧了我国社会的风险等级。目前,我国的媒介素养研究主要以传统媒体的媒介素养为主,而对于社会化媒体中的受众媒介素养应如何发展的现实问题却鲜有触及。笔者认为,提升社会化媒体受众的媒介素养有助于减少信息碎片传播过程中的负面效能,使受众尽可能准确地解读社会化媒体信息,有利于构建和谐社会。

一、当下中国信息传播环境的现状

自人类社会进入二十世纪以来,信息传播成为社会发展的重要驱动力。目前,我国已成为世界互联网消费的第一大国,网民人数达到了6.32亿,互联网经济占GDP的比重连年上升。Come Score在题为"The Internet as China's Consumption Booster"的调研报告中指出,中国将成为世界上最大的在线零售市场,而互联网将成为中国经济发展的主要推动力。①如今,智能手机、平板电脑、PC等移动终端作为"人的延伸"而存在,手机更是成为中国网民接入互联网的主要端口。CNNIC在《2013—2014年中国移动互联网调查研究报告》指出,"截至2014年6月,我国手机网民规模为5.27亿,在整体网民中占比达83.4%。智能手机网民规模达4.8亿,相比2013年2月增长了1.5亿,在手机网民中占比达91.1%,智能手机成为我国移动互联网发展的重要载体。"②跨屏消费成为人们获取信息、文化娱乐、人际交往和购物交易的新方式。互联网技术和智能终端设备的更新换代为社会化媒体的发展奠定了物质基础,大数据和云储存技术则使社会化媒体信息的精准投放成为可能。

2007年安东尼·梅菲尔德(Antony Mayfield)在《什么是社会化媒体》一书中认为社会化媒体(Social Media)为众多用户构建了在线信息分享空间,具有参与、公开、对话、社区化、连通性和即时交流的特点。社会化媒体的形态包括:社交网络、博客、维基百科、数字广播、网络论坛、微博和视频网站等信息分享社区。③笔者认为,1999年腾讯推出的"QQ"是中国社会化媒体的雏形。QQ的广泛应用让"聊天"开始以点对点即时信息交换的模式在互联网上出现。2009年新浪网推出的"新浪微博"改变了新闻的生产和消费方式,进一步增强了用户间的互动体验。微博为社会个体发布信息、表达自我、参政议政提供了新空间;传播权力开始在中国社会的不同阶层之间流动,人人都可能成为舆论的焦点;"围观改变中国"已成为不争的事实。2011年微信(Wechat)的出现再次颠覆了中国网民的日常生活,即时语音聊天使人际传播更加便捷,交流的拟态环境也日趋真实化。除此之外,微信还整合了新闻、购物、学习、支付和营销等多种线上线下的服务功能。社会化媒体的日常化使用改变了中国的传媒生态。

社会化媒体的快速发展刺激传统媒体记者开始全媒体化,受众兼具信宿和信源的双重身份。传统的人际交往模式呈现出从现实空间向虚拟空间转移的趋势,人们逐渐习惯运用各类社会化媒体来整合自己的人际资源,各类信息依托半封闭半开放的社会化媒体传播环境得以快速蔓延。现在,人们对社会化媒体的依赖性使我们生存的世界正在重新部落化,传统的信息生产模式现已发生巨变,技术语境的变迁赋予社会化媒体受众更多的信息权力,他们既可自行生产信息,成为信息生产的前端;也可转引他人信息,成为信息传播过程中的一环。面对互联网中的海量信息,社会化媒体的受众解读信息的能力与其是否能够接近事实真相密切相关。因此,培养社会化媒体的媒介素养有利于受众判断力和消费信息能力的提升,从而降低盲目行为带来的社会风险。

二、社会化媒体传播中的信息风险

在全球范围内的资源整合和劳动分工的时代背景下,人际交往的方式逐渐虚拟化,面对面的亲密交往行为被社会化媒体中的即时互动取代,人们对社会化媒体的依赖程度越来越高。在传统媒体时代,广播、电视和报纸作为受众了解风险信息的主要媒介,具有"喉舌"和"过滤"功能,它们通过过滤风险信息的方式来维持社会秩序的稳定。而在社会化媒体时代,媒体的把关功能逐渐弱化,社会化媒体相对于传统媒体释放了更多的话语空间,受众开始成为自己的信息把关人。

Lindsay认为,各类风险事件验证了社会化媒体在风险传播中的作用,如发出预警、接收与求助救援、恢复工作以及监测事态发展和实时信息。④社会化媒体为人们提供便利的同时也蕴含着各种信息风险,笔者认为"信息风险"是指在信息流动过程中,由于信息内容的失真、损耗或迟滞等原因从而导致谣言的生成和扩散,最终影响受众的信息决策,引起社会恐慌情绪的蔓延。社会化媒体中的信息风险大体可分为三个类别。第一类是西方媒体传播的信息风险。德国社会学家乌尔里希·贝克在《世界风险社会》中曾指出:风险社会制度是一种新秩序的功能,它不是一国的,而是全球性的。⑤社会化媒体信息流动的特点模糊了国际风险和国内风险之间的界限。一些国际风险信息在社会化媒体的助力下得以在中国境内传播,如"美国校园枪击案""波士顿爆炸事件""马航MH370失联"等都曾在我国的社会化媒体中引起热议。此外,信息传播空间的改变使信息传播的过程和结果更难控制。西方媒体能跨过政府的信息宏观调控,通过社会化媒体平台直接向中国受众传播信息,既可以传播西方社会的思想文化又可以表达其对中国社会的态度和看法。我国传统媒体的"喉舌"功能使受众对境外媒体的报道更加好奇,因此受众并不排斥外媒的社会化媒体信息。如新浪微博中的"@美联社"有13万粉丝,尽管粉丝数量远远低于我国传统媒体的社会化媒体平台,但从评论和分享的情况来看,其信息具有广泛市场。基于西方国家和我国在社会体制和价值观上的固有差异,外媒的社会化媒体信息中不可避免地夹杂着西方意识形态,在长期的传播过程中可能会削弱我国受众对自己国家和民族的文化认同,进而危害国家安全。

第二类是盲目相信社会化媒体中的熟人信息所带来的信息风险。社会化媒体使朋友之间的现实人际关系开始向网络空间转移,通过微信、微博、人人网和QQ空间的高互动性不断加强虚拟和真实空间中的社会联系。信源的确定性使受众盲目地相信信息内容,在不确定信息真假的情况下将信息传播至下一个圈层,不确定性消息在熟人社会的快速传播容易演变成谣言且不容易被控制。谣言的传播容易引起社会的恐慌情绪,不利于社会的稳定发展。

第三类是社会化媒体新闻客户端报道议程设置中的信息风险。目前,我国的社会化媒体新闻客户端多以新闻整合的姿态出现,信息更新速度虽然远远高于传统媒体,但准确度不高。在传播社会风险事件的过程中常因追求发布速度使失真信息广泛传播。如在"MH370失联事件"中,腾讯新闻客户端通过整合各种来源的新闻信息直播事件的最新进展。未经证实的信息导致了网络谣言的发酵,之后腾讯新闻客户端开设"辟谣专版"专门为已发布的消息纠错。同时,社会化媒体新闻客户端的议程设置方式中也隐藏着信息风险。议题的设置与组合安排方式建构了社会风险,社会化媒体的议程、政府议程、传统媒体议程与受众议程之间相互影响,新闻客户端在整合新闻资源时建构了信息风险,影响了受众对生活事件的态度和行为。如近来腾讯新闻客户端连续报道的"女生返校途中失联"引发了社会对女性安全的讨论。在社会化媒体场域内,与受众日常生活密切相关的风险信息更容易被受众关注和感知,也更易引发社会风险和道德讨论。

当下社会化媒体成为建构风险信息的平台,其信息流动的特点和多元化的传播功能既能够传播积极信息,也能使风险信息更具传播力。社会化媒体受众以草根阶层为主,其媒介素养能力的提升有助于营造良好的网络舆论环境,也有助于我国社会的和谐发展。因此,研究社会化媒体语境下的受众媒介素养的教育方式和方法具有理论和现实意义。

三、应对社会化媒体的受众媒介素养教育新路径

(一) 传统媒体语境中的受众媒介素养教育

1992 年美国媒介素养研究中心提出"媒介素养是指人们面对媒介各种信息时的选择能力、理解能力、质疑能力、评估能力、创造和生产能力以及思辨的反应能力。"⑥英国学者凯丽·巴查尔格特(Gary Bazalgette)认为,获得进入多种媒介和接触各种媒介传播内容的路径,并能对此做出明智的选择;了解各媒介使用的独特传播技术和传播手段;懂得媒介的产品制作过程、制作目的,以及媒介如何应对其受众的反应;利用媒介表达思想和传播信息。⑦我国的媒介素养教育研究发端于20世纪90年代末,中国传媒大学的张开教授在《媒体素养教育在信息时代》中将媒体素养定义为:媒体素养是传统素养(听、说、读、写)能力的延伸,它包括人们对各种形式的媒介信息的解读能力,除了现在的听、说、读、写能力外,还有批判性地观看、收听,并解读影视、广播、网络、报纸、杂志、广告等媒介所传输的各种信息的能力,当然还包括使用宽泛的信息技术来制作各种媒体信息的能力。⑧笔者认为,媒介素养教育注重受众使用媒体和解读信息的能力,侧重于培养受众面对信息时的批判性思维,并掌握甄别信息真假的能力,使其适应不断变化的媒体传播

环境。

(二) 社会化媒体语境中受众媒介素养的延伸

1. 受众进入社会化媒体信息场域的技术素养

随着移动互联网、社交软件以及各类智能终端的开发利用，使用新媒体的能力已成为现代人的必备素质之一。基于web2.0技术之上的社会化媒体现已成为人们日常生活中加强社会联系、文化娱乐、了解信息和学习技能的主要途径之一。技术素养是受众在学习科学技术知识的过程中形成的认知体系，应包括两个方面，一方面是对科学技术及其产品的认知和理解能力，另一方面是具有运用科学技术和使用信息产品的能力。移动互联网技术、智能终端和各类APP构成了受众进入社会化信息场域的物质基础，了解社会化媒体是有效利用社会化媒体的前提条件。

首先，受众应获得硬件设备、掌握接入互联网的资源并对各类智能设备有一定的认知，在日常生活中除了使用现有的各类设备之外，也应关注科技变革背景下所产生的各类新产品的技术特点。其次，应掌握下载和安装各类社会化媒体软件，包括微信、微博、新闻客户端和其他社交软件。受众对社会化媒体的消费诉求不同，在了解各类App的布局特点和使用方式之后，大多数受众会在众多App中选择适合自己使用习惯的产品，如今各类App纷纷推出个性化服务，明确的消费目的有利于更加有效地使用信息。再次，受众应掌握社会化媒体应用的各种基本功能，培养自身独立获取信息、生产信息、传播信息和表达自我的能力，即发送信息、接收推送信息、分享已接收到的信息、向他人转发信息和通过评论表达自我。社会化媒体中用户会收到自己所关注的其他账户的推送信息，推送服务节省了用户搜索新闻信息的时间，各类公共服务号、新闻客户端以及关注的人所生产的信息随时会被推送到每个节点，收到信息的个人通过分析解构信息之后可以自行决定是否将信息分享到自己的社交圈或是将信息转发给其他目标对象。社会化媒体的评论则是表达自我和参与舆论建构的重要功能，评论功能的有效使用可以使受众与他人沟通思想，行使自己的公民权。现如今，各类第三方应用之间的连接极大地丰富了受众体验，拓宽了信息传播渠道，技术素养已成为社会化媒体媒介素养的一个重要向度。

2. 受众批判性思考社会化媒体信源的能力

受众在信息消费过程中的满意度取决于其获取信息的难易程度，即选择或然率越高的信息越能吸引受众，因此，社会化媒体的技术特点使其成为人们生产和接收信息的主要渠道。社会化媒体的信息生产者以普通人为主，信息通常在经权威部门验证前就已被广泛传播，一些失真的原始信息在传播过程中极具社会风险。由于社会化媒体信息把关的缺位、信息生产者身份的匿名性、受众信息消费高度自由以及平台的开放性等多种原因，信息常处于先被传播后被验证的尴尬状态。在2013年3月发生的"马航MH370失联"事件中，各类伪造国际级权威媒体信源的信息在各大社会化媒体中大肆传播，真假难辨。国内外各大社交媒体中涌现了标示为"马

第一部分　媒介素养理论探讨

来西亚官方发布""美联社最新消息"或"CIA 调查结论"的信源不时地披露客机行踪。例如,《羊城晚报》等多家媒体的微博发布了内容为"据 CNN 报道,马航 MH370 航班已确定在越南胡志明市以北 100 公里境内坠落"的微博,而事实上 CNN 的官方网站从未出现过相同或相类似的报道。社会化媒体的技术特点使信源真假更难辨识,媒体和受众都存在信错信源的风险,盲目地成为风险信息传播中的节点。

信源的可信度、时效性、接近性、轰动性、娱乐性和公信力等均是影响受众信息判断的有力因素。受众在感知风险时的第一反应是向自己的熟人社会传播风险信息,以维护其群体利益。盲目传播的行为导致失真信息的多次传播,易引发社会的不安情绪。甄别信源真假的能力有利于遏制谣言的传播。笔者认为,受众可分别从信源的独立性、信源的多样性和信源的社会公信力这三个维度出发去辨识信源。

受众作为其自身的信息把关人,应明晰自己的信息消费诉求,即哪些信息是其作为社会公民有权力且必须知晓的。首先,受众应思考接触到的信息是否为独立信源。信源在信息生产过程中可能会受到来自经济、情感、政治以及宗教等方面的影响,从而影响信源的独立性。信源与受众之间的相似性会引起二者之间的情感共鸣,易于影响信息传播的效果。其次,受众不应满足单一信源的信息供给,应比较不同信源以获得准确而全面的信息。国内更大媒体、政府和社会权威的微博实名账户或微信公共服务号相对于个人信源更具公信力,在风险事件发生时,受众可考虑从权威信源获取信息。再次,应批判性地思考熟人信源的可信度。以微信为例,朋友圈中的成员多为亲密的群体成员,彼此信任度高,加之微信私密的传播情境极易成为谣言传播的利器。受众可以在众多信源中尽量选择公信力高的权威信源来接受信息以减轻假消息的侵害。

3. 受众阅读社会化媒体信息文本的能力

网络中的信息鱼目混珠,现代生活的快节奏导致人们的信息消费时间十分有限,而社会化媒体中的碎片化信息与事实真相往往相去甚远。网络热门话题在提高受众参与度的同时也加速了各种不确定性的传播。此外,新信息不断覆盖未经证实的旧信息,受众在新旧更替的信息之间更加难以辨别孰真孰假,错误信息或谣言容易转移受众对真相的关注和探索,而受众的记忆也被不断碎片化。虚假或错误的信息在社会化媒体中的发酵、传播都是诱发社会风险的不安因素。传统媒体"把关人"的角色在社会化媒体语境下日趋多元化,政府部门、利益集团、民间组织、权威媒体和社会个人都可以成为信息传播过程中的把关人。面对海量信息,我们该选择什么信息并且相信它成为考量受众媒介素养能力的标准之一?比尔·科瓦奇和汤姆·罗森斯蒂尔在《真相:信息超载时代如何知道该相信什么》一书中认为,在新证据面前,真相会逐步发展,公共生活领域的真相会随着时间的推移而愈发清晰。并提出了"怀疑性认知方法",即(1)我碰到的是什么内容?(2)信息完整吗?

(3) 信源是谁/什么？(4) 提供了什么证据？(5) 其他可能性解释或理解是什么？(6) 我有必要知道这些信息吗？①这六个步骤从媒体内容出发，清晰地阐释了受众在信息认知过程中甄别信息的可行性方式。

　　社会化媒体中的信息种类繁多，其中既包括来自事件当事人的原始信息，也包括官方和媒体对事件最新进展的权威发布，还可以是来自社会组织和利益体团体的广告宣传。信息的类别和形式影响着受众对信息的判断，不同的信息表达方式中隐藏着不同媒介或个人的价值观。社会化媒体受众首先应辨别接触信息的种类，探究信息编码的目的，而不应在未辨别信息种类的前提下盲目地解构文本。其次，受众应观察信息已有或缺失的内容。社会化媒体中一类信息会直接陈述事实，常见于各门户网站所提供的滚动消息或通讯社发布的通稿；另一类信息是将经过选择的不同事例整合为同一个事件，通过议程设置的方式引导受众的思考。真实是信息可信性的首要条件，受众在阅读信息文本的过程中，应综合考虑信息在叙述过程中是否再现了事件发生时的语境，涉事人物的言论是否客观公正，其对事件细节的描述是否出现前后矛盾，事件发生的时间是否有明显的错误。同时，受众可比较来自其他信源的消息与已阅读过的信息之间是否有较多出入，最终对涉事的信息的准确性和社会价值做出综合的评判。再次，信息内容的叙述过程中是否提供了足够的证据来证明信息是真的且值得相信。各类信息陈述的事实可以让我们明确一部分已经发生的事，但仍有部分事实是未知的。在信息接触与阅读行为发生之后，我们应该思考信息在叙述过程中是如何整合不同视角的证据，以此来完成中心议题的阐释工作。本着批判性思考的原则，树立不偏听偏信的信息观念，克服先入为主的自然心理，根据个人已形成的知识体系思考信息内容，还可以通过搜索关键词的方式去检索同一议题的历史背景和其他报道，尽可能多地了解确切的信息，随时关注事态的后续报道以获得更加完整的信息图景。最后，受众可以从语言的微观层面来解读信息，剔除附加在各类细节性描写之上的修饰语。文字是社会化媒体信息的呈现方式，在信息传播的过程中不可避免地会出现信息损耗。尽管真实的信息要求信息生产者对事件应持有客观公正的态度，但个人社会背景的差异性导致信息生产者在编码过程中不可避免地通过修辞、隐喻、片段化和模糊信息源等方式融入自己的倾向性和意识形态，建构文本框架。

4. 受众读图和观看视频的视觉素养

　　娱乐性极强的图片或视频成为受众判断是否有必要继续消费信息的重要指标之一，图片或视频不仅能够跨越语言和文字的障碍在不同文化背景的群体中传播，而且还能使人们能够在有限的时间中最大化地消费信息。

　　在网络生活中，人们常说"有图有真相"，而鲍德里亚认为图片是"超真实"的。图片或视频从情感层面影响我们对事实的感知和判断。当风险信息出现在社会化媒体中时，图片或视频的视觉冲击力和场景体验是声音和文字信息不可比拟的。

第一部分 媒介素养理论探讨

信息在图片的建构和解构过程中逐渐流失,受众更是容易消解图片中的部分信息,甚至产生误读。在社会化媒体语境下,受众应批判性地解读图片,树立有图不等于有真相的观念。2013年在社会化媒体中广泛传播的"深圳最美女孩"给街边乞丐老人喂饭的图片在社会化媒体中被疯狂转载,但是随着信息的不断更新,这一图片被验证为假图片。

受媒介技术主义的影响,美化、摆拍、恶搞或视频合成等方式能够营造出夸张的视觉效果,并引起强烈的社会舆论。受众应判断图片和视频的来源,查验信源的可信度。缺乏公信力的信源或网友自行发布的图片和视频中往往会出现人工合成的假图片或假视频。受众应结合信息标题或文本内容来分析图片的拍摄角度和视频的制作过程,是否会因制作人的个人倾向而影响图片的拍摄视角和视频剪辑的方式,从而误导受众。如2014年7月,一组由外媒记者拍摄的北京宜家"蹭睡"的中国人的图片引起网友热议,一部分不明原因的网民在评论中认为国民素质低,而另一部分了解事实原委的网民则将矛头指向了盲目评论的网民。而这一消息的背景是北京宜家为了迎合中国消费者的习惯,并不制止这类行为,在某些家具的标识中还会邀请顾客躺下体验。受众在初次接触图片或视频时,应查验图片是否有摆拍的嫌疑,主人公身后的建筑物、行人、车辆是否与正常情况相异,最后应根据图片内容和信息标题寻找当地权威媒体的文字报道加以验证,尽可能地接近事实。

图片(视频)加文字的组合模式成为社会化媒体中信息呈现的重要方式。与声音和文字相比,视频和图片通过"全景式"的视觉呈现更能满足人的好奇心和窥视欲,视觉体验使消息更为直观。现如今,社会化媒体的开放性使权威信源和普通受众都有权利上传图片或视频,网络监管疲软导致假消息和假图片获得传播空间,这既是对信息生产者的个人道德的检验,也是对受众使用社会化媒体图片新闻素养的考量。

注释:

① 材料来源:http://www.comscore.com/Insights/Presentations-and-Whitepapers/2014/The-Internet-as-Chinas-Consumption-Booster。
② 数据来源:http://www.cnnic.net.cn/hlwfzyj/hlwxzbg/ydhlwbg/201408/t20140826_47880.htm。
③ Antony Mayfield. What Is Social Media. http://www.icrossing.co.uk/icrossinguk-search? query=what+is+social+media+.2007。
④ Lindsay, B. R. Social Media and Disasters: Current Uses, Future Options and Policy Considerations. Journal of Current Issues in Media and Telecommunications, 2 (4), 2010. pp. 287-297。
⑤ [德] 乌尔里希·贝克著,吴英姿等译:《世界风险社会》,南京大学出版社

2004年版，第4页。
⑥ 张玲：《媒介素养教育——一个亟待研究与发展的领域》，载《现代传播》2004年第1期。
⑦ [英] 凯丽·巴查尔格特著，张开译：《媒介素养与媒介》，载《现代传播》2005年第2期。
⑧ 张开：《媒体素养教育在信息时代》，载《现代传播》2003年第1期。
⑨ [美] 比尔·科瓦奇、汤姆·罗森斯蒂尔著，陆佳怡、孙志刚译：《真相：信息超载时代如何知道该相信什么》，中国人民大学出版社2014年版，第33—35页。

[作者刘君荣系福建广播电视报社有限公司《东南传播》主编；信莉丽系中国传媒大学传播研究院博士研究生。原文刊登于《现代传播（中国传媒大学学报）》2015年03期。]

事实真相、新闻尊严和道德共识的媒介素养框架
——基于"陈永洲"事件的观察与分析

张瑜烨

一、理论依据及研究意义

新闻的真实是事实的真实。新闻是对事实的叙述，你的叙述与事实是否相符，是检验新闻真实的标尺[1]。事实的真实和叙述的真实依赖于多方利益的共同建筑：媒体最基本要求就是实地采访、深入考证，无限接近报道事实真实；企业最基本信誉就是向社会提供真实信息；公众对真假信息报道的自发监督；政府对事实真相的维护等。所以，对"真实"追求的素养，是促使四方利益达成一致的共同媒介素养。

"尊严"词典解释为"可尊敬的身份或地位"[2]。"（新闻）职业尊严就是新闻记者拥有采访权和新闻媒体拥有传播权，并且全社会对这些权利尊重与认同、重视与保护"。"新闻人的职业尊严，不但要靠社会制度和环境来保障，更需要新闻人自己去赢得、维护和恪守"[3]。所以，"新闻尊严"不单是媒介与公众之间的传播、认同，它还涉及政治、法律机构的管控、维护以及相关企业利益集团的自律与自持。

道德共识是由媒体、企业、政府和权威机构以及公众四方共同建构的，包括媒介职业道德、企业职业规范、全民道德规范三项内容，并通过政府和权威机构予以监督实施的有关媒介素养的一种共识。鉴于此，事实真相、新闻尊严和道德共识构

筑了一个打通多方利益的媒介素养框架共识。也就是说，事实真相、新闻尊严和道德共识是多方利益体都能接受的框架，并在这个框架的架构中保持多方利益最大化，或者在这个框架中保护多方利益不受侵害。本文将以"新快报陈永洲"事件为例，对打通媒体、企业、政府和公众等多方利益的媒介素养框架作具体阐述。

2013年10月23日至30日，一周内全国媒体对"新快报陈永洲"事件报道量及新浪微博上涉及"陈永洲"的微博词条量巨大（见图1）。由图1可知，10月23日的媒体报道量为1340篇；10月24日，新浪微博上"陈永洲"的词条数量高达67700条。由此可见，"新快报陈永洲"事件对整个社会影响巨大，特别是对当今媒体的公信力，媒体及媒体人的尊严，甚至媒体未来的生存，具有现实研究价值。此外，根据这一时期新浪微博上各议题对应的关键词"陈永洲责任"、"陈永洲职业道德"、"陈永洲媒体公信力"、"陈永洲法"等词条数（见图2）可看出，公众最关注的话题主要包括"责任"、"法"和"职业道德"。而媒体和公众（自媒体）的一重要职责便是追查事实，企业又通过媒介把事实告知给公众，政府和权威机构则依法维护真相。因此，在全媒体时代的多方利益纷争格局中，一个打通多方利益的媒介素养框架——事实真相、新闻尊严和道德共识的建立迫在眉睫。

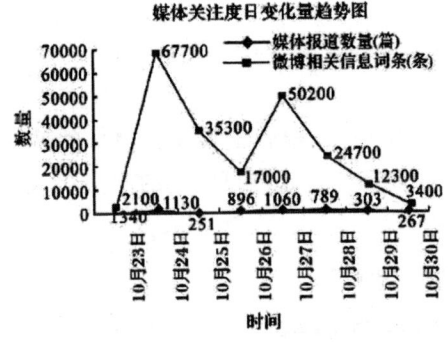

图1　媒体关注度日变化量趋势图

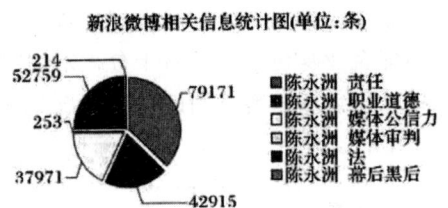

图2　新浪微博相关信息统计图

二、事件讨论主题及主体方反应

在"陈永洲事件"中，媒体、企业、政府和公众都积极参与了信息传播，致使"陈永洲事件"演变为"公共事件"。由于其利益和目的有所不同，在整个事件传播过程中，出现了事实真相混淆不清、新闻尊严受损乃至道德缺失等一系列问题。各方传播主体都在强调自身的立场和利益，舆论难以在一个畅通的"舆论场"中实现交流与传递，导致"陈永洲"事件在传播过程中一波三折，甚至出现舆情应急和混乱行为。因此，在媒体、企业、政府和公众间打通的媒介素养框架：事实真相、新闻尊严和道德共识，成为本文讨论的主题。

结合《新快报》"陈永洲"事件的发展脉络，大致可将其发展分为六个时期：

潜伏期、浮现期、焦点期、转点期、节点期和延续期。按照公众与该事件相关程度（直接、间接等），本文将社会公众分为四大类——媒体、企业、政府和公众。

（一）媒体

媒体分为传统媒体和新媒体。传统媒体包括报纸、杂志、广播和电视四类，新媒体包括微博、微信等。本文考虑到"陈永洲"事件与《新快报》的相关性，又将报纸媒体区分为《新快报》和其他主流报纸，并依照不同媒体类型，分别选取《新快报》、《新京报》、CCTV13及新浪微博，对不同性质媒体在事件发展不同阶段的反应作了统计（见表1）。

表1 "陈永洲事件"媒体反应统计表

时期	标题关键词	新快报	新京报	CCTV13	新浪微博（条）
潜伏期(2012.9.26~2013.8.6)	陈永洲、中联重科、畸形营销、财务造假、举报、利益输送、私有化	14	9	0	134
浮现期(2013.8.7~10.22)	起诉中联重科、诉讼正常、再遭举报、降利	2	2	0	26745
焦点期(2013.10.23~25)	请放人、警权滥用、记者表态、陈永洲被拘、	2	4	0	833888
转点期(2013.10.26~30)	致歉、把关不严、受贿、虚假报道、陈遭刑拘、失实报道	2	3	6	509880
节点期(2013.10.31~11.3)	追责、新闻伦理、事实真相、舆论监督、整顿查处、不正当竞争等	2(新快网)	4	6	15303
延续期(2013.11.4~4.30)	中联重科转型、业绩下滑	0	1	0	69
总计	——	22	23	12	1386019

（二）企业

企业在整个事件传播发酵过程中，相对《新快报》，中联重科作为该事件另一主体即企业身份，则显得十分被动。中联重科企业在"陈永洲事件"的潜伏期、浮现期、焦点期和转点期的反应情况见表2。

表2 中联重科各阶段反应统计表

时期	时间	事件概要(博文主要内容)
潜伏期	2013.5.27	中联重科公告订单回款是因市场低迷超过预期等,相关客户已发表书面声明
	2013.6.27	中联公告称尊重所有投资者的选择,对其他言论不予评论
	2013.7.10	中联重科再发公告质疑举报的数据来源,称举报有预谋
	2013.7.16	@高辉_000157:「新闻背后的新闻,黑手背后的黑手」有偿新闻,利益同盟！@高辉_000157:「浅谈媒体人的操守」有偿新闻、黑幕操守
浮现期	2013.8.7	中联重科向天河区法院提出管辖权异议
焦点期	2013.10.24	中联重科回应曾报案、独立董事会发布声明
转点期	2013.10.26	@高辉_000157:天亮了
节点期	无	无

（三）政府和行业组织

政府机构和行业组织"陈永洲事件"中，政府机构或行业组织主要包括两类：政府相关机构和媒介管理组织。就媒介组织来讲，国家新闻出版广电总局、中国记协等权威机构或单位均在获知陈永洲被拘的信息后迅速表态予以支援，充当了媒体辩护者的角色。政府机构和权威组织在"陈永洲事件"各阶段反应统计见表3。

表3 政府机构和权威组织各阶段反应统计表

时期	相关单位	时间	事件
潜伏期	无	无	无
浮现期	长沙市公安局	2013.9.16 2013.10.18	以涉嫌"损害商业信誉罪"对陈永洲予以立案 警方称陈涉嫌犯罪并将其带走
焦点期	国际新闻出版广电总局 中国记协 长沙市公安局 中国记协	2013.10.23 2013.10.26	国际新闻出版广电总局高度关注事态发展 中国记协相关负责人称已获悉此事，并介入调查 陈涉嫌损害商业信誉罪被长沙市公安局依法刑事拘留 发布陈被刑事拘留的消息，谴责《新快报》、陈永洲
转点期	无	无	无
节点期	广东省新闻出版广电局	2013.10.31 2013.11.1	吊销陈记者证，责成羊城晚报报业集团全面整顿"新快报社"，建议调整"新快报社"领导班子，追究相关人责任 《新快报》社长总编辑被免职

（四）公众

公众包括媒体人、学者和一般网民；而学者又包括新闻专业研究者与非专业研究者。因我国网络普及率高、微博用户总量大，本文选取了"网民中的微博用户"这一群体作为公众部分的研究范本。公众各阶段反应见表4。

表4 公众各阶段反应统计表

时期	时间	事件概要（博文主要内容）
潜伏期	2013.5.27	中联重科公告订单回款是因市场低迷超过预期等，相关客户已发表书面声明
	2013.6.27	中联公告称尊重所有投资者的选择，对其他言论不予评论
	2013.7.10	中联重科再公告质疑举报的数据来源，称举报有预谋
	2013.7.16	@高辉_000157：「新闻背后的新闻，黑手背后的黑手」有偿新闻，利益同盟！ @高辉_000157：「浅谈媒体人的操守」有偿新闻、黑幕操守
浮现期	2013.8.7	中联重科向天河区法院提出管辖权异议
焦点期	2013.10.24	中联重科回应曾报案、独立董事会发布声明
转点期	2013.10.26	@高辉_000157：天亮了
节点期	无	无

三、各方媒介素养分析

（一）媒体

在"陈永洲"事件中，《新快报》所呈现的媒介素养受制于它在此事件中的双重身份——"媒体"和"当事人"。从对事实真相的追求看，潜伏期时，《新快报》连续长时间刊载由陈永洲个人署名的14篇没有任何采访的系列虚假报道，严重违背新闻媒体对事实真相的"死磕"精神；焦点期，《新快报》两次头版发表评论呼吁"放人"的强势做法，以及在转点期，态度急转，承认报社对稿件审核把关不严。这种前后决然不同的做法，是对新闻尊严、媒介职业尊严的践踏。从对道德共识构建看，潜伏期，《新快报》在与中联重科争锋时所炮制的大量新闻，没有考虑对企业带来的伤害、甚至毁灭性的打击，没有严格遵守服务社会的基本职能；总之，在陈永洲事件中，《新快报》制造的虚假新闻、失守的新闻底线、极度的权力膨胀等都彰显了道德共识的缺失。

相对于其他主流报纸杂志，《新京报》在整个事件发展中表现十分活跃，但它并没能利用这次机会向大众呈现良好的媒介素养。首先，在追求事实真相方面，在整个事件中所发表的23篇稿件，《新京报》对事实真相的贡献非常有限，大部分稿件和《新快报》雷同。其次，在维护媒介尊严方面，《新京报》于焦点期至节点期内各阶段的报道，主观倾向明显，体现在由焦点期间强烈支持《新快报》，进入转点期后旗帜鲜明批评《新快报》，在公众面前扮演了"两面派"角色，同时，它在报道时体现出的立场不坚定，报道不准确、不客观，折射媒介职业责任心的降低。

（二）企业——中联重科

"陈永洲"事件中，中联重科官方的回应极少，作为该企业董事长秘书的高辉则表现相对主动。且从传播效果看，高辉在潜伏期等阶段发表的多篇微博有力推动着事件的发展。如他对媒体人操守的质疑引起《新快报》的猛烈反击等。因而，对中联重科媒介素养的评析，实则是对中联重科企业自身以及该企业董事长秘书高辉两方的媒介素养的评析。在高辉微博发文指责陈永洲在没有与中联重科官方沟通的前提下诽谤中联重科后，《新快报》发文回应称，这是中联重科一方未能积极配合新闻调查的结果。中联重科的不配合不仅是对事实真相有意掩盖，也是对媒体采访权公然挑衅、对媒体尊严的蔑视。此外，高辉在与《新快报》论争时，多次在言语上构成对《新快报》诽谤，这都是对媒介尊严的肆意践踏。中联重科官方在整个事件中长期失语，反应慢、回应少，错失了解决危机的良机，致使事实真相长期被淹没。另外，在长沙警方批捕陈永洲时，中联重科出动企业内部用车的行为也严重违背了社会道德共识，这种特权思想不利于社会道德规范建设。

（三）政府和行业机构

政府和行业机构作为媒介素养的监督者，同样需要具备高水平的媒介素养。从陈永洲事件媒体被管制的情况看，政府和行业机构对媒体的媒介素养监督的准度、速度仍有待改善。潜伏期期间，《新快报》连续发文十多篇，已经对中联重科构成了媒介暴力，此时，政府和行业组织纷纷选择沉默，没有及时介入调查，任由《新快报》扭曲事实真相；焦点期期间，《新快报》头版呼吁放人后，国家新闻出版广电总局迅速反应表示关注、中国记协也快速介入，声明维护记者与媒体的利益，让我们看到了政府对新闻人、新闻尊严的有力保护。但问题在于，这种保护缺乏深入调查，缺少真凭实据，给人以行业保护之嫌。以致后期他们又不得不转变态度，斥责陈永洲及其所在报社有违新闻道德规范准则，有失媒体尊严捍卫者的身份和职责。焦点期和浮现期期间，长沙警方批捕陈永洲的做法同样是对媒介尊严的侵害，损害了媒体的舆论监督权；在事件的转点期，政府和权威机构赏罚分明，并且做到了信息公开化、透明化，符合社会道德共识要求。

(四) 公众

公众媒介素养层次决定意见领袖在新媒体传播中的地位。大部分公众在积极参与事件时，其思想往往受到意见领袖左右。公民享用自媒体权利，但在媒体义务的履行上却不尽人意，这一点尤其体现在自媒体肆意臆造虚假新闻、损害新闻尊严上。自媒体传播场虽有意见领袖，但各意见领袖之间同样存在分歧，加之自媒体数量庞大，把控较难，往往难以达成共识。如新浪微博用户针对"陈永洲"事件，提出了"责任归谁论"、"法制建设论"、"幕后黑手论"等一系列议题。公众媒介素养的差异，意味着各意见领袖的媒介素养同样存在差异，而在自媒体传播环境中，对各传播主体的管制和约束又主要依靠自律，各方媒介素养的差异无疑为全民道德共识的建构增加了困难。

四、各方媒介素养建构

(一) 事实真相

1. 追寻新闻真相的力度决定媒体的深度。公众有从媒体获取所需信息的权利。对于事实真相的维护和呈现，媒体发挥着举足轻重的作用。新闻真实是新闻媒体生存与发展的基础[5]。然而现实情况是，媒体新闻真相的表达依旧困难重重。

从外部环境来说，来自多方的媒体高压时刻阻挠着媒体的正义声音，如政策的限制、企业等利益相关者的威胁等。此外，记者、媒体的切身利益缺乏必要的法律保护，新闻工作者因正义发声遭到潜规则甚至伤害的情况时有发生，这也使得某些新闻从业人员为保一己之利选择沉默、不报道，乃至歪曲报道。

从内部环境说，媒体双重属性决定了媒体在受政府管控之余，还受限于利益供给者的讨价还价。这意味着媒体在报道一些涉及利益主体的负面新闻时难以做到立场坚定——隐藏事实真相、片面呈现、叙述不准确，甚至可能出现媒体"索要等价物"、"被贿赂"等有损媒体形象的情况。而作为媒体，有限的人力物力资源使得媒体难以对公众感兴趣的、与公众利益密切相关的新闻事件展开全面、客观、详尽的深度报道，许多真相也因此石沉大海。

追寻新闻真相，不是一闪而过的口号，而是货真价实的脚镣，它提醒着新闻从业人员每走一步都要铿锵有力。尽管当下的新闻环境不容乐观，媒体对真相、真理的追求却也一刻都不能放松。"民意代表"这一身份，要求媒体在任何情况下都能做到观点鲜明、立场坚定、绝不妥协。因为，媒体追寻新闻真相的力度决定媒体的深度。

2. 呈现新闻真相的速度决定企业在公众心中的信度。企业社会身份相对被动，往往扮演被监督者角色。该事件中，虽然中联重科是受害一方，但在对事实真相的呈现上，企业主体自身反映过慢、力度不够、强度也较弱，因而影响到它在公众心中的信度。

对内，为使公众在第一时间了解实际情况，企业相关部门或领导人应在事发后迅速主动自愿地接受媒体监督，确保媒体及时准确地将真实信息传递给公众，解除公众疑虑，避免社会恐慌。在媒体面前，企业无须"毫无保留"，但对所提供的企业内部材料的真实性，特别是与公众利益密切相关而又不涉及公司机密信息的真实性要能全权负责。

对外，企业不能谋一时之利，向媒体提供它者——无论是竞争者还是合作者的虚假材料，企图通过媒体的影响力诽谤诬陷它者，如给陈永州提供中联重科虚假材料的企业、幕后人员，利用媒体展开不正当竞争，诋毁中联重科。

3. 保护新闻真相的强度决定政府及行业机构的高度。政府及行业机构（如中国记协）更多承担事实真相的保护角色。通过监督媒体，间接地将真相传递给公众。然而这种监督需要注重"度"的把握，管控过松，媒体权力膨胀，极易将事实主观化，导致媒体失范；过严，媒体自由表达权受限，真相、意见难以完整地呈现。

当然为了公共利益，政府、行业结构和媒体可以相互合作，特别是在当下，公众对政府的不信任可以依赖媒体的公信力予以改善，而政府可以向媒体提供及时、准确、全面的信息，对新闻真相和事实予以强力保障，从而向公众树立一种高度。

4. 识别新闻真相的能度决定公众的话语宽度。获知权有两大含义：一是主张媒介有从当权者处获知各种公共信息的权利；二是大众有从当权者处获知各种公共信息的权利[6]。也就是说，公众有识别新闻真相的能力，即能度随着技术的进步，网络和移动设备的诞生无疑为公众增添了新的社会角色——自媒体。从延伸价值看，这一身份使得人们可以利用多种渠道实现自我意见表达，并对社会的方方面面实施监督，以获取更多的真相。从效用来看，公众的自媒体身份更多地发挥着"自身发言人"的作用，因而公众不仅要监督社会，也要监督媒体，在媒体扭曲事实真相、报道有误时及时提出批评督促指正，以更好地谋求公众利益。

此外，作为自媒体人，公众在公共舆论空间的言论，应做到言辞客观、立场坚定，不人云亦云、亦步亦趋，不捕风捉影、恶意诋毁陷害他人。也就是说，公众识别新闻真相的能度越高，公众对社会议题的话语言论就越宽。

（二）新闻尊严

"新闻尊严"的好坏取决于各方一致维护的成效。要想维护"新闻尊严"，就必须协调好媒体、公众、政府和企业间的相互关系，各司其职、各尽其责。

1. 媒体捍卫尊严。一方面，新闻传媒需要明晰自身的职业定位，厘清职业边界、确立职业理念，熟悉基本工作规范[7]。媒体在拥有运用舆论的独特力量对政府事务、社会事务等开展舆论监督的同时，也要时刻自省，以"严于律己，知错就改"的处事风格，捍卫媒介的新闻尊严。严格把关新闻信息来源、报道的客观性、全面性,合理的展开社会监督、舆论引导及新闻批评。在新闻批评方面强调维护人格尊严的意义不仅在于要求批评必须真实,而且在于批评者必须平等对待被批评者[8]。另一方面,新闻工作者要恪守职业道德规范,在实现自律与他律的基础上,通过优秀的新闻报道升华自身存在的价值。面对新的社会形态和新的传播权利格局,专业新闻人唯有守住新闻操守才能赢得广泛的尊重[9]。

2. 企业恪守尊严。企业对媒体行动上的支持要有底线、有原则。对媒体开诚布公、提供一手的真实材料固然有利于媒体尊严的维护,但行动上的支持,与为实现自身利益或损害他人利益,贿赂、恐吓记者、新闻单位是不可等同的。

企业对媒体经济上的支持应与新闻编辑区别开来。在实际操作中,新闻内容的独立性往往受制于广告主、经营商。在企业发生有违社会公德、危害公共利益的事件时,媒体往往会因自身利益搁置、改装新闻稿件,致使失声伤害媒体自身尊严。在媒体披露企业负面新闻后,企业将难以与媒体续约,甚至会中断广告合约,一些大的企业——媒体重要的广告主更是如此,这对以广告为主要经济利益的媒体来说无异于晴天霹雳。当生存危机四伏,媒体该如何固守尊严,需要企业与媒体的良好沟通。

3. 政府及行业组织维护尊严。我国媒体均为党管媒体,报道范围、报道内容、报道倾向均受到了一定限制。尤其是在报道内容上,稿件被毙、观点被拿、文字被改等现象时有发生,这种过度干预在某种程度上不利于新闻宣传的效果,更不利于新闻尊严的发展。另外,政府尤其是行业组织在监督、维护媒体时,要有理有据,不能凭空而论。

4. 公众树立尊严。公众应增强对媒体的信任感,在扮演自媒体角色时力求明辨是非。公众对媒体信任感的缺失,很大程度上是由媒体自身虚假报道的传播引起的,然而不实报道毕竟不是主流,且这类报道又主要来自于自媒体掌控的网络。陈永洲一案中,自媒体充分发挥了其即时性、互动性的特点,对于该事件的传播起到了不可小觑的作用。由全民支持到全民吐槽,网友的广泛参与促使"新闻尊严"、"新闻职业道德"、"媒介审判"等一系列议题形成舆论。

公众中还有一部分特殊群体——媒体人,他们是以个人名义活跃于网络等新媒体的新闻工作者。即使被新兴媒体脱去了"媒体外衣",媒体人对"公众意见领袖"这一公职的尽心尽力,却可谓有过之而无不及。他们积极借助新媒体、利用自身的专业知识与从业经验,抨击伪真实,揭露社会阴暗面,问责权力机构,引导社会价值观。对"陈永洲受贿披露中联重科"一事,他们表现出的态度有质疑、肯定,亦有遗憾与反思。

(三)道德共识

1. 媒体职业道德。媒体职业道德是从事新闻职业的人们在其特定的工作中形成的有关新闻工作的社会责任与义务的道德观念、行为规范和道德品质的总和,是一定的社会或阶级对新闻工作的基本要求的概括,是在社会职业道德体系中适用于新闻职业活动的一种表现形式[10]。"先做人再作文",这是媒体人职业道德规范的最基本要求。改善媒介职业道德缺失的现状,一是用新闻道德规范对记者进行约束,二是建立惩处和制约机制,三是保护记者讲真话,四是我们要向国外媒体积极汲取有效的治理有偿新闻的方法[11]。除此之外,媒体自律与媒体人自身素质的提升也不可忽视。

2. 企业道德建设。企业道德建设,顾名思义,研发、生产、出售高质量产品、服务等。企业道德建设还在于企业责任心与是非感的培养。企业的责任心主要指企业的社会责任心。企业需为自己的一言一行负责,尤其是在与媒体的沟通交流上。在媒体为公共利益对企业提出质疑时,企业应开诚布公、袒露实情、消除误解,为消费者的利益埋单;企业要为对媒体说过的话、提供的材料、做出的事负责。企业的是非感指的是企业在激烈的市场竞争中要遵循企业道德规范,采用合法的商业手段公平竞争,不能因图一时之利对错不分、颠倒黑白,要全力避免市场环境中的恶性竞争与违法行为。

3. 政府及行业机构道德的双面性。政府及行业机构扮演双重角色,一方面,它是各行各业职业道德规范的拟定者与监督者;另一方面,作为国家机构,它同样须遵循一定的道德规范。在确认陈永洲涉嫌犯罪后,执法部门及时执法将其拘留,符合民众的期望;前期却知法犯法,越权执法。中国记协及时发声,严正抵制有偿新闻,在此之前,却因把关不严造成盲目监督。道德规范的对象不仅包含被监督者,也包含监督者。因而作为监督者,在实行监督权限的同时,也要时刻着眼自身道德规范素养的养成。

4. 公众社会道德规范。每个人都有推进社会发展的义务,公众对腐败现象的揭露,为民请命的舆论造势极大改善着社会环境。新的媒介技术使我们能更加便利地行使监督权。与此同时,社会道德规范也在一定程度上受到威胁。如部分网民通过网络对他人恶语相加,损害他人合法权益等。作为事实的主要收受者和传播者,公众不仅要勤于监督,在媒体扭曲事实真相、报道有误时及时提出批评督促指正,更要做到高度自律。

五、结论

媒介素养框架的建构,应注重媒体、企业、政府及行业机构及公众的共同参与,应打通四个利益主体的经脉,形成四方利益对"事实真相、新闻尊严和道德共识"的共同遵守法则。

首先,对事实真相的坚守与维护。作为公众"民意代表",媒体要始终以"事实"为第一要点,努力做到观点鲜明、立场坚定。企业要由内而外,从主动自愿接受媒体监督做起,将真实信息告之公众,理性应对各种有违真理的行径。作为真相最有力的保障者,政府和行业机构对媒体等的监督不仅要适度,更要有准度与信度；而作为事实主要收受者和传播者，公众不仅要勤于监督，在媒体扭曲事实真相、报道有误时及时提出批评督促指正，更要做到高度自律，特别是在扮演目击者、被采访者身份时，要确保自身描述的"事实"与真相吻合。

其次，对媒介尊严的认知与巩固。媒体及从业人员要实现自律与他律高度统一。明晰自身职业定位，通过正当手段升华自身存在的价值；企业要从经济和行动上支持媒体，正确看待媒体披露的与自身相关的负面新闻，厘清广告投放与干预媒体作业的界限，辨明配合媒体展开新闻活动与贿赂恐吓新闻媒体及其从业人员的区别；新闻尊严需要政府和权威机构全面护理，维护一定要保证有理有据；公众对媒体尊严的认同首先应建立在公众对媒体的信任之上，此外作为自媒体，公众要不断向新闻专业人员看齐，力求明辨是非，客观"报道"。

最后，对道德共识的认同与建筑。道德共识的建筑对媒体自律与从业者自身素质的提升提出了具体要求。要求媒体改善职业道德缺失的现状，激励着媒体从业者尽早建立惩处、制约的机制和法律，以规避媒介因权力膨胀而越权的风险；道德共识意味着企业要富有责任心与是非感，即对与公众利益紧密相关的信息开诚布公，同时还需遵循企业道德规范；政府和权威机构在道德共识的建筑体系中仍然担任着监督者角色，因而批评与自我批评的协同作用至关重要；公众要善于利用科技优势，揭露社会现存腐败现象，合理利用舆论造势为民请命。

参考文献：

[1] 陈力丹. 论新闻真实［J］. 中国广播，2011，(4).
[2] 赵念民. 新闻人的位置和尊严［J］. 青年记者，2005，(11).
[3] 连春萍. 浅谈如何维护新闻职业尊严［J］. 新闻世界，2010，(19).
[4] 张敬知.《新快报》记者陈永洲被刑拘事件舆情报告［J］. 政法网络舆情，2013，(44).
[5] 李存厚. 新闻真实是新闻媒体生存与发展的基础［J］. 中国广播，2011，(4).
[6] 张明，靖鸣. 政府新闻发布与民众知情权、话语权冲突与协调［J］. 新闻大学，2006，(1).
[7] 陈力丹，王辰瑶，季为民. 艰难的新闻自律——我国新闻职业规范的田野观察/深度访谈/理论分析［M］. 北京：人民日报出版社，2010.
[8] 魏永征. 尊重人格尊严：新闻职业操守的重要规范［J］. 杭州师范学院学报：人文社会科学版，2001，(4).
[9] 朱春阳. 新闻操守与专业尊严［J］. 新闻爱好者，2013，(12).
[10] 丁菁，张伟. 新闻工作者的职业道德浅议［J］. 价值工程，2011，(12).
[11] 韩燕荣. 各种利益诱惑下媒体人应如何坚守职业道德［J］. 新闻传播，2012，(7).

［作者简介：张瑜烨（1970—），男，河南信阳人，武汉大学新闻与传播学院2011级博士研究生，湖北大学新闻传播学院副教授，主要从事媒介经济与产业发展研究。原文刊登于《湖北大学学报（哲学社会科学版）》2015年7月期。］

制衡视角下媒介素养赋权范式的新诠释

廖 峰

媒介素养的概念始于20世纪30年代的欧洲。媒介素养至今已历经四次范式转移：免疫、甄别、批判、赋权，其内涵和外延也在不断变化演进。新媒介的运用促使人类进入一个信息时代的新阶段。在这里，"人人都有麦克风，人人都是通讯社"。在全景围观的情境下，更多的议题进入公众视野，原本看似坚定的东西正在越来越多地遭受质疑，肯定和否定往往在转瞬之间。利益博弈已不仅是话语权的争夺，更多聚焦在话语权的自主程度以及彼此之间力量博弈对社会带来的影响。

与传统的关注个人的媒介使用、解读、辨别能力不同，自媒体情境下媒介素养以网络社区为基础的参与式文化为要求，因而从关注个人表达转向关注社区参与，被看作是个体在较大社区中的互动方式和交往技能，是面向21世纪新媒介环境的公民应该具备的社会技能和文化能力。[①]关注的焦点实现从个人向社会的回归。通过制衡，达到和谐共生，实现个人和社会的科学可持续发展。

在梳理此前媒介素养相关研究实践的基础上，本文试图在敌视批评、警惕的悲观立场和盲目崇拜、狂热的乐观主义之间，取而代之以一种更为平衡的中立视角。在多元文化共生的社会背景下，通过采用一种更为个人化的路径来看待媒介素养，从而找到更为现实可行的提升路径。

一、赋权范式的现实困境

科技的进步让媒介准入门槛逐步降低，同时也左右媒介素养运动范式的不断变化。从传统媒体时代的"你播我听"到自媒体时代的"我疑你答"，网络时代呈现出来的话语权新格局说明了权利的转移。技术的勃兴打破了传统媒体和政府的话语权垄断，宣告平民话语时代的到来。话语权平民化是对政府执政能力、媒体传播能力的巨大考验。自媒体时代的话语表达具有弥散性、流动性和开放性，平民的批评、质疑时刻挑战着传统权威。

世间万物的产生发展消亡，实质是一个各方利益主体此消彼长、相互博弈的过程。法国哲学家福柯（Michel Foucault）认为，权利本质上是一种影响力，突出表现在话语权的拥有情况，话语与权利之间存在本质联系。[②]大众媒介自产生之日起，由信息传播带来的经济、文化、政治资源的再分配，其本身就是相互争夺媒介权利的过程。为此，詹姆斯·波特（James Potter）强调："取得控制权，这正是媒介素养的全部内容。"③

从免疫、甄别、批判到赋权，权利争夺的重心逐渐从受者关注向传者关注转变。这也预示着在整个媒介传播生态环境中普通公众从弱势群体向强势群体的转变，尽管这个过程荆棘遍布、跌宕起伏。四种范式的提出都基于这样一个假设，即在媒介面前，相对于政府、企业、社会组织、把关人、意见领袖等而言，普通公众在信息传播过程中处于弱势地位。媒介素养运动从一开始就是一场关于媒介权利的角逐。而赋权范式的提出，更仿佛吹响这场运动从战略防御到战略反攻的号角。近年来国内外很多现实案例都佐证了这一点。当波涛汹涌的自媒体浪潮席卷而来时，政府仿佛一下跌入了"塔西佗陷阱"，在舆论面前步履维艰、左右为难。从传统媒介支撑政党、政府、媒体话语权到自媒体释放平民话语权，舆论不再完全按照政府和媒体预先设想的路线传播。

可见，真正的赋权，必须是平等保障每个主体的媒介权利。其物质前提是媒介等级隔阂被彻底打破，成为每个主体自由、平等、公正交流的技术载体。其素质前提是每个公民都有进行和谐沟通的意愿和能力。其制度前提是必须有完善的法律法规对主体言论行为进行保障和规范。三种缺一不可，如果公民素质和国家法治不能跟上技术的进步，就将出现双方或是多方力量博弈失衡导致社会发展极端化。当下，现实发展对赋权范式提出了新的要求。如果说该范式第一个阶段的目标是"夺权"，其关注重点是非传播职业的普通公众，那么，第二阶段的目标应是"制衡"，所有公民和组织成为平等的参与者。就媒介素养运动而言，中国比西方晚了60年，西方历时态的四个理论范式在中国大陆几乎是共时态地涌入研究者的视野。但是，就有关新媒介素养议题的研究和实践，中外却是基本同步的。

媒介素养运动的最终目的不是单方面的赋权，而是多方和谐发展。只注重夺权而忽略权力的制衡，只能步入另一种权利暴政的窠臼。所以，"无论其立足点是矫正媒介引发的社会问题，还是推进积极的公民社区以改善传播生态，使之有可能接近民主制度对独立媒介的期许，都绝不仅仅只是强调着眼于公众一方对媒介内容的选择、使用、参与和创造，而是同时需要全社会随时保持批判反思的立场来质疑媒介弊端的制度化成因"④。

二、媒介素养的三种视角

乐观视角。媒介的每次变革都是在人们的欢呼雀跃中闪亮登场。乐观主义者主张对媒介技术的进步采取支持的立场，同时抱以积极的态度主动学习，全盘接受。这种观点多站在媒介技术角度，强调知识能力层面的学习。最早的新闻专业教育和后来开展的计算机、网络全民普及运动都可以看作是这种视角的典型诠释。此时的媒介素养多是一种精英素养的体现。

悲观视角。持这种视角的人们多站在媒介内容层面，强调媒介信息的毒害。对媒介影响抱以悲观消极的态度，主张对媒介扩张采取抵制的立场。20世纪30年代，以保护主义为特征的近代媒介素养运动正式登上历史舞台。利维斯（E. R. Leavis）和丹尼斯·汤普森（Denys Thompson）在其专著《文化和环境：培养批判意识》中首次提出媒体素养议题时就强调通过教育同媒体"作战"，鼓励学生"甄别并抵制"大众传媒的错误影响和腐蚀，自觉追求符合传统精神的美德和价值观。这种建立在极端不自信基础上的"保护论"一直饱受争议和批判，"这种保护主义教育忽略了青年人在媒体环境中可能获得的各种应对经验，同时也未能教给学生如何适应急剧变化的媒体环境"⑤。但不可否认，在当今许多媒体素养教育起步较晚的国家和地区，"保护功能"仍是媒体素养教育开展的主要动因之一。

制衡视角。乐观与悲观、积极与消极一直相互纠结，伴随媒介技术革新、社会进步，左右着媒介素养教育运动的发展。制衡视角，就是辩证唯物主义的视角，是以追求平衡和谐为最终要义的视角。在理解媒介存在的社会价值及技术革新的现实意义上，既要看到主要矛盾，又要分析次要矛盾。在分析具体媒介信息的社会影响上，既要了解矛盾的主要方面，又要重视次要方面。20世纪七八十年代兴起的"解密论"和"自主批评理论"都可以视为制衡（中立）视角的端倪。麦克卢汉（Marshall Mc Luha）、尼尔·波兹曼（Neil Postman）等学者提出的媒介生态理论进一步强调，媒介作为社会的一个子系统，其构成要素之间、媒介与媒介之间、媒介与外部环境之间也存在着密切的互动关系并保持着某种和谐。换言之，媒介素养的目的不是谁控制谁，而是实现和谐共生。就媒介素养运动而言，制衡主义是一种方法论，实现精英素养和草根素养的共存共生。媒介素养不仅被视为公众一方制衡媒介不良表现的力量，更重要的是它在现代民主机制中发挥的正面作用和担负的关键责任。将公众、政府、媒体相互培育建构成对等制衡的一方，无疑对推进中国的政治民主具有积极的意义。

三、媒介素养目的差异化分析

积极态度。新闻专业教育可以视为媒介素养的启蒙运动。新闻教育与传播研究，均发轫于西方。当然，这种精英教育在造就一个新行业的同时，也为后来的媒介霸权主义埋下了伏笔，从而促使和推动媒介素养运动的产生和发展。持乐观态度的人往往片面夸大媒介对人类社会的正面影响，强调对浅层面新闻知识、媒介技术的学习。同时理想化地认为职业道德操守能让新闻行业抵御一切腐朽思想的侵蚀，从而保证普通公众的权益。保护固然是媒介素养的重要组成部分，但正如本文后面将论述的，这只是冰山一角而已。

消极情绪。保护主义思想一直伴随媒介素养运动的发展，过去曾经盛行，现在依然存在。其原因一方面是不健康媒介信息的负面影响如影随形，另一方面更重要的是人们对媒介的错误认识。典型的案例是长久以来大部分人相信，电视在某种程度上会让孩子懒惰、创造力降低、变成无精打采的娱乐迷，影响孩子的健康成长。

但詹姆斯·波特的研究发现，媒介影响同时存在几种不同的结果，被剥夺了电视信息源的孩子，学习成绩比适度看电视的差，当看电视的时间使得学习时间降低时，学习成绩则开始下滑。⑥之后提出的超越保护主义，如"赋权论"和"争权论"，其核心是控制与被控制的角力。名义上宣扬保护主义的超越，实质仍是将普通公民置于绝对弱势的处境（实际上，网络自媒体时代，这种情况正在悄然发生改变）。所以从根子上而言，它并没有真正超越保护主义的思想束缚。

中立制衡。以理性的立场、客观的态度应对消极的困境。制衡主义的最终要义是实现权利的共享，是在媒介面前，实现普通公众、政府、党派、企业、宗教团体和其他社会组织的和谐共生。单方面地强调任何一方对媒介权利的控制都容易导致媒介生态环境的失衡，造成利益的冲突和矛盾的激化。因此，第四代范式的主要内涵应该是参与式的社区行动，即由对媒介的批判性思考转为通过"赋权"最终"促成健康的媒介社区，而非仅仅指责媒介的不是"⑦。

平衡视角下的媒介生态环境，犹如中国的太极图，各力量主体相生相克、相辅相成。乐观（积极）和悲观（消极）的视角往往将媒介和媒体混为一谈，将媒介视同与普通公众互为控制的第三方（图1）。而在平衡理论视野下，媒介只是一种单纯的载体，是一种介质，如同太极图中间的曲线（图2），在整个生态环境中，媒介与人的关系最终是人和人的关系，媒介与人的和谐也最终是人和人的和谐。媒介素养的目的不是控制权的争夺，而是追求话语权的平衡。平衡发展才能够维持下去，剑走偏锋都会物极必反。反复的左右大幅度偏移，只会造成混乱和冲突；而同时承认这两种客观存在的情况，并选择一个平衡和谐的方式去面对处理则能使得这种激烈的冲突降低到最低。

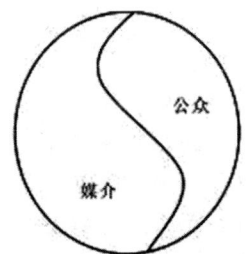
图1　乐观及悲观视角下的媒介生态图

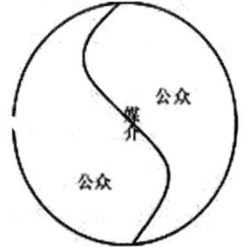
图2　平衡（中立）视角下的媒介生态图

四、平衡视角下媒介素养对象解读

传媒业者、政府官员是否应纳入媒介素养范畴。国外研究鲜有将传媒业者、政府官员纳入媒介素养范畴的。国内研究者尽管也将媒介素养的研究重点聚焦在普通公众身上，但也有学者提出不同见解。陈力丹认为："媒介素养分两个层次：一个是公众对于媒介的认识和关于媒介的知识，另一个是传媒工作者对自己职业的认识和一种职业精神。"⑧这一点在谢金文的论著《新闻·传媒·传媒素养》里同样得到体现，他首先提到全民的媒介素养，尤其是党政干部的传媒素养，进而重点探讨了传媒机构和传媒人的媒介素养问题。⑨彭兰针对社会化媒体的传播特点，对公众、传媒业者以及政府机构与官员的媒介素养内涵及其关系进行了新的界定，强调三者是同时存在、相互依存的关系，对于一个平衡的、积极的信息传播系统来说，缺一不可。⑩蒋宏2003年就曾提到媒介素养对象的三个层面："传媒素养不仅指媒介公民（传媒人和媒体）的传媒素养，而且还包括自由公民（受众）的传媒素养和政府、企业公民（政府领导和部门以及企业法人代表）的传媒素养。"⑪

中外媒介素养客体研究的确存在差异。尽管媒介素养运动兴起的本源是基于大众传媒面前普通公众是弱势群体的假设，但在自媒体盛行、真理有时被技术绑架的当下，中国的媒介素养研究创新又显得具有前瞻意义。

保障自由公民、媒介公民、政府企业公民媒介素养的均衡。这是平衡主义第一阶段，自媒体出现前，重点解决自由公民与媒体、政府、企业之间的矛盾。自由公民、媒介公民、政府企业公民媒介素养，这三者是相生相克、同存共生的关系。外部制衡，最重要的就是协调好三者之间的权利制衡关系。第一步通过"事业单位、企业经营"的方针，加大媒体自主权。第二步借助自媒体的兴起，鼓励公民新闻运动。同时，党和政府又通过打击网络谣言等不断纠偏，营造和谐的媒介生态环境。就媒介公民而言，强调坚守新闻道德底线意识。尽管对于什么是新闻专业主义各界聚讼纷纭，但必须以客观、公正、全面为准则。就政府企业公民而言，主要是树立信息公开和舆论监督意识。

保障自由公民内部媒介素养的均衡。这是平衡主义第二阶段，自媒体出现后，重点解决自由公民内部话语失衡问题。媒介自由公民由网络名人、摇旗呐喊的紧密跟随者和普通公众三类人组成。从当前情况看，三者人数上呈正三角分布，而话语权、影响力却呈倒三角形分布。网络名人、网络水军、网络推手往往形成话语垄断。一方面，网络名人借助自身的影响力，或发起公益活动，或帮助寻人救人，积极传递正能量；或致力于监督权力，或积极追问公共事件原因，屡屡发出促使社会向善的好声音。另一方面，有的网络名人为了个人的目的，发言时预设立场，诛心立论，语不惊人死不休；有的遇事急于表达观点而在无意中充当了散播谣言的工具；更有甚者，明知是谣言的情况下，故意贴上"求辟谣"的标签转发扩散；还有的大发偏激之语与泄愤情绪，煽动粉丝，大搞人身攻击、叫阵约架。所以，一方面要注重从法规制度的层面对网络行为进行约束，另一方面要促成个体公民的理性和坚守，警惕成为多数人舆论暴政的帮凶。

五、平衡视角下媒介素养层面和纬度梳理

詹姆斯·波特将个人定位、知识结构和技能作为媒介素养的三大基石，并指出

"个人定位是你的能量与目标,知识结构是原材料,技能就是工具"⑫。低层面(知识、技能、道德)。这里的知识,是指关于媒介的基础信息,是关于"是什么"的信息。技能主要指获取信息、制作信息和发布信息的能力,是人们用来与媒体进行互动、接近媒介信息的工具。能力,是简单识读信息表层含义的过程,即传播中的解码和编码。这个层面的道德(口号道德),多是一些口号、教条。

高层次(知识、技能、道德)。这里的知识,是关于"怎么样"、"为什么"的信息。技能,主要指对媒介信息分析、评价、分类、归纳、演绎、综合与提炼的技巧。技能是理解传播符号所隐含的深层意义的过程。道德(思辨道德),则是科学思辨的必然结构。在这个层面,建立科学的"自动导航系统",并能不断对编码进行检查更新。

教育要实现两个层面、三个维度间的平衡。媒介素养是一种综合素质,知识、技能(能力和技巧)、道德三者缺一不可。没有知识的积累,就难有技能的获取,更谈不上道德的提升了。

媒介素养的提升必须是一个在两个层面、三个维度间平衡提升的过程。其实质是不断提升人们面对媒介信息时做出过滤决定、意义匹配决定与意义构建决定的力量。不同层面和维度的素养是相辅相成、辩证统一的。在特定的信息处理任务中,某些层面和维度可能暂时比其他的更重要。例如在过滤任务时,低层面素养的作用首先体现出来。在意义匹配任务中,形象性的能力是最重要的。而在意义构建任务中,抽象的技巧则更为重要。

这种提升必须是连续、不断递进的。在一些典型案例中,了解媒介基础知识的人,会比那些对媒介一无所知的人对媒介信息表现出更强烈的好奇心和获知欲。具备媒介使用能力的人,会更有机会接触良莠不齐的各种信息,缺乏思辨技巧的人因此被商家、媒体、网络领袖操控的概率就会大大增加。而一个具备了知识和技能却缺乏媒介道德的人,更有助纣为虐的危险。自媒体时代网络谣言四起即是很好的例证。所以,媒介素养必须强调维度和层面的平衡。缺乏维度平衡的媒介素养最终难以实现人的全面可持续发展,而缺乏层面平衡的媒介素养更可能导致带来破坏效应的伪素养。

六、结语

自媒体时代带来了媒介生态的显著变化,但时下普通公民在自媒体网络平台对言论权的滥用更使我们担忧。和谐的媒介生态必须以外在的制度约束和内在的智慧力量制衡予以保障。一味强调普通公众对媒介话语权的控制,可能会走向媒介霸权的另一个极端。权力制衡,是指在媒介生态系统中,存在着与权力主体相抗衡的力量,这些力量表现为一定的传播主体,包括个人、群体、机构和组织等,他们在权力主体行驶过程中,对权力施以监督和制约,确保权力在运行中的正常、廉洁、有序、高效等,并且使各部分权力在运行中保持总体平衡。这些制衡有利于保证社会公正合理的发展方向以及社会整体目标的实现。

平衡视角下，媒介素养追求媒介生态环境与社会总系统和谐共生议题下的个性发展。正如伏尔泰的名言："我可以不同意你的观点，但是我誓死捍卫你说话的权利！"特别是自媒体时代公众言论波涛汹涌、聚讼纷纭，尊重、保障每一成员的话语权尤显重要。时下，更多地应警惕网络霸民对公众的蛊惑和误导。当谎言重复一千遍，往往也就被误认成了真理了。而这种情形，正在当下的大众媒介传播中不断重复发生。

媒介素养的最终目的是什么？是全方位的赋权，实现制衡协商。正如台湾学者林子斌提到的，旨在构建和谐健康的媒介生态环境。从而在全媒体情境下尽可能实现哈贝马斯提到的"理想的商谈环境"的目标。其中既包括每一个主体都平等享有参与商谈、表明态度、愿望和需要的权利，同时更强调没有一个谈话者可以通过商谈讨论内或商谈讨论外支配性强制，妨碍上述权利的体验。[13]尽管在媒介虚拟环境中消灭一切话语剥削和信息压迫、实现绝对平等的目标趋于理想化，但制度的保障，特别是每个社会成员媒介素养的提高，无疑有助于这种制衡状态的趋近。

注释：

① 曹洵：《西方新媒介素养教育：现状与趋势》，载《青年探索》2013年第5期。
② 刘北成：《福柯思想肖像》，北京师范大学出版社2001年版，第201页。
③⑥⑫ [美]詹姆斯·波特著，李德刚等译：《媒介素养（第四版）》，清华大学出版社2012年版，第8页，第17页，第13页。
④ 陆晔：《媒介素养的全球视野与中国语境》，载《今传媒》2008年第2期。
⑤ [英]大卫·帕金翰著，宋小卫译：《英国的媒介素养教育：超越保护主义》，载《新闻与传播研究》2000年第2期。
⑦ 陈世敏：《媒介素养的基本概念》，台湾五南图书出版股份有限公司2005年版，第11页。
⑧ 陈力丹：《关于媒介素养与新闻教育的网上对话》，载《湖南大众传媒职业技术学院学报》2007年第2期。
⑨ 谢金文：《新闻·传媒·传媒素养》，上海社会科学院出版社2004年版，第4页。
⑩⑬ 彭兰：《社会化媒体时代的三种媒介素养及其关系》，载《上海师范大学学报》2013年第3期。
⑪ 蒋宏：《关于现代传媒教育的思考》，《新闻记者》2003年第9期。

（作者系浙江丽水学院副教授。本文系2014年度浙江省社科规划"之江青年课题研究"立项课题"全媒体时代畲族地区留守儿童媒介素养实证研究"的阶段性成果，项目编号：14ZJQN001YB。原文刊登于《中国广播电视学刊》2015年2月。）

> 学术卡片

从"释放"到"赋权":自媒体语境下媒介素养教育理念的嬗变

闫方洁

《现代传播(中国传媒大学学报)》2015年第7期

在"第一媒介"时代,媒体话语权力掌握在少数人手中,由此孕育出以防御和免疫为核心的媒介素养教育理念,其目的是要将大众从由媒体建构的迷障中"释放"出来。然而,自媒体的出现促进了话语权向大众的回归,并对个体的媒介素养提出了新要求。为了培育大众建构有益信息的能力、信息责任感和信息规范意识,需确立以"赋权"为核心的媒介素养教育新理念。赋权式媒介素养教育以质疑为基础,以建构为导向,以完善公共生活为口标,旨在提升公众的行动力,因此它并非传统的知识型教育而是实践型教育。

所谓媒介素养,是指人们面对媒介时所具有的能力,从完整意义上来说,它至少包含两个维度,即"理解媒介的能力"和"回应媒介的能力"。换言之,人们既要不被蒙蔽,还要能够改变现状。相应地,完整意义上的媒介素养教育旨在使大众获得双重能力,正如台湾学者吴翠珍等人一贯主张的那样,既要对大众进行"释放"又要对其进行"赋权"。"释放"与"赋权"的根本不同之处在于,它将注意力更多地放在提高大众正确"理解"媒介而非"回应和应用"媒介的能力上。

在传统的媒介语境下,由于媒介的进入壁垒极高以及媒介与大众二元对立关系的存在,大众根本无法在被释放的基础上享有更大程度的自主权,而通过赋权和建构来改变现状更是奢谈。在不对等的信息传授关系中,大众被理所当然地设定为无助的受害者,即大众在媒介而前只是被操纵的对象,且一元性地认同于媒介信息,这便构成了"释放"式媒介素养教育理念得以确立的现实与文化心理基础。

传统的媒介素养教育以防卫性、家长制的理念作为准则,认为教育的目的主要是将大众从由媒体建构的迷障中"释放"出来,使其能够自主地分辨、选择、评估媒体及其内容,不被媒体所左右,确立对于媒体的批判性态度和理性接受方式"释放"式媒介素养教育理念基于人们对个体和媒介权力关系的悲观主义判断。然而,在自媒体语境下,由于话语权力关系的转变,这种消极认知与现实的社会文化情境存在巨大的偏差。因此,要培育新时代大众的媒介理性就必须更新教育理念,从"释放"走向"赋权"。

自媒体区别于传统媒体的根本之处在于,它塑造了新的信息生产与传播秩序。由此可见,自媒体打破了"第一媒介"时代不对等的话语权力关系,而随着信息话语权向大众的回归,个体在社会中的地位、角色和作用都相应发生了变化,他们也因此必须发展出与自媒体语境相适应的媒介素养。首先,大众需具备建构"有益"信息的能力。其次,大众需拥有较强的信息责任感。再次,大众需养成信息规范意识。

综上所述,自媒体的产生导致了一系列有别于传统媒介文化的现象和行为,它要求大众具备建构有益信息的能力、信息责任感以及信息规范意识,而大众要养成这些素质不仅要"理解"媒介,更要在此基础上"回应和应用"媒介。相应地,媒介素养教育不仅要培养大众对媒介负面功能的觉醒和反省能力,更要培养其有效运用媒体成长为民主社会中积极成员的能力,即媒介素养教育需要从"释放"走向"赋权"。

单纯以"否定媒体"为要义的媒介素养教育理念的局限性过大,且已经不能满足全新媒介对大众素养的要求,因此需要加以突破,从"释放"式媒介素养教育走向"赋权"式媒介素养教育。然而,这里并非要将二者对立或者割裂开来。相反,自媒体时代下的媒介素养教育应该实现两者的有机结合,在"释放"基础上实现"赋权"。释放的根本口的是为了保持主体的自由认知与思辨力,而这些恰恰是建构性行动的前提,在任何媒介语境下,不断质疑、检视与反思信息传播中的伦理与人本议题,都应该成为公民使用媒体之一切行为的出发点。离开批判和质疑而一味强调赋权,所带来的结果必然是盲口的、无序的甚至是破坏性的。

(张杰摘)

公众媒介素养指数初探

白传之
《青年记者》2014 年第 33 期

笔者认为,媒介素养是指人们批判性地解读和鉴赏多种媒介信息与作品以及利用媒介获得自身和谐发展的能力,提升媒介素养的教育则为媒介素养教育,简称为媒介教育。其基本内涵包括帮助人们获得新闻传播知识,提升对媒介传播规律和特质的认知，洞悉媒介运作和传播过程，调整对媒介信息的被动接受和盲从意识，最为重要的是提高公众的推理及批判性思维能力。媒介教育的目标是调适人与媒介的关系，促进人们在与媒介接触过程中获得身心健康和谐发展。

个体的媒介素养是可以测量的吗？答案是肯定的。这就是媒介素养指数概念的由来之一；由来之二，各地不少研究者常常开展当地特定群体如大学生或中学生的媒介素养调查，甚至许多硕士学位论文专门研究大学生群体媒介素养问题。那么，如何定义媒介素养指数呢？

笔者认为，可以引入"基本媒介素养"概念，进行明确定义和测量，通过科学的抽样调查统计分析，确立基本媒介素养指标体系，设定某个值为基准水平值，把100人中具备基本媒介素养水平值的个体数量定义为"指数"，如某高校学生的媒介素养指数为0.08，即表示该校每100名在校生中，有8名具备基本媒介素养水平的个体，这样，无论是进行横向还是纵向等多维度的比较研究，均具有可比性价值和意义。

关于媒介素养，大多数研究者认为：一是媒介教育的重点群体为未成年人，这个群体更易受到媒体不良传播的影响；二是媒介素养的基本内容包括如下几个方面：（1）媒介接触度；（2）媒介知识量；（3）媒介理解力；（4）媒介应用力。媒介素养水平即为上述4项指标的综合结果。与媒介的接触是提升媒介素养的基本条件，媒介素养水平并不完全取决于与媒介的接触度，尽管媒介知识量可能与媒介接触度呈正相关关系，但是，人们的媒介理解力和应用力可以通过其他渠道获得，是包括媒介接触在内的多种复杂因素共同作用的结果。这意味着在具体应用过程中，4项指标可有不同的权重，在指数研究过程中，要进行加权处理。

国内媒介教育的基础研究仍然十分薄弱，突出表现在基本概念不统一，基本理论体系框架远未清晰，如研究对象、研究目标等还没有形成共识。研究者们用"媒介"、"媒体"、"传媒"、"信息"、"网络"、"新媒体"等中心词分别与"素养"、"素质"、"教育"排列组合出数十个概念，各自对概念阐述的重点亦不相同，研究方向也有差异，并逐渐形成自说自话、自我封闭的态势，国际交流更是出现了障碍和不对等。这在很大程度上影响了国内媒介素养理论研究和媒介教育实践的深入开展。

笔者认为，通过抓住媒介素养指数研究这条线，可以很好地统领相关的研究方向和路径。（1）便于明晰和确立媒介素养研究的学术范畴。（2）便于研制媒介教育的目标。（3）便于测量目标群体媒介素养自然水平以及媒介教育实施后的效果。（4）便于开展媒介素养的比较研究。有了媒介素养指数作为"衡量"的尺度，一方面，可以开展不同群体、不同区域、指标偏向等诸多方面的比较研究。分析差异性，针对差异性研发相应的课程、制订相应的媒介教育方式，必然比盲目地实施效果要好；另一方面，尽管媒介素养发端于西方国家，由于社会制度、价值观、媒介文化、教育制度等诸多差异性的存在，中西方对媒介素养会有不同的理解，对实施媒介教育会有不同的操作方式，但依赖于媒介素养指数具有一定的可比较性，可以为国际交流奠定对话的基础。

（张杰摘）

基于CSSCI（1986—2014）的信息素养与媒介素养的比较研究

周　晶　兰国帅　张一春
《现代远距离教育》2015年第3期

信息素养这一概念最早是在20世纪70年代，由美国信息产业协会主席保罗·泽考斯基在美国图书馆与信息科学委员会的报告中提出的。在对于信息素养概念的内涵和本质的理解上，国内的认识基本是统一的，即主要包括信息意识、信息知识、信息能力和信息道德四个方面。

媒介素养这个概念最早在20世纪30年代的英国出现，被引入我国则是在90年代后期。一般而言，媒介素养是指公众对各种媒体信息的解读和批判能力以及使用媒体信息影响个人生活、促进社会发展的能力，具体包括对媒体信息选择、理解、评价、质疑、创造和批评的能力。

为了探究这两种素养的区别和联系，本研究以中文社会科学引文索引CSSCI为信息源，基于文献计量学和共现聚类分析方法，对国内这两个领域1986—2014年间的文献数据，从时间数量分布、学科类别分布、刊发文献学术期刊分布、高产出学术研究机构分布、高产出学者分布、研究主题与研究热点等方面进行研究，通过实证对比两种素养的研究范围与研究内容，探讨它们的异同并探究二者之间的关系。

本文的研究思路如下：首先对所有有关"信息素养"和"媒介素养"的文献题录数据的时间数量分布、学科类别分布、刊发文献学术期刊分布、高产出学术研究机构分布、高产出学者分布和研究热点等维度进行对比分析。其次利用SPSS的统计分析功能分别对"信息素养"和"媒介素养"这两个领域内的文献关键词进行词频统计与共现聚类分析，旨在对比国内这两个研究领域的研究主题与研究热点，分析这两种素养的差异与关联及其发展趋势，进而找到两者的融合点。

通过对信息素养和媒介素养这两个领域进行上述研究与分析，我们发现：（1）这两个领域在文献数量、学科类别分布方面呈现一定的相似性。（2）这两个领域在刊发文献学术期刊分布、学术研究机构分布和高产出学者分布等方面呈现很大的差异性。(3) 由于这两个领域针对不同的研究对象,立足不同的研究视角,采用不同的研究方法,所以这两个领域在研究主题与研究热点方面也呈现明显的差异性。(4) 信息素养和媒介素养由于在一定范围内有着相同的研究目的,所以这两个领域的文献数据在学科类别、学术期刊、学术机构分布方面都有着重叠的部分,两者的研究主题与研究热点也有共同关注的对象和内容。

本文关于信息素养和媒介素养的文献数据实证对比的研究结果,对于国内信息素养和媒介素养领域的研究有着积极的参考意义和借鉴价值,对其今后的发展也有一定的启示。(1) 通过对比信息素养和媒介素养的学科类别和研究方向,构建两个领域积淀发展形成的研究主题框架,为跨学科研究做基础铺垫。(2) 这两个领域可以通过合作找到共同点,进而搭建两者融合的桥梁。(3) 这两个领域可以互为补充,互为促进。(4) 要加强信息素养和媒介素养领域的全方位合作。

(张杰摘)

论国学教育与媒介素养教育

黄 洁

《中国广播电视学刊》2015 年第 2 期

国学教育是基于国民道德水平与国民素养的日益下滑,导致一度衰弱的国学及国学教育被重新发掘,国学以其博大精深的内涵铸就了民族的文化心理结构,深刻影响着中华民族的每个个体的思维方式、价值观念、理想追求,作为一种教育思想,国学教育以优秀传统文化为核心内容,重在健全人格素养、培养爱国精神、提升人文素养。现今的国学应社会需求而生,被赋予了更多时代意义和历史使命。

媒介素养教育是基于信息时代,大众传媒在商业动机刺激下,普及的流行文化对国民的道德导向和精神追求带来误导而提出的教育理念。媒介素养教育旨在通过培养国民的人文素养、道德修养、民族意识、批判能力完善自我,参与社会发展。

国学教育是对具有民族特色的人文文化的教育,是传承中华民族思想、文化和学术传统的教育,以培养人的文化素养、人文精神、民族意识以及健全人格为主要目的,培养国民的民族意识与民族精神,传承中华民族的优秀历史传统。

媒介素养教育是指导受众正确理解、建设性地享用大众传播资源的教育。通过这种教育,培养受众具备健康的媒介批评能力,使其能够充分利用媒介资源参与社会发展。

从内涵分析，两者都具有全民性、教育性、民族性、本土性、文化性、导向性、继承性和创新性的特点。从现状上分析，国学教育和媒介素养教育的背景相似而必要性和迫切性相同。从两者关系分析，国学教育与媒介素养教育相互影响，相互补充，相互作用，互动发展。

相似的背景，相同的目标和互为影响的关系，使国学教育和媒介素养教育注定要融合在一起发展，但是如何使两者相互融合，逐步建立丰富多彩的科学体系，获得良性、持续、稳定的发展并非易事，是一个系统工程，有许多难题需要克服。国学教育与媒介素养教育融合的路径探析：（1）通过设计科学、合理、可行的课程体系，实现国学教育与媒介素养教育的融合；（2）积极探索和创新教育教学方法，坚持灵活多样的教学形式，利用新媒体的方法和手段，实现国学知识的习得及国学教育思维方式和讲授方式在媒介素养教育中的转化创新；（3）在融国学素养、媒介素养提升与教师专业发展中，全员参与，以教促学，实现教师素养的全面提升；（4）借助媒介的传播渠道，营造社会文化氛围，接受国学及媒介素养知识于潜移默化中。

（张杰摘）

论网络电视批评对文化公民的塑造

谭 玲

《西南民族大学学报（人文社会科学版）》2015年第1期

社会主义文化强国建设事业呼唤合格的文化公民，而网络电视批评对塑造文化公民有着重要作用。网络电视批评能强化公民以"文化"为维度进行的自我身份认同，在潜移默化中培养公民的媒介素养、激发公民的文化自觉。网络电视批评将"文化化人"理念践行于日常文化生活中，增强了文化的活力和凝聚力，值得充分重视。

基于复杂的社会文化环境，网络电视批评应运而生。网络电视批评是指：以网络为载体、以理性为内核，针对电视节目形态、电视理念、电视现象、电视人等电视媒介要素及其衍生物进行的价值判断活动。公民对电视文化的批评实际上反映的是对整个媒介文化、社会文化的批判。网络电视批评一方面使文化冲突显性化；另一方面又促成各方对话，使文化冲突得到一定程度的调解。

第一部分　媒介素养理论探讨

公民的文化水准对文化产业的发展方向和发展水平影响重大。发展文化产业需要海量具有强大文化消费能力的公民，这种消费能力一方面指公民的经济能力，另一方面指公民要热爱文化，有文化品位、审美能力、批判能力。作为消费者，公民的文化选择对文化产业原创者、制造者产生直接刺激和引导作用。有时，公民也会直接成为文化生产者。因此，高素质的文化公民才能催生高质量的文化产品，才能增强国家的文化魅力、文化竞争力，拓展文化市场，壮大文化产业。可见，我们的社会主义文化强国事业必须以大量、合格文化公民的产生和发挥作用为前提，培育成熟的文化公民应该成为当前我国重要的文化方针。

既然文化公民身份的自我认同至关重要，那么，培养和强化这种自我认同就成为塑造文化公民的关键。这是一项长期而艰巨的国家工程，也是一项富有生活气息的民间工程。网络电视批评对文化公民的塑造大致可分为两个方面。其一，培养公民的媒介素养，其二，激发公民的文化自觉。

合格的媒介素养对文化公民的形成至关重要，是成为文化公民的基本要求。在这方面，网络电视批评起到了重要作用。因为它与当下媒介文化中热度最高的电视文化和网络文化密切相关，又具有严肃的批判性，它能让公民在潜移默化中提升媒介文化素养，更好地成为个人和所在家庭的文化把关者，增强社会文化细胞的健康度和活跃度。(1)网络电视批评促使公民充分开掘媒介功能；(2)网络电视批评促使公民成为媒介的理性主人。

由于文化是在积淀的基础上渐变的，因而文化自觉也需要与时俱进。在当下这个急剧转型时期，文化自觉对于确立文化重心、明晰文化方向意义重大。而文化自觉的培养，是一个长期、渐进的过程，靠突击、运动是难以达成的。而网络电视批评凭借其浸润式、大众化、生活化的特点，在激发公民文化自觉方面有着明显优势。(1)网络电视批评唤起公民文化上的自我觉醒；(2)网络电视批评促使公民在文化上自我反省；(3)网络电视批评促使公民参与文化的自我创建。

网络电视批评就是这样一种广义的教育途径。它突破了传统的文化规训培养模式，融"自制"与"他制"为一体，更直接、更接地气、更具入世精神，让广大公民在主动参与、相互矫正中提升媒介素养，实现文化自觉，强化文化公民的自我认同，从而完成"文化化人"的过程。综上所述，在网络电视批评中，公民文化权利的行使与文化义务的履行同时进行，其文化公民身份的自我建构与社会文化的公共建构也同步进行。这一方面塑造了合格的文化公民，另一方面也凸显了社会主义文化共建共享的根本特征。当我们仰望社会主义文化强国的宏大目标时须知：千里之行始于足下，让我们关注网络电视批评，打造文化公民。

(张杰摘)

媒介环境学视野下的社交媒体依赖现象

聂 莺
《东岳论丛》2015 年第 2 期

随着媒介技术的不断发展，人们对传播媒体的依赖越来越深，将大量的时间和精力投入到媒介营造的世界中，"媒介化生存成为现代人不可逾越的生存状态"。而社交媒体作为 Web2.0 时代出现的新媒体形式，赋予了受众广泛的参与空间和交流平台，资讯获取、娱乐休闲、逛街购物、商务贸易、在线问答等都通过社交媒体来实现。社交媒体不仅仅是传递信息的媒体，而正在成为一种新型的社会形态，渗透到人们生活的方方面面。

一、受众对社交媒体依赖的原因

（一）作为感知环境的社交媒体

多种感官同时卷入，满足受众的娱乐需求。以互联网为承载平台的社交媒体几乎是以往所有媒介形态的集合。以文本信息为主的论坛、博客具备了书本的功能，延伸着人们的视觉；虾米、酷狗等音乐分享平台使听觉延伸更加畅通无阻；各种视频网站让人们几乎有了置身于电影院与剧场环境的错觉；逼真的社交游戏更使人身临其境。更为实际的情况是，他们常常在浏览新闻时一边听音乐一边跟朋友聊天。多感官的交错运动使人卷入一场更为完美的视听盛宴，人们满足并且享受着这种快乐刺激，全身心体验着虚拟世界中的喜怒哀乐。

（二）作为符号环境的社交媒体

表征性符号占主导，浅阅读迎合受众快节奏生活。社交媒体是一个由多重媒介符号组成的环境，包括文字、图片、音频、视频等。新闻资讯中堆积着大量吸引眼球的图片；即时聊天的文字中夹杂了各种表情和动态插图。直觉、快感、当下感的表征性符号迎合了现代人快节奏的都市生活，让浅尝辄止的"浅阅读"成为人们获取信息的常态，在视觉快感和心理愉悦中，人们能够快速直接的接收各类信息。

（三）作为社会环境的社交媒体

媒介融合促进信息流通，便捷性加深受众依赖。社交媒体提供了一个"融合"的环境，主要体现在两个方面：一是社交媒体和移动互联网的融合。二是社交媒体和其他网络媒体的融合以及不同社交媒体平台的融合，使信息获取更加便捷。

二、社交媒体依赖对受众产生的影响

（一）社交媒体推进受众的碎片化生存

碎片化传播体现在两个层面：第一个层面是事实性信息传播的碎片化，即信息来源的多元化、观察视角的分散化、信息文本的零散性和信息要素的不完整性；第二个层面是意见性信息传播的碎片化，即意见的异质性、分裂性。社交媒体加剧了传播的碎片化，草根性的社交媒体赋予了人们平等的发言机会。

（二）社交媒体带来人际交往的异化

利用社交媒体进行的人际交往是一种"人—机—人"的交流方式，人们之间的沟通抽象化为媒介与媒介的交往，具有虚拟化和间接性的特点，但这也决定了其具有极高的自由性。受现实规则制约的人们往往在虚拟世界中寻找心灵寄托，将更多的时间投入到社交媒体的交往中而减少了在现实世界里人际交往的需求，越来越远离正常的交往圈，导致人际交往的"异化"。

（三）社交媒体催生狂热的消费行为

电子商务网站、大众点评网等社交媒体让人们的消费行为发生了深刻的变化，也给企业带来了全新的营销模式。企业利用社交网络、在线社区、微博或其他协作平台进行品牌营销、商品销售、公共关系处理和客户关系维护；各种商品折扣信息、心得分享、广告充斥于社交媒体中；大众在社交媒体的"帮助"下，进入了一个无止境的消费漩涡。

三、正确认识社交媒体，提升用户的媒介素养

媒介作为人感觉能力的延伸，既源于人的自身需求，又因为技术的进步刺激了人的需求心理的演进。依托社交媒体，人在媒介空间中获得了前所未有的自由度。然而，对社交媒介的深度依赖造成的信

息碎片化、人际关系异化、消费失控等问题，应该引起我们足够的警惕。恰当的、有节制的使用社交媒体显得格外重要。（1）转变媒介素养理念：从批判抵制到参与体验；（2）建立政府、社会、学校、家庭相结合的媒介素养教育体系。

（张杰摘）

媒介融合语境中的媒介素养教育创新

周 灵　张舒予

《教育发展研究》2015年第21期

媒介环境随着科技进步正发生着巨大的变革，传统媒介面临调整，新的媒介形态层出不穷。随着数字技术的广泛应用与互联网技术的迅猛发展，各种媒介之间的壁垒被逐步打破，形成了相互融合的局面。这种局面已经不仅仅是媒介研究者关注的焦点，也是国家在战略领导层面的重要部署。

面对世界及中国媒介传播业所处的环境剧变和媒介融合的新形势，传统的媒介素养教育体系、人才培养模式也面临着重大变革。因此，探讨当前语境中的媒介素养教育创新具有时代意义。

一、媒介素养教育与信息素养教育、视觉素养教育融合的可能性

随着信息传播技术的发展，媒介本身成为信息的一种，这也印证了麦克卢汉的"媒介即信息"的思想。信息素养概念的出现比媒介素养的概念晚40年，多年来传播学领域偏重于媒介素养研究，而教育技术界则更关注信息素养。这两个概念在研究对象和内容上趋近，但各自研究的重点则有所不同。在当代媒介融合的语境中，二者都注重提高受众对媒介信息的分析能力、评估能力与使用能力。所以，媒介素养教育与信息素养教育具有融合的可能性。

基于语言符号的图像描述方式至今仍是最主要的人类图像表达方式，例如许多高校开设的艺术鉴赏类课程，大多以视觉素养的提升为目标，引导学生透过表面探索艺术作品的深层意义，而非仅仅从表面上欣赏作品。艺术家通过作品表达内在意义，同样是以视觉符号为载体，而对视觉符号载体的把握本身就是视觉素养的重要组成部分。因此，符号学也是视觉素养教育的主要工具。因此，以视觉媒介符号为切入点，融合视觉素养教育与媒介素养教育具备可能性。

媒介素养、信息素养、视觉素养教育三者具有紧密的关联，具有结合起来研究的可能性，广义的媒介素养教育不应局限于传统意义上的视觉素养教育或信息素养教育，而应当包含上述两个方面。媒介融合的当代语境在本质上加大了媒介素养教育创新的紧迫性，催生了媒介素养教育的当代变革。

二、媒介融合的语境催生媒介素养教育变革

在媒介融合的当代语境中，媒介素养教育面临机遇，同时也遭遇重大挑战。为

了适应媒介融合时代的传媒格局,需要媒介素养教育的使命和内涵做出调整和改变,构建与媒介素养融合的信息素养教育和视觉素养教育。

当今社会已趋向于以图像为中心,电视、电影、摄影、游戏、动漫等大众媒介形式实质上成为视觉文化的载体。随着符号学研究的兴起和兴盛,图像时代的符号大多是图像符号、视觉符号,媒介素养教育的目标之一是"表征",即通过符号来表达意义。通过视觉符号理解信息、解读内涵成为媒介素养培养的有效途径。因此,在媒介素养教育过程中一直伴随着视觉文化的影响,媒介素养的培养与视觉素养的培养应当融合进行。传统的媒介教育旨在培养公民的媒介素养,而媒介融合时代的到来为媒介素养赋予了新的时代意义。媒介素养教育本身具有了更多重的使命、更丰富的内涵,媒介素养教育需要融合信息素养、视觉素养。

三、VMIL 新概念:媒介融合语境中的媒介素养教育

媒介素养的培养应当与视觉素养、信息素养融合进行,探索出更为有效的 VMIL(Visual & Media & Information literacy)培养策略。在媒介素养教育的过程中,应利用视觉感知信息,培养一种以视知觉感知为起点,对媒介信息进行分析、选择、判断、评价、生产和传播的能力。(1)融合起点:以视觉为先导;(2)视觉解读:人文层面的媒介素养培养;(3)信息表征:技能层面的媒介素养培养。

媒介融合为人类视觉传播、信息传播提供了崭新的契机,也对传统的媒介素养教育构成了新挑战。因此,应赋予媒介素养教育新的内涵。当代媒介素养教育应当注重人文层面的引导,也不能忽略技术层面的实践,因此需要融合信息素养与视觉素养的培养。而对多种媒介共存、多元文化交互的媒介新环境,VMIL 融合培养模式将为媒介融合语境中的媒介素养教育创新提供有益的借鉴。

(张杰摘)

媒介素养研究热点及趋势分析
——基于教育学、新闻学与传播学 CSSCI (2012—2013)来源期刊数据

赵 丽 张舒予
《电化教育研究》2015 年第 5 期

媒介素养这一理念在 20 世纪由新闻传播界传至中国本土,继而在教育领域产生影响。通过在 CNKI 全文数据库中进行文献检索,截至 2013 年,在教育学以及

新闻学与传播学CSSCI（2012—2013）来源期刊的范围内查询媒介素养的研究踪迹，可以发现，对于媒介素养的本土化研究的起点问题，以及媒介素养本土化发展的热点与趋势的分析，将为后续媒介素养及媒介素养教育的本土化发展提供有益的借鉴。

一、媒介素养的概念辨析与起源

根据现有对媒介素养研究文献的分析，媒介素养、媒体素养、传媒素养与媒介教育、媒体教育、传媒教育存在显著差异，同时在具体文献中的使用频次存在较大差距。国内使用媒介素养与媒体素养一词用以指代 Media Literacy 获得大部分学者的认同。而且经过一段时间的研究与争论，最终趋向于使用"媒介素养"而较少使用"媒体素养"一词来指代 Media Literacy，具体表现在新闻学与传播学 CSSCI 来源期刊中使用"媒介素养"一词的文献有 174 篇，而使用"媒体素养"一词的只有 5 篇；在教育学 CSSCI 来源期刊中使用"媒介素养"一词的文献有 92 篇，而使用"媒体素养"一词的只有 23 篇。

一般认为媒介素养（Media Literacy）是由英国学者 F·R·利维斯和 D·汤姆森在 1933 年合作出版的《文化与环境》（Culture and Environment）一书中提出的。两位作者在该书中提出了"文化素养"（Culture Literacy）的概念。他们代表了当时英国的保守主义学派对文化的观点，强调精英文化的权威性，倡导教育青年人抵制大众文化和流行文化的"最低水平的满足"（Satisfaction at The Lowest Level）。

国内媒介素养最早可以追溯到 20 世纪二三十年代，当时的中国社会正处于军阀混战的年代，邵飘萍是中国现代新闻史上的重要代表人物之一，他对以封建思想阻碍新闻事业发展以及当权者滥用媒介发布不实报道、愚弄大众等进行抨击。与同期的欧洲本土的法兰克福学派批判政权者利用媒介控制大众的思想不谋而合。

二、媒介素养研究的现状及热点分析

对于概念的辨析和内涵的确定是开展媒介素养起源、现状研究的先决条件，特别是在开展实证研究时，对关键词的选择直接决定了文献的质量与吻合度。在刊物选择上，则是考虑了媒介素养研究起源于新闻与传播领域，而在教育中的发展则选择教育学领域。因此，最终定位于教育类与新闻传播类 CSSCI 来源期刊，共 52 种期刊。本文最终选择"媒介素养"、"媒体素养"、"媒介教育"为关键词在教育类进行搜索，而在新闻类与传播类则选择"媒介"、"媒介素养"、"媒体素养"为关键词进行检索（集中搜索时间为 2014 年 4 月）。对检索到的文献进行逐一内容分析，根据上述对媒介素养内涵的剖析，对传媒教育等相关度不大的文章进行删除，以确定最终入选的研究文献。

第一部分　媒介素养理论探讨

在媒介素养研究的文献中进行全文检索，以文章中标题与关键词为出处，对媒介素养研究文章的关键词进行挖掘与归类分析，在教育类 CSSCI 来源期刊中出现三次及三次以上的关键词有 28 个。这些关键词集中反映了媒介素养研究的热点问题。其中包括出于保护主义的媒介素养渊源研究；不同国家媒介素养与媒介素养教育发展现状，尤其出现频次较高的美国与英国媒介素养研究；在大、中、小学而向不同媒介受众主体的媒介素养教育，包括学生与教师的媒介素养教育的必要性；媒介素养教育的策略研究与课程研究；媒介素养与媒体、新媒体的关系；媒介素养教育与受众的公民教育、思想道德素质及网络素养教育，以及媒介素养与文化等。其中值得关注的是媒介素养在教育技术领域中的研究。

三、媒介素养研究的趋势分析

在对媒介素养研究起源考证、对媒介素养内涵深入剖析，以及近十几年来的研究热点归纳的基础上，可以看出媒介素养研究的整体趋势，集中体现在媒介素养研究的目标、对象、语境与方法上。在研究目标上更加明确而具体，针对的受众覆盖面也逐渐全面化，同时关注的不同媒介形态构成的媒介语境更具时代感，在研究方法上则体现了多元的特点。

（张杰摘）

媒体形态裂变中的媒介素养缺失与提高
——基于李光耀去世假消息的传播分析

闫晋瑛

《新闻知识》2015 年第五期

媒介素养是指所有公民所具有的接触获取、解读分析、评价使用、传输各种形式信息的修养和素质，它是人们面对各种媒介、信息时的选择能力、理解能力、质疑能力、评估能力、创造和生产能力、理性回应能力的综合。随着网络与新媒体的发展，传播主体和受体出现身份趋于统一的现象，在传播中也产生更多的交互性、双向性，使得媒介素养的重要程度凸显，具有越来越重要的现实意义。媒介素养缺失会带来诸多社会问题，如媒介接触动机带有极强的娱乐性目的、对媒介不良信息缺乏判断和抵制能力、对媒介道德规范及法律问题缺乏认知、媒介自律和媒介理性有待提升、媒介使用能力正面引导不足等。这些缺憾从李光耀去世假新闻的"集体失范"事件中可见一斑。

一、传播事件回顾

2015年3月18日，网上流传一个冒充新加坡总理公署网站文告的截图，称李光耀已经逝世，诸多网络媒体早已预备的内容一时炸裂，纷纷转载报道，包括CNN、央视、人民网、环球时报、网易、搜狐、新浪、头条新闻、凤凰新闻等，更有凤凰网客户端甚至把"李光耀去世"写成了"李显龙（李光耀长子、新加坡时任总理）去世"，误报之差异令人惊讶。本次事件从21时50分左右发生，经过发酵传播，在22时20分左右被证实为虚假新闻，随后各大媒体又通过APP、微博、微信等致歉更正。

二、媒体职责缺失——裂变与挑战中的媒介素养移位

随着网络传播的崛起和新闻业态的巨大改变，目前媒体正在发生着裂变和融合，除了传统意义上的报纸、电视、广播、杂志外，门户网站、自媒体、门户新闻产品、其他（包括微博微信）类共同组成了联动的媒介生态，相互竞争相互依存。在此基础上，可以参与信息传播的介质被无限扩大，信息来源多元化并且分层化都带来相当大的冲击和变革挑战。媒体应对这种变化带来的正负效应、实施策略在"李光耀去世假消息"事件中清晰展示。（1）媒体身份在事件中的推波助澜；（2）惯性思维与新闻警觉的对抗；（3）信息确认与信源核实的缺失；（4）移动终端抢发时效却覆水难收。

三、传播隐患——大众信息素养有待引导

1. 错误信息的发酵有待甄别

长期以来，除了媒体自身的社会责任履行外，大众对媒体的态度和影响同样不可忽视，大众认知层面上对假新闻的宽容、猎奇和刺激性反应也在某种程度上助推了媒体的草率。

2. 法律意识的淡薄暴露短板

在本次假消息事件的收尾中，由于网络的虚拟性和开放性特征，个体公民网络法律法规知识匮乏造成了素养缺失，出现了严重的行为失范，侵害了社会利益，在网络世界中通过"控制"来产生对抗，认为这种虚假信息的发布传播既是智慧和能力的展示，又是对现有秩序的打破与挑战。和传统青年犯罪比较起来，网络新媒体素养中法律意识不足演变成网络中的自我认同和赞扬，通过极短的自我调适和选择性忽略，造成的社会影响和危害不容小觑。

四、传播生态改变中媒介素养的提升策略

(1) 新媒体环境下把关机制的建立。
(2) 新媒体时代媒介素养公民教育系统建设。
(3) 媒体自律和新闻原则的坚守,加强媒体文化建设。
(4) 批判性思维和理性表达能力的培养。

(张杰摘)

拟态环境下高校馆院协同开展新式媒介素养教育的应然策略

兰孝慈
《图书馆学研究》2015 年第 15 期

  信息时代的到来,其生产、传播与消费的快速变化导致信息过载,加速了拟态环境的生成,它正在全方位地影响着人们的思维与生活方式。国内学者对大学生媒介素养进行的诸多调研表明,多元良莠不齐的信息轰然而至,导致三观尚未确立的大学生已出现人生流行化与盲从化的倾向。然引人担忧的是,媒介素养教育问题却并未引起社会足够的重视。故,开展培养当代大学生对几何级暴涨信息做到具有正确认识和掌握各种媒介特质与特性来获取所需信息、并能有效筛选、甄别、整合、解读及利用媒介创造信息产品并有效传播的新式媒介素养教育,不仅是对高校教学部门提出的新要求,也是对素质教育培养者之高校图书馆如何在媒介素养教育中发挥积极作用、建构与其匹配的协同素质教育模式提出的新课题。

  自"拟态环境"由美国政治专栏作家李普曼首次提出历经半个世纪,其内涵已由当初代指媒介所建构的符号环境发展成现实环境象征化的副本抑或为在客观环境基础上的"二次环境",即目前所说的信息环境。

  目前,我国诸多学者就大学生媒介接触、动机、分析能力、媒介情感等方面进行了较多的量化问卷调查和质性分析,普遍认为,大学生媒介接触点主要集中在网络、手机等媒介上;动机是娱乐、资讯了解与查找学习资料等;尽管网络接触率高,但对媒介作用认识、筛选能力不高,上网时间分配不合理,休闲娱乐抵抗力及在不同意识形态中对他人观点过滤、分析、批判能力不足,甚至出现盲目传播、"三观"偏移、道德低下等情势。这些从一定侧面反映出当代大学生拟态环境建构

与利用中的媒介素养现状，倒逼新式媒介素养教育亟待产生。

笔者通过百度以高校"各学院专业设置"为关键词、根据媒介素养教育在通识教育体系中的模块分布、开设院系、专业依托、具体科目课程名称等内容对112所"211工程"大学媒介素养教育进行调研，大致梳理出三种类型。第一种，通识必修型。第二种，未设置型。第三种，选修渗透型。

拟态环境下"211工程"大学媒介素养教育现状反思：（1）对其重视度不够，导致教育实践滞后；（2）教育体系定位失准，导致教育效度失衡；（3）对信息过载有认知，但对拟态环境负面影响认知弱化，导致媒介伦理失范；（4）对大学生媒介素养教育有认知，但对教师媒介素养教育认知弱化，导致其教育传统性难以突破；（5）对教学部门教育职能有认知，但对其他部门教育职能认知弱化，导致部门间缺乏协同。

拟态环境下馆院协同建构新式媒介素养教育的应然策略：（1）以媒介素养与信息素养理念融合为基础；（2）以协同运行机制建构为核心；（3）以协同制度体系完善为保障。馆院协同开展素质教育，将是今后高教实现可持续发展的又一有力推手。当然，从零和博弈走向双赢共生，还有许多内容值得深入探究，期望本文对该内容向纵深发展起到抛砖引玉的作用。

（张杰摘）

逆转新闻的成因及应对策略

——从媒介素养的视角分析

黄楚新　王丹

《新闻与写作》2015年第10期

互联网和移动互联网的高速发展使媒体形态与媒体格局发生改变，受众的阅读习惯、信息获取方式及生活方式都发生了变革。为应对"受众"向"用户"进行身份转变的趋势，在新媒体时代，传统媒体的新闻生产流程和呈现形式均发生了较大的变化。传统的新闻生产理念被逐渐替代。在"快餐新闻"时代，新闻生产讲究迅速更新、快速传达、裂变传播，以获得流量和注意力，获得"眼球经济"效益。于是，在新媒体快速革新新闻生产的同时，逆转新闻作为一种新闻现象在网络新闻中频频上演，造成传播秩序失范。

逆转新闻，也可谓反转新闻，指的是针对同一新闻事实的报道，媒体后期的报道内容与前期的报道内容显现出较大差异，随着报道内容不断深入与完善，新闻报道内容向相反的方向改变，受众的立场随报道内容急速两极化转变的新闻传播现象。新闻报道前后内容之所以会发生相反性的差异，主要原因有两个：第一，后期报道内容是对前期报道内容的更正。第二，前期报道内容因信息缺乏导致新闻事实呈现不清，与新闻事实相违背。

对逆转新闻进行分析，可以发现它们具有一些共同特征。首先，逆转新闻类型集中于社会新闻，且选题具有话题性。其次，逆转新闻报道人物双方社会身份较为特殊或地位差异较大，新闻事件或人物被"标签化"。最后，逆转新闻多发端于网络，新闻事实相对复杂。

通过已有逆转新闻可以看到，这类新闻，或是由媒体直接采写报道；或虽是由网友爆料，但却因为传统媒体转发、转载、后续跟进等媒体参与才得以广泛传播，成为舆论热点。因此，媒体的媒介素养对逆转新闻产生着重大的影响。媒体媒介素养缺失是导致逆转新闻频出的一项重要原因。（1）专业技能素养缺失；（2）职业道德素养缺失。

面对频频发生逆转的新闻，公众需要通过提升媒介素养，做到清醒围观，使舆论不随着新闻报道而发生"过山车"式的变化。（1）提高公众的信息消费素养；（2）使公众拥有信息参与素养。

（张杰摘）

司法公开背景下提升媒介素养的意义与途径

石安琪
《法制与社会》2014 年第 34 期

司法公开是现代民主法治的基本理念，是对司法权进行民主监督的一种制度安排，其核心是把司法权置于阳光下，让司法裁判经得起检验、推敲与评判，从而达到以公开促公正、以公正促公信的良性循环。近年来，司法公开被提升到了前所未有的高度，在媒体，特别是网络媒体高度发达的今天，借助媒体推动公开是实现司法公开的重要途径之一。然而，从媒体对司法事件的报道和司法机关应对媒体的现实情况看，司法工作人员的媒介素养与当前司法公开的现实需要之间还有较大的差距。

司法公开的根本目的在于满足公众的知情权和监督权，真正实现公平正义，媒体的目的在于追求事件真相，做"公众代言人"监督公权力，从这目的考量，两者具有一致性，因此，无论是审判公开还是检务公开，都把接受媒体监督作为司法公开的重要内容。此外，司法公开遵循着"公开是原则，不公开是例外"，既有主动公开的内容，又有依据申请向特定对象公开的内容，其中主动公开的内容除了依托自身搭建的信息发布平台外，更多的要依托大众传媒这一信息发布平台，从这个角度分析，媒体是司法公开的重要渠道和信息发布平台。

但是，媒体传播信息与司法机关公开信息还是因为理念不同导致的差异，其中最重要的原因就是两者对事实认定标准不同，即新闻事实与法律事实存在差别。新闻事实只要求有事实发生，而法律事实要求有证据证明事实的发生，新闻事实认定标准低于法律事实是导致媒介审批现象发生的重要原因，反过来媒介审批会对案件的公正处理产生影响。

媒体与司法公开存在着既统一又相互制约的关系，要推进司法公开，就对司法工作人员的媒介素养提出了较高要求，要加强司法人员的媒介素养教育有助于推动司法公开。媒介素养教育一般要经历三个阶段：防疫（inoculate）、释放（liberated）、赋予（empower）。

司法人员作为专业的法律工作者，具有较高的法律专业素养，但是与中国受众目前媒介素养普遍不高的现状相似，司法工作人员在对待媒体的态度与方式还处于防疫的初级阶段，大致可以分为消费型、对抗型、互动型三种。

媒介素养是指人们正确地判断和估价媒介信息的意义和作用，有效地创造和传播信息的素养，是一个涉及社会学、心理学等多方面内容的综合能力，要提升司法人员媒介素养，更好地推动司法公开可以从以下几个方面进行努力：（1）转变媒介观念，提高媒介认知力；（2）加强学习，提高对媒介信息的分析能力；（3）积极参与司法公开，在实践中提升媒介素养。

综上所述，媒介素质作为公民素质在媒介方面的重要组成部分，在强化司法公开的今天更加受到关注。媒介素质的高低直接影响着司法工作人员的媒介控制能力和媒介信息解读能力，以及媒介信息发布能力，进而影响着司法公开的效果。而当前我们司法工作者的媒介素养还不能适应司法公开的需要，基于此，我们必须进一步加强媒介素养的研究和培养，以更好地适应司法公开的要求。

（张杰摘）

要素性补位：正视媒介素养的缺失与错位

江作苏　廖冬妮
《中国出版》2015 年第 6 期

在公民素养的构成要件中，媒介素养的总体性缺失是一个普遍现象。在传播行为和接受传播行为日益频繁，上升为人类最为经常性行为之后，媒介素养的重要性日益凸显。媒介素质已经成为每一个现代人所必须具备的最重要的素质之一，媒介素养教育发展成为一项世界性的社会运动。

一、媒介素养成为教育环境的重要因子

从世界范围看，媒介素养教育已成为基础性养成的重要组成部分。媒介素养教育的主张最早由北欧斯堪的那维亚各国教育工作者于 20 世纪 30 年代提出。在网络发展较早的美国，从实用角度把媒介素养教育定义为："学生面对媒介各种信息时的选择能力、理解能力、质疑能力、评估能力、创造能力和制作能力以及思辨反应能力。"大学生通过接受媒介素养教育，更好地掌握使用媒介的知识和技能，可以最大效率地发挥媒介的功能，更好地为实现自己的梦想和社会价值服务。同时，可以有效避免被媒介捆绑，成为它的奴隶。

当代大学生已成为全息荷载的信息"客户端"，无论是选课还是交友，无论是获得信息还是参加活动，从入校到离校，每一步都脱离不了媒介的影子。可以断言，学生如果脱离媒介，那就不可能进行高效的学习乃至正常的生活。与此同时，学生时刻受到校园外的媒介传播活动的深刻影响。媒介已经成为校园环境以及整个社会环境中越来越重要的元素之一，面临这种情况，如果忽视媒介素养教育，不仅耽误学生个人的素质发展，更会影响整个社会的进步。从传播学角度看，也是传播场域中的要素性缺失。因此，学校必须有效开展媒介素养教育，填充素养教育要素性空白，才能更好地适应互联网飞速更新换代的潮流。

二、媒介素养成为基础性素养因子

网络的日益普及让教育工作者逐渐认识到，媒介素养已经成为下一代基础性素养，在课程设计中让媒体素养成为一门通识课程，以便加大养成力度已经迫在眉睫。教养与素养紧密相关，"教"可以提高人的文化程度，发掘人各方面的潜力；"养"即养成，它的作用是在旷日持久的生活中把思维和行为养成习惯，决定人生

的价值取向。教育是手段，养成才是目的。

基础性素养主要是指道德、科学、文史三大素养。之所以称媒介素养已成为基础性素养因子，不仅在于媒介素养与上述三大素养有交叉部分，可以将它们连成一体，还可以分别促进这三大素养的发展。媒介素养作为一项引领性的素养，如果通过大学教育得以养成或加强势必能够夯实知识、增长见闻、激活创新，形成完善的人格，打下深厚的人文伦理修养基础。

三、媒介素养教育成为管理决策因子

自 20 世纪 90 年代，从对西方的相关成果的翻译、介绍开始，我国大陆地区才开始对媒介素养及教育问题的研究和推广，落后于发达国家约半个世纪，目前整体暂时处于起步阶段。为提高全体公民的媒介素养等基础性素养以及增强整个国家的软实力，关于媒介素养及其教育问题的研究和实践急需实现跨越式发展。被誉为加拿大"媒介素养教育之父"的约翰·庞杰特，总结出决定媒介素养教育成功的 9 个因素，突出强调了多方通力合作的必要性。

四、错位成为素养纠偏的困难因子

大学生正处于从自然人到社会人转型的关键时期，在学习、生活、情感等各方面都有独特的需求。使用和消费媒介成为大学生日常化的生活内容，作为最热衷于网络的群体，大学生中存在着普遍的媒介素养错位。

在媒介商业化、娱乐化的影响诱导下，大学生易出现认知和行为上的错位。媒介素养错位有六大表现，即媒介依赖、媒介滥用、媒介偏执、媒介低能、媒介虚无和媒介鸿沟。

世界上如美国、加拿大、英国等国家基本形成了学校、家庭、政府、社会、媒体"五位一体"的媒介素养教育发展模式，五方联动，共促媒介素养教育的发展。实践证明，这种以学校教育为核心，以家庭为后盾，同时政府机构、社会组织作为推动器，各类媒体作为黏滑剂的发展经验值得参考。然而，我国的媒介素养及教育现状有不同于西方发达国家的特点，所以，在这一过程中，应该批判地有选择性地借鉴。

（张杰摘）

英国媒介素养教育的理论与实践对我国的启示

王 琪

《新闻知识》2015 年第 2 期

世界范围内研究媒介素养教育的权威学者、英国伦敦大学教育学院教授 David Buckingham 认为:"所谓媒介素养教育,简单地说,就是指导学生正确理解并建设性地享用大众传播资源的教育,其目的在于培养学生具有健康的媒介批评能力,使其能够充分利用媒介资源完善自我,参与社会发展。"

一、英国媒介素养教育理念的发展演变

初始阶段:"免疫模式"。"媒介素养"这一概念的提出与英国报纸媒介的繁荣与普及紧密联系。过渡阶段:"保护主义模式"。20 世纪中叶以后,在电影媒介勃兴的大背景下,部分学者开始审视把精英文化和大众文化对立起来是否妥当。20 世纪 70 年代,报纸媒介日显颓势而电视媒介的影响与日俱增,媒介从文本变成了屏幕。受此影响,世界上第一轮媒介素养教育实践在英国、美国、法国、加拿大、日本率先开启。这一时期的媒介素养教育理念以"保护主义"为核心,强调了它的社会责任,主张要保护青年学生的纯洁与天真。成熟阶段:"超越保护主义"。21 世纪以来,网络媒介的出现已不仅是媒介技术的发明创造,它带来的还是媒介素养教育方式的本质变革。学生在入学之前对媒介已有感性认知,学生和教师之间关于媒介的认知差距在不断缩小,学生对单纯灌输式的教学模式的心理抵触,诸如此类迫使英国媒介素养教育做出一系列变革。

二、英国媒介素养教育的实践与现状

首先,精英文化全面抨击大众文化。精英文化的追捧者们率先提倡进行媒介素养教育,其初衷是避免大众文化通过媒介对英国传统文化进行冲击。其次,大众文化直接挑战精英文化的霸权。

英国媒介素养教育的重点在中学阶段,其课程设置相当灵活,连贯性很强。既穿插在英语、艺术、地理、历史、健康等课程之中,14—16 岁的学生还可以选修单独的 GCSE 媒介研究课程。中学阶段的学习结束后,无论是选择 A-Level(大学前教育)还是职业教育都能持续地延续下去。

在课程内容层面,各学段的媒介课程均按照英国政府颁定的课程标准开展教学

活动，并根据不同年龄段学生的认知特点对各学段教学内容进行了区分，还注重各学段教学内容的衔接。尽管英国媒介素养教育没有统一固定的教材，但使用的教材都在尽可能贴近生活的同时，也兼顾了理论性、学术性和实践性，其核心理念和典型做法被世界上许多国家效仿。

三、英国媒介素养教育对我国的启示

十余年来，我国媒介素养教育在理论研究成果层面，数量巨大但力作寥寥，究其原因大致包括：

（1）研究对象过于狭窄，多局限于青少年或未成年群体，分职业进行研究相对薄弱。

（2）研究方法过于单一，大部分文章属于概述性研究，多学科交叉研究明显不足。

（3）定性研究和定量研究结合不够，媒介素养的界定和测量模式尚在探索中。

（4）研究结论过于宏观，缺乏具体的可行性操作方案。

事实上，英国的媒介素养教育可以有正反两个方面的经验可以借鉴。从反面讲，英国媒介素养教育存在诸如发展不均衡、硬件设施老化和数量不足、岗前和入职培训不足、缺乏全国性的组织和机构来推动等问题。这些问题是我国在开展媒介素养教育活动时要尽力避免的。

从正面讲，可借鉴的成功经验包括：（1）着力加强可操作性。（2）坚持连贯性。（3）注重多样性。（4）确立科学的媒介素养评价体系和教育效果评估体系。（5）加强宣传教育，营造家庭、学校、政府、社会共同关注媒介素养教育的整体氛围。

综上所述，对中国这样的发展中国家来说，媒介素养教育起步晚、基础差的现状在某种程度上也有一定的积极意义，即可汲取当今世界最先进的教育理念，从正反两个方面的经验来规划本国的媒介素养教育，培养合格的社会公民和建设者。

（张杰摘）

专家述评

2015 年中国媒介素养研究理论述评

朱小翠

对以往的研究做综合的分析是每一项科学研究的起点。没有这一步，研究者就不能综合、全面地了解某一学术领域的前世今生，也就不能可能在前人努力的基础上取得成就。2015 年媒介素养研究的理论述评，分析和描述了人们在媒介素养研究领域已经做了哪些工作，研究进展到何种程度，展示媒介素养领域的最新进展、学术见解和建议。

在众多研究中，一些研究之所以受到了比其他研究更多的关注，是因为它们解决（或提出）的问题非常重要，而并非这些研究本身就是解决问题的办法。"媒介素养"的理论探讨就是这样，在新媒介时代，它提出了一个人们如何运用媒介的重要问题。知识的研究都有积淀性的特征，以往大量的关于理论研究的探讨，构建了有序的知识体系。理论综述（theoretical review），综述者要对已经实施的或提出的关键性试验（critical experiment）进行描述，评估哪种理论与已知的实验联系最紧密，有时还包括对不同概念、理论、方法、效果进行综合、总结和创新。笔者在中国知网（CNKI），以"媒介素养"这一最广义的概念为关键词，对 2014 年 11 月到 2015 年 10 月的学术期刊，学位论文，会议报告、报刊等相关文章进行检索，共获得文章 1996 篇。为了获得高质量学术论文，笔者以 CSSCI 和核心论文为检索条件，通过对"媒介素养"相关理论问题进行筛选，找到学术含量较高的论文。但是通过对初选的 1996 篇论文的阅读，发现了一些虽然不属于核心期刊和 CSSCI 论文，但学术含量很高的论文，在本文中也进行了述评。虽然有些论文不是很重要但又是必不可少。本述评最终选取了 68 篇论文作为研究样本。媒介素养理论述评，主要展示了媒介素养的概念流图，呈现了媒介素养研究最新的、最有学术含量的理论构建，对今后的媒介素养研究有很高的参考价值。

一、2015 年媒介素养研究中的概念流图

（一）媒介与信息素养——媒介素养概念的整合

吴文涛，张舒予《"媒介与信息素养"的多视角解读》(《新闻战线》2015（1）：

40—41)谈道：近年来联合国教科文组织在全球范围内推进媒介与信息素养（Media and Information Literacy，简称：MIL)，并在2013年正式提出MIL定义。其原文如下：MIL is defined as a set of competencies that empowers citizens to assess, retrieve, understand, evaluate and use, to create as well as share information and media content in all formats, using various tools, in a critical, ethical and effective way, in order to participate and engage in personal, professional and societal activities. 在此我们将其翻译为：媒介与信息素养被定义为一整套的能力，它赋权于公民，使其能够以批判、道德与有效的方式、运用多样化工具去存取、检索、理解、评价、使用乃至创造、分享各种形式的信息与媒介内容，以便于参与和从事个人的、职业的、社会的活动。

该定义从条件、任务、目标三方面准确地将MIL定义为人类的一种综合能力。在这里，MIL将信息素养所关注的"信息"与媒介素养所关注的"媒介信息"合二为一，称为"媒介与信息内容"。媒介与信息已经无法分割。从社会学视角看，MIL可视为一项基本权利；从系统论视角看，MIL可视为一类综合素养；从心理学视角看，MIL可视为一种成功智力。

这种对媒介素养概念新的定义，可以认为是传统媒介素养教育的转向。美国学者詹金斯教授认为："新媒介素养应该被看作是一项社会技能，被看作是在一个较大社区中互动的方式，而不应被简单地看作是用来进行个人表达的技巧"。MIL概念的发展，体现了理论辩证发展的逻辑与历史的统一。

(二) 元素养——媒介素养概念的创新

杨海亚《迈向元素养：对信息素养发展未来的思考——从〈元素养〉的出版说起》(《情报探索》2015(1)：38—39)谈道：元素养被界定为面向新的Web2.0环境下特别是网络社交媒体时代，通过对相关素养理论的整合并与新信息技术应用相结合，指导信息主体在社交媒体和交互协同在线社区中进行信息获取、评估、组织、交互协同生产与分享的整体性、综合性和自我参照的素养框架，强调对信息的批判性思维和交互协同能力。(如图)

元素养的提出是为了重塑信息素养不适应Web2.0的新浪潮

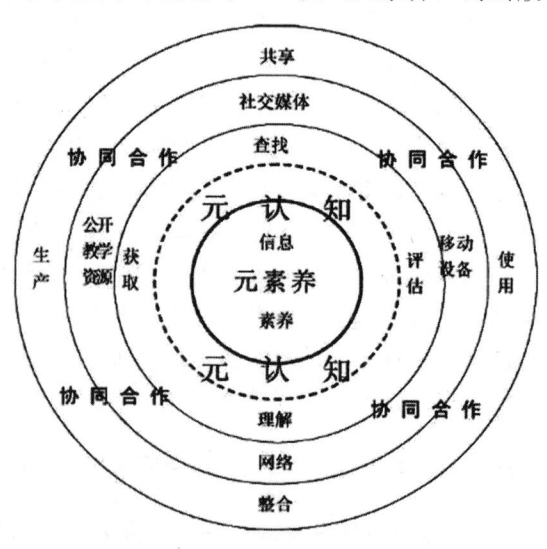

元素养概念模型

特别是网络社交媒体时代的状况,而提供一个"元"视角来整合各种素养模型,推动信息素养理论的发展。由此可见,元素养模型展现了重塑信息素养理论和制度的努力,提供了在交互协同的信息环境中运用批判性思维、元认知学习进行自我强化学习的有效工具。

(三) 媒介素养教育——媒介素养概念的扩展

白传之《公众媒介素养指数初探》[《青年记者》2014(11):36]认为,媒介素养是指人们批判性地解读和鉴赏多种媒介信息与作品以及利用媒介获得自身和谐发展的能力,提升媒介素养的教育则为媒介素养教育,简称为媒介教育。

其基本内涵包括帮助人们获得新闻传播知识,提升对媒介传播规律和特质的认知,洞悉媒介运作和传播过程,调整对媒介信息的被动接受和盲从意识,最为重要的是提高公众的推理及批判性思维能力。媒介教育的目标是调适人与媒介的关系,促进人们在与媒介接触过程中获得身心健康和谐发展。

(四) 信息素养——媒介素养概念的交叉

周晶,兰国帅,张一春《基于CSSCI(1986—2014)的信息素养与媒介素养的比较研究》[《现代远距离教育》2015(3):17]信息素养这一概念最早是在20世纪70年代,由美国信息产业协会主席保罗·泽考斯基在美国图书馆与信息科学委员会的报告中提出的。经过四十多年的发展,目前最为大众所知晓和接受的概念是美国图书馆协会的信息素养委员会在1989年的年度报告中指出的:具备信息素养的人是能够敏锐地察觉信息需求,并能够进行相应的信息检索、评估以及有效利用所需信息的人。在对于信息素养概念的内涵和本质的理解上,国内的认识基本是统一的,即主要包括信息意识、信息知识、信息能力和信息道德四个方面。

信息素养与媒介素养二者的内涵有诸多交叉之处,但并非等同概念,其出发点和领域都有较大的不同之处。但随着信息爆炸式增长和社会媒介的多元化,信息素养和媒介素养之间的关系也越来越紧密,国外许多学者的研究逐渐向两者综合发展。

(五) 视觉素养——媒介素养概念的分支

宫承波,张学成在《新媒介人视域下视觉素养的多维审视》[《新闻研究导刊》2015(4):2]一文中认为:"视觉素养"(visual literacy)的概念最早由约翰·蒂贝兹(John Debes)提出,但由于视觉素养涵盖的领域相当广泛,目前尚存争议。本文所要探讨的,是在新媒介人素养的关照下,视觉素养的内涵及其培养。在笔者看来,在此种框架中的视觉素养,是在认识视觉诸媒介外在形态的基础上,洞察其内在运行机理的素养;是在对视觉呈现的评鉴之余,能够进行文化批判的素养;是利用艺术权利的下移,利用视觉思维进行艺术创作的素养;是在把握视觉信息社会化运作的同时,兼顾人文关怀的素养。

在新媒介技术的推动下,图像信息出现海量井喷,受众常常面临抉择的困难。因此提高视觉素养才能更快地提高我们的抉择能力。

(六)批判性媒介素养——与媒介素养概念相关

甘璐瑶《公民批判性媒介素养构建——基于西方媒体对华报道倾向性的解读》[《视听》2015(8):66]认为,在参与式文化背景下的新媒介环境中,批判性媒介素养拥有了更深刻的文化内涵,它要求人们在认知层面成为一个独立的批判性思考者,学会批判地理解媒介再现和媒介话语,在行动层面上使用媒介来表达自我、参与社会。正如凯勒(Douglas keller)所言,"批判性媒介素养不仅可以教会人们从媒介中学到知识、抵抗媒介操纵、用建设性的方式利用媒介内容,也有助于培养更加主动和具有社会参与能力的良好公民"。

总的来说,批判性媒介素养强调人们对媒体信息的辨别能力以及对媒体信息中包含的价值观和意识形态进行思考和批判性解读的能力。

(七)手机媒介素养——媒介素养概念的新领域

于洋、李静霞《论手机媒介素养的涵义和特点》[《现代传播》2015(2):148]认为,可以从以下三个层次来理解手机媒介素养的内涵。

在初级层面上讲,手机媒介素养就是个体使用手机的能力。从中级层面上来看,手机媒介首先是个体利用手机去探寻信息的能力;其次是认知、理解、评估手机信息的能力;最后是创作、分享和发布信息的能力。从高级层面上来看,第一,手机媒介除了具备传统媒介素养所要求具备的有关手机信息的接近、理解、评估、创作与分享的能力之外,还需要具备应对媒介符号复合形式,以及应对不同信息源所发出的海量信息所具备能力;第二,手机对人类精神、情感、思维、社会交往的异化和依赖性,要求使用者应具有不断反思手机使用行为的能力,抵制手机成瘾,能动性的使用手机;第三,手机所具有的开放性、互动性的特点,以及与网络、社交媒体的结合与广泛应用,需要培养使用者在技术、意识方面创作与表达、参与和协作方面的能力。

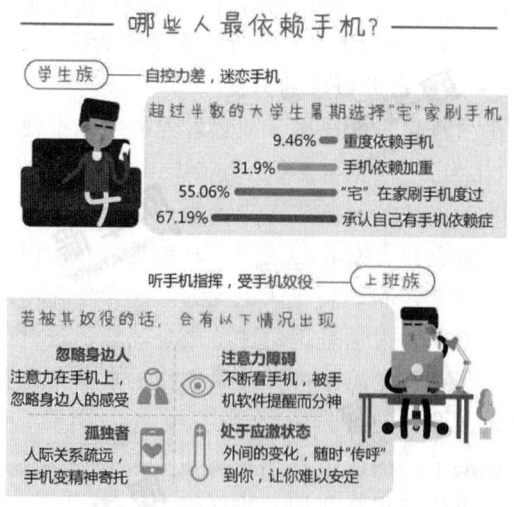

第一部分 媒介素养理论探讨

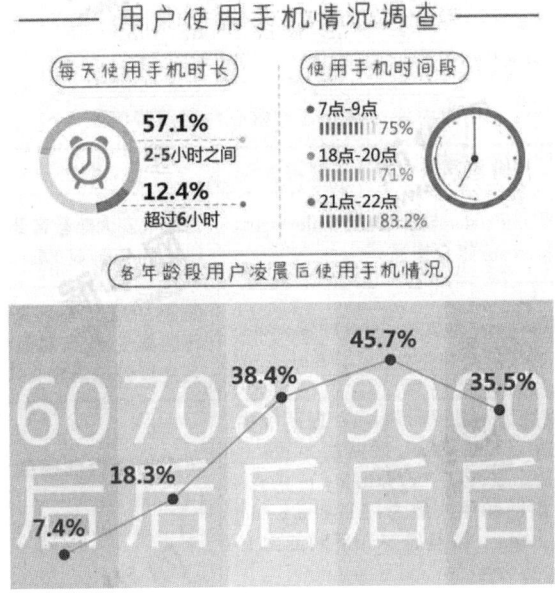

新华网：没有手机就像身体被"掏空"？你的手机依赖症该治啦！http://news.xinhuanet.com/video/sjxw/2016-09/27/c_129301122.htm.

手机已经成为人们媒介化生存的首要媒介，手机媒介素养成为人们生活质量的决定因素，所以手机媒介的研究更为迫切。手机媒介素养并没有超出媒介素养一般性研究框架，但有其鲜明的特点。

（八）媒介素养——传统概念的内涵

闫方洁《从"释放""赋权"：自媒体语境下媒介素养教育理念的嬗变》[《现代传播》2015（7）：147]认为：所谓媒介素养，是指人们面对媒介时所具有的能力，从完整意义上来说，它至少包含两个维度，即"理解媒介的能力"和"回应媒介的能力"。换言之，人们既要不被蒙蔽，还要能够改变现状。相应地，完整意义上的媒介素养教育旨在使大众获得双重能力，正如台湾学者吴翠珍等人一贯主张的那样，既要对大众进行"释放"又要对其进行"赋权"。"释放"与"赋权"的根本不同之处在于，它将注意力更多地放在提高大众正确"理解"媒介而非"回应和应用"媒介的能力上。

传统的媒介素养教育以防卫性、家长制的理念作为准则，认为教育的目的主要是将大众从由媒体建构的迷障中"释放"出来，使其能够自主地分辨、选择、评估媒体及其内容，不被媒体所左右，确立对于媒体的批判性态度和理性接受方式。"释放"式媒介素养教育理念基于人们对个体和媒介权力关系的悲观主义判断。所谓"赋权"就是以提升大众的行动能力为宗旨，增强个人、人际或集体的力量，使个人、团体或社区有权力和能力采取行动以改进现状的过程。

在自媒体的时代下,媒介素养教育就是要实现"释放"与"赋权"的有机结合,在"释放"的基础上实现"赋权"。

国内外对媒介素养核心内涵阐释概览

媒介素养核心内涵关键词	出处
理解 understanding、欣赏 enjoyment、创作 create 媒介作品	加拿大安大略教育部(Ontario Ministry of Education)
接近 access,分析 analyze,评估 evaluate,创作信息 create	美国1992年在阿斯彭举行的媒介素养问题领导人会议通过的定义。
选择能力 ability to choose、理解能力 ability to understand、质疑能力 ability to question、评估能力 ability to evaluate、创造和生产能力 ability to create and produce 以及思辨和反映能力 ability to response and thoughtfully	美国媒介素养研究中心(Center for Media Literacy)1992年提出的定义。
接近(access)、理解(understanding)和参与沟通(create communications)	英国通信管理局
解读媒体、思辨媒体、欣赏媒体,进而使用媒体来发声	台湾政大传播学院媒介素养研究室(Center for Media Literacy in Taiwan)
认识,批判,解读,了解媒介	香港基督教服务处
选择能力、理解能力、质疑能力、评估能力、思辨性应变能力	中国大陆

来源:于杨,李静霞.论手机媒介素养的涵义和特点.现代传播.2015(2):148

以上关于媒介素养的概念流图,基本上展示了2015年度媒介素养研究全新的理论起点。

二、2015年国内外媒介素养研究的理论建构

这里我们将总结2015年媒介素养研究的新理论,呈现这些理论的模型及构建理论的方法,以及对实践的指导意义。理论是通过一组概念来界定和解释一些现象。如果没有理论,如"人","社会","媒介"之类的概念都不可能被理解。从这个意义上来讲,没有理论就没有什么可以被研究。所以说,理论提供了一个去思考这个世界的立足点。当然,理论也是一个活体,它给我们提供了研究的驱动力,也会随好的研究而发展和完善。理论也是和实践紧密结合的,抛开实践、观察、总结

而空谈理论,就像是没有田地而空驶一台拖拉机。没有资料的理论是空洞的;没有理论,只有资料,则等于什么也没说。以下所分析的文章,可以说是本年度较新较好的研究模型。

量化研究的基本模型是:
(1) 研究对象
(2) 测量工具的选用
(3) 统计分析
(4) 结论及展望

质化研究的基本模型是:
(1) 各种方法论的理论基础
(2) 资料选取的路径
(3) 研究案例的选取
(4) 这个研究为什么是这样的

(一) 美国媒介素养教育实施状况的研究

孙珏《教师的视角:美国媒介素养教育的冷思考及展望》[《教育参考》2014 (12):43],本文试图以美国大中小学校教师为研究对象,定量和定性相结合地分析美国媒介素养教育实施的状况以及相关因素之间的关联,从而在结论中归纳美国媒介素养教育存在的问题,并展望其未来动向,以期见微知著,对进一步探究我国媒介素养教育有所启示。

该研究选中了美国大西洋沿岸中部地区的宾夕法尼亚州进行样本采集,该州之所以被选中是因为它的社会经济的多样性,以及综合了城市、郊区和农村等多种地区发展模式。研究随机抽样了一所小学、一所初中、一所高中,以及一所高校,基本涵盖了所有阶段的教育机构,然后再从这些机构中随机抽取参与者。

调查采取李克特量表样式。为了保证方法的可靠性,采用克隆巴赫系数进行信度测试。对试点的研究分析显示该方法具有良好的内部一致性($\alpha > .70$)。在这项研究($N=277$)中,有关学生媒介素养的认知程度的阿尔法系数为 0.862,涉及媒介素养教育程度的阿尔法系数为 0.908,对媒介素养教育重要性的认知程度的阿尔法系数则为 0.871。

本研究得出的结论是:(1) 所有教育阶段的教师都认为学生的媒介素养能力有限和片面。(2) 不同教育阶段不同教龄的教师媒介素养教学水平存在差异。(3) 教师对学生媒介素养能力重要性的认知和行动上存在一定的差距。

美国媒介素养教育的展望:(1) 培养学生批判思维。(2) 制定教师培训计划。(3) 纳入学校课程体系。

教龄与媒介素养教育的关联

教龄和媒介素养教育认知之间的关联	R
教龄和学生访问媒介的能力	.187**
教龄和学生使用手机的能力	.237**
教龄和讲授媒介分析能力的程度	−.153*
教龄和讲授媒介素养一般能力的程度	−.193**
教龄和讲授如何查找印刷资料的程度	−.179*
教龄和讲授印刷出版和数字出版的程度	−.140*

＊表示在0.05水平上相关显著

＊＊表示在0.01水平上相关显著

来源：孙珏《教师的视角：美国媒介素养教育的冷思考及展望》[《教育参考》2014（12）：46]

在媒介素养教育发展的规模越来越大的美国，敢于对不同阶段、不同类别的学校中媒介素养教育情况进行深入的调研，敢于审视和反思自己的教育模式中存在的问题的这种忧患意识值得我们学习和借鉴。

（二）美国信息素养标准全新修订的研究

彭立伟《美国信息素养标准的全新修订及启示》[《图书馆论坛》2015（6）：109]一文谈道：2000年美国大学与研究图书馆协会（The Association of College and Research Libraries，ACRL）颁布的《高等教育信息素养能力标准》（以下简称"旧标准"）具有里程碑意义，不仅影响了美国的信息素养教育，而且被译成多国语言，影响多个国家信息素养标准的制定或实施。

2015年1月16日ACRL标准委员会向ACRL董事会提交最终文档。全新修订的《高等教育信息素养框架》颁布。高等教育信息素养框架如下：

1. 信息素养新定义

信息素养的概念于1974年诞生。新框架对信息素养定义进行了扩展，认为：

"信息素养是包含一系列能力的整体，包括：反思性发现信息，理解信息如何产生和进行评估，利用信息创建新知识并合乎伦理地参与学习社团。"

2. 新框架理论基础

阈值："阈值"原文为"threshold concept"，也可被译为"临界概念"。虽然阈值一词早在21世纪之前已经被应用于学术研究领域，但其重大影响则起源于英国"提升本科生教学环境"的国家项目成果，由Meyer和Land提出，他们认为，阈值可以被理解为一个打开以前从未认识到的新的思维方式的入口，引入到某一学科的教学领域，阈值可以被描绘为"核心概念"。2011年，Townsend等研究者借鉴Meyer Land的研究成果，将阈值引进信息素养研究领域。

新框架在Townsend等人的研究成果上进一步对信息素养教育领域的阈值进行了探索。新框架认为，虽然信息素养教育领域的阈值比较根深蒂固且难以识别，但是作为学科内最基础性的核心临界概念，通过在行为、认知、元认知、情感等方面的累积训练，可以使学习者达到领悟一个"问题/概念"的临界点，一旦掌握，将改变学习者的态度和观点，达到"恍然大悟"之境。为了更好地使学习者掌握这些核心临界概念，新框架除了对每一个核心临界概念进行详细说明外，还添加了知识实践（know ledge practices）和意向（dispositions）两大指标体系，其中，"知识实践"主要指能提升学习者理解阈值的方式，以及理解阈值后能达到的目标；"意向"侧重于学习中的情感、态度和价值观等因素。

元素养：在2011年由Mackey与Jacobson提出，并通过召开相关会议、撰写专著、开设大规模开放在线课程（2013年、2015年）等相关活动进行了深化。元素养认为，传统信息素养的界定并没有考虑社会化媒体情境下协作式的知识生产；而新兴素养（如数字、视觉、网络素养等）在确定、获取、评估、整合、运用、理解、生产、协作和共享信息等方面和信息素养具有共同元素，因此，应以信息素养为基本框架，整合多种素养类型，充分考虑学生的信息消费者和创造者角色，构建一个融合知识获取、生产与共享的有机整体，以提升学生在数字时代的批判性思维和协作能力。元素养培养分为行为（强调技巧与能力）、情感（态度）、认知（理解、应用）与元认知（对认知过程的反思）四大目标。新框架借鉴了元素养的一些核心概念，突破了旧标准对认知因素的关注，重点关注信息素养教育中的情感因素和元认知，以培养能适应迅速变化的信息社会中的自主学习者。

高等教育信息素养框架有六大种，每一种框架包含阈值及其阐释、知识实践、意向三大要素。由于图表内容较多，在此不一一罗列，但是图表有很高的学术含量。

3. 引进新框架，建构中国本土化的信息素养框架体系

4. 结论

与《高等教育信息素养能力标准》相比，修订的《高等教育信息素养框架》更新了信息素养内涵，阈值的引进革新了信息素养框架的体系结构，突破了格式类型的限制，实现了多元素养的融合。新框架代表美国图书馆界和教育界对信息素养理论与实践的最新认知，为我国信息素养理论研究与实践探索提供了较好的借鉴与启发。

（三）信息素养与媒介素养的比较研究

周晶，兰国帅，张一春《基于CSSCI（1986－2014）的信息素养与媒介素养的

比较研究》[《现代远距离教育》2015（3）：17]

1. 数据来源与研究方法

数据来源，本研究以中文社会科学引文索引 CSSCI 为信息源。CSSCI 遵循文献计量学规律，以中文人文社科顶级优秀学术期刊作为来源期刊，是我国社会人文科学文献信息查询与评价的重要工具。

研究方法，采取定量与定性评价相结合，基于文献计量学和共现聚类分析方法，其次利用 SPSS 的统计分析功能分别对"信息素养"和"媒介素养"这两个领域内的文献关键词进行词频统计与共现聚类分析，研究对象，对国内信息素养和媒介素养这两个领域 1986—2014 年间的文献数据，从时间数量分布、学科类别分布、刊发文献学术期刊分布、高产出学术研究机构分布、高产出学者分布、研究主题与研究热点等方面进行研究，探讨它们的异同并探究二者之间的关系。

2. 研究结果与分析

文献年度分布：信息素养自 1986 年就有文献发表，而媒介素养则要从 1993 年才开始有文献发表。这说明，对信息素养的研究比对媒介素养的研究更早，历史更久。信息素养领域的发文量从 2000 年开始迅速增长，而媒介素养领域的发文量从 2003 年开始增长。但是自 2012 年以来，信息素养和媒介素养研究均进入持续下滑期。

学科类别分布：信息素养领域分布的前十个学科类别分别为图书情报学、教育学、新闻传播学、语言学、心理学、体育学、管理学、社会学、政治学和经济学。媒介素养领域分布的前十个学科类别分别为新闻传播学、教育学、艺术学、图书情报学、社会学、政治学、管理学、外国文学、民族学和哲学。

刊发文献学术期刊分布：信息素养研究发文量最高的是《图书情报工作》。媒介素养研究发文量最高的是《中国广播电视学刊》。《中国电化教育》和《电化教育研究》在信息素养和媒介素养领域都出现，说明这两本期刊是信息素养和媒介素养领域中学术期刊的交集，体现了教育学特别是教育技术学对这两种素养的高度关注和基础支撑。

学术研究机构分布：信息素养领域研究发文量高的地区主要有武汉、上海、北京、广东、浙江等地。武汉大学信息管理学院、上海交通大学图书馆、中国科学院国家科学图书馆位列前三。媒介素养领域研究发文量高的分布地区主要有北京、浙江、南京、上海、四川等地，主要是大学的新闻与传播学院、媒介素养研究所、媒体与设计学院艺术与传媒学院等机构。中国传媒大学、浙江传媒学院、南京师范大学位列前三。值得注意的是，浙江传媒学院在两个领域均榜上有名，充分显示出该校在信息素养和媒介素养研究领域的国内影响力与实力。

高产出学者分布：在信息素养研究领域排名位列榜首的高产出学者是张晓娟，她是武汉大学信息管理学院教授。研究领域主要包括：系统集成与数据集成，网络信息资源管理，数字图书馆，档案馆管理等。在媒介素养研究领域排名位列榜首的是张舒予，她是南京师范大学教育技术系教授。出版了专著《视觉文化概论》等 6 部，发表论文 60 余篇，获得全国电化教育优秀工作者称号。是一位长期耕耘于信息技术教育与视觉文化研究领域的专家。

1986—2014 年发文量前五位的高产出学者对比表

	信息素养			媒介素养	
序号	作者	发文量	序号	作者	发文量
1	张晓娟	11	1	张舒予	19
2	郭晶	6	2	王天德	17
3	谷秀洁	6	3	陈晓慧	12
4	尹雪	6	4	王帆	8
5	任树怀	6	5	张艳秋	8

来源：周晶、兰国帅、张一春《基于 CSSCI（1986—2014）的信息素养与媒介素养的比较研究》[《现代远距离教育》2015（3）：20]

研究主题与热点：信息素养和媒介素养的研究主题都分为五类，分别是图书馆信息共享类、图书馆信息服务类、美国信息素养教育类、大学生信息素养类和教师信息素养类。两个领域的高频关键词中都出现了关键词"大学生"，说明这两个领域都对大学生表现出高度的关注，两个领域的研究范畴和研究对象很多都面向大学生这一群体。另外，信息素养领域排名第八的高频关键词是"美国"，说明了美国在信息素养领域的权威性和前瞻性，显示了国内信息素养领域的学者对美国的高度关注，很多学术论文都展示与借鉴了美国在这一领域发展的成就与经验。

本文以翔实的数据，科学的研究方法，对 1986—2014 年以来信息素养和媒介素养进行比较研究，体现了这三十年来信息素养与媒介素养的研究状况，有较高的学术价值。

（四）关于数字鸿沟的研究

陈力丹，金灿《论互联网时代的数字鸿沟》[《新闻爱好者》2015（7）：33]一文对数字鸿沟问题进行了深入研究，数字鸿沟的造成，和媒介素养有极其密切的关系。

1. 数字鸿沟

最早受到全世界的重视，源自于美国国家远程通信和信息管理局（NTIA）发表的《在网络中落伍》的系列报告。此后，经济合作与发展组织（OECD）提供过对其概念的一则描述：数字鸿沟指处于不同社会经济水平的个体、家庭、企业和地理区域之间，在信息通信技术（ICTs）的使用机会和许多活动中的互联网应用方面存在的隔阂。

而根据美国国家远程通信和信息管理局的报告之三，数字鸿沟的具体内容表现被划分为 A、B、C、D 四个方面：A（Access）指人们在互联网接触和使用方面的基础设施、软硬件设备条件上的差异，经济地位优越者在这方面有着突出的优势；B（Basic skills）指用互联网处理信息的基本知识和技能的差异，而这与教育有着密切的关系；C（Content）指互联网内容的特点、信息的服务对象、话语体系的取向等更适合于哪些群体使用和受益；D（Desire）指上网的意愿、动机、目的和信息寻求模式的差异。

虽然作者认为社会不平等对数字鸿沟有影响。但是数字鸿沟是一个复杂的、多维度的现象，它既存在于信息设备的技术领域，也存在于信息资源的应用领域；它既存在于多个不同国家、不同地区之间，也存在于同一社会的不同社会群体之间。

2. 数字鸿沟与媒介素养

网络媒介素养作为一种较高层次的信息利用和接受的影响因素，其本身包含的内容也是复杂而多样的。作为网民个体基础的网络媒介素养主要应当包括以下三点：在海量信息中筛选有效信息的能力；对信息的辨识、分析和批判的能力；发布信息和进行信息再传播的素养。在信息爆炸的社会里，人们沉浸在信息的海洋中，接触网络信息已经不再是重大难题，最重要的是对海量网络信息的选择、分析的能力，以及信息生产与再生产的素养。这些素养的差异反映了一种实际意义上的新的社会不平等，由此产生的差异化的信息利用和接受结果进一步拉开了不同群体之间的数字鸿沟。

不同人群之间的数字鸿沟会影响人们的政治相关知识和素养，以及对政治形势的判断力之间的差距。根据美国皮尤研究中心关于互联网对公民政治生活的影响调查，参与互联网政治的个人比一般政治参与的个人有更好的预测力。对互联网的政治信息使用越多的个人也会拥有更多的政治知识。在此基础上，人群之间的网络政治参与度也会不同程度地受到影响。数字鸿沟对这一方面不平等的再造是不容忽视的。"各个高科技国家的政府所面临的一种潜在的可怕威胁来自国民分裂为信息富有者和信息贫困者两部分，这条大峡谷一样深的信息鸿沟最终会威胁到民主。"

数字鸿沟反过来也会进一步恶化地区和人群间的教育不平等现象。教育信息化发展加快，不同教育程度的人、拥有不同教育基础设施的地区之间存在的数字鸿沟会带来高等教育水平者和低等教育水平者之间的差距再扩大。两者在教育机会的获得、教育信息资源的掌握、教育信息素养的培养等方面，都会显现出明显的不平等。

数字鸿沟研究让我们从另一个角度看到了媒介素养的差距及其产生的原因，本文为媒介素养的研究打开了崭新的视角。

（五）国外媒介素养课程研究现状及趋势的研究

耿益群、徐玥《近十年国外媒介素养课程研究的现状与发展趋势》[《中国电化教育》2014（12）：31]

第一部分 媒介素养理论探讨

研究群体：本研究通过对"论文发表期刊""学位论文专业分布""作者学科背景""作者国籍"这四个变量的分析，了解媒介素养课程研究者的基本情况。

研究议题：本文采用了波斯纳（G. J. Posner）对课程研究主要问题和取向的归纳及大卫·帕金翰（D. Buckingham）对媒介素养教育内容的界定，将媒介素养课程研究领域划分如下：（1）媒介素养课程价值取向研究；（2）媒介素养课程开发过程的研究；（3）媒介素养教育课程实施研究；（4）媒介素养课程中教学材料研究。

理论应用：运用传播学中的创新扩散理论来分析媒介素养项目如何在学校进行推广和应用，运用教育学中的活动理论来设计媒介素养课程的目标和核心要素，心理学中的信息解释过程模式来分析媒介素养课程对学生的影响。

研究方法：本文综合社会学、传播学、教育学等学科的研究方法，以及媒介素养课程研究的特点，从以下四种研究方法分析文献数据所包含的媒介素养课程研究方法：（1）定量研究，其中主要包括问卷调查法及实验法；（2）定性研究，其中主要包括叙事研究法、行动研究法及案例研究法；（3）混合研究，即在一个研究中，既采用了定量研究的方法，又采用了定性研究的方法；（4）文献研究；（5）比较研究；（6）历史研究；（7）理论研究。

国外媒介素养课程研究的特点：（1）注重媒介素养课程实践研究。（2）关注媒介素养课程主体研究。（3）强调媒介素养课程评价研究。（4）突出新媒介素养在课程中的地位。

本文审视近十年国外媒介素养课程研究的发展状况及其特点，对我国媒介素养课程实践具有积极的启示作用。

（六）媒介素养教育创新研究

周灵、张舒予《媒介融合语境中的媒介素养教育创新》[《教育发展研究》2015（13）：61]探讨了媒介素养教育创新的问题。

VMIL新概念：媒介融合语境中的媒介素养教育。媒介素养的培养应当与视觉素养、信息素养融合进行，探索出更为有效的VMIL（Visual & Media & Information literacy）培养策略。

1. 融合起点：以视觉为先导

弗兰斯基和德贝斯（Fransecky & Debes）于1972年提出的视觉素养定义是被最广泛采用的，并且被国际视觉素养学会使用。视觉素养综合了视觉观察、视觉理解和视觉创造的内在修养与外在表现，是一种综合性素养，视觉素养是有差异的，其能力是一个逐步提高的过程。VMIL理念在教育活动中的具体实施可以分解为两重：一是视觉解读，针对人文层面的媒介素养培养；二是信息表征，针对技能层面的媒介素养培养。

2. 视觉解读：人文层面的媒介素养培养

视觉解读训练就是在对视觉符号进行符号学层面的解析。例如，在追求对客观世界模拟、视觉再现的过程中，人类发明创造的图像随着数字影像制作技术的不断进步，虚拟的影像具有以假乱真的外表，形成"超真实"的拟像。何为"真实"？眼见是否一定为实？如何看待这种转变？通过视觉解读训练，认识并厘清这些问题，有益于接收者更自觉、能动、深刻地理解各种视觉作品，在提升视觉素养的同时提升媒介素养。

3. 信息表征：技能层面的媒介素养培养

作为信息表征的有效手段，在漫长的文明史中，人们运用视觉化的信息表征形式，将知识转译为可视化的图形图像，以之作为承载媒介，促进知识的传播和创新。当今，数据作为信息的一种表现形式，充斥着人们生活的方方面面。信息可视化的主要任务是对数据进行解释，即归纳数据内在的模式、关联和结构。可视化方法用一种更易理解的方式呈现数据，探索数据背后的规律和模式。

本文探索了视觉素养和信息素养和媒介素养的融合，在当今这个读图时代，如何通过信息可视化技术系统地建立数据和视觉之间的联系，以更易理解的方式呈现数据，让人们在接触数据的同时还能够有效地处理数据。文章有新颖的媒介素养创新点。

（七）媒介素养之塔

卢峰在《媒介素养之塔：新媒介技术影响下的媒介素养构成》[《国际新闻界》2105（4）：129] 提出关于媒介素养之塔的理论框架：

"媒介素养之塔"的层次分析：根据以往媒介素养教育理论框架的局限和新媒体技术时代提出的新要求，我们构建了一个"媒介素养之塔"。它根据人们使用媒介的不同需要，将媒介素养由低到高划分为媒介安全素养、媒介交互素养、媒介学习素养和媒介文化素养等四个层次；同时，在掌握每个层次的素养时，又根据我国教育界常用的教育目标分类法，将学习的目标区分为知识、技能、能力和态度，如图所示。

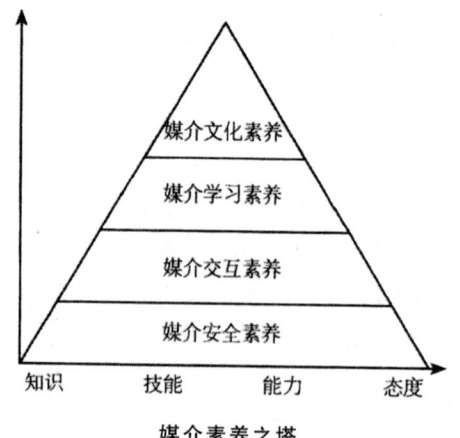

媒介素养之塔

1. 媒介安全素养

所谓媒介安全素养，是指在使用媒介时保护自己的身体健康和心理健康、保证个人财产、生命等安全的知识、技能、能力和态度。具有较强媒介安全素养的人们，对媒介化社会可能会给现实生活带来的负面影响有较清醒的认识和了解，因而能经常学习媒体相关法律法规和技术，培养基本的伦理意识和法律意识、批判和质疑精神，既避免伤害他人、触犯法律，也避免受到他人的伤害。

2. 媒介交互素养

所谓媒介交互素养，是指媒介使用者与媒介进行交互，或利用媒介与他人进行交流的知识、技能、能力和态度。可以看出，这里所说的交互，既有人与媒介的交互，也有人与人的交流，由此也就形成了多种交互模式。无论是哪一种模式，都对当代人提出了与以往不一样的媒介素养要求。

3. 媒介学习素养

所谓媒介学习素养，是指使用媒介获取知识、学习技能、促进个人更好发展的知识、技能、能力和态度。

4. 媒介文化素养

所谓媒介文化素养，是指使用媒介时应该具有的文明、民主、文化自觉、国家主权等知识、技能、能力和态度。

"媒介素养之塔"主要有以下特点：一是根据媒介使用者的主要媒介活动，将媒介素养区分为四类不同的素养，突出了媒介素养的内容。特别是媒介交往素养的提出，反映出参与式文化的"参与"与"共享"的时代要求。二是将媒介素养的学习目标在原来强调"技能"和"能力"的基础上，增加了"知识"和"态度"两个维度。尽管以往的理论框架认为"技能"和"能力"当中也包含了"知识"，但"媒介素养之塔"对"知识"和"态度"的重视，既希望能保持批判性思维的培养，更要体现出当前学术界对技术的深层反思。三是根据媒介使用者不同层次的需要，将媒介素养由低到高划分成四个不同的层次，强调不同层次的媒介使用者应该有不同的媒介素养要求，还要有不同的知识、技能、能力和态度目标。

本文构建一个新的理论框架——"媒介素养之塔"，将媒介素养由低到高划分为媒介安全素养、媒介交互素养、媒介学习素养和媒介文化素养等四个层次，而每个层次的素养又包括知识、技能、能力和态度等四个学习目标。本文拓展了媒介素养研究的视域，对媒介素养研究条分缕析，理论明确，引证充实，呈现了扎实的研究成果。

（八）媒介素养教育的 CRT 模型

吴兵，陈立钢《媒介素养教育的 CRT 模型构建研究》[《巢湖学院学报》2015 (2)：112]一文中，我们把媒介素养教育的研究对象概况为媒介信息意识、媒介信息认知、媒介信息解读、媒介信息批判和创造媒介信息五个范畴。其中每一个研究范畴的分析工具与方法是媒介传播的本质，如图所示。

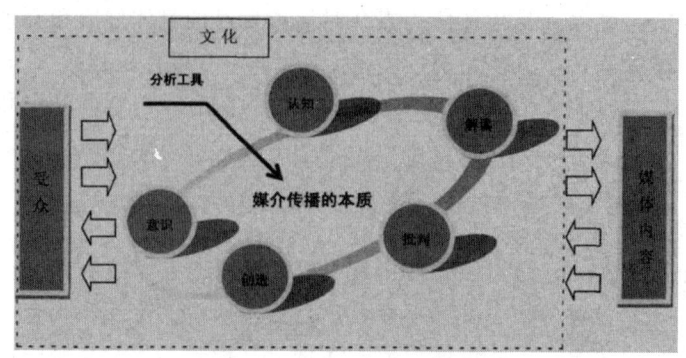

媒介素养教育的 CTR 模型

媒介信息意识：是在媒介素养教育的过程中，要树立科学的面对媒介信息的态度，既不是全盘地抵制媒介传播的信息，也不是全盘接受媒介的信息。

媒介信息认知：是指在媒介素养教育过程中，对媒介新闻的传播媒体，传播的机制，媒介传播的技巧，媒介信息的取舍方式要有清晰的认识。

媒介信息解读：学生在学习媒介素养教育的过程中，了解媒介的特点、运行机制等传播性知识是为了更好地解读媒介信息。

媒介信息批判：在媒介素养教育的起源过程到现在，媒介素养教育就一直强调对媒体的信息持有批判接受的观点。虽然现在媒介素养教育已经超越了保护主义的范畴，以培养高素质的媒介素养为出发点，以建构公平的、平等的媒介环境为目的。

媒介信息创造：作为媒介时代的人，仅仅具备批判地接受媒介信息、正确地解读媒介信息是不够的，我们应该成为媒介时代的掌舵人。只有每个人通过媒体手段，真正地发布自己的媒体信息，表达自己的观点，才能够掌握媒体时代的话语权，才能创设平等的媒介环境。

接着笔者展示了 CRT 模型下媒介素养教育课程内容设计。笔者在所在学校给本科生开设《视觉文化与媒介素养》选修课程的时候，总是在思考与调整课程的内容体系。在参考了美国、加拿大、澳大利亚、我国台湾等媒介素养教育的课程内容体系后，笔者设计了本校媒介素养教育的课程内容体系。

正如作者所言，在媒介素养教育本土化的过程中，如何展开媒介素养教育以及课程的内容体系应该包含哪些内容是值得探究的问题。笔者在课程设计上做了积极的有价值的探索。但是在媒介素养知识的系统化和内容的涵盖范围方面仍有值得探讨的地方。

（九）大数据与媒介素养教育的研究

段文娥《大数据视阈下的媒介素养教育》（《岭南师范学院学报》（2015（4）：

91)一文阐述了大数据视阈下的媒介素养教育主要包括以下内容:

1. 技术素养

（1）数字媒介的使用技能。

（2）信息资料的查找技能。

（3）信息内容的制作技能。

2. 数据素养

（1）具备数据安全意识。

（2）具备数据挖掘能力。

（3）具备数据协作能力。

（4）具备数据分析能力。

3. 人文素养

（1）对信息内容与应用软件的批判性解读能力。

（2）对数据的批判性解读能力。

（3）有理有节地使用大数据。

大数据为我们的生活带来诸多便利，也引发许多困扰。因此在欢呼大数据时代来临的同时，我们更应该自觉树立数据意识，有效运用大数据合理分配自己的时间、制定自我生活议程、解决相关问题，参与社会发展。

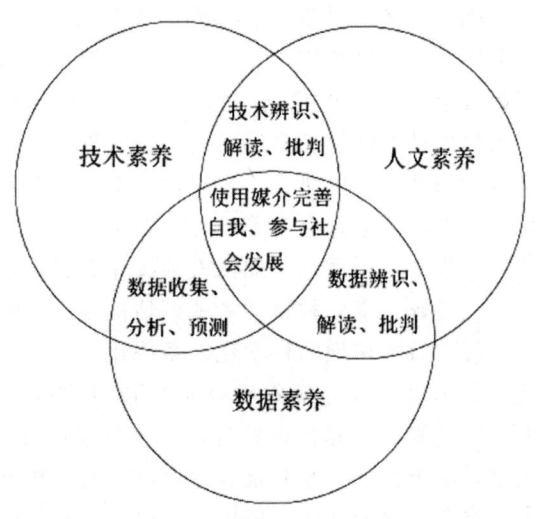

大数据时代的媒介素养

三、媒介素养研究存在的问题及对媒介素养未来的展望

在 2015 年媒介素养研究的 1996 篇论文当中，存在的主要问题表现为：在关于媒介素养的概念阐释中，仁者见仁智者见智，没有统一的规范和标准。总的来说，

都是美国媒介素养概念阐释基础之上的一种演变和发展，但基本没有脱离具体的理论框架。而且很多概念的解释大多直接引自国外的文献，要不就是参考国外文献。能够有独立创新的少之又少。在研究方法上大多是历史研究法，梳理以往媒介素养产生发展和演变的历史，从而寻找出媒介素养发展的路径。路径研究、对策研究、实用性研究、简介式研究占据了所有数据文本的十分之九。具有创新性研究可以说是凤毛麟角。能够采用具有技术含量的科学研究方法的文章屈指可数。在理论的构建上，很多文章基本停留在概念阐释和实践操作上，能够构建新的理论框架的论文仍有待提升。

从近年来媒介素养发展现状看来，媒介素养研究从2003年进入快速发展期到2012年进入高峰期，之后媒介素养的研究论文在逐年减少。然而从中国的媒介素养普及的情况看来，范围仍然十分有限。对未来媒介素养教育发展，中国学者应该对媒介素养教育概念进行具有中国特色的界定。需要根据我国国情，社会的发展，建立适合中国特色的教育理念和理论范式。国家应该重视媒介素养教育，提供相应的法律法规、制度保障，利用行政力量推动媒介素养教育的开展。同时要投入大量的人力、物力、财力开发属于我们自己的课程，开发《中国的媒介素养指南》和我国《媒介素养教育教材》，可通过借鉴许多优秀的地方课程、优秀的教学案例加以逐步推广，使得地方课程上升为国家课程。同时，各级政府部门要提供教育资源，如：教材、影像资料、国外先进的设施，让媒介素养教育实施有充足的物质基础。其次，要充分发挥社会团体的协助作用，如：媒介素养教育的组织、新闻媒体、素质基地组织等，开展媒介素养教育的论坛、讲座、开设研究中心、教育栏目等园地，为媒介素养的开展提供外部环境。最后，要充分发挥科研机构的先导作用，尤其要加强对媒介素养教学研共同体的研究，成立媒介素养教育教师联盟和组织，积极推动媒介素养教育的发展。建立媒介素养教育的网站，提供最新最权威的信息资料。学校应该转变"应试教育"的观念，加强教师媒介素养教育师资培训，积极鼓励校本课程的实施，并完善媒介素养教育的考核评估机制，鼓励教师提高媒介素养能力，加强在职学习，促进教师培训的科学化、系统化。

媒介素养教育任重而道远。媒介素养研究介绍到中国后，虽然研究者逐年增加，影响力不断扩大，但是媒介素养教育只有极个别省份的部分区域在开展活动，其余媒介素养研究大多是纸上谈兵。媒介素养教育理论研究热度一阵很高，但是随后迅速下滑；针对媒介素养存在的问题，提出一些提升策略，但是这些策略有没有用，没有人检验过；概念引入，浅层研究，本土启示，媒介素养教育只是停留在民间传播的层面上，还没有引起国家层面的高度重视。当前媒介形态高速发展，媒介素养教育必将成为未来公民教育的重大课题。

（作者系广东工业大学编审）

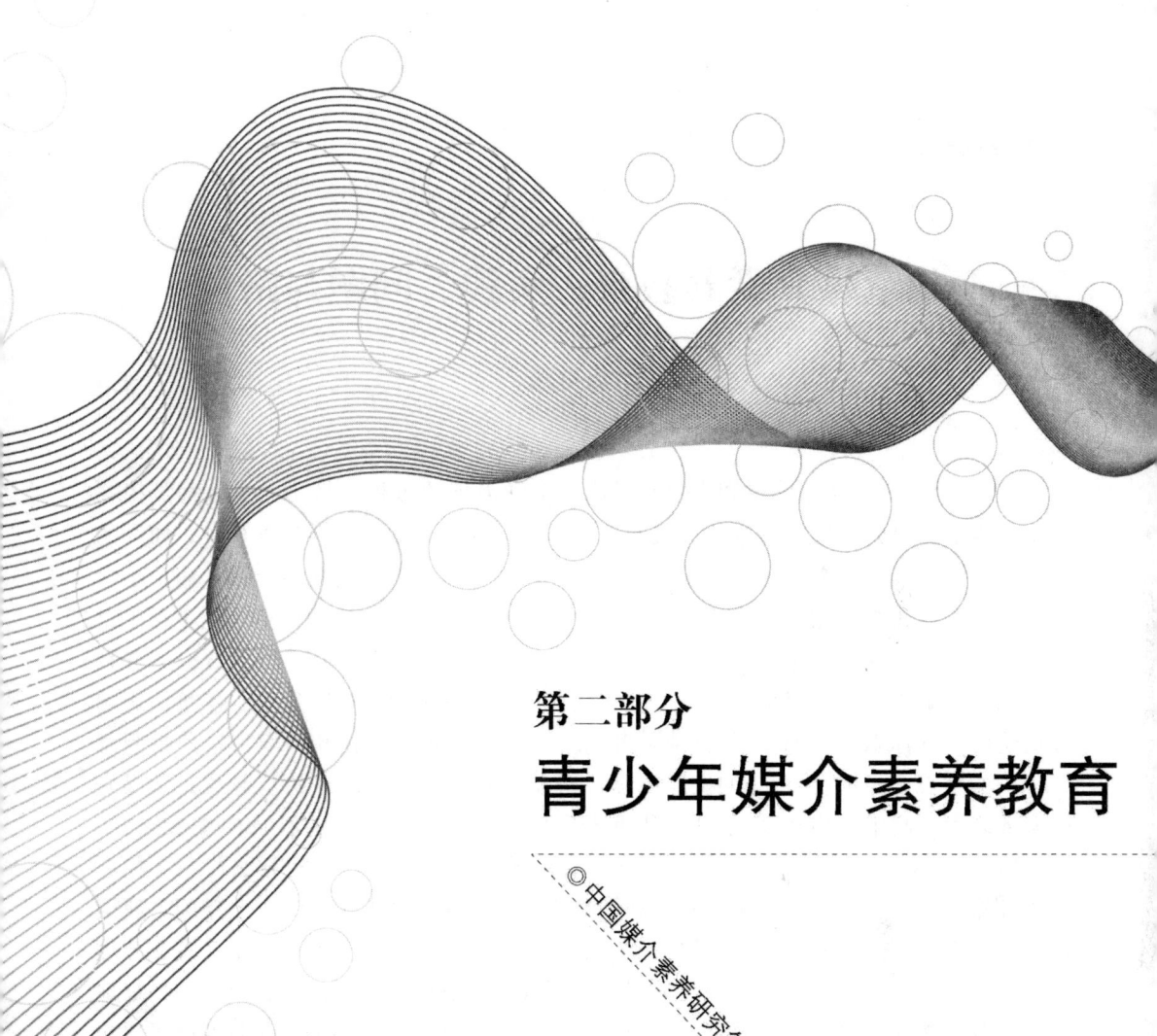

第二部分
青少年媒介素养教育

◎中国媒介素养研究年度报告:2015

> 全文刊登

儿童媒介素养教育：实践、问题与路径

李树培

"媒介文化已经把传播和文化凝聚成一个动力学的过程，将每一个人都裹挟其中。生活在媒介文化所制造的仪式和景观之中，我们必须'学会生存'"[1]。如今的媒介化社会改变了童的童年生活状态，幼儿园儿童迷恋平板游戏患上颈椎病、小学生模仿灰太狼剧情烧伤同伴等抓人眼球的新闻屡屡出现，儿童如何更好地生存于媒介化社会这一现实问题即儿童媒介素养教育愈发显得重要和迫切。儿童媒介素养教育的正式确立可以追溯至20世纪30年代英国电影等大众媒介之于青少年负面影响的忧虑，其标志就是1933年英国学者利维斯等人论著《文化和环境：培养批判意识》的发表。经过80余年的发展历程，如今许多欧美国家已经初步普及儿童媒介素养教育，越来越多国家意识到其重要作用和价值，都在探索各自的发展路径。1997年中国社科院卜卫女士发表的《论媒介教育的意义、内容和方法》一文标志着儿童媒介素养教育这一研究术语和领域正式进入我国学者视野。十余年间，我国儿童媒介素养教育研究和实践取得了一定成就，但也存在不少问题。本文意在梳理我国儿童媒介素养教育的现状与成就，分析成就背后可能存在的问题，以期更好地探讨与把握儿童媒介素养教育的核心和方向，在现有教育情势下为儿童的健康成长开辟可能的现实空间。

一、儿童媒介素养教育的实践素描

儿童的身心皆处于不成熟状态，而现在媒介与儿童生活的关联日趋紧密，因而儿童媒介素养教育得到更多关注。近几年来，大量高校研究者承担了相关的课题研究，不少中小学在进行相关的课程实验，很多中小学教师自发地在学科课程教学或者课外活动中进行相关探索。概括而言，与儿童媒介素养教育相关的实践探索主要有以下类别。

1. 高校与中小学合作开展的课程实验

目前，我国相对成规模的儿童媒介素养教育，大多由高校研究者推动，研究者团队到中小学进行教师培训或者亲自向学生授课。其中，发表成果或媒体报道较多的主要有中国传媒大学传媒教育研究中心与北京黑芝麻胡同小学以及定福庄二小的合作、浙江传媒学院媒介素养研究所与夏衍中学等学校的合作以及浙江传媒学院媒介素养研究所与永康大司巷小学的合作。

2008年9月至2011年7月,中国传媒大学传媒教育研究中心与北京黑芝麻胡同小学合作进行儿童媒介素养教育的实验研究。经过几个阶段的实验,开发出了相对完善的课程体系,分为身外世界与脑中图景、奇妙的声音之旅、影像魔术师、动漫梦工厂等主题。2009年开始,夏衍中学在高二年级文科班中开展媒介素养课,设置广播电视新闻、编导、编剧、摄影摄像等16个专题,每周二下午开设两节媒介素养课。浙江传媒学院老师上两个班的课,夏衍中学老师听课之后上另两个班的课[2]。浙江传媒学院媒介素养研究所与永康大司巷小学于2008年合作开展实验,以小学高年级儿童为实施对象构建出独立课程体系,共10个主题,分别是我和媒介、认识媒介、动画片伴我成长、慧眼识漫画、广告大侦探、认识电视剧、理解新闻、漫谈综艺节目、上网去冲浪、媒介与成长[3]。

2. 区域师资培训

一些区域认识到教师的媒介素养水平是儿童媒介素养教育开展的基础,在教师培训中开始关注和引入媒介素养内容,如2010年,广东中山第一期中小学媒介素养教育师资专项培训班开班,浙江省儿童媒介识读教育种子教师高级研修班开班。其中,中山市第一期中小学媒介素养教育师资专项培训班已经开班,分为通识面授、应用实践、交流展示三个阶段,第一期已培训40人(其培训目标为400人),由王天德为首席专家的课程组进行课程引领,以后该市有可能以此模式、并在此模式基础上进行改进和发展的新模式进行教育[4]。

3. 学校教师开展的课程实践

一些教师或单凭自己的兴趣和积累,或基于兴趣借助外界的专业力量,开设了媒介素养相关课程。比如教育媒体上提及的有上海市三女中教育剧场、江湾某初中"电视剧狗血剧情鉴别"选修课、上海中学东校的"流言是如何终结的"等拓展类课程。单个教师或少数几位教师开设的上述课程大大丰富了现有的课程体系,拓展了与这些课程"相遇"的学生的视野,但遗憾与困难之处在于这些精彩灵动的课程如何有更多的受众和知晓面,资源如何能够共享。

上海华东师大松江实验高级中学在近两年创建媒介素养创新实验室的过程中,努力探索面向全校学生的"短课程,长作业"媒介素养课程体系。目前18位教师创建了18门4到6学时的短课时,供所有学生选修[5]。某种程度上改变了前述个别老师面向个别班级开课的课程不足问题,基本上使得所有学生有机会熟悉和了解媒介素养的核心概念即媒介选择、媒介批判与媒介应用。

4. 电影课

电影是大家喜闻乐见的一种媒介形式,一些老师基于自己的兴趣和专业敏感,自发地在自己的课堂中进行电影课的探索,努力培养学生的批评与鉴赏能力,如成都的夏昆老师在自己的高中语文课堂中持续推行电影鉴赏,出版了《教室里的电影院》一书[6]。在中国比较有影响的是雷祯孝先生倡导发起的电影课实验,分为三部曲。第一部曲"整部好片周周看",把电影课排进课程表,作为校本课程。第二部曲"学科电影课对课",对应各个教育出版社的语文、历史、思想品德、科学、生物、地理等课本的每一课,配置一包相关的电影资源。第三部曲"交响课程新时代",把各种主题的资源汇聚,形成领袖课程、财富课程、青春课程、感恩课程等,可供学生、学校、家庭自由选修。"读万卷书,行万里路,看万部电影",成为课程新时代的口号[7]。

二、儿童媒介素养教育的问题廓清

如前所述,我国许多研究者与一线教师都在自觉进行契合时代发展的媒介素养教育探索,形成了富有生机和成效的儿童媒介素养教育态势。但是,细细推究,这些看似繁盛的儿童媒介素养教育实践背后隐含着值得进一步思考和改善的问题。

1. 教师主体相对缺席

从儿童媒介素养教育发起者来看,除了新闻传播与教育技术领域的高校研究者之外,某些区域的教育管理者和学校教师也开始对此敏感并感兴趣,而教育学领域的研究者在这一重要问题上显得缺席。尽管也有教师自发开设相关媒介素养课程,但相对庞大的教师队伍来说显得非常微小,而且处于教师的经验探索阶段。尽管有些教师的教育教学实践中已经存在儿童媒介素养教育的内容,但还缺乏理性自觉和专业引领。在媒介素养教育探索中相对比较系统和成熟的当属研究者与教师的合作实践,比如前文所提及的三个合作实践例子,合作模式都是研究者负责制定计划、开发课程内容、实施实验教学、组织阶段研讨、进行师资培训,学校教师提供协助、参与研讨,然后进行模仿教学。这种合作方式能够保证教师把握和领略媒介素养教育的精髓和样态,但是某种程度上也矮化了教师的主体性,把教师置于仰望、模仿和追随的角色,教师成了"拷贝不走样"游戏中的被动传声筒,教师对于学生媒介经验的谙熟与教师自身的媒介思考和体验等宝贵资源湮灭于研究者强势周延的框架设计之中。教师与研究者之间这种实施与设计截然分离的不对等角色关系,与儿童媒介素养教育追求独立思考和批判解读的精神、崇尚问题解决和对话教学的方式显得不相匹配。教师如果在儿童媒介素养课程设计中主体性缺失,很难想象能够在实施过程中良好地运思、与学生共同展开深度媒介思考与探究,尤其是在研究者撤离之后。

2. 儿童探究空间有限

目前的儿童媒介素养教育实践除了部分教师开发的主题或课程之外,主要是高校研究者与中小学校以单独开课的实验方式合作展开,如前所述的合作案例中大都开发出了各自的课程框架与体系,囊括了从报纸、电视、动漫到网络等各种媒介主题。笔者考察已经单独开课的课程实验样本,其课程内容侧重于分门别类的媒介知识普及,相对缺少关于知识建构的反省,批判性思维这样的高层次媒介素养目标显得虚弱。另外,笔者在前期调研时发现,普遍存在对儿童媒介素养教育的误解,以为信息科技课程或者学校的摄影社团、动漫社团就是儿童媒介素养教育的全部或者核心,偏重于媒介技术的掌握和操练,儿童的批判性思维等重要目标未受关注。在实施方式上,强调单独课程体系的相对完整,没有充分结合学生的已有媒介经验和关切的媒介问题,没有充分融入现有的学科课程,没有以彰显儿童批判性思维与合作探究能力的儿童主题探究方式实施。当前的研究取向对儿童的媒介体验、思考与探究不够重视,尚未把握更切合当今社会现实的媒介素养教育之解放与赋权取向。

3. 媒介素养核心有所偏离

有些教育实践看似是媒介素养教育活动,但实际上并未体现出媒介素养之核心。这种偏离体现在几个方面。首先,很多教师在学科教学中将媒介技术看作中立的信息传递的工具或教学辅助手段,未能意识到媒介本身所代表的文化样式,关于媒介本身的探索欠缺,偏离了儿童媒介素养教育的核心。其实,网络、手机和其他当代媒介技术既是调节和表征世界的新方式,也是新的交流方式。儿童在校外接触这些媒介技术时不仅把其视作技术,更视作文化样式。正如意大利学者 Umberto Eco 所言,"关于媒介的教育是运用媒介技术进行教育的必要前提"[8]。如果我们想运用网络或游戏或者其他数字媒介进行教学,我们需要让学生有能力理解和评鉴这些媒介。

其次,仅仅关注媒介内容,未关注到媒介形式与技术。正如电影课倡导者雷祯孝所言,"电影课"这一校本课程确实弥补了课堂和书本的不足,活化了书本的内容和信息,潜移默化地影响学生的思想行为和审美取向,达到了"随风潜入夜,润物细无声"的教育境界。用优秀电影这种媒介形式和资源来熏陶儿童品性和传递文明是非常有效的做法,但这还是学科教学的延伸,如果想达到媒介素养教育的目的,不能仅停留于对电影内容的学习与分析。媒介素养教育不仅包括对媒介内容的批判分析与解读,还包括对媒介组织的运作机制、媒介生产的认识与理解,让儿童能够理解、解释或者如果必要的话来挑战弥漫于其生活中的各种媒介;也让其有能力生产自己的媒介作品,成为媒介文化的主动参与者而非简单的消费者。因此,电影课如果想更加关涉媒介素养要素,那么在分析电影文本内容、鉴赏电影内容所蕴含的哲理与智慧之外,还需要分析电影所使用的视觉和口头语言以及这些语言对世界的表征,研究生产电影的公司或媒介组织,研究他们如何到达目标受众等。即使在借鉴电影的内容维度上,也不是简单地对儿童进行教育和规范,更不是一味迎合儿童的喜好,而是需要借助电影让儿童关照和思考现实生活本身,并进而形成自己的价值观和精神高地。

再次，有些媒介素养活动过于偏重媒介技术的掌握与操练。当然，对媒介技术的近用与掌握也是媒介素养教育的内涵之一，但是不应因此而弱化或忽略媒介批判等要素。如果认为儿童所做的事情与媒介技术有关，就是媒介素养教育，这可能是一种误解。儿童可能只是在机械地、脱离情境地使用技术，并没有对技术使用中的主题内容设计安排以及展开过程进行批判性地思考，可能更没有对自己日常媒介使用与交往进行自我评价与理性审视，而这些正是媒介素养教育不可回避的核心问题。因此，儿童媒介素养教育可以提供一种批判性的概念框架，而这是只关注技术的媒介教育活动所缺乏的。

4. 资源整合与机构推动明显不足

纵观西方儿童媒介素养教育比较发达的国家，要么在国家层面有强大的政策支撑，要么有雄厚的非营利组织等民间力量的互动与推进，才使得儿童媒介素养教育落到实处，真正成为儿童健康成长的有益助力。如前所述，我国来自民间力量与学术界人士主动开展的儿童媒介素养教育研究与实践也不少，对于我国儿童媒介素养教育理念普及、理论澄清与实践摸索都功不可没。但是，目前我国儿童媒介素养教育的研究与实践都散落各处，而且力量相对薄弱，各自的理论诉求、内容框架、资源素材自成体系，未能达到资源与智识的共享与互通，其关于儿童素养教育的理论探询亦未得到基础教育界足够的回应。何况，我国的权力结构属于集中型，这种自上而下的结构也有其益处，能够做到单凭个人力量和民间团体无法做到的事情。因此，我们不必纠结或执迷于西方国家广为接受的自下而上的草根式儿童媒介素养教育实施模式，我们可以寻找一条中间道路，让各级政府力量与民间力量相得益彰。

三、儿童媒介素养教育的路径探寻

梳理了我国儿童媒介素养教育的概况和问题之后，我们需要思考优化与改善儿童媒介素养教育的可能路径。我国基础教育阶段课程设置已经拥挤不堪，如果再单列或增设新的课程，在时间、师资与精力方面将更难以承载。我们可以充分挖掘现有课程体系中能够彰显和融入儿童媒介素养教育的空间，以一种改良和渐进的方式来实施。正如佐藤学所言，"操之过急的改革，对学生、对教师都没有好处。学校是一个顽固的组织，不是靠一两年能改变的。当然三年也未必能改变成功。"[9] 正是在这个意义上，佐藤学才将从教室里萌发的变革称作"静悄悄的革命"。笔者认为，儿童媒介素养教育一以贯之的核心精神即对媒介文本的批判性反思与对媒介世界的道德性实践，这些靠轰轰烈烈的口号、宣传和革命无法实现，而同样是需要教育者耐心投入、积极创造、持续进行的"静悄悄的革命"。一方面，在已经关涉众多媒介素养要素的学科课程教学中融入和聚焦媒介素养教育，另一方面，在本次新课程改革所增设的综合实践活动课程中、在各种校园社团等实践活动中引领学生探究媒介本身、探究媒介文化、探究自己与媒介之关系。

第二部分 青少年媒介素养教育

1. 学科课程融入

在教育正式关注和研究媒介之前，媒介已经发挥着对大众的影响作用，媒介与教育的关联由来已久。学科的细化是随着社会发展和分工而加剧的，在媒介技术勃兴的当下，在课程改革的推动下，很多学科自发甚至主动纳入了媒介素养方面的内容。张学波曾在其2005年博士论文《媒体素养教育的课程发展取向研究》中花费大量篇幅梳理了英语、语文、艺术等不同学科课程标准中所包含的媒介素养内容。尽管这些内容显得零散，但至少为媒介素养教育的学科融入奠定了良好的基础。

现在学科课程都比较强调学生搜集与处理信息的能力，在这一方面，各学科老师都可以引导学生评价学习资源中信息的精确性和价值，引领学生思考这些重要问题：这些信息和资源的预期受众是谁？作者的核心观点是什么？基于作者的背景和先前的工作以及支持机构或资金来源来看，其内在的可能影响与倾向是什么？有了这样的意识和能力，学生就不会再简单地把"百度一下"的结果当作标准答案。

语文学科涉及新闻稿、通讯报道、纪实报告、戏剧或话剧片段等各种文体，可以有意识地安排和渗透新闻类或剧本类文本内容，可以让学生结合班级或校园活动体验小记者、小编剧、小导演的职责。笔者在实验学校里发现，学生们在进行很多相关探究，如"剧本的创作与表演""英语童话剧的改编与表演""为长辈写一份传记"等探究主题。现在人们在视听盛宴的冲击下，容易忽略文字表达的力量。因此教师可以选取同一个社会事件不同形式的媒体报道，让学生自己来分析和发现报纸、电视、摄影等不同媒介形式的特点和优劣，在此基础上学生可以认识到任何单一的媒介表达都不是现实世界的全部。在语文或历史课或社会课中，还可以把媒介的发展历史作为一个有趣的主题来进行讨论。笔者所听的一节关于汉字的演变的语文课上，老师用多种媒介方式和学习活动来呈现汉字的演变历程，除此之外，是否还可以进一步引导学生思考当前愈益普及的电子书写对于手写文字的冲击等更切合学生生活的问题、思考近年受到热捧的汉字听写等电视节目之意蕴？笔者在实验学校听课时，发现一位历史老师教学中总是引用大量不同视角和侧面的史料，让学生比较分析、知道有多种观念的存在而不是把历史当作记忆和信仰的事实，充满探究意味，这其实也暗含了儿童媒介素养教育的精神。

笔者在实验学校听过一节美术课，主题是学生用老师自制的木头小人来设计优美的舞姿造型并画下来进行展示交流。课的开始阶段，老师用"江南Style"的资料开场，问学生骑马舞美吗，学生纷纷说不美。然后老师呈现和定格了芭蕾、体操等大量优美舞姿图片，老师又问学生这些舞姿美吗，学生都点头称是。老师简单总结说，流行文化都是好玩热闹，离优雅美丽还有很远距离。老师试图结合学生熟悉的骑马舞来让其领略优美舞姿、批判大众文化，但是由于太过简单甚至稍显武断，没有让学生表达自己真正的看法，学生有可能是揣摩教师的预期而刻意迎合。这个教学细节折射出媒介素养教育的学科融入实施方式中应该注意的重要问题。"融入媒体素养核心概念的老师，其教学的终极目的是藉由媒体素养提供一个教育转化的机会，把权威的传统学校与教师文化转变为让学生的声音与观点受到重视且尊重的场域，使得在教室内的学习可以与学生的生活经验相连结。"[10]媒介素养教育本身是一项实践与思考并重的事业，教师需要从学生的经验出发，带领学生思考和研讨自己在媒介环境中遇到的问题和自己的理解，而不是教师从教育者的立场出发，灌输自己认为应该让学生掌握和了解的知识、应该让学生认同和遵从的正确价值观和高雅品位。个人的批判思维与自主意识是媒介素养教育的重要指向，如果课堂教学没有改变的空间，没有学生形成自己见解的机会，只是以增加媒介知识与传授媒介价值观的方式来进行学科融入，结果必然是收效甚微。教师在学科教学中融入媒介素养成分时，需要以更宽容的态度来对待大众文化，这样才有进一步对话和共同探讨的实质性可能。

2. 儿童媒介探究

课堂所学与实际生活之间的断裂与鸿沟一直为人诟病，这一点在变革剧烈的今天更显突出。各种媒介的繁盛就是儿童生活的文化环境，但儿童在学校接触的媒介以传统媒介为主，实际生活中游曳于各种新兴媒体之中，对于这种落差他们必定有很多切身的感悟、思考和困惑。当前很多学校都有社团活动，为新增设的旨在培养学生创新精神和实践能力的综合实践活动课程留出了空间。在这些课程空间中，完全可以让学生的各种媒介思考、探究与实践得到彰显，此即本文所言的媒介素养教育的儿童探究途径。

现在儿童早早就拥有QQ、邮箱、微信等各种账号，儿童经常看到成人甚至自己也会刷微信、网购，我们可以带领他们了解腾讯、百度、淘宝等大型网络公司是如何短时间内迅速发展壮大的、是如何运作的、自己的信息是如何被经营管理的、如何更安全地使用网络等问题。当儿童在QQ等媒介上撰写日志和评论、发布照片和视频的时候，某种意义上就成了媒介生产者和创造者，这完全不同于传统媒介素养强调文字读写能力的诉求。一位初中信息技术学科教师在带领学生开展探究活动时，结合学生普遍热衷于各种电脑游戏的媒介经验和特点，结合自己的学科专长，与学生一起确定了电脑角色扮演游戏设计与制作的探究主题，先是个人尝试制作实验作品，然后是小组合作制作正式游戏作品。不少同学借助多种资源利用业余时间进行钻研，为了在游戏中实现某一功能或修正错误，不知疲倦地持续工作数个小时；有几位同学查阅了许多中国古典神话传说，仅仅是为了能更好地设计创作具有中国特色的游戏世界架构和故事背景①。相信这些学生在充分体验了游戏设计与制作中的酸甜苦辣之后，不仅深切感受到自主学习的挑战和乐趣，而且想必不会再如以往那样简单地沉迷于游戏带来的感官刺激，而是能够读懂游戏背后的心理、文化要素和诱惑技巧，能够更冷静地看待游戏、与游戏保持积极的关系。当然，这种游戏制作以及推而言之的媒介制作不应是说明书式的步骤操作，而必须融入学生的批判性思考与理解，否则就变质为单纯的技术操练，沦入"技匠的陷阱"（TechnicistTtrap）[11]。"为制作而制作的学习，可能使学生容易被形式圈限，试图复制商业文本的内容，或专注在创作作品的美学与技术等技巧层面，会阻却思辨态度的养成。"[12]媒介制作的关键是学生在整个构思过程中要不断地体验与反思：对主题的诠释和定位、对媒介形式的选择、对媒介语言的理解、对整个制作过程的安排，过程中的体验与思辨才是学习的重点，而不是仅仅为了最后的作品[13]。

一位心理老师在指导学生进行探究时，结合学生不能对爆炸式信息进行有效筛选、甚至负面信息比起正面信息更容易为他们所接收的现实，结合老师自己的专长，共同确定了寻找正能量的主题，从正能量阅读、正能量影视欣赏以及身边的正能量三个方面切入进行探究。许多学生选择阅读自己平日喜爱的儿童读物，如《笑猫日记》《查理九世》等，为了"寻找书中的正能量"，学生读出了名著的感觉，搜寻书中许多平时不会注重的小细节。除了从阅读中获取正能量外，也让学生找到了另一种读书方法：细读、品读。在分享阶段，很多学生都分享了让自己感受到正能量的身边的事：和好朋友吵架，明明是自己先挑头，对方却也说了对不起；发现教室没有打扫干净，没有一官半职的普通同学自愿留下大扫除……②确实，负面信息或者说杂驳的信息中确实有需要我们质疑、舍弃的东西，如何让学生更全面地理解媒介世界中的繁杂信息，是个重要的现实问题。但是，如果过于追求正能量而放弃批判和分析的视角，如果过于追求立场正确且依此进行信息裁剪，就容易变形为温情脉脉的心灵鸡汤，而非关注独立思维和自主表达的儿童媒介素养教育。

四、结束语

本文所主张的学科课程融入与儿童媒介①探究这两种儿童媒介素养教育的实施方式并非截然分离，而是相互支持、相互交融的。学科课程融入时因受制于学科教学的核心目标和时间容量，媒介素养要素往往无法深入展开，这就为儿童媒介探究做出铺垫和留出空间。教师在指导儿童媒介探究时必然基于其原有的学科专长，因而在儿童媒介探究的过程与成果中自然会融入学科教学的精髓和力量。同样，由于指导儿童的媒介探究，教师会产生新的思考而能够增强学科教学的有效性和时代感。这两种方式都因依托学科教学而有存在和生长的可能，关键是教师要改变传授媒介知识和灌输媒介价值观的习惯，留出空间与学生共同进行媒介辨析和探究，在此基础上让学生进行媒介表达与创造。若此，假以时日，儿童媒介素养教育在学校中会逐渐深入、进而持续更新。

注释：
① 叶峰：《电脑角色扮演游戏制作的探究》（实验学校案例，内部资料）。
② 宋雨歌：《寻找正能量主题探究》（实验学校案例，内部资料）。

参考文献：

[1] [加] 马歇尔·麦克卢汉. 理解媒介——论人的延伸 [M]. 北京：商务印书馆, 2001.426.
[2] 夏衍中学媒介素养课正式开课 [EB/OL]. http：//www.hzxyzx.net.cn/XxFb/xy_green_Page.asp? ID=19886&R=.521023&Run For=, 2014-10-10.
[3] 刘宣文, 陈钢. 儿童媒介识读教育 [M]. 北京：中国广播电视出版社, 2011.256.
[4] 王天德. 新媒介素养的目标追求能力研究 [J]. 中国广播电视学刊, 2011, (2).35-37.
[5] 潘建荣. 短课程、长作业凸显特色课程的张力 [J]. 上海教育, 2014, (Z1)：68.
[6] 夏昆. 教室里的电影院 [M]. 北京：中国轻工业出版社, 2013.
[7] 刘雍潜, 雷祯孝, 雷霆. 谈电影与中国教育 [EB/OL]. http：//yq.people.com.cn/Forum/post Detail.aspx? ID=000013818, 2014-10-12.
[8] David Buckingham. Beyond Technology：Children's Learning in the Age of Digital Culture [M]. Cambridge：Polity Press, 2007.147.
[9] [日] 佐藤学. 静悄悄的革命 [M]. 长春：长春出版社, 2005.60.
[10] [12] 吴翠珍, 陈世敏. 媒体素养教育 [M]. 台北：巨流图书股份有限公司, 2007.
[11] Len Masterman. Teaching the media [M]. London：Comedia Publishing Group, 1985.24.
[13] 李树培. 儿童媒介素养教育问题辨析 [J]. 教育发展研究, 2012, (2)：28-33.

（作者简介：李树培，博士，助理研究员，研究方向为课程与教学、教师教育、媒介素养教育。原文刊登于《中国电化教育》2015年04期，总第339期。）

自媒体语境下高校媒介素养教育探析

穆建亚

当代传媒业发展势头迅猛，大众媒介更是作为一种"社会公器"，渗透到了日常生活的方方面面。新闻媒介发展到自媒体时代，引发了信息传播活动的重大变革。当代大学生作为自媒体时代"公民记者"和"信息产品消费"的主流力量，由于缺乏相应的指导，其媒介素养现状不容乐观，高校亟须构建媒介素养教育，以帮助青年大学生获得更好的发展。

一、自媒体：当代大学生成长的媒介新环境

自媒体这一概念最早用以描述互联网时代的博客发展。美国学者谢因·波曼与克里斯·威理在自媒体研究报告中，对自媒体的定义如下：自媒体是一个普通市民经过数字科技与全球知识体系相联，提供并分享他们真实看法、自身新闻的途径。

自媒体发展到今天，除了早期的网络社区、视频网站、博客，还包括目前最为流行的微博、微信等，成为大众随时随地阅读和发布新闻事件的载体。

自媒体将媒介发展延伸至 3.0 时代，它与传统媒体 1.0 时代和社会化媒体 2.0 时代相比，最为突出的特点在于打破了信息传播活动中"传者"和"受者"之间的界限，引发了信息传播活动的重大变革，信息发布渠道不再囿于新闻记者和三大传统媒体，使得广大传统意义上的"受众"也拥有了自己的信息发布平台。

这种任何人都可以以虚拟身份即时互动、平等表达、无界传播的自媒体的发展同样影响着高校的各个层面，媒体与大学生之间的传受关系与主次之别随之消解，二者得到了内在的统一。大学生也由此兼具了"公民记者"与"信息产品消费者"的双重身份。

自媒体时代，人们传播的内容大多是从大众中来到大众中去的"草根新闻"。这也意味着，在媒介新环境下成长起来的大学生群体，被赋予了更为充分和自由的媒介话语权。

大学生通常对新事物的接受能力较强，因此，自媒体很快成了大学生的"发声"渠道，他们可以相对自由地发布原创信息，创造流行词汇，甚至引发全民讨论。尤其是大学生在微博、微信上展现亲身经历的突发事件时，更是扮演着"公民记者"的角色，从写作到最后的编辑发布不逊色于传统意义上的记者和编辑，所以其发布的微博和微信，就是"公民新闻"。

大众媒介通常被称为是"没有围墙的学校"，而基于兴趣和圈子的自媒体平台的出现，也成为大学生了解世界、获取知识的重要途径。因此，大学生群体在扮演"公民记者"的同时，也是自媒体信息的阅读者和消费者。

二、自媒体语境下的大学生媒介素养

媒介素养研究发端于 20 世纪 30 年代左右的英国、加拿大等国家，尽管已历经近百年的演变和发展，但其确切的定义至今依然众说纷纭。有学者从信息传播者的角度，强调传播者如何把握话语权的能力，如 P·玛莎瑞斯；也有学者从信息接收者的角度出发，强调对受众在获取信息、消费信息过程中的解读和判断能力，如 J·刘易斯。

我国学者直到 20 世纪 90 年代末方才关注媒介素养教育的问题，至今仍处于初步发展阶段。[1]国内学者通常倾向于引用 1992 年美国媒介素养研究中心给出的定义，即媒介素养指人们面对媒体各种信息时的选择、理解、质疑、评估、创造和生产，以及理性的回应能力。媒介素养教育即是培养人们对媒体信息进行选择、理解、质疑、评估、创造和生产、理性回应能力的教育。

本文探讨的自媒体语境下的媒介素养概念将结合 J·刘易斯、P·玛莎瑞斯及美国媒介素养研究中心的观点，概括为以下两个方面：一是普通大众面对自媒体信息进行解读批判的能力和修养，二是自媒体的使用者运用话语权传播信息的能力和修养。高校媒介素养教育，则指的是在高校范围内，运用各种手段和方法，引导大学生正确认识、恰当使用媒介，培养大学生群体正确解读和批判媒介信息内容，同时有效运用话语权传播信息的能力和修养，最终使大学生群体真正通过自媒体参与社会讨论，获得个人发展。

高校媒介素养教育要培养大学生对媒体信息进行选择、理解、质疑、评估、创造和生产、理性回应能力。具体而言，可归结为以下几点。

第一，提高大学生自主生产信息的能力。自媒体开创了全民皆为"草根"记者的时代，任何人都可以提供和分享信息。传播学者喻国明曾用"全民DIY"[2]来形容这种新型的新闻产品生产方式。自媒体时代，提高大学生自主生产信息的能力，要从以下几个方面对学生进行培养：首先，提高大学生计算机操作能力，善用网络技术解决实际问题；其次，加强大学生自媒体信息制作和传播能力，如，创建个人博客、微博、微信账号并推送信息的基本技能；再次，了解自媒体写作特征，如通过维护个人账户，熟悉自媒体产品图文并茂的排版风格及简洁明快的语言表达，以提高大学生加工处理网络信息的能力。

第二，培养大学生有效运用话语权的能力。自媒体作为大学生自我表达和社会参与新平台，降低了言论表达的门槛，赋予了大学生更为充分的话语权。因此，高校要正确引导大学生在实现个人话语表达权利的同时，更为有效地运用自媒体传播自己的声音。公共话语权力的实现往往需要受到一定政治、经济、文化环境因素的制约。因此，应当教导大学生理解个人话语对他人和社会产生的影响，不能一味地表达自我，而应该学会对自己的言行进行自我约束。

第三，提高大学生理性回应能力。一方面帮助大学生了解媒体性质和运作模式，了解新闻产品没有纯粹的客观的特点，尤其是缺少"把关"环节的自媒体；另一方面教导大学生运用科学的方法检测网络信息，辨别信息真伪，识别网络信息表达的倾向性，尊重他人的不同观点，以更为理性的态度回应来自网络媒体的信息。

第四，培养大学生运用自媒体获得个人发展的能力。媒介素养教育不能仅仅停留在媒介使用本身，更重要的是通过使用媒介得到自我发展。引导大学生通过多种方式提高信息搜索能力，能够快速从庞大的信息载体中提取自己所需的有用信息；培养大学生利用自媒体进行社会交往的能力，利用各类网络学习小组，与他人共享知识、交流想法、良性互动。

三、自媒体时代我国高校推行媒介素养教育的现实性及必要性

自媒体的发展加快了信息传播的步伐，在传者与受者的大量互动中，产生了一系列正面效果，极大地促进了大学生参与社会讨论的热情。但与此同时，大学生在使用自媒体时也存在一系列的问题。

第二部分　青少年媒介素养教育

1. 大学生媒介素养方面存在的现实问题

快餐式解读自媒体信息。在接触自媒体获取信息的过程中，大学生倾向于选择轻松易得的娱乐信息，忽视对海量的有营养、有意义的媒体信息进行深度的检索挖掘。因此，从某种程度上讲，自媒体带给大学生更多的是如同快餐一般"只求饱不求质"的信息，在一定程度上抹杀了使用新媒体进行深度思考、拓宽视野、完善自我的可能性。

对媒介不良信息免疫力低下。信息爆炸时代，受"受众本位"的传媒市场营销策略影响，诸多新媒体产品大批量复制低俗、庸俗、媚俗的信息以迎合市场，网络推手随处可见，恶意炒作此起彼伏，媒介在一场场娱乐狂欢中不断降低道德底线。在如此庞杂的信息环境轰炸下，缺乏社会经验的大学生，极易缺乏对不良信息的免疫力，难以正确筛选和辨别信息。

过度依赖自媒体导致现实社会关系疏离。长时间沉迷于网络的大学生，习惯性使用各类社交工具表达真实情感、维系社会关系，尤其是刷微博、刷朋友圈已经成为诸多大学生闲暇时的不二选择。自媒体代替面对面的沟通方式，必然导致现实社会关系的疏离。

信息内容失当。自媒体让广大传统意义上的"受者"变身"传者"，这些未经专业培训的大学生群体，在媒介运用与操作技能上，水平较低，制作媒介产品的能力有待提高。在进行信息的传播时，也容易烙上强烈的个人色彩，实用和功利主义思想泛滥，微信微博炫富屡见不鲜。再加上自媒体缺少"把关"机制的特点，容易诱使大学生在发布信息时，淡化道德主体意识和法律意识，成为滋生假新闻和谣言的温床。[3]

2. 高校大学生媒介素养教育状况

纵观自媒体语境下大学生媒介素养存在的诸多问题，究其原因，与我国媒介素养教育方面的缺失是分不开的。

高校媒介素养教育理论实践课程过少。对于大学生群体而言，高校教育是提高媒介素养最为直接有效的途径。但就目前而言，仅限于北京、上海等部分新闻院校开设有媒介素养相关课程。如 2004 年最早开设媒介素养教育专业课的上海交通大学新闻传播信息技术学院，2005 年中国传媒大学国际传播学院开设的媒介素养选修课。这些为数不多的课程也多集中在传媒学院，很少在非传媒专业的学院开设。

师资培训、教材配备不够完善。媒介素养教育相关的师资力量配备、教材设备配备相对欠缺，成为制约媒介素养教育在院校间推广的实际因素。媒介素养教育实践方面，更是几乎一片空白，只有极少数的学生可以利用有限的校园资源切实体验媒介运作过程，对绝大多数学生而言，新闻媒体依然保持着极强的神秘感。

政府机构对媒介素养教育不够重视。近些年来，教育界对媒介素养教育的重视程度与日俱增，但政府机构尚未出台相关的法律法规及职业规范以推进媒介素养教育的发展。在法治社会，只有政府在媒介素养教育方面发挥带头作用，通过法律法规的形式强化媒介素养教育，才能保证这项工作的顺利开展。

3. 高校推行媒介素养教育的必要性

高校大学生媒介素养状况令人堪忧，而高校媒介素养教育发展却相对滞后，这两者之间的矛盾在自媒体时代愈发凸显。现行的网络信息监管这道"过滤"程序，虽然能够在一定程度上"堵截"掉诸多不良信息，但是"堵"往往不如"疏"，更重要的是通过教育的方式，使大学生从本质上理解媒介及其传达的规律，学会批判性思考，理性面对鱼龙混杂的网络信息，这才是解决问题的根本所在。因此，在高校推行媒介素养教育迫在眉睫。

媒介所提供的信息中，不乏大量有助于青年大学生社会化成长的知识储备、社会技能和生活态度，这将在大学生社会化过渡中起到良好的养成辅助作用。象牙塔里的大学生如果能够在高校媒介素养教育的引导下，正确对待媒介这把双刃剑，取其精华去其糟粕，真正为自己所用，不失为助力大学生成功走向社会的利器。因此，在高校推行媒介素养教育势在必行。

四、自媒体语境下高校媒介素养教育构建

学校教育作为教育体系中最为主导的力量，不仅是大学生获取知识和技能，塑造世界观、人生观、价值观的重要渠道，也是实现媒介素养教育最为基本的途径和方法。在高校推行媒介素养教育的紧迫性和重要性已经不言而喻。自媒体语境下，高校媒介素养教育构建的关键在于以下几点。

1. 确立高校媒介素养教育课程体系

在传媒业比较发达的英、法、澳等国，已将媒介教育正式纳入学生的教育课程体系。针对我国目前的媒介素养教育现状，在高校开展媒介素养教育，首先要将课程设置作为重要手段，在大学教育中导入媒介素养教育课程，并逐步推出一套成熟的媒介素养理论教育课程体系。

目前涉及媒介素养教育的专业教材、专业论文以及研究人员的出现，已经为该课程体系的开设打下了良好的基础。各高校可依据相关教材，在学生原有课程的基础上开设媒介素养概论、理解大众媒介等课程，并在教学计划中将其明确列为各专业必修课，并适当辅以媒介文化、自媒体制作传播方法等公共选修课。教学目标包括：了解媒体运作流程——传统媒体与新兴媒体的区别及节目制作方法；理解大众媒体性质——媒体的政治属性与社会属性；掌握传媒基本理论——解读当前传媒热点事件；树立理性批判意识——区分媒介主观诉求与现实的差异；规范个人传播行为——杜绝制作发布不良信息。

2. 利用校园活动开展媒介素养教育

高校学生群体大多缺少深入媒体、参与信息的制作与发布的机会，接触的行为仅限于阅读报纸新闻、观看电视节目、参与网络讨论等信息传播活动的终端。高校

学生使用频率较高的自媒体，虽然从表面上看，学生参与了信息制作与发布的首要环节，但是并不能真正体会其中的传播规律。因此，高校应该借助大学校园既有的教育学习工具开展媒介素养教育。

一方面，高校应积极开展传媒专题讲座沙龙，搭建传媒专家学者、一线工作者与学生之间的交流平台。另一方面，鼓励大学生充分利用大学既有的媒介资源，如大学生记者团、校刊编辑部、校园广播站、校园电视台等，让学生亲自去采集、编辑、制作和发布信息。开设校园官方微博、微信公众账号，让学生参与官方账号的管理和维护。大学生可通过这些丰富多样的活动明白传媒活动的实质，理解大众媒介传达的声音，其实体现的是编辑等背后各方力量的意图，并非纯粹的客观中立。

3. 建立高校媒介素养评估体系

尽管国内已经有个别高校开设了媒介素养教育课程，开展了丰富的校园媒介教育活动，但这些课程和活动所要达到的效果并没有一个明确的指标加以衡量。更为重要的是，如果没有相应的评估体系加以规范，这些媒介素养课程和活动的开展极易无的放矢，不仅教师和辅导员无法通过相对健全的评估体系有针对性地开展教学和实践活动，大学生自身也缺少明确的媒介认知导向对自身的行为加以规范。媒介素养评估体系至少应该包括以下几个标准：帮助学生理解媒介的性质和基本功能；提高学生对媒介信息的鉴别能力，准确识别不良信息，并对其产生免疫力；能通过大众媒介获取有效信息，助力个人发展。[4]除此之外，培养当代大学生马克思主义新闻观下的媒介素养，提高综合性的人文、道德素养也是必不可少的一项标准。

4. 加强师资力量培养

高等院校教育活动中，师资力量的强弱将是决定教育效果的关键因素。因此，在高校实施媒介素养教育，要加强师资力量的培养。首先，建立网络培训平台，通过网络在线教程，定期对在校教师开展自媒体媒介素养培训，掌握微博微信的使用方法，开展网络舆情分析课程，帮助教师更深刻地理解大学生所使用的新媒体；其次，鼓励教师和辅导员使用自媒体开展教学活动，如利用微博的话题功能进行课后讨论，通过专业课程微信公众账号发布课程相关信息，建立各学院官方微博、微信账号等；再次，提高专业教师数量，以便在全校范围内开设媒介素养公共课程。

参考文献：

[1] 张志安，沈国麟. 对中国大陆媒介素养研究的回顾和简评［J］. 新闻记者，2004（5）
[2] 喻国明. 直面数字化：媒介市场新趋势研究［J］. 国际新闻界，2006（6）
[3] 余秀才. 全媒体时代的新媒介素养教育［J］. 现代传播，2012（2）
[4] 戴维·巴勒特. 媒介社会学［M］. 北京：社会科学文献出版社，1989

（作者单位：南阳师范学院。原文刊登于《中国出版》2015年07期。）

城市青少年接触媒介行为与家庭环境的相关性研究

——以江苏省为例

刘 荃

一、引言

随着社会经济文化和媒介技术的发展，接触媒介已经成为城市青少年日常生活的一部分。怎样才能使青少年建立正确的媒介观并引导他们适度接触媒介？这是近年来家长、教育工作者、社会科学研究者和传播学者关注的焦点。目前我国学者主要围绕着青少年所处社会环境和青少年媒介素养展开研究，却忽略了青少年最直接的物质和精神文化环境——家庭，这使得我国青少年媒介研究和教育呈现出结构性缺陷。

西方相关研究已经开展了近40个年头，班杜拉从社会学习的角度提出以模仿为基础的学习是实现个体社会化的基本途径，通过注意、模仿、保留、再造、强化与激活一系列心理活动与因素将观察来的行为转化为自己的行为[1]。Valkenburg等人发现父母对青少年接触媒介行为具有间接影响，从中归纳出限制性影响型（父母限制青少年接触媒介的时间和内容）、积极性影响型（父母主动向青少年解释并表达他们对媒介内容的意见）和共同使用型（父母与青少年一起使用媒介，但并不进行积极讨论）三种影响模型[2]。Kundanis等人指出，父母角色对青少年与媒介的关系产生全面影响，尤其是他们接触媒介的方式会导致青少年的相似行为，这说明青少年接触媒介的行为，既是其使用与满足的结果，即通过接触媒介获得了解社会信息、娱乐消遣等个体的满足；也是社会学习的结果，通过对周边人物接触媒介行为的学习，形成自己的行为习惯[3]。同时西方研究发现，融洽的家庭结构、亲子关系和经济状况能够很大程度上帮助青少年免受媒介的负面影响，尤其是抽烟、酗酒、吸毒、过早性行为和暴力倾向等[4]。

本论文集中研究家庭对青少年接触媒介行为和态度的影响。家庭作为人类发展四种生态结构中的微环境系统，是"最接近于儿童而且也包括儿童直接接触的结构，包含着儿童直接环境中的关系和互动"[5]。由于中国青少年仍然没有脱离家庭，因此这一概念对青少年仍然有效。可以说，家庭为青少年生理、心理和社会化的健康发展提供了必要条件[6]。良好的家庭环境，尤其是文化知识和组织程度，能够为青少年个性特征的形成和发展打下良好的基础[7]。父母文化程度通过就业状况、家庭收入、社会地位等影响整个家庭结构，进而影响青年的生活质量[8]和心理发展[9]；父母通过家庭内社会资本（亲子互动的数量和质量）和家庭间社会资本（社会支持网和家长的参与)影响青少年:文化程度高的父母亲和度较高,教育意识强烈、教育行为自主,更注重子女精神和情感的需要⑩,有利于青少年健康人格的形成⑪。

笔者认为,青少年接触媒介的行为既受到青少年所处时代和地区文化及亚文化环境的影响,也与青少年个体的家庭环境相关。本研究假设是:(1) 不同文化程度的父母会营造出不同家庭媒介硬件环境和接触媒介氛围,进而导致青少年接触媒介行为的差异;(2) 不同家庭文和接触媒介氛围可能造成青少年对媒介(尤其以网络为对象)需求以及态度上的差异。

二、数据分析

在此假设的基础上,笔者在江苏省13个地级市中以地理位置和经济文化地位为标准,分层抽取苏南的苏州和南通、苏中的南京、苏北的扬州和徐州五个城市,每城市随机抽取了一所普通中学高一年级两个班的90名左右,合计451名学生在课间进行问卷调查,并利用SPSS软件对各项指标进行相关性分析。

1. 家庭文化经济条件对家庭使用媒介⑫的影响

表1 家庭文化环境与家庭媒介环境的关系

		家庭收入	平均媒介花费	订阅报纸份数	电视机台数	计算机台数	外出活动天数
父亲学历	B	.126**	.149*	-.107*	-.012	-.009	.147***
	Sig.	.028	.069	.072	.866	.913	.008
母亲学历	B	.411***	.210**	.069	.351***	.044*	.047
	Sig.	.000	.011	.249	.000	.061	.397

表1显示,父母学历与家庭收入和平均媒介花费呈正相关,即父母学历越高,家庭收入和媒介花费也越高。父亲学历与家庭计算机数量、母亲学历与订阅报纸份数呈正相关,父亲学历与电视机台数呈负相关,即父亲学历越高家中计算机数量越多、电视机数量越少;母亲学历越高家庭订阅报纸份数越多。表2显示,家庭收入与平均媒介花费和家庭报纸、电视及计算机数量呈正相关,也就是说,家庭收入越高,家庭花费在媒介上的费用越多,家庭订阅的报纸数量、拥有的电视机和计算机台数越多。同时我们看到,平均媒介花费与家庭拥有电视机台数无关,且受家庭收入的影响较小,这说明电视机在江苏家庭中已经普及,家庭收视费用也具有较高的一致性(如有线电视或IPTV)。

家庭外出活动天数是本论文设计的一个亲子活动变量,表明父母与青少年共同参与社交活动的行为。表1显示,母亲学历与外出活动天数呈正相关,即母亲学历越高,家庭外出活动天数相对越多;表2显示,家庭收入和平均媒介花费与外出活动天数呈正相关,这说明家庭社交、旅游等支出和行为与家庭收入相关,家庭收入越高,越愿意在媒介上投入、亲子活动也越频繁。表3显示的是家庭文化环境与家庭接触媒介氛围的关系。父亲学历越高,他阅读报纸和接触网络时间越长;而母亲学历越高,她接触所有媒介的时间都越长,在报纸和网络方面尤甚。换句话说,父母学历越高,他们所营造的家庭接触媒介氛围越浓厚。

表 2　家庭经济环境与家庭媒介硬件环境的关系

		平均媒介花费	订阅报纸份数	电视机台数	计算机台数	外出活动天数
家庭收入	B	.374***	.173***	.115**	−.009	.074*
	Sig.	.000	.004	.037	.913	.098
平均媒介花费	B		.065***	.142	.044	.191***
	Sig.		.003	.282	.061*	.000

表 3　父母学历与家庭接触媒介氛围的相关性

		读报时长	看电视时长	上网时长
父亲学历		.145***	−.023	.326***
		.002	.624	.000
母亲学历		.240***	.101**	.306***
		.000	.034	.000

2. 家庭文化环境对青少年接触媒介的影响

表 4 显示,家庭文化环境、媒介硬件环境和接触媒介氛围对青少年接触媒介会产生一定影响。总体上看家庭收入与青少年接触媒介时间相关性不大(仅与青少年看电视时长呈一定正相关);虽然家庭平均媒介花费与青少年读报纸和上网呈正相关,但媒介数量却与青少年接触媒介时间无相关性。这看似是一个矛盾。通过进一步调查发现,这可能是因为江苏较为发达的经济条件使得家庭媒介硬件环境基本满足了青少年接触媒介的需要;而较多的平均媒介花费主要关系到青少年对媒介的特殊需求及所接触的媒介质量,如购买成本较高的游戏类、动漫类专业报刊,或长时间浏览网页、从网站下载收费内容等等。家庭外出活动天数与青少年看电视及上网时长呈正相关,也就是说,家庭亲子活动越多,亲子关系越融洽,家庭接触媒介氛围可能就越宽松,青少年接触电视和网络的自由度可能越大。

表 4　家庭媒介硬件环境与青少年接触媒介时长的相关性

		青少年		
		读报时长	看电视时长	上网时长
家庭收入	B	−.003	.084*	.042
	Sig.	.914	.055	.305
平均媒介花费	B	.046**	.045	.052*
	Sig.	.047	.191	.078
媒介数量	B	.024	.058	−.023
	Sig.	.322	.237	.600
外出活动天数	B	−.010	.110***	.117***
	Sig.	.697	.006	.005

表 5 显示了家庭文化氛围、接触媒介氛围与青少年接触媒介时长的相关性。总体上看父母学历与青少年阅读报纸时间并不相关,但父亲学历与青少年看电视和上网时长呈负相关,而母亲学历与青少年看电视和上网时长呈正相关。也就是说,父亲学历越高,青少年看电影和上网的时间越少;而母亲学历越高,青少年看电视和上网时间越多。父母接触媒介时间与青少年接触媒介时间呈正相关,但母亲的影响更显著,这可能与母亲较多地在家陪伴青少年有关。同时数据显示,父母限制青少年接触媒介的态度与青少年接触媒介时长之间无相关性,即青少年接触媒介的时间与父母限制与否无关[⑭]。

表 5 家庭文化氛围、接触媒介氛围与青少年接触媒介时长的相关性

			青少年		
			读报时长	看电视时长	上网时长
父亲					
学历		B	.003	-.123**	-.127**
		Sig.	.939	.045	.045
接触媒介时间		B	.049**	.095**	.096**
		Sig.	.032	.045	.045
限制态度		B	-.031	.026	-.037
		Sig.	.504	.685	.614
母亲					
学历		B	.031	.165***	.142***
		Sig.	.435	.006	.005
接触媒介时间		B	.112**	.132***	.157***
		Sig.	.020	.006	.001
限制态度		B	.041	.071	-.040
		Sig.	.374	.275	.591

3. 家庭环境与青少年上网的关系

鉴于网络对青少年的深刻影响以及父母与青少年在接触网络问题上的剧烈矛盾,本论文通过研究青少年使用网络功能、目的与父母文化程度和亲子关系的相应关系,专门讨论家庭环境对青少年接触网络态度及行为的影响。

表 6 显示,父母文化程度与青少年所使用网络功能之间并无明显相关性(仅母亲学历与青少年使用电子邮件功能呈负相关)。也就是说,无论父母学历高低,都不会影响到青少年所使用的网络功能。但家庭外出活动天数对青少年使用聊天室和网上寻呼两个功能呈显著负相关,即亲子关系越融洽、亲子活动越频繁,青少年使用聊天室和网上寻呼的意愿和能力越低。

表6　家庭文化环境与青少年使用网络功能的相关性

		聊天室	电子邮件	搜索引擎	网上寻呼	网络游戏
父亲学历	B	.016	-.001	-.006	.023	-.001
	Sig.	.523	.973	.447	.303	.921
母亲学历	B	-.032	-.035*	.001	-.026	-.008
	Sig.	.215	.085	.918	.249	.551
外出活动天数	B	-.051***	-.021	.001	-.031**	.005
	Sig.	.002	.104	.816	.038	.681

表7显示了家庭文化环境与青少年接触网络目的的相关性。父亲学历仅与青少年接触网络的"满足好奇心"目的呈正相关;比较而言母亲学历与青少年接触网络目的的相关性较大,如母亲学历与青少年接触网络的"提高学习效率""满足好奇心"目的呈显著负相关。而家庭外出活动天数与青少年"满足好奇心"呈极显著负相关、与"娱乐消遣"呈正相关,说明家庭亲子活动越多,青少年接触社会机会越多,他们通过网络"满足好奇心"的意愿越低;但由于家庭亲子活动多所对应的宽松氛围,青少年利用网络"娱乐消遣"的意愿和行为会变强。

表7　家庭文化环境与青少年接触网络目的相关性

		提高学习效率	朋友交往	满足爱好	满足好奇心	娱乐消遣	逃避父母管束
父亲学历	B	.061	-.020	.032	.100*	25.550	-.025
	Sig.	.270	.665	.496	.077	.843	.748
母亲学历	B	-.755***	-.037	.005	-.120**	113.935	.013
	Sig.	.002	.443	.913	.035	.383	.867
外出活动天数	B	-.012	.045	-.002	-.109***	150.169*	-.013
	Sig.	.748	.143	.946	.003	.076	.794

表8和表9显示了父亲和母亲的网络认知以及对网络与青少年关系的认知及限制等变量的相关性研究:(1)父母学历与认为网络对自己具有"获得社会信息""开阔知识视野""有助休闲娱乐"等功能的态度呈极显著正相关;(2)父母学历与他们认为网络对青少年具有相应功能的态度方面不呈统计学的相关意义(仅母亲学历与她们认为网络"有助于青少年休闲娱乐"呈统计学正相关,即母亲学历越高,她们越认同青少年能够在网络中放松自己、愉悦心情);(3)父母对网络的积极态度与他们对网络与青少年积极影响的判断呈统计学极显著正相关,如果父母认为网络可以为自己提供"共享社会信息""开阔知识视野"和"休闲娱乐"等功能,他们便同样也认同网络对青少年的积极影响,但同时父母对网络"休闲娱乐"作用的认知与他们担心网络"耽误青少年学习"呈极显著正相关;(4)父母学历和他们对网络的积极态度与父母限制青少年行为不存在统计学上的相关性,但父母对网络"休闲娱乐"功能的认识与父母限制青少年上网的行为呈极显著正相关,结合(3)我们可以看出,由于父母担心青少年因为利用网络"休闲娱乐"而耽误学习,因此会对青少年上网加以约束。

表8 父亲网络认知与对网络与青少年关系认知的相关性

	学历	父亲对网络与青少年影响的认识				是否限制孩子接触网络
		有助获得社会信息	有助休闲娱乐	有助开阔知识视野	耽误学习	
学历						
Pearson 相关性	1	.068	.055	.069	.062	.039
显著性（双侧）		.154	.253	.151	.197	.413
父亲对网络的态度						
有助获得社会信息						
Pearson 相关性	.219***	.337***	.270***	.222***	.062	.055
显著性（双侧）	.000	.000	.000	.000	.196	.251
有助休闲娱乐						
Pearson 相关性	.175***	.208***	.221***	.167***	.192***	.011
显著性（双侧）	.000	.000	.000	.000	.000	.815
有助开阔知识视野						
Pearson 相关性	.149***	.284***	.205***	.271***	.064	.056
显著性（双侧）	.002	.000	.000	.000	.180	.244
对孩子接触网络是否限制						
Pearson 相关性	.039	.030	.079	-.028	.254***	1
显著性（双侧）	.413	.538	.101	.556	.000	

表9 母亲网络认知与对网络与青少年关系认知的相关性

	学历	母亲对网络与青少年影响的认识				是否限制孩子接触网络
		有助获得社会信息	有助休闲娱乐	有助开阔知识视野	耽误学习	
学历						
Pearson 相关性	1	.065	.080*	.048	-.013	-.077
显著性（双侧）		.179	.095	.318	.783	.108
母亲对网络的态度						
有助获得社会信息						
Pearson 相关性	.194***	.361***	.296***	.223***	.034	.012
显著性（双侧）	.000	.000	.000	.000	.481	.805
有助休闲娱乐						
Pearson 相关性	.214***	.301***	.354***	.214***	.128***	-.031
显著性（双侧）	.000	.000	.000	.000	.007	.516
有助开阔知识视野						
Pearson 相关性	.080*	.196***	.179***	.163***	.075	.024
显著性（双侧）	.096	.000	.000	.001	.119	.614
对孩子接触网络是否限制						
Pearson 相关性	-.077	-.019	.034	-.013	.264***	1
显著性（双侧）	.108	.691	.480	.785	.000	

三、讨论

本研究发现，家庭环境或多或少对青少年接触媒介产生影响，这基本肯定了本研究先前的假设。总体上看，父母与青少年接触媒介的行为主要是 Valkenburg 等人所归纳的限制性影响型和共同使用型两种类型。

1. 家庭文化经济条件对青少年使用媒介的影响

本研究发现，家庭环境和父母接触媒介行为将会对青少年使用媒介产生影响，这与席震芳等人[15]和 Kundanis 等人的相关研究结果较为吻合。

家庭文化经济条件与平均媒介花费和父母使用媒介行为呈正相关，形成了家庭相应的媒介硬件环境（媒介数量）和媒介接触氛围，为青少年接触媒介创造了条件：家庭经济条件越好，花费在媒介上的费用越多，所订阅的报纸数量、拥有的电视机和计算机台数越多。虽然数据显示家庭文化条件对家庭媒介硬件环境的直接贡献较小，但由于家庭文化条件与家庭经济条件呈正相关，因此可以认为家庭文化条件对媒介硬件环境会产生隐性和有限的影响。有趣的是，家庭媒介数量与青少年接触媒介时间的行为并无关联，这说明青少年可能会通过其他渠道接触媒介，部分父母想通过减少家庭媒介数量以达到约束青少年接触媒介时间并不会产生效果。同时，家庭文化条件越高，父母读报和接触网络甚至看电视的时间（母亲）越长，营造出的家庭接触媒介的氛围越浓郁，这导致青少年接触媒介的时间相应变长。这一点可看作社会学习理论在青少年接触媒介行为与态度上的具体体现，父母接触媒介的行为及对青少年接触媒介的态度成为影响青少年接触媒介行为的主要且直接的影响因素。

家庭亲子关系是影响青少年接触媒介的重要因素。本研究所考察的家庭外出活动作为父母与青少年共同活动的指标，反映出家庭较为积极的亲子氛围。家庭外出活动天数与青少年接触电视和网络媒介呈极显著正相关，说明家庭总体氛围较为融洽，父母对青少年看电视和上网表现出相对宽容的态度；但融洽的家庭氛围和父母对媒介的"宽容"态度也可能反映出对青少年接触媒介的"纵容"，导致青少年接触媒介时间偏长。另外我们发现家庭外出天数与青少年使用"聊天室""网络寻呼"和"满足好奇心"呈负相关，说明开放式、外向性和互动性的家庭模式以及融洽的亲子氛围有利于满足青少年社会交往、社会学习和排解孤独的心理需求，将会有效降低青少年对网络的依赖。

青少年认为网络有助于"提高学习效率"与母亲学历呈负相关，有助于"满足好奇心"与父母学历呈负相关，说明高学历父母可能会引导孩子从不同渠道获得知识类信息，青少年在良好的家庭文化氛围中学会理性评价网络中的各种信息；父母自己对网络的认知以及对网络与青少年关系的认知作为家庭接触媒介氛围的重要因素，会影响到父母对青少年使用网络的态度或限制行为。但父母不同的亲子性质和关系造成他们对青少年接触媒介行为影响并不一致，当父亲对青少年接触电视和网络时长以及对网络"满足好奇心"的需求上呈负相关时，母亲与青少年的相应行为呈正相关。本研究认为，高学历父亲所具有的独立自信、坚强勇敢、开朗宽容等男性个性品质，可以促进青少年人际关系的发展和社会活动的开放，激发出青少年的求知欲、好奇心，[⑪]导致青少年对电视和网络依赖度的下降；高学历母亲由于自身工作、学习和生活较多依靠网络，对网络表现出相对宽容[⑫]的态度，在母亲榜样和态度的双重影响下青少年会较多地接触电视和网络。鉴于父母学历之间的高相关性，我们可以得出这样的结论，即父母学历对青少年接触媒介的影响并不是直接而全面的。这是因为青少年接触媒介的行为受到外部社会和家庭环境以及个人气质等多种因素的共同影响，在某些方面群体亚文化的影响以及青少年自己的需求可能超出了家庭的影响[18]，青少年选择性地接受或排斥家庭和社会环境的影响[19]，总体上表现出青少年群体在接触媒介时的一致性。至于父母文化程度与青少年使用"聊天室"和"网络寻呼"并不相关，与于晶等认为高学历父母"对青少年使用网络进行社交的问题上相对宽容"[20]的结论不一致。笔者分析，这可能是因为高学历父母由于对网络的认识更全面，多注重培养青少年的情感、创造性、独立性和自我控制能力，其子女沉迷网络社交的程度相对较低（当然这还有待后继研究）。

2. 青少年与父母在使用媒介上的博弈

虽然家庭经济文化环境对青少年接触媒介具有直接影响，但青少年和父母在使用媒介的态度和行为上表现出相当复杂的关系，网络媒介尤甚，表现为青少年与父母在使用媒介态度和行为上的博弈。

首先，父母在自己使用媒介和青少年使用媒介上表现出矛盾性。父母虽然认识到媒介在工作、学习和娱乐等方面的积极作用，但更担心媒介给青少年可能带来的负面影响，如担心网络的"休闲娱乐"功能导致青少年沉迷网络而"耽误学习"。无论学历高低，父母们对青少年接触电视和网络等"娱乐性"较强和"阅读感"较差的媒介限制相对严厉；而由于报纸的"权威性""知识性"和"阅读感"较强，父母对青少年接触报纸限制相对较少。可以说，父母所普遍面临的青少年教育压力以及对数字媒体的"敌意"[21]是导致青少年与父母在网络使用态度博弈的直接原因。

其次，从青少年对媒介的喜好和接触时间看，虽然父母对媒介限制由弱到强的顺序为报刊、电视和网络，但青少年接触和喜好的媒介由高到低顺序却为网络、电视和报刊。也就是说，青少年接触媒介行为与父母限制行为的关联性不大。这一方面表现出青少年与父母在接触媒介时的"代差"关系，即父母由于成长环境和阅读习惯更倾向于传统媒介，而青少年已经完全适应当下数字媒体（网络甚至移动媒体）的阅读方式；另一方面表现出青少年对父母约束性教育的强烈逆反心理和对数字媒体及其信息内容（包括游戏）的强烈需求。从这个角度看，父母一味限制和阻止青少年接触媒介并不能起到明显的效果，在强烈逆反心理和紧张家庭氛围的双重作用下，反而会将青少年推向对他们更具有"吸引力"的媒介。

四、结语

综上所述，本研究反映出这样一个事实：即青少年接触媒介的行为和态度受到社会、家庭及青少年自身等多方面的影响，是一个涉及外部经济情况、媒介生态、文化环境、亲子关系和青少年心理等诸多因素的复杂过程。社会经济和技术发展，使青少年能够从各种渠道建立并接触自己的媒介环境。对于江苏这样的经济大省而言，城市家庭总体实现了被报纸、电视、网络等多媒介的覆盖。由于青少年主体性的增强以及对大众媒介的需求强烈，父母想以简单、粗暴的方式阻止青少年接触媒介几乎是不可能的。虽然文化程度较高的父母在引导青少年正确使用媒介方面具有一定优势，这与王秋英的研究结果相似②，但并不是说其他父母对青少年接触媒介的行为就无能为力。

本论文的结论是，首先，引导优于限制。父母接触媒介的行为（而非态度）将会对青少年起到榜样作用，因此父母如果希望青少年适度接触媒介，应该首先反省和调整自己接触媒介的行为和目的，以身作则，以正确的媒介观引导青少年；一味控制家庭媒介数量、限制青少年接触媒介行为往往适得其反。其次，满足优于替代。父母应当不断充实自己，满足青少年所需要的社会规范或知识技能方面的相关信息，并努力提高自身媒介素养，使青少年了解到各类媒介所具有的学习生活等工具属性，学会防范各种媒介中的不良信息，这对于降低青少年的媒介依赖（尤其是对娱乐化、刺激性信息的片面需求）、养成良好接触媒介习惯非常有利。

再次，从更长远的角度看，氛围优于指令。父母可以通过优化家庭意识文化结构、融洽家庭环境气氛和积极的情感交流建构和谐的亲子关系，让青少年乐于与父母进行思想情感交流；并通过组织多样的家庭社会活动，使青少年体验到充满乐趣的现实生活，在轻松、理性的环境中学习和生活。这不仅对于青少年正确接触媒介，而且对于青少年整个身心的健康成长都是有利的。

注释：

① [美] A·班杜拉著，林颖等译：《思想和行动的社会基础——社会认知论》，华东师范大学出版社2001年版，第69页。

② Valkenburg, P. M., Krcmar, M., Peeters, A., & Marseille, N. M. *Developing a Scale to Assess Three Styles of Television Mediation*: "In-structive Mediation", "Restrictive Mediation" and "Social Coviewing". Journal of Broadcasting & Electronic Media, vol 43, no 1, 1999. pp. 52—66.

③ Rose M. Kundanis. *Children, Teens, Families, and Mass Media: the Millennial Generation*. N. J.: Lawrence Erlbaum Associates, Inc., 2003. pp. 105—108.

④ Bethesda, MD. *Teens and Their Parents in the 21st Century: an Examination of Trends in Teen Behavior and the Role of Parental Involvement*, National Inst. of Child Health and Human Development. Council of Economic Advisers, Washington, DC. 2000.

⑤ Dede Paquette & John Ryan. *Bronfenbrenner's Ecological Systems Theory*, http://pt3.nl.edu/paquetteryanwebquest.pdf.

⑥ 杜红梅、冯维：《小学高年级学生应对方式与自我意识、家庭功能的关系》，载《中国特殊教育》2007年第10期。

⑦ 席居哲、左志宏：《不同学习压力承受能力高中生的家庭生态比较》，载《中国心理卫生杂志》2006年第4期。

⑧ 兰燕灵、张海燕、李萍等：《行为问题儿童的生活质量及其影响因素调查》，载《中国心理卫生杂志》2004年第2期。
⑨ 张海芳、陈青萍：《高中生家庭环境与心理健康关系》，载《中国公共卫生》2007年第11期。
⑩ 张坤、纪林芹、宫秀丽等：《小学儿童母亲抚养困难及其相关因素的研究》，载《山东教育科研》2002年第5期。
⑪ 张野、张东宁：《初中生自我概念与父母养育方式的关系》，载《中国心理卫生杂志》2002年第12期。
⑫ 本研究发现，收音机和广播并不是青少年接触的主要媒介，接触时间和拥有数量相对较少，因此在本研究中将收音机和广播排除在外。
⑬ ＊＊＊在检验水准0.01水平上具有统计学意义；＊＊在检验水准0.05水平上具有统计学意义；＊在检验水准0.1水平上具有统计学意义。下同。
⑭ 本研究发现，江苏城市父母对青少年接触电视和网络的限制明显高于报纸和广播，但父母文化程度与他们限制青少年接触媒介，尤其是网络的行为并不相关；有趣的是，父母在对待青少年接触媒介的态度上表现出一致性，即父母双方要么都限制青少年接触媒介，或者都宽容对待青少年接触媒介。
⑮ 席震芳、张晓阳：《初中生网络成瘾倾向与家庭教养方式的关系》，载《中国学校卫生》2005年第2期。
⑯ 李丹、崔丽莹、岑国桢等：《6～8岁儿童同伴互动及与父亲教养方式的关系》，载《心理科学》2004年第4期。
⑰ 李锋亮、侯龙龙、文东茅：《父母教育背景对子女在高校中学习与社会活动的影响》，载《社会》2006年第1期。
⑱ 廖红、陈会昌：《中学生对同伴群体和家庭影响力的判断》，载《心理发展与教育》2000年第4期。
⑲ 陈俊、张积家：《中小学生对父母管教信息的认知、情绪与行为反应倾向》，载《心理学报》2003年第3期。
⑳ 于晶：《儿童社会化发展中家庭要素的优化与提升》，载《教育科学》2003年第8期。
㉑ Patti M. Valkenburg, Jessica Taylor Piotrowski, Jo Hermanns, & Rebecca de Leeuw. *Developing and Validating the Perceived Parental MediaMediation Scale：A Self-Determination Perspective*. Human Communication Research, vol 39, no 4, 2013, pp. 445—469.
㉒ 王秋英：《当前家庭教育状况调查报告》，载《教育探索》2001年第1期。

（作者系南京师范大学新闻与传播学院教授、博士生导师。原文刊登于《现代传播》2015年第6期。）

城乡青少年媒介使用的家庭环境差异及其影响因素
——基于2013年度中国教育追踪（CEPS）数据的分析

郑素侠

在当今信息化社会，电视、互联网等大众传媒已成为青少年获取信息、了解社会的主要工具，并在青少年社会化过程中扮演着愈加重要的角色。传媒对青少年日常生活的侵入，动摇甚至瓦解、威胁家庭和学校在他们社会化过程中的权威地位[①]。在一些发达地区和城市，青少年的媒介使用时间正在接近他们在学校上课的时间，媒介成为他们完成社会化的"第二课堂"。

但在一些偏远乡村，青少年使用媒介的基础及条件与城市青少年之间仍存在巨大落差[②]，城乡青少年之间的"数字鸿沟"依然存在[③]。作为青少年使用媒介的主要场所，家庭和学校的环境对青少年媒介行为及习惯的养成具有重要意义。特别是近些年来，电视、电脑和互联网在居民家庭的普及，家庭环境成为青少年使用媒介的主要环境，家庭变量形塑着青少年的媒介使用行为。探讨城乡青少年媒介使用的家庭环境差异及其影响因素，可为提升农村青少年媒介使用质量提供干预措施，以及为弥合城乡青少年之间的"数字鸿沟"，培育当代青少年成长为现代信息社会的合格公民提供政策建议。

一、文献回顾：家庭环境与青少年的媒介使用

家庭环境是青少年生活在其中并赖以成长和发展的各种主客观条件的总和[④]。探讨家庭环境与青少年媒介使用行为的关系，实质是探讨环境与青少年发展之间的关系。国内外大量的实证研究表明，青少年的家庭环境对其身心健康发展有显著影响[⑤]，如：家庭物质资源的匮乏，会导致青少年不能及时获得发展智力、情感的必备条件，如电视、电脑、互联网等媒介，而这些媒介是青少年成长过程中了解世界、获取知识与信息的重要工具。家庭社会经济地位不仅是影响青少年使用媒介的物质基础，亦是制约青少年网络技能和网络使用能力的主要因素[⑥]，因为较好的家庭经济背景可以为青少年学习网络技能提供充裕的条件。除了家庭物质资源外，家庭教育资源亦是影响青少年发展的一个重要因素。父母受教育水平作为家庭社会经济地位的测量指标之一[⑦]，是家庭教育资源的重要组成部分。相关研究表明，受教育水平较高的父母，更倾向于对子女的媒介使用采取干预措施，或者通过制定相关规则来约束子女的媒介使用[⑧]；与之相反，受教育水平较低的父母，往往与子女互

动较少，亦较少有策略地督促子女学习和限制子女看电视、娱乐的时间[9]。

除了家庭的物质资源和教育资源之外，家庭关系对青少年媒介使用行为及效果亦产生显著影响。邓林园等人通过对北京、重庆、河北三所中学 1038 名青少年的问卷调查发现，网络成瘾倾向青少年的家庭亲密度明显低于非成瘾者，且非网络成瘾青少年的母子信任、母子沟通和父子信任水平均高于网瘾倾向青少年[10]。一项在欧洲 25 个国家 18709 名 11—16 岁青少年群体中开展的问卷调查表明，当青少年遭遇网上不良信息的侵害时，父母的积极介入和有效干预可降低青少年的过度互联网使用（Excessive Inter-net Use（EIU），亦称网络成瘾）。[11]江宇等人对中国北京市八个城区 23 所中学的 2400 名高中生展开的问卷调查亦支持了这一观点，发现良好的家庭关系有利于降低青少年上网成瘾的可能性。[12]对于网络技能较高的青少年来说，高频度的网络参与同时意味着更多的网络风险，那么如何平衡网络参与与网络风险？一项针对 566 名 10—15 岁韩国青少年的问卷调查结果指出，父母的及时干预是调节网络参与和网络风险的有效变量，父母干预应成为青少年媒介教育中的一支重要力量予以考虑。[13]还有一些研究揭示了父母的媒介使用行为以代际传承的方式对子女产生的影响：父母的媒介使用习惯会以言传身教的方式传递给子女；父母对子女媒介使用行为的指导和参与情况，直接影响子女媒介素养水平的高低[14]。除此之外，还有学者探讨了媒介作为"黏合剂"对家庭关系的塑造作用，发现父母与青少年经常共同使用媒介（如一起观看电视、一起玩电子游戏），或者就媒介话题展开讨论，有利于增进家庭成员之间的关系，营造良好的家庭氛围[15]。

在二元分割的城乡体制下，我国城乡青少年媒介使用的家庭环境有何差异？这种差异可能对青少年发展造成怎样的影响？特别是在当今农村劳动力大量外出务工、农村"空巢"家庭不断增多的现实背景之下，农村青少年群体被迫分化为无人照看的"留守儿童"或随父母到处迁徙的"流动儿童"，城乡家庭社会经济地位、物质资源和教育资源的差距，可能会以代际传承的方式参与城乡青少年群体的阶层再生产，复制甚至强化城乡之间的不平等。[16]已有为数不多的本土文献，多止步于"问题揭示"阶段，涉及农村青少年媒介使用质量与媒介素养的干预措施、政策建议略显不足；而且，在样本选取上，这些本土文献多基于作者开展的区域性、局部性调查，而缺少全国范围内大规模样本数据的支撑。鉴于此，本文使用中国人民大学中国调查与数据中心于 2013 年正式开展的"中国教育追踪调查"所获取的全国性数据，对城乡青少年媒介使用的家庭环境差异进行描述，剖析造成差异的影响因素，并基于数据分析，提出提升农村青少年媒介素养、弥合城乡青少年之间"数字鸿沟"的政策建议。

二、数据来源：中国教育追踪调查（CEPS）2013 年度数据

中国教育追踪调查（China Education Panel Survey，CEPS）是中国人民大学

中国调查与数据中心（National Sur-vey Research Center，NSRC）设立的常规调查项目之一，自2013年7月正式开展第一期的调查工作，是我国第一个从初中阶段开始，严格按照概率抽样原则，代表在校学生群体的全国性、持续性的大规模追踪调查项目。项目旨在记录并解释青少年学生从较低教育阶段向较高教育阶段发生转变的教育过程，为研究者、政策制定者提供及时、可靠的基础数据和基于实证研究结果的政策建议。

2013年度的中国教育追踪调查（初中阶段）采用分层次、多阶段、概率与规模成比例（PPS）的抽样方法，以学校为基础，在全国范围内抽取112所学校、448个班级，共获得19487个有效样本。问卷中涉及青少年课外活动时间安排（看电视时间，上网、玩游戏时间）观看电视时父母的陪伴情况，以及父母对子女看电视、上网时间的干预频度等。

根据问卷中对受访者户口类型的询问，筛选出农业户口样本10025个，非农（城镇）户口样本4824个，共计14849个样本。

鉴于当前青少年使用的媒介主要是电视和互联网，中国教育追踪调查中只涉及电视和互联网两类媒介，因此本文的数据分析仅限于青少年的电视使用和互联网使用两种情形。

问卷中询问了青少年平均每天在看电视和上网/玩游戏两类媒介上的时间花费。统计结果如表1所示。

表1 青少年平均每天看电视、上网/玩游戏的时间花费（分钟）

	看电视			上网、玩游戏		
	周一至周五	周末	人数	周一至周五	周末	人数
农村青少年	67.69	118.26	9828	41.3	81.57	9824
城镇青少年	45.20	89.85	4729	39.14	88.59	4741
T值	13.140	13.310		2.005	-2.371	
显著性	0.000	0.000		0.045	0.018	

由表1可以看出，无论是周一到周五，还是周末，农村青少年平均每天花费在电视媒体上的时间均超过城镇青少年。在互联网使用上，周一到周五，农村青少年平均每天的时间花费仍超过城镇青少年，只是在周末的互联网使用时间上低于城镇青少年。独立样本T检验表明，上述结果在$P<0.5$上均呈现显著差异。

三、数据分析：城乡青少年媒介接触的家庭环境差异根据中国教育追踪调查数据

本文从电脑与网络的拥有情况、使用媒介时的亲子陪伴频率、父母对子女媒介使用的干预三个方面测量青少年媒介使用的家庭环境，并对农村青少年、城镇青少

年媒介使用的家庭环境差异进行比较。

1. 电脑与网络的拥有情况

电脑与网络是青少年接触媒介、获取信息的物质资源。中国教育追踪调查问卷中，通过询问"你家里有电脑和网络吗？0. 都没有；1. 有电脑，无网络；2. 有电脑和网络"来获知青少年家庭拥有电脑和网络的情况。统计结果如表 2 所示。

表 2　家中拥有电脑和网络的情况

	都没有（%）	有电脑，无网络（%）	有电脑和网络（%）
农村青少年（n=9919）	44.8	9.2	46.1
城镇青少年（n=4773）	11.4	7.9	80.7

由表 2 可见，接近半数的农村青少年家庭既无电脑更未接入网络；同时拥有电脑和网络的家庭中，城镇青少年家庭远多于农村青少年家庭。独立样本检验，T=−50.192，P=0.000，表明农村青少年家庭与城镇青少年家庭拥有电脑和网络的情况存在显著差异。

2. 使用媒介时的亲子陪伴频率

建立媒介使用的亲子陪伴模式，有利于青少年在使用媒介时及时得到父母的指导和建议，养成良好的媒介使用习惯。中国教育追踪调查问卷中，考察了青少年观看电视时的亲子陪伴情况（问卷未涉及上网时的亲子陪伴情况）：

您和父母一起看电视的频率大概是？1. 从未做过；2. 每年一次；3. 每半年一次；4. 每个月一次；5. 每周一次；6. 每周一次以上。

按照 6 分量表，以上选项分别赋值为 1、2、3、4、5、6。统计结果如表 3 所示。

表 3　与父母一起看电视的频率

	均值	标准差	T值	显著性
农村青少年（n=9842）	5.00	1.475	−4.604	0.000
城镇青少年（n=4780）	5.12	1.394		

由表 3 可以看出，农村青少年看电视时，父母陪伴的平均频率是每周一次；城镇青少年看电视时，父母陪伴的平均频率略高于前者。独立样本 T 检验表明，农村青少年、城镇青少年接触电视时的亲子陪伴情况存在显著差异。

3. 父母对子女媒介使用的干预

在媒介使用的过程中，父母对子女的媒介使用行为进行一定的干预，可及时矫正或终止青少年媒介使用中的不良习性或行为。中国教育追踪调查问卷中询问了受访者父母在看电视时间、上网时间上对子女的管理是否严格，对"不管""管，但不严""管得很严"分别赋值为1、2、3。统计结果如表4所示。

表4 父母对子女媒介使用的干预情况

	看电视时间			上网时间		
	均值	标准差	人数	均值	标准差	人数
农村青少年	2.34	0.651	9979	2.60	0.609	4812
城镇青少年	2.37	0.665	9871	2.55	0.613	4801
T值		-3.192			5.405	
显著性		0.001			0.000	

由表4可以看出，无论是农村青少年还是城镇青少年，他们的看电视时间和上网时间均受到了父母的干预。但通过比较均值，我们发现农村青少年父母比城镇青少年父母对子女上网时间的干预更为严格，而城镇青少年父母比农村青少年父母对子女看电视时间的干预更为严格，且两者统计结果差异显著。

四、城乡青少年接触媒介家庭环境之差异的原因分析

前述数据分析表明，城乡青少年使用媒介的家庭环境诸因素均呈现出显著差异，具体表现为：在电脑与网络的拥有上，城镇家庭拥有电脑与网络的比例显著多于农村家庭；看电视时，城镇家庭的亲子陪伴频率显著高于农村家庭；在使用媒介（电视、互联网）的时间控制上，城镇家庭父母对子女观看电视的干预多于农村家庭父母，而农村家庭父母对子女上网时间的干预多于城镇家庭父母。本文关心的是：是什么原因导致城乡青少年使用媒介的家庭环境出现了上述差异？对这一问题的探讨，有助于提出消弭城乡青少年之间"数字鸿沟"的富有针对性的建议，以及提出提升农村青少年媒介素养和媒介使用质量的干预措施。

1. 电脑和网络的影响因素

作为青少年使用媒介的物质基础，电脑与网络能否进入一个家庭，与这个家庭的经济状况直接相关。中国教育追踪调查问卷中，家庭经济条件以"目前你家经济条件如何？（1）非常困难；（2）比较困难；（3）中等；（4）比较富有；（5）很富有"来测量。本文计算了城乡青少年家庭经济条件与拥有电脑和网络之间的相关关系，两者之间的Pearson相关系数为0.340，P<0.000，表明家庭是否拥有电脑和网络与经济状况好坏有显著的正相关关系，即：城乡居民家庭在经济收入上的差距，直接导致了农村家庭拥有电脑和网络的比例远低于城镇家庭。

根据2015年2月26日国家统计局公布的数据，2014年我国城镇居民的人均可支配收入为28844元，农村居民纯收入为9892元。尽管反映城乡收入差距的重要指标——城乡居民收入比由2013年的3.03∶1回落至2014年的2.92∶1[⑰]，但农村居民和城镇居民收入水平的差距仍可见一斑。由此可见，城乡青少年在媒介使

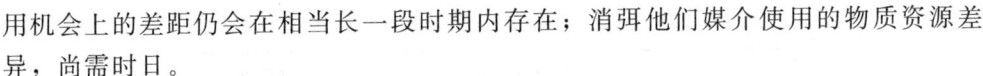

用机会上的差距仍会在相当长一段时期内存在；消弭他们媒介使用的物质资源差异，尚需时日。

2. 亲子陪伴模式的影响因素

一些实证研究表明，父母受教育水平的高低，一定程度上会影响到他们对子女的教养方式[18]，以及对子女教育的人力资本投资，包括学习设施投资和与子女互动时间投入：父母受教育平愈高，对子女的学习设施投资和与子女互动时间的投入愈多。[19]另外，家庭关系的好坏，会影响父母对子女教育方式的选择[20]，也会在一定程度上影响青少年的身心健康[21]。

中国教育追踪调查问卷中，询问了青少年父母的受教育水平：

你妈妈/爸爸的受教育水平是：（1）没受过任何教育；（2）小学；（3）初中；（4）中专/技校；（5）职业高中；（6）高中；（7）大学专科；（8）大学本科；（9）研究生及以上。

数据统计表明，农村青少年母亲和父亲的受教育水平得分均值分别为3.04、3.40，即母亲受教育水平为"初中"，父亲受教育水平略高于母亲，介于"初中"和"中专/技校"之间。城镇青少年母亲和父亲的受教育水平得分均值分别为5.0、5.36，即母亲受教育水平为"职业高中"，父亲受教育水平略高于母亲，介于"职业高中"和"高中"之间。

中国教育追踪调查问卷中，涉及家庭关系的有两道题，其中一道题询问青少年是否有父母陪伴居住，另一道题询问青少年对父母及其关系的评价。本文分别命名"父母陪伴居住"和"亲子关系"。

父母陪伴居住：在你目前的家里，和你一起住的都有（多选）：（1）妈妈；（2）爸爸；（3）亲生兄弟姐妹；（4）祖父母/外祖父母；（5）其他亲属；（6）非亲属成员。

统计结果表明，目前农村青少年家庭中，23.3%的青少年缺少母亲陪伴，34.5%的青少年缺少父亲陪伴；城镇青少年家庭中，上述数据分别为11.7%和19.0%。

亲子关系：你同意下面的说法吗？（1）我爸爸经常喝醉酒；（2）我父母经常吵架；（3）我父母之间关系很好。

"不同意"赋值为1，"同意"赋值为2。三道题得分之和即为亲子关系得分（第三题反向计分）。统计结果表明，农村青少年、城镇青少年亲子关系得分均值分别3.3334、3.3517。前面的数据分析表明，城镇青少年在使用电视媒介时，比农村青少年享受到更多的亲子陪伴。为深入分析哪些因素会影响亲子陪伴模式的建立，本文以"和父母一起看电视的频率"为因变量，以"父母受教育水平""父母陪伴居住"和"亲子关系"为自变量进行回归分析，结果如表5所示。

表5 亲子陪伴频率影响因素的回归分析

	标准化系数 Beta	T	显著性
母亲的受教育水平	.033	3.033	.002
父亲的受教育水平	-.019	-1.788	.074
在母亲陪伴居住	.231	22.957	.000
父亲陪伴居住	.106	10.579	.000
亲子关系	-.052	-6.414	.000
R^2 (%)	10.1		

由表5可以看出,在P<0.5水平下,共有四个变量影响青少年观看电视时亲子陪伴的频率。按影响力大小排序,分别是:母亲陪伴居住、父亲陪伴居住、亲子关系和母亲的受教育水平。也就是说,母亲或父亲陪伴居住、亲子关系良好、母亲受教育程度较高的青少年,在观看电视时享受的亲子陪伴频率较高,更易得到父母的及时指导和建议。

3. 父母干预的影响因素

父母干预在一定程度上能够及时矫正或终止青少年媒介使用过程中的不良习性或行为。前面的统计分析表明,城镇青少年父母比农村青少年父母对子女的看电视和上网时间的干预更为严格。那么,哪些因素可能影响父母对子女媒介使用行为的干预?

一些实证研究表明,父母的教育理念、教育方式与自身受教育水平密切相关[②]。父母对子女的学业期待和学历期待,成为他们教育投入的主要动力;是否与子女学业有关、是否对子女的学业有帮助,成为他们对子女从事某项爱好活动支持与否的评判标准[③]。鉴于此,本文拟考察父母的受教育水平,父母对子女的学业期待、学历期待如何影响了他们对子女使用媒介的干预。

中国教育追踪调查问卷中,关于父母对子女学业期待、学历期待的测量,采用了如下题项:

学业期待:你父母对你的学业成绩有什么要求?(1)班上前五名;(2)中上;(3)班上的平均水平;(4)没有特别要求。

以上四个选项分别赋值1、2、3、4。统计结果表明,农村青少年父母对子女的学业期待得分均值为2.17,接近"中上";城市青少年父母对子女的学业期待得分均值为2.11,亦接近"中上"。

学历期待:你父母对你的教育期望是:(1)现在就不要念了;(2)初中毕业;(3)中专/技校;(4)职业高中;(5)普通高中;(6)大学专科;(7)大学本科;(8)研究生;(9)博士。

以上九个选项分别赋值1~9。统计结果表明,农村青少年父母对子女的学历期待得分均值为6.49介于"大学专科"与"大学本科"之间;城市青少年父母对子女的学历期待得分均值为 7.14，超过"大学本科"。

本文分别以"父母对青少年看电视时间""上网时间的干预程度"为因变量，以"父母的受教育水平""父母对子女的学业期待""学历期待"为自变量进行回归分析，结果如表 6、表 7 所示。

表 6 父母干预影响因素的回归分析（看电视时间）

	标准化系数 Beta	T	显著性
母亲的受教育水平	.015	1.355	.175
父亲的受教育水平	.027	2.495	.013
学业期待	.151	17.607	.000
学历期待	.021	2.413	.016
R^2(%)			2.8

由表 6 可以看出，在 $P<0.5$ 水平下，共有三个变量影响了父母对子女看电视时间的干预行为。按影响力大小计，从大到小分别为父母对子女的学业期待、父亲的受教育水平、父母对子女的学历期待。具体而言，希望子女学习成绩排名靠前、父亲受教育程度较高者、对子女的学历期望较高者，越会对子女的看电视时间采取严格的限制。

表 7 父母干预影响因素的回归分析（上网时间）

	标准化系数 Beta	T	显著性
母亲的受教育水平	.015	1.355	.175
父亲的受教育水平	.027	2.495	.013
学业期待	.151	17.607	.000
学历期待	.021	2.413	.016
R^2(%)			2.8

由表 7 可以看出，在 $P<0.5$ 水平下，共有两个变量影响了父母对子女上网时间的干预行为。按影响力大小计，分别为母亲的受教育水平、父母对子女的学业期待。具体而言，母亲受教育程度较低者、对子女的学历期望较高者，越对子女的上网时间采取严格的限制。

五、研究结论与政策建议

中国教育追踪调查的统计数据表明，在电脑和网络的拥有上，88.6%的城镇家庭拥有电脑，其中 80.7%的家庭已经接入网络。农村家庭中，55.3%的家庭拥有电脑，其中 46.1%的家庭接入网络。但同时有 44.8%的农村家庭既无电脑更未接入网络。城乡家庭经济收入的巨大差距，是导致两类家庭在拥有电脑和网络上存在显著差异的主要原因。

关于青少年使用媒介时的亲子陪伴模式，研究发现，和谐的亲子关系、父亲或母亲在家陪同子女居住，更易于亲子陪伴模式的建立。研究同时发现，在亲子陪伴中，母亲的作用大于父亲：母亲在家比父亲在家更利于亲子陪伴模式的建立，母亲受教育程度愈高愈利于亲子模式的建立。中国教育追踪调查提供的统计数据表明，目前农村青少年家庭中，接近1/4（23.3%）的青少年缺少母亲陪伴，超过三成（34.5%）的青少年缺少父亲陪伴，其中18.4%的青少年处在父亲和母亲双双外出务工、自己被寄养在亲戚家中或与爷爷奶奶、兄弟姐妹一起生活的境况。由此可见，对于这部分农村青少年而言，享受媒介使用的亲子陪伴模式尚难以成为现实。

在父母对青少年媒介使用时间的干预问题上，父母对子女的学业期待、学历期待，以及父母的受教育水平，决定了他们对子女干预的程度。中国教育追踪调查数据表明，城乡青少年父母对子女的看电视时间和上网时间都采取了干预措施，但比较而言，农村青少年父母对子女上网时间的干预更为严格，城镇青少年父母对子女看电视时间的干预更为严格。一个可能的原因是，互联网在农村尚未广泛普及，农村青少年父母受客观条件及自身知识所限，尚不能全面认识互联网的作用与功能，这种认识上的偏差会使他们对子女使用互联网采取更为严格的干预；而城镇青少年父母相对较高的受教育水平，使得他们能够理性评估互联网对子女成长的工具性作用，以及电视媒体的娱乐性特征，因此他们对子女上网时间的干预程度略低于农村青少年父母，而对子女的电视观看时间进行了较为严格的干预。本文的研究揭示出了城乡青少年使用媒介的家庭环境差异，以及仍旧处于分化状态的城乡二元体制所造成的两类家庭在社会经济地位上的巨大落差。优化农村青少年媒介使用的家庭环境，提升农村青少年及其父母的媒介素养，是消弭城乡青少年之间"数字鸿沟"、实现传播公平的必由之路。根据以上研究结论，本文提出以下政策建议：

第一，缩小城乡居民收入差距。家庭经济条件是城乡居民能否购置电脑和接入互联网的决定性因素，亦是造成城乡青少年在互联网使用上第一道门槛——"接入沟"的主要原因。近十余年来，城乡居民收入比一直在三倍以上；2014年，城镇和农村居民的收入水平差距首次降至2002年以来的最低值（2.92:1）。尽管如此，城乡居民可支配收入的差距仍是一个不小的数字，缩小差距尚需时日。建议国家继续加大对"三农"的政策支持力度，积极发展农村金融，加大农村金融资源的供给；转变农业发展方式，建设现代农业，提高农民的农业收入；对农民开展职业技能培训，提高农业劳动的竞争力，等等。

第二，推出"信息惠农"政策，降低农村家庭的信息使用成本。自2004年以来，由工业和信息化部牵头，中国电信、中国移动、中国联通三家基础电信企业参与，促进农村信息化的"村村通"工程逐步在广大偏远农村铺开。到2013年底，广播电视网、互联网已经覆盖至85%的乡镇地区[②]，农民享用现代信息技术的"最后一公里"障碍基本扫除。但对于主要靠农业收入养家糊口的农民来说，购买电脑、接入互联网的费用仍是一笔不小的支出。

本文建议，推出"电脑下乡""网络下乡"的惠农政策，适当补贴农民购买电脑、使用网络的费用，让电脑和网络不再成为农村家庭的"奢侈品"。

第三，引导农民工有序外出务工。中国教育追踪调查关于父母陪伴居住情况的统计数据中，对这一问题做出回答的农村青少年有8097名，其中留守青少年（父亲或母亲一方外出务工，或者父母均外出务工）有3196名，占总受访者的39.5%。这一统计数据与2013年5月全国妇联根据全国第六次人口普查长表数据估算的农村留守儿童占农村儿童37.7%[⑤]的比例较为接近。本文的回归分析表明，父亲或母亲任何一方外出务工，均不利于青少年媒介使用亲子陪伴模式的建立；而且，母亲在亲子陪伴中所起的作用大于父亲，母亲外出造成的负面影响大于父亲外出。鉴于此，本文建议地方政府：（1）制订有关政策，鼓励、引导农民工在当地乡镇企业就近务工；（2）普及、宣传家庭教育知识，引导父亲和母亲轮流外出务工，尽量避免因父母同时外出而导致子女无人照看；条件许可的情况下，尽量由父亲外出，母亲在家陪伴子女、料理家务；（3）开展面向农村女性的社区教育，提升妇女素养，以充分发挥女性在家庭教育中的作用。

第四，开展面向农村家庭的媒介素养教育。改善农村青少年媒介使用的家庭环境，父母的因素尤为重要。有关研究表明，父辈间媒介素养水平的差距会体现在他们的子女身上[⑥]，即父母媒介素养水平的高低直接影响子女的媒介使用质量。本文建议，以社区为单位，对农村家庭开展媒介素养教育，向农村青少年父母传授媒介知识、媒介技能，培养农民作为信息社会合格公民的必备素质，不仅有利于父母更好地指导子女的媒介使用，亦可避免媒介使用中因沟通不畅引发的代际冲突。营造和谐的亲子关系，建立青少年媒介接触的亲子陪伴模式：在亲子陪伴模式下，父母与子女就媒介内容进行讨论和互动，分享彼此的观点和法，可在无形中培养青少年的批判思维。

注释：

① 倪琳：《迷失在媒介图景丛林中的孩子——一份来自上海三至五年级小学生媒介素养的报告》，载于中国青少年研究会编：《和谐社会建设与青少年发展研究报告——第三届中国青少年发展论坛暨中国青少年研究会优秀论文集》，2007年。

② 路鹏程、骆呆、王敏晨等：《我国中部城乡青少年媒介素养比较研究——以湖北省武汉市、红安县两地为例》，载《新闻与传播研究》2007年第3期。

③ 蒋真铮：《中国城乡未成年人的"数字鸿沟"》，载《青年探索》2009年第1期。

④ 骆渊、张雪琴：《网络成瘾青少年家庭环境分析》，载《中国健康心理学杂志》2010年第2期。

⑤ Reiss F, *Socioeconomic Inequalities and Mental health Problems in Children* and Adolescents: A Systematic Review, Soc Sci Med., 2013, 90 (8)): 24—31.

⑥江宇:《家庭社会化视角下媒介素养影响因素研究——以南宁市中学生及其父（母）媒介素养调查为个案》，中国传媒大学博士学位论文，2008年。

⑦Mercy LA, Steelman LC, Familial Influence on the Intellectual Attainment of Children, Am. Sciol. Rev., 1982: 47: 532—542.

⑧Carolyn A. Lina & David J. Atkina, Parental Mediation and Rulemaking for Adolescent Use of Television and VCRs, Journal of Broadcasting & Electronic Media, 1989, 33 (1): 53—67.

⑨刘浩强、张庆林:《社会经济地位对儿童发展影响的研究》，载《乐山师范学院学报》2005年第1期。

⑩邓林园、方晓义、伍明明等:《家庭环境、亲子依恋与青少年网络成瘾》，载《心理发展与教育》2013年第3期。

⑪Veronika Kalmus, Lukas Blinka and Kjartan Iafsson, Does It Matter What Mama Says: Evaluating the Role of Parental Mediation in European Adolescents' Excessive Internet Use, Children & Society, 2015, 29 (2): 122—133.

⑫江宇、黄刚:《家庭和学校环境对青少年互联网使用的影响——一项关于北京市高中生互联网使用的研究》，载《湖南大众传媒职业技术学院学报》2008年第1期。

⑬Lee, Sook-Jung; Chae, Young-Gil, Balancing Participation and Risks in Children's Internet Use: The Role of Internet Literacy and Paren-tal Mediation, Cyber Psychology, Behavior & Social Networking, 2012, 15 (5): 257.

⑭王倩、李昕言:《儿童媒介接触与使用中的家庭因素研究》，载《当代传播》2012年第2期。

⑮Pettigrew, J. Text Messaging and Connectedness within Close Interpersonal Relationships. Marriage & Family Review, 2009, 45: 697—716.

⑯韩嘉玲、高勇、张妍等:《城乡的延伸——不同儿童群体城乡的再生产》，载《青年研究》2014年第1期。

⑰中华人民共和国国家统计局:《2014年国民经济和社会发展统计公报》，2015年2月26日。

⑱宋红梅、沈家宏、李保务、向秀珠:《大学生双亲受教育程度与父母教养方式关系的研究》，载《中国民康医学》2004年第9期。

⑲祁翔:《父母受教育程度与子女人力资本投资——来自中国农村家庭的调查研究》，载《教育学术月刊》2013年第9期。

⑳李兴锋:《新中国初期北京地区家庭关系与家庭教育研究（1949—1966）》，首都

师范大学硕士学位论文，2009年。

㉑荆春霞等：《家庭关系及教育方式对青少年健康的影响》，载《疾病控制杂志》2005年第1期。

㉒曹瑞：《父母受教育程度对亲子关系影响的研究》，载《中国校外教育》2011年第3期。

㉓赵芳、赵烨烨：《父母的过高期待与中学生的压力关系的研究》，载《青年研究》2005年第8期。

㉔工信部：《2013年通信村村通工程任务全面超额完成》，中国新闻网，2014年1月2日。

㉕全国妇联：《我国农村留守儿童、城乡流动儿童状况研究报告》，2013年5月。

㉖江宇：《家庭社会化视角下媒介素养影响因素研究——以南宁市中学生及其父（母）媒介素养调查为个案》，中国传媒大学博士学位论文，2008年。

（作者系郑州大学新闻与传播学院副院长、教授，郑州大学公民教育研究中心研究员。原刊登于《现代传播》2015年第9期。）

> 学术卡片

传媒专业大学生的媒介素养培育

刘 昂

《青年记者》2014 年第 35 期

　　媒介素养教育自 20 世纪下半叶在欧美兴起，迅速传播到亚洲等地。媒介素养教育在提升大众的媒介认知与批评能力、帮助大众有效利用媒介资源、理性参与社会发展等方面发挥了重要作用。一般而言，媒介素养是指人们面对各种媒介信息时的选择能力、理解能力、质疑能力、评估能力、创造和生产能力以及思辨的反应能力。传媒专业大学生作为未来传媒从业者的主流力量，他们的媒介素养对即将从事的工作会起到非常重要的影响。

　　引导与对话：媒介素养教育的方法与原则。素养的形成来自于外部力量的教化，来自于环境的塑造，但起决定作用的还是自身的不断修习。

　　凸显主体与多元互动：媒介素养课程的实现方式。以学生为主体、多元互动的教学实现方式能较好地调动学生的积极性，提升他们的问题意识、参与意识、批判意识和权利意识。凸显主体是媒介素养课程的核心理念，是整门课程的灵魂和统帅，具体体现在课内传媒点评、互动讨论、心灵探索、教师讲授和好书推荐五个教学环节的设计上：第一环节是传媒点评。第二环节是互动讨论。第三环节是心理游戏。第四环节是教师根据课程进度对教学内容的传递。第五环节是好书推荐。

　　思考与实践：媒介素养提升的必然路径。所谓"得法于课内，活用于课外"，媒介素养教育的最终目的是将素养内化为习惯，外化为行动，所以在实践中思考，在实践中养成，是媒介素养提升的必然路径。媒介素养教育的核心在于"再现"。学校通过组织丰富多彩的校园文化活动、社会实践活动，引领学生用媒介生产的观点、用笔触、用镜头展现身边的客观世界。学生通过大量的媒介内容产品制作、媒介活动实践，将习得的媒介理念在作品中"再现"，将所学知识在实践中"再现"，将内化的行为习惯在不断地思考和思辨中"再现"，从而形成"实践—再现—思考—实践"不断循环、不断提升的逻辑演绎。媒介素养是终身养成的过程，思考与实践的过程也将伴随学生走出课堂，走进传媒职业生涯。

（樊俊豪摘）

打破技术迷思：儿童媒介素养教育的重要视角

李树培

《全球教育展望》2015 年第 9 期

一、信息的过剩 VS 注意力的平衡

从未有一个时代像今天这样信息充裕，只要愿意，人人都能见多识广，因为信息无处不在。但是，人们或许没有意识到，信息的灵通是需要付出代价的，即注意力的损耗。如何能够自己做主，而非在过剩的媒介信息中随波逐流，这是媒介素养教育的一个重要方面。

（1）信息的互链引发注意力的损耗

（2）止步于信息检索造成知识建构的缺失

（3）课堂学习中技术的可能干扰

二、娱乐的泛化 VS 理性的探询

（1）关联性缺失的电子媒介逻辑与学校教育相悖

（2）消费主义的价值追求与内在意义矛盾

（3）流行文化与自我空间之间的张力

三、民主的幻象 VS 自我声音的确立

（一）专业声音的湮灭

Web2.0 时代的到来让每人手中都有了麦克风，人人都有发言权似乎就是民主的体现。然而，由于匿名发言使得用户可以更为随意自由地发表言论，网络上充斥着大量无价值的琐屑信息，不仅可能充满谬误，也让人在信息的海洋中随波逐流、难以取舍，造成良莠不齐的信息乱局。

（二）公共民主生活参与的乏力

现在，网络空间、社交空间已经公众化了，不可预知、无法操控的异见必然广泛存在，说话者不能自顾自地乱说，而是需要考虑到他人的可能反应，这样做并非是取悦和迎合他人，而是能够顾及他人的看法，让自己的表达更具说服力。面对众多新媒介交往方式，当前儿童媒介素养教育的一个重要内容就是养成健康理性的对话文化。

四、结语

面对因不断更新的媒介技术而更加喧嚣的世界,面对更加娱乐、物化与世俗的时代,指望媒介与他人来帮助自己进行事实判断和价值澄清,多少显得有点荒谬。我们要做的不是拔掉插头屏蔽媒介,而是学会在媒介饱和的诱惑中成为明智的媒介使用者和理性的媒介生产者,保持独立思考的意识和能力,维护内心世界的丰富与澄明。我们需要打破技术迷思,在无边界的媒介信息泛滥中像珍视生命和思想一样珍视自己的注意力平衡,在娱乐至死的媒介生态中修炼自己的理性探询能力,进而在伪民主的媒介空间进行理性的沟通、确立自我的声音。无论儿童还是成人,这都需要一生不断修习和探索,当然这种探索"如果只是一种智识上的活动,人们就可能丧失从热情、关怀与爱之中产生的灵敏度"。批判、关爱与行动兼顾的媒介探索就像一粒种子,无论身处何种环境,随时都能萌发力量,进而改善个体的媒介生活、增益公共的媒介环境,这正是儿童媒介素养教育的最终旨归。

(樊俊豪摘)

大学生媒介沉迷对新闻传播教育的影响

贾广惠 邓建农
《河北师范大学学报(教育科学版)》2014年第6期

随着新媒体技术的发展,新闻传播教育面临越来越严峻的挑战。新媒体的日益普及和娱乐功能的开发,导致大学生的媒介沉迷症问题日益突出,对新闻传播教育产生了严重的冲击。要切实改变大学生的媒介依赖,需要加强媒介素养教育,改进教学方式方法,激发学习兴趣,因势利导,提高新闻教育的成效。

一、媒介沉迷的表现

首先,电脑、手机上网占用了过多的时间。其次,手机上网之后课堂也正在变成娱乐场,加重了大学生的媒介依赖症。再次,在课堂和宿舍之外,手机和电脑须臾不可少,甚至成为逃避作业的工具。

二、媒介沉迷对于新闻传播教育的冲击与危害

大学生新媒介依赖问题愈发严重,对于新闻传播教育产生的冲击更有典型性。

首先，媒介沉迷对于读书与课堂学习的冲击。其次，对于课堂的冲击。课堂的作用显然不能削弱，但是现在却被学生自己主动的削弱了。再次，对于新闻实践能力培养的冲击。

三、新闻传播教育者的责任

首先，新闻传播专业教师授课中需改变随便应付、不负责任的倾向。其次，教师不学习不经常充电难以适应教学需要。再次，教师不能对学生严格要求，不愿管、不敢管的现象存在。

四、对策与建议

当前严峻的就业形势对于新闻传播专业学生是一个越来越大的挑战，学生就业问题越来越突出，势必影响到招生以及学校的学风，带来难以预料的后果。这一后果也对新闻教育提出了新要求，应该充分考虑就业出路，发挥教育者的主动性，应对学生中的沉迷网络、不思进取的不良现状冲击，扭转劣化的学风，把学生引导到认真对待专业与就业、摆脱网络诱惑、努力加强训练上来。这当然需要教育者的工作改进、方法措施的完善。除了以上意见之外，具体还有：

第一，强化媒介素养教育。
第二，落实纸质读书计划。
第三，加大实践训练强度。
第四，改进教学方式方法，加强教学管理。

（樊俊豪摘）

大学生批判性思维培育的实证研究

陈世华
《大学生批判性思维培育的实证研究》2015 年第 2 期

批判性思维一直是高等教育的重要内容。经过量表测量发现，大学生批判性思维能力良好，但不优秀，说明大学新生批判性思维能力还有很大的上升空间。经过以"传播学"课程教学为刺激物的实验研究后，发现大学生批判性思维培育是有效的，但培育效果没有想象中的那么强大，不同的培育方式的效果也有差异。应该将批判性思维的培育贯穿于大学教育的始终，提升教师批判性思维能力，改革教学方法和考核方式，注重对话交流和案例教学，营造宽松自由民主的学习氛围，建立新型师生关系，努力培育大学生批判性思维能力。

一、研究方法

研究方法：研究坚持社会科学的实证主义路径，以文献研究法为基础，采用实验法和问卷调查法，辅以深度访谈和焦点小组访谈（Foeus GroupInterview），获取经验资料，并进行量化分析，最终得出研究结论。

二、研究结论：有效但不明显

笔者对两次测试结果进行了量化统计分析，对访谈数据进行质化分析，最终得出以下研究结论。

（1）大学生批判性思维现状：良好但不优秀。
（2）批判性思维培育是有效的。
（3）培育效果没有想象中的那么强大。
（4）性别与批判性思维有一定关系，但并不直接相关。
（5）不同培育策略的效果有差异。

三、讨论：批判性思维培育策略

经过实证研究发现，大学新生已经具备了一定的批判性思维能力，但并不理想。迫切需要对大学生进行批判性思维训练，将批判性思维意识和技能的培养纳入教学目标体系，应该依次采取如下培育策略。

（1）开展课堂讨论和辩论。
（2）案例教学。
（3）营造宽松的学习氛围。
（4）教师转变观念和角色。
（5）教师努力提升自身的批判性思维能力。
（6）改变传统的考核方式。

除此之外，有条件的学校应该设置批判性思维课程，增加通识性课程，加强校园环境建设，开展小班教学，构建多样的社会实践环境，在实践中检验所学知识，在实践中发现问题、分析问题和解决问题。

四、结束语

经过实证研究发现，大学生批评性思维能力良好但不优秀，有着很大的上升空间。系统的批判性思维培育策略是有效的，应该将批判性思维的培育贯穿于大学教育的始终，提升教师批判性思维能力，改革教学方法和考核方式，注重对话交流和案例教学，营造宽松自由民主的学习氛围，建立新型师生关系，努力培养具有批判性思维能力的新时代大学生。

（樊俊豪摘）

大学生阅读素养、媒介素养及信息素养教育融合的可行性分析

罗文华　唐芬芬
《图书馆理论与实践》2015年第3期

1　问题的提出

阅读素养、媒介素养、信息素养都关注人的素养。随着媒介信息技术的发展，媒介素养和信息素养日益趋同。大学生是国家未来公民的主体，提升大学生的媒介信息识读素养是提升全民素养的最有效措施之一。

2　可行性分析

信息技术的发展，促进了图书资源建设的数字化、信息化，为图书馆建设阅读素养、信息素养和媒介素养三位一体网上素质教育平台提供了技术支持。

2.1　概念的起源和内涵发展

阅读素养、媒介素养及信息素养，各自都没有统一的定义。概括地说，阅读素养是一个人的基本能力，无论对个人还是国家民族，都至关重要，它关系到个人的发展，国家的进步，民族的兴亡；媒介素养，又说媒体素养，是人的听说读写基本能力的延伸，是信息时代现代公民的必备素质；信息素养是信息全球化背景下，人们适应信息社会的能力。

2.1.1　阅读教育的起源和内涵发展

总的来说，阅读素养是一种对阅读文本进行识读、理解、质疑、利用和建构的基本能力。这种能力能帮助个人积累知识、开发潜力、完善自我、实现自我价值。阅读素养是一个国家的软实力和竞争力的综合体现，是国家社会和经济发展的根本。

2.1.2　媒介素养教育的起源和内涵发展

媒介素养教育起源于20世纪30年代初期的欧洲。相对而言，媒介素养教育在中国大陆的出现与发展较为滞后。自1997年卜卫在《现代传播》上发表《论媒介

教育的意义、内容和方法》以来,媒介素养研究进入中国学界研究视野,经过各方努力,媒介素养教育从一个热点话题逐渐深化成具体的教育理念和实践。学界从各种角度介绍、讨论了媒介素养教育,但还远没有信息素养教育那么受到重视和推崇。

2.1.3 信息素养教育的起源和内涵发展

信息素养是从图书检索技能发展和演变过来的。从研究信息的检索利用和传递,到考虑信息对人们的世界观、人生观和价值观的影响;从最初的技术层面的研究,到如今的信息技能(技能层面)、信息意识(意识层面)和文化素养(知识层面)的研究。通过开展信息素养教育,培养具有信息意识及批判性思考能力、能有效利用信息源获取所需信息、并能够评价分析所获取的信息、开发传播信息的人,尤其是利用信息解决实际问题的有创新思维的人。

媒介是传递信息的载体,当今新媒介不断涌现,媒介成了信息的一种表现形式。从概念的起源和内涵来看,三者颇有渊源,相互交叉重叠,最终相辅相成,融为一体,是全民素质教育的重要组成部分。

2.2 图书馆开展素养教育的优势

2.2.1 政策优势

媒介的发展使得信息与媒介日益融合,媒介信息化和信息媒介化的趋势,极大地改变了人们获取信息和认知世界的方式,对信息素养教育提出了新的要求。引入媒介素养教育,在大学生阅读教育、信息素养教育中融合媒介素养教育,将给素养教育带来新的活力,意义重大。

2.2.2 资源优势

信息技术促进了高等教育的现代化、社会化,也促进了我国高等教育的普及性和大众化,作为大学建设三大支柱之一的高校图书馆,必将成为人们终身学习的地方。

3 结语

信息化浪潮席卷全球,信息技术广泛运用,传统的媒介传受模式受到冲击,个人不再只是被动的媒介信息接受者,也可以是媒介信息的发布者,人们的阅读行为和习惯也发生了改变。

(樊俊豪摘)

高校德育视角下媒介素养教育课程研究

刘颖洁

《学理论》2015 年第 11 期

一、媒介素养教育的概况及现状

虽然大学生作为社会中高知人群,对媒介的接触、使用、创造以及理解都有一定的水平,但是大学生对媒介的掌握和控制程度与媒介技术的发展程度并不平衡;由于缺乏系统的理论学习,他们所形成的网络媒介素养都是浅层次的、感性的,大学生接触网络媒介的目的主要是娱乐消遣,在网络媒介的选择上,以微信、微博、网游等互动性高、参与性强的媒介工具为主,信息数据搜索、网络课程等资源和功能被忽略,因而,大学生的网络媒介素养在形成过程之中存在着结构性缺陷,大学生缺乏积极的媒介态度、健康的媒介行为、批判的媒介思维等;在一定程度上阻碍了大学生对自身媒介素养的提升。

二、媒介素养教育的德育价值

第一,媒介素养教育有利于丰富高校德育的内涵。

第二,媒介素养教育有利于提高高校德育的效果。

三、媒介素养教育课程的改革策略

1. 构建合理课程模式

整体思路就是将专业教育课逐步转变为大学基础素质教育课,并依托于新闻传播学、心理学、教育学等相关学科师资力量,成立教学研究机构,设计相关的课程,编撰教学教材,探索教学方式和方法,使媒介素养课最终成为大学的一门必修课程。

2. 创新课程内容

要充分发挥媒介素养课程的德育价值,必须要进一步结合思想政治教育内容,创新媒介素养教育的课程内容,从专业课教学转变到通识课教学。

3. 拓展课程实践平台

在进行媒介素养理论教育的同时,整合校园各类媒体资源开展实践课程,通过学工团委、宣传等部门的组织,发动学生组织和社团,让学生在课程实践中,提升对媒介性质、特点及表现形式的认识以及理解和使用媒介的能力。

(樊俊豪摘)

关于高校媒介素养教育的思考

赵世环
《新闻战线》2015 年第 11 期

一、媒介素养教育应尽快与国际接轨，成为大学的通识教育

国际学术界公认，大众传媒所传播的信息、中蕴含着一定的政治取向与价值判断标准，它们对受众特别是青少年的影响极为深刻。世界各国出于传播本国价值观和政治稳定的需要，都非常重视大众传媒对大学生政治能力的培养和政治情感、政治态度、政治信仰的塑造。

目前，我国已有高校在大学生中开设媒介素养教育课程，如 2004 年，上海交通大学首次设置了"媒介素养"的专业课程，但从整体上看，我国高校还没形成体系化和长期性的教学活动。在大学校园内开设关于媒介素养教育的公选课程和必修课程是全媒体时代的必然要求，有学者甚至建议此类课程应最终取得与两课同样的地位。

这样一个长远目标的实现，要在操作层面进行具体详细的规划，由于我国的媒介素养教育理论和实践基础薄弱，如果要把媒介素养教育课程发展为一项通识课程，需要包括教师、学校和政府在内的各方紧密合作，不可能一蹴而就。

二、在思想政治教育课程中引入媒体素养教育的相关理念

笔者在《中国近现代史纲要》的教学中，曾做过相关尝试。纲要课程通过对 1840 年以来中国社会政治经济发展的分析和讲解，以培养学生的爱国主义情感和社会主义价值取向。前境外媒体特别是网络对党和政府行为的歪曲报道，导致很多大学生政治信仰动摇，政治信念模糊。通过在思政课堂的类似尝试，可以使学生掌握媒介素养教育的概念和基本原则，并能触类旁通，使用此种原则去分析各种媒介包括报纸、电视和网络上的观点，从而形成正确的政治认知，树立牢固的政治信念。

三、积极利用媒介实践活动提高大学生政治责任感

引导大学生利用各种媒介进行政治参与，能够培养和完善他们的权利意识，道德意识和社会责任感，并提高其适应社会的实践能力。

在全球信息化的时代，大学生的思想政治教育工作必须不断借鉴已有各领域的

理论和实践经验。在大学生思想政治教育的过程中，引人媒介素养教育，提升大学生对媒介所传播信自、的批判甄别意识和理性判断能力，提升大学生利用媒介进行政治参与的能力，最终推动高校思想政治教育目标的实现。

（樊俊豪摘）

基于马克思主义人学思想的大学生现代媒介素养教育研究

丁北川

《大庆社会科学》2015 年第 1 期

一、马克思主义人学思想

马克思主义人学思想是从哲学上对人做出的最高层次的思考，结合了现实性、实践性与社会性，是关于人的存在、人性、人的本质、人的活动和发展的一般规律的科学，揭示了关于人的发展的基本原则。

（一）人的本质论

马克思主义人学思想的基础问题和重要问题就是人的本质问题。

（二）人的价值论

马克思主义人学理论关于人的价值的分析涉及两方面的内容，一是人是各种社会关系的产物，所以个人的价值只有在社会中才得以体现，表现为社会对人的满足，包括物质的满足、精神的满足和个人权利的实现；二是人的价值是以一定的社会生产关系为环境，并通过各种现实活动来实现的。从这方面讲，人的价值是个人对社会的贡献和责任，包括对政治、经济、文化、生态等各方面的回报与努力。

（三）人的发展论

在马克思的人学思想里，人的发展包括人的全面发展和人的自由发展两个方面。

二、马克思主义人学思想是大学生媒介教育的依据

（一）本质论是教育的前提

人具有现实性，高校进行媒介素养教育要尊重大学生的现实需求。要了解大学

生对现代媒介素质教育的现实需求,关注其需要的现实性、复杂性和发展性。

(二)价值论是教育的根本

马克思主义人学思想的价值论,既包括社会对个人的尊重和满足,也包括个人对社会的责任和贡献,是个人价值和社会价值的统一体。

(三)发展论是教育的动力

人的全面、自由发展既是现代社会发展的客观要求,也是对于共产主义新人的理想蓝图。在马克思主义人学思想的发展论中,追求人的自由、全面、和谐发展的目标,就是大学生现代媒介素养教育的动力依据。

三、做好大学生现代媒介素养教育的对策

(一)树立以人为本的原则

以人为本是人类一切社会实践活动的指导原则,也是大学生现代媒介素养教育的指导原则和基本理念,这是贯彻马克思主义人学思想的根本。

(二)树立正确的价值观

马克思将价值分为个人的主体价值和社会的主体价值,认为社会有满足个人需求的义务,个人有为社会做贡献的责任,个人的发展不能离开社会的发展,社会的发展也不能脱离个人的发展。

(三)树立正确的发展观

人的全面发展理论是马克思主义人学思想的重要理论。在大学生现代媒介素养教育中,要认真坚持贯彻大学生的全面发展的理论。

四、结束语

在全球化的背景下,现代媒介已经成为西方发达国家的一种工具,他们凭借其经济实力和技术手段的优势,利用媒介将他们的意识形态、价值观念向我国渗透。我国的文化正在向多元化发展,在这个过程中,大学生价值判断力减弱。因此,我们必须在马克思主义人学视角下加强大学生现代媒介素养教育,使他们掌握必要的媒介知识,提高对现代媒介的认知、批判和运用能力,提高对各种信息的免疫力和回应力,形成符合中国社会发展的社会主义核心价值观。这关乎我国传统文化的传播和发扬,关乎全面建成小康社会和实现中华民族伟大复兴中国梦的民族大业。

(樊俊豪摘)

吉林省大学生媒介素养现状与教育应对

刘津池　包文泉
《长春师范大学学报》2014年第12期

大众媒介在人们的生活中占有举足轻重的地位，媒介素养成为公民必需的基础素养。本研究以吉林省六所高校的2000名大学生为调研对象，基于对其媒介素养状况的深入分析，提出改善大学生媒介素养教育的实践策略。

1 媒介素养与媒介素养教育的含义

媒介素养是国民对媒介和媒介传播的认知以及对各种媒介信息的读解、批判与运用能力。按照一般的传播学理论，媒介信息效用可分为认知、态度、行为等多个层面。在实际的信息生活中，人与媒介信息之间是一种相互作用的"人—媒"关系。

媒介教育是人类社会为适应信息社会生活方式而进行的以媒介信息和媒介工具为教育内容的教育形态，其所观照的是"人—媒"关系中人对自身以及人之外的信息世界的正确认知与把握能力的养成，其中最重要的是正确处理真实的社会生活与虚拟的信息世界的关系。

2 吉林省大学生媒介素养现状分析

为了更好地了解当前大学生的媒介素养情况，以便有针对性地对大学生实施媒介素养教育，笔者对来自吉林省六所不同层次高校的2000名大学生进行了问卷调查，通过对数据的整理分析发现当前大学生的媒介素养存在以下几个特点：

2.1 大学生的媒介接触动机处于"自发状态"

所谓媒介接触动机，就是指"人—媒"关系中的个体接触媒介的心理动机，它是发生"人—媒"关系的初始动机，是媒介使用者在一定的心理动机的推动下对媒介实施的使用行为。调查结果显示，当前大学生的媒介接触动机处于"自发状态"，即对媒介的使用缺乏科学的理论指导和系统的训练，主要是自发地去选择使用媒介以及媒介的内容，辨析意识普遍不足。

2.2 大学生的媒介使用呈"多元化"趋势

当前大学生获取信息已不再局限于传统媒介，往往使用多种媒介获得信息资源，呈现"多元化"趋势。调查表明，92.3%以上的大学生使用5种以上的媒介获得信息资源，网络、电视、广播、报纸、杂志等媒介已经被大学生普遍接纳。大学生越来越习惯于在"媒介现实"中生存。

2.3 大学生对媒介的甄别判断能力较弱

为了更好地把握大学生的媒介判断能力，本调查组从大学生对媒介内容的选择、对媒介的信任度、对媒介信息真假辨别力三方面进行了调查。结果表明，在媒介内容的选择方面，大学生独立获得信息、独立思考与判断的能力有待进一步提高。

2.4 大学生对"网媒"存在过度依赖

3 大学生媒介素养教育的实践策略

3.1 媒介素养教育的目标指向应"超越保护主义"

目前，我国高校的媒介素养教育的目标设定不应再局限于隔离媒介信息带来的不良影响，而应设定"超越保护主义"的目标，将培养学生对媒介信息主动质疑的态度和习惯作为主要的教育目的。首先应培养大学生的问题意识，对媒介信息应持必要、合理的怀疑态度。其次要鼓励大学生努力养成质疑的习惯，使他们在众多的媒介信息面前时刻保持清醒的头脑，能够做出客观的判断。

3.2 将"媒介教育"纳入高校课程体系

将媒介素养教育融入学科课程是培养学生媒介素养的有效方法。在高校开设"媒介批评"课程，可以让大学生学习有关媒介的理论知识，培养他们对媒介内容的识读能力，使其能够利用媒介来发展和完善自我，并通过使用媒介实现传播的目的，从而形成"人—媒"和谐的共生状态。

3.3 设置政府、社会与高校三位一体的教育实施模式

我国媒介教育还处于起步阶段，其实施模式有待进一步完善。媒介教育依赖于更宽广的历史、文化、经济、法律、民族、政治及社会背景。因此，我们应该设置政府、社会与高校三位一体的教育实施模式。高校的媒介素养教育应与家庭教育指导机构联系起来，使大学生形成正确的媒介意识。

（樊俊豪摘）

论学前儿童的家庭媒介素养教育

魏 艳

《教育导刊(下半月)》2015年第7期

一、学前儿童的特殊性与家庭媒介素养教育的重要性

(一) 学前儿童的特殊性

信息的鱼龙混杂、花样繁多增加了学前儿童成为信息暴力的俘虏和受害者的可能性。

(二) 家庭是学前儿童媒介素养教育的主要阵地

媒介素养教育是20世纪90年代引入我国的,从国外的经验来看,媒介素养教育的最佳途径是能落实到学校层面,但由于我国学校媒介素养教育进展得并不顺利,家庭则以其感染性、针对性和灵活性特点成为媒介素养教育的主战场。

二、家庭媒介素养教育的现状及存在问题

(一) 一些家长采用简单粗暴的处置态度

对于媒介传播的不良内容,一些家长只是采用简单粗暴的手段切断媒介信息传播源,没有和儿童进一步交流、探讨,忽略了儿童发展中真正的心理需求。

(二) 家长不注重儿童良好媒介接触习惯的养成

家庭是学前儿童接触媒介的第一场所,然而一些家长并未意识到媒介接触习惯会对孩子产生何种影响,在日常生活中不注重儿童接触媒介的类别、接触时间长短、接触媒介的内容、接触过程中的亲子交流以及接触中的伴随行为等。

(三) 家庭成员媒介素养水平堪忧

家庭成员媒介素养水平较低,主要是由于家长对于媒介种类、不同媒介的特性、媒介使用方法认识不清,多数家长仅凭个人判断就将媒介等同于电子媒体,未将报纸、图书等纸质媒体列入其中,导致学前儿童在家庭中接触电子媒介多、纸质媒介少。

三、家庭媒介素养教育的策略

(一) 树立正确的儿童媒介素养教育观念是基础

家长要深刻意识到,最重要的是要帮助学前儿童建立良好的媒介接触环境和

初步的媒介解读能力,而不是一味地躲避,也只有这样,学前儿童才能自由行走于这个社会。

(二)培养学前儿童良好的媒介接触习惯是核心

学前阶段是习惯的养成期,对学前儿童的成长和发展意义重大,所以学前儿童媒介素养教育的重点应是培养良好的媒介接触习惯,让他们在对有关媒介选择、理解和使用等规则的掌握、学习、内化过程中逐步养成自觉、主动、健康的媒介接触习惯。

(三)提升家庭成员媒介素养水平是目的

媒介素养是现代社会每个公民必须具备的能力,家庭成员是学前儿童的主要抚养者、教育者,其媒介素养水平的高低直接影响学前儿童媒介素养的受教育程度,决定着儿童家庭媒介素养教育的观念、行为、方法和结果。

(樊俊豪摘)

媒介暴力对青少年暴力犯罪的影响及其控制

葛双龙
《中国人民公安大学学报(社会科学版)》2014年第6期

一、问题的提出

网络媒介暴力何以会诱使青少年意识行为产生如此大的偏差,媒介暴力又是如何影响青少年行为,深层次的影响机制及主客体方面的主要原因又有哪些呢?

二、媒介暴力的传播对青少年犯罪的影响

媒介暴力的传播与青少年群体的互动是影响青少年犯罪的重要原因。首先,媒介暴力的传播对青少年模仿暴力行为和学习犯罪技能具有示范性。另一方面需要关注的是,媒介暴力的传播还充当起青少年学习犯罪技巧和方法的授业导师,尤其是新闻媒体对各类暴力犯罪案件的详细跟踪报道和反映暴力犯罪的纪实电视剧,堪称暴力犯罪的指南和教材。其次,媒介暴力的传播直接刺激青少年暴力犯罪的欲望并降低对暴力行为的抑制。第三,媒介暴力的传播容易异化扭曲青少年群体的价值观念并影响其性格塑造。价值观是指个体对周围的客观事物(包括人、事、物的意义、重要性的总体评价和看法,是社会发展长河中人文精神的历史积淀,一方面表

现为价值取向、价值追求和价值理想,另一方面表现为价值尺度和准则,成为人们判断事物有无价值及价值大小的评价标准。

三、媒介暴力传播影响的控制与调和

要从根本上治理青少年暴力犯罪,必须大力加强大众传播媒介的法律法规建设,抑制媒介暴力的形成,理顺其发展与传播途径;严控网络管理,净化网络空间;同时加强青少年媒介素养教育,全社会行动起来减少滋生青少年暴力犯罪的文化土壤,建构中华民族优秀历史传承且密切当代前沿发展的文化体系,从而使社会得到合理、健康、有序的可持续发展,为全体公民尤其是广大青少年的健康茁壮成长创造优质的社会文化环境。

首先,健全相关法律规制,规范媒介传播及相关制品市场。除健全法治藉以规范大众传媒中色情暴力内容外,还应积极着手研究设立细密、精确的标准,如探索建立媒介视频动画(影视、动画、广告、游戏等信息分级制度来进一步明确大众媒介的行业准则和行为规范。其次,严控网络管理,净化网络空间,培育营造积极向上的网络文化氛围。第三,大力推动青少年媒介素养教育,强化道德及普世价值的认知。

(樊俊豪摘)

试论办报实践对学生媒介素养的影响
——以高校学生报《事件直击》为个案

王之延

《中国报业》2015 年第 14 期

一、学生报纸《事件直击》

为了充分了解媒介使用和创作对学生媒介素养的影响,笔者选取中国南方文化大学学生报《事件直击》作为个案进行调查。《事件直击》自诞生至今已有 8 年,形成了一套较为稳定的运行程序,学生在这里获得了全方位的锻炼机会。

因为参与整个报纸生产流程,学生对报纸出版发行的各个环节会有清楚的了解,一些最基本的新闻认知在这种媒介制作过程中获得。参与过程中,这些新闻传播知识都会被清晰而具象地传递给学生,学生将这些新的知识与自己的原有知识和

经验相结合,新的意义就此被建构。通过办报他们对媒介的流程和影响因素有了具体概念,这些现实的东西很多是课本上无法传达的,他们社会责任感增强了,对现实多了很多思考,这是一个很重要的信息储备和分析阶段。

二、焦点组访谈:我们在改变

笔者对7位学生记者进行了访谈,问题主要涉及:加入《事件直击》后有什么样的体会?办报是否能有助于培养学生的媒介素养?对培养学生媒介素养而言,课堂教育和课外实践之间是否存在互动关系?所有参加访谈的同学都认为,《事件直击》是一个很锻炼人的地方。

访谈中笔者觉得,虽然这些学生很低调地避免用"权力"来形容自己的社会作用,但发生在他们身上的改变、他们给周围生活带来的改变,都说明了他们在有效地使用媒介,并通过媒介给社会带来正能量。而"参与"和"赋权"正是媒介素养教育的核心。

媒介素养教育具有社会性特征,其所涉及的身份认知、权力结构、意识形态等都是媒介素养教育"社会性"的体现,也是媒介素养教育的重要内容。学生在办报活动中所获得的不同于课堂教育的切身体验,加深了他们对批判性解构的理解,促使他们达成新的意义建构,并在建构中产生推进社会改变的力量。

(樊俊豪摘)

试论媒介素养教育与高校思想政治理论教育的有机融合

杨克平　徐柏才
《学校党建与思想教育》2015年第1期

一、网络环境下高校思想政治理论教育面临的困境

"随着人的生活日益依赖于网络,网络技术架构已经深深嵌入到现实世界之中,成为人的生存环境不可或缺的基础架构,因而也成为人的各种活动包括思想政治教育活动的基础要素。"这种新的时空环境,给高校思想政治理论教育带来创新机遇的同时,也使高校思想政治理论教育面临新的困境。

"去中心化"的传播方式削弱"把关人"的作用,教育者的"话语权"受到冲

击。"碎片化"的传播方式制约信息的权威性，大学生的价值取向受到误导。"即时交互"的传播方式消解主客体关系，传统教育模式受到挑战。

二、媒介素养教育与思想政治理论教育的内在联系

（一）二者在目标上指向一致

网络媒介的出现，不仅实现了信息在全球范围的传递、流动和共享，而且也扩展了人们的活动范围。要培养大学生的主体意识和主体能力，从而充分认识到他们在社会主义建设事业中的主体地位及所肩负的历史使命和社会责任，增强实现"中国梦"的认识能力、实践能力和创造能力等，成为高度自觉、全面发展的社会主义合格建设者和可靠接班人。

（二）二者在内容上优势对接

重视公民意识教育是当今世界各国教育发展的一个共同趋势。通过媒介教育这个纽带，增进公民知识、培养公民意识、锻炼公民技能、磨炼公民品性，成为发达国家和地区的成功经验。

由此可见，媒介素养教育与思想政治理论教育在基本目标和具体内容上互相交叉与交融，二者的结合是有机的、相互促进的。把握好二者间的内在契合性，无疑是突破网络环境下思想政治理论教育的困境，提升思想政治理论教育实效性的新思路。

三、借鉴媒介素养教育的理念，推进高校思想政治理论教育改革

（一）借鉴媒介素养教育的理念，完善思想政治理论教育的目标诉求

媒介素养教育的最终目标是教会人们从铺天盖地的媒介信息中挖掘真、发现美、选择善。在信息传播领域内对"真、善、美"的终极追求，不仅是媒介素养教育运动的出发点和落脚点，同时也是媒介素养的核心内容。媒介素养包含三种能力：一是对媒介根本属性的认知能力。二是对媒介理性批判的解读能力。三是运用媒介实现自身发展的能力。

（二）借鉴媒介素养教育的理念，整合思想政治理论教育的基本内容

媒介素养教育有两个层次：一是增加对媒介的了解，学会以批判的意识接触媒介的信息；二是掌握与媒介交往的技能，懂得合理地运用媒介完善自我、服务自我。第一层次是媒介素养教育的基础，将尽可能地减少媒介信息对我们的负面影响，第二层次是媒介素养教育的提升，将进一步提升我们利用媒介的水平并从中获益。

（三）借鉴媒介素养教育的理念，改革思想政治理论教育的方式方法

媒介素养教育是培养大学生利用媒介促进自身发展的一种重要方式。现代社会要求人们摆脱对媒介的过分依赖和盲从，培养创造、开拓精神，来适应社会的快速

发展。媒介素养教育的意义在于提高人们的素养,而素养的提升不仅依靠外在的教化方式,更应该注重"内化"养成。

(樊俊豪摘)

试论思想品德教育与媒介素养教育的融合

王浩宇
《中学政治教学参考》2014 年第 33 期

一、媒介素养教育

中国社会科学院新闻与传播研究所的专家卜卫认为媒介素养教育包括四个方面的内容:一是了解基础的媒介知识以及如何使用媒介;二是学习判断媒介讯息的意义和价值;三是学习创造和传播信息的知识与技巧;四是了解如何有效利用大众传媒发展自己。媒介素养教育的理想状况是,受众的媒介使用将成为发展他们的一种动力,而不会因媒介使用沦为大众媒介和讯息的奴隶。换言之,媒介素养教育就是培养人们具有正确理解媒介信息,以及使用和制作媒介的知识与能力的教育。

二、思想品德教育与媒介素养教育融合的趋势

(一)媒介风暴下思想品德教育的现状

在课程目标方面,思想品德教育对媒介素养提出了要求。思想品德课程教材虽然呈现出不同版本,但是课程内容都涉及媒介素养教育。

当代青少年受市场经济发展所带来的多元文化冲击。从呱呱落地就受到媒介的影响,媒介同传统施教者一并成为他们认识世界、获取知识的渠道。青少年尚处于身心发育不协调、心智发展不足以辨别媒介信息和批判的意识,极易受到媒介的负面影响,脱离现实堕入媒介虚拟世界。首先,娱乐至死的信息内容扰乱媒介环境。其次,消费主义导致青少年物欲追求。再次,文化个球化冲击传统文化的传承。

(二)思想品德教育融合媒介素养教育的必然性与可行性

1. 思想品德教育的发展决定了融合的必然性

(1)继往开来的融合。

(2)应时之需的融合。纵观思想品德课程的发展,课程都是随着时代的发展变迁应时而动。

2. 思想品德课程的改革形势促成融合的可行性

（1）思想品德课程需要媒介素养教育的融入。思想品德课程的学习需要运用多种媒介信息对课程内容进行佐证。

（2）思想品德素养涵盖了媒介素养。

（3）思想品德综合实践活动为媒介素养教育提供了平台。

三、思想品德教育与媒介素养教育融合的条件

（一）思想品德学科内部的条件

1. 思想品德教材是融合媒介素养教育的主体
2. 思想品德教师是融合媒介素养教育的中坚力量
3. 思想品德教学活动是融合媒介素养教育的主要途径

（二）思想品德学科外部需创设的条件

1. 提高社会对媒介素养教育的认可
2. 从政策层面加强思想品德教育与媒介素养教育的融合

有必要由政府相关部门制定一系列具有强制性的政策性文件，来规范媒介素养教育并保障媒介素养教育的实施。

3. 组建思想品德教育与媒介素养教育的研究机构

思政品德教育与媒介素养教育的研究机构，应该由政府相关部门直接承认或委托专业机构实施。采取由政府主导、自上而下的模式，才是最有效的途径。

（樊俊豪摘）

网络朋辈辅导：青少年道德行为养成的新视角

彭 榕

《学校党建与思想教育》2015 年第 6 期

一、网络朋辈辅导实现的可能性分析

1. 网络朋辈辅导的含义

网络朋辈辅导具有以下几个基本要素：第一，这种行为是借助于网络产生和进行的；第二，这种行为一般发生在同龄人之间，但是由于网络是一个虚拟的空间，朋辈辅导的双方有可能是虚拟的同龄人（即某一方为虚拟身份出现）；第三，与现

实当中的朋辈辅导不同，网络朋辈辅导可能是这种行为的实施者主动而为，也可能是这种辅导行为的接受者主动通过网络寻求同龄人的帮助；第四，网络朋辈辅导是在网络空间里实现的，这种行为是现实行为的一种延伸和拓展，网络只是一种工具，拓展了辅导行为实现的空间和时间。

2. 网络朋辈辅导实现的可能性

朋辈辅导在网络空间内的产生和迅速发展成为可能，为青少年的自我完善和发展提供了更加丰富的途径和载体。

二、网络朋辈辅导对青少年道德行为养成的功能分析

（1）榜样示范。
（2）群体激励。
（3）心理疏导。
（4）自我矫正。

三、关于网络朋辈辅导的问题与讨论

1. 网络朋辈辅导的弊端

一是过度虚拟的辅导环境。这给朋辈辅导带来了许多隐患，此外，网络空间内人际交往的虚拟性容易使青少年对现实当中的人际交往、人际关系产生惰性，不愿交往、不愿出门，缺乏实践就失去了应有的意义。

二是过度隐蔽的信息传递渠道。网络朋辈辅导离不开网络，网络传递信息具有隐蔽、低门槛等特点，这些特点使得网络传播中的信息良莠不齐，色情、暴力的不良信息在网络中大行其道。

2. 主动出击，占领青少年网络朋辈辅导的阵地

在互联网时代如何做到扬长避短，更好发挥网络朋辈辅导的优势，有赖于社会、家庭和学校的共同努力。第一，提升青少年的网络道德素养。同时要在网络交往中切实遵守国家的法律法规，切实履行公民意识，做一个对社会负责、对他人负责、对自己负责的合格公民，为真正做好网络朋辈辅导奠定良好的基础。第二，要从辅导的实施这个层面下功夫。其一，各级各类学校要培养一批优秀的网络朋辈辅导员，做好网络辅导工作。其二，通过网络大力宣传新时期涌现的青少年典型人物，如大学生年度人物、最美爱心少年等，充分发挥其典型示范作用，不断传递正能量，用典型的人、典型的事来影响、塑造同龄人。第三，要进一步健全网络法律法规，实施网络实名制，规范约束网民的网民行为，提高网民的网络责任意识和自律意识。

（樊俊豪摘）

中学生媒介素养调查报告
——以江苏、甘肃、河南等地高中为例

冯 莉

《传播与版权》2014 年第 11 期

本文通过对江苏和甘肃等省的部分城市和乡镇进行问卷调查,了解高中生群体的媒介接触、媒介认知和媒介参与等媒介素养情况并对数据进行统计分析,得出相应结论。认为高中生群体新媒体使用特征明显,城乡差距较为明显,学校开设媒介素养相关课程十分必要。

一、手机等新媒体的使用是高中生媒介使用的明显特征

在我们调查的高中生中,虽然他们的学习压力较大,但是他们每天平均保持接触媒介的时间为 1—3 小时,对电视、杂志、网络的接触较为频繁。他们主要关注娱乐信息,基本上在 10—12 岁左右就已经开始接触网络媒体。并且在高中阶段绝大部分学生都拥有并使用手机。城市高中生接触使用网络和手机的数量均高于农村高中生,并且前者在 6—9 岁开始接触使用网络媒体。以上均说明,在当前的信息时代,高中生这一群体接触使用新媒体的数量和时间特征都十分明显,他们在繁重的学习之余使用手机等新媒体进行信息获取或社交娱乐,新媒体的使用已经是他们生活中的重要部分,无法忽略。但是在使用新媒体过程中也存在一些问题,比如花费时间过长、关注内容单一、自控能力不强影响学习等。

二、对媒介信息的信任程度较高,信息辨别能力有待提高

在我们的调查中,只有不到 20% 的高中生会经常怀疑媒介信息的真实性,剩下的绝大部分基本上不会主动思考这个问题。他们每天被动地接受来自媒介的各种信息并进行着再次传播。相比较而言,他们对传统媒体如报纸的信任程度高于手机等新媒体,农村高中生对媒介信息的真实性思考的程度低于城市高中生。在当前的媒介环境下,有很多媒介事件中存在虚假成分或过度煽情夸张渲染等问题,长期接受某种媒介信息的议程设置和情感影响会导致受众形成较为片面的刻板印象,这样对他们特别是尚未成年的高中生来说是十分不利的,容易造成价值观的偏向。

三、社交媒体参与程度较高，媒介素养需要经过系统性的训练

社交媒体在高中生中使用较为普及，他们大多乐于通过微博等社交媒体记录个人心情和生活并与名人、同学等进行交流。与城市高中生相比，农村高中生利用社交媒体进行自我表达和参与社会事件讨论的比例均较低。目前高中学生家长的媒介素养水平普遍不高，学校课程中缺乏相关指导，城市家长和学校的情况好于农村。

综上所述，新媒体时代高中生接触使用手机等新媒体是十分普遍的事实，但是他们对媒介功能的使用较为单一，关注内容偏向于娱乐，对媒介信息内容的真实性辨别能力有待加强。家长、学校和学生媒介素养均需要进行全面的学习才能达到运用媒介为学习和生活更好地服务的功能。而农村高中生与城市高中生相比需要提高媒介素养硬件和软件水平的迫切程度都更高。

（樊俊豪摘）

专家述评

2015年青少年媒介素养教育研究综述

李新祥

青少年媒介素养教育是媒介素养教育的重要组成部分，也是媒介素养教育研究的重要内容。2015年国内学界对青少年媒介素养教育的研究可以分为以下几个方面：儿童与中学生媒介素养教育综合及调查研究、高校及大学生媒介素养教育研究、家庭环境与媒介素养教育的关系研究、媒介与青少年伦理及违法行为的关系研究等。

一、儿童与中学生媒介素养教育综合及调查研究

儿童媒介素养教育因媒介文化的勃兴而愈发显得重要。如今越来越多的国家意识到媒介素养教育的作用和价值，都在探索各自的发展路径。李树培梳理了我国儿童媒介素养教育历经10多年发展之后的现状与成就，分析可能存在的问题，以期更好地探讨与把握儿童媒介素养教育的核心与方向。他分析指出，我国儿童媒介素养教育在高校与中小学合作开展的课程实验、区域师资培训、学校教师开展的课程实践、电影课方面取得不小成就，但也存在着教师主体相对缺席、儿童探究空间有限、媒介素养核心有所偏离、资源整合与机构推动明显不足等问题，并指出儿童媒介素养教育的核心与方向在于融入学科课程、探究儿童媒介。

李树培还研究分析了儿童媒介素养教育的一个视角是打破技术迷思。他指出，媒介技术的发展为人们的生活、学习和工作带来诸多益处，我们欣然享受所得的同时，需要对可能的损失与风险保持同样的敏感。他认为，我们需要打破技术迷思，在无边界的媒介信息泛滥中珍视注意力的平衡，在娱乐至死的媒介生态中修炼自己的理性探询能力，进而在伪民主的媒介空间进行理性的沟通、确立自我的声音。

随着媒介时代的到来，媒介信息在公众生活中的地位越来越重要，媒介文化已经渗透到社会的各个层面。无处不在的媒介信息，使尚在成长中的学生不知该如何选择。同时，学生的价值观、言行也受到影响而思想品德课程作为思想品德教育的主阵地，与媒介素养教育融合势在必行。基于上述背景，王浩宇就相关概念以及媒介素养教育发展历程做了梳理，探讨了思想品德教育与媒介素养教育相融合的必要

性和可行性,对思想品德课程中开展媒介素养教育提出了思考与建议。他指出,融合媒介素养教育的内部条件包括作为主体的思想品德教材、作为中坚力量的思想品德教师和作为主要途径的思想品德教学活动,外部需创设的条件则包括提高社会对媒介素养教育的认可、从政策层面加强思想品德教育与媒介素养教育的融合,以及组建思想品德教育与媒介素养教育的研究机构。

冯莉基于调查队中学生媒介素养开展研究。冯莉通过对江苏和甘肃邓生的部分城市和乡镇开展问卷调查,了解高中生群体的媒介接触、媒介认知和媒介参与等媒介素养情况并对数据进行统计分析,基于统计结果发现高中生群体新媒体使用特征明显,城乡差距较为明显,学校开设媒介素养相关课程十分必要。

二、大学生媒介素养教育研究

针对高校及其大学生的媒介素养教育是2015年我国媒介素养教育研究的重要主题。

穆建亚探析了自媒体语境下高校媒介素养教育。他认为,自媒体的发展引发了信息传播活动的重大变革。传者和受者之间的壁垒得以打破,面对网络鱼龙混杂的信息,兼具"公民记者"和"信息消费者"双重身份的大学生,其媒介素养的现状却不容乐观,在高校推行媒介素养教育迫在眉睫。他研究指出,当前大学生媒介素养方面存在的现实问题包括快餐式解读自媒体信息、对媒介不良信息免疫力低下、过度依赖自媒体导致现实社会关系疏离、信息内容失当等。而高校大学生媒介素养教育则面临着媒介素养教育理论实践课程过少、师资培训和教材配备不够完善、政府机构对媒介素养教育不够重视等问题。自媒体语境下,高校媒介素养教育构建的关键在于:第一,确立高校媒介素养教育课程体系;第二,利用校园活动开展媒介素养教育;第三,建立高校媒介素养评估体系;第四,加强师资力量培养。

刘昂针对传媒专业大学生的媒介素养培育做了分析。他提出,引导和对话是传媒专业大学生媒介素养教育的方法与原则,媒介素养教育课程内容体系则要实现阶梯式与模块化,媒介素养课程的实现方式则要突显主体与多元互动,思考与实践则是媒介素养提升的必然路径。

罗文华、唐芬芬分析了大学生阅读素养、媒介素养及信息素养教育融合的可行性。他们提出通过高校图书馆打破大学生阅读素养、媒介素养及信息素养教育的壁垒,在阅读教育和信息素养教育中融合媒介素养教育,以提升素养教育的功效。他们着重探讨了组织教育实施的可行性,从阅读素养、信息素养和媒介素养教育的概念,教育的对象、目的、内容及方式方法和图书馆开展素养教育的优势等三方面分析论证了大学生阅读素养、媒介素养及信息素养教育融合的可行性。

杨克平、徐柏才研究了网络环境下高校思想政治理论教育面临的困境与应对,提出媒介素养教育是提高思想政治理论教育实效性的新思路。他们提出,思想政治

第二部分　青少年媒介素养教育

理论教育是一种传播活动，与根植于传播学的媒介素养教育在目标指向上一致、在内容上优势对接。他们认为，借鉴媒介素养教育的理念，完善思想政治理论教育的目标诉求、整合思想政治理论教育的基本内容、改革思想政治理论教育的方式方法，可以作为进一步提高思想政治理论教育实效性的突破口。

贾广惠、邓建农分析了大学生媒介沉迷对新闻传播教育的影响。他们指出，随着新媒体技术的发展，新闻传播教育面临越来越严峻的挑战。新媒体的日益普及和娱乐功能的开发，导致大学生的媒介沉迷症问题日益突出，对新闻传播教育产生了严重的冲击，表现为对读书与课堂学习、课堂以及新闻实践能力培养的冲击。为此，要切实改变大学生的媒介依赖，需要加强媒介素养教育，改进教学方式方法，激发学习兴趣，因势利导，提高新闻教育的成效。

高校思想政治教育面对诸多困惑，如何使大学生——未来的公民具有符合社会需求的政治意识和能力是一大难题。赵世环认为，在媒介化的社会里，大学生媒介素养的高低极大影响着其对思想政治教育内容的理解和接受，因此，高校思想政治教育引入媒介素养教育是一个较好的切入点。

王之延从办报实践的角度对学生媒介素养的影响做了研究。他以高校学生报《事件直击》为个案研究发现，学生在制作媒介时会将自己的个人体验纳入意义建构过程，对流行文化种类和形式的使用，通常能显示出他们对媒介语言的了解，而他们与文本间的距离感又使他们能够批判性地解构媒介。通过亲自制作和反思，学生往往对媒介概念会有更深刻的认识。

刘颖洁着力研究了高校德育视角下的媒介素养教育课程。她提出，在当前新媒体快速发展和普及的信息环境下，大学生对媒介的接触、使用潜移默化地影响着大学生的价值观念和生活方式，当代高校必须将媒介素养教育纳为大学生思想政治教育的重要部分。她认为，媒介素养教育既是知识教育，也是价值教育，不仅有利于丰富高校德育的内涵，而且有利于提高高校德育的效果。她研究认为，应从合理构建课程模式，创新课程内容，拓展课程实践平台等三个方面来探讨高校媒介素养教育课程的改革方向。

批判性思维一直是高等教育的重要内容。陈世华对大学生批判性思维培育作了实证研究。他经过量表测量发现，大学生批判性思维能力良好，但不优秀，说明大学新生批判性思维能力还有很大的上升空间。经过以"传播学"课程教学为刺激物的实验研究后，发现大学生批判性思维培育是有效的，但培育效果没有想象中的那么强大，不同的培育方式的效果也有差异。他提出，应该将批判性思维的培育贯穿于大学教育的始终，提升教师批判性思维能力，改革教学方法和考核方式，注重对话交流和案例教学，营造宽松自由民主的学习氛围，建立新型师生关系，努力培育大学生批判性思维能力。

丁北川基于马克思主义人学思想对大学生现代媒介素养教育做了研究。他提出，随着时代的发展，对大学生进行媒介素养教育工作刻不容缓。马克思主义人学思想是大学生现代媒介素养教育的理论基础。他认为，高校要运用好马克思主义人学思想，从教育原则、价值观和发展观角度做好大学生现代媒介素养教育工作，使大学生在提高媒介素养的同时，实现个体价值与社会价值的统一，实现人的全面自由发展。

加强对大学生的媒介素养教育，是国民教育尤其是国民信息教育的重要组成部分。刘津池基于对吉林省大学生媒介素养现状的调查，分析了当前大学生媒介素养存在的问题，并提出了针对性的实践策略。他分析指出，大学生的媒介接触动机处于"自发状态"、媒介使用呈"多元化"趋势、对媒介的甄别判断能力较弱、对"网媒"存在过度依赖。他提出大学生媒介素养教育的若干实践策略，包括：媒介素养教育的目标指向应"超越保护主义"，将"媒介教育"纳入高校课程体系，设置政府、社会与高校三维一体的教育实施模式。

三、家庭因素与青少年媒介素养教育的关系研究

家庭环境是青少年生活在其中并赖以成长和发展的各种主客观条件的总和。家庭环境因素对青少年接触和使用媒介行为及其态度具有较为显著的影响。有多位学者就这一问题做了研究。

魏艳结合当前学前儿童的家庭媒介素养教育存在家长简单粗暴的处置态度、家长不注重孩子良好的媒体接触习惯的培养、家庭成员媒介素养水平低等问题，对学前儿童的家庭媒介素养教育做了研究。她提出，开展家庭媒介素养教育要树立正确的儿童媒介素养教育观念，培养学前儿童良好的媒介接触习惯，提高家长的媒介素养水平等。

刘荃在自建调查问卷的基础上，研究发现江苏省城市家庭环境与青少年接触媒介行为之间存在一定关系，父母不仅提供了家庭物质和精神文化条件，而且通过自身对媒介的态度及行为影响着青少年对媒介的使用。因此，通过改善家庭环境和亲子关系并提高自己的媒介素养，父母可以有效降低青少年对媒介的不良依赖，引导他们恰当地接触媒介。

电视、互联网等大众传媒已经成为青少年获取信息、了解社会、完成社会化的"第二课堂"，但在一些偏远农村，青少年使用媒介的家庭环境与城市青少年之间仍存在较大落差。郑素侠通过分析中国教育追踪调查（CEPS）的全国性数据，探讨了城乡青少年媒介使用的家庭环境差异，研究发现：一、在电脑和网络的拥有上，农村家庭拥有电脑和网络的比例明显低于城镇家庭；二、在使用媒介时，城镇青少年比农村青少年能享受到更多的亲子陪伴；三、在使用媒介的时间干预上，城乡青少年父母对子女的看电视时间和上网时间都进行了干预，但比较而言，农村青少年父母对子女上网时间的干预更为严格，城镇青少年父母对子女看电视时间的干预更

为严格。通过相关分析、回归分析等统计手段，郑得出结论：城乡家庭经济收入的巨大差距，是导致两类家庭在拥有电脑和网络上存在显著差异的主要原因。他还就优化农村青少年媒介使用的家庭环境、弥合城乡青少年之间的"数字鸿沟"提出了四个政策建议：第一，缩小城乡居民收入差距；第二，推出"信息惠农"政策，降低农村家庭的信息使用成本；第三，引导农民工有序外出务工；第四，开展面向农村家庭的媒介素养教育。

四、媒介与青少年伦理、违法行为的关系研究

彭榕对青少年道德行为养成的新视角——网络朋辈辅导做了研究。他指出，网络为朋辈辅导提供了新的载体，网络朋辈辅导可以更好地发挥榜样示范、群体激励、心理辅导、自我矫正等作用，促进青少年的道德行为养成。但是过于虚拟的辅导环境、过于隐蔽的传播途径也给网络朋辈辅导带来了诸多弊端，需进一步提升青少年的网络素养、净化网络环境。

葛双龙专门研究了媒介暴力对青少年暴力犯罪的影响及其控制问题。他研究指出，媒介暴力的传播，对青少年模仿暴力行为和学习犯罪技能具有示范性；直接刺激青少年暴力犯罪的欲望并降低对暴力行为的抑制；容易异化扭曲青少年群体的价值观念并影响其性格塑造。对此，应加强大众传播媒介的法律法规建设；严控网络管理，净化网络空间；加强青少年媒介素养教育，建构中华民族优秀历史传承且密切当代前沿发展的文化体系，为全体公民尤其是广大青少年的健康茁壮成长创造优质的社会文化环境。

五、小结

综上，2015年国内学界对青少年媒介素养教育的研究取得不少成果。其中，青少年道德行为养成与媒介接触的关系研究、媒介暴力与青少年暴力犯罪的关系研究、技术与儿童媒介素养教育的关系研究、思想品德教育与媒介素养教育的融合研究可谓研究亮点。这几个方面不仅标志着青少年媒介素养教育研究主题的拓宽，也体现了青少年媒介素养教育研究的深入。

不过，概括而言，青少年媒介素养教育的研究依然存在着研究方法较为单一、交叉研究有待拓展等问题。研究方法上仍然以思辨总结为主，调查研究需要加强深度，有必要借助互联网与新媒体大数据来探索媒介素养教育。展望未来，媒介素养教育也迫切需要来自不同学科的研究主体合作开展交叉性、综合性、追踪性、比较性研究。比方说，中外青少年媒介技术素养（如编程素养）比较研究、基于大数据的青少年网络游戏使用行为研究、我国青少年网络沉迷现象实证研究、大学生在课堂上使用手机行为实证研究、在数字化阅读行为中如何建构学生的知识体系等课题迫切需要学界的介入与探究。

参考文献：

[1] 李树培. 儿童媒介素养教育：实践、问题与路径[J]. 中国电化教育，2015（4）：20－25.

[2] 李树培. 打破技术迷思：儿童媒介素养教育的重要视角[J]. 全球教育战网，2015（9）：68－75.

[3] 王浩宇. 试论思想品德教育与媒介素养教育的融合[J]. 中学政治教学参考，2014（11）：74－77.

[4] 冯莉. 中学生媒介素养调查报告——以江苏、甘肃、河南等地高中为例[J]. 传播与版权，2014（11）：122－123，125.

[5] 穆建亚. 自媒体语境下高校媒介素养教育探析[J]. 中国出版，2015（7）：57－60.

[6] 刘昂. 传媒专业大学生的媒介素养培育[J]. 青年记者，2014（12）：113－114.

[7] 罗文华，唐芬芬. 大学生阅读素养、媒介素养及信息素养教育融合的可行性分析[J]. 图书馆理论与实践 2015（3）：80－83，112.

[8] 杨克平，徐柏才. 试论媒介素养教育与高校思想政治理论教育的有机融合[J]. 学校党建与思想教育，2015（1）：66－68

[9] 贾广惠，邓建农. 大学生媒介沉迷对新闻传播教育的影响[J]. 河北师范大学学报，2014（11）：136－140.

[10] 赵世环. 关于高校媒介素养教育的思[J]考. 新闻战线，2015（6）：109－110.

[11] 王之延. 试论办报实践对学生媒介素养的影响——以高校学生报《事件直击》为个案[J]. 中国报业，2015（7）：24－26.

[12] 刘颖洁. 高校德育视角下媒介素养教育课程研究[J]. 学理论，2015（11）：138－139.

[13] 陈世华. 大学生批判性思维培育的实证研究[J]. 集美大学学报，2015（2）：27－31.

[14] 丁北川. 基于马克思主义人学思想的大学生现代媒介素养教育研究[J]. 大庆社会科学，2015（1）：142－144.

[15] 刘津池，包文泉. 吉林省大学生媒介素养现状与教育应对[J]. 长春师范大学学报，2014（6）：154－155.

[16] 魏艳. 论学前儿童的家庭媒介素养教育[J]. 教育导刊，2015（7）：81－83.

[17] 刘荃. 城市青少年接触媒介行为与家庭环境的相关性研究——以江苏省为例[J]. 现代传播，2015（6）：135－140.

[18] 郑素侠. 城乡青少年媒介使用的家庭环境差异及其影响因素——基于2013年度中国教育追踪调查（CEPS）数据的分析[J]. 现代传播，2015（9）：144－149.

[19] 彭榕. 网络朋辈辅导：青少年道德行为养成的新视角[J]. 党建与思想教育，2015（3）：77－78.

[20] 葛双龙. 媒介暴力对青少年暴力犯罪的影响及其控制[J]. 中国人民公安大学学报，2014（6）：24－29.

［作者简介：李新祥（1974—），男，浙江淳安人，管理学博士，浙江传媒学院文化创意学院教授、网络与新媒体系主任、互联网与新媒体研究院副院长，浙江省媒介素养研究会理事。］

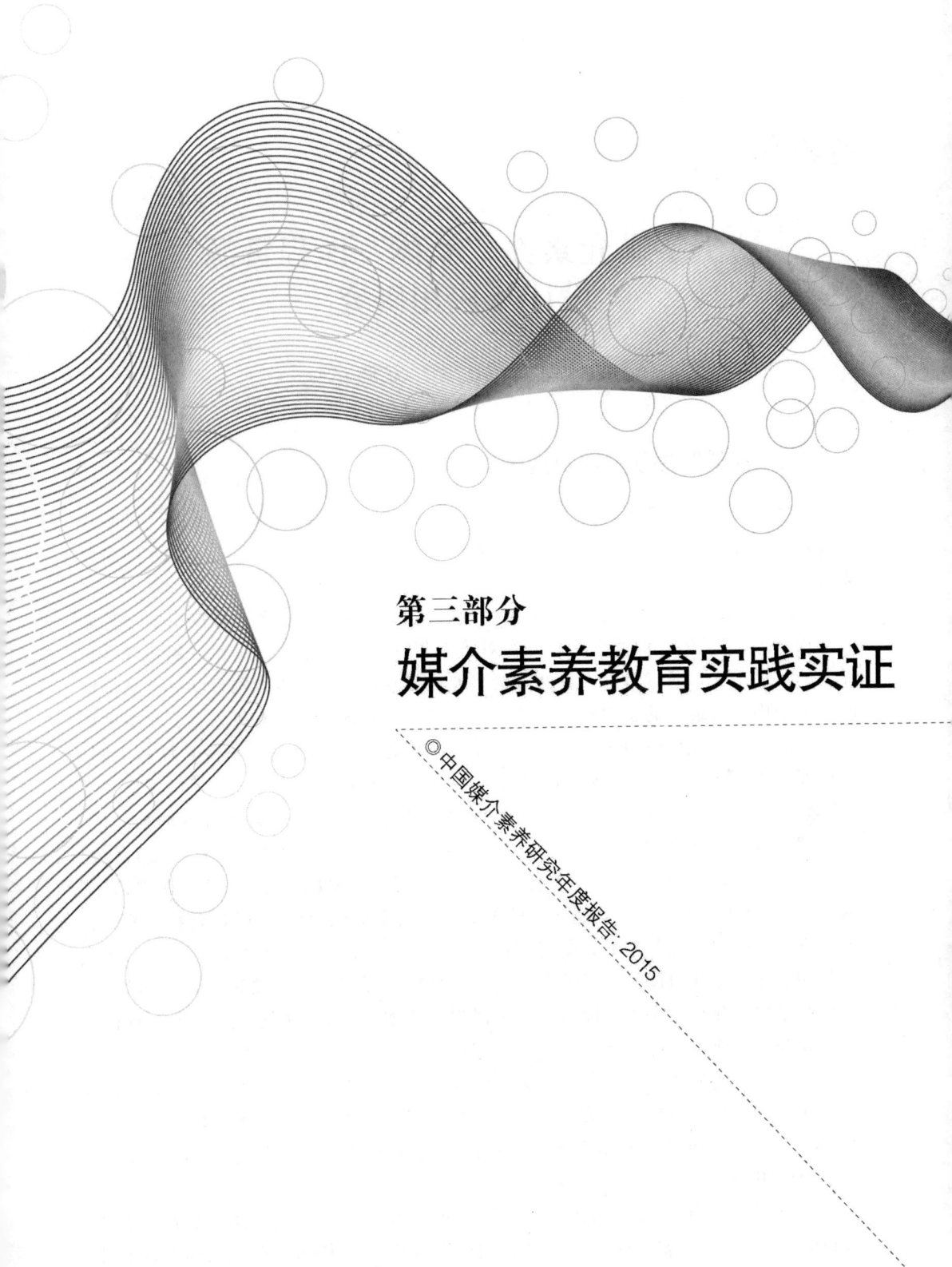

第三部分
媒介素养教育实践实证

◎中国媒介素养研究年度报告: 2015

> 全文刊登

小学媒介素养"晶体"课程资源设计及应用研究

陈晓慧 吴 靖 张煜锟

一、"晶体"课程资源及其意义

本文的"晶体"课程资源是指支持"晶体"课程的资源，即在"晶体"课程理念下开发的课程资源。在介绍晶体课程资源之前首先对"晶体"课程进行简要概述。

"晶体"课程，是本文作者在大量的课程理念的研究基础之上所提出的一种新的课程理念。"晶体"课程理念建立在对笛卡尔的二元论思维方式和牛顿物理学世界观的反思之上，通过考察大量西方诸多课程思潮，并主要吸取物理学家普利高津的耗散结构等自组织的思想理念、杜威的过程思想和怀特海的有机哲学、小威廉姆·多尔的后现代课程思想等[1]。所谓"晶体"课程，顾名思义，是一种课程隐喻，即把课程比喻成"晶体"，这里的"晶体"并非物理意义上的"晶体"，而是"视觉"意义上的晶体，具体是指一种内部饱含闪烁与琉璃、表面光芒各异的结晶体。"晶体"内部饱含闪烁与琉璃的状态主要隐喻以"自组织"为核心的课程过程，而"晶体"每个横截面所表现的光芒各异主要隐喻课程结果的"差异性"。在"晶体"课程中，"晶体"课程以"自组织"为核心驱动力来促成课程"耗散结构"，并通过教师进行合理"干扰"来突破课程"耗散状态"[2]，并最终由师生共同促成"转变性"和"非一致性协同"的课程新秩序。"晶体"课程的核心要求是以"自组织"为核心隐喻，并在"晶体"课程中发生课程"耗散结构"，这就必然要求课程拥有丰富和开放的课程环境，并且对课程内容走向多元和丰富的状态提出挑战，这就自然使学习资源成为"晶体"课程的必然诉求，进而为"晶体"课程最终走向"差异性"和"转变性"提供可能条件。由此可见，本文所论述的课程资源是为支持这种"晶体"课程的实现而设计的资源，可见课程资源在"晶体"课程的实现上发挥着重要的作用。

"晶体"课程资源在"晶体"课程中的重要意义主要表现在两个层面。首先，"晶体"课程资源为实现课程内部"自组织"提供前提基础。在"晶体"课程中，课程"自组织"的实现首先需要开放的课程环境作为其实现条件,而丰富和大量的"晶体"课程资源正是保证开放课程环境的基础,只有大量和丰富的课程资源作为支持,才有可能使课程发生内部自动重组并促成课程的丰富性,从而促使课程内容发生"自组织"。其次,"晶体"课程资源的丰富性和多样性为"晶体"课程实现"差异性"和"个人性"提供可能。在"晶体"课程中,教学内容并不是既定的教材内容,而是可供选择的大量和丰富的课程资源,学习者可以在多样的课程资源中选择不同的学习内容,并根据不同的学习内容来设计学习,从而在"晶体"课程中形成多种相异的"自我课程",以此来实现"晶体"课程的"差异性"和"个人性"。

二、小学媒介素养"晶体"课程资源的设计及开发

本文在"晶体"课程理念下开发和设计了小学媒介素养课程资源,主要从三个方面考虑小学"晶体"课程资源的设计,首先,对"晶体"课程资源的设计理念及标准,其次,小学媒介素养"主题式课程资源"内容的设计与开发,再次,小学媒介素养"教材课程资源"内容的设计与开发。其中,"主题性课程资源"和"教材课程资源"共同构成了小学媒介"晶体"课程资源的内容。

(一) 小学媒介素养"晶体"课程资源设计的理念及标准

在设计小学"晶体"课程资源的内容之前,笔者首先确立了其课程资源的理念及标准,下面分别对小学媒介素养"晶体"课程资源设计的理念及其标准进行论述。

1. 小学媒介素养"晶体"课程资源设计的理念

本文作者认为,在以六种媒介能力为标准的资源设计中,六种媒介能力是相互作用不可拆分、并在过程中共同形成的有机体,并不以某一种媒介能力独立存在为前提假设,这意味着并不能以简单的还原主义方式进行资源内容的建设,即课程资源的内容并不能单独围绕某一个媒介能力来设计,并提供一一对应的课程资源。笔者认为,小学媒介素养"晶体"课程资源设计在理念上,提倡整体主义思考方式。在整体主义设计理念之下,课程资源以诸多媒介内容或形式构成的主题为单位,为避免六种媒介能力的拆分,在每个媒介内容或形式的媒介主题之下,所有课程资源及材料的设计都均同时指向以上的六种媒介能力,故此我们把这种以主题为单位的资源称为"课程资源包"。

2. 小学媒介素养"晶体"课程资源设计的标准

在国内外大量媒介素养课程研究的基础之上,我们提出了媒介素养教育的定义,即媒介素养教育旨在培养学习者对媒介信息的六种能力,具体包括对媒介信息的认识能力、使用能力、选择能力、参与能力、评价能力、创造能力,以上六种媒介能力是有机作用和不可分割的。媒介素养课程的核心指向为以上六种有机组合的

媒介能力，因此，笔者把其确立为小学媒介素养"晶体"课程资源的设计标准，即"晶体"课程资源的开发以培养学习者以上六种媒介能力为标准。

（二）小学媒介素养"课程资源包"的内容设计与开发

在以上小学媒介素养课程标准及理念的参照下，我们在两个维度上对"晶体"课程资源内容进行开发，分别是"课程资源包"和"教材课程资源"，二者共同作为小学媒介素养"晶体"课程资源的组成部分，下文主要论述"课程资源包"的内容设计与开发。

基于东北师范大学出版的教材《走进媒介世界——媒介素养课程50讲》一书，我们确立了小学媒介素养"课程资源包"，其"课程资源包"是以某个课程主题为单位的课程资源，在每一个"课程资源包"中，开发了三个方面的内容，分别为"课程标准的开发与设计""资源内容的开发与设计"和"教师课件的开发与设计"。本文以"音乐媒介"课程包为案例，来具体阐述小学媒介素养"课程资源包"的开发内容及模式。

1. "课程资源包"中课程标准的开发与设计

在"课程资源包"课标的开发之前，本文作者以媒介形式或媒介内容作为分类标准，首先确立了11个子"课程资源包"，它们分别是，"媒介基本常识"课程资源包、"音乐媒介"课程资源包、"影视"课程资源包、"广告"课程资源包、"手机"课程资源包、"媒介生活"课程资源包、"媒介文化"课程资源包、"网络"课程资源包、"媒介风险"课程资源包、"新闻"课程资源包、"摄影"课程资源包。

根据以上所确立的诸多"课程资源包"，本文作者开发了11组相应的课程标准，每一组"课程资源包"的课程标准，都在媒介素养六种媒介能力的总体培养目标下进行设计，本文仅以"音乐媒介课程资源包"和"摄影课程资源包"的课程标准为例，来说明"课程资源包"中课程标准的设计思路，其中，"音乐媒介"课程资源包的课程标准：（1）通过音乐来认识和了解与音乐相关的媒介；（2）使用媒介来获取音乐的种类，功能，歌词，基本乐理等音乐信息；（3）通过媒介来选择自己需要或喜爱的音乐信息；（4）培养学习者使用媒介对音乐进行检索和下载；（5）运用音乐来培养学习者对媒介的参与能力；（6）能够促使学习者对音乐媒介信息进行一定程度的差异化审美和鉴赏；（7）能够使学习者对音乐媒介信息有一定的评价和批判意识；（8）通过音乐了解媒介中的版权问题；（9）在大自然和生活中尝试运用媒介来制作自己的音乐；（10）通过音乐媒介培养学习者对事物的感知能力；（11）使学习者了解音乐媒介中的偶像文化。再比如"摄影课程资源包"的课程标准：（1）了解相机的结构、功能相关基本知识；（2）学会初步的使用相机；（3）能够根据需要运用媒介获取摄影图片；（4）能够使用相机进行自我表达；（5）培养学生具备批判地看待图像信息的意识；（6）通过摄影图片训练学生对事物的感知能力；

(7) 能够对摄影图片进行个性化审美;(8) 尝试用简单的图片处理软件对图片信息进行参与和创作;(9) 了解不同的摄影图片来自不同的个人编码的;(10) 能够独立创作一组主题性的摄影作品。

2. "课程资源包"内容的开发与设计

在11个"课程资源包"课程标准的参照下,我们对相应的资源内容进行开发,本文以"音乐媒介课程包"为例,以相应的"音乐媒介"资源课程包的课标为参考,在内容上设计了12个小主题,每一个小主题都包括了相应的诸多信息,12个小主题分别为:(1) 音乐信息的检索及下载。具体包括常用的音乐播放器、音乐网站、音乐下载工具、音乐的版权问题、音乐信息的检索程序。(2) 乐器家族。具体包括爱尔兰哨笛、尺八、吹叶、打击乐器、大提琴、萨克斯管、萨满鼓、三味线、手风琴、竖琴、苏格兰风笛、塔布拉手鼓等三十余种乐器。(3) 音乐的风格及种类。具体包括背景、电子、弗拉明戈、古典、爵士、凯尔特、跨界融合、蓝调、流行、民谣、民族等二十余种音乐的风格及种类。(4) 基本乐理。具体包括音的知识、和弦、乐谱、节奏及节拍、力度、音高等。(5) 音乐的形式。具体包括独奏、交响音乐会、街头音乐、京剧、快闪、民间劳作音乐、艺人演唱会、音乐舞剧、mv等。(6) 音乐会欣赏礼仪。具体包括入场前的工作、服饰穿着、鼓掌的时机等。(7) 音乐节目。具体包括中国好声音、中国好歌曲、星光大道、我是歌手等一系列音乐节目。(8) 音乐艺人。具体包括大量的著名音乐艺术家的资料库、流行音乐艺人资料库等。(9) 音乐与偶像文化。具体包括追星一词的由来,追星事例,追星的"利弊",追星"小锦囊"等。(10) 音乐欣赏。具体包括对音乐进行审美活动的阐释等。(11) 音乐与科学。具体包括音乐与科学的关系等。(12) 音乐与医疗。具体包括音乐与医疗的关系以及音乐疗法等知识。

在"音乐媒介课程资源包"的12个小主题中,我们采用了多种形式对资源进行扩充,运用文字、相片、音频和视频等多样化的形式作为资源内容的形式,比如在"音乐媒介"资源中,第5个小主题"音乐的形式"中的"音乐舞剧",我们提供了爱尔兰踢踏舞《大河之舞》相应的视频、图片和文字介绍,中国大型歌舞剧《云南印象》等各种音乐舞剧相关的视频、图片和文字介绍。

3. 教师课件的开发与设计

在"课程资源包"的开发中,除了以上的课程标准和资源内容的设计和开发之外,还包括指导教师课件的开发与设计。在"晶体"课程资源中,我们为指导教师所提供的课件,主要是提供"晶体"课程资源简要的使用说明,并不是指导教师用于授课的课件,我们为了给予指导教师在课件上可供创作的空间,因此教师可以通过对此课件的修改和理解,来创作和开发自己课堂的课件。

(三) 小学媒介素养"教材课程资源"内容的开发和设计

小学媒介素养"晶体"资源的设计之中,除了以上的"课程资源包"的开发,同时也包括"课程教材资源"的开发。在"晶体"课程资源中,"教材资源"作为一种背景性和范例性的知识系统资源支持并非封闭性框架[3],教材资源并非在课程中充当核心地位,而是仅作为一种范例性课程资源来辅助学习。

东北师范大学于2013年10月出版了小学媒介素养教材,即《走进媒介世界——媒介素养课程50讲》,在其教材的创作理念上,我们确立了如下教材编写理念。首先,教材基于公民素养教育的视域。媒介素养教育是公民教育的一部分,在教材的设计上,我们以公民素养教育为总体视域。其次,教材重视媒介素养教育的美学性和趣味性。教材不但重视技能层面的媒介能力,而且倾向于培养学习者对大众媒介文化的审美能力,并通过图片和故事增加趣味性。再次,教材内容在整体上实现其关联性。为避免课程之间的孤立性,我们更强调教材章节之间的关联性。最后,教材的核心理念指向大众媒介文化批评,我们考察了大量的国外媒介素养教育理念,在中国国情的基础上确立了自己的媒介素养课程核心理念,我们借鉴了英国式的"保护主义"范式,融合了美国的"实用主义"范式,确立了自己的教育理念,即倾向分析、鉴赏和理解大众文化的"理解范式",也就是说教材的核心理念指向对大众媒介信息及文化的分析、鉴赏和理解的"媒介批评"范式[4]。

在以上教材创作理念下,媒介素养课程教材内容在组织上遵循了以下几个原则。首先,教材遵循儿童的认知原则[5],由低到高依次为以图片为主到以文字为主的逐渐过渡,在教材整体次序的构成上,以六种媒介能力的难易程度,分别由低到高进行过度,在教材的前半部分我们更侧重培养学习者媒介认识、使用、选择能力,而教材的后半部分更侧重培养学习者媒介参与、评价、创造能力。其次,在媒介素养课程教材的内容组织形式上遵循整体原则,我们通过50个源于生活的趣味故事来实现课程内容的整体性关联,并在教材中塑造了小哲哲这一贯穿整个故事的主人公形象,为学习者提供良好的自我参照。最后,在教材的组织结构中遵循有机原则,我们设计了三个板块来构成教材的有机性,分别是故事板块、问答板块和活动板块,每一个板块都提供相应的课程材料,故事板块、问答板块和活动板块三个部分构成了教材的全部内容,在材料内部实现相互连接和互为补充的有机体。在以上一系列的创作理念和原则之下,我们对课程内容进行了编写,在教材内容上我们设计了50个媒介小故事,命名为媒介素养50讲。

以上分别论述了小学媒介素养"教材资源"和"课程资源包"设计理念、原则及具体内容。值得注意的是,我们开发的"课程教材资源"和"资源课程包",两者在具体的设计理数上虽有不同,但彼此相互连接互为补充,同时构成"晶体"课程资源的有机部分。在本文的最后,我们来介绍这些课程资源在小学媒介素养"晶体"课程中的实施方法。

三、小学媒介素养"晶体"课程资源的实施方法及要求

在小学媒介素养"晶体"课程资源的具体使用上,对课程环境提出了新的要求和挑战。我们认为课程环境是由物理环境和心理环境所构成的一系列各个因素的总和,课程物理环境和心理环境是共同构成了"晶体"课程环境的两个主要因素。下面我们首先来论述"晶体"课程资源对课程物理环境的诉求。

(一)小学媒介素养"晶体"课程资源对课程物理环境的诉求

"晶体"课程中的物理环境是指教室、座椅、电脑等一系列的物质因素构成的课程环境。"晶体"课程资源的使用要求教室人手配备教师和学习者使用的电脑及耳机设备,以便教师在课程中顺利地推送资源,也保证每个学习者能独立使用电脑。"晶体"课程资源的实施还同时要求座椅可以随着课程活动的需要呈现流动状态,比如课程进行讨论对话或者分组,座椅可以跟随学习者的需要自行进行调整。以上这些物理要素是"晶体"课程资源在课堂得到顺利使用的前提保证。

(二)小学媒介素养"晶体"课程资源对课程心理环境的诉求

"晶体"课程中的心理环境是指促成教学气氛的人的心理状态和思维方式等因素的总和。"晶体"课程心理环境包括教师的心理环境和学习者的心理环境。

1. "晶体"课程资源的实施对教师心理环境要求

长久以来教师一直作为传统课程的领导者[6],拥有课程的话语中心和权利,以课程教材为蓝本向学习者传授已发现的知识,"晶体"课程资源的运用要求教师在课堂中进行思维方式的转变。

(1)教师应视课程为一场"对话"活动

"晶体"课程资源给课程提供的并不是更大程度的量的层面的信息,它不单纯是为了扩大学习内容,而是为学习者和教师提供足够丰富的资源来促使对话,在"晶体"课程中,课程对话作为"晶体"课程发展的重要线索贯穿着课程的始终,因此,教师在运用媒介素养课程资源的时候,并不是仅仅推送给学习者,而是试图通过学习者学习课程资源的过程中来与学习者发生对话,资源不但为学习者的学习内容,而且是为教师和学习者之间构成对话的契机。

(2)教师应视课程资源为学习者制定"自我课程"的机会

"晶体"课程环境同时要求教师改变传统教育的心理环境,长久以来教师已经形成传统的授课思维方式,而在运用"晶体"课程资源时,要求教师视课程为学习者多次出发寻找"自我课程"的机会,课程不再为学习者和教师提供确定的学习内容,教师也不应把课程仅作为一种追求既定课程结果的既定教育程序,而应视课程为一种寻找和出发的聚集地[7],"晶体"课程资源作为这种寻找的出发点,如同在大自然中采集果子,每个学习者并不是去采集被指定的果子,而是根据自己的喜好

去发现不同的果子。只有教师拥有这样的课程思维方式和审视，才能促使学习者运用这些课程资源去发现、寻找和确立自己的课程，才能使"晶体"课程资源真正成为课程旅程的出发点和聚集地。

（3）教师应建立"建构主义"知识观

在小学媒介素养"晶体"课程资源的使用中，要求教师转变传统的"旁观者知识观"。这潜在要求教师在知识观上也有所转变，课程领域长久以来认为知识是先前存在的，是"在那儿"等待着人们去认识，即杜威所言的旁观者知识论，它意味着教师的任务是把我们已知的知识传递给学习者，而"晶体"课程资源建立的知识观基础并非是"旁观者知识论"[8]，而是"建构主义知识论"，建构主义知识论要求教师并非把知识视为"在那儿"的东西进行传授，而是需要教师把课程资源视为可供学习者发生"经验"的基础，知识并非是先验的，而是一种由学习者不断"建构"和不断"经验"的过程，是不断通过对话、交互所建构的动态过程。因此，"晶体"课程资源在使用中，并不是仅仅把所有资源都传递给学习者，也不是让学习者学习全部课程资源，而是为了给学习者提供可以选择学习内容和学习标准的机会，使学习者在大量和丰富的学习资源中发现、寻找和制定"自我课程"的机会。

（4）教师应转变课程身份

课程领域长久以来被教师的控制理性所主导，具体表现为教师对课程和学习者的控制欲求，包括对学习内容的提前预设，对学习结果的一致性追求等，这些都是课程控制理性的表现。而在"晶体"课程中，教师应摒弃掉长久以来对课程的控欲求，尊重学习者拥有多重发展的权利，教师不再拥有课程中心的地位[9]，而应转变为课程的辅助者，辅助学习者制定和完成自己的学习设计，教师应鼓励和追求课程的差异性，鼓励学习者运用课程资源建构自己的课程。

（5）教师应促使课程实现"耗散状态"小学媒介素养"晶体"课程资源的运用要求课程呈现"耗散"的课程环境，即促使课程进入开放、冲突、涨落和松散的课程耗散状态[10]，之所以要求课程促成"耗散"的状态，是因为"晶体"课程内部"自组织"的要求，也就是说，课程"耗散"状态是课程内部实现"自组织"的前提条件之一，为促成课程"耗散"状态，要求教师要营造轻松开放的课程环境，要允许课程内部相异的声音和不同意义各方的自行组合，除此之外，也要求教师应避免过早地以某一种单一结论来结束课程，课程成功的压力越大，课程"耗散"状态消失的越早，课程自组织的机会就越少，"晶体"课程成功的机会就越小。

2. 课程资源对学习者心理环境的要求

以上论述了教师在使用小学媒介素养"晶体"课程资源的要求，除此之外，学习者如何使用课程资源，也同样构成了"晶体"课程资源能否合理运用的关键因素。

(1) 要求学习者积极发挥主观能动性

学习者在面对丰富的课程资源而不仅是唯一的教材时，也同样需要做出思维方式上的转变。在传统课程中，学习者只需要接受教师传授的知识，几乎对学习内容没有机会进行选择，在面对大量的媒介素养课程信息和资源时，我们对学习者提出了新的要求，即发挥个人主观能动性。学习资源的合理运用首先要求学习拥有主动学习的意识，长久以来学习者一直都处于被动接受知识的角色，而在"晶体"课程资源使用上，要求学习者在思维方式上变被动接受为主动选择，学习者需要在真正意义上拥有一种课程权利意识。

(2) 要求学习者制定"学习设计"

所谓的"学习设计"是学习者在教师的帮助下独立完成的一种学习计划。即学习者在"晶体"课程资源之中，选择和制定自己学习内容的设计方案，"学习设计"包括四个部分，学习者的学习目标或任务、记录的学习过程、学习结果、学习反思。需要注意的是，学习者虽然可以独立制定"学习设计"，但并不意味着可以随心所欲，在教师的辅导下，学习者需要在媒介素养相应的课程标准的参照下来进行设计，学习者每一个不同的"学习设计"，都需要在媒介素养的学科界限之内，因此，每个学习者在媒介素养课程资源中，并不是拥有制定"学习设计"的绝对权力，而是在一定的限制之下，拥有可以选择的可能性和部分决定的权利。

四、结束语

综上所述，全文从以上三个方面加以论述小学媒介素养"晶体"课程资源的开发及实施方法。首先，论述"晶体"课程资源的含义及其在"晶体"课程中的意义。其次，论述小学媒介素养"晶体"课程资源的开发和设计，分别确立了课程资源的设计标准及理念、开发和设计了小学媒介素养"课程资源包"和"教材课程资源"。最后，在小学媒介素养"晶体"课程资源的实施方法上，分别对课程物理环境的设计提出了要求，并从课程心理环境的角度，对教师和学习者提出了一系列新的要求。

参考文献：

[1][2] 小威廉姆 E. 多尔. 后现代课程观. 王红宇译 [M]. 北京：教育科学出版社，2000. 179—286.

[3] 袁春平，范蔚. 关于校本教材建设的思考 [J]. 教学与管理，2007，(12): 3—6.

[4] David Buckingham. Media education in the UK: Moving beyong protectionism [J]. Journal of Communication, 1999, (winter): 33—40.

[5] 冯国锋. 课程内容组织原则浅谈 [J]. 新疆石油教育新疆石油教育 学院学报，2004，(6): 2—4.

[6][7][8] 杨明全. 论教师参与课程变革 [D]. 上海：华东师范大学，2003.

[9][10] 蔡铁权. 后现代课程理论的耗散结构观[J]. 全球教育展望, 2008, (10): 3-7.

（作者简介：陈晓慧，教授，东北师范大学计算机科学与信息技术学院副院长，博士生导师；吴靖，研究方向为媒介文化研究与教学系统设计；张煜锟，在读博士，研究方向为远程教育研究与媒介文化研究。原文刊登于《中国电化教育》2015.1 总第 336 期。）

论媒介素养核心评论能力及其培养
——基于新闻评论课的实践

陈瑛　潘涌

媒介素养是现代公民必备的关于媒介基本知识、对媒介信息运用等综合知能，核心是主体人认知、搜集、选择和评价信息的能力。1992 年，美国媒介素养研究中心界定媒介素养（media literacy），指人们面对媒体提供的各种信息时的选择能力（ability to choose）、理解能力（ability to understand）、质疑能力（ability to question）、评估能力（ability to evaluate）、创造和生产能力（ability to create and produce）以及思辨和反应能力（ability to response and thoughtfully）[1]。其中评估能力（即评论能力）是媒介素养诸能力的核心。它重于选择、理解和质疑能力，为创造和生产能力、思辨和反应能力的形成夯实基础，故属高级语用行为。评论能力外显生命个体的思维水平，常常通过口头言说和书面写作的形式而呈现。

面对媒介信息，主体人可批判评估，可褒扬言说。这种基于个体自主人格进行的自由思考、独立表达，实为独立评论能力，与媒介自由平等的精髓一致。母语教育中"评论"一词意蕴丰富，"有时指批判、批评甚至非难，有时又指评价、判断或辩说；它既含有否定意向的质疑或肯定意向的褒扬，更泛指基于独立人格、源于自由思想的个体言说"[2]。媒介时代每位公民既是受众又是传播者，其评论能力的高下都会对信息舆论产生影响。公民只有具备独立评论能力，才会有效选择吸收信息，并理性分析，独立正确传达个人主张。只有公民积极参与社会公共领域的建构和管理，才能构架完整的社会公共意见平台，形成多元社会格局。可见，独立评论能力是民主文明社会的重要推进力量，释放表达欲望、砥砺自由思维、养成评论能力是全球化时代对现代公民的基本要求。开设新闻评论课，把媒介素养核心——独立评论能力融于语言学科教学，顺应时代趋势，是语文教学新形态的尝试。

一、新闻评论课的背景及属性

第八轮国家基础教育课程改革是课程观念与课程开发体制的同步改革,课改的重心是课堂教学改革,教师专业发展则是课堂教学改革的核心。如何促进教师专业发展?开发选修课不失为一条重要途径。它既能发挥教师自主性,又让学生享有选择权。基于对媒介时代背景和国家课程改革的认识,笔者认为高中阶段可尝试开设新闻评论选修课进行媒介素养教育。新闻评论课不仅培养学生听、说、读、写能力,还发展学生视、思、评能力,为其适应未来生活做准备。该选修课期求满足不同层次学生的表达需求,与必修课共建开放多元的语文教学体系。它可促进教与学的方式变化,提高学生表达能力,提升媒介素养。

媒介素养教育最终目的是培养学生面对媒介信息时具备评判性、反思性的思维能力和创造力。新闻评论课在积极语用观理论指导下,以培养学生表达能力为目标,着重培养其独立评论能力。它借助网络、电视、广播等媒介,对当下发生的现象、言论等,通过观察、思考、判断、分析,表达个体独特的感悟、分析和判断。新闻评论课从属语文教育,通过问题设计、文本挖掘等环节熏陶学生情感,突出语文的人文性。它选择与生活紧密联系的文本,在特定的语文场域以思为枢纽,通过听、读、视与说、写、评的形式展开语用实践,培养语文应用能力,突出"语文是最重要的交际工具",体现语文课程"进一步提高学生的语文素养,使学生具有较强的语文应用能力和一定的审美能力、探究能力"[3]的性质。

二、新闻评论课的设计和组织

新闻评论课文本选择打破传统教材选文的束缚,立足学生的兴趣和发展方向,考虑学生未来会接触到的个人应用、职业、教育、公共事业等方面信息,既选取文学性的连续文本,也虑及实用性较强的连续或非连续文本,如图画、音频等。由于媒介素材具备热点性、精短性、趣味性、丰富性、便利性特点,文本大多能消弭与阅读主体间的距离。只要合理选取或重组文本,挖掘语文元素,便可激发个体言语表达。新闻评论课学案设计借鉴 PISA 阅读素养测试样题和时评写作题例,采用"混合文本+问题模块"形式自主选取话题、设计问题,提供多样文本。个体在阅读中筛选信息,在比较中活跃思维,在思考中判断分析,形成看法,从而滋生评论萌芽。

新闻评论课大胆合理取用媒介信息,以语用能力为基点设计学案。现以《解读莫言获诺奖及其他》(部分)为例:

材料一:《华人世界》封面人物介绍《莫言大事记》图表(略)

材料二:莫言获诺贝尔奖后

1. 凤凰网漫画

中国媒介素养研究年度报告：2015

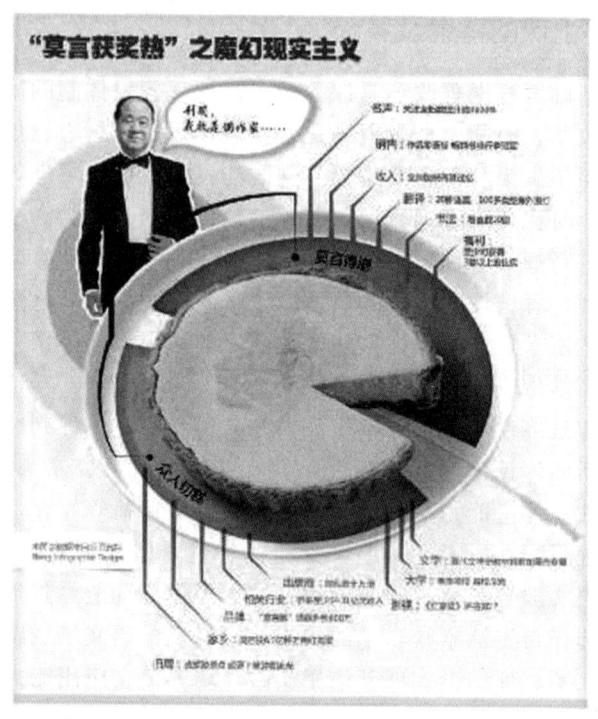

2. 2013年1月13日《成都商报》新闻《莫言回归写作正在创作三部长篇》（略）

问题一：请你根据材料一，为《莫言文集》写简介（可结合其他材料）。

问题二：请采用你喜欢的方式（朗读、播报、采访等）演绎材料二，并从中选择漫画或新闻，谈谈你对莫言获诺贝尔文学奖现象的看法。

设计该学案着力于三个方面：一是设计混合文本激发学习兴趣。文本中有新闻连续性文本，也有图表非连续性文本，这些能"读""视""听"的材料，刺激并调动学生感官，点燃学习热情。二是设置情境问题催发多元思维。模拟广播员播新闻、记者采访群众、评论员评新闻等，这些情境问题中的角色转换不仅让学生有新鲜感，且促其思维不断运动，孕育迸发精彩言说。三是采用多种表达形式唤醒评论意识。学生在观看聆听中积累信息，在朗读播报中输出信息，在采访对话中体验着改写、再生信息的乐趣，在书写中感受思考的力量和享受表达评论的愉悦。

新闻评论课的组织形式是自主开放体系。课堂组织采用小组围坐讨论式，按教学内容浅易和学生需求分组：可按学生对同一事件的态度同质分组；可根据问题难易、兴趣、能力、性格等因素编排异质混合小组；也可参照学生认可的标准自由组合。学生相向围坐，共同面对学习任务，同伴间面对面交流、讨论、分享。小组围坐的开放形式打破了个体心理和群体空间的藩篱，易产生亲近感和认同感，为学生提供了更多自由表达机会,激发其评论动机。"水尝无华,相荡乃成涟漪;石本无火,相击而生灵光。"小组讨论赋予个体言说机会,班级讨论给予组别代表表达分享的机会,言论在思维碰撞中迈向精彩。讨论亦使教师有更多时间步下讲台,与学生平等对话交流,了解把握每位学生的学习动态。生生、师生间沟通变单向模式为多向、网状模式,一言堂变群言堂。

三、新闻评论课教学程序与方法

新闻评论课"既有以'思、视、听、读、说、写、评'七字能力为显性目标指向的共性内容,也有作为教学主持人的教师基于生本需求、'节外生枝'的个性化拓展";又旨在"打造言语主体的思维魅力和情意、文化品质,以作为每个言语主体表现力的内在精神支撑,从而赋予其积极语用的独特的精神力量,即语用的思想力、情感力和文化力"[4]。

新闻评论课兼顾显性隐性教学目标,是基于媒介时代学生现实和未来的需求而拓展的个性化课程。它重在培养学生评论的独立性、真实性、批判性和创造性。新闻评论课通常两课时完成一份学案,一周一节,每两周为一单元时间。课前教师查阅资料,选定话题,根据学科特点与学情设计问题,编制学案。一份学案由四五则材料和四五个主问题组成。第一课时学生充分阅读学案,围绕问题思考讨论,表达评论,未尽之处课外完成。隔天上交学案,教师批阅并做好星级评价与归类,准备交流展示。第二课时师生共享典型言说(精彩或欠缺的),继续思考表达未尽之处,或适时抛出学生书面表达内容,再度激发言说评论。课毕,学生可重新思考,再次书面表达。教师再度星级评价,登记最高等级入册,期末根据平时等级成绩做总体考评。

新闻评论课教学主要采用以下几种方法:

一是设计情境问题,唤醒生命个体的表达评论意识。当个体构建并体验虚拟的生活情境,从局外人切换至"我"的角色时,身临其境,会思考"这情境发生在我身上,我该怎么办?我要说些什么?我要做些什么?……"情境问题把个体角色从"类我"推向"个体的我",学生表达"剧中人"的言语。角色切换让生命体验另一种情境,评论火花易被点燃。实践表明,用"如果……怎样……""假如……""你认为……"这些短语作为开头探问语句,可提高学生的思维认知水平。倘若一个问题能设置两种或两种以上角色,学生有多重体验,思维开阔活跃,表达评论更精彩。如针对《杜甫很忙》事件发微博,笔者设计问题:如果你是杜甫博物馆的宣传人员或河南诗歌协会的会长,收到这条微博后,请你以上述两种人物不同的角色名义发表看法。学生切换体验两种情境,不同的语境与角色催发学生的言语表达。一学生以诗歌协会会长名义发微博:杜甫是传统人物的代表,"杜甫很忙"只是大众娱乐的调剂,来得快也必将去得快,这样恶搞古人不仅是对古人的不尊敬,也是对传统文化的蔑视。另有学生表述，如果我是杜甫草堂的宣传人员，我会说："'杜甫很忙'是真是假，请来杜甫草堂，一睹真相。"

二是教会学生思考，为其思维活动开辟渠道。积极语用教育观中"思"是内隐枢纽，连接信息输入和输出系统，启动言语表达。而教学中的时间留白是保证思维活动的前提条件。时间留白是"此处无声胜有声"的教学艺术。一学案两课时的进度保证学生有充裕时间默读思考。当学生产生"愤""悱"时，教师可构建对话平台，引导生本、师生、生生间沟通，在沟通中锻造思考力，助推评论能力。

新闻评论课利用媒介优势拓宽了语用行为中"视""听"的范围，丰富的输入形式有利于营造对话氛围。而朗读是生本对话的生动演绎，材料不同朗读形式也不同：大容量、高密度材料采用默读，静寂氛围利于信息摄取；容量适中、内容晓畅材料宜采用齐读，让声音叩响心房；而包含情感的材料采用诵读，自由或个别诵读，让声情并茂的表达演绎心情；新闻材料可采用播报形式，模拟电台播音员情境化播报，普通话、方言均可；演讲稿不妨现场模拟，让听众身临其境，点燃其表达欲望。

师生对话也是教学的重要形式，是打磨评论能力的利器。教师可运用情境教学法、示范教学法、对比教学法、质询教学法启发学生思考、训练思维、打磨思想，使其能表达一己之见；可通过有效追问深化学生思维，如采用"如果……会怎么样……""这则媒体信息想要告诉我们什么……""对于这个问题，我已经知道了些什么？""事实是怎样的？为什么这样报道？""如何组织表达更具有说服力？"等句式追问，松绑思维限制，深化对话评论；亦可以评促评，穿插教师或网友评论，以一种思想撼动另一种思想，引发开放深入的思考评论。教师点评之于课堂对话，犹如春风之于蒲公英。共鸣式、呵护式、参与式点评都是切入特定语境推动对话进程的方法，可唤醒个体语用意识，呵护语用热情。教师无论采用何种方法点评，都应"以前瞻的眼光衡量学习者之今日语用、以开放的心态悦纳个体之语用落差"[5]。

生生对话形式有讨论交流、互问互答、倾听辩论等，其中辩论最受学生欢迎，是提升评论能力的催化剂。辩论是冲击力极强的"头脑风暴"，可改变模式化、同质化的思维与表达，辩论参与者点染激化、辨疑问难、各抒己见，探究问题、表现自我，易形成民主个性的多元局面。不同观点碰撞活跃思维，锤炼语用品质，强化思维的逻辑性与深刻性。学生在辩论中体验流畅评论的欢愉、有力反驳的酣畅、针锋相对的刺激和自圆其说的机智。

四、新闻评论课的评价方式与实施

新课程背景下，选拔性评价转为发展性评价，因而新闻评论课仿照 PISA 分层等级评价方式，融合了星级评价法和二度评价法。星级评价法指教师分五等星级评价表达内容，二度评价法指教师对学生的二次表达内容再次评价，重新确定星级，采用最高星级。其操作流程图如下：

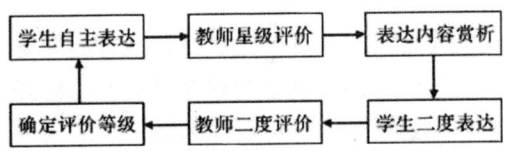

流程图的关键环节是表达内容赏析和学生二度表达，这两环节整合了师生的思维与表达，通过交流整合，提高思维与表达能力，同时养成学生尊重与宽容的人文精神。学生的言语表达是多向对话的结果，渗透个体思想，是个性语用的表现。二度表达再次挑战学生的思维深度，个体在吸收他人表达的基础上再思考，思维更严密深刻，语言更有张力，评论更精彩。星级二度评价的实质是多一次提供表达和评价机会，增加一把衡量尺子，引导学生深入思考评论，提升语用品质。评价采用最高星级是尊重个体差异，注重自我超越，在个体纵向比较中悦纳自己，增强自信，突出评价的发展作用。星级二度评价比之于终结性评价，宽容度更大，发展空间更广，教师要付出更多的时间和精力。这种多元评价方式能树立学生信心，激励其自由表达。

五、新闻评论课的反思与希冀

语文教学重在培养学生的言语实践能力。动态立体的语用实践是指导学生在具体语境中恰当地运用语言，独立自主地表达思想。新闻评论课开展语用实践活动，在活动中引导学生思考，提高言语表达力，打磨评论能力。教师设计学案时以语用为目标，用问题启发学生。高质量的问题既立足言语根基，又具备语用元素，能催发言语"火花"的绽放，引领表达，形成个人风格。

新闻评论课与传统语文课最大区别在于自由表达，它能唤起生命个体的内在需求。语文教育天然担负着解放人的重任。培养学生的表达能力是顺应生命个体成长的需求，是学生未来发展所需。培养语用能力是新闻评论课的核心要素，也是这种创生性课型的主要特点。新闻评论课以开放的媒介素材为载体，聚焦表达力。其教学引导学生多角度看待问题，懂得评价事物不能只看表面现象，要深入思考分析；明白标准答案不是唯一，多种观点可并存。它代替不了常态语文课，但以其自由多元的形态吸引学生，能开阔他们的视野，提升独立评论能力。

新闻评论课实践证明：它能唤醒学生内在的言语需求，学生在自由表达中能砥砺、提升评论能力；它也能提高教师整合教学资源、开发课程的能力，进一步挑战教师的语用素养。小组围坐讨论式的组织形式虽受学生欢迎，但分组规则与效果有待进一步调整加强。教学素材源自媒介，因其新鲜丰富的特点易激发学生兴趣，也由于内容与热点捆绑的特性，固定教学载体与明确课程纲要等成为亟待解决的问题。

外国学者 Ben Moore 曾提出,"如果媒体教育将作为新课程改革中的一个术语,那么我们就应该优先考虑将'跨课程'的媒体教育的理念和策略渗透到各个学科和科目中。"[6] 如何从语文学科的角度整合媒介资源?如何开发课程?如何培养学生评论能力提升媒介素养?这些都是今后跨学科教学继续研究的方向。对此,教师可探索多种教学方法,让学生独立思考所见所闻的信息,以批判性、反思性眼光理解媒体现象,表达一己之见。教师要成为媒介素养教育资源的组织者,必须具备创造媒介素养教育教学资源的能力,而这种创新能力恰能较快地提升语文教师的专业水平,有效锤炼教师的语用能力。

参考文献:

[1] 顾玉武:《媒介素养教育视域下的高中语文阅读教学》,西南大学硕士学位论文摘要,2012年第3-4期
[2] 潘涌:《外国母语评论:从确立目标到炼就能力》,载《全球教育展望》2008年第5期
[3] 高中新课程标准 [EB/OL]. [2013.8]. http://www.rui-wen.com/news/60547.htm
[4] [5] 潘涌:《积极语用:21世纪中国母语教育新观念》,载《北京师范大学学报》2012年第2期
[6] 彭少建:《2012中国媒介素养研究报告》,中国国际广播出版社2012年版

(作者简介:陈瑛,浙江瑞安职业中等专业学校;潘涌,浙江师范大学教师教育学院。原文刊登于《中学语文》2015年4期。)

高校媒介素养教育的融合式课程探索

羊晓莹

媒介素养这一概念是1992年由美国媒体素养研究中心提出的,指在人们面对不同媒体中各种信息时所表现出的信息的选择能力、质疑能力、理解能力、评估能力、创造和生产能力以及思辨的反应能力。媒介素养教育是指"指导学生正确理解、建设性地享用大众传播资源的教育,培养学生具有健康的媒介批评能力,使其能够充分利用媒介资源完善自我,参与社会发展"[1]。从结构上讲,媒介素养是一个多维度的概念,包括了媒介素养的知识技能、道德法律、心理层面等。媒介素养教育的核心是提高个体的媒介批判能力、建构能力和使用能力,使之可以更有效地

选择、理解、评估自己所处的媒体世界。

一、媒介素养教育的课程方式分析

在国外的媒介素养教育实践中，有四种常见的课程方式：第一，以单独科目形式存在的独立式课程；第二，某一科目中的一个组成部分；第三，融合式课程；第四，一项整合的、跨学科的课题。比如，英国英格兰地区中学的媒介素养课程采取了"选修独立"和"必修融合"两种形式。具体而言，"选修独立"是指将"媒介研究"课程作为针对14～16岁青少年开设的选修课。"必修融合"是将媒介素养的内容融入英语课、信息与传播技术课、公民教育课[2]。而美国中小学则将媒介素养教育内容融入了以下四类课程：英语，语言和传播艺术类；社会研究，历史和公民课类；健康，营养和消费主义类；媒介类[3]。总的来说，融合式课程是国外媒介素养教育的主要方式。

在国内的教育实践中，新闻传播专业会将媒介素养教育作为专业必修课开设。而针对非专业学生，则多以独立选修课的方式呈现。比如，有学者提出，媒介素养独立课程的内容应该包括：媒介素养基本概念、数字技术与媒介融合、基于数字媒介的生存和学习、网络的使用、手机的使用、视觉素养培养、如何利用数字媒介发展自己和数字媒介作品实践[4]。总的来说，独立式课程拥有单独的课程目标、课时、教材、师资、经费及配套条件，是一种理想的课程方式。但是，鉴于中国目前的媒介素养教育发展情况，独立式课程难以实施，而融合式课程反而具有更高的可操作性和普及性。因此，下文将具体探讨在现有的高校课程体系下，媒介素养教育和公共课程的教学内容融合、教学方法借鉴等问题。

二、媒介素养教育与公共课程的教学内容融合

（一）媒介素养教育的知识技能层面与"大学生计算机基础"的课程融合

"大学生计算机基础"的课程目标是让学生掌握计算机软、硬件技术与网络技术的基本概念，典型软、硬件系统的基本工作原理及其使用方法，了解软件设计与多媒体、数据库等以计算机为核心的现代信息处理技术，以及计算机应用领域的前沿知识和网络基础。该门课程可以较好地与媒介素养教育的知识技能层面相融合。

媒介素养教育和计算机基础这两门学科都涉及了信息的传播和利用，只是后者更偏向大众媒体传播理论。因此，可以在计算机基础课程中加入以下两项内容：第一，媒体信息的制作和传播原理。具体内容包括：常见的媒体类型及特点，媒体信息的制作和传播方式，大众媒体的基本功能等。教学目的在于让学生明白媒体信息是对客观事实的重新建构，对媒介信息的理解需要结合具体的社会历史语境。第二，自媒体等新兴媒体的传播和创造技巧。计算机基础课程重视网络媒体的使用技巧培养，但是对于自媒体等和学生密切相关的新兴媒体关注较少。自媒体（we media)又称公民媒体，其经典定义是"一个普通市民经过数字科技与全球知识体系相连，提供并分享他们真实看法、自身新闻的途径"。简言之，即公民用以发布自己亲眼所见、亲耳所闻事件的载体，如微博、微信、论坛、Q-zone等网络社区。自媒体是继传统媒体、新媒体后出现的第三代媒体。相对于人们常说"微媒体"，自媒体是一个更加科学和完善的概念。一般而言，学生能够使用这种媒体的娱乐功能，但是如何利用自媒体的资源完善自我、发展自我则关注较少，特别是如何利用自媒体创造有质量的媒体产品，应成为教学重点。

（二）媒介素养教育的道德法律层面与"思想道德修养与法律基础"的课程融合

"思想道德修养与法律基础"是高校思想政治理论课的核心课程，其课程目标是培养大学生确立远大的理想和坚定的信念，使大学生树立正确的世界观、人生观、价值观、道德观、法制观，以提高他们的思想道德品质和法律意识。这门课程可以较好地和媒介素养教育的道德法律层面融合。

具体而言，可以在"思想道德修养与法律基础"课程中重点突出以下两部分内容：第一，网络道德修养。由于网络文化具有开放性，而大学生由于缺乏社会实践和经验，其价值观的形成容易受到媒介信息的影响。不同价值取向、良莠不齐的海量信息，使得高校校园文化不再封闭，高校的道德教育功能也相应弱化。在教育实践中，网络攻击、网络诽谤、隐私侵犯、虚假信息传播等现象的不断出现，其本质上是因为缺乏网络道德修养造成的。因此，加强学生的网络道德修养，弘扬社会主义核心价值观，应该成为课程内容之一。第二，网络法律意识。相对于传统媒介，网络媒体的传播者和受众之间的界限被进一步模糊，媒体"把关人"的作用被弱化。个别大学生法律意识淡薄，出现了利用互联网获取或宣扬封建迷信思想、非法人肉他人、参加邪教组织、制造网络木马、参与网络赌博、传播色情影音文件、危害国家安全等非法行为[5]。有必要让学生了解与网络相关的法律知识，增强法律意识，从而合理、合法使用网络资源，杜绝媒体使用的违法行为的出现。

（三）媒介素养教育的心理层面与"大学生心理健康教育"的课程融合

"大学生心理健康教育"的课程目标是让学生理解心理健康的标准及现实意义，掌握并应用心理健康知识，培养学生的自我认知能力、人际沟通能力和自我调节能力，为学生终身发展奠定良好、健康的心理素质基础。该门课程可以较好地与媒介素养教育的心理层面相融合。在教育实践中，微信、微博等社交软件的广泛应用，导致人际交往方式发生变化；而大量APP软件在给个体带来便利和享受的同时，也导致了"手机成瘾"等心理问题的出现。因此，培养学生在使用媒体资源时良好的心理素质，成为媒介素养教育心理层面的内容。

针对以上情况，"大学生心理健康教育"课程可以增设以下教学内容：第一，提倡传统社交和网络社交相结合的健康社交方式。网络社交是指网民以网络为中介，以数字化的符号为载体进行的人与人之间的交往方式，具有虚拟性、多元性、创新性、自由性、异化性的特点。以自媒体为代表的网络社交拓展了大学生人际交往的渠道。但是，过度的网络交往也对大学生造成了负面影响，使其在人格、情感、人际交往等方面出现障碍和问题[6]。在教学中，应该让学生明白，网络社交并不能替代面对面的传统社交方式。只有将两种社交方式相结合，才能满足情感交流的需要，形成健康的人际交往方式。第二，手机成瘾的危害和预防。随着智能手机的普及和 APP 软件的大量开发和应用，大学生的网络成瘾逐渐发展为手机成瘾。手机成瘾又称手机依赖、手机综合征、手机焦虑症，是指个体由于某种动机过度地滥用手机而导致的心理和社会功能受损的痴迷状态[7]。青少年手机成瘾所导致的心理障碍和社会适应性障碍，已成为了一个新的社会问题。因此，在心理健康课程中，有必要让大学生明白手机成瘾的危害及预防措施，学会合理地使用媒体资源，从而提高媒介心理素养。

三、媒介素养教育与公共课程的教学方法融合

国内的媒介素养课程存在着"重技术、轻内容，重操作、轻思考"的教育倾向，难以激发学生学习的主动性。而对公共课程经典教学方法的借鉴，有助于提高媒介素养教育的教学效果。

(一)"大学生计算机基础"的实践教学法对媒介素养教育的借鉴

"大学生计算机基础"课程强调实践性，大量的课程内容都是在网络化的多媒体计算机机房里完成的。而国外媒介素养教育随着时代的发展，先后经历了批判范式、分析范式及解密范式三者教育模式的变迁。目前主流的解密范式，提倡让学生学习大众媒体制码和解码规则的学习，从而培养其信息的解构和建构能力，让他们明白媒体信息是对客观事实的重新建构，而不是事实本身。在具体的教学过程中，让大学生在社会实践中自己动手创造媒体产品，有助于提高他们对媒体信息的解读能力、使用能力和创造能力。

比如，美国的"社区之声"课程项目就是一个典型的教学案例。该项目的宗旨是教会学生使用一些网络媒介制作纪录片的基本拍摄知识和技巧，帮助学生了解媒介的影响力，培养学生成为见多识广、有辨别能力、有素养的媒体消费者。整个项目以实践活动的形式进行，在最后，学生会提交制作精良的媒介素养视频[8]。结合国内的"大学生计算机基础"这门课程，可以进行网络媒体产品的实践制作，让学生能够更深入地理解自己所处的网络媒体世界，学会使用网络媒体来发展自我。

(二)"思想道德修养与法律基础"的小组合作学习法对媒介素养教育的借鉴

"思想道德修养与法律基础"这门课程涉及"道德"和"法律"两个关键词，在教学过程中，常常让学生对某一社会现象或者法律案例进行小组讨论。媒介素养教育可以借鉴小组合作学习这种教学方法。比如，英国媒介素养课程中"亚马逊危机"，就是一个经典的小组合作式教学。在该案例中，为了让学生深入理解"信息

的可信度",教师将学生分组,要求他们分别从农场主、当地土著居民、商人等角度看待亚马逊流域所面临的危机,并在班内发表自己的观点。学生在辩论后会发现,从不同的视角出发,所收集到的信息差异较大,从而学会质疑信息的可信度。

(三)"大学生心理健康教育"的体验式教学法对媒介素养教育的借鉴

体验学习是学习者在活动参与过程中,对情感行为事件和策略进行内省体察、掌握某些技能和策略、形成能力和某些行为习惯、建立某些情感态度观念的过程[9]。"大学生心理健康教育"有大量的课程设计是让学生自己通过心理游戏或者自我反思,获得心理上的顿悟和成长,强调个体内心体验。这种教学方式对于媒介素养教育也具有很高的适用性。比如,在加拿大的K12媒介素养教育课程中,基于不同媒介类型设计了多种教学活动:在传统媒体"报纸"领域,让学生学习报纸的历史和结构,分析报纸上的大量文章。最后,自己创造迷你报纸。在"广告"领域,让学生学习广告的语言和技巧,分析大量广告,并在课堂上创作自己的广告等等[10]。在整个教学过程中强调情境性、反思性和创造性,能够较好地提高学生学习的积极性。

总的来说,中国的青少年媒介素养教育方兴未艾,在未来的教育实践中可以注意以下两点:第一,增加课程融合的广度和深度。除了上文提到的三门公共课,媒介素养教育还可以和专业课程、大学生安全教育课程的网络安全教育等内容相融合。另外,需要不断探索新的融合内容和方法,并以教学大纲的形式予以固定,做到深度融合。第二,配合融合式课程,开展社会实践、素质拓展等教育活动。比如,与电视台、报社等媒体机构长期合作,建立社会实践基地,并组织学生到基地参观媒体的工作现场,甚至可以让学生参与部分媒体节目的制作,使其对媒体机构和媒介产业的运作机制更为了解。除了社会实践活动,也可以开展大学生"新闻评论社"这类素质拓展活动,让学生对媒体报道的各种社会现象进行分析、交流,以提高个人媒介素养。

参考文献:

[1] 董云飞. 媒介教育——当代大学生教育的新课题 [J]. 辽宁教育研究,2006 (7):34-36.
[2] 郭卫中. 选修独立式+必修融合式:英国英格兰地区中学媒介素养教育课程的两种形式 [J]. 上海教育,2007 (12):24-27.
[3] 耿益群,刘燕梅. 美国K.12媒介素养教育课程及其特点分析 [J]. 外国中小学教育,2012 (2):21-26.
[4] 孙鹏,马德俊,杨现民. 大学生数字媒介素养教育研究 [J]. 新闻知识,2013 (5):83-85.
[5] 龚成,李成刚. 浅析大学生的网络信息安全素养——从面向客体、构成要素和主体责任的角度 [J]. 教育探索,2013 (6):134-135.
[6] 王洪波,胡璇. 大学生网络社交现状研究 [J]. 思想教育研究,2013 (11):75-77.

[7] 刘红，王洪礼. 大学生手机成瘾与孤独感、手机使用动机的关系[J]. 心理科学，2011（34）：1453—1457.

[8] 刘晓婷，陈晓慧，马雪玲. 美国媒介素养教育课程实施现状及案例述评[J]. 外国教育研究，2011（3）：72—78.

[9] 葛明驷. 体验学习——中学生媒介素养教育之路[J]. 中小学信息技术教育，2009（9）：17—18.

[10] 王莹. 媒介的批判性解读和创造性使用：加拿大K—12媒介素养教育及课程[J]. 上海教育，2013（20）：28—31.

（作者单位重庆第二师范学院学前教育学院。原文刊登于《重庆第二师范学院学报》2015年5月第3期。）

> 学术卡片

当代大学生媒介素养教育中批判性思维的培养
——基于贵州省五所高校的实际调查

曹正勇

《贵阳学院学报（社会科学版）》2015年第2期

一、媒介素养及批判性思维内涵

1. 媒介素养

又叫媒介素质。按照学者鲁宾的观点，媒介素养主要包括能力、知识和理解三个模式三个层次。事实上，三种模式概括起来，就是人们对媒介的认知、接受、分析、整理和评判能力。

2. 关于批判性思维

媒介批判性思维，既要强调主体应该对从媒介获取的信息进行分析、认知，更要强调对信息的批判性吸收。同时，也不能忽视主体对媒介的使用能力。

二、贵州省大学生媒介素养考察分析

1. 媒介消费

从媒介消费时间来看，大学生平均每天花在网络上（包括电脑上网和手机上网）的时间是最多的，平均达到了4.2小时/天，媒介消费时间较少的是报纸和其他载体，平均数分别为1.1小时/天和0.8小时/天。也就是说，贵州省大学生在实际的媒介消费中，明显倾向于休闲娱乐。

2. 媒介认知

媒介素养中一项非常重要的内容是媒介受众对媒介的认知能力。大学生中的绝大多数都能认识到媒介对自己的影响，但只是局限于一个笼统的概念，并不清楚媒介影响到了自己的什么，即对媒介的深层次认知和理解还不够充分。

三、大学生媒介素养教育中批判性思维的培养

以客观公正的态度吸收批判媒介信息。强调和弘扬媒介正能量，实现媒介负面影响向正面感染的转换。利用校园现有媒介资源，积极打造大学生参与媒介活动的

平台，增强大学生的媒介实践能力。

（樊俊豪摘）

高校德育视角下媒介素养教育课程研究

刘颖洁
《教学实践研究》2015 年第 11 期

一、媒介素养教育的概况及现状

媒介素养教育是在 20 世纪下半叶随着媒介演变和发展兴起的一门新的教学科目。大学生的网络媒介素养在形成过程之中存在着结构性缺陷，大学生缺乏积极的媒介态度、健康的媒介行为、批判的媒介思维等；在一定程度上阻碍了大学生对自身媒介素养的提升。

二、媒介素养教育的德育价值

第一，媒介素养教育有利于丰富高校德育的内涵。
第二，媒介素养教育有利于提高高校德育的效果。

三、媒介素养教育课程的改革策略

1. 构建合理课程模式

整体思路就是将专业教育课逐步转变为大学基础素质教育课，并依托于新闻传播学、心理学、教育学等相关学科师资力量，成立教学研究机构，设计相关的课程，编撰教学教材，探索教学方式和方法，使媒介素养课最终成为大学的一门必修课程。

2. 创新课程内容

要充分发挥媒介素养课程的德育价值，必须要进一步结合思想政治教育内容，创新媒介素养教育的课程内容，从专业课教学转变到通识课教学。

3. 拓展课程实践平台

在进行媒介素养理论教育的同时，整合校园各类媒体资源开展实践课程，通过学工团委、宣传等部门的组织，发动学生组织和社团，让学生在课程实践中，提升对媒介性质、特点及表现形式的认识以及理解和使用媒介的能力。

（樊俊豪摘）

高职英语报刊教学与媒介素养教育

封海燕

《黑龙江教育学院学报》2015 年第 9 期

2014 年 12 月—2015 年 1 月间向山东外贸职业学院商务英语专业 2014 级新生共 352 人发放了调查问卷并全部回收问卷。其中男生人数 40,比例为 11.4%,女生人数 312,比例为 88.6%。所有班级都进行了半年 21 世纪报纸第一、第二课堂实验。

根据调查结果,大部分高职学生认可英语报刊的价值,94% 认为英文报刊阅读"完全必要","比较必要"。多数学生把英语报刊列为"第 4 位最重要英语媒体"。其中,69% 每周阅读 5 小时以上。但是,根据调查数据,高职学生在英语报刊媒介素养方面存在以下四个问题。阅读报刊种类单一;词汇量成为报刊阅读主要障碍;对教师依赖大;阅读目的性强。

《国家中长期教育改革和发展规划纲要(2010—2020 年)》指出"高等职业教育要培养高端技能型专门人才,重视学生的全面发展",因而报刊具备很高的语言教学的价值。教师们要认识到报刊在媒介素养教育方面的重要作用,提高自身素养教育并引导学生提升媒介素养认识。

教师需要发挥好导读、导疑、导思、导创等角色。问卷中显示学生们对教师的报纸策略培训角色期待值高,教师们需要针对 21st Century 不同版块在阅读时间、阅读策略与技巧等方面给予指导。

根据调查结果,高职学生英语报刊媒介素养情况不容乐观,很多学生缺乏对报刊阅读口的、阅读方法的正确认识。高职师生应该增强媒介素养以及媒介素养教育的认识,教学中教师要注意积极引导学生扩大报刊阅读种类,发挥好导读、导疑、导思、导创的角色,优化媒介素养教育环境。

(樊俊豪摘)

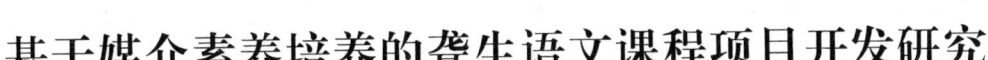

基于媒介素养培养的聋生语文课程项目开发研究

袁 芯

《语文建设》2015年第2期

一、语文媒介素养项目开发维度

（一）项目目标维度

国内外教学实践和研究均表明，从小学直至大学毕业，聋生学习成绩始终严重落后于听力正常的学生，而造成这种差距的主要原因是语言交流上的问题，国内聋生教育专家张宁生等对此多有论述。

（二）项目内容维度

基于以上课程目标，我们从提高聋生语言沟通技能、增强职业语文能力、满足聋生社会生活需求三个维度设计语文课程项目内容。首先，注重缺陷补偿，提高聋生的沟通能力，更好地适应主流社会。其次，提高综合素质，增强职业语文能力。再次，提高聋生的人文素养，满足聋生参与媒介社会生活需求。

（三）项目方法维度

高职教育要以就业为导向，突出能力本位，核心是使学生具备适应现代信息社会和未来职业需要的实际应用能力。

二、语文媒介素养项目开发实践

（一）教材改革

原有的聋人高职语文教材以选文为主要载体，内容繁难深旧，脱离聋人语文实际水平，远不能满足聋人语文学习需要。基于以上理念，课题组首先以教材研发为突破口开展教学改革。从聋生语言运用能力的提升，媒介素养的培养，职业语文素养的提高三个维度对原有教材进行改革。

（二）项目设定

根据新教材框架，我们对教材中的各模块进行了具体的项目设计。我们从项目目标及内容设定角度开发了四个层面的项目：基础模块中，侧重引导聋生了解自己、认识自己、完善自身，从而为形成良好的个性、健全的人格奠定基础。拓展模块中，侧重引导学生关注社会文明、社会文化，帮助他们融入和参与主流社会文化，成为一个适应社会的合格的现代公民。职业模块中，从学生自身专业发展角度，引导学生发现语文学习与专业发展之间的密切联系，认识语文学习的重要性和实用性，提升聋生学习语文的兴趣。职业模块项目开发中，积极创设职业活动情境，引导学生分析专业学习和职业发展的潜在关联，明晰初入职场的流程和规范，为其职业生涯发展奠定基础。

三、语文媒介素养项目开发成效与反思

多数国家将媒介素养教育与母语课程整合，既推进了母语课程的改革，也实现了媒介素养教育本身的目标，收到了双赢的效果，但目前我国特殊教育领域中，语文课程与媒介素养教育的整合还鲜有人尝试。教学实践证明，这样的改革既提高了聋生学习语文的兴趣，大幅度地提升了他们的语文学习成绩，对专业课的学习也有很好的促进作用。通过组织聋生对本项目成果进行调查，多数聋生反馈意见表明，与之前的语文教学相比，现行的项目化教学能拉近他们与社会的距离，帮助他们提升社会适应能力，提高沟通能力，提升专业技能，对良好个性的形成也有一定促进作用。

（樊俊豪摘）

媒介素养教育嵌入高校文献检索课的探究

李晓蕾
《上饶师范学院学报》2015 年第 4 期

一、高校文献检索课的现状

我国高校文献检索课自 1984 年开设以来，已走过 30 多年的风雨历程，得了一定的成果。随着时代的发展，文献检索课教学上存在的一些问题也暴露出来了。笔者以文献检索课为检索条件，从知网中筛选出不同时期有关这方面的具有代表性的文章并加以分析，发现文献检索课较为集中存在的三个问题。领导重视不够、教材缺乏新意、师资力量薄弱。

二、媒介素养教育嵌入文献检索课的必要性

（一）多媒体时代发展的需要
（二）文检课的改革势在必行

(三) 媒介素养教育须落实处

三、媒介素养教育嵌入文献检索课的途径

(一) 重视定位管理

高校管理者完全有必要重新审视对文献检索课传统的观念，主动赋予其新的内涵，并为其正名，把它列为由高校教务部门管理的学生的必修课程。

(二) 转变教学观念

笔者认为在文献检索课的教学过程中嵌入媒介素养教育就是一项有探索价值、探索意义的工作。

(三) 创新教学模式

把占当前主导地位的复合型媒介素养教育模式嵌入到文献检索课教学当中，使媒介素养教育、ICT教育、文献检索教育三者得到一个高效的融合（整合）和运用。引进当今先进的Web3D网络三维技术，创作动感的3D课件，使媒介素养教育内容与文献检索课内容有机融合。图书馆的学科馆员和文献检索课老师，还可通过虚拟空间的设立，建立互动平台。

(四) 加强师资培养

1. 教学主管部门应加强师资培训。
2. 文献检索课教师应积极主动学习。

（樊俊豪摘）

媒介素养在政治教学中的渗透

刘 海

《思想政治课教学》2015年第9期

一、在文本研读中参悟

高中政治作为一门对高中生进行马克思主义基本立场、基本观点、基本方法教育的人文综合性课程，注重把理论知识寓于现实生活主题之中，通过学科知识架起了学生生活关切和思想政治观点的桥梁，有助于为开展媒介素养教育提供正确的价值标准和正确的政治方向。现行高中政治新课程主张利用大众传媒搜集社会信息、辨识社会现象、透视社会问题，以启动、展开思维活动的过程和方法为主导，通过

案例考察、问题辨析、行为表现等环节的活动设计,呈现和提炼媒介信息的表达目标和现实意义,为开展媒介素养教育提供了学科知识基础和思想政治基础。

二、在问题探讨中领悟

高中政治教学倡导开放互动的教学方式和合作探究的学习方式,要把学生的生活经验和媒介经验引入课堂,充分利用电影电视、公益广告、音乐舞蹈、图片图表等鲜活的媒介素材和媒介技术创设学习情境,以体验式和分析式的方法批判性解读媒介和媒介文本,在尊重和顺应媒介素养教育的内在规律和特点的基础上培养学生有效使用媒介的能力。

三、在活动体验中感悟

高中政治教学要引导学生在理论与实际结合中理解、掌握知识,学会基本技能,培养分析问题和解决问题的能力,达到学懂会用、学以致用。这就要求教师要把传授理论知识与学生的实际、自然社会的实际相联系,学生则要把理论知识的接受、理解和应用与行为实践结合起来。

随着计算机和互联网的普及,大众媒介以前所未有的速度深入人们的生活世界,人们媒体素养教育意识不断增强,对媒介素养的要求也越来越高。目前,世界各国媒介素养教育呈现出多元化趋势,教育方法也已经从过去的"免疫接种"为主的模式,转向了以"赋权"为主的教育模式。我们应该从全面建成小康社会的高度出发,通过民族化、本土化的教育切实提高青年学生的媒介素养,真正培育出具有较强批判能力、能独立思考媒介信息的优秀公民。

(樊俊豪摘)

浅谈媒介素养对语文教学的影响

李 爽

《中学语文》2015 年第 21 期

媒介素养其在内涵上与新课程目标形成交集,如高中语文教材苏教版必修四"走进语言现场"专题中开设了问答模块,将媒体上的访谈内容选入了课本,这就是媒介素养与语文素养的完美融合;而语文教材中大量文学作品,如《林黛玉进贾府》(必修二)《雷雨》(必修五)则被影视作品所呈现;《念奴娇·赤壁怀古》(必修二）等文学作品则被用在了流行音乐之中，成为时下最炙手可热的"中国风"。

将网络资源导入语文教学，学生在提取整理、优化组合和加工运用信息时，就提高了识别资源、独立解决问题的能力。同时，网络"BBS"，博客、微博的交互功能可使学生实现广域交流，学生发贴、跟贴、回帖，教师也可以用过这一媒介与学生沟通、传递知识、可开展网络主题性阅读等，这不但可以获取所需的资源，还可以提高自身的媒介素养。

在课堂教学中采取循序渐进的方式，在解读教材文本的同时，辅以图片、影视资料等媒介素材，循序渐进地将媒介素养教育渗透到语文教学中来，最后提高对媒介信息的认知、筛选、判断等方面的能力。

媒介已成为青少年成长里程中的重要元素这就需要社会、学校、教师，甚至是学生家庭几方面共同努力，在尊重授课对象的现实条件与文化语境条件下，达成相互之间的互补与平衡，只有这样，才能使媒介素养教育得到有效的应用和推广。

（樊俊豪摘）

试论媒介素养教育的理论探索与实践操作

李 斌

《中学语文》2015年第13期

一、背景解构

以往的中学语文教学把课堂作为主要阵地，采取的是教师把知识传授给学生的单向流动模式。虽然成立了一些文学社、朗诵社、写作竞赛等课外活动组织，但大部分形同虚设。其实，应该引起我们注意的是，语文教学是母语教育，与地理、历史等其他学科不一样，语文能力的提升需要利用课余时间，通过多种媒介（例如报纸、广播、电视、互联网等）传递信息，培养语言运用的习惯方法等，来全方位的提升学生的语文水平。利用媒介素养教育，对各种媒介传递出的文本信息、审美理念取其精华去其糟粕，使其与高中语文课程教学紧密相连，与高中语文教学一体化，已经成为现在高中语文老师必须重视的关键内容。

二、对教学内容和形式的延展和突破

媒介素养作为一个拥有整体性特征的语文素质与能力，应该在常态的高中语文教学基础上融入积极的时代信息和新时期语文课程改革的成果，形成密切联系如今人才培养的需求的教育模式，区别于以往的高中语文教学封闭性的侧重于语法结构、文字使用和提炼中心思想、关注道德教育的两大重要部分。

三、实施原则

（一）取其精华，去其糟粕

要想做到取其精华，去其糟粕，就必须做到对语言的创造性运用。对媒介信息的辨别分析能力在媒介素养教育中居于重要地位，然而对于媒介信息的筛选整理和再创造，侧重于语言的创造性运用就显得更加重要了。

（二）理论联系实际

理论联系实际的目的就是利用媒介素养教育开展一系列活动，接触不同内容的媒介，做出理性的判断。

（三）自我管理，主动参与

自我管理，主动参与说的是媒介素养教育的根本目的既是让学生培养成为具备批评能力的人，又要让他们做到客观的批判、主动参与、独立思考，成为有责任心、有创造力的参与者。

四、高中语文媒介素养教育的应用途径

（一）从课内应试到课外生活

在课程设置上，不但要侧重于经典的课文，还要注重课外读物的渗透，从传统的对课文的分析扩展到对时事的评论，寻找一个符合学生现状需求的，带有创造性的媒介素养教育的正确方法。

（二）从技术传播到价值引导

媒介本身所具有的文化渲染与提升功能，将媒介素养教育从一个作为工具的附属地位转变为媒介文化建设的重要地位。在这方面，语文教育中所体现的媒介素养教育的角色转变尤为明显。

（三）从教学为主体迁移到以学习为中心

教师本位的教学模式必须改变，必须满足学生学习需求，必须体现学生的主体地位，让他们通过提高媒介素养来理解信息、辨别信息、运用信息，进而进行信息创新，成为有见识、会创新的时代青年。

（樊俊豪摘）

小学媒介素养"晶体"课程平价及实践研究

吴　靖　陈晓慧　张煜锟
《中国电化教育》2015 年第 2 期

通过大量的媒介素养课程理论研究,在此基础之上提出了小学媒介素养"晶体"课程评价及其评价设计,并对其"晶体"课程实践过程及结果进行评价问题及文化研究。该研究主要运用质化研究方法,以吉林省靖宇县某小学为实验基地进行课程实践。

文章共从四个方面展开论述。首先,"晶体"课程评价的提出及其依据;其次,从课程评价的视域、参加者、评价方式和评价标准来阐释"晶体"课程评价的设计;再次,从微观层面上探讨"晶体"课程评价的问题设计及实施方法;最后,以小学媒介素养课程中的"摄影"课程为例,对其进行课程评价的实践及其文化研究,并在此研究基础上提出"教室风险""文化惰性"的概念。总之,全文对小学媒介素养课程进行评价问题及实践研究,旨在完善小学媒介素养课程实践的同时,也为我国小学媒介素养课程实践及评价问题提供可能参考框架。

（樊俊豪摘）

校园媒体发展与大学生媒介素养互动研究
——以广西师范大学为例

张婷婷　杨　凯
《中国报业》2015 年第 16 期

一、广西师范大学校园媒体情况

广西师范大学是广西壮族自治区重点大学。经过 80 多年的发展,该校形成了以校报和新闻网为主,广播、期刊以及 BBS 论坛、LED 显示屏等为辅的多元校园媒体格局。

二、校园媒介使用状况和大学生媒介素养调查分析

（一）校园传统媒体关注度不高

我们所说的校园传统媒体主要是指校报、校园广播等。调查表明，每期（天）必看（听）的忠实受众分别只有6.12％和5.26％。这主要是由于报纸和广播发行、播出周期长，时效性不强，报道内容不受欢迎等。

（二）网络媒介成为学生传播信息的主要渠道

随着电脑、手机的普及和信息化步伐的加快，在新媒体时代，网络媒介在大学生媒介接触中扮演着重要的角色。

（三）媒介素养概念认识不足

调查显示，对于84％的大学生来讲，媒介素养仍是一个陌生的概念，他们认为媒介素养就是信息搜索。

（四）媒介认知度和媒介解读能力不强

通过调查显示，80.4％的大学生对于信息缺乏解读和批判能力，只是单纯地接受信息。

三、高校校园媒体发展与大学生媒介素养的良性互动对策分析

（一）提高媒介素养认识，强化教学课程体系

在信息社会，媒介素养对于提高大学生的社会适应能力和公民意识的培养等方面扮演的作用越来越重要，但公众仍对媒介素养认识不够，认为只是简单的新闻教育，因此，要积极提高大学生对媒介素养的认识，建立对信息的批判和运用模式，利用媒介信息不断发展和提高自己的能力。

（二）建设积极的网络文化，营造媒介素养的良好氛围

广西师范大学坚持弘扬优秀健康的网络文化，积极引导大学生参与网络文化活动，建设一支网络舆情管理队伍，加大网络舆论的引导，营造风清气正的网络文化空间和媒介素养的良好氛围，从而提高大学生对信息的批判和选择能力，真正提高大学生的媒介素养能力。

（三）加强高校校园媒体平台建设，发挥线上线下作用

为发挥线上线下的作用，增强大学生参与校园媒体的积极性和互动性，提高大学生借助、合理运用新兴媒体的能力，探索大学生在校内媒体如何实现自我教育、自我约束、自我发展的教育路径，广西师范大学将媒介素养教育与大学生思想政治工作紧密结合，以形成系统的媒介素养教学体系，真正实现校园媒体与大学生媒介素养的互动发展。

（樊俊豪摘）

农村留守儿童媒介素养实证研究
——以安徽省石台县为例

陈 烨

《青年记者》2015年第18期

一、农村留守儿童的媒介素养现状及存在问题

本次调研所选的样本为安徽省池州市石台县农村义务教育阶段的中小学生。样本总数为191人，其中，男生有86人，占45%，女生有105人，占55%。年龄分布在7至14岁之间，为小学二年级至初中三年级的在校学生。

（一）电视媒介接触情况

1. 接触频率和时长。在农村儿童的电视媒介接触习惯上，超过70%的人都选择了电视。可见，电视在他们的成长过程中扮演着一个重要的角色。调不少农村留守儿童电视接触过频和时间过长，形成了对电视的依赖。这些现象急需引起社会的重视，并对农村留守儿童的电视接触习惯进行逐步引导。

2. 父母对看电视的干涉情况从本次调查来看，农村留守儿童中有52.9%都是一个人独自收看，与父母或其他家长一起收看的仅占16.2%。可见，农村留守儿童独自看电视的超过半数，这不利于他们价值观的培养，需要家长的监管与引导。

3. 看电视的目的。农村留守儿童的家庭关怀是缺位的，应当给予他们更多的关心，让他们保持身心健康。

（二）网络媒介接触情况

1. 上网动机和接触频率。本次调查数据显示，他们过于依赖网络，且沉溺于网络世界，越来越无法自拔。上网时间的拉长严重影响了他们正常的学习生活。

2. 父母对网络使用的干涉情况。调查显示，农村留守儿童的父母在对其网络使用上几乎很少有真正的管束。

（三）媒介认知情况

农村留守儿童媒介接触习惯不良，媒介认知不足，媒介使用能力不高，急需加强媒介素养教育。

二、如何加强农村留守儿童的媒介素养教育

（一）媒介单位规范化经营

电视作为深受儿童喜爱的媒介，应起到示范作用，多策划一些有益于媒介素养

教育的影视节目，传播媒介知识，告诉他们如何正确使用电视、网络等媒介，并合理安排时间，养成良好的生活习惯，电视台对播放的电视节目要进行严格的审核。网络媒介比较复杂，且存在许多管理不完善的地方，需要经营者提高自律意识，并相互监督，减少直至杜绝网络不良信息的传播。

（二）学校加强媒介教育和人文关怀

密切师生关系，发挥老师、同学的力量，关心农村留守儿童。多举办集体活动，丰富他们的课余生活，而不是仅看电视和上网。当他们重获自信，明确学习奋斗目标后，自然会变得更加活泼乐观。而且，农村留守儿童在集体的监督下重新认识和看待媒介，对媒介内容做出区分和判断，有利于良好的媒介素养的形成。

（三）社会公益力量参与

社会各界对留守儿童的帮助无疑是最有力量的。如今，有越来越多的社会公益组织用细微的行动感染着身边的人。在对农村留守儿童媒介素养的关注上，常能通过公益活动的方式，让人们去关注这个弱势群体，传播媒介知识，甚至走近农村留守儿童，带去社会的关怀。其实，这些社会活动，并不是强加给农村留守儿童一种媒介观念，而是教育他们自我理解，做出自己的价值判断。社会进行引导，并力图为他们构建一个绿色的媒介环境。尽管这是个很艰难的过程，但只有减小城乡间的媒介鸿沟，弥补父母教育的缺位，才能让他们在接受健康的媒介文化知识中成长。

（樊俊豪摘）

专家述评

媒介素养教育实践实证研究述评

张舒予

我们从研究对象、研究主题和研究方法等几个关键词入手，对2015年度媒介素养教育实践实证研究成果的具体内容和创新特色加以考察、梳理和比较，述评如下。

一、研究对象有所拓宽，大中小学层次全面

2015年度媒介素养教育实践实证研究成果既从宏观层面囊括了大中小学生的媒介素养教育研究，又从微观角度关注了弱势群体农村留守儿童和具有特殊需求的残疾人群体之一聋生的媒介素养教育研究，在一般性整体概况的探究中凸显出研究者的人文关怀细微之处。

（一）小学的媒介素养教育实践实证研究

关于小学生媒介素养教育实践实证研究的论文有两篇：《小学媒介素养"晶体"课程资源设计及应用研究》与《小学媒介素养"晶体"课程资源评价及实践研究》分别发表于《中国电化教育》2015年第1期和第2期，均出自于同一组研究者，他们是东北师范大学计算机科学与信息技术学院的陈晓慧、吴靖和张煜锟。在大量课程资源研究的基础之上，设计和开发了小学媒介素养"晶体"课程资源，并对其"晶体"课程资源的实施、评价及实践进行系统研究。所谓"晶体"课程并不是一门关于"晶体"的课程，而是作者提出的一种新的课程理念。"晶体"课程理念建立在对笛卡尔的二元论思维方式和牛顿物理学世界观的反思之上，通过考察大量西方诸多课程思潮，并主要吸取物理学家普利高津的耗散结构等自组织的思想理念、杜威的过程思想和怀特海的有机哲学、小威廉姆·多尔的后现代课程思想等。所谓"晶体"课程，是一种课程隐喻，即把课程比喻成"晶体"。这里的"晶体"并非物理意义上的"晶体"，而是"视觉"意义上的晶体，具体是指一种内部饱含闪烁与琉璃、表面光芒各异的结晶体。"晶体"内部饱含闪烁与琉璃的状态主要隐喻以"自组织"为核心的课程过程，而"晶体"每个横截面所表现的光芒各异主要隐喻课程结果的"差异性"。在"晶体"课程中，"晶体"课程以"自组织"为核心驱动

力来促成课程"耗散结构",并通过教师进行合理"干扰"来突破课程"耗散状态",最终由师生共同促成"转变性"和"非一致性协同"的课程新秩序。在"晶体"课程资源的开发中,提出了小学媒介素养"晶体"课程资源的设计理念和设计标准,开发了小学媒介素养"课程资源包"和"教材资源"的具体内容,在小学媒介素养"晶体"课程资源的实施方法上,分别从课程物理环境和课程心理环境两个层面探讨。

可见,关于小学生媒介素养教育实践实证研究的成果不多,但"晶体"课程资源的理念令人耳目一新,对"晶体"课程资源的设计、实施、评价及实践所进行的研究比较系统深入,研究质量的卓越弥补了小学生媒介素养教育实践实证研究数量上的不足。

(二) 中学的媒介素养教育实践实证研究

中学的媒介素养教育实践实证研究面有所拓展,但基本都围绕课程而展开。关于中学生媒介素养教育实践实证研究的论文共5篇,有4篇均以在中学语文课程教学中探索媒介素养教育为主题,发表在《中学语文》论文有3篇,《语文建设》发表1篇。如何从语文学科的角度整合媒介资源是这些研究的共同方向。有1篇从高中政治课教学的角度探究媒介素养教育论文发表在《思想政治课教学》。

陈瑛和潘涌的《论媒介素养核心评论能力及其培养——基于新闻评论课的实践》(发表于《中学语文》2015年第4期)理论上提出评论能力是媒介素养诸能力的核心,同时在实践方面探索将媒介素养核心即独立评论能力的培养融于语言学科教学,在高中母语教学课程中增加开设了新闻评论课。作者在1992年美国媒介素养研究中心界定的媒介素养(media literacy)概念"指人们面对媒体提供的各种信息时的选择能力(ability to choose)、理解能力(ability to understand)、质疑能力(ability to question)、评估能力(ability to evaluate)、创造和生产能力(ability to create and produce)以及思辨和反应能力(ability to response and thoughtfully)"的基础上强调指出:评估能力(即评论能力)是媒介素养诸能力的核心,重于选择、理解和质疑能力,为创造和生产能力、思辨和反应能力的形成夯实基础,属高级语用行为。认为高中阶段可尝试开设新闻评论选修课进行媒介素养教育。新闻评论课不仅培养学生听、说、读、写能力,还可以发展学生视、思、评能力。这种新闻评论课教学设计和探索顺应时代趋势,符合学生综合素质能力发展需求,是语文教学新形态的尝试。

李爽的《浅谈媒介素养对语文教学的影响》:媒介信息涌入课堂教学,媒介语言进入高考语文试卷,作文命题让学生聚焦媒介热点问题。媒介素养其在内涵上与新课程目标形成交集,高中语文教材苏教版将媒体上的访谈内容选入了课本,而语文教材中大量文学作品,如《林黛玉进贾府》、《雷雨》等则被影视作品所呈现,使得媒介素养与语文素养的融合成为可能。将网络资源导入语文教学,课堂教学教学手段多元化，构建多元化的语文课堂教学正在成为实践。

李斌的《试论媒介素养教育的理论探索与实践操作》：媒介传播方式时时刻刻都影响着中学生的学习和生活，影响着学生们语言表达能力以及价值观的形成。媒介资源融入高中语文教育，可以拓宽高中语文教育的平台，促进对语文教学内容和形式的延展和突破。新时代的高中语文教学表现为一种融汇我国古代、现代以及当代的各种要素的综合性体系。

从高中政治课教学的角度探究媒介素养教育的论文是刘海的《媒介素养在政治教学中的渗透》(《思想政治课教学》)，认为政治课是媒介素养教育的重要载体，运用媒介素材和活动话题，通过在文本研读中参悟，在问题探讨中领悟，在活动体验中感悟，有助于培育出具有较强批判能力、能独立思考媒介信息的优秀公民。

令人遗憾的是尚未在中学其他课程中有涉猎媒介素养教育的相关研究。

(三) 大学生的媒介素养教育实践实证研究

相比较中小学，高校的媒介素养教育实践实证研究范畴较广泛，既有在学科课程中实施媒介素养教育的"媒介素养与课程整合"的探索，进行了将媒介素养教育与高校德育课程、高校文献检索课程和高职英语报刊教学课程整合的实践，也有突破课程范围将媒介素养教育实践渗透到学校生活其他方面的研究，如校园媒体发展与大学生媒介素养互动、批判性思维能力培养等。

刘颖洁的《高校德育视角下媒介素养教育课程研究》(《学理论》)：认为媒介素养教育既是知识教育，也是价值教育，因此，高校将媒介素养教育纳为大学生思想政治教育的重要部分，不仅有利于丰富高校德育的内涵，而且有利于提高高校德育的效果。应从合理构建课程模式，创新课程内容，拓展课程实践平台等三个方面来探讨高校媒介素养教育课程的改革方向。

李晓蕾的《媒介素养教育嵌入高校文献检索课的探究》(《上饶师范学院学报》)：我国高校文献检索课自1984年开设，已30多年。一门集知识、技能和综合信息素质提高的课程，教学滞后于信息时代网络化快速发展的需求。将媒介素养教育嵌入文献检索课的必要性已经充分彰显。

封海燕的《高职英语报刊教学与媒介素养教育》(《黑龙江教育学院学报》)：以山东外贸职业学院商务英语专业大一全体学生调查为基础，讨论高职英语专业学生的媒介素养情况、存在的问题以及提高高职学生媒介素养教育的措施。

曹正勇的《当代大学生媒介素养教育中批判性思维的培养——基于贵州省五所高校的实际调查》[发表在《贵阳学院学报》(社会科学版)2015年第2期]从大学生媒介批判思维和意识培养的角度切入媒介素养教育的探究。现代社会是一个信息爆炸的时代，也是一个信息无限度消费的时代。各种信息鱼龙混杂，难辨真假，良莠不齐。大学生作为对时代审美标准形成、信息生产与传播和媒介监督管理都有重要影响的特殊群体，培养和增强他们的媒介批判思维和意识，将对推进校园文化建设和整个社会文化品位的提高都具有积极意义。

张婷婷和杨凯的《校园媒体发展与大学生媒介素养互动研究——以广西师范大学为例》(发表在《中国报业》)指出校园媒介是提升大学生媒介素养教育的有效阵地，以广西师范大学校园媒体和学生为样本，对高校大学生媒介素养现状和高校校园媒体的互动发展进行研究，通过加强校园媒体与大学生媒介素养的互动，实现大学生媒介素养能力的提高。

（四）关注弱势群体农村留守儿童媒介素养

调研所选的样本为安徽省池州市石台县农村义务教育阶段的中小学生。样本总数为191人，其中，男生有86人，占45%，女生有105人，占55%。年龄分布在7至14岁之间，为小学二年级至初中三年级的在校学生。(1)电视媒介接触情况。(2)网络媒介接触情况。(3)媒介认知情况。居于调查数据，得出农村留守儿童媒介接触习惯不良，媒介认知不足，媒介使用能力不高。对农村留守儿童的媒介素养教育，体现着社会的人文关怀，也是媒介发展中的一个重要环节。多样化的文化活动可以传递一种正确的媒介理念，拉近与他们的距离，给予他们正能量。减小城乡间的媒介鸿沟，弥补父母教育的缺位，让他们在接受健康的媒介文化知识中成长。

（五）关注特殊群体聋生媒介素养

袁芯的《基于媒介素养培养的聋生语文课程项目开发研究》(《语文建设》)的亮点是注重缺陷补偿，利用聋生敏锐的视觉思维能力，引导聋生运用现代媒介技术搜集和处理各种媒介信息，使其具备阅读与理解信息，并能通过媒介表达与传播个人言论，观点的能力。从提高聋生语文沟通技能、增强职业语文能力、满足聋生社会生活需求三个维度设计语文课程项目内容。对原有的聋人高职语文教材研发为突破口开展教学改革。从聋生语言运用能力的提升，媒介素养的培养，职业语文素养的提高三个维度对原有教材进行改革。具体实施的两个步骤为：(1)吸纳与整合教材中已有的媒介素养教学因子，结合教材中的文字文本开发综合实践活动项目；(2)结合所学的专业，突破现有语文教材构建框架，创新建设专业课程媒介资源。

二、研究主题内容丰富，研究方法有新的深入

2015年度媒介素养教育实践实证研究成果在研究主题内容扩展和研究方法深入等方面有新的提升和发展。

（一）研究主题内容比较丰富

研究主题内容的丰富性体现在既有关于媒介素养教育的理论探索，也有媒介素养能力培养的实际调查与实践操作，尤其在媒介素养与课程整合和媒介素养课程资源设计及应用方面的探索在大中小学皆有比较显著的突破：国外媒介素养教育实践中四种常见的课程方式在国内都有了不同程度的体现：(1)以单独科目形式存在的独立式课程，如高校新闻传播专业将媒介素养教育作为专业必修课开设；(2)某一

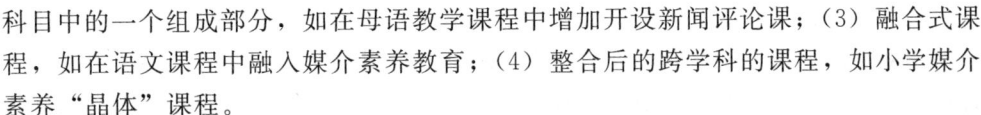

科目中的一个组成部分,如在母语教学课程中增加开设新闻评论课;(3)融合式课程,如在语文课程中融入媒介素养教育;(4)整合后的跨学科的课程,如小学媒介素养"晶体"课程。

(二)研究方法有新的深入

研究方法有新的深入体现在研究切入点鲜明有力,实践实证的途径呈现出多样化趋势。

羊晓莹发表于《重庆第二师范学院学报》2015年第4期的《高校媒介素养教育的融合式课程探索》论文给人印象深刻在于三方面:

一是对国外媒介素养教育的课程方式进行分析和综合的梳理:归纳出在国外的媒介素养教育实践中有四种常见的课程方式:以单独科目形式存在的独立式课程;某一科目中的一个组成部分;融合式课程;一项整合的跨学科的课题。总的来说,融合式课程是国外媒介素养教育的主要方式。比如,英国英格兰地区中学的媒介素养课程采取了"选修独立"和"必修融合"两种形式。"选修独立"是指将"媒介研究"课程作为针对14~16岁青少年开设的选修课。"必修融合"是将媒介素养的内容融入英语课、信息与传播技术课、公民教育课。美国中小学则将媒介素养教育内容融入了以下四类课程:英语,语言和传播艺术类;社会研究,历史和公民课类;健康,营养和消费主义类;媒介类。二是对国内媒介素养教育的课程方式提出"中国目前的媒介素养教育发展情况,独立式课程难以实施,而融合式课程反而具有更高的可操作性和普及性"的观点,并对媒介素养与课程整合的"融合式课程"的可能途径进行了系统的探索,阐述了媒介素养教育和公共课程的教学内容融合、教学方借鉴等问题。具体为:(1)媒介素养教育的知识技能层面与"大学生计算机基础"的课程融合;(2)媒介素养教育的道德法律层面与"思想道德修养与法律基础"的课程融合;(3)媒介素养教育的心理层面与"大学生心理健康教育"的课程融合。之所以提出此三种"融合式课程"思路,在于存在着可融合的内在因素。比如媒介素养教育和计算机基础这门学科都涉及了信息的传播和利用,只是后者更偏向大众媒体传播理论。因此,可以在计算机基础课程中加入两项内容:第一,媒体信息的制作和传播原理,第二,自媒体等新兴媒体的传播和创造技巧,"大学生计算机基础"就可以超越以前的局限而具有了新的内涵和生命力。同理,"思想道德修养与法律基础"课程如果融入了网络道德修养和网络法律意识的内容,"大学生心理健康教育"课程融入传统社交和网络社交相结合的健康社交方式和手机成瘾的危害和预防,都会使得课程焕然一新,对大学生具有现实意义和巨大吸引力。

三是关于媒介素养教育与公共课程的教学方法融合的讨论,提出借鉴公共课程经典教学方法,克服"重技术、轻内容,重操作、轻思考"的教育倾向,提高媒介素养教育的教学效果。具体为:(1)"大学生计算机基础"的实践教学法对媒介素养教育的借鉴;(2)"思想道德修养与法律基础"的小组合作学习法对媒介素养教育的借鉴；（3）"大学生心理健康教育"的体验式教学法对媒介素养教育的借鉴。论文还提出增加课程融合的广度和深度，除了上文提到的三门公共课，媒介素养教育还可以和专业课程、大学生安全教育课程的网络安全教育等内容相融合。配合融合式课程进一步开展社会实践、素质拓展等教育活动，与电视台、报社等媒体机构长期合作，建立社会实践基地。除了社会实践活动，也可以开展大学生"新闻评论社"这类素质拓展活动，让学生对媒体报道的各种社会现象进行分析、交流，以提高个人媒介素养，明白媒体信息是对客观事实的重新建构，而不是事实本身。在社会实践中自己动手创造媒体产品，提高媒介信息的解读能力、使用能力和创造能力。

陈瑛和潘涌的《论媒介素养核心评论能力及其培养——基于新闻评论课的实践》，从选修课与必修课共建可构成开放多元的语文教学体系的高度来认识在语文教学中实施媒介素养教育的意义。他们在实践中开设的新闻评论课从属语文教育，属于在学科课程中增加体现媒介素养教育的某个新的组成部分的课程模式探索。作者考察母语教育中"评论"一词的丰富意蕴，"有时指批判、批评甚至非难，有时又指评价、判断或辩说；它既含有否定意向的质疑或肯定意向的褒扬，更泛指基于独立人格、源于自由思想的个体言说"，推断出评论能力外显生命个体的思维水平，常常通过口头言说和书面写作的形式而呈现，这种基于个体自主人格进行的自由思考独立表达，实质就是独立评论能力，这与媒介自由平等的精髓一致。因此，在积极语用观理论指导下，在语文课程教学中增加新闻评论课内容，可能实现培养学生表达能力和提升媒介素养的综合性教学目标。新闻评论课教学实践通过问题设计、文本挖掘等环节熏陶学生情感，突出语文的人文性。课程资源选择与生活紧密联系的文本，借助网络、电视、广播等媒介，对当下发生的现象、言论等，通过观察、思考、判断、分析，表达个体独特的感悟、分析和判断，实施在特定的语文场域以思为枢纽，通过听、读、视与说、写、评的形式展开语用实践，培养语文应用能力。新闻评论课的设计和组织打破传统语文教材文本选择选文的束缚，"大胆合理取用媒介信息，以语用能力为基点设计学案"的新闻评论课学案设计案例：采用"混合文本＋问题模块"形式自主选取话题、设计问题，提供多样文本。个体在阅读中筛选信息，在比较中活跃思维，在思考中判断分析，形成看法，从而滋生评论萌芽。新闻评论课实践证明：它能唤醒学生内在的言语需求，学生在自由表达中能砥砺、提升评论能力；它也能提高教师整合教学资源、开发课程的能力，进一步挑战教师的语用素养。

《小学媒介素养"晶体"课程资源设计及应用研究》与《小学媒介素养"晶体"课程资源评价及实践研究》的研究成果凸显了在理念上提倡整体主义思考方式。课程资源以诸多媒介内容或形式构成的主题为单位开发"课程资源包"和"教材课程资源"，二者共同作为小学媒介素养"晶体"课程资源的组成部分。定义媒介素

第三部分　媒介素养教育实践实证

教育旨在培养学习者对媒介信息的六种能力,具体包括对媒介信息的认识能力、使用能力、选择能力、参与能力、评价能力、创造能力,强调以上六种媒介能力是有机作用和不可分割的,在教学实践中必须综合考虑、有机结合、平衡实现。研究团队基于东北师范大学出版的教材《走进媒介世界——媒介素养课程50讲》一书,在每一个"课程资源包"中开发了三个方面的内容,分别为"课程标准的开发与设计""资源内容的开发与设计"和"教师课件的开发与设计"。"教材课程资源"中教材的核心理念指向大众媒介文化批评,既借鉴了英国式的"保护主义"范式,融合了美国的"实用主义"范式,又在中国国情的基础上确立了自己的媒介素养课程核心理念,确立了自己的教育理念,即倾向分析、鉴赏和理解大众文化的"理解范式",即"媒介批评"范式。

小学媒介素养"晶体"课程资源的具体使用对课程环境提出了新的要求和挑战。课程环境是由物理环境和心理环境所构成的一系列各个因素的总和,课程物理环境和心理环境是共同构成了"晶体"课程环境的两个主要因素。"晶体"课程中的物理环境是指教室、座椅、电脑等一系列的物质因素构成的课程环境。"晶体"课程中的心理环境是指促成教学气氛的人的心理状态和思维方式等因素的总和,包括教师的心理环境和学习者的心理环境。这个课程环境的概念拓展对教师的教和学生的学都将产生积极的影响。

这些案例在"媒介素养课程资源设计及应用"和将学科教学和媒介素养教育结合起来的"融合式课程"方面的探索水平达到新的高度,将理论探讨和实践验证紧密结合,并有比较扎实的资源开发建设和教学评价的改革配套的落实,做到了"知行统一"。

概括而言,2015年度媒介素养教育实践实证研究在研究对象方面有所拓宽,既从宏观层面囊括了大中小学生的媒介素养教育研究,又从微观角度关注了弱势群体农村留守儿童和具有特殊需求的残疾人群体之一聋生的媒介素养教育研究,在一般性整体概况的探究中凸显出研究者的人文关怀细微之处。虽然关于小学生媒介素养教育实践实证研究的成果只来自于一个研究团队,但研究的理念方法和实践实施的系统全面使其研究质量令人刮目相看,所提出的"晶体"课程资源的理念令人耳目一新。中学的媒介素养教育实践实证研究基本都围绕课程教学的改革更新而展开。关于中学生媒介素养教育实践实证研究的论文共5篇,其中有4篇均以在中学语文课程教学中探索媒介素养教育为主题,这些研究成果形成了语文教学内容和形式的延展和突破,将促进媒介时代的我国母语教学向一种能够融汇古代、现代以及当代的各种语言要素特色的现代化综合性教学体系迈进。有1篇论文从高中政治课教学的角度探究媒介素养教育。令人遗憾的是在中学其他课程中尚未有涉猎媒介素养教育的相关研究。高校的媒介素养教育实践实证研究范畴较广泛,既有在学科课程中实施媒介素养教育的"媒介素养与课程整合"的探索,进行了将媒介素养教育与高校德育课程、高校文献检索课程和高职英语报刊教学课程整合的实践，也有突破课程范围将媒介素养教育实践渗透到学校生活其他方面的研究，如校园媒体发展与大学生媒介素养互动、批判性思维能力培养等，丰富了实施校园素质教育的内容与途径。

  2015年度媒介素养教育实践实证研究的特色还体现在研究主题方面内容比较丰富，在研究方法方面有新的深入与突破。尤其在媒介素养与课程整合和媒介素养课程资源设计及应用方面的探索在大中小学皆有比较显著的突破，形成令人欣喜的局面：国外媒介素养教育实践中四种常见的课程方式在国内都有了不同程度的体现：有以单独科目形式存在的独立式课程；有在学科课程中增加体现媒介素养教育的某个组成部分；有将学科教学和媒介素养教育结合起来的融合式课程；还有经过整合后形成的一门跨学科的崭新课程。这些媒介素养教育实践实证研究所取得的探索性成果具有一定的代表性，为我国媒介素养教育更全面的普及和深入提供了有意义的样本和有价值的借鉴。

（作者系南京师范大学视觉文化研究所教授、博导）

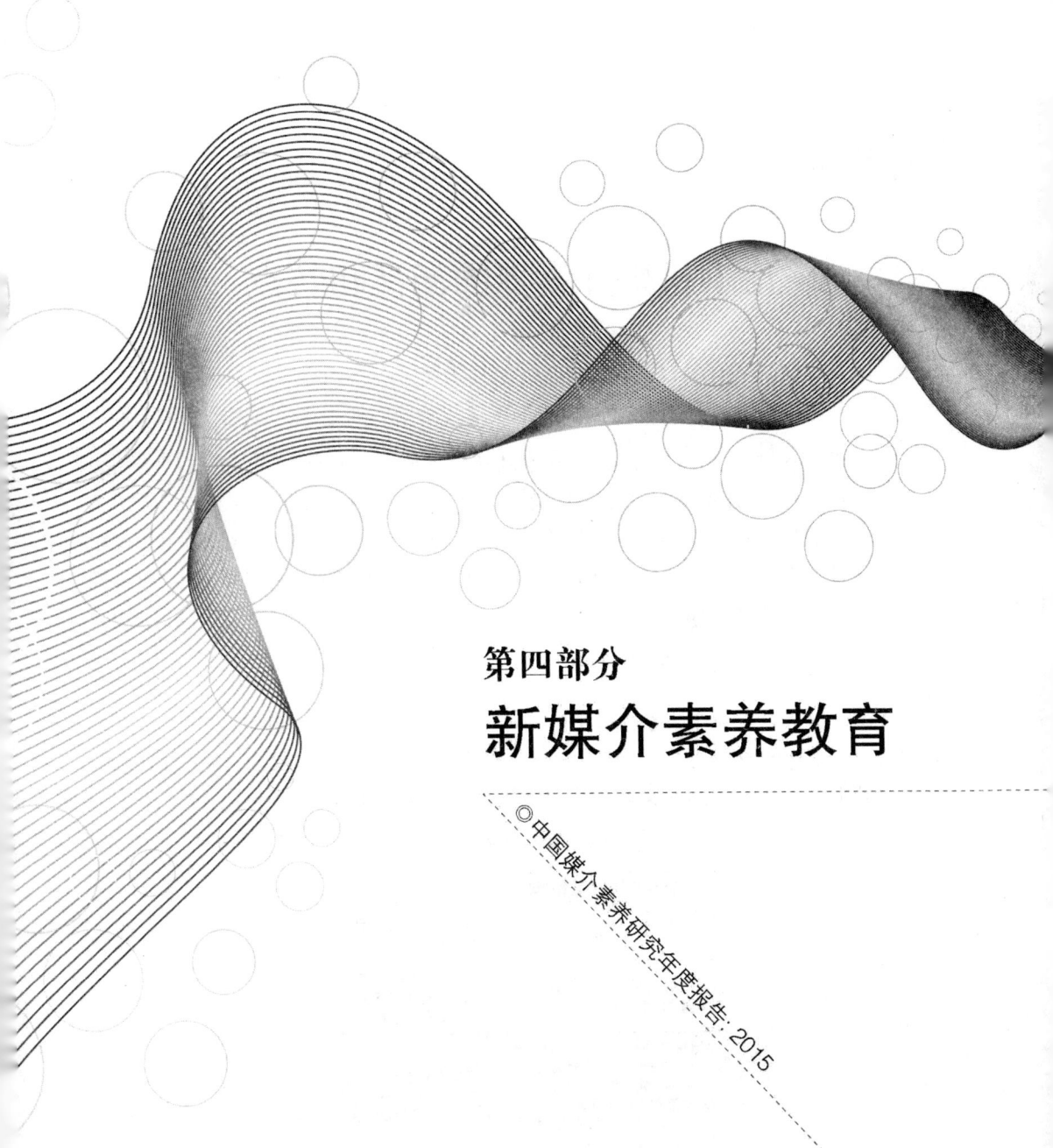

第四部分
新媒介素养教育

◎中国媒介素养研究年度报告: 2015

全文刊登

论手机媒介素养的涵义和特点

于 杨　李静霞

英国学者利维斯（ER·Leavs）和他的学生丹尼斯·桑普森（Denys·Thompson）发表了文化批评论著《文化和环境：培养批判意识》，以此为发端，西方国家掀起了轰轰烈烈的媒介素养运动，最终将其纳入正规化、体制化的学校教育。经过80多年的发展历程，媒介素养已经不仅仅局限于一种媒体教育的方法论，而是随着时代发展而不断充实完善的开放性学科体系。

一、媒介素养内涵不断发展

各国（地区）专业学者根据本国（地区）媒介素养教育实践，对于"媒介素养"的内涵表述林林总总，"没有一个都获得认可的媒体素养定义"，本文对目前国际上比较常用媒介素养的涵义进行了关键词整理，请见下表。

国内外对媒介素养核心内涵阐释概览

媒介素养核心内涵关键词	出处
理解 understanding、欣赏 enjoyment、创作 create 媒介作品	加拿大安大略教育部（Ontario Ministry of Education）
接近 access，分析 analyze，评估 evaluate，创作信息 create	美国1992年在阿斯彭举行的媒介素养问题领导人会议通过的定义。
选择能力 ability to choose、理解能力 ability to understand、质疑能力 ability to question、评估能力 ability to evaluate、创造和生产能力 ability to create and produce 以及思辨和反映能力 ability to response and thoughtfully	美国媒介素养研究中心（Center for Media Literacy）1992年提出的定义。
接近（access）、理解（understanding）和参与沟通（create communications）	英国通信管理局
解读媒体、思辨媒体、欣赏媒体，进而使用媒体来发声	台湾政大传播学院媒介素养研究室（Center for Media Literacy in Taiwan）
认识，批判，解读，了解媒介	香港基督教服务处
选择能力、理解能力、质疑能力、评估能力、思辨性应变能力	中国大陆

第四部分　新媒介素养教育

经过整理发现，虽然国内外对媒介素养内涵阐释与认识不尽相同，但其核心内容基本相近，媒介素养核心内涵就是为人们在媒介环境中"读懂"媒介、"创作"信息提供支持和帮助。现代传媒已进入了媒介融合阶段，印刷、音频、视频、计算机、互联网、手机共存共生，彼此之间并没有相互取代，而是在相互融合中构建起不断更新的媒介环境。一方面，媒介素养是一个包容性的概念，其涵盖媒介多元特性，比媒介总和的范围更广，新媒介的素养也包含在媒介素养的概念中，这一特征既是媒介素养发展优势，表明媒介素养向所有新的领域和技术革新开放，同时，也是其发展中的劣势，在信息技术不断更新的历程中，会出现界定不清、相互矛盾的情形。因此，需要研究人员与教育者紧跟传播科技变迁，不断发展、充实、更新媒介素养的内涵。

媒介素养内涵从最初"读"和"写"的能力，发展成为如今的包含一系列技术的能力，这期间走过了20世纪30年代"屏幕素养"、60年代"电视素养""视觉素养"、70年代至80年代的"计算机素养"、90年代的"信息素养""网络素养"和"数字素养"，以及进入21世纪以来，信息传播技术急速发展，为应对信息交流手段多元和复合方式而产生的"新兴素养"和"复合素养"等研究领域。

近几年，随着移动通信技术发展，手机迅速普及、技术不断革新，在我国，据工信部统计数据显示，截至2014年12月底，中国手机用户数量已经超过13亿。

中国互联网络信息中心（CNNIC）在第34次《中国互联网络发展状况统计报告》中显示，截至2014年6月，中国网民规模达6.32亿，其中，手机网民规模5.27亿，网民上网设备中，手机使用率达83.4%，手机首次超越传统PC成为第一大上网终端。手机已经发展成为技术更新最快、应用最广泛、影响最大的媒介之一，其力量已经不能小觑，手机媒介素养需要引起学者和社会关注。

二、手机媒介化及其特点

（一）手机媒介化

按照出身，手机是通信工具，而不是媒体。手机作为通信媒体的地位是与生俱来的，手机作为媒体得到承认有一个逐步演化的过程。

随着3G技术的推广与使用，手机通过对传统媒介形态的整合，完成了自己的媒体化进程，成为继互联网之后的传媒教育另一个新兴媒体——"第五媒体"。移动通信技术的快速演变，以及手机操作系统的开放性，使得手机媒体可以与社会日常生活的各方面融合，并进而在手机上自由搭配出不同的手机媒体形态：与上网搜索搭配就变成移动互联网；与阅读搭配就变成了手机出版物；与娱乐消遣搭配就成了手机游乐场；与GPS地图搭配就变成了手机导航系统；与金融购物搭配又变成了手机支付工具……今天，手机已经彻底告别当初的只是具有移动、手持、通话、边走边聊等特性的通话工具时代，而是作为新媒介的代表脱颖而出。

（二）手机媒介特点

对比以往媒介，手机媒介在技术、情感和参与性方面表现出不同的特点。

1. 技术特性——补偿性＋融合性

手机技术上最突出的特点是其信息传播形式的融合性和补偿性。"电脑把人类一切媒介集于一身，开创了一个与物质世界迥然不同的虚拟世界"，"互联网已然是媒介之媒介，手机则更胜人一筹，它是移动之中的媒介之媒介，他把你从电脑边解放出来。"[①]正如保罗·莱文森所说的，人类的媒介历史在理性选择中发展，任何一种后继的媒介，都是对过去的一种媒介或某一种先天不足功能的补救和补偿。手机媒体是手机和网络的结合体，但是它比电脑更普及，比报纸更互动，比电视更便于携带，在操作系统方面比电脑更加方便、快捷，应用程序和软件设计成App（Application）——基于某个平台所提供的某种服务，使其具有便易于操作、人性化、功能优化、界面友善、信息结构全面、注重用户体验等特色，以"人"为核心设计理念，帮助用户完成单个或多个任务。操作简便，易于使用，无须学习就能掌握操作方法。

2. 情感特征——私人性＋亲密性

历史上，任何一种媒介，无论其问世之初对人、对社会产生多大的影响，都是人的"身外之物"，只有手机因具有随身性、移动性而成为了"带着体温的媒介"与人"如影随形"，因此手机与使用者在情感上具有亲密的关系。

手机媒体作为一种个人化的媒介可以满足使用者个性化的需要和服务，隐藏着许多个人的情感，如在通讯录中将与自己关系亲密的人设置成不同的名字、铃声、并配有照片，寄托不同的情感，有选择性地接听电话、回复短信内容及时间，以及在即时通信工具中标示自己的在线、离线、繁忙状态等等，都表现出手机所具有的私密性。

在与个人亲密情感关系的相互作用下，手机与人类情感上的亲密关系模糊了公共与私人空间的界限，混淆了线上和线下世界，形成了手机黏性，Larissa Hjorth和Sun SunLim称之为一种情感殖民，其混淆了私人和公共空间、感性和理性，将形成一种强烈的情感文化，将工作、家庭和关系都包含在其中。[②]

3. 参与特征——开放性＋互动性

手机媒体是借助手机进行信息传播的工具，是名副其实的"5A"媒体（anyone、anytime、anywhere、any informa－tion、any media），即任何人，在任何时间、任何地点，可以传送或接收任何类型符号的媒介信息，手机传播具有前所未有的开放性和互动性。

手机媒体已发展成为集成性移动平台，成为当今名副其实的个人信息处理的中枢。与此同时，手机社交化已成趋势，基于SNS构建的新型手机社交网站，通过"熟人的熟人"拓展手机网络社交，不仅具备丰富的社交和娱乐功能，还具有强大的传播功能,在人与终端机器界面的互动中进行人与人之间的互动。由此可见,手机媒体是一种不断发展、不断延伸功能的新型媒体平台,其融合传统媒体的传播方式和特点,将不断丰富手机的传播功能和社会影响力,改变着人类的社会生活,并由此揭开人类传播历史的新篇章——移动传播时代。

相对于传统媒介的单向传播方式而言,相对于互联网双向却受制于时间地点的束缚而言,手机媒体的传播过程将更加开放和互动。手机用户既是传者又是受者,他们有机会在更加主动地获取自己所需要的信息同时又能及时发布自己的观点和想法,可以说,手机完全具备了这样的潜质,这种潜质将在未来社会助力公民自我表达、参与和协作,提高人们的公民意识,促进社会民主与和谐的发展。

三、手机媒介素养的内涵与特点

(一) 手机媒介素养的内涵

手机是一种新兴的数字化媒介,研究与界定手机媒介素养是媒介素养教育发展的历史要求。近几年,我国学者也根据媒介素养概念,提出了手机媒介素养的含义,如李春梅在2012年发表的《大学生手机手机媒体媒介素养教育研究》中指出,手机媒介素养是人们正确认识手机媒体,面对手机媒体传播的各种信息应当具有的选择能力、评价批判能力、创制手机媒介信息的能力、利用手机媒体促进自我良好发展的能力或修养。③此概念从认识、选择、批判、创作四个方面界定手机媒介素养。

周金辉总结手机媒介素养主要包括以下四个方面:①对手机媒体应用功能的掌握。包括对收发短信、接打电话等基本操作的掌握,对手机QQ、微博、微信等操作、功能、特点的掌握。②对手机媒介信息的认知。包括对手机媒介信息的选择、理解、质疑、评估能力。③对手机媒介信息的创造与传播。对手机媒介信息的有效利用、传播和创造能力,以提升自身,促进社会发展。④对手机媒体的合理利用。包括合理掌控手机媒体在生活中的角色,合理安排应用手机的时间。④此概念进一步丰富了手机媒介素养的内涵,除有关手机的知识、能力之外,对手机成瘾问题给予回应,提出了手机使用者在态度方面,需要合理利用手机。

笔者认为,可以从以下三个层次来理解手机媒介素养的内涵。

在初级层面上讲,手机媒介素养就是个体使用手机的能力。

从中级层面上来看,手机媒介首先是个体利用手机去探寻信息的能力;其次是认知、理解、评估手机信息的能力;最后是创作、分享和发布信息的能力。

从高级层面上来看,第一,手机媒介除了具备传统媒介素养所要求具备的有关手机信息的接近、理解、评估、创作与分享的能力之外,还需要具备应对媒介符号复合形式,以及应对不同信息源所发出的海量信息所具备能力;第二,手机对人类精神、情感、思维、社会交往的异化和依赖性,要求使用者应具有不断反思手机使用行为的能力，抵制手机成瘾，能动性的使用手机；第三，手机所具有的开放性、互动性的特点，以及与网络、社交媒体的结合与广泛应用，需要培养使用者在技术、意识方面创作与表达、参与和协作方面的能力。

（二）手机媒介素养的特点

手机媒介素养并没有溢出媒介素养的一般性研究框架，它的意义仍然在于它"是超越具体媒介环境的一种理念和思想"，但由于手机媒介所具备的特征，因而手机媒介素养也具有一些鲜明的特点。

1. 手机媒介素养日益人格化

如前所述，手机媒介与人的黏合度越来越高，是"内部殖民化"的典型代表，现实中手机依赖症也成为普遍现象。在这个媒介化生存的时代，[⑤]手机媒介的"随时随地""随意随性"等移动、互动的突出特点，深刻地改变着人们的生存方式，已成为人们媒介化生存的首选，手机媒介覆盖了人们政治、经济、文化和社会生活的方方面面，人们的快乐与幸福、焦虑与不安、激动与愤怒等种种情绪都与手机媒介息息相关，可以说，一个人的手机媒介素养水平标示着一个人的人格水平，一个具备积极、全面、独立、稳定的手机媒介素养的人，一定会焕发出独特而积极的人格魅力。人格与手机媒介素养一同存在于人类的精神文化维度里，通过手机媒介的使用二者互为表里、相互印证。随着手机媒介运用的安全性得以保障，尤其是手机媒介实名制的发展趋向，都将进一步放大手机媒介素养的人格化的特点。

2. 手机媒介素养更具发展性

媒介素养本身就是一个随着信息传播技术的进步不断发展和延展的概念，这是奠定手机媒介素养更具发展性的基础。决定手机媒介素养更具发展性的更在于手机媒介的使用者——人本身。人的生存质量的高低主要体现在人本身的成长性，体现在人的各方面素养和能力的不断提高。手机媒介素养更具发展性，不是简单地指手机媒介素养的加高加厚，更是指手机媒介的使用者应该具备前瞻性，即具备用发展的眼光看待问题和解决问题的能力。

3. 手机媒介素养更需批判性

手机媒介素养的批判性与信息素养（Information Litera-cy）有交叉之处，信息素养是一种对信息社会的适应能力，是信息产业协会主席保罗·泽考斯基于1974年在美国提出的。1989年美国图书馆学会（American Library Association，ALA）将其定义为：能够判断什么时候需要信息，并且懂得如何去获取信息、如何去评价和有效利用所需的信息。手机媒介素养的批判性首先表现在手机媒介使用者应该具备的甄别能力上，所有联系人都会成为传播者，海量信息的涌入与交叉传播，必将占用使用者大量的时间和精力，必须对传播者和信息进行甄别与分辨；其次表现在手机媒介使用者的选择能力上，即在甄别的基础上，还要对不同类别的信息有所取舍；第三，表现在手机媒介使用者的评价能力上，这是一个人人格素养独立的基础,也是手机媒介素养的核心要素。

4. 手机媒介素养更重实践性

没有哪一种媒介素养比手机媒介更注重实践性,这是因为没有哪一种媒介能像手机媒介一样,与它的拥有者始终如影相随。人们把手机媒介带在身上的目的就是随时随地随意地使用。手机媒介素养更重实践性突出表现在手机媒介使用者创作信息、利用手机媒介传播自己创造的信息的能力上,这也是能够全方位整合手机媒介各方面素养的一种能力。人的手机媒介素养是在实践中培育、积累和发展起来的,现实中相当一部分人在使用手机媒介的过程中一步步沦陷,患上手机依赖症,这正是手机媒介素养低下的结果,也是缺乏理论指导的结果。手机媒介素养更重实践性这一特点警醒人们,一定要认识到提高手机媒介素养的迫切性,加快手机媒介素养教育实践,建构并及时更新手机媒介素养的理论框架,使手机媒介素养理论更好地指导人们的信息创造和传播实践。

总之,既然手机媒介已成为人们媒介化生存的首位媒介,既然手机媒介素养已成为人们生活质量的决定性因素,那么,研究手机媒介素养的内涵与特点就不仅是一种理论需要,它更是一种迫切的现实需要,手机媒介因其发展性、补偿性、与其他媒介的复合性,以及自身技术、情感、互动、平台等媒介特征,在表现出强大的工具理性的同时,也为人们展现了巨大的价值理性的发展空间,它决定了手机媒介素养的客观存在与快速发展,这就要求学者们深入研究、建构并不断发展、完善手机媒介素养理论,从而引导人们能动地使用手机,让技术进步最大程度地造福于人、造福于社会。

注释:

① [美] 保罗·莱文森著,何道宽译:《手机:挡不住的呼唤》,南京大学出版社2004年版,第6页。
② Larissa Hjorth and Sun Sun Lim. GUEST EDITORS' INTRODUCTION Mobile intimacy in an age of affective mobile media Feminist Media Stud—ies. 2012 (4) http://dx.doi.org/10.1080/14680777.2012.741860.
③ 李春梅、李思齐:《大学生手机媒体媒介素养教育研究》,载《青年记者》2012年11月下。
④ 周金辉:《大学生手机媒介素养研究综述》,载《软件导刊》2014年2月下。
⑤ 参见顾琴:《从〈楚门的世界〉看现代媒介化生存》,载《新闻窗》2012年第5期。

(作者简介:于杨,中国传媒大学新闻传播学部传播研究院博士研究生;李静霞,中国传媒大学文法学部思想政治理论课教研部副教授。原文刊登于《现代传播》2015年第2期。)

媒介素养之塔：新媒体技术影响下的媒介素养构成

卢 峰

随着媒体技术的快速发展，众多的术语不断出现：多媒体技术、数字技术、信息技术、通信技术、网络技术、Web2.0技术、数字媒体、新媒体、社交媒体……尽管相关术语一直处在不断的变化之中，甚至使得"新媒体"变成了"一个混乱的概念"（匡文波，2008），但这些技术给经济、政治、文化等社会生活的方方面面造成的巨大影响却几乎得到了一致公认。如：信息技术是社会发展的"火车头"（冀复生，2000）；Web2.0是互联网领域"一次从核心内容到外部应用的革命"（张逸军，2007）；新媒体的传播全力推动了参与式文化的发展（蔡骐、黄瑶瑛，2011）；网络社交媒体使得络传播空间处于无政府无序的状态等（魏超，2011）。同样，媒体技术的发展对人们素质提出的新要求也受到了学者们的广泛关注。如塞维（Cervi）等人（2010）总结了时代变迁对于人们素养要求的一般发展历程：从传统素养（classic literacy）到视听素养（audiovisual literacy）、数字素养（digital literacy），再发展到目前更全面的"新媒体素养"（new media literacy）；张舒予、朱静秋（2005）认为，由于"对视觉信息的处理能力在生活中的普遍需要"，视觉素养成为"信息时代大众的基本化素养"；宦成林（2009）提出，Web2.0构建的全新生态环境要求用户培养"以参与素养为核心的"新媒体素养等。

本文旨在分析以往媒介素养理论框架及其特点的基础上，总结新媒体技术的发展对人们媒介素养提出的不同层次要求，并提出"媒介素养之塔"的理论框架。

一、媒介素养的理论框架及其特点

（一）媒介素养的理论框架

在媒介素养教育发展的过程中，众多学者、组织机构提出了不同的媒介素养理论框架。一些理论框架以各类能力为主线，将过程串联起来；另一些则以过程为导向，将各类能力蕴藏于其中。

1. 基于能力的媒介素养理论框架

一些媒介素养的定义强调的是不同层次的能力。如英国学者卡里·巴泽尔杰特（Cary Bazalgette）认为媒介素养是"帮助人们学会和掌握有效使用媒介表达自己思想的能力"（张开，2003）；美国学者霍华德·莱茵戈尔德（2013）把网络素养分为注意力、垃圾识别、参与、协作和网络智慧;段京肃、杜骏飞(2007)在《媒介素养导论》一书中也指出,数字时代的到来,对媒介素养的能力结构提出了更高的要求,因此需要调整从而包括以下能力:(1)提高分析、把握问题的能力;(2)培养跨文化传播的能力;(3)培养管理和创新的能力;(4)培养成熟、理性的民主意识。

2. 基于过程的媒介素养理论框架

还有一些媒介素养理论突出的是掌握媒介素养的过程。如美国媒介素养研究中心将媒介素养的习得分为获取、分析、评价、创造和参与等五个阶段,每个阶段涵盖具体的技能(Center For Media Literacy,2008)。白传之、闫欢(2008)也认为媒介素养教育内容应该是分层次、多领域构成的科学完整的体系,包括媒介的认识、媒介的理解和媒介的应用三个层次,在每个层次当中又有不同的内容。

(二)现有媒介素养理论框架的特点

在现有的媒介素养理论框架中,"能力说"强调内容,把媒介素养的各项能力进行分解,使得能力目标明确,易于操作。但"能力说"的缺陷是显而易见的:它混淆了素养和能力的差异。在《现代汉语词典》中,"能力"被解释为"能胜任某项任务的主观条件","素养"则是"平日的修养"(中国社会科学院语言研究所词典编辑室,2002)。而"修养"在《现代汉语词典》中"指理论、知识、艺术、思想等方面的一定水平",在《辞海》中也被解释为"在政治思想、道德品质和知识技能等方面,经过长期的学习和实践所达到的一定水平。如马克思列宁主义的修养、文学修养。"(夏征农,陈至立,2009)从这些工具书的解释可以看出,"能力"是指人能胜任、能完成某项工作的自身条件(应该包括心理和生理的条件),重在"功用性"。"素养"是指人通过长期的学习和实践(修习培养)在某一方面所达到的高度,包括功用性和非功用性。

相比之下,"过程说"将素养的培养划分为若干阶段,更能体现出对媒介素养习得过程的深入理解。由于这一理论框架对学习者的知识、能力需求等是开放的,它还便于教师在实践过程中不断地调整。然而,在实践层面,它不但常常会无法体现出与其他素养的区别,而且对教师也提出了较高的要求。如果教师受到过较好的媒介素养培训,他们可能会在实际操作时做到灵活处理,但如果教师对媒介素养知之甚少,他们会感到无从下手。

当然,更多的做法是希望兼顾过程和能力。如陈德昌(Chen,Der-chang)等人(2011)提出的新媒介素养理论框架,就是由过程和能力组成的四个象限体。其中横坐标是"消费"(consuming)和"产消合一"(prosuming),以区分处理文本和电子等不同形式的媒介内容的"能力",纵坐标则是"功能的"(functional)到"批判的"(mtkal),以区分不同"过程"的媒介素养学习活动(理解、分析、评价)。虽然这样的理论框架还略显简单,但它对人们快速理解媒介素养,特别是理解新媒介素养的内涵很有帮助。

二、新媒体技术时代对媒介素养的需求分析

以 Web2.0 技术为基础的新媒体技术，催生了全新的参与式文化，创造出了全新的媒介景观。这种文化不但使得传播模式与传受关系发生了改变，个体交往与互动也由此建，而且促使共享性文化得以快速发展，社会变革迅速推进（蔡骐、黄瑶瑛，2011）。在这样的背景下，人们不但要掌握一定的新媒介相关技能，而且要围绕着新媒介的重要特征，培养正确的媒介意识、态度和思维方式等。这就要求媒介素养的内涵在"过程"和"能力"两方面实现新的提升。参与式文化鼓励人们对新型媒介内容的"参与"和"共享"。美国新媒介联合会发布的《全球性趋势：21世纪素养峰会报告》（A Global Imperative: The Report of the 21st Century Literacy Summit）中，对"新媒介素养"的界定就突出了对数字媒介的"控制"、"转换"和"再加工"："由听觉、视觉以及数字素养相互重叠共同构成的一整套能力与技巧，包括对视觉、听觉力量的理解能力，对这种力量的识别与使用能力，对数字媒介的控制与转换能力，对数字内容的普遍性传播能力，以及轻易对数字内容进行再加工的能力。"其中强调的"数字媒介"、"数字内容"等相关能力（.ew Media Consortium, 2005），美国麻省理工学院教授詹金斯则概括得更加全面，这就是新媒介素养所需要的"11大核心技能"，包括：与周围环境进行交互的能力、以即兴创作和发现为目的的采用替代性身份的表演能力、对真实世界进程进行解释与建构的模拟能力、对媒介内容进行有意义的取样与混合再加工的能力、多重任务处理能力、分布性认知能力、为了完成共同目标而与其他人共享知识或交换想法的集体智慧能力、对不同来源信息的可靠性与可信性做出评价的判断能力、跨媒介导航能力、对信息进行搜寻、合成以及传播的网络能力、辨别和尊重多元观点的能力等（Jenkins, Purushotma, Clinton, Weigel&Robison, 2006）。

与此同时，面对新媒体技术的不断冲击，人们日益感觉到，要做到免受其负面影响并合理利用以促进个人的健康发展，能力和技能等功用性的要求固然不可或缺，但越来越多的时候，思想意识、伦理道德、思维方式、文化修养等显得更为重要。卡佩洛（Cappello）等人（2011）提出了"延伸素养"（expanded literacy）的概念，强调素养已经从以往仅与文字、书写相关，转变为当前更加注重社会交往、意识形态等内涵。宦成林（2009）认为"新媒介素养"的核心是"参与素养"，其中除了由批判性思维技能、艺术表达技能、网络创作技能等构成的参与技能外，还包括参与意识和参与态度。在段京肃、杜骏飞（2007）提出的数字媒介素养教育基本内容中，不但跨文化传播能力得以强调，而且伦理道德修养、民主意识、法律意识已经被作为能力的补充而提出。可以看出，在众多学者们所提出的新媒介素养定义中，虽然还是"能力"和"技能"为先，但其中"意识"、"智慧"、"文化"的重

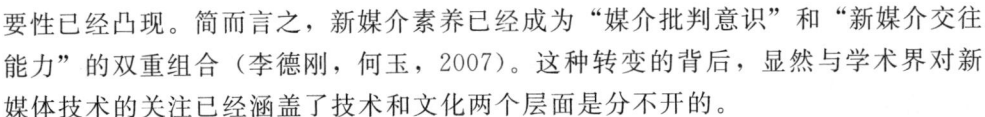

要性已经凸现。简而言之,新媒介素养已经成为"媒介批判意识"和"新媒介交往能力"的双重组合(李德刚,何玉,2007)。这种转变的背后,显然与学术界对新媒体技术的关注已经涵盖了技术和文化两个层面是分不开的。

三、"媒介素养之塔"的层次分析

根据以往媒介素养教育理论框架的局限和新媒体技术时代提出的新要求,我们构建了一个"媒介素养之塔"。它根据人们使用媒介的不同需要,将媒介素养由低到高划分为媒介安全素养、媒介交互素养、媒介学习素养和媒介文化素养等四个层次;同时,在掌握每个层次的素养时,又根据我国教育界常用的教育目标分类法,将学习的目标区分为知识、技能、能力和态度,如图1所示。

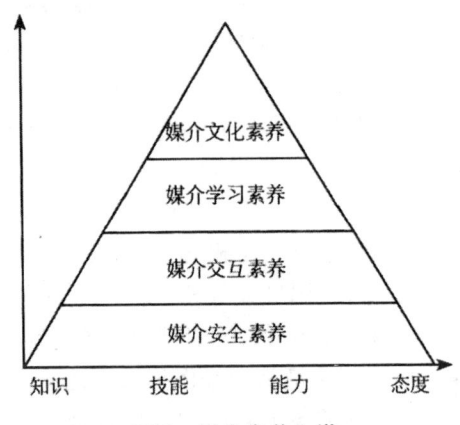

图1 媒介素养之塔

知识、技能、能力和态度四者之间既相互区别又相互联系。首先,知识、技能、能力和态度各不相同。其中知识是人类历史经验、客观规律的总结和概括,是信息在头脑中的储存。如电视节目生产、制作的过程等就是知识。技能是个人掌握、自动化了的动作方式,是一种运用。比如说某人能够又快又准确地利用计算机在互联网上找到自己所需要的信息,这是信息搜索技能强的表现。能力的概念相对复杂。在现代心理学中,它被认为是"顺利完成某些活动所需的个性心理特征。"(顾明远,1998)而一些教育学者认为,除了把能力作为"个性心理特征"外,还需要区分作为"学习结果"的能力。这里的"学习结果",不但包括掌握的知识和技能,而且还包括学习的潜力。我们说某人的媒介学能力强,就说明他掌握了利用媒介进行学习的知识和技能,又说明他利用媒介学习的潜力和效率高。一般说来,后天的能力形成与发展比知识、技能的获得要晚。态度则是个体对待他人或事物的稳定的心理倾向,它是一种内部状态,是一种行为选择状态,是学习的结果(吴红耘,皮连生,2011)。其次,四者又是密切联系的。一方面,能力、态度在掌握知识、技能的过程中得以发展,另一方面掌握知识、技能又以一定的能力、态度为前提。不同的媒介使用者可能有相同的媒介知识和技能水平,但不一定有相同的媒介使用能力和态度。

(一)媒介安全素养

所谓媒介安全素养,是指在使用媒介时保护自己的身体健康和心理健康、保证个人财产、生命等安全的知识、技能、能力和态度。具有较强媒介安全素养的人们,对媒介化社会可能会给现实生活带来的负面影响有较清醒的认识和了解,因而能经常学习媒体相关法律法规和技术,培养基本的伦理意识和法律意识、批判和质疑精神,既避免伤害他人、触犯法律,也避免受到他人的伤害。

快速发展的媒介,带来了一个并不安全的环境:电视、网络、游戏等媒介中暴力、淫秽、色情等有害信息的传播,对未成年人的身心健康是一种潜在的威胁;在互联网中,网络黑客袭击、网络病毒等严重威胁着网络运行的安全,网络欺诈、网络盗窃、网络洗钱等违法犯罪活动直接危害着公共的财产安全。根据中国互联网络信息中心(2013)发布的《2013年中国网民信息安全状况研究报告》,仅2013年上半年,就有74.1%的网民遇到过信息安问题,总人数达4.38亿;手机垃圾短信/骚扰短信、骚扰电话发生比例仍然较高,在整体网民中发生比例分别达59.2%、49.0%;此外,手机欺诈或诱骗信息、手机恶意软件、假冒网站或诈骗网站中病毒或木马、个人信息泄露、账号或密码被盗等相关事件也时有发生。这些安全事件对人们的生活产生了较大的影响。在遭受经济损失的人群中,平均每人损失了509.2元,2013年上半年全国因信息安全遭受的经济损失高达196.3亿元。

近年来,媒介安全问题得到了各国政府的高度重视。如2011年英国政府就推出了总额6.5亿英镑(超过10亿美元)的"网络安全战略"(Cyber Security Strategy),用4年时间提升本国的网络安全水平。我国也于今年成立了中央网络安全和信息化领导小组,将网络安全和网络空间发展工作上升到国家的战略层面。一些国家针对媒介可能带来的社会问题,纷纷加强媒介立法,促进行业自律,利用技术手段,以降低其负面影响。如美国推出的《传播净化法案》和《儿童在线保护法案》、英国移动运营商联合发布的商业化移动内容分级框架、澳大利亚推出的网络内容管理方案、比利时开展的"更安全聊天"(SaferChat)和电子身份证(e-ID)保护等(匡文波,高岩,2010)。相比之下,我国的媒介安全还面临着相关法律法规不健全、行业监管不自觉、技术运用不充分等无法回避的问题。这就对媒介安全素养教育提出了迫切的要求。

当今时代,媒介安全素养是媒介使用者最基本、也是最重要的素养,但我们却常常将其忽视。如果连人们使用媒介时的身心健康都不能保证,这样的媒介素养教育很难说是成功的。

(二) 媒介交互素养

所谓媒介交互素养，是指媒介使用者与媒介进行交互，或利用媒介与他人进行交流的知识、技能、能力和态度。可以看出，这里所说的交互，既有人与媒介的交互，也有人与人的交流，由此也就形成了多种交互模式。无论是哪一种模式，都对当代人提出了与以往不一样的媒介素养要求。

形形色色的媒介，在人们的社会交往中发挥着越来越重要的作用。方艳将其归纳为人际关系空间媒介化、人际关系内容媒介化、人际关系角色媒介化和人际关系模式媒介化：媒介构建了与传统面对面交往不同的媒介人际关系空间，造成了当今人际关系空间丰富多彩的局面；人们交流的信息、语言和观点等都自然地带有不同媒介的特点；媒介塑造、改变着人们的社会角色，形成了人际交往中"人－人"、"人－媒介－人"、"人－媒介"、"个人媒介化空间－个人媒介化空间"、"人－他人的媒介化空间"等多种关系模式。（方艳，2012）

媒介的快速发展对人们的社会关系造成的负面影响不容小视。从以往电视的过度使用使得家庭成员之间、邻里之间的关系淡漠以及儿童社会化的困难，到网络人际交往的平面化、碎片化、无深度、审美化等后现代文化特征，再到今天"手机依赖症"、"低头族"的出现及其引发的交通安全问题、人际关系问题等等，都提醒我们在社会交往中要学会合理使用媒介。实际上，这些问题暴露出来的正是媒介交互技能和媒介交互能力之间的微妙关系。一个掌握了相应的媒介交互技能的人，可以很有效地使用媒介与人进行沟通，但是却不一定具有正确的媒介交互态度和较强的媒介交互能力，这就是我们常说的"会用，但不一定就能用好"。"会用"是技能，但"用好"却是能力和态度。媒介交互素养在新媒体技术时代的媒介素养体系当中占有十分重要的地位。如果说媒介安全素养是一种必须，媒介交互素养则是一必要。它是媒介使用者面对新媒体技术所带来的"参与式文化"时的选择和需要。在社交媒体日益发达的时代，我们愈发感觉到，网络不仅仅是电脑的连接，它还是人的连接。伴随着交互模式的改变，媒介改变了我们的安全需求，变革了我们的学习方式，更提升了我们的文化需要。因此，媒介交互素养在媒介素养体系中起着承上启下的作用。

(三) 媒介学习素养

所谓媒介学习素养，是指使用媒介获取知识、学习技能、促进个人更好发展的知识、技能、能力和态度。

由于学习与信息获取之间的必然关系，教育技术、信息素养和媒介素养等研究领域常常有交叉之处。大卫·白金汉教授（2003）虽然在给联合国教科文组织的报告中建议将教育技术和媒介素养教育严格区分开来，但他也承认，"媒介素养是与媒介的育和学习有关的"。2010年，阿斯彭研究所"传播与社会项目组"与奈特基金会（Knight Commission）共同研究并发布的《数字媒介素养行动计划白皮书》

(Digital and Media Literacy: A Plan of Action)报告,推出了关于如何通过社区教育运动将数字媒介素养教育纳入正规和非正规教育机构的行动计划。在这一计划中,数字媒介素养被定义为"在充满媒介、信息丰富的社会里必需的技能的组合",其中就包括"通过定位查找资料、理解信息和观点,从而合理选择、获取信息的能力"、"创建各种形式的内容、利用语言、图像、声音和新的数字工具和技术的能力"等。在这种"数字化转向"的媒介素养教育行动中,美国政府与越来越多的政界人士也支持将新型数字媒介素养融入正规教育。美国教育部2010年科技计划《改革美国教育:技术助力学习》中指出,"不管主要领域是否是英语语言文学、数学、科学、社会科学、历史或音乐,批判性思维等能力和专业知识应编入所有领域。这些能力均是成为优秀学习者所必需的。"(师静,2014)

媒介学习素养类似于教育学和心理学中所谓的"认知策略"。"认知策略的本质是控制和调节自己的学习、记忆、思维、阅读的规则以支配学习者个体的学习、记忆、思维、阅读等认知行为,并改进自己的认知活动。"媒介学习素养也就是控制和调节自己的获取、分析、评价、创造和参与的规则,以支配学习者个体的获取、分析、评价、创造和参与等媒介认知行为,并改进自己的媒介认知活动(皮连生、蔡维静,2000)。面对新技术发展带来的信息爆炸和教育的高度媒介化,学习者的学习过程几乎与媒介是不可分离的。学习者不但需要学会如何不被媒介信息所牵制,分辨信息的真假和价值大小,而且要学会如何通过媒介高效、准确地获取所需要的信息,甚至需要不断提升分析、传播信息的能力。从这个意义上说,媒介学习素养在媒介素养体系中的重要作用是不言而喻的。

(四)媒介文化素养

所谓媒介文化素养,是指使用媒介时应该具有的文明、民主、文化自觉、国家主权等知识、技能、能力和态度。

尽管世界各国媒介素养教育的理念存在很大差异,但是,在1989年欧洲国家教育部长会议以及1999年联合国教科文组织会议当中却达到了一定共识,即媒介素养教育具有"赋权"(Empowerment)与"解放"(Liberation)的目标,具有建立与支撑民主体制的目标。这已经成为世界媒介素养教育立足之根本(李德刚,2012)。因此,将民主意识、民主态度、民主方式等的培养作为媒介素养教育的重要内容之一,是我们必须的选择。伴随着网络技术、Web2.0技术的快速发展和网络虚拟社区的迅速形成,在懵懂中被民主参与意识唤醒的人们,在还没来得及做好准备的情况下就开始了大量的自我生产与自我传播,释放着民主热情和非理性情绪。然而,过多的非性表达,不仅让网络空间呈现出"类公共"的特性(卢锋,2013),而且对公共政治决策的民主化进程造成了巨大影响。避免非理性宣泄,重构理性表达规则,既是当前我国民主进程当中的重要任务,也是我国媒介素养教育的伟大使命。

媒介文化素养是世界上很多国家开展媒介素养教育的原动力。例如，英国早期媒介素养教育的兴起，就是为了抵制、反对大众传媒及其所传播的大众文化，避免年轻人受到有害的大众传媒内容的不良影响；加拿大人则是意识到了美国文化的渗透及其强大影响，由此产生了强烈的文化"危机感"。在文化霸权主义依然盛行的今天，文化自觉意识、国家主权意识应该成为媒介使用者必不可少的素质要求。

媒介文化素养是"媒介素养之塔"最高层次的要求。它是文化素养的一个组成部分，又与文明素质、政治素养、科学素养等密切相关。尽管它是很多国家媒介素养教育的逻辑起点，又常常被看作是媒介素养教育的终极目标，但是，媒介文化素养的形成不是一朝一夕的事。也正因为如此，媒介素养被誉为"与科学文化素质和道德素质相比肩的另一种重要的公民素质"（蔡骐，2008），媒介素养教育也已经被当成了公民教育的子系统（陈晓慧，刘铁珊，赵鹏，2013）。

四、结语

与以往的理论框架相比，"媒介素养之塔"主要有以下特点：一是根据媒介使用者的主要媒介活动，将媒介素养区分为四类不同的素养，突出了媒介素养的内容。特别是媒介交往素养的提出，反映出参与式文化的"参与"与"共享"的时代要求。二是将媒介素养的学习目标在原来强调"技能"和"能力"的基础上，增加了"知识"和"态度"两个维度。尽管以往的理论框架认为"技能"和"能力"当中也包含了"知识"，但"媒介素养之塔"对"知识"和"态度"的重视，既希望能保持批判性思维的培养，更要体现出当前学术界对技术的深层反思。三是根据媒介使用者不同层次的需要，将媒介素养由低到高划分成四个不同的层次，强调不同层次的媒介使用者应该有不同的媒介素养要求，还要有不同的知识、技能、能力和态度目标。

与其他素养的培养一样，媒介素养的培养也不能揠苗助长，而应该分内容、分层次地进行。无论是学校教育、家庭教育还是社会教育，如果能以学习者为中心，区分不同的内容需求，将使教育者和学习者的实际操作更为方便，也就更容易形成合力，从而逐渐推进媒介素养教育的健康发展。

参考文献：

[1] 白传之，闫欢（2008）.《媒介教育论：起源、理论与应用》. 北京：中国传媒大学出版社.
[2] 蔡骐（2008）. 媒介化社会的来临与媒介素养教育的三个维度.《现代传播（中国传媒大学138报）》，(6)，106－108.
[3] 蔡骐，黄瑶琪（2011）. 新媒体传播与受众参与式文化的发展.《新闻记者》，(8)，28－33.
[4] 陈晓慧，刘铁珊，赵鹏（2013）. 公民教育与媒介素养教育的相关性研究.《中国电化教育》，(4)，35－39.

[5] 段京肃，杜骏飞（2007）.《媒介素养导论》. 福州：福建人民出版社.
[6] 方艳（2012）. 论人际关系媒介化.《国际新闻界》，(7)，52－57.
[7] 顾明远（1998）.《教育大辞典》. 上海：上海教育出版社.
[8] 宦成林（2009）. 21世纪学习技能：新媒体素养初探.《中国远程教育》，(10)，41－44.
[9] 冀复生（2000）. 发展信息技术的冷思考.《瞭望》，(17)，8－9.
[10] 匡文波（2008）."新媒体"概念辨析.《国际新闻界》，(6)，66－69.
[11] 匡文波，高岩（2010）. 新媒介环境下西方国家保护未成年人免受不良信息侵害的策略分析.《国际新闻界》，(1)，39－45.
[12] 李德刚（2012）. 我国媒介素养教育目标体系的建构.《教育学报》，(3)，30－37.
[13] 李德刚，何玉（2007）. 新媒介素养：参与式文化背景下媒介素养教育的转向.《中国广播电视学刊》，(12)，39－40.
[14] 卢锋（2013）. 论网络空间的"类公共"特性.《现代传播（中国传媒大学学报）》，(7)，132－135.
[15] 皮连生，蔡维静（2000）. 超越布卢姆——试论"知识分类与目标导向"教学中的学习结果测量与评价.《华东师范大学学报（教育科学版）》，(2)，40－49.
[16] 师静（2014）. 美国的数字媒介素养教育.《青年记者》，(7)，83－85.
[17] 王帆（2010）. 教育技术学视域下媒介素养教育研究探析.《中国电化教育》，(12)，16－19.
[18] 魏超（2011）. 新媒体的"双刃剑"性质——论网络社交媒体对中东变局的影响.《新闻界》，(5)，89－91.
[19] 吴红耘，皮连生（2011）. 心理学中的能力、知识和技能概念的演变及其教学含义.《课程·教材·教法》，(11)，108－112.
[20] 夏征农，陈至立（编）（2009）.《辞海》. 上海：上海辞书出版社.
[21] 张开（2003）. 媒体素养教育在信息时代.《现代传播（中国传媒大学学报）》，(1)，116－118.
[22] 张舒予，朱静秋（2005）. 信息技术支撑下的视觉素养培养（上）.《电化教育研究》，(3)，12－16.
[23] 张逸军（2007）. 从Web2.0看高校媒介素养教育.《现代教育技术》，(9)，20－23.
[24] 中国社会科学院语言研究所词典编辑室（编）（2002）.《现代汉语词典》. 北京：商务印书馆.
[25] 霍华德·莱茵戈尔德（2013）.《网络素养：数字公民、集体智慧和联网的力量》（老卡张子凌译）. 北京：电子工业出版社（原著出版于2012）.
[26] uckingham, D. (2003) *Media education: literacy, learning and contemporary culture*. Cambridge: Polity Press.
[27] Capello, G., Felini, D. & Hobbs, R. (2011). *Reflection on global developments in media literacy education: bridging theory and practice*. Journal of Media Literacy Education, 3(2), 66－73.
[28] Center For Media Literacy. (2008) *Literacy for the 21st century: an overview and orienta-*

tion guide to media literacy education. Retrieved from http://www.medialit.org.

[29] Cervi, L. M. P., Paredes, O. & Tornero, J. (2010). *Current trends of media literacy in Europe: an overview*. International Journal of Digital literacy and Digital Competence, 1 (4), 1-9.

[30] Chen, D., Wu, Jing & Wang, Yu-Mei (2011). *Unpacking new media literacy*. *Journal of Systemics*, Cybernetics and Informatics, 9 (2), 84-88.

[31] Jenkins, H., Purushotma, R., Clinton, K., Weigel, M. & Robison, A. J. (2006). *Confronting the challenges of participatory culture: media education for the 21th century (white paper)*. Retrieved from http://mitpress.mit.edu/sites/default/files/titles/free_download/9780262513623_Confronting_the_Challenges.pdf..ew

[32] Media Consortium. (2005) *A global imperative: the report of the 21st century literacy summit*. Retrieved from http://www.nmc.org/publications/global-imperative.

〔作者简介：博士，南京邮电大学教育科学与技术学院副教授。本文得到 2012 年江苏省高校哲学社会科学基金项目（项目编号：2012SJD860006）和 2013 年国家社科基金青年项目（项目编号：13CSH026 卅）资助。原文刊登于《国际新闻界》2015 年第 4 期。〕

青少年的网瘾问题与网络素养教育

王国珍

网络成瘾，简称"网瘾"，是指长时间沉迷于网络游戏、网络聊天和网络视频等以致对其他事情失去兴趣，进而影响身心健康，形成荒废学业、无心工作和厌恶现实世界等不良行为和心态。网络成瘾可分为网络游戏成瘾、网络交际成瘾、网络视频成瘾、网络购物成瘾等。"网瘾"概念最早由美国精神病学家戈德堡（Goldberg）于 1995 年提出[①]；对应英文分别有"网络成瘾"（internet addiction，简称 IA）[②]、"网络成瘾症"（internet addiction disorder，简称 IAD）[③]、"病态网络使用"（pathological internet use，简称 PIU）[④]等。网瘾是一种心理上对网络的过度依赖，其概念与药物成瘾既相似又有差异。[⑤]

青少年属于网瘾高发群体。据调查，2009 年，我国城市青少年网民中，网瘾比例为 14.1%，人数约为 2404.2 万人。[⑥]到 2011 年，我国青少年网瘾的比例飙升至 26%。[⑦]其实，在日趋严峻的网瘾问题背后，是青少年作为网络这一新媒体的受众和使用者，缺少应有的网络素养。可以说，"我国受众的媒介素养状况是一个不容忽视的问题。"[⑧]

2013年8月，我国国务院印发了《关于促进信息消费扩大内需的若见》，提出要大力丰富信息消费内容，促进信息消费快速增长。①诚然，信息化水平的提高将有利于我国的产业升级和民生改善，但也不可避免地带来一些负面因素，如网络化生存环境下的网络成瘾、网络暴力、网络色情、网络谣言、网络诈骗等问题。

本文拟在分析青少年的网络化生存态势及其面临的潜在网络危险基础上，分析强制性网络监管措施在应对青少年网瘾问题上低效的原因，并就我国网瘾防治与网络素养教育提出相应建议。

一、青少年的网络化生存态势

青少年网瘾问题之所以日趋严峻，是因为信息时代的青少年步入了网络化生存状态：在享受种种"网络机遇"的同时，却不知还面临着无数潜在"网络危险"的挑战和诱惑，如网络成瘾、网络色情和网络欺凌等。

（一）网络化生存（living online）

"网络化生存"是指民众随时随地使用互联网、离不开互联网的一种生存方式。尤其是青少年，从小就生活在数码产品和网络环境中，被称为天生的"数字居民"（DigitalNatives）②，对网络和电子产品的众多功能往往无师自通，远较成年人得心应手。如今网络化生存方式在青少年群落中已成为一种常态和趋势。随着网络的日益普及，青少年上网人数和上网频率也日渐上升，尤其是手机上网的便利性，使得越来越多的青少年步入网络化生存状态。以前青少年想上网得去网吧，如今在家、在教室、在车上均可上网。以前只能通过电脑上网，现手机上网成了家常便饭。据调查，截至2013年6月底，我国网民人数达5.91亿，其中手机网民人数达4.64亿，网民中手机上网者比例升至78.5%。

对网络化生存环境下的青少年来说，网络就像把双刃剑，网络机遇和网络危险并存。如何把握和选择网络的各种用途，是对青少年心智和毅力的极大考验和挑战。能适当利用网络正面用途的青少年，是网络机遇的获益者；而沉迷网络游戏和色情的网瘾青少年，则是网络危险的俘虏和受害者：其"生命中的一部分正渐渐消失在虚拟空间的某个黑洞之中"。

（二）网络机遇（online opportunities）

"网络机遇"是指网络为网民提供的各种机会和便利，包括学习、娱乐、交友、购物和政治参与等各方面。例如，手机上网为青少年提供了各种网络机遇，使得手机使用不再局限于通话聊天功能，还有了交流沟通、信息获取、网络娱乐等多种功能，包括手机搜索、手机微博和微信、手机视频、手机文学和手机网络游戏等。

青少年对网络不同功能的偏好和利用状况，可折射出其对网络机遇的把握程度和选择能力；尤其是青少年在网络使用中所扮演的角色，更能体现其对网络机遇的善用程度。通常，青少年的网络使用角色可分三类：接受者（recipient）、参与者（participant）、行动者（ac-tor）。作为接受者，青少年对网络机遇的利用往往局限于网络信息和内容层面，如对学习资料、网络新闻、网络劝导的浏览和使用；作为参与者，青少年的网络使用则提升到交流沟通的层面，如网络交友、网络分享、参与网络社群及其活动等；作为行动者，青少年对网络的利用则提升到了发起和组织层面，如组织团队学习活动、发起公益活动和其他创意性活动等。显然，相较于被动的接受者，扮演参与者和行动者角色的青少年在网络使用上显得更加积极和主动，也就能更好地把握和利用网络提供的各种机遇。

从网络传播学角度看，网络作为一种新媒体，颠覆了报纸、电视等传统大众媒介与受众之间单向的传受关系，为受众提供了从被动的接受者变成为主动的传播者的机会。网络知名博主、网络意见领袖和网络公共事件发起者等，即是善于抓住这种机遇的佼佼者和典型代表。

（三）网络危险（online risks）

"网络危险"是指网民在使用网络过程中容易遭遇的种种潜在危险和危害，如网络成瘾、网络欺凌、网络色情和网络有害劝导等。网络危险与网络机遇是两个相对应概念：网络机遇强调网络的正向功能和有利影响，网络危险则关注网络的负向功能和有害影响。对青少年来说，由于其涉世未深，分辨能力和自我控制能力与成年人相比较为逊色，对各类潜在网络危险的规避能力也就相对较弱。

网络化生存状态下的青少年，极易陷入种种网络危险和网络危害的困扰之中。青少年面临的潜在网络危险，主要有网络成瘾（Internet addiction）、接触有害和不恰当的网络内容（access to harmful and inappropriate content）、网络性诱拐（online sexual grooming）、网络欺凌（cyberbullying）等。

网络性诱拐是指成年人伪装友善，诱使未成年人同意发生性行为；网络欺凌是指通过网络沟通方式，蓄意伤害他人的行为。网络成瘾是青少年最难抗拒的潜在网络危险之一。随着手机上网人数的增加，越来越多的青少年陷入了手机游戏成瘾的问题之中。据悉，截至 2013 年 6 月底，我国手机网络游戏网民数为 1.61 亿，较 2012 年底增长了 2187 万，半年增长率为 15.7%，手机网络游戏使用率高达 34.8%。无疑，手机上网成瘾人数也在快速攀升中。如据韩国 2012 年的网络成瘾情况调查，韩国青少年中沉迷于智能手机上网者高达 18.4%。

毫无疑问，青少年网瘾问题已成为信息时代各个国家的共同难题。

二、青少年网瘾问题：强制性网络监管的盲区

在应对青少年网瘾问题上，政府媒体监管部门采取的强制性网络监管手段显得极为低效和无力。于是，越来越多的网瘾青少年，恰似游离在网络监管"法网"之外盲区的边缘人，成为信息时代"特有"的新型"弱势群体"，迟迟得不到足够的

关注和帮扶。

（一）网络监管的三个层面：内容控制、法规制约、行业自律

网络监管是指对网络信息和行为的监督和管理；又称互联网管理、网络治理和网络管理等。具体到青少年网络保护领域，网络监管措施通常涉及三个层面。

第一层面是对网络内容的控制（onlinecontentcontrol），即对互联网上传播的文字、图片和视频等各类信息加以审查和控制，并通过技术手段直接对不良网站进行屏蔽（ban），或对有害网络内容进行过滤（filter）。例如，我国工业与信息化部于2009年耗资4170万元人民币推出"绿坝－花季护航"软件，可识别、拦截和屏蔽网络上的有害信息和不良内容。再如，新加坡于1998年推出了"家庭上网系统"（Family Access Networks），向网络订户提供过滤有害信息的服务。除了屏蔽和过滤措施外，还可通过身份验证（identity verification）、不良信息举报（harmful informa-tion reporting）等方式对网络内容进行控制。

第二层面是法规制约（regulatory framework），即通过颁布相关法律法规和条例，对网络有害信息和行为进行约束和惩罚。例如，英国《2003年性犯罪法》（Sexual OffencesAct 2003）规定，成年人与未满16周岁的未成年人网络联系或线下见面，诱使其观看色情内容，或诱使其参与性行为，一律按性犯罪论处。欧美其他国家也纷纷出台网络性诱拐法令（online grooming laws），将网络性诱划入性犯罪范围，从严从重加以惩处。

第三层面是行业自律（industry self-regulation），即由互联网运营商和内容提供商等自觉对其提供的相关网络服务进行管控和监督。例如，美国知名在线社交网站"我的空间"（My Space）推出严格的年龄识别措施，将未成年人用户与成年人用户区别开来；18周岁以下的注册用户会被自动划入隐私保护者范畴，陌生人无法读取其个人信息，这样就有效地防止了猎性者（sexual predators）对青少年网络个人信息的滥用和侵害。

（二）网络监管措施在应对青少年网瘾问题上的低效和无力

上述网络监管措施，属于强制性的网络监管措施，有利于营造安全健康的网络环境。但此类强制性网络监管措施，只对网络危险中的某种类型有一定的防范效果，络色情、网络暴力和网络有害信息等。而在应对青少年网络成瘾方面，强制性的网络监管措施则显得极为低效和无力。

1. 内容控制层面的网络监管措施与青少年网瘾防治，两者之间几乎搭不上界

因为，从技术源头上过滤和屏蔽掉的网络内容，通常是有害的色情、暴力、极端种族言论和政治性煽动言论等；至于引发青少年网瘾的网络游戏、网络视频、网络交友、网络购物等，则基本上不属网络监管的内容控制范畴。

另外，网络内容控制措施在应对其他类型的网络危险上，也显得越来越低效和无力，因为官方推出的网络屏蔽软件，往往存在技术漏洞，很难有效地过滤掉不良

网络信息。例如，我国工信部 2009 年推出的"绿坝-花季护航"，安装后与电脑其他软件产生冲突，影响电脑正常运行，也会屏蔽掉非不良信息，导致在使用了不到一年后，教育部即下文通知各中小学校全面删除绿坝软件。即使是技术相对过硬的屏蔽软件，一些堪称"网络奇才"的青少年，也能轻易地将其破解。

2. 法规制约层面的网络监管措施，在应对青少年网瘾问题上也是鞭长莫及

通常，规制网络行为的相关法令、条例，主要是针对利用网络对他人构成事实伤害的犯罪嫌疑人和加害者而言，其建构的是一种事后追惩制度。而陷入网瘾迷途的青少年，则不能算是法律意义上的加害者，而只是缺乏诱惑抵制力的网迷，其受害者并非他人，而是自己，也就无法纳入网络法规所管制的范围。同时，网瘾虽被称为"电子海洛因"但网瘾患者与吸毒者的区别在于，前者所依赖的电脑、网络和游戏软件等并不被法定为非法毒品，后者所需的物质化海洛因及其吸毒行为，则是法律上打击的对象。于是，众多的青少年网瘾患者，就游走在法规制约和保护之外，即使精神几乎崩溃、身体健康严重受损、行为日益失常，也只能"自食其果"，很少能得到外界足够的关注和帮助，更不用说得到法规层面上提供的援助和干预了。诚然，青少年网瘾问题终于还是引起了政府相关部门的关注，如 2013 年 2 月，我国文化部、新闻出版总署、教育部等 15 大国家部委联合下发《未成年人网络游戏成瘾综合防治工程工作方案》，标志着我国未成年人网瘾问题开始引起政府的重视。但值得注意的是，该"网瘾防治方案"是由全国网吧和网络游戏管理工作协调小组起草，其中提及的规范网吧经营活动等措施，对如今浩如烟海的网瘾青少年来说，所起的防范效果可谓小之又小。因为网吧游戏已渐成明日黄花，更多的青少年选择用家庭中和学校宿舍内的电脑上网玩游戏，或用手机上网玩游戏。

3. 行业自律层面的网络监管措施，在应对青少年网瘾问题上也局限于做表面文章

网络服务提供商和网络商家们，往往受经济利益和盈利需要驱动，虽也会推出一些保护网民和消费者的自律性措施，但此类措施通常是象征性的，只是做做表面文章而已。例如，腾讯游戏推出每天超 4 小时游戏时长提醒、超时长在线游戏扣分等措施，但网民只需多注册几个 QQ 账号，即可使其限制网民游戏时长的"好心意图"落空。相比此类捉襟见肘的网瘾提醒措施，游戏商们会将心思更多地放在如何设计出引人入胜的游戏新款上，以诱使玩家沉醉游戏并甘愿支付各种费用。

除了网络游戏成瘾外，网络视频成瘾、网络购物成瘾和网络交友成瘾等问题的处理，也很难寄希望于行业自律层面的网络监管措施。例如，成千上万的网络影视视频和网络化电视娱乐节目，就其作品本身来说虽无品质问题，但其海量性和网络观看的极大便利，足可吞噬自控能力较弱者的时间和意志，使其沦为网游成瘾者之外的另一类网络视频成瘾者。

三、网络素养教育：应对青少年网瘾问题的创新之举

在网络监管无力应对网瘾问题之时，欧美国家纷纷将眼光转向网络素养教育，并将之作为应对青少年网瘾问题的有效举措加以大力推广。"网络素养教育"是指提升网络使用者网络素养的教育。"网络素养"是"媒介素养"的子概念，指网民对网络信息的分辨能力、恰当使用网络的自控能力，以及规避网络危险的自我保护能力等。随着网络日益普及，网络素养教育渐受关注，成为媒介素养教育研究领域的热门议题和新亮点。

网络素养教育被认为是预防青少年网瘾问题的创新举措：即通过网络素养教育，使青少年能分辨网络信息的真假和好坏，能合理控制上网时间，并能懂得如何规避网络危害，从而使青少年成为"网络的主人"，而非沦为"网络的奴隶"。

通常，网络素养教育的开展，大体上可分为三大版块，分别由学校、媒体监管机构和公益组织牵头。

（一）学校开展网络素养教育，可为广大在校青少年打上网瘾"预防针"

学校网络素养教育之所以有效，主要体现为其针对性强，因为属于网瘾高发年龄段的青少年大多为在校学生。年龄介于6－29岁的青少年，多数处于中小学和大专院校就读状态，其中13－23岁的青少年属于网瘾高发群落。例如，据《2011年中国网络青少年网瘾调查报告》，在参与调查的青少年中，13－17岁青少年网瘾比例最高，为30.5%；其次为18－23岁青少年网民，网瘾比例为26.6%。[①]任何措施若要取得成效，必须有的放矢。若要在应对青少年网瘾问题上取得显著成效，就必须在中小学、职校和高校等开设网络素养教育课程，对学生进行系统的网瘾预防和警觉教育。

作为网络时代未成年人保护的得力新举措，欧美许多国家已将网络素养教育纳入中小学义务教育课程体系。网络素养教育入学校课程，一般分三种情况：一是作为"媒介素养教育"课程的组成部分开设；二是作为新的教学内容，融入学校的其他课程教学，如母语语言课程等；三是作为独立的课程开设，课程名称为"网络素养教育"。起初，是前两种情况居多。近年来，一些国家开始单独开设网络素养教育课程。例如，在新加坡教育部（Ministry of Education）的倡导下，新加坡各中小学开了网络素养教育课程（cyber wellness education）。同时，新加坡教育部专门创立了一个网络素养教育线平台（cyber wellness por-tal），为学校和教师提供网络素养教育的参考材料和电子教案，如"网络素养课程大纲"（cyber wellness framework）、"小学新手装备"（starter kit for primary schools）和"中学新手装备"（starter kit for secndary schools）等。[②]

将网络素养教育纳入中小学义务教育体系的国家还有不少，如美国、韩国、澳大利亚、加拿大、新西兰、日本等。"媒介素养教育只有在正规学校教育体系里扎

根，才能取得更彻底的成功。"③ 而学校网络素养教育课程的成功开设，无疑是预防青少年网瘾的有效举措。

(二) 媒体监管机构实施网络素养教育，可为社会青少年配上避免沉溺网瘾苦海的救生衣

鉴于内容控制、法规制约等网络监管措施无法有效解决网瘾问题，世界各国的媒体监管机构开始将目光投注于网络素养教育，并将之纳入其职责范畴。英国是世界上第一个通过立法来要求媒体监管机构推广媒介素养的国家。英国《2003 年通讯法》（Communications Act 2003）规定，推广媒介素养是通讯管理局（Ofcom）的法定责任（tatuto-ry duty）之一。25 澳大利亚通讯及媒体局（Australian Communications and Media Authority，简称 ACMA）也将促进媒介素养作为其新的工作职责，组织和实施了一系列媒介素养推广项目，并专门创建了一个名为"网络机智"（cybersmart）的在线网络素养教育平台，以帮助青少远离各种网络危险和伤害。⑤

根据教育对象的不同，网络素养教育可分为两大板块：一是学校网络素养教育，其教育对象是在校学生；二是社会网络素养教育，其教育对象是社会公众。⑦通常，欧美国家面向在校学生的网络素养教育，主要由教育部负责；面向社会公众的网络素养教育，则主要由媒体监管部门等负责。然而，两者之间的分界也并非绝对，有时也会交叉和融合；有的国家甚至干脆成立联合委员会，以协商合作的方式共同承担起推广网络素养教育的职责。例如，新加坡于 2009 年成立了网络素养联合指导委员会（The Inter-Min-istry Cyber Wellness Steering Committee），主席由新闻通讯及艺术部和教育部的部长共同担任。从此，网络素养联合指导委员会就成为新加坡推广网络素养教育的主要责任机构。

就青少年网瘾防治来说，媒体监管机构的网络素养教育对象虽为社会公众，但社会公众中很大一部分是青少年的父母或监护人。父母网络素养若能得到提升，就会将其获得的网瘾预防知识传输给子女，从而有利于青少年网瘾问题的应对和解决。所以，媒体监管机构的网络素养教育，也不失为应对青少年网瘾问题的有效举措。

(三) 公益组织参与网络素养教育，可为青少年提供温暖贴心的戒除网瘾帮扶服务

作为一种非政府、非营利性的民间志愿团体，公益组织的活跃度是衡量一个国家体制优劣的重要标准。因为公益组织对社会弱势群体的帮扶，可有效填补政府管理的不足或空缺，从而促进一个国家的民众幸福和社会和谐。

网瘾青少年是信息时代"特制"出来的另类社会弱势群体：这群人隐居在网络的虚拟空间里，就像置身于逐渐被加热的一锅水中的青蛙，在享受着虚拟的自由和满足的时候，却缺乏对网络虚拟环境极其危险的批判与警觉，以至于上演着一幕幕"温水青蛙之死"的悲剧。⑧这些在"网络温水"中泡得失去自救能力的网瘾青少年,纷纷沦为自甘堕落的差生、逃学者、退学者、无业者,甚至犯罪者,从而游离于学校教师和政府机构的劝导和帮助之外。只有编织出一张细致完善的公益组织帮扶网,才能将众多的网瘾青少年从茫茫的"网络苦海"中打捞出来。

公益组织积极参与网络素养教育,可为青少年网瘾问题的有效解决注入一股生生不息的活力。大多数网瘾青少年通常经济能力有限,有些甚至因玩游戏欠下高额债务,也就无力支付心理咨询和治疗费用。同时,一些商业性网瘾戒除机构收费高昂,缺乏爱心,疗效低;更有一些忽悠人的网戒机构,以江湖欺骗手段混迹于网戒领域,给网瘾青少年及其家庭带来极大困扰和伤害。鉴于此,必须大力鼓励公益组织和志愿者的介入和参与,为网瘾青少年及其家庭提供无私援助和帮助。而这种对社会弱势群体的关心和帮助,可汇聚成一股活力之源,自发自觉地推动青少年网瘾问题的有效缓解。网瘾青少年得到公益组织帮扶后,往往也会成为志愿者,为其他网瘾患者提供无偿援助,这样就会在社会上形成一个帮扶和解决青少年网瘾问题的良性循环。

四、结语

网瘾青少年是信息时代"特制"出来的新型弱势群体:他们一旦陷入网瘾泥潭,常常无心学习或工作,身心健康受损,失去理性和自制力,或沦为自闭症和抑郁症患者,或误入暴力抢劫迷途,或甘做懒惰的啃老族等。分析青少年误入网瘾迷途的原因,虽有其内在因素,如自身的"不争气"和"自甘堕落",但也不能忽略外在因素,如信息化环境对青少年的大肆围猎,以及网络服务产品对青少年的致命诱惑。

面对在网络苦海中沉浮挣扎的网瘾青少年,我国政府相关部门应及早承担相应责任,改变陈旧的强制性网络监管思维,转而培育青少年自身对网络诱惑的免疫力,大力推进网络素养教育,并建构起一个"政府主导、社会各方、共同参与"的长效机制,将网络素养教育推入良性运行轨道。⑨

就青少年网瘾防治机制的长效性而言,关键是应将网络素养教育纳入义务教育体系,而不只是零散的临的课程开设。换句话说,通过在教育体制内的成功"扎根",网络素养教育就能年复一年地发芽生长,就能获得发展的持久性和稳定性。网络素养教育是应对青少年网瘾的有效举措,这一点已得到越来越多国家的认同。然而,网络素养教育的推广若只是停留在"措施实施"层面,其有效性就会大打折扣;只有将之提升到"机制行"层面,网络素养教育才能"功力大增",其有效性才能得到充分发挥。一些有识之士已认识到这一点,例如2010年两会上,我国15位全国政协委员联名提交了一个提案,呼吁把网络素养教育纳入义务教育课程体系。⑩鉴于我国近年来青少年网瘾人数的激增,将网络素养教育纳入义务教育体系中的方式选择上,力度不妨大一些:即将之作为一门正式的新课程单列开设,而不仅仅是作为融合课程开设，不再依附于其他课程，如信息与计算机技术或语文等"老"课程。

无疑，对沦为"弱势群体"的网瘾青少年的引导和帮扶，是政府和社会各界义不容辞的责任。而青少年网瘾问题的解决，必须从网络素养教育的积极实施和大力推广入手。

注释：

① ③ Goldberg I. *Internet Addiction Disorder*. http：//www.cog.brown.edu/brochure/people/duchon/humor/internet.addiction.html.

② Young K S. *Internet Addiction：The Emergence Of A New Clinical Disorder*. Cyber Psychology and Behavior，1996，1（3）：pp. 237—244.

④ Davis R A. *A Cognitive-behavioral Model of Pathological Internet Use（PIU）*. Computers in Human Behavior，2001，17（2）：pp. 187—195.

⑤ 陈侠、黄希庭、白纲：《关于网络成瘾的心理学研究》，载《心理科学进》2003年第3期。

⑥ 中国青少年网络协会：《中国青少年网瘾报告（2009年）》，http：//edu.qq.com/a/20100201/000119.htm。

⑦ 中国青少年网络协会：《2011年中国网络青少年网瘾调查数据报告》，http：//d.youth.cn/shrgch/201208/t20120807_2337374.htm。

⑧ 张志安、沈国麟：《媒介素养：一个亟待重视的全民教育课题》，载《新闻记者》2004年第5期。

⑨ 国务院：《关于促进信息消费扩大内需的若干意见》，http：//www.gov.cn/zwgk/2013—08/14/content_2466856.htm。

⑩ Prensky，M. *Digital Natives，Digital Immigrants*. On the Horizon，2001，9（5），pp. 1—6.

⑪ ⑮ ㉑《第32次中国互联网发展状况统计报告》，http：//www.cnnic.net.cn/hlwfzyj/hlwxzbg/hlwtjbg/201307/t20130717_40664.htm。

⑫ 陈赟文：新的心理疾病：网络成瘾症》，载《社会》2000年第6期。

⑬ Hasebrink，U.，Livingstone，S.，Haddon，L. *Comparing Children's Online Opportunities and Risks Across Europe：Cross-national Com-parisons for EU Kids Online*. London：EU Kids Online (Deliverable D3.2)，2008.

⑭ OECD. *The Protection of Children Online：Risks Faced by Children Online and Policies to Protect Them*. http：//dx.doi.org/10.1787/5kgcjf71pl28—en.

⑯ 韩联社：韩国两成青少年沉迷智能手机》，http：//www.zaobao.com/news/world/story20130615—216374。

⑰张卓、王瀚东：《中国网络监管与网络治理的转变——从"网络暴力"谈起》，载《湘潭大学学报（哲学社会科学版）》2010 年第 1 期。

⑱㉘ *The Advisory Council on the Impact of New Media on Society*. Engaging New Media—Challenging Old Assumptions. http：//newarriv-als. nlb. gov. sg/itemdetail. aspx? bid＝13165641.

⑲ Barnard，A. *My Space Agrees to Lead Fight to Stop Sex Predators*. The New York Times. http：//www. nytimes. com/2008/01/15/us/15myspace. html? ＿ r＝1&oref＝slogin.

⑳ *Media Development Authority*. Cyber Wellness. http：//www. mda. gov. sg/. wms. www/devnpolicies. aspx? sid＝161.

㉒ *Ministry of Education*. Starter Kits（Primary & Secondary）. http：//ict. edumall. sg/cyberwellness/educator/Starter Kits＿ Pri Sec. html.

㉓李月莲：《香港传媒教育运动："网络模式"的新社会运动》，载台湾《新闻学研究》2002 年第 71 期。

㉔张艳秋：《融合文化下媒介监管的新转向：促进媒介素养》，载《国际新闻界》2010 年第 12 期。

㉕ Ofcom. *What are Ofcom's Duties In Relation To Media Literacy*. http：//stakeholders. ofcom. org. uk/market-data-research/media-litera-cy/? a＝0.

㉖ ACMA. *The Government's Cybersafety Initiative*. http：//www. cybersmart. gov. au/About％ 20Cybersmart/What％ 20is％ 20Cybersmart/The％ 20Governments％ 20cybersafety％ 20initiative. aspx.

㉗王国珍：《新加坡媒体素养教育的运行机制》，载《新闻记者》2011 年第 8 期。

㉙蒋晓丽、张杰：《青蛙之死：异度空间的网络化生存》，载《思想战线》2006 年第 3 期。

㉚王国珍：《网络素养教育视角下的未成年人网瘾防治机制探究》，载《新闻与传播研究》2013 年第 9 期。

㉛崔玉娟：《15 名政协委员联名提案把网络素养纳入义务教育：网络教学不能"重智轻德"》，载《中国青年报》2013 年 3 月 10 日。

（作者系岭南师范学院人文学院教授，媒体素养教育研究所所长。原文刊登于《现代传播》2015 年第 2 期。）

第四部分 新媒介素养教育

媒介与青少年发展视野下的网络欺凌

黄 佩 王 琳

一、电子媒介与青少年发展:"围墙"的拆与建

随着信息技术的日益发展,青少年的生活越来越被电子媒介所包围,从最初的电视、电脑到现在的手机、平板技术,电子媒介种类越来越多,媒介内容也越来越庞杂无序。电子媒介在给青少年的学习、生活带来便利和趣味的同时,也给他们带来了一些意想不到的影响。

青少年与成人之间曾经有着分明的界限。文化知识和信息的传承曾大量依附于口耳相传或文字印刷的方式,这些方式受限于时空,并依赖读写能力,因而从儿童到青少年、再到成人世界,需要翻越储备着不同知识和信息的"围墙",正如梅罗维茨在《消失的地域:电子媒介对社会行为的影响》中所言,从童年到成年的社会化过程中的每一步,都涉及暴露更多的信息以及继续受制于其他社会信息。可以说,青少年的成长原本是一个按部就班、循序渐进的过程,但是有了电视之后,支撑这个信息等级制度的基础就崩塌了。电视极大地扫除了时空障碍和读写约束,让青少年从小小的屏幕上开始窥探成人世界的秘密。于是,"围墙"被轻易地跨越,电视去除了过去根据不同年龄和阅读能力将人分成不同社会场景的障碍[1]。青少年在早期的成长阶段就已开始面对成人世界的各种关系,要处理电视构建的世界和现实世界的关系。

欺凌,原来存在于青少年的校园生活当中,后来走向电视,又走进网络。与传统的电子媒介不同,互联网不仅可以向受众提供信息,而且可以让受众之间进行线上互动。青少年作为伴随着互联网成长的一代,习惯了通过网络进行信息传递与表达,网络社区、即时通讯以及社交网站等使得青少年之间的社会交往变得即时有效。与此同时,以往面对面的欺凌行为被转移到互联网上,网络欺凌行为被大量地暴露出来,其中既包括传统的欺凌行通过画面呈现在网络中,也包括利用互联网实施的网络欺凌行为。或是出于利用互联网来进行自我呈现与行为表达的习惯,或是出于对成人世界的好奇与模仿,近些年青少年利用互联网来进行网络欺凌的现象愈演愈烈。看似只是网络中的信息传播,但它却能导致青少年遭受严重的心理伤害,甚至出现自杀这种极端的自我伤害行为,这不得不让我们进一步思考网络对青少年成长所造成的影响。我需要思考网络欺凌仅仅是反映了一种微观的负面行为,还是

其背后有着更为深远的媒介变迁、青少年生活方式改变的宏观因素？

二、网络对青少年生活的重新界定：反思网络欺凌

提到网络欺凌，大家会马上联想到由其引发的一系列心理反应，特别是近年来国内外一系列与之相关的自杀案件，让人唏嘘不已。网络欺凌是一种新的欺凌方式，指的是使用信息和通信技术对个人或群体进行威胁、羞辱、伤害。帕特金等研究者指出，网络欺凌是通过计算机、手机和其他电子设备对他人造成的伤害，这种伤害是有意的、重复的[2]。欺凌这一行为原来更多地存在于青少年间和学校范围之内，是在直接接触中实施的身体的、语言的或者是其他方式的伤害行为。而网络欺凌更多的是通过技术中介化的文本、图像等方式对他人的心理造成伤害。

大量关于网络欺凌的研究关注了网络欺凌施害者的动机、行为以及对受害者的心理影响，但是很少从媒介发展与青少年成长之间的关系观察网络欺凌。事实上，网络欺凌是在媒介与青少年生活世界双向互动的背景下发生和发展的，理解青少年对技术的认知、在中介化背景下的生活方式、对道德的认识和实践，有利于我们更为多元化地看待网络欺凌。

从宏观环境上看，成人社会（主要为父母和学校）与青少年对技术的认知差异造成了对网络欺凌界定的差异。父辈的成长并未与网络相伴相随，他们更多的是利用网络来达到寻求信息和促成沟通的实用性目的，网络再好也是一种辅助现实生活的工具。在这一实用性目的的指导下，老师和家长都认为，技术对青少年接触新知识、促进学习是最有用的。青少年是网络时代的"原住民"，他们把技术看成是一种生活方式，特别是当互联网已经成为他们社会生活的组成部分之后，他们更多地倾向于使用具有身份构建和社会交往功能的博客、社交网站等媒介在网络社会与现实社会间平行生活。事实上，网络欺凌就是高度融入网络化社会且紧密互动的一种后果。在成人看来，网络欺凌与现实欺凌都如同洪水猛兽，然而许多青少年却会将成人社会可能认定为欺凌的行为又细分为网络笑话、网络嬉戏和网络吵架。梵德波士等对10~18岁的学生进行调查发现，学生们会根据行为是引发负面情绪还是为了找乐子进行分类，而且他们认为行为实施者和接受者之间会有不同的看法，至于到底是不是网络欺凌，还得看施受双方的现实关系[3]。

从媒介特性上看，网络独有的中介化特点使网络欺凌变得较为复杂。传统的欺凌定义来自于瑞典籍学者奥维斯，他为欺凌界定的范围是：（1）带有攻击性的行为；（2）重复并持续发生；（3）身体或语言的；（4）权力失衡。在这一定义下，欺凌是有着较为清晰的边界的。但是，网络欺凌不是一种面对面发生的现象，而是通过网络技术中介化之后而产生的，它让虚拟和现实交融。网络具有匿名性、传播网络化等技术特征，其被人们社会化地应用之后，则相应地出现了虚假性、病毒性传播、无限复制和重复、去个人化等特点，这些都使得我们无法清晰地描画网络欺凌

的权责边界。例如，与传统的欺凌不同，网络欺凌的重复性像滚雪球一样，会把效应翻倍。一张照片如果发出，那么可传达的数以千万。由于有匿名性和虚拟性，一个欺凌者的传播行为可能会被很多人重复，伤害会无尽地持续。传统的欺凌所表现出的权力不均衡指的是身体、性别和数量上的，而网络欺凌的权力则与对数字技术的熟练程度、网络圈子的大小及互动程度等相关，这类新型的权力对比并不十分清晰。另外，网络的匿名性让欺凌行为没有负罪感，网络欺凌缺乏即时的言语反馈，降低了情感交流，网络欺凌被"分享"的可能性更大，网络欺凌中的围观者很难施加影响。互联网让青少年有机会尝试新的角色和身份。如果说，以往孩子们在课堂上通过传纸条来进行信息传递，那是一个避开了老师和其他孩子的相对私密的空间；而今天，"纸条"通过短信、邮件进行传递，其面对的是拥有海量观众的公共空间。习惯于将媒介使用当成生活方式的青少年，未必能意识到网络欺凌内容通过媒介传播社会化之风险，加上此类内容也缺乏有效的监管和治理手段，因而无法预测其后果。

从道德伦理上看，网络将道德的围墙重重击碎，促使网络欺凌不易受到约束。网络是一种企图跨越地点和时间限制的媒介技术，它对原本受限于时空和共同体的道德规范造成了极大的冲击。道德规范的形和遵守有赖于直接的人际互动，但是当个人参与到大的群体、社区、公共空间甚至是无一相熟的全球网络当中，原先基于本地的道德视角也许就不适用了。网络欺凌的各种形式，诸如传播他人隐私、联合他人对某些人进行社会排斥、持续地发送带有负面信息的电子内容等，都带有跨越本土区域、冲破时空阻碍的特征。另外，由于网络具有高度的商业化特征，在追求商业利润时会利用大量低俗的内容来吸引眼球。青少年的网络生活与这些低俗内容相伴而行，成人世界的内容更多地向青少年涌来，"成人化的儿童"正是一个极好的比喻。对这些内容的耳濡目染使得青少年在网络中容易无视道德束缚，为求好奇或者在冲动之下向他人传出低俗内容。实施网络欺凌的人认为，欺凌是正常的，在实施这些行为时并不感到有什么道德负罪感。

三、网络欺凌的社会影响：无边界之"困境"

网络欺凌之所以在当下引起广泛关注，与网络移动化、社交化引发新的信息流通及社交生态有着密切的关系。移动化让人们在任何时间、任何地点都能够连接上网；社交化则让人们的生活沉浸在圈子文化当中。青少年的生理、心理发展阶段恰恰和"圈子"相关，也就是他们的同伴关系及群体认同。因此，他们更多地使用网络中的社交网站、视频分享服务、博客、微博以及微信等媒介，让自己更好地融入到有意义的网络社群之中。这种网络社群与早期的社群相比，不是因兴趣、话题而聚合，而是更注重和自己的朋友、朋友的朋友进行沟通。青少年的网络生存更注重所属的网络群体对他们的看法，因为群体是一面镜子，会对他们寻找"自己是谁"

产生重要影响,同时也是他们维系和周边环境关系的重要纽带。由于网络使各种生活场景、各种观众以及各类身份都变得"跨界"和"混搭",如果对此没有清晰的分析和有力的管理,则会带来意想不到的风险,网络欺凌的社会影响正是和这种"无边界"密切相关。

首先,网络欺凌循环出现的可能性高,欺凌者和被欺凌者变得同样具有风险。以往不同年龄段可能表现为不同的欺凌行为,但在网络上,欺凌行为的持续传播会跨越年龄的限制,被不同的人群复制和模仿,从而可能会循环出现。另外,因为通过网络欺凌所产生的侵扰很容易被复仇,所以青少年认为以同样的方式报复是一种反欺凌方式,同时又是一种保护自己的策略。网络欺凌的循环往复让欺凌者和被欺凌者可能快速转换。有研究证明,实施网络欺凌者成为被欺凌者的风险是其他人的20倍。网络欺凌的循环性,还在于许多围观的青少年习惯于"分享"这种行为,他们的再次传播可能只虑到对同辈群体的呼应和维系与周边环境的关系,但是却无法预料到这种传播的示范效应和严重后果。

其次,网络欺凌行为能跨越空间及社会原有的身份秩序发生伤害。从原本大量存在于校园的欺凌,到网络中小伙伴们互相的挑衅,网络欺凌正开始发生在青少年处理与成人之间的关系之中。美国宾夕法尼亚州有一个14岁的学生对自己的数学老师和校长非常不满,他创建了一个网站,在网站上用低俗的语言对老师进行攻击,并且把老师画像的头部换成了希特勒,写着"为什么她要死"。另外他又配了一幅图,图中老师的头已经没了,而且鲜血从脖子上流下来,旁边写着"我们都希望这会发生"。被攻击的数学老师已经有26年教龄,她害怕被人杀害,心情郁闷,并且失眠、厌食。她无法完成该学期的教学工作,因而请了一年的假。最终,学校认为该学生长时间地向其他学生进行了不良的欺凌展示,并且对老师产生了实际的伤害,将其开除。法院也宣判该学生由于侵犯老师肖像权而由其家庭进行赔偿。在这一事件里面,网络欺凌提出了新的管理问题:学生建立网站的行为没有发生在学校内,是否归学校管?学生的网络言是否真的构成违法行为?网络欺凌挑战了现实身份及权威关系,这种伤害的威力不可小觑,应该如何调节这种网络时代的关系?

最后,网络欺凌复制了现实中的权力失衡和不平等,还导致了自杀行为的发生。研究发现,美国中学生最容易被欺凌的内容包括:外表、性征、种族、文化和智力。反复张贴这类内容会让被害者内化这些信息,从而在心理上受到伤害[4]。

社会经济地位低的青少年更容易遭受网络欺凌。阿斯兰关于土耳其中学生的调查发现,父亲失业的孩子无论是成为网络欺凌的施害者还是被害者的概率都是非失业父亲孩子的两倍。网络让欺凌行为得以传播的同时,还对某些群体造成刻板印象,使人们对施害者和被害者以及网络欺凌本身做出过于简单的判断,由此无法认识到该行为的社会背景因素。网络欺凌导致的最严重后果就是自杀,这样的例子在国内外并不鲜见,这足以引起我们思考网络欺凌作用于青少年心理之后所带来的恶劣影响。

四、网络欺凌的应对办法：各方合力提升媒介素养

网络发展对青少年生活的渗透和影响将是持续的，原有"围墙"的消失在所难免，新的电子"边界"又还未被清楚地认知。在这样一个支离破碎的网络化环境中，如何防范网络欺凌的发生，是一个社会性的议题。父母、学校、行业以及政府应该协作，共同提升各方对于网络化社会的认识，对青少年使用网络进行全面的评估，营造一个相互理解、互动顺畅的共同体，帮助青少年正确认识不同场景、观众和身份糅杂的网络环境，增强网络媒介素养，努力提升在网络中管理和掌控自我行为的能力。

1. 父母与学校的正确教导

父母与学校应该正确认识什么是网络欺凌，同时应通过提升自身的媒介素养来教导青少年如何正确使用网络以及通过网络进行社交。首先，父母与学校要成为网络"中"人，而不是游离于网外，只有这样才能够明白青少年在"网中"是如何生存的。要使青少年明确无论是传统欺凌还是网络欺凌都会在现实世界引起伤害、带来伤痛，是不可取的，网络中的不当行为同样会受到处罚。其次，学校应开设有关网络安全教育的课程，通过传授相关知识来提高青少年的意识，让他们学会如何在网络交往中阻止和回应网络中同辈的侵扰，做到既能恪守网络交往中的道德又能巧妙地进行社交。最后，父母与学校应进行有序的互动，在提高自身媒介素养的前提下共同关爱青少年的成长，让他们的隐私不被侵犯的同时合理地监督他们对网络的使用。

2. 公益组织的积极引导

建立专门针对青少年成长的公益组织是治理青少年网络欺凌行为的重要举措。

具体来说，公益组织可以通过两种方式来积极引导青少年的网络使用规范，有效规避网络欺凌：一方面，可由与网络相关的企业成立专门开展媒介素养教育的公益组织，通过举办相关的讲座、活动和巡展来提高青少年的媒介素养，或通过设计可防范欺凌的软件来进行技术防控。如 Cyber Patrol 和 Look Both Ways 两家公司就研制推出了一个警报工具，帮助孩子们在遭遇网上欺负或骚扰时可以即刻通知监护人。网络欺凌警报工具还可以在孩子的电脑屏幕上自行进行拍摄，然后将拍摄到的孩子触发恐吓邮件的截屏图片保存到一个文件中。此外，近来很火的大数据监控也可以被公益组织用来监控网络欺凌的状况，针对不同年龄、形式采取不同手段进行治理。另一方面，与青少年利益相关的公益组织可以通过一些更贴近青少年的方式进行媒介素养教育。如新加坡一家名为"父母网络顾问组"的公益组织，该组织旨在教育公众和父母如何安全使用网络，使网络发挥积极和正面的作用，从而引导孩子恰当和理性地使用网络，为孩子们营造一个安全健康的网络使用环境[5]。再如美国的 MTV 频道就设置过"A Thin Line"这样一个节目，用讲故事的方式呈现网络

欺凌案件，邀请青少年参与讨论，让他们自己思考哪些行为属于越界行为以这些行为带来的后果。或者通过虚拟学习，真实地再现网络欺凌的场景，让青少年自己选择应对的方法。这样的教导方式更有效，更能使青少年意识到网络欺凌的严重危害。

3. 政府立法的有力保障

任何措施的有效实施都离不开政府的支持与保障，青少年的健康发展关系到一个国家的发展与未来，因此面对网络欺凌问题，政府支持与法律保障显得尤为重要。首先，政府官员提高媒介素养，这样才能够提高辨别网络欺凌行为的能力，从而有效打击和治理网络欺凌行为。其次，政府职能部门应积极推动媒介素养教育的发展，支持公益组织的媒介素养教育活动。同时政府还应指导学校加强对学生的保护，并且督促学校开设媒介素养的相关课程。最后，政府应大力打击网络不法行为，通过制定网络欺凌的相关法律对网络欺凌进行治理和预防从而净化青少年的网络使用环境。此外，还应完善相关法律保护未成年人的权益，保护未成年人的个人隐私，未经允许不得随意披露．只有这样才能综合有效地治理网络欺凌。

参考文献：

[1] 约书亚·梅罗维茨著，肖志军译：《消失的地域：电子媒介对社会行为的影响》，清华大学出版社 2002 年版．

[2] Hinduja, S. and Patchin, J., *Cyberbullying: Legal and policy issues*. http://www.cyberbullying.us/cyberbullying_legal_issues.Pdf

[3] Vandebosch, H. and van Cleemput, K., *Defining cyberbullying: a qualitative research into the perceptions of youngsters*, Cyber-psychology & Behaviour, 2008 (4).

[4] Mishna, F., Cook, C., Gadalla, T., Daciuk, J., & Solomon, S., *Cyber Bullying Behaviors Among Middle and High School Students*. American Journal of Orthopsychiatry, 2010.

[5] 王国珍：《新加坡公益组织在网络素养教育中的作用》，载《新闻大学》2013 年第 1 期．

［作者简介：黄佩，北京邮电大学数字媒体与设计艺术学院副教授，博士，主要研究网络文化与新媒体、传播与社会发展；王琳，北京邮电大学数字媒体与设计艺术学院硕士研究生，主要研究网络文化与新媒体。本文系国家社科基金青年项目"移动社交网络的自我呈现与人际传播研究"（课题编号：13CXW018）、北京市重点实验室主任基金项目"网络系统与网络文化"（课题编号：NSNC－2014A01）的研究成果。原文刊登于《中国青年社会科学》2015 年第 4 期。］

网络流言在大学生中的传播路径及应对策略

孙琦琰

流言自古有之,在传统社会主要依靠口耳相传的人际传播方式进行。与新媒体相结合以后,流言突破了时空限制,以更短的时间辐射到达更大的范围,甚至可能在瞬间蔓延到各个角落。当代大学生面临着流言滋生和快速蔓延的环境,不可避免地卷入到网络流言传播当中,自觉或不自觉地充当起网络流言的"中转站"、散播者甚至是直接制造者。有调查显示,在2003—2011年被媒体公开报道的219起司法介入的造谣传谣案中,共提到91名涉案人员的职业,其中25%是大学生,占据最高比例。[1]鉴于大学生群体的特殊性以及所肩负的社会责任,对这一问题若不加以重视,不仅会影响高校思想政治教育的实效性,还会成为危害高校稳定甚至引发社会危机的冲击力量。因此,通过对网络流言在大学生中的传播路径和内在动因的研究,设计基于高校辅导员工作视角的应对策略和引导路径,具有积极的现实意义。

一、网络流言在大学生中的传播路径

把握网络流言在大学生中的传播路径,是有效应对网络流言影响的基础。网络流言首先并未脱离流言的基本属性,其本质特征是"广泛流传"和"未经证实",具有信息分享和意见表达的双重属性。[2]其次,它是流言与网络相结合的产物,又有着新媒介技术所赋予的特点,能在短时间内以几何倍数扩散,甚至引发巨大的"蝴蝶效应"。再次,由于所处阶段和成长环境的特殊性,大学生的身心特点、思维模式、行为方式、媒介使用习惯等都左右着他们对于网络流言传播的态度和行为,这都使得网络流言在这一群体中呈现出不同于其他社会群体的传播特点。

1. 大学生的"媒介化生存"和技术优势造就了接触网络流言的多元渠道

当代大学生与互联网同步成长,他们的信息获取、言语表达、社会交往乃至话语体系等都有着鲜明的新媒体特征,"媒介化生存"已然成为其真实写照。同时,大学生在媒介使用和信息技术方面具有明显优势,乐于并善于使用各种新技术、新功能和新应用。几乎每个人都会同时拥有QQ、微博、微信和人人网等社交账号,不少大学生还会使用开心网、豆瓣、陌陌等社交产品,也有较早尝试使用诸如Instagram、WhatsApp等在国外非常流行而国内尚属小众的社交应用,甚至有掌握网络"翻墙"技术的大学生更是会经常登录Twitter、Facebook、Youtube等海外社交平台。根据 2014 年 5 月的一项调查,即时通信、搜索引擎、博客、微博、社交网站、论坛在大学生网民中的使用率分别是 97.7%、91.0%、86.5%、76.7%、60.0%、30.6%。[3] 大学生使用网络进行信息检索、互动交流、自我表达的热情和习惯,使得他们接触信息的渠道更加广泛,获取到的信息更加复杂多元。

2. "对话"和"关注"是大学生获取网络流言的主要方式

大学生在从不同渠道获悉信息的过程中,都可能会接触到真伪难辨的流言。其中,最主要的获取方式有两种。一种是"对话",主要发生在两种情境中:一是基于现实人际关系的在线社交圈,如朋友之间通过 QQ、微信等即时工具以"一对一"或"群聊"的形式直接交流,或是通过朋友圈、微博、人人网的信息发布、评论、私信等功能进行信息传播;二是基于共同兴趣或话题的虚拟社交圈,如贴吧、论坛、社区等,在现实中可能互不相识,只因某些共同的兴趣、爱好、地域等因素聚集到一起形成圈群,以社群化的方式进行信息互动。另一种获取方式是"关注",即通过"加关注"来主动将某人作为自身的信源。调查显示,大学生关注他人的数量要远远多于被他人关注的数量。[4] 这也成为他们获取信息的主要来源,关注的对象越多,意味着信息来源越丰富多元。

3. 大学生对网络流言内容的兴趣点取决于话题的公共性和相关性

大学生会因个人的背景、经历、偏好、预设立场等对网络流言做出选择性关注,话题的公共性和相关性是引起兴趣的主要因素。首先是公共性。当代大学生参与公共生活的热情使得他们对当前的社会舆论热点颇为关注,主要有:(1) 突发性灾难事件,如汶川地震、马航空难等灾难事件;(2) 涉及管理和公共服务的典型事件,如瓮安、乌坎等群体性事件等;(3) 有关医疗卫生、食品安全、社会治安等民生领域的公共事件,如艾滋谣言、"学生被割肾盗肾"等。其次是相关性。一些与大学生关系密切或关联切身利益的流言,更易激发参与欲望,主要包括:(1) 高校相关问题,如"大学英语四六级考试泄题"和屡传不休的"女大学生被强奸"等;(2) 同辈群体相关事件,即对年龄相仿的青年体抱以极大关注,如药家鑫案、杭州飙车案中的各种传言等。而对于自然灾害、农业生产、经济金融等领域的流言,大学生则不太敏感,这或许与他们对这些领域不太熟悉有关。

4. 线上线下关联互动构成大学生网络流言传的主要模式

在一场完整的网络流言传播过程中,传播呈现多通道模式。[5] 这一特点在大学生中表现得淋漓尽致,虚拟的网络传播和现实的人际传播相互作用,多种传播手段杂糅共存。一方面,大学生思维活跃,兴趣广泛,且拥有充足的闲暇时间,这使得他们在网上结成了众多不同的兴趣圈、生活圈,除了带来广泛丰富的信息外,还形成了不同的议论空间。另一方面,大学生以群体生活为主,社交关系相对稳定而密切。高校的集聚环境使得他们形成了大小不同的团体,包括学生会、同乡会、读书会等非正式组织,由此构成了流言的现实传播渠道。除此之外,他们还大多与原先的社会关系网络保持着经常性往来。因此,网络流言在大学生中的传播往往沿着这样的路径,即大学生个体首先从网络平台上获取流言,随即在身边的同学中进行分享和讨论,进而可能与网友(论坛、贴吧)就该问题进行互动,或是以电话、短信、即时通信工具等方式传递给家人和校外的朋友。在这个过程中,既综合网络传播、人际传播、群体传播等多种形态,又涉及口述、电话、短信、QQ、微博等方式,还跨越了网友、同学、朋友、亲人等不同社交圈。这样的传播模式使得互动频率更高、流动速度更快、波及范围更广。

5. 以"转发"为主要表征的传播行为背后隐藏着态度的多种可能

大学生对网络流言的传播,除了通过现实交往中的口耳相传和聊天工具的传递外,更加显著且有影响的行为是"转发"。这是因为,转发功能使得流言传播成本大大降低,只需点一下鼠标即可,而且转发可以显示出转发者并非流言的源头,相对承担的风险较小。在一系列的转发中,流言可以跨越紧密联系的小圈子,呈扩散状迅速地向四周引爆。[6] 正是"转发"增加了流言的传播机会和扩散范围,直接引发了病毒式传播。但是,大学生不加评的转发行为并不一定就意味着对流言所表达观点的认同,而是存在着多种态度的可能。一是纯习惯性的"随手转",基于朋友圈社交心理的习惯,对热门话题顺手转发;二是抱着娱乐的心态,转发以与朋友同乐;三是相信了谣言,姑且传之,以引起重视或善意提醒;四是从个体的情感体验和刻板印象出发,借以发泄不满或敌对情绪;五是以恶作剧或耸人听闻的事件吸引眼球,提高点击率或获取知名度。每一次"转发"背后到底是何种态度,这可结合学生的个性、经历和一贯表现等加以判断。

二、大学生参与网络流言传播的内在动因

社会转型期的诸多问题、矛盾和冲突使得流言极易滋生和蔓延,加上新媒体提供了自由表达观点的平台,其搭建的非正式话语空间呈现出前所未有的活跃态势。作为生活在社会环境中的个体,大学生的认知、思想和行为不免受到社会现实和舆论狂欢的冲击。尽管他们有着较高的学历和知识水平,但毕竟涉世未深,自身阅历不够,社会经验有限,加上思想尚不成熟、冲动叛逆、行为大胆等个性特点,使得他们在面对复杂的流言环境时难免会出现猜测、怀疑、迷茫、摇摆等情绪、意见和态度,甚至被蛊惑,主动参与造谣和传谣。分析和洞察大学生参与网络流言传播的内在动因,是构建行之有效的应对策略的关键。

1. 社会参与意识强烈与公民责任缺失的矛盾

大学生具有强烈的社会参与意识,他们关注公共事务,热心社会生活,同情弱势群体,渴望公平正义,对于网上流传的各种信息,特别是涉及社公共类的话题格外关注。大学生借助网络关注公共事务,表达利益诉求,其动机和出发点无疑是好的,但在这个过程中,部分大学生因为公民责任缺失、法制观念淡薄导致网络行为

失范，从而成为网络流言的传播者甚至制造者。

第一，网络交往的匿名性和隐蔽性使得大学生从真实身份的桎梏中解脱出来，摆脱了社会道德和群体压力的束缚。在没有社会约束力的匿名状态下，人可能更容易失去社会责任感和自我控制能力。[7] 网络流言的大量转发和评论，使得大学生往往会出现"法不责众"的侥幸心理，加上转发路径比较透明，减少了他们的顾忌和负担，从而削弱了责任感，丧失了对个人行为的自律。

第二，大学生追求自由独立，强调自我与个性。为了在网络信息洪流中脱颖而出，往往会以猎奇的、哗众取宠的甚至是反叛式的标新立异和奇特行为"搏出位"。网络中的信息生产、发布特点是先生产、后过滤，甚至是边生产、边过滤，抑或是只生产、不过滤，信息生产成本几乎为零。[8] 这种低门槛、低成本、大影响、强效应的传播优势，使制造或传播流言成为某些大学生期望"一夜成名"的捷径。

第三，新一代受众崇尚"我行我秀"，与年长世代相对严肃地看待新媒体所带来的话语权不同，"80后"普遍视新媒体为个人生活和情感的大秀场。[9] 比如在2008年"抵制家乐福"事件中，很多参与的"80后"表示，因为是第一次"赶集"（参加游行集会），所以兴奋大于愤怒。[10] 他们更容易以一种娱乐的心态传播流言，随手分享转发或是道听途说地编造"段子"，以致忽视了身为公民的自觉意识和社会责任。

2. 独立思辨能力与盲目从众心理的博弈

当代大学生重视自主判断，不盲从权威，在一定程度上能够进行独立的社会观察和思考，但是有些学生在网络流言面前容易失去独立思辨的能力，甚至连一些非常明显的谣言都无法辨识。归根到底，这是"从众"心理在作祟。有学者认为："如果青年独立地思考网络谣言的虚假性，能够很容易地加以辨别，但是在与网络群体的互动中，网络谣言产生的可能性便增加。"[11]

第一，大学生具有强烈的群体认同感和归属感，在心理上容易受到群体压力影响，进而产生从众行为。心理学研究表明，当个体的行为超出群体规范的范围，就会产生一种背离群体的感受，这种内心的紧张感会迫使个体改变原有的意识和行为，使之符合群体规范的要求。[12] 有学者在研究"抵制家乐福"事件时指出，网络中的群体是冲动、易变而急躁的，谁要是发出相反的意见，哪怕是略微的不同意见，马上被众人共讨之和共"诛"之。[13] 为了防止被"孤立"而保持"沉默"，这就是传播学中所说的"沉默的螺旋"。

第二，流言多以疑问方式出现，通过新媒体平台上的"集体交易"，逐渐变得"证据确凿"。[14] 网络流言常常"图文并茂"，综合运用文字、图像、视频等多种手段，信息真假难辨。广大网民在转发或转帖的过程中又往往通过"添油加醋"引发信息内容的变异，使得一开始"似是而非"的流言变得似乎越来越可信。面对经群体讨论和集体加工的强大"证据"，即便原本持怀疑态度的人也可能会被左右言行而相信这是"事实"。

第三，流言在某种程度上是作为一种建立社交联系的"谈资"而存在的，它丰富了群体的话题，加强了群体的联系。[15]在这种情况下，传播流言的目的并非是信息本身，只是为了与陌生人建立联系，或是打破谈话时沉默的尴尬，抑或是加入话题避免被孤立等，重点在于建立社交纽带，显示彼此的群体认同。

3. 理性诉求表达与感性应激心态的交织

法国研究者弗·勒莫认为，流言的"根子是人们感到自己缺了点什么，它又以模棱两可的感觉在扩展延伸，它存在的基础是使人希望对事物有进一步的了解或是对隐约感到的威胁的一种反映"。[16]从这个角度来说，流言的产生和传播背后往往隐含着一定的利益诉求和民意表达，或是反映现实中的恐惧和不安状态，或是试着诠释当前的模糊情境，或是出于发掘事实寻找真相的需要，或是借助"话语出位"推进问题解决，等等。如"香蕉致癌"、"西瓜打针"、"柑橘生虫"等谣言源于人们对当前食品安全问题的焦虑，杭州飙车案、钱云会案中的流言则在于社会环境因素中的相应症结。尽管这种诉求表达"未必不蕴涵着理性成分"，[17]但常常带有强烈的情绪化色彩，极易与冲动、愤怒、同情等情绪交织在一起。大学生易受到群体个别情绪的影响，当他们"遭遇"网络流言的情感攻势或情绪感染时，理性诉求会不自觉地被感性情绪所逐渐掩盖甚至取代。

一方面，流言总是瞄准公众的情感诉求，带有强烈的煽动性和蛊惑性。比如，常常用诸如"震惊"、"转疯了"、"亲身经历"、"是中国人就转"、"转给你关心的人"等具有强烈情感暗示的词语进行"讲述"。这些或怂恿、或恐惧、或温情的情感冲击，使得大学生的心理防御能力明显降低，参与"转发"传播。另一方面，流言传播过程中的"众声喧哗"，不仅有信息和观点，还可能掺杂着许多非理性的情绪。尤其是在公共危机引发的应激心理状态下，那些非理性情绪似乎更能在民众中发酵并迅速产生强烈的情感反应。大量密集的转发又会使这些情绪一遍遍强化，并迅速蔓延和传染。青年人的情感活动比较强烈，思想和行为容易受情感支配，一旦受到群体情绪的煽动和渲染，就容易丧失理性意识和理智判断。

三、辅导员工作视角下的应对策略

网络流言应对和治理是一项综合的系统工程，需要政府和社会共同参与。高校处于各种文化思潮交汇的前沿阵地，是网络流言延伸到大学生现实生活的主要扩散地。辅导员作为与大学生关系最为密切的群体，处在大学生流言传播环境第一线，理应在网络流言应对及引导方面发挥最直接的作用。

1. 转变思路：从被动应对到主动

引导各种流言在大学生中的大肆传播，会严重干扰他们的认知，引起思想混乱，激发负面情绪，影响社会心态，甚至被别有用心的不法分子利用。但流言也并非洪水猛兽。在看到其社会危害的同时，也要肯定它作为"信息安全阀"和"社会预警器"的正向功能。流言虽是舆论的表层显现，但能在一定程度上反映深层的社会心理和事件动态，是社会情绪和社会舆论的重要表现形式。[18]因此，很大一部分学生在传播网络流言的背后，其实往往隐含着自己的态度和意见。只有那些契合大学生思想观念、价值取向或利益诉求的流言才会引起他们的格外关注，甚至激发传播行为。

基于网络流言传播效果的两面性，辅导员对大学生的流言传播行为给予关注和引导，不仅是高校维稳工作的需要，更是开展大学生思想动态研判和教育引导的重要抓手。一方面，捕捉学生对于各种流言的观点和态度，预见可能出现的问题，及时干预，尽早化解，有利于避免因流言引发群体性事件的可能，维护高校和社会稳定；另一方面，作为一种非官方的舆论表达，从大学生参与网络流言传播的行为和态度中往往可以窥见他们的价值取向、社会心态和利益诉求，以此为抓手，合理引导，有利于增强思想政治教育工作的前瞻性和实效性。

因此，高校辅导员要突破传统的"管控"思维和简单的"封堵"办法，主动更新观念，从被动应对转向主动引导，变"围追堵截"为"沟通疏导"。第一，建立危机预警机制和快速反应机制，敏锐地发现学生受流言传播影响的情况，并迅即做出反馈，预防风险发生；第二，在学生传播网络流言时，根据个体的不同特点、关注流言的内容、持有的态度观点等，设计不同的应对引导模式；第三，利用大学生广泛关注的网络流言主动"发声"，借力使力，以此为契机开展思想政治教育。就工作水平和艺术而言，"预防－引导－利用"的三个层次是由低到高的阶梯式上升。

2. 掌握能力：具备媒介素养

在青年生存和发展须臾离不开媒介环境的今天，如果辅导员还不会使用各种社交媒体，或只是简单地把新媒介作为发布通知或消息的工具，那显然已经无法跟上思想政治教育与时俱进的步伐。高校辅导员只有具备较高的媒介素养，充分掌握网络知识和技能，才可能读懂当下泛滥在网络中的各种流言，才可能掌握学生对流言传播的态度和行为，才可能做出及时准确的判断并采取妥善的措施。因此，辅导员必须强化互联网思维，加强自身的媒介素养，成为玩转社交媒体的"高手"。

首先，要养成良好的新媒介使用习惯，主动进入大学生的网络空间。青年学生特别热衷于通过不同的社交工具建构自己的社交圈，并喜欢在社交平台发布状态和观点，其中当然也会有情绪、猜测、质疑甚至流言等。因此，辅导员要掌握最新的传播技术，熟练运用在学生中使用率很高的人人网、微博、微信等，通过主动关注等方式融入学生的网络社交圈。不仅如此，辅导员还应该使自己成为社交网络平台上的活跃用户，而不能只满足于"潜水"观察，甚至只是"打打酱油"或者长期"休眠"。既要主动对学生发表的内容进行评论交流，又要经常性地发布和分享个人状态、感悟和观点，聚拢人气，让大学生感觉到网络上的辅导员是亲切亲和、有血有肉的，从而愿意与之建立起亲密、信任的双向互动沟通关系。

其次，要具备成熟的信息掌控能力，擅长利用新媒介开展学生工作。一是要善于分析、解读和甄别媒介信息，练就一双识别网络流言的"火眼金睛"，敏感地发现和捕捉学生中的流言，从而帮助学生提高对流言的鉴别能力。二是要善于把握信息传播特性和舆情演化规律，准确研判流言的发生和发展脉络，采取有效措施控制流言的扩散蔓延，做好"把关人"。三是善于引导舆论走向，对于大学生比较关注的热点话题或热门事件，可以主动发起讨论，发布权威信息，掌握网络舆论的话语权，成为学生中的意见领袖，引导学生正确看待敏感事件，从而影响学生的思想和行为，增强主流价值观的影响力和渗透力。

3. 设计方法：基于信任关系的交往互动

高校辅导员的角色决定了他们的流言应对方式倾向于互动式、个性化的交往，即更倚赖于师生间的网上互动和网下信任关系。在此基础上通过适时介入、巧妙引导、分类指导、重点关注等方法实现有效应对和积极引导。

其一，适时介入。流言的扩散是经过一段时期后才达到一定规模的，这就使得介入时机非常关键。干预过早可能使流言传播更加广泛，介入太晚则澄清成本和难度又会提高。因此，辅导员应根据流言在学生群体中的传播程度（包括辐射范围和影响力度）来决定介入时机和方式。比如，出现个别网上传播时可单独与之私下探讨，网上大规模转发时可采取"转发加引导性评论"或发布权威证据予以澄清，在现实人际中引发较大反响时可召开主题班会进行集体辨析，等等。

其二，巧妙引导。大学生个性较强，有时候又自负，一旦相信流言后就很难转变态度。尤其是在危机情况下，一本正经的说教是行不通的，也不能以简单的否定判断来纠正。这就要求辅导员注重引导技巧，既要重视话题和素材的选择，用可信度高的证据"说话"；又要用更个性化的表达、时尚化的语言、讲故事的方式与学生进行平等对话，有理有据地耐心说服。在互动式、探讨式的沟通中，引导学生共同查证和分析流言，帮助他们明辨真伪。

其三，分类指导。通过日常与学生的现实交往与观察，辅导员对于每个学生的思想观念、心理特点等都应形成一个基本的认识。在熟悉和把握学生个性特点的基础上，洞悉和判断其传播流言的真实意图和态度，从而分层分类地进行指导。比如，对习惯性"随手转"的学生要培养网络道德自律和责任感，对有不满情绪的学生则要了解其具体诉求并尽可能化解矛盾，等等。

其四，重点关注。对于学生中的一些特殊群体，如有号召力的"意见领袖"、思想比较偏激的"愤青"、性格胆小不安的"紧张大师"、网络表现与现实差异特别大的"双面人"等，辅导员都要主动关心、持续关注、经常性交流，建立良好的信任互动关系。当遇到突发事件或流言大肆传播时，要格外关注他们的网络言行和现实表现，有需要时更要主动进行个别的面对面沟通，防止他们成为流言传播的"扩音器"。

参考文献：

[1][9][14][15] 周裕琼. 当代中国社会的网络谣言研究 M］. 北京：商务印书馆，2012：248－250，189，257，51－52.

[2] 蔡静. 流言：阴影中的社会传播［M］. 北京：中国广播电视出版社，2008：10，54.

[3] 2013年中国青少年上网行为调查报告 EB/OL］. 中国互联网络信息中心，. http：//www.cnnic.net.cn/hlwfzyj/hlwxzbg/qsnbg/201406/t20140611_47215.htm，2014－06－11.

[4] 朱廷劭.《2013年中国大学生"微博"发展报告》发布［EB/OL］. 中国科学院心理研究网站，http：//www.psych.ac.cn/xwzx/zhxw/201308/t20130821_3915993.html，2013－08－21.

[5][18] 宋双峰. 媒体：网络流言的演播场？［J］. 今传媒，2006（10）.

[6] 刘海龙. 从传播学角度看：微博流言的特征［J］. 新闻与写作，2012（5）.

[7] 邢丹，华亮. 高校网络谣言及其应对策略研究［J］. 市场周刊，2013（12）.

[8] 黄培光. 防范网络谣言及其社会风险的法律思考［J］. 四川行政学院学报，2012（4）.

[10] 张雄等. 中国式愤怒：一场超乎想象的抵制［J］. 新世纪周刊，2008（14）.

[11] 于东山. 网络谣言在青年中的传播机制及规避策略［J］. 中国青年研究，2013（11）.

[12] 单松涛. 网络流言传播的心理分析［J］. 新闻传播，2012（4）.

[13] 陈力丹，吴薇. 网络语境下的情感与理智——以网上抵制"家乐福"事件为例［J］. 信息网络安全，2008（6）.

[16] 陈力丹. 舆论学——舆论导向研究［M］. 北京：中国广播电视出版社，1999：102－103.

[17] 田大宪. 网络流言与危机传播控制模式［J］. 国际新闻界

［作者单位：上海大学影视学院。本文系教育部人文社会科学专项任务项目（高校思想政治工作）"网络流言在大学生中的传播机制及应对策略研究——基于辅导员工作的视角"（项目编号：12JDSZ3020）的研究成果。原文刊登于《思想理论教育》2015年01期。］

> 学术卡片

"微传播"时代理工院校媒介素养现状研究
——以西安石油大学微信使用状况为例

张 瑜 雷 洁 刘小静
《新闻知识》2015年第2期

媒介技术发展是推动媒介前进的重要力量。在智能手机迅速普及的今天，每个个体都无一例外地成为"微传播"的主力军。媒介素养教育不再是新闻与传播专业人士的专业技能，而更迫切地成为每个个体都需要习得的常识类知识。

本文以理工专业多、男生比例大的典型理工院校——西安石油大学为例，分析手机APP社交应用下的"微传播"时代理工院校学生的媒介素养现状，以期折射理工院校对媒介素养教育的疏漏及其推广意义。

媒介素养研究的重点集中在媒介使用状况、媒介信息处理状况及媒介参与状况，本调查将从西安石油大学在校本科生对微信的接触和使用情况、对微信内容的选择和喜好、对微信的参与利用能力等三个方面分析。首先，被调查者对微信和手机QQ的接触频率最高，基本维持在44%左右，短信次之（34%），而对于其他社交应用的使用频率低于10%。其次，微信内容主要表现在朋友圈的社交功能和公众账号的媒体功能。从问卷的结果来看，文字及语音信息、朋友圈最受学生欢迎。而在朋友圈的内容中，最受关注的是原创性的生活见闻。最后，"了解生活资讯"（朋友圈）、"娱乐"（游戏）、"消磨时间"（公众账号等）是被调查者使用微信的主要动机。

随着Web2.0技术的发展，以微博、微信为代表的微媒体大大改变了人们获取信息的方式，在看似"人人都是记者，人人都有麦克风"的"微传播"时代，并不是每个人都善于利用微信。理工院校学生微信使用所折射出的媒介素养反映在媒介教育在理工院系的相对缺乏，值得引起注意和积极推广。大学生群体是微信的主要应用人群，微信具有操作简易、信息多样、发布及时、交互性强、线上线下相结合等显著特点，理工院校大学生微信使用可以折射出"微传播"时代理工院校媒介素养问题。经过梳理后总结为：（1）微信使用时间过长，手机依赖症严重；（2）过度使用微信的娱乐功能，微信正确利用率极低；（3）价值自觉失范；（4）社会行动迟滞。

要解决理工院校媒介素养教育现状：首先，提高媒介素养在理工院校的重视程度。其次，要设置与媒介素养相关的课程。

媒介素养教育在媒介发展涉及每一个个体，在媒介教育相对缺失严重的理工院校更是如此，本文调查仅限于理工院校大学生，这只是一个很小的切口，一个相对集中的简单群体，社会上还有很多社会角色丛复杂的群体媒介使用状况也会呈现出群体所带属性的相关特征，需要专门调研。大学阶段应该是普及媒介素养的重要阶段，每一个学生都会走出校门走上各行各业，但是他们无法离开无孔不入的媒介覆盖。所以，大学生正确地使用媒介、利用媒介、参与媒介、批判媒介所涉及的媒介素养教育任重而道远。

（张杰摘）

城乡小学生新媒介素养现状对比及提升策略研究
——以鲁西南地区为例

康　宁　丁梦鸽　付宗玲　任士伟　胡　彪
《中国信息技术教育》2015 年第 8 期

为了使基础教育更好地迎合新媒介应用于教育的趋势以及克服新媒介应用的阻碍因素，本研究以鲁西南地区的小学生作为调查对象，通过研究鲁西南地区的小学生及其教师与家长的新媒介素养现状，了解影响学生有效使用新媒介的因素，从而探索出合理、有益的对策和措施，提高学生的新媒介素养。

根据家长问卷的基本情况调查，所有被调查城市家庭中约 97% 的家长为学生提供了新媒介，而农村约 95% 的家庭为学生提供新媒介。由此可见，贫富差距在一定程度上影响了乡镇或农村的家长为学生提供新媒介，但主要原因还是在于家长的意识问题。两者媒介素养存在显著性差异，城市学生家长的媒介素养优于农村学生家长。经调查发现，从总体上讲仅有 4.5% 的家长不规定学生接触新媒介的时间段，2.7% 的家长不规定学生接触新媒介的时长，可见家长对学生使用新媒介普遍进行了约束，但是约有 35.2% 的家长不了解或很少了解学生通过新媒介接触的内容，74.6% 的家长不陪伴或很少陪伴学生使用新媒介，63.3% 的家长不对学生使用新媒介进行指导。由此我们可以看出，家长对学生接触新媒介的关注除了约束其使用外，对学生接触新媒介的内容、方式等的关注是很少的。尽管城市家长的新媒介素养高于农村或乡镇的家长,但是两者在指导学生使用方面几乎没有差别。

根据鲁西南地区招聘教师的要求和方式来看,教师都接受了专科以上的高等教育,所以两者新媒介素养水平没有显著性差异的结果是合理的。在调查教师对"将新媒介素养教育融入现有课程必要性"的认识上,通过比较发现,农村教师中选择"非常有必要"和"没有必要"的教师均多于城市教师,可见农村教师和城市教师在对新媒介素养教育的认识上存在较大差距。

根据对学生使用各种新媒介的调查,发现除了网络交互电视(融合电脑与电视的新型媒介技术)外,城市学生接触各种媒体的人数比农村多。通过调查发现,无论农村还是城市,学生接触新媒介的目的居于前三位的都是学习知识、关注社会、了解新闻和玩游戏、看小说,但是农村学生更多的是玩游戏、看小说,使用新媒介的娱乐性功能更强一些。城市学生媒介素养水平要高于农村或乡镇的学生。

提升城乡小学生新媒介素养策略有:(1)政府应增加新媒介素养教育的师资投入;(2)教师应在教学中融入新媒介素养教育理念;(3)家长应营造良好的新媒介使用氛围。

(张杰摘)

从儿童对网络素养的现实需求看网络素养核心能力构建:基于儿童学习成长视角

李宝敏　张　良

《全球教育展望》2014 年第 11 期

管窥当今网络时代,网络技术所形成的文化环境构成当今时代的文化背景与时代精神主题,无论从技术视角还是从文化视野看,网络技术及其构成的文化图景已成为当今时代儿童学习生活的文化环境与时代背景。网络改变了儿童的读写方式、知识建构方式,生活在网络时代的儿童,在享受网络技术带来进步与发展的同时,也际遇着网络技术带来的考验与挑战,儿童充分地享受着网络化学习所带来的便捷与欢愉,又强烈地体验着网络化学习带来的矛盾与困惑。笔者通过对儿童网络素养现状调查,发现:当前儿童并不能在自身的网络实践活动中建构意义,意义感缺失,成为制约儿童在网络空间发展的关键。儿童在网络空间创造性活动缺乏,在网络学习活动中以"复制"、"拷贝"为关键词，在大容量、超链接、动态流动的网络信息中，缺乏深度思维，难以实现对意义的建构。

网络改变了传统的知识观，知识的情境性、建构性、生成性直接影响到儿童知识的建构与形成过程，合作建构成为知识建构的重要方式，在知识的自我建构与合作建构高度融合中，通过与儿童自身的经验建立连接生成意义，进而建构形成儿童自身的知识。网络时代儿童学习方式的变革，引发了儿童对网络素养的现实需求，具体体现在：（1）网络改变了儿童的"阅读"方式，网络素养是儿童在线阅读的需要；（2）网络改变了儿童的"写作方式"，网络素养是网络时代儿童交流与表达的需要；（3）网络改变了儿童的知识建构方式，网络素养是儿童建构知识的需要。（4）网络促进了儿童自主学习与合作学习的深度融合，网络素养是儿童终身学习的需要。

有学者指出：素养从本质上是一种综合能力，是一种适应未来社会，改造世界的能力。从该意义上说，儿童网络素养能力本质上是一种综合能力，是一种对网络世界与儿童自身关系的把握能力，是儿童在网络空间改造世界与发展自我的能力，是促进儿童终身学习，并适应网络社会未来发展的能力，基于对网络时代引起的儿童学习变革及儿童对网络素养的现实需求分析，儿童网络素养应由如下核心能力组成，具体包括：在线阅读能力、鉴别与批判性思维能力、意义建构能力、反思能力、问题解决能力、知识建构能力、多元文化解读能力等。

网络增加了儿童的学习机会，也改变了儿童的读写方式、知识建构方式、学习方式，而网络素养可以提升儿童在网络空间的学习成长能力，拓展儿童的学习领域与学习深度，使儿童掌握学会终身学习的方法，从而增强儿童终身学习与发展的过程。因此，网络素养不仅是网络时代儿童学习的现实需要，也是儿童终身学习与发展的必然要求。当今学校教育应关注儿童在网络空间的发展需求，让儿童在网络空间中学会学习、学会生存，为儿童终身学习与发展奠定基础。学校教育应发展网络时代儿童的核心素养能力，沿着对网络时代文化背景下儿童终身学习与发展的整体视野，将儿童网络素养核心能力的培养融入信息技术课程及学科课程，将网络素养教育视为一种赋权过程，让儿童走向多元文化探究与实践，采用基于网络探究的实践路径来提高儿童的网络素养核心能力，从而对儿童网络素养的认识与实践走上了一条日趋完善、日益发展的道路。

（张杰摘）

大学生手机阅读行为研究

毕秋敏　曾志勇　陈　楠
《昆明理工大学学报（社会科学版）》2015 年第 4 期

移动互联网的发展和移动终端的普及让随时随地阅读成为可能。移动阅读终端特别是智能手机，更是以便捷性、即时性、交互性等特点受到用户的欢迎。在手机媒体化和网络化进程中，手机阅读日益成为手机端最重要的应用之一。2014 年第十一次全国国民阅读调查发现，我国成年国民人均每天手机阅读时长为 20.70 分钟。

我国对手机阅读的理论研究主要集中于手机阅读的特征、对传统纸质阅读的影响、盈利模式、手机出版、相应技术的开发等方面。例如：刘爱力认为，手机阅读具有无所不在性、音画媒体性、主动获取性、存储高容量性和个性化、参与性和互动性、订阅便捷性、成本低廉性的特点；侯欣洁提出，手机阅读存在的"低龄、低俗、低质"现象给手机阅读产业良性健康发展带来了隐患。总的看来，已有的调查成果主要局限于手机阅读行为的调查分析，缺乏对手机阅读内容的深入调查以及对阅读行为特征的分析与总结。

本研究中的手机阅读是指人们利用手机终端浏览、阅读数字化内容的行为。阅读内容包括各种形式的信息内容，如电子书、数字报刊、网络新闻、微博微信等。

大学生是我国当代社会中非常重要的群体。阅读能力的高低影响国家和民族的未来。通过了解在校大学生手机阅读的实际使用现状，发现其中存在的问题，对引导大学生采取合理的阅读方式，选择适合的阅读内容，培养良好阅读习惯有着重要的现实意义。另一方面，由于时间、文化水平等因素，大学生在手机阅读的读者中所占比例也较高，对他们的手机阅读行为进行研究，其结论具有较强的代表性和说服力。

本研究将昆明地区在校大学生作为研究样本，主要采用问卷调查法。本研究将手机阅读的发生维度分为使用年限、使用时长、阅读场景分布、阅读内容、阅读方式、付费方式和阅读认知等几个方面，对大学生手机阅读的具体行为进行系统性的量化研究和统计学特征描述。主要的数据结果有：(1) 媒介使用特征：网络媒体最多；(2) 手机阅读使用强度：使用年限长、阅读时长较长的学生居多；(3) 手机阅读场景丰富多样；(4) 大学生使用手机进行阅读的主要动机是休闲娱乐；(5) 大学生手机阅读的内容主要是新闻资讯、微博微信和电子书;(6)手机阅读主要方式:使用客户端在线或离线阅读,最常用于阅读的手机 APP 为微信和微博;(7)付费阅读意愿不高;(8)大学生认为应主要在手机阅读内容和费用等方面加以改进以完善手机阅读体验。

通过问卷调查,本研究初步揭示了昆明在校大学生手机阅读的基本使用行为,通过进一步的调查分析可以看出,大学生手机阅读呈现以下特征:(1)大学生手机阅读行为比较普遍,大学生对手机阅读形成依赖;(2)大学生手机阅读的动机表现出"多元化""娱乐化""个性化"的特征;(3)大学生手机阅读存在"浅阅读"和"泛阅读"倾向;(4)大学生的手机阅读具有"社会化阅读"的特点。

阅读是大学生获取知识和提高自我修养的重要方法。喜爱阅读才能实现终身学习。因而,培养和激发大学生的阅读兴趣是家庭、学校和社会都必须要重视的事情。手机阅读,它首先是阅读,"开卷有益"是一种可喜的现象,值得鼓励。移动阅读新方式已经形成,在推动大学生阅读的过程中,我们应关注和顺应这样一种趋势。其次,手机阅读方式有其局限性,还不能完全取代传统的纸质阅读。最后,要指导大学生选择高质量的手机阅读内容,尤其要增加对学习有益的专业和学术类文献的阅读。

(张杰摘)

国外网络欺凌研究的回顾与最新进展

祝玉红　陈　群　周华珍
《中国青年研究》2014 年第 11 期

近三十年来,互联网日益成为人们工作生活中不可或缺的一部分。截至 2013 年 6 月底,我国网民规模达 5.91 亿,互联网普及率为 44.1%。其中网民年龄结构中儿童共占总量的 24.5%。互联网为教育和信息的流通提供了前所未有的机遇,越来越多的孩子几乎不敢想象没有社交网络的生活,包括即时共享的网络视频和照片,以及在线游戏等。在教育和社会融入方面,互联网给儿童带来了很多的便利和机遇。然而,虚拟的网络世界往往忽视了用户的年龄、性格、地理位置,同时模糊了其他在现实生活中划分很清楚的边界,这对儿童构成了更大的潜在危机,儿童在使用网络时可能面临多重风险。研究显示,大约 18% 的儿童曾在互联网和移动电话媒介上遭遇欺负或骚扰,欧洲青少年经历网络骚扰的发生率从 10%—

52%不等。

随着信息交流技术和互联网的广泛普及和快速发展,原先存在于学龄儿童学校范围内的欺凌行为逐渐扩展到了以互联网为平台的虚拟世界,转变成了一种新的形式,即网络欺凌(Cyberbullying)。世界范围内因网络欺凌受到身心伤害的儿童越来越多,恶性事件频繁发生,各国学者开始进行儿童网络欺凌的相关实证研究。

欺凌是指个体或群体对另外的个体或群体进行故意的、反复多次的负面行为。更深层次看,它是一种力量或权力不平衡的结果。欺凌行为大概分为四类:直接身体接触,如人身攻击和偷窃;直接语言攻击,如威胁、辱骂或起绰号;间接相关类,如社会排斥和传播谣言;网络欺凌。

网络欺凌,又称网络伤害、网络欺负。目前学界还未形成一个完全统一的定义,网络欺凌常见的发生渠道包括:短信、手机或网络摄像头截取的图片或视频剪辑、移动电话、电子邮件、聊天室、网站等。从欺凌行为的分类可以看出,网络欺凌是欺凌的新形式。但是,网络这一特殊的空间环境,使得传统欺凌的一些要素和形式发生了变化。第一,在表现形式上,传统欺凌主要是指通过语言或肢体行为进行的面对面的欺凌活动;而网络欺凌的欺凌行为表现为通过网络上的语言、图片以及视频等其他形式进行的欺凌活动。第二,在欺凌时间上,由于互联网的便利性,网络欺凌行为可以在24小时内随时发生,超出了传统欺凌发生的时间限制。第三,在欺凌后果上,网络欺凌的后果与传统欺凌相比具有不易消除的特征,网络欺凌可能造成更严重的后果。第四,网络欺凌更具有匿名性。

现有的研究中出现了多种测量网络欺凌的测量工具。(1)学者 Patchin 和 Hinduja 用六个问题对网络欺凌进行测量,(2)Dehue 等(2008)的问卷,(3)Aricak 及同事发展出了一个包括21项多项选择题的网络欺凌问卷,(4)Didden 等人通过李克特式的五点式量表对以互联网和手机为媒介的欺凌伤害的频率测量。香港学者 Dennis Wong 他设计的测量工具包括测量五项心理值,五项有关欺凌经历的问题。

儿童网络欺凌在世界各国范围内都较为普遍,然而各国报告的网络欺凌发生率差异显著,比例约在 5%—56.8%。导致发生率出现显著差异的可能原因有:采用不同的抽样方法(方便抽样,随机抽样)及样本量大小导致结果的差异;采用不同的测量工具;采用不同的报告日期,回顾时间范围从过去一周到曾经发生不等。此外,不同的性别和年级的网络欺凌发生率也不同。在小学和初中网络欺凌的发生率上,大多数国家中受害儿童有年轻化的趋势,年纪越大的儿童或青少年,遭遇网络欺凌的可能性越小。

网络伤害是一个严重的健康问题,由于其发生在虚拟的网络空间,而不是现实的面对面身体接触伤害,因此它的危害可能是潜在的,也可能对儿童造成一系列严重的负面影响。例如不开心、生气、难过、害怕、痛苦、无助和沮丧,自尊降低,甚至自杀。此外，网络欺凌还可能影响儿童的学业，造成受害者害怕和避免参加社交活动。

研究表明，有过欺凌他人和被欺凌经历的青少年更容易在网上欺凌他人或被欺凌。其次，家长监控不足也是导致网络欺凌发生的重要原因。学校对网络欺凌监管不足以及网络安全教育的缺失也是导致儿童参与网络欺凌的重要原因。需要注意的是，网络欺凌的发生并非受单一因素的影响，而是由多种因素交互作用的结果，与儿童自身、互联网的特性、家庭、学校教育、社区以及宏观的社会环境等诸多因素相关。

通过对国外现有文献的梳理和回顾表明，伴随着互联网使用的日益普及，网络欺凌已经在世界范围内成为一个普遍性的社会议题，并会对儿童及青少年的身心健康造成一系列负面的影响。现有的研究还表明，导致网络欺凌发生的原因是复杂多样的。然而，国外现有的研究存在以下不足：首先，研究方法较为单一，其次，由于多数研究都是基于横断面的定量分析，而非追踪性的调查，因而在研究网络欺凌的成因和影响尝试得出的因果关系的结论显得说服力不够。从研究发展的角度来看，规范网络欺凌的定义，发展更高信度和效度的测量工具，使用更为严谨、科学的研究设计（如实验方法、追踪调查等），发展出更为系统、科学的风险筛查工具，将是未来网络欺凌研究工作努力的方向。

（张杰摘）

媒介素养视角下的大学男生网络游戏成瘾问题

毛家武　廖　月
《玉林师范学院学报》2015年第1期

随着网络游戏日益得到广大青少年的青睐，网络游戏刺激新鲜的玩法和形象逼真的视觉效果使许多青少年沉溺其中，无法自拔，引起了社会各界对于网络游戏的高度关注。如何使大学生们正确地对待网络游戏，防范其网络成瘾，也是目前亟待解决的问题。

问题的对策之一就是媒介素养教育，通过媒介素养教育指导学生建设性地享用大众传播资源，培养学生健康的媒介批评能力，使其能够充分利用媒介资源完善自我，参与社会发展。

本次调查对象是××师范学院全日制在校本科大一、大二、大三、大四的100

名男生，采用纸质问卷。××师范学院大学生（男性）在接触网络游戏的这个过程中，绝大部分的人在面对网络游戏的巨大诱惑时没有抵挡住，从而对此产生一定的兴趣，只有少数极个别的学生理性对待。

玩游戏时间的长短可以看出该生所体现出来的网络媒介素养。网络媒介素养不仅仅要求在面对网络媒介各种信息时要有正确的选择能力、理解能力、质疑能力、评估能力、创造和生产能力以及思辨的反应能力，也要求在面对诱惑展现出的自我控制力。

在大学生活中，随着交际圈的扩大，面对形形色色来自不同地区的人，不同的文化风俗使他们产生一定的隔阂，加上男生人际情感交流方面相对于女生比较"自闭"，这使他们在现实生活中时常产生孤独感，遇到烦恼时也不是很愿意向他人倾诉，网络游戏就成为他们很好的一个"归宿"。而现在的网络游戏，不仅仅是一种打发时间的娱乐工具，更是成为一种商业产品，许多游戏中的各种虚拟装备都需要玩家花钱购买才能使用，而许多玩家为了升级，和其他玩家PK，超越其他玩家，不惜花一笔笔的钱去购买其中的装备，使得他们在网络游戏中一步步沉沦。

网络游戏中的"英雄感和胜利感"往往给许多在现实生活中较为自卑和缺乏信心的人群带来自信心和虚荣感，因为在现实生活中，他们往往表现不突出，不会引起他人的关注，而在虚拟的网络世界中，这种"英雄感和胜利感"能使他们享受到在现实生活中前所未有的关注，从而也使他在同宿舍或者游戏盟友中的地位上升，逐渐增强他们的自信心。久而久之，他们会依赖通过游戏中的胜利感来增强自己的自信心，渐渐成瘾。

孤独感是一种封闭心理的反映，是感到自身和外界隔绝或受到外界排斥所产生出来的孤伶苦闷的情感。大学生渴望与志同道合者建立良好的人际关系，从中获得激励，自信和归属感。当这个需求无法满足时，他们会觉得无人理解，从而产生孤独感，之后他们会寻求网络支持，以消除这种孤独感。他们认为在网游成千上万的在线玩家中更能寻找志同道合的玩伴。

在目前的许多网络游戏中，都掺杂暴力行为。暴力行为的逼真性和视觉冲击力对大学生的选择有很大的诱导性和吸引力。

大学生活相对宽松，课业压力不大，许多大学生面对闲暇时间不知如何分配，尤其是男生，不会向女生那样，选择逛街购物来打发时间。这时网络游戏精彩的内容，逼真形象的画面会对他们产生强烈的吸引力，通过网游，他们找到了一条既悠闲又舒适的渠道去打发时间。

为了防止对网游越陷越深，学生应加强自我管理，学会理智对待网游。（1）加强自身思想建设，提高自身媒介素养；（2）多参加体育运动，加强身体锻炼；（3）多和身边的人交流分享，说出自己的想法。其次，学校应加强对学生的媒介素养教育，打造良好的校园环境。（1）开设一些网络媒介素养相关课程和讲座；（2）学校要加强校园文化建设，打造良好的校园环境。

（张杰摘）

浅谈如何提高大学生对网络公共事件的鉴别能力

尹楠楠　崔　新　赵桐桐
《学理论》2015年第3期

网络公共事件，是指围绕现实中的某个社会事件产生，而在网络空间引起网友广泛讨论进而形成强大网络舆论，影响政府决策或造成重大影响的公共事件。这些网络公共事件或来源于生活，或发端于网络，其中某些事件由于其"特殊性"而获得普遍关注，经过网络媒体平台的传播逐渐形成巨大的舆论影响。

截至2010年12月底，我国网民总数为4.57亿人，学生网民达1.4亿人，占30.6%。在这一庞大的学生网民群体中，大学生是年龄阶段和知识水平最高的一个重要群体。所以就网络公共事件的辐射群体而言，大学生群体无疑是最为重要的受众群体之一，而在信息化社会的信息风暴之下，各类信息在未加甄别就迅速充斥在学生的日常信息获取渠道中。作为具有完全行为能力但思想尚未完全成熟的青年，在校大学生需要在信息时代中不断自我调节、启蒙、成为现代传媒的理性主体。但实际上许多大学生在未加鉴别的基础上，恣意转发评论网络公共事件，加剧了网络公共事件传播的混乱现象。

提高大学生群体对网络公共事件鉴别能力的必要性：（1）避免虚假信息充斥网络平台，规制网络信息传播显乱象的有效途径；（2）作为社会参与主体的大学生培养责任意识，承担社会责任的必然要求；（3）对营造良好的网络环境，促进网络信息的规范性传播具有积极作用；（4）对于传播社会正能量，增强社会凝聚力，实现伟大中国梦具有积极的促进作用。

提高大学生对网络公共事件的鉴别能力的途径和措施有：（1）政府部门大力加强信息公开制度，提高工作透明度。政府部门应加大对于涉及公共利益事件的信息公开力度，利用官方媒体的权威作用帮助青年大学生对网络中流传的相关信息进行甄别。（2）不断提高大学生的信息素养，强化责任意识自觉承担社会责任。作为网络信息传播主体的大学生群体之所以会被虚假信息所迷惑和诱导，主要是因为大学生信息素养的缺乏。(3)厘清信息渠道,强化官方媒体的舆论主体地位,从源头上净化信息来源。虚假信息能够有如此大的传播范围和市场的主要原因是官方媒体的工作缺失。(4)强化信息传播主体(意见领袖,媒体等)的责任意识,自觉为规范网络信息传播贡献自己的一分力量。这就要求互联网上的意见领袖们需要以更大的责任感,来担当起提升互联网监督质量的使命。

网络舆论掺杂着大量的非理性的发言,跟风、标新、求粉种种目的各不相同,但是它也发挥着不可替代的舆论监督作用。有时候不明真相的正义也会中伤他人,看似善意的谎言也许可以拯救生命,这个社会需要一些理性的人,这就要求大学生群体自觉地承担自己的社会责任,同时更需要一些能担当的政府官员、媒体从业人员。整顿网络秩序只不过是我们万里长征的第一步而已。

(张杰摘)

青少年网络法律素养的培育

柳 琦 鲍 韵 易 军

《中国青年研究》2014 年第 12 期

近年来,我国青少年网络违法犯罪案件不断发生,许多案件的涉案当事人是未成年人。据北大法意重要数据库记录数最新统计表明,2013 年全国法院审理青少年犯罪总人数 265,439 人,其中未成年人(不满 18 周岁)有 55817,占 21%。类似案件的频繁发生有着多方面原因,青少年法律素养的缺失是关键因素。

所谓法律素养是指自然人认识和运用法律的能力和素质,一个人的法律素养如何,是通过其掌握、运用法律知识的技能及其法律意识表现出来的,由法律知识和法律意识两部分构成。加强法治建设,净化网络环境,培育占主流地位的青少年群体的法律素养是根本。在信息化飞速发展的网络时代,青少年网络空间的法律氛围来源于又不同于现实空间,有其特殊性。相应地,青少年在网络空间活动期间的法律素养培育成为国内外亟须研究的一项课题。

当前,随着信息科技革命的日新月异,互联网已经融入社会经济生活的方方面面,信息化进入到一个"大智移云"的新阶段。截至 2014 年 6 月,中国网民规模达 6.32 亿,其中,手机网民规模 5.27 亿,互联网普及率达到 46.9%。由此可见,中国已经是一个名副其实的网络大国,网络化是社会发展的大趋势。青少年在我国网民群体中占据了主要部分,占整体网民数的 45% 左右,青少年网民在青少年总体中的比重逐年增加，不难看出青少年不同于一般的网民群体，接受能力、学习能力均比较强，对网络的接受度和认同度较高。因此，青少年群体不仅能在数量上占据主力军地位，实践中也是网络使用质量上的生力军，很有可能成为网络群体中的中坚力量或意见领袖。

在现实空间，社会化的过程需要通过与他人进行社会交往和互动来实现。在网络空间，实现青少年社会化的过程并非直接地与他人交往和互动，而需要借助虚拟的网络传播模式。但缺乏现实空间的社会情境，在社会情境淡化的虚拟空间，青少年的判断能力被弱化，无形中增加了侵犯他人权利和自身权利遭受侵害的风险。在现实空间，青少年的言行受到学校的校纪校规、家庭的家教家规、国家制定的法律法规以及道德等方面的影响。网络空间则不同，呈现出开放性和草根性。任何青少年只要会识字打字，就可以在网络空间发表言论。青少年网民素质参差不齐，各种言论充斥于网络之中。在现实空间，青少年被要求按照社会主导价值观去完成自己的社会角色，完成个体的社会化任务，一般不允许轻易改变。在网络空间中，青少年有可能扮演不同的角色，并进行不同角色之间的转换，按照自己的理解去进行角色扮演。网络空间早已超出刚诞生时的"虚拟空间"，它与现实空间联系十分紧密，从某种程度上而言，网络空间取代了现实社会的部分功能。

青少年在网络空间的诸多言行均反映了青少年法律素养的缺失，主要表现为以下三个方面：（1）法律与自由：网络世界绝对自由—犯罪感虚无；（2）法律与正义：以正义之名行偏激之实—盲目跟风；（3）法律与道德：合道德就是合法律—"道德个人主义"泛化。

凯尔曼的态度形成三阶段理论认为，一个人对待事物态度的转变需要经过三个阶段。第一阶段：服从（顺从），即从行为上严格遵守和服从；第二阶段：同化与逆反，即在服从时情感上产生偏差，出现行为的反复；第三阶段：内化，即从认知及价值观层面完全认同并自觉自愿采取某种态度。从心理学角度来看，法律素养的养成与态度的形成过程非常相似。培育青少年法律素养，可以将凯尔曼的态度转变理论稍作变通，并采取以下路径予以生成和强化。（1）发生路径—服从（顺从）：强化学习并严格遵守相关法律法规，完善相应地的网络安全立法；（2）过程路径—同化与逆反：正视并解决实践中存在的主要问题；（3）目的路径—内化：加大宣传力度、营造法治氛围，培育青少年对法律的信仰。

（张杰摘）

试论新媒介环境下高校学生媒介素养教育模式
——以内蒙古民族大学为例

董 拓

《中国报业》2015年第16期

大学生群体因其特殊性，历来是媒介素养教育关注的焦点，而新媒体崛起带来的持续影响和民族地区的经济社会发展实际，也是影响媒介素养教育的关键因素。本研究在三者互动框架下阐释民族地区高校媒介素养教育的特殊意义。

媒介素养教育作为"舶来品"，首先遇到的是与我国具体语境相协调的问题。而在媒介素养教育本土化的进程中，却形成了两种明显不同的取向。一种是"课堂教育"，有较明显的社会教化的涵义。另一种是注重主体通过媒介实践的赋权、共建和参与等社会行动或运动，生成具有"真正主体性的人"，应对自身的现实生活。这两种取向在我国媒介素养教育领域都有各自的合理性和支持者，而支持社会运动取向的研究者在近来似乎更占优势，这主要与新媒介带来的影响以及多元化社会形态进一步显现相联系。

新媒介带来的影响是复杂的，我国经济社会发展在地区之间的不平衡性也同样明显。所以民族地区的媒介素养教育不能亦步亦趋，简单跟从"趋势"。面向民族地区高校学生的媒介素养教育必须明确其具体语境。以内蒙古民族大学为例，大学生的媒介素养教育面临的制约因素主要由以下几方面：（1）传统的主导力量缺失或薄弱；（2）公共空间欠发达，难以提供媒介素养的实践领域；（3）大学生的媒介素养主体性有待培养。

笔者认为，民族地区高校学生的媒介素养教育，应采取一种"课堂教育"与"社会运动"融合的取向。首先基于发展阶段的考虑，不能直接超越所谓的"保护主义"阶段，而恰恰需要"补课"。对于其中基于实证主义经过证明的功能，应该予以发挥。尤其针对大众传媒在刺激消费主义和功利主义方面的作用，以及对民族地区面临的民族问题等特定议题上的有害信息，必须有"批判意识的训练"。

通过对内蒙古民族大学学生媒介素养教育应该选择的融合取向路径的分析，结合学校、学生和所在地区特点和资源状况，笔者试图构建有针对性的媒介素养教育模式，该模式需分成下列相互连接、不断推进的层次。（1）学生主体性培养；（2）课程体系设置；（3）社区参与的实践。

（张杰摘）

网络素养教育与青少年网络暴力治理

李 岩 高焕静
《新闻界》2014 年 22 期

媒介暴力是对现实生活的暴力行为的再现与模仿，它借助语言（广义的语言，即文字、图片、声音、图像等）得以表述和传播，既包括纯粹的语言暴力，如粗口、侮辱性和歧视性的话语，又指通过语言再现的凶杀、抢劫、斗殴等暴力场景。伴随着传媒技术的发展，计算机和手机等新型媒体作为信息传播的平台和工具在日常生活中已较为普遍，传统的媒介暴力也延伸至网络领域，如通过计算机接收的表现极端暴力和侵略行为的影视剧、网页上转载传统媒体的描述残忍暴力事件和行为细节的文字和图片等。

由于网络的匿名性、交互性、易接近性和多媒体性的特点，网络暴力与传统媒介暴力相比无论是内容还是形式上都存在很大差别。由于传播形态的变化，网络暴力的传播和实施出现了大量的人际化渠道，网络暴力的实施对象从分散的大众变成了具体的个人或群体，网络暴力所带来的伤害更直接更具体。这一改变使媒介暴力研究更加复杂化，表现为不仅关注媒介内容如何影响受众，还要考察人们如何使用现代传媒技术实施暴力伤害。网络暴力既有传统暴力的影子，又是媒介技术发展的产物，在现阶段仍处在发展变化中。

青少年求知欲旺盛、好奇心强烈，网络媒体是其了解外部世界的主要窗口。网络中的信息获取与发布、网友之间的交流与互动，是现代社会青少年社会化的重要途径。但是，网络虚拟环境下用户的匿名与必要监管的缺失，语言宣泄的便利和"自由"，致使网络上的不良内容增多，给青少年带来不利影响。网络暴力严重影响青少年的身心健康，对青少年成长环境及整个社会氛围造成破坏。结合家庭、学校和社会力量，开展网络素养教是网络暴力治理的重要途径。

网络暴力治理对网络素养提出了新的要求，仅强调基本的网络使用技能已难以适应网络环境的复杂多变性，应对在线暴力事故，需要更宽泛的网络素养概念，它除了数字媒介技术和服务的认知和使用能力，还包括网络用户对网络暴力的认知和批判能力，网络用户的法律意识和道德意识、网络安全素养及心理素养。

网络素养教育与网络暴力治理方法：（1）重视家庭教育；（2）完善学校教育；（3）发展社会教育。网络不仅是大众传播媒介，也是个体之间交流互动的平台；网络是一个虚拟的空间，同时又与真实的世界相互交融；网络暴力借助虚拟环境发生，却会对个人和社会产生实质性的伤害和影响。网络素养是媒介素养在网络社会的重要内容，对青少年进行网络素养教育是网络暴力治理的重要途径。通过网络素养教育，提高青少年对网络信息的认知能力、使用能力、反思批判能力，培养网络用户的道德素养、法规素养，安全素养和心理素养，净化网络环境，为青少年健康成长营造良好的网络传播环境与社会氛围。

（张杰摘）

网络舆情引导与大学生网络素养的培育

杨丽英　郁有凯

《人民论坛》2014 年第 32 期

大学生网络素养是指大学生在网络媒介的应用中所具备的网络基本操作技能、网络安全意识、信息处理和检索能力、网络道德文明意识和伦理观念及利用网络促进自我发展和创造价值的能力。网络舆情是指民众"通过互联网表达和传播的各种不同情绪、态度和意见交错的总和"。大学生作为网络使用的重要群体，其态度、意见和情绪既影响着网络舆情的走向，又受到自身网络素养的影响。在高校网络舆情引导中，关注大学生网络素养的培育，既是维护高校安全稳定的重要任务，又是促进网络舆情健康发展的重要手段。

大学生的网络信息认知能力易受网络舆论左右。大学生的网络信息认知能力主要是指大学生群体在面对网络中的各类信息时所持的态度和看法，以及对信息的辨别能力。网络舆情对大学生的网络信息认知能力的影响主要体现在以下两点：一方面，受虚假信息等诱发的网络舆情会对大学生的信息认知能力和辨别力产生消极影响。另一方面，积极正面的网络舆情会对大学生的信息认知能力产生有益的影响。

网络舆情酝酿阶段的走向引导。网络舆情的酝酿阶段，主要是对发生在国内外的重大事件、社会热点问题和敏感话题、校园事件等小范围之内的议论和传播，人际传播是这一阶段的主要的传播方式。大学生群体通过人际交往和传播，对事件的发生发展情况进行全面陈述的同时，会夹杂着各种渲染、夸张的语词、语气和语调，还会将自己的一些观点和评价加入其中，舆情事件的真实程度也就随之不断地发生着递减的变化，但这一阶段的舆情发展还不成熟，大学生对于事件的看法虽然是多方面的，但对事件的反映缺乏一定的整体性，可信程度不够，还需要更多的意见积累加以佐证。同时这一阶段的传播方式较为单一，舆情事件的扩张力达不到，所以比较容易控制。

网络舆情的起始阶段开始在网络领域发展，主要体现在大学生在各种自媒体平台上发表的言论。大学生的跟帖、回帖和评论主要是通过文字的形式发表自己的观点倾向，因此，大学生在这一阶段首先是要能够有良好的文字表达能力，用词文明，恰当准确，清晰明确地表达自己的观点，不可因为文字上的歧义而带来难以预料的问题；其次是能够做到就事论事，不可因为言过其实或者发表过分的标新立异的观点而导致事件的恶性发展；第三是具有言论责任意识，对自己的言论负责，不可因为虚拟的身份而不负责任地发表任何有损国家形象、他人正当利益的言论；第四是跟帖和回帖要把握一个"度"，借助跟帖和回帖将完全偏离事件的观点拽回到事件当中来，并且积极反应事件中的正面效应，传播正能量；第五是针对各种不实言论，要敢于批评指正，具备良好的网络操作技能，通过列数据、发图片、引用等形式揭示客观事实，引导舆论的走向；第六是具备良好的阅读能力，对他人的观点要准确把握，不可断章取义，歪曲他人观点。

对网络舆情扩散阶段的走向引导。网络舆情的扩散阶段是在起始阶段基础上的进一步发展，舆情会呈现一种滚雪球的事态不断地向前发展下去，这时候的网络舆情受到意见领袖的影响较大。意见领袖是指那些在人际传播网络中经常为他人提供信息，同时发表权威言论以影响他人的个人或者组织。意见领袖在网络舆情的传播中具有重要的权威性和话语权，普通大学生群体会受到意见领袖的重要影响，因此，加大对大学生群体中意见领袖网络素养的培养，引导大学生正确看待意见领袖的观点，是实现网络舆情在扩散阶段引导的关键。

网络舆情整合阶段的走向引导。网络舆情的整合阶段是网络舆情根据自身的规律慢慢冷却，最终沉寂下来的阶段。在这个阶段，需要重点预防的是沉寂下来的网络舆情复发的可能性，因为如果舆情事件对网民的影响深远，关系重大，就会出现阶段性沉寂，在某一时间内，会因为外界诱因的刺激而再次成为舆论热点话题。所以，网络舆情的整合阶段并不是网络舆情的终结阶段，仍然需要大学生网络素养在网络舆情中的积极引导。

网络舆情是现代信息技术发展的必然产物。网络舆情以其迅捷而高效的特点和丰富而广泛的内容，为大学生了解世界、增长知识、开阔视野提供了更加有利的条件。与此同时，国际敌对势力和国内异端分子西化、分化我国的企图并没有减弱，他们利用各种途径尤其是借助网络平台，加紧进行思想文化渗透，某些腐朽没落的生活方式对大学生产生了不可低估的影响。所有这些消极因素通过网络传播，并在网络舆情的作用下，不断消解着大学生正确的价值观，使得一部分大学生精神空虚、行为失范，有的甚至走上违法犯罪的歧途。正确认识和处理网络舆情和大学生网络素养的互动作用，对于提升大学生的网络素养和规范网络舆情有着重要的现实意义。

（张杰摘）

第四部分　新媒介素养教育

问题与策展：微媒体时代的青少年媒介素养建构

漆亚林　高　敏
《中国青年社会科学》2015 年第 1 期

我们置身于一个信息技术革命的时代，西班牙信息社会学家卡斯特尔指出：我们的社会正经历着一场革命，这就是信息技术革命，这场革命的到来，使得信息技术就像工业革命时期的能源一样重要。随着信息传播技术的快速发展，微媒体在给使用者带来全新体验的同时，也改变了人们的交流传播方式乃至生活方式。以微博、微信、微视频等为代表的微媒体使用者数量庞大，影响力巨大，而青少年又是网民的主力军，微媒体日益成为青少年重要的思想场域和生活社区，并对青少年价值观、人生观和世界观的形塑及其社会行动产生十分重要的作用。微媒体在积极建构青少年媒介素养的同时也带来了诸多伴生性问题，因此，在微媒体时代对青少年媒介素养教育的与时俱进显得必要而迫切。

笔者认为"微媒体"是基于用户网络社交关系进行信息获取、分享以及传播的网络信息平台及其媒介样式。微媒体具有两种主要传播样态：一是以多点发布的网络传播结构为中心的社交平台，如 Whatsapp，KaKao Talk、微博、微信、陌陌、米聊等；二是以信息内容单元的时空限度为中心的传播载体或者文化样式，如微电影、微视频、微电台、微小说、微纪录片等。前者可以成为后者信息扩散的渠道和分享平台。微媒体特有的传播特征同青少年群体的心理特质高度契合，因而深受青少年喜爱并对其影响巨大。(1) 成本低廉的媒体"使用"对青少年产生"满足"期待；(2) 传受一体化实现青少年传媒接近权的跨越；(3) "巴关人"的缺失对青少年产生万花筒效应"媒介素养"概念最早是由英国学者李维斯和汤普森提出的，随着社会环境、媒体的发展以及公众媒介素养的提高，它的内容和范式不断深化发展，国外普遍采用的媒介素养定义是：人们面对媒介各种信息时的选择能力、理解能力、质疑能力、评估能力、创造和生产能力以及思辨的反应能力。微媒体时代信息传播模式和传播机制发生了巨大变化，传受界限逐渐模糊，受众已经从传统媒体的被传播对象转变为信息生产者和媒介参与者，角色的改变拓展了受众主导的媒介素养内涵，新媒介素养应运而生。本文将受众媒介素养置于微媒体环境中，结合微媒体的特性，从认知、使用以及参与三个维度探讨青少年媒介素养建构中存在的伴随性问题。(1) 微媒体建构的拟态环境对青少年社会认知的误导；(2) 媒介使用与信息创造能力的弱化；(3) 社会交往协作能力的消解。

青少年微媒体素养建构的方法：(1) 将媒介素养教育纳入基础教育课程体系；(2) 建立微媒体空间舆情引导协同机制；(3) 青少年媒介素养的自我建构与完善。面对当前微媒体上混杂⸺非理性的海量信息造成的社会问题，面对青少年群体中的过度娱乐化倾向，以及微媒体依赖造成的青少年认知和行为失调等种种问题，应培养受众，尤其是培养依赖网络信息的青少年成为耳聪目明的受众和传播者，使其理性地对媒体信息进行积极的"解毒"与"解读"，成为具有媒体素养的新时代公民。从小学开始抓起，并通过社会、学校、媒体等多个环节进行系统的培养，才能有效改善微媒体时代青少年媒介素养存在的问题。

（张杰摘）

新媒介素养教育：大学生思想政治教育工作的新使命

季海菊

《理论与改革》2015 年第 4 期

"媒介素养"这一术语最早诞生于 20 世纪 30 年代的英国。1933 年，英国学者李维斯和汤普森合作出版《文化和环境：培养批判意识》一书，首次对学校引入媒介素养教育的问题做了系统阐述，并提出要"力求通过媒介素养教育，使学生免受媒介所传播的不良文化、道德观念或意识形态的负面影响"。1992 年，美国传媒素养研究中心将"媒介素养"定义为：人们面对传媒的各种信息时的选择能力、理解能力、质疑能力、评估能力、创造和制作能力以及思辨性回应能力。根据上述对"媒介素养"的界定，结合新媒体所具有的交互性、即时性、海量性、共享性、多媒体等特征，我们可以得出：新媒介素养主要指人们接触和理解新媒介的能力、解读和批判新媒介的能力、参与和使用新媒介的能力以及对新媒介的创造和传播能力，而为提高新媒介素养进行的教育，则被称为新媒介素养教育。

当前，加强新媒介素养教育，对提升新媒介素养，具有极为重要的现实意义：(1) 新媒介素养教育是增强新媒体时代大学生必备素质的新要求；(2) 新媒介素养教育是增强新媒体时代大学生思想政治教育实效性的新举措；(3) 新媒介素养教育是有效适应新媒体时代多元文化的新需要。

综合北京，上海等地机构对大学生新媒介素养状况的调查，可以看出目前大学生在新媒介素养方面存在的问题还比较突出，这主要表现在以下几方面：(1) 对媒体的理性认识有所欠缺，缺乏对新媒介素养教育的宏观认识；（2）获取信息能力并不强，大部分人只作为娱乐，休闲的一种方式；（3）有效利用媒介资源的能力较弱，不能正确地加以甄别和使用；（4）判断理解能力较差，对不良信息的筛选能力较弱；（5）与媒介互动能力不强，运用新媒介的能力较低；（6）对媒介道德规范认知比较模糊，网络道德和法律意识比较薄弱。

当前，面对新媒介素养方面存在的问题，应采取相应对策措施，切实提高高校大学生的新媒介素养。（1）要建立健全大学生新媒介素养教育的工作机制；（2）要构建新媒介素养教育的载体平台；（3）要着力提高教育工作者的新媒介素养；（4）要坚持课堂教育与社会实践有机结合；（5）要加强新媒介素养教育的理论研究与学术交流。

（张杰摘）

> 专家述评

今天我们如何讲述自己的故事
——2015年媒介素养研究述评

南　山

在写这篇述评文章时，偶然看到"诚品生活苏州"推介桃园眷村豆浆的碗底小诗"何以消磨，不为相思稠；但求韶华后，浓情仍如旧。"睹物思人、见物生情是那个时代的人们传播各类信息基本特征。在特定的场域内、在特定的情景下，特定的物品凝聚了丰富的人文信息，以至于我们人类自己的故事完全不会因为时间的冲刷而被淡忘。人类的社会活动、经济活动、政治活动、文化活动的信息也正是有着实体媒介的承载而不会被沉入历史长河的水底，以至于社会发展才能保持如吉登斯所说的"行动者的连续性"。稳定的社会生活需要个人的内部状态与外部环境整合并协调一致，即保持有预期的自我认同。按照吉登斯的解释自我认同是个人依据其个人经历所形成的，作为反思性理解的自我。在吉登斯看来认同的实现依靠于超越时空的连续性，个人要有作为行动者的反思解释的连续性。如果一个人要在日常世界中与他人保持有规则的互动，那么其个人经历就不能全然是虚构的，为了保持自我认同感，我们必须拥有我们来自何处，又去往哪里的观念。实体媒介时代正是为了满足"自我认同"需要，使得媒介成为人们相互"认同"的桥梁，而媒介从业者与媒介使用者处于不同的社会角色则可以清晰地判断出扮演各自角色所需要具备的基本素养。然而当我们进入数字媒介时代之后，媒介从业者与媒介使用者的社会角色界线开始重合，媒介素养已经从过去的媒介从业者的职业素养与媒介使用者接受媒介的能力素养二元划分转而成为适用所有人的如何使用媒介解读世界和他人、如何宣示自己的"素养"。以前那种基于"认同"的有温度、有现场感的媒介承载和媒介体验的素养是否被解构？如果眷村豆浆的碗底小诗被朋友圈的美图与点赞所代替，我们这样的媒介素养究竟应当判读为是生活情调的素养还是弱化了的理解生活内涵的素养？我们今天究竟怎样讲述自己的故事？

一、数字媒介中是否还能讲出自己的故事

2015年媒介素养研究仍然延续着如何使用媒介的研究路径。于扬、李静霞的

《论手机媒介素养的内涵和特点》[①]强调了媒介素养从"读"、"写"能力进入到了数字时代的"复合素养"。该文认为"手机作为通信媒体的地位是与生俱来的,手机作为媒体得到承认有一个逐步演化的过程。随着3G技术的推广与使用,手机通过对传统媒介形态的整合,完成了自己的媒体化进程,成为继互联网之后的一个新兴媒体——第五媒体"。于是"手机已经彻底告别当初的只是具有移动、手持、通话、边走边聊等特性的通话工具时代,而是作为新媒介的代表脱颖而出。"那么手机技术是如何影响着人们的讲述内容呢?该论文将手机形容为"带着体温的媒介",从而与"使用者在情感上有具有亲密的关系"。这种亲密关系的依据是"手机媒体作为一种个人化的媒介可以满足使用者个性化的需要和服务,隐藏着许多个人的情感,如在通讯录中将自己关系亲密的人设置成不同的名字、铃声、并配有照片,寄托不同的情感,有选择性接听电话、回复短信内容及时间,以及在即时通信工具中标示自己的在线、离线、繁忙状态等等",这就形成了"手机黏性"。根据以上论据,该文认为手机媒介素养的内涵分为三个层次,一是个体使用手机的能力,即初级层面;二是个体利用手机去探索信息的能力、评估手机信息的能力和创作、分享、发布信息的能力,即中级层面;三是具备应对媒介符号复合形,"以及应对不同信息源发出的海量信息所具备能力",同时要"抵制手机成瘾",并且培养使用者在技术、意识方面的创作与表达、参与和协作方面的能力,这是进入了高级层面。该文进一步阐述了手机媒介素养的特点,即日益人格化、更具发展性、更需批判性、更重实践性。最后根据"手机媒介已成为人们媒介化生存的首位媒介"而得出"手机媒介素养已成为人们生活质量的决定性因素"的结论。

张瑜、雷洁、刘小静在《"微传播"时代理工院校媒介素养现状研究》[②]一文中也注意到手机APP社交应用下的"微传播"现象。该论文以理工院校学生手机社交软件的使用情况调查为依据,注意到微信、手机QQ成为高校学生最常用的社交工具。微信与手机QQ在高校学生中的流行,一方面是普及推广率高于其他社交软件,另一方面是可以节省通信开支。而社交软件主要用于朋友圈的社交功能和公众账号的媒体功能。在朋友圈中,最受关注的是原创性生活见闻,于是表现出"大学生使用微信的私人生活属性较强,媒介公共属性较弱。"这个调查还"发现微信使用的动机为了解生活资讯、娱乐、消磨时间,从而体现在两个方面:"一是无意识地、盲目地、消极地接触媒介行为的被调查者占多数;接触媒介具有明确的目的性,在接触过程中表现为积极、主动利用媒介资源的较少。二是了解生活资讯、娱乐、消磨时间的选择远远高于学习,这表明被调查者具有对于微信的消费基本定位在较低的使用诉求上,从微信中获得较高质量信息的情况较少。"该论文所调查到的"理科生"在手机与微信的使用中存在着一是微信使用时间过长,手机依赖症严重;二是过度使用微信的娱乐功能,微信正确利用率极低。因此会出现"价值自觉失范"和"社会行动迟滞"的问题。

毕秋敏、曾志勇、陈楠的《大学生手机阅读行为研究》[3]同样证明"休闲娱乐是大学生选择手机阅读的最主要动机，其次是了解新闻，后面依次是保持网络联系、学习、了解时尚和流行趋势、利用碎片化时间、获得社交话题、没事可做"，"大学生手机阅读的动机表现出多元化、娱乐化、个性化的特征"，"大学生手机阅读存在着浅阅读、泛阅读的倾向"，从而提出"要引导大学生手机阅读与纸质阅读的结合和平衡，避免过分的娱乐化和碎片化。"

这些是 2015 年具有代表性的研究论文。其研究都是以手机为研究实体，以大学生这一手机和网络使用、消费最为活跃的群体为研究对象，据此而展开对"媒介"的定义和探讨。在研究者的视角里，手机已经成为人的身体的一个部分，《论手机媒介素养的内涵和特点》使用了一个很有意思的形容词：手机是"带着体温的媒介"，从而"手机媒介素养已成为人们生活质量的决定性因素"，于是我们不难理解为什么每次新一代 iPhone 的发布会，都会成为以青年大学生为主体、包括中国"果粉"在内的狂欢节，而中国市场已经成为苹果公司的最主要的销售市场。但是当手机成为我们身体功能的一部分时，"手机式生存"是强化了还是弱化了我们的自我认同？我们还会去建构自己的故事吗？虽然我们可以根据手机的应用功能"在通讯录中将自己关系亲密的人设置成不同的名字、铃声、并配有照片，寄托不同的情感，有选择性接听电话、回复短信内容及时间，以及在即时通信工具中标示自己的在线、离线、繁忙状态等等"，但这只不是一种工具性符号化标示，另一方面却是加速了生活的"娱乐化和碎片化"。在这样的媒介环境下，可以看到手机媒介化所产生只是"商业传媒公众"，而不是真正关心自己的生活和公共生活的公众。中外相关研究都发现，依赖手机或根据手机铃声、图片设置进行社会交往的群体，其实并没有稳定的社会联系，"观众"、"听众"（即"潜水者"）构成了这些低头族的大多数。我们在课堂教学中也发现，课堂上热衷于玩手机的学生，往往是最不能加入课堂讨论的人。于是就不难得到《大学生手机阅读行为研究》的忧虑：过度使用微信的娱乐功能，微信正确利用率极低。因此出现"价值自觉失范"和"社会行动迟滞"的问题。在徐贲教授的论述中，"观众"是一个被市场所想象的群体，他们对于外界的反应是被动的，这样的人群既不必作公开的自我表现，也无须持有某种共好的理想。徐贲教授认为"公众和观众的区别并不在于前者比后者更真实，而在于谁想象了那个群体。公众是一种想象为'我们'的集体存在，观众则是被作为第三人称来想象的。"[4]徐贲教授在区分"观众"与"公众"差异时进一步指出，"观众"是围绕着"媒介"而形成，公众则聚集在共同的认知即自我认同之下。当然我们不能否认以手机为标志的数字化媒介可以将过去由集中讨论、集中发布的共同认识变为即时的、个性化的信息传播与扩散，问题在于共识不是自然形成的，更不是凭借手机铃声和识别图片就可以沟通。共识必须经过"讨论"的环节，没有规则的讨论既有可能导致无原则无底线的争吵，更有可能产生"吃瓜群众"的"沉默的大

第四部分　新媒介素养教育

多数",或许手机媒介(包括数字化媒介)最大的优势在于"爆料"而弱于分析。人的自我认同、社会的共识必须源自于某种理念,即如吉登斯所说的我们必须拥有我们来自何处,又去往哪里的观念。理念的产生依赖于人的生活并服务于人的生活,如果因为我们拥有了强大的技术工具而使追求生活中的某种便利和快感变为低成本甚至无成本的本能,这种"碎片化"的状态是否还能让我们依然保持追求自我认同、社会共识的激情则存在疑问。当我们想不起或者根本不愿意去构建自己的故事,反而更精于在闲聊中以别人的"八卦"为素材充当段子手时,是不是说明社会理念的生态场正在面临危机?遗憾的是纵观2015年媒介素养研究这方面的研究还没有突破性的进展。因为无论什么素养其指向都是以有利于维护我们的生活秩序为标准,我们愿意提高自己的素养和愿意与"有素养"的人成为朋友,只是在于"素养"是可以预期的社会资本,在"素养"的平台上人们可互帮互助,不用担心受骗上当,也不敢去欺骗别人,素养就是拥有者的荣誉与勇气。

二、数字媒介中是否还存在自己的故事

数字媒介仿佛是一幅双面镜,我们通过这幅镜子观察自己和识别他人。然而当我们还处于"观众"的"吃瓜"状态,也就是我们并不愿去构建自己的故事和倾听别人的故事时,这幅镜子会不会失真?我们有没有识别失真的能力(素养)?一直是媒介素养研究关注的热点。

杨丽英、郁有凯在《网络舆情引导与大学生网络素养的培育》⑤的研究中发出了"大学生的网络信息认知能力易受网络舆论左右"的担忧。"虚假的网络舆情不断地成规模发展,会导致大学生难以分辨信息的真伪,或者相信虚假舆情的真实性,引起大学生的价值观念的冲突。"研究也发现"积极正面的网络舆情会对大学生的信息认知能力产生有益的影响。社会性的网络舆情可以影响到大学生对舆情的良好态度和看法,国家事务的网络舆情,尤其是一致对外的网络舆情可以激发出大学生强烈的爱国热情。"研究提出应当"在舆情发生发展的整个过程中,从他人的行为、观念中学会培养自身的网络素养,而不是人云亦云或者偏激冲动。"那么要达到这一目标有没有困难呢?毛家武、廖月的《媒介素养视角下的大学男生网络游戏成瘾问题》⑥从另一个角度提出了问题。

毛家武、廖月研究的对象是大学男生,这个研究以调查问卷的数据统计得出在他们的调查对象中,"绝大部分的人在面对网络游戏的巨大诱惑时没有抵挡住,从而产生一定的兴趣,只有少数极个别的学生理性对待。""大多数的学生都没能控制自己,沉溺在网络游戏构筑的虚拟世界里。"针对这一问题的原因,研究者认为"在大学生活中,随着交际圈的扩大,面对形形色色来自不同地区的人,不同的文化风俗使他们产生一定的隔阂,加上男生人际情感交流方面相对于女生比较'自闭',这使他们在现实生活中时常产生孤独感,遇到烦恼时也不是很愿意向他人倾

诉，网络游戏就成为他们很好的一个'归宿'"。研究发现"37.9%的学生会通过网络游戏来摆脱生活中的孤独感。过度的网络使用会造成大学生的社会卷入减少以及幸福感降低。"严重的是"现在的网络游戏，不仅仅是一种打发时间的娱乐工具，更是成为一种商业产品，许多游戏中的各种虚拟装备都需要玩家花钱购买才能使用，而许多玩家为了升级，和其他玩家PK，超越其他玩家，不惜花一笔笔的钱去购买其中的装备，使他们在网络游戏中一步步沉沦。"研究更为担心的是"在目前的许多网络游戏中，都掺杂暴力行为。许多大学生在选择游戏不可避免会触及暴力行为，游戏中暴力行为的逼真性和极端性、攻击性、对游戏角色的认同性等特点，很有可能对个体攻击行为产生潜移默化的影响。"对此研发建议，对于大学生个体而言以加强自身思想建设、提高自身媒介素养；多参加体育运动、加强身体锻炼；多和身边的人交流分享、说出自己的想法来对抗网瘾的诱惑。

王国珍的《青少年的网瘾问题与网络素养教育》[⑦]也作了同样的研究。这一论文提出"信息时代的青少年步入了网络化生存，面临网络成瘾、网络欺凌和网络色情等诸多问题的考验。而青少年网瘾问题的应对，却似游离于强制性网络监管'法网'之外的盲区，迟迟得不到足够的关注和重视。"研究分析"青少年的网络使用角色可分三类：接受者、参与者、行动者。作为接受者，青少年对网络机遇的利用往往局限于网络信息和内容层面；作为参与者，青少年的网络使用则提升到交流沟通的层面；作为行动者，青少年对网络的利用则提升到了发起和组织层面。显然，相较于被动的接受者，扮演参与者和行动者角色的青少年在网络使用上显得更加积极和主动，也就能更好地把握和利用网络提供的各种机遇。"这个研究虽然并没有回答青少年在这三个角色扮演中哪个环节出了问题，但是强调了"网络化生存状态下的青少年，极易陷入种种网络危险和网络危害的困扰之中"。进而研究提出必须从多方面加强网络监管和网络素养教育。

以上研究都指向数字媒介的虚拟特征给予我们的信息获取和信息沟通具有"无根性"的缺陷。我们只要持有商品化的媒介终端并得到免费的社交软件，就可以自由进入满足精神无限需求感觉的网络世界。而这个可以满足我们精神无限需求的虚拟世界，恰好与现实世界因资源的有限性、供给的有限性所必须以遵循竞争的规则而确定自己的社会地位形成对应。面对现实世界的竞争压力，无准入限制的虚拟世界当然具有相当的诱惑力。毛家武、廖月的研究始终强调"孤独感"，这个心理现象确实是现代社会的通病。当我们告别氏族关系下的熟人社会而进入契约关系中的陌生人社会时，"流浪"既成为客观现实，同时也成为流行时尚。我们的家庭成员还会彼此进行亲密地、无话不说的内心交流吗？来自于不同家庭的大学生有多大程度上可共享生活经历和共创未来？我们的生活是由人生的故事组成的，我们的历史因为有各种事件也就是历史故事才得到延续，当我们有条件即时转发生活琐事和挥洒突然而至的情感但是又不能将这些事以及情感串联成有情节、特别是有价值指向的故事时,那也意味着生活成为一个个瞬间即逝,不需要追问意义的"快闪"。不思考今天生活的意义也就是回避走向明天生活的责任和权利,在这个层面上,数字媒介发展带来的媒介素养教育并不能承担解决其问题之重。当网络有效地将桃园眷村豆浆的碗底小诗"何以消磨,不为相思稠;但求韶华后,浓情仍如旧"在更大范围传播时,还有多少人愿意或者能够读懂其中的涵义,而并不仅仅是关心什么价位,什么时候可以打折优惠。

三、数字媒介中是否还能传递自己的故事

媒介素养教育的意义不仅在于当下,而且还在于未来。传统媒介的中心发布、权威发布据有白字黑字的实物记载作用。秦始皇"焚书坑儒"虽然抹去许多战国往事,但是"焚书"本身则让探险与追索历史烟云成为显学。影像媒介更是可以将现场还原,时光穿越不断地实现让历史告诉未来。而数字媒介的云储存一方面作为电子符号,对于大事件而言相应的技术手段就可以由键盘决定是存留还是改变,所以"邮箱门"成为第58届美国总统大选的热点。对于普通人来说数字媒介却使我们在数字信息的海洋中自愿放弃自我故事的构建和存留,这既是因为云储蓄的数据、时时更新的信息、没有最惊奇只有更惊奇的"标题党"让我们如同信息海洋中的一只小船,不需要方向只求顺流飘浮即可。同样也是因为巨大的信息流使我们无暇顾及记住自己的故事,甚至会误认为"吃瓜"的意义大于思考自己的生活,家谱还有意义吗?日记还会成为我们的生活习惯吗?甚至于习惯了拼音的"键盘侠"们还记得住汉字的偏旁部首和笔画吗?好在2015年的媒介素养教育关注到这方面的问题。

康宁、丁梦鸽、付宗玲、任士伟、胡彪的研究《城乡小学生新媒介素养现状对比及提升策略研究》[⑧]将家庭的新媒介教育纳入视线,这个研究提出"家长应营造良好的新媒介使用氛围","一方面,由于信息技术的飞速发展,家长应该充分意识到新媒介对学生成长的必要影响。家长通过提高自身的媒介素养,注重新媒介与生生活实践的结合,把对学生使用新媒介的关心从约束层面深入到了解和指导层面。另一方面,家庭文化氛围以较为隐蔽的方式影响了学生媒介素养。为了更好地认识和发挥新媒介的教育作用,家长要为学生营造一个和谐、健康、互动式媒介接触氛围,让彼此拥有共享媒介的时间与空间,构建良好的家庭亲子互动关系。"

李宝敏、张良在《从儿童对网络素养的现实需求看网络素养核心能力构建:基于儿童学习成长视角》[⑨]中提出"当前儿童并不能在自身的网络实践活动中建构意义,意义感缺失,成为制约儿童在网络空间发展的关键。儿童在网络空间创造性活动缺乏,在网络学习活动中以'复制'、'拷贝'为关键词,""正如有学者所指出的:网络使昔日'纸面'凝聚的诸多艺术的神性,不断被'界面'的感觉颠覆和碾轧。然而'界面'代替'纸面'的阅读,损失的可能是时间的纵深和历史的厚重。在获得大面积爆炸性信息的同时,也会有某种难言的失重感。在网海中,失去自

我，迷失方向，这是界面带来的困惑与挑战。"研究提出网络时代儿童所必须具备的八大核心素养能力："儿童需要具备在线阅读能力，不仅阅读多元文本，也会阅读网络世界；儿童需要具备批判性思维能力，能够对网络内容进行甄别与判断；儿童需要鉴别能力，网络建立适度关系；儿童需要具备反思能力，能将自身的网络学习行为活动及其结果建立连接；儿童需要具备问题解决能力，在解决问题的过程中获得成长与发展；儿童需要具备多元文化解读能力，能在网络文化的互动中形成文化认同与价值理念，并创造儿童文化；儿童应具备意义建构能力，能在自身的网络学习实践活动中获得意义；儿童需要知识建构能力，能在自身的网络探究活动中促进自身发展。"该项研究全面探索了儿童网络素养建构的目标和意义，但是这八大核心素养能力的要求对于儿童是否过于沉重？八大核心能力如何适应儿童的成长规律、认知规律可能还需要有实证的依据。

根据不同群体的认知规律进行媒介素养教育一直是这个研究领域的重点。董拓的《试论新媒介环境下高校学生媒介素养教育模式》一文再次探讨了这个问题⑪。董拓提出了"大学生媒介素养教育的融合取向"，即应当采取"课堂教育"与"社会运动"融合的取向，这是因为"不能直接超越所谓的'保护主义'阶段，而恰恰需要'补课'。对于其中基于实证主义经过证明的功能，应该予以发挥。"董拓特别说明："这一过程不是精英主义的单面灌输，而应当是一个引导、启蒙同时也包含'预防免疫'的过程。在此基础上，突破课堂限制和学科框架，引进政府主体和社会公共组织，丰富媒介素养教育的可支配资源。进行社区行动或者社会参与，结合'社会运动'的路径，使得媒介素养教育真正具有社会实践的性质和机会。"

董拓提出的媒介素养教育的"社会运动"理论是以往的研究比较忽视部分，尽管董拓是在说明有针对性地开展媒介素养教育是要考虑学生主体性培养、课程体系设置、社区参与实践三个相互连接、不断推进的层次。然而毕竟"社会运动"是在现实世界中寻找被数字媒介符号覆盖的现实的社会意义，这是将数据字符再次传输、拷贝进社会生活这个大"服务器"的过程。法兰克福学派非常担忧现代社会生活会导致社会成员的去集体化和个人原子化，就如同我们登上一辆乘客稀少的公交车，本能地会选择离他人而就座一样。而数字化媒介记载的最大局限性也在于此，人们在网上接受和传播信息时最缺乏是与之相对应的现场体验感。不与他人联系、没有现场情境诉说的记忆是经不起时间销蚀的。无论是将媒介素养教育放置"社会运动"之中，还是动员家长营造良好的媒介素养教育氛围其实就已经成为让数字媒介合"情"合"理"的核心。弗洛伊德证明了儿童最真实的感知是亲子互动，孔子和现代经济学的奠基人亚当·斯密都论证了人性的光辉来自于换位思考的道德同情心。那么打破数字媒介的局限，让网络上分散、杂乱的个人体验凝聚成集体经验、集体认知和集体记忆从而实现集体的代际传递难道不是媒介素养教育的题中之意吗？如果家庭、社会、课堂都致力于将"记忆的电子化"不断与现实生活进行场景、人物特别是社会价值观的切换，媒介素养将会为每个人所拥抱。

注释：
①于扬、李静霞：《论手机媒介素养的涵义和特点》，载《现代传播》2015年第2期。
②张瑜、雷洁、刘小静：《"微传播"时代理工院校媒介素养现状研究》，载《新闻知识》2015年第2期。
③毕秋敏、曾志勇、陈楠：《大学生手机阅读行为研究》，载《昆明理工大学学报（社会科学版）》2015年第4期。
④徐贲：《群众社会的两张面孔》，花城出版社2010年版，第42页。
⑤杨丽英、郁有凯：《网络舆情引导与大学生网络素养的培育》，载《人民论坛》2015年第4期。
⑥毛家武、廖月：《媒介素养视角下的大学男生网络游戏成瘾问题》，载《玉林师范学院学报》2015年第1期。
⑦王国珍：《青少年的网瘾问题与网络素养教育》，载《现代传播》2015年第2期。
⑧康宁、丁梦鸽、付宗玲、任士伟、胡彪：《城乡小学生新媒介素养现状对比及提升策略研究》，载《中国信息技术教育》2015年第8期。
⑨李宝敏、张良：《从儿童对网络素养的现实需求看网络素养核心能力构建：基于儿童学习成长视角》，载《全球教育展望》2014年第11期。
⑩董拓：《试论新媒介环境下高校学生媒介素养教育模式》，载《中国报业》2015年第8期（下）。

（作者系四川省社会科学院研究员，四川震灾研究中心首席专家，硕士生导师。）

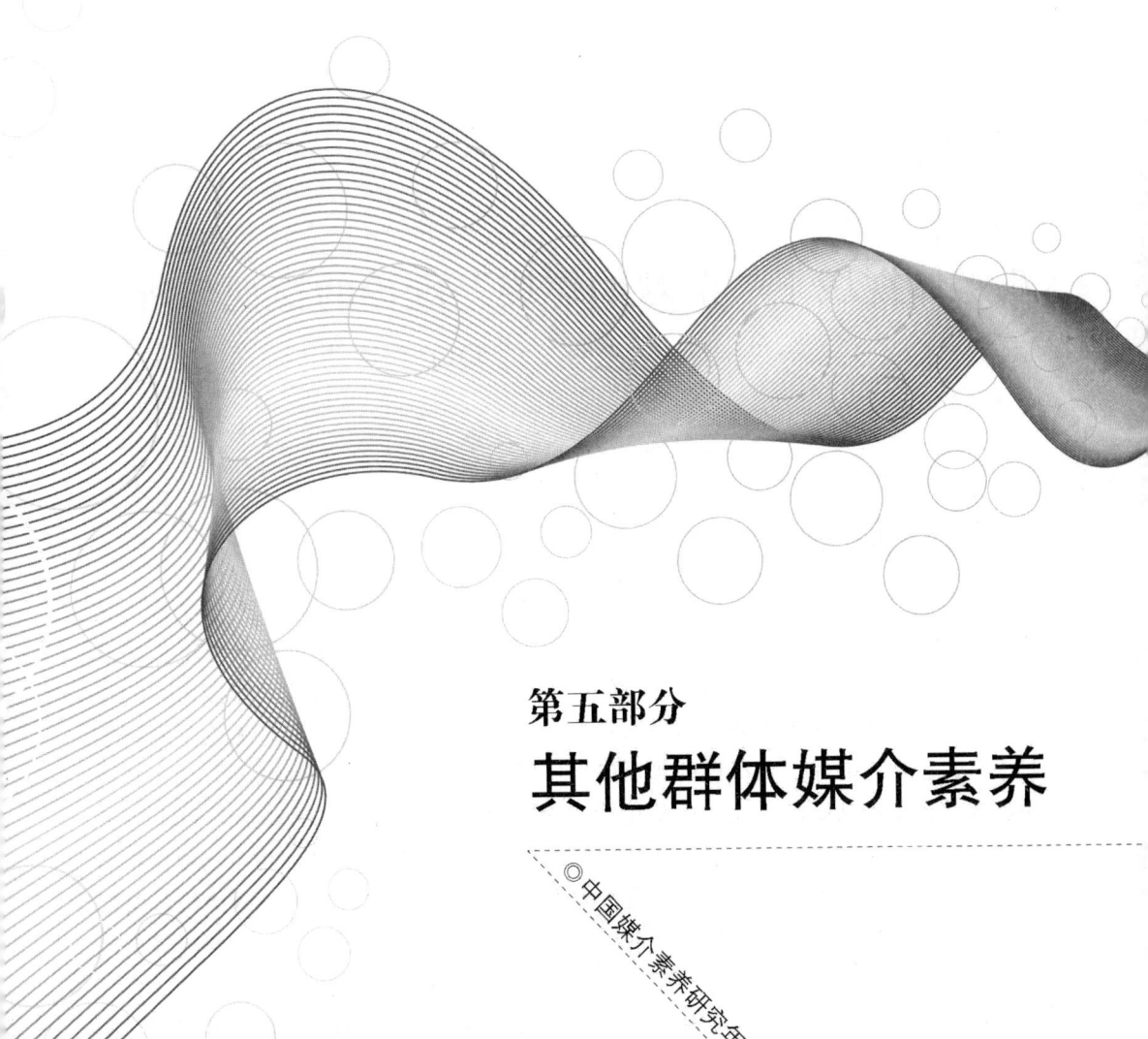

第五部分
其他群体媒介素养

> 全文刊登

新媒体视域下"沉默的螺旋"理论的检视与研究
——以长三角农民工的 QQ 表达为例

宋红岩　曾静平

一、背景介绍

农民工是我国城乡二元融合过程中形成的特定社会群体,在现实社会公众的认知中通常被"边缘化"为弱势群体,在现实主流媒体中,他们也往往处于失语状态,被动地陷入"沉默的螺旋"。而网络的发展,特别是手机等移动智能媒介的应用,为破解新生代农民工表达的需求提供了新契机。[1]有研究发现,无论是网络还是手机,新生代农民工新媒体的普及率均显著高于全国公众的平均水平,属于社会中新媒体使用的活跃群体,其中新生代农民工最为普及的网络活动是上 QQ。[2]还有学者认为新生代农民工使用 QQ 构建规模较大的社交网络,从而为自己提供情感支持和实际支持,可以实现某种程度的自我赋权,[3]甚至成为农民工网络维权与底层抗争的重要途径,从过往只能求助于外部力量的上访请愿转向通过网络形成有组织的维权。[4]那么,当前农民工在 QQ 社交平台使用中有没有摆脱"沉默的螺旋"的桎梏,具有自己的话语权,甚至出现了反螺旋的能量? 又间或看似得到了一定的话语权,但仅仅是沉默螺旋网络版的演绎呢? 本文将就此进行验证与研究。

二、文献回顾

"沉默的螺旋"理论(The Spiral Of Silence)自伊丽莎白·诺尔－诺依曼(E-lisabeth.oelle－.eumann)提出 40 多年来,主要是用来阐述当人们觉得其他大多数人的意见与自己的意见不同时,会公开地采取怎样的行为。"沉默的螺旋"理论预设了当人们认为自己的意见是少数和不被公众所支持时,他们将可能更少地表达自己的观点,变得更加沉默。害怕被社会孤立是造成"沉默的螺旋"的主要原因之一。[5]同时,人们往往通过大众媒介或现实人际传播(个人社会环境)来测量公众的意见气候。[6]可见,"沉默的螺旋"描述的是社会公众特别是少数人(或特定群体)在大众传播时代为社会孤立的恐惧所震慑,以及受大多数或优势话语形成的意见气候所淹没而处于失语状态。当前"沉默的螺旋"研究的语境和范畴随着媒介的巨大飞跃而发生变迁,其理论的背景、前提以及特性在新的传播环境中受到了前所未有的挑战。由于在WEB3.0时代手机等智能数字媒介的广泛应用,以及新媒体的去中心化、零把关人、匿名性,使每个人都可能成为传播者与发言人,社会公众甚至弱势群体有了发声的管道与话语权。因此,对网络中沉默的螺旋的研究也成为热点,目前国内外对其研究主要集中在对网络或公共交流平台,譬如电子公告栏、[7]在线新闻网站、[8]微博、[9]搜索、[10]虚拟社群或论坛,[11]或对特定社会公共事件进行问卷、访谈、实验以及内容文本的跟踪与观测。[12]研究的重点在于"沉默的螺旋"发生的机理、演化路径及影响要素等。而对特定群体特别是现实社会中的弱势群体在网络中的话语表达与沉默螺旋的研究并不多,已有的研究覆盖了美国阿拉伯少数群体、[13]同性恋群体[14]等。

根据"沉默的螺旋"理论,当人们认为自己的意见被视为少数意见时,由于隐藏于内心"被社会孤立"的恐惧将使人们很难表达自己的意见。虽然"沉默的螺旋"理论研究的是一种人际交往与社会心理活动,但现在大多数研究都过于关注其形成过程,而把对被社会孤立的恐惧作为一个隐含先决条件或常数项存在,忽略实践中的个体、社会差异以及道德认知等要素。有研究表明,由于害怕被社会孤立的压力,人们在表达自己意见之前,趋向于通过自己审查(self-censorship)或自我归类(Self-Categorization)来评估意见气候,[15]并发现自我审查意愿得分比较高的人也往往拥有较低的自尊、更易害羞,有高度的恐惧正反馈以及公共场合有较高的自我意识,而在行为方面,也更倾向选择"沉默"。[16]同时,也有学者提出,那些被媒体或其他公共领域排除在外的群体[17]或弱势群体,其话语权下降,将危及社会稳定与造成社会生态系统失衡。[18]农民工作为我国社会中的弱势群体,他们在现实社会中仅仅在经济体系上被接纳,在其他体系上却受到排斥,在心理认同上,也缺乏对城市社会的归属感。[19]那么,在手机社交应用平台中是否存在着"沉默的螺旋"?若存在,他们会以什么样的或何种程度的恐惧来触发"沉默的螺旋"?以往并没有有效的研究。因此,本文将基于"沉默的螺旋"理论框架和相关文献资料,对长三角农民工的QQ使用与"沉默的螺旋"理论进行研究,提出以下研究假设:

假设1:长三角农民工在QQ使用表达中存在着"沉默的螺旋"。

假设1A:长三角农民工QQ表达与自我审查具有统计学显著性。

假设1B:长三角农民工现实的社会孤立的压力与QQ表达一致,并且在QQ中农民工的表达与参与的意愿有所加强。

假设1C:在QQ参与表达中,长三角农民工"个体表达"与"意见气候"一致。网络以及移动智能终端的蓬勃发展,使得信息交换成为人们日常生活的重要组成部分,它直接或间接影响着人类行为的诸多方面。而不同社会人口学背景的受众、多样性应用以及表达场域,可能形成不同的新媒介意见气候。在大众传播时代,意见气候往往为大多数人或主流舆论媒体所主导,人们更关注大多数人的话语表达,而对少数人(或弱势群体)、中坚分子(中间派)的作用研究不够。我国学者刘海龙就认为"沉默的螺旋"理论产生的基本条件在网络空间中仍然存在。[20]特别是,在移动互联网语境下,能够促进公众讨论,[21]甚至有学者提出反沉默螺旋与双螺旋的概念,[22]认为人们在不同环境下"意见表达"的差异和"意见表达"的多重影响因素显现出沉默螺旋理论在新媒体环境下的复杂性。[23]而且在互联网上表达越轨的意见可能性与人们在公共场合表达意见的偏差具有相关性,[24]譬如,近年来,农民工越来越通过微博等新媒介进行底层抗争与维权。[25]但这些研究没有探讨阐述在虚拟的环境中"沉默的螺旋"理论发生作用的形态、程度等。因此,本文将对长三角农民工QQ使用与"沉默的螺旋"进行多维度的检验,并提出以下研究假设:假设2:长三角农民工在QQ中"沉默的螺旋"的表现比较复杂。

假设2A:"沉默的螺旋"的表现形态,在不同功能的QQ使用或语境中存在着差异。假设2B:长三角农民工在现实与虚拟两个场域中选择不同的表达策略。

假设2C:长三角农民工的不同的表达反应策略也使其维权与"底层抗争"的路径有所不同。

三、研究设计

(一)数据来源与样本设计

课题组在2014年5—8月,对长三角地区上海、杭州、无锡、绍兴等共15市的外来农民工,按照随机分层抽样的方法进行了自填式问卷与访谈调研工作。本次调研先后共发放4000份问卷,其中有效问卷为3840份,有效率为96%,并使用SPSS19.0软件进行数据录入与分析工作。

(二)研究变量

根据"沉默的螺旋"理论、文献及研究假设,本文除了关注长三角农民工的个体差异外,还从三个层面进行了设计研究:(1)QQ使用的意愿与能力;(2)社会孤立压力与自我审查因素;(3)"沉默的螺旋"的形态、程度及走向。

1. 长三角农民工社会人口学特征变量

长三角农民工的社会人口学特征变量主要包括性别、年龄、受教育程度、婚姻状况。其中性别、受教育程度、婚恋状况都根据国家统计局相关报告的划分标准来设计,而年龄方面为研究需要,按代群进行分类为18周岁以下＝1;18—24岁(90后)＝2;25—29岁(85后)＝3;30—34岁(80后)＝4;35—39岁＝5;40—49岁＝6;50—59岁＝7;60岁及以上＝8。

2. 长三角农民工QQ使用中的"沉默的螺旋"相关变量

(1)QQ的使用与参与表达对长三角农民工的QQ使用状况,本文主要从拥有状况与参与状况两个方面进行考察,其中农民工QQ拥有状况主要包括QQ好友数与 QQ 群数，农民工 QQ 表达主要分为个体与群体活跃程度等。

(2) 社会孤立的压力对于长三角农民工 QQ 使用"沉默的螺旋"中对他们社会孤立压力的考察，本文采用间接变量的方法来研究。当前我国正处于改革开放与社会转型的攻坚时期，由于职业地位所拥有的不同组织资源、文化资源和经济资源，决定了职业地位的高低，导致中国社会形成了基于职业地位的阶层结构。[26]本文认为，我国现实社会的社会分层与认知差异，不仅在一定程度上造成了农民工在现实媒介舆论场中的失语状况，也制约着其网络虚拟空间的参与和表达。因此，本文结合我国农民工生存状况，选取了对其社会地位身份属性影响显著性比较高的户籍性质、工作类型和社会地位认知三个指标，其中根据陆学艺 2002 年划分的社会职业地位标准，将农民工的工作划分为 10 个类别，其中"国家与社会管理者阶层＝1"，依次划分至"失业半失业者阶层＝10"。同时，对农民工户籍性质也相应分为四个梯度：本市非农业＝1；本市农业＝2；居民证＝3；暂住证＝4。而将农民工自身社会地位的认知，划分为五个梯度，从"下层＝1"依次上升为"上层＝5"。

(3) 意见气候本文中，意见气候主要是指考察长三角农民工 QQ 群的民主氛围及活跃程度。基于此，设计以下两个测量指标，一是个人在 QQ 群中的参与表达程度；二是参与者在 QQ 群中存在着意见气候情况下的反应策略，看个人意见与优势群体（QQ 群）的意见二者之间是否达成一致。

四、研究结果

(一) 长三角农民工 QQ 使用"沉默的螺旋"回归分析

我们知道，"沉默的螺旋"理论是个多层的理论，根据诺尔－诺依曼 1994 年研究的框架，本文对长三角农民 QQ 使用与"沉默的螺旋"进行了多分类 LOGIT 回归分析，详见表 1。模型中综合考量了长三角农民工的人口学特征差异、社会孤立压力、QQ 群意见气候等因素的影响，并从长三角农民工 QQ 个体表达（少数人）与意见气候（多数人）两股势力对比研究"沉默的螺旋"现象。结果显示，长三角农民工在 QQ 个体表达中，其社会人口学特征中，性别、教育对农民工个人表达影响不大，但年龄与"有网友会取笑我"、婚恋状况与"会攻击我或孤立我"具有统计显著性，其中对年纪轻的、已婚的农民工个体更显著。在社会孤立压力方面，户籍类型与"有网友会取笑我"，工作性质、社会地位与"会攻击我或孤立我"具有统计学显著性，这说明长三角农民工的社，孤立压力对他们的 QQ 参与表达具有普遍的影响作用。而在 QQ 使用与意见气候￥，则显示出与长三角农民工的 QQ 使用的好友数与 QQ 群数相关性不是很大，这说明，从总体上来讲，QQ 使用空间相对比较民主、松散。但结果也显示，农民工的意见气候与个体参与作用和群的活跃程度都具有统计强显著性，出现了"沉默的螺旋"与"反沉默的螺旋"相互制衡的局面。

表1 农民工QQ表达与"沉默的螺旋"的多分类logit回归分析

自变量 \ 因变量	当自己发表的意见与大家不同时（个体表达）				当群里人的观点与您不一致时（意见气候）				
	网友都尊重我	大多都很友好	有网友会取笑我	会攻击我或孤立我	坚持自己的观点	会迎合大家	选择沉默	下线或退群	听从群主的意见
截距	5.812*** (.877)	4.907*** (.727)	2.421* (1.257)	-3.324 (2.113)	6.830*** (.862)	6.963*** (.836)	2.905** (.853)	-.042 (1.354)	6.150*** (1.192)
性别（以"男=1"）	-.090 (.175)	.257* (.142)	.059 (.249)	-.521 (.449)	-.302* (.165)	-.322* (.161)	-.009 (.158)	-.409 (.249)	-.717** (.246)
年龄（18周岁以下=1）	-.140* (.082)	-.065 (.065)	-.350** (.127)	-.597 (.235)	-.024 (.078)	-.227** (.077)	-.039 (.075)	-.219* (.122)	-.360** (.116)
教育程度（不识字或识字很少=1）	-.115* (.059)	.001 (.049)	-.067 (.085)	.177 (.138)	-.012 (.056)	-.053 (.055)	.046 (.055)	.125 (.084)	-.012 (.082)
婚恋（未婚=1）	-.375* (.204)	-.155 (.170)	.122 (.282)	1.124** (.397)	-.320* (.193)	-.027 (.187)	-.254 (.191)	.292 (.278)	.157 (.270)
户籍类型（本市非农业=1）	.136 (.091)	.026 (.071)	.418** (.153)	-.106 (.197)	-.061 (.087)	-.318*** (.082)	.015 (.086)	.330* (.159)	-.267* (.120)
工作性质（国家与社会管理者=1）	-.034 (.027)	-.004 (.022)	.025 (.039)	.161** (.061)	-.086*** (.026)	-.004 (.024)	-.034 (.024)	.032 (.037)	-.024 (.038)
社会地位（下层=1）	.225* (.106)	.179* (.087)	.074 (.153)	.767** (.265)	.037 (.102)	.117 (.099)	.379*** (.100)	.592*** (.157)	.091 (.146)
QQ中好友数（50个及以下=1）	.246* (.114)	.117 (.095)	-.052 (.165)	.355 (.261)	-.210* (.105)	-.409*** (.103)	-.369*** (.106)	-.330* (.163)	-.551*** (.163)
QQ群数（1-2个=1）	-.248** (.081)	-.249*** (.062)	-.097 (.113)	-.053 (.209)	-.085 (.074)	.052 (.068)	-.323*** (.072)	-.207* (.121)	-.186 (.118)
您在QQ群中的作用（活跃并受欢迎=1）	-.739*** (.072)	-.486*** (.060)	-.632*** (.100)	-.764*** (.174)	-.606*** (.067)	-.435*** (.065)	-.173** (.066)	-.458*** (.099)	-.386*** (.094)
QQ群中人的作用（大家都很活跃=1）	-1.031*** (.119)	-.842*** (.094)	-.730*** (.167)	-.212 (.300)	-.793*** (.112)	-.768*** (.108)	-.446*** (.105)	-.588*** (.164)	-.578*** (.161)

注：(1) +p<0.1，*p<0.05，**p<0.01，***p<0.001；(2) 在"当自己发表的意见与大家不同时"中，对数似然值(R2) =4566.997，N=1990；在"当群里人的观点与您不一致时"中，对数似然值(R2) =6512.984，N=1996。

在对长三角农民工QQ使用"当群里人的观点与您不一致时（意见气候）"出现情况下，研究他们的反应策略时，回归结果显示，在社会人口学特征中，农民工的教育程度与婚恋情况对其"沉默的螺旋"影响不大，而性别和年龄都与"会迎合大家""听从群主的意见"具有统计显著性，这说明男性、年轻的更倾向选择优势意见。但在社会孤立压力方面，则出现了分化，其中户籍类型与"会迎合大家"具有统计强显著性，而同"下线或退群""听从群主的意见"具有统计弱显著；工作性质与"坚持自己的观点"呈现统计学显著性，而社会地位认知则与"选择沉默""下线或退群"具有统计学强显著性。可见，社会地位认知对长三角农民工的"沉默的螺旋"影响最大。在QQ使用与意见气候中，QQ使用的好友数都具有统计显著性，其中与"会迎合大家""听从群主的意见""选择沉默"具有统计强显著性。

第五部分 其他群体媒介素养

而 QQ 群数则与"选择沉默"具有统计强显著性。此外,还出现了农民工的意见气候与"您在 QQ 群里的作用""群中人的作用"都具有统计强显著性,这说明在意见气候强势下,长三角农民工 QQ 表达也存在双螺旋现象。综上所述,假设 1 成立。同时,长三角农民工的社会孤立压力,特别是社会身份认知,对其 QQ 参与表达造成了自我审查效应,假设 1A 成立;但结果也显示,长三角农民工的现实社会孤立压力与 QQ 的"个人表达"、QQ 的"个人表达"与 QQ 的"意见气候"并不总是一致,因此,假设 1B 与 1C 不成立。

(二) 长三角农民工 QQ 使用"沉默的螺旋"的形态研究

鉴于上面的研究结果,本文又对长三角农民工 QQ"沉默的螺旋"的形态进行了深入的研究。

首先,通过对照回归结果中显著的指标,选取上述回归模型中的性别(长三角农民工性别中男性占 58.5%,$M = 1.41$,$SD = .493$)、年龄(长三角农民工年龄中排前三位的分别是 25—29 岁即 85 后为 27.9%、18—24 岁即 90 后为 26.9%、30—34 岁即 80 后为 16.2%,$M = 3.58$,$SD = 1.595$)、社会地位等因素与长三角农民工 QQ 个体表达与意见气候进行交叉分析。其中在性别方面,女性(61.5%)比男性(54.3%)更倾向认为 QQ 群中"网络都很友好",而"当群里的观点与自己不一致时",男性(33.7%)比女性(29.2%)更趋向于选择"迎合大家""听从群主的意见"。在年龄方面,30—34 岁(80 后)与 35—39 岁(75 后)分别在"网友都会尊重我"(23.8%)、"网友都很友好"(64.6%)中占比最高,而 18 岁以下(95 后)却同时在"网友会取笑我"、"会攻击或孤立我"中占比最大。在意见气候面前,18 岁以下(95 后)的年轻人最倾向"迎合大家",而 50—59 岁最喜欢"听从群主的意见"。从回归模型中,我们看出长三角农民工的社会地位认知(长三角农民工社会地位认知从高到低依次是中层 39.5%、中下层 37.6%、下层 15.7%、中上层 6.4%、上层 0.9%,$M = 3.61$,$SD = .855$)对其 QQ 表达影响最显著。因此,本文将其与长三角农民工"沉默的螺旋"进行了交叉分析,结果显示,中上层的农民工同时在"网友都会尊重我"(21.4%)、"网友都很友好"(64.3%)中占比最高,有较强的认同感。但在"会攻击或孤立我""选择沉默""下线或退群"方面却显示下层或中下层的比例最高,并随着社会身份认同越强,其选择沉默与下线的意愿越弱。

同时,本文对长三角农民工的 QQ 群构成、话题表达等进行了细分研究。为了研究方便,本文将其经常使用的 QQ 群划分为地缘(老乡群)、业缘(同事群)和网缘(包括兴趣群与交友群),将以上四个群与长三角农民工 QQ 表达进行交叉分析发现,各个群的大多数农民工在个体表达中都选择了"网友都会尊重我""网友都很友好",平均只有 7.4% 的农民工选择"网友会取笑我",2.1% 选择"会攻击或孤立我",但意见气候中,各个群中的农民工选择"迎合大家"和"选择沉默"的基本上都有近 1/3,出现了个体表达与意见气候不一致的现象。而本文又进一步加入"QQ群中的主要话题"进行三因子交叉分析。如图1所示，长三角农民工在意见气候情境下，在四个群中分别对同一话题进行横向比较时，不约而同地都出现一致的现象：有关情感与交友方面的话题都更愿意"迎合大家"，而有关工作与生活方面的话题都倾向于"坚持自己的观点"或者"选择沉默"。

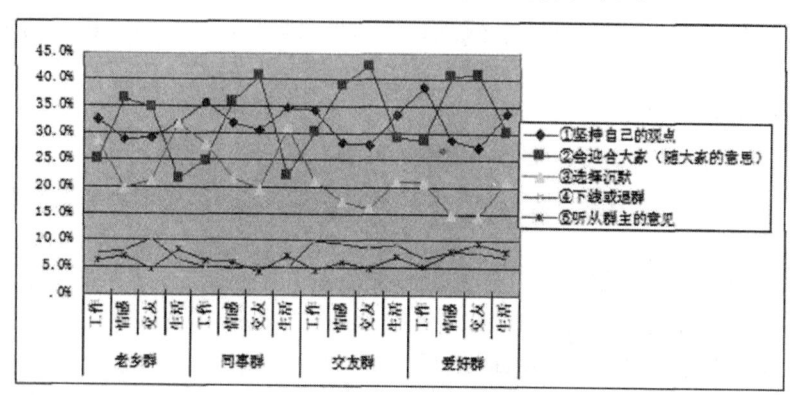

图1 意见气候情境下QQ群中长三角农民工不同话题的反应策略对比情况

而本文又对同一群中长三角农民工不同的反应策略的话题占比情况进行了纵向对比研究，如图2所示。结果发现，在"坚持自己的观点""听从群主意见"与"选择沉默"反应策略上，在四个群中有关生活方面的话题都占比最高，出现了相互矛盾冲突的现象。而在"迎合大家"反应策略上，在老乡群、同事群中都是工作方面的话题最高，但在交友群中却是有关交友（67.1%）的话题、在爱好群中是有关生活（64.6%）方面的话题。在"下线或退群"反应策略上，在老乡群中工作方面的最多（71.1%）；在同事群中是工作与生活的话题并重（65.6%），但在交友群（64%）与爱好群（85.7%）都是生活方面的话题最多。

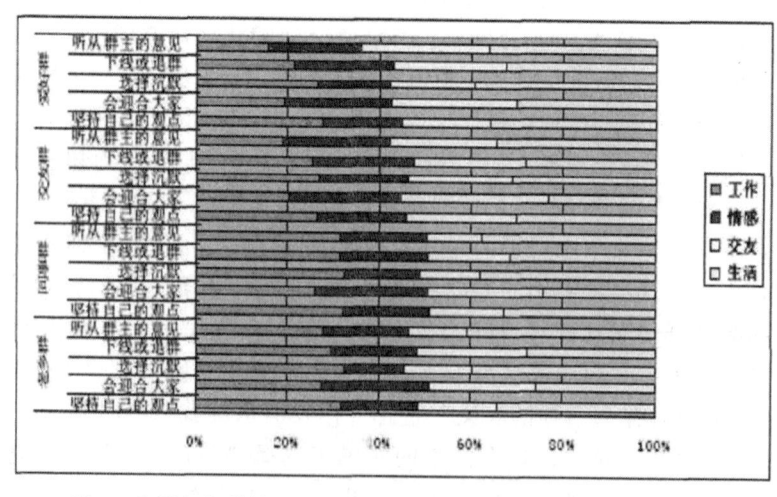

图2 意见气候情境下QQ群中长三角农民工不同话题对比情况

第五部分 其他群体媒介素养

　　为了进一步观察，本文根据沉默的表现形式的不同又将长三角农民工相近的反应策略"会迎合大家"与"听从群主意见"合并生成新变量"迎合式沉默"；将"选择沉默"与"下线或退群"合并生成新变量"回避式沉默"，如表2中模型2所示，观察结果的变化。从横向比较来看，在老乡群、同事群中，有关情感与交友方面的话题选择"迎合式沉默"的最多，有关工作与生活方面的话题选择"回避式沉默"的最多。除了同事群外，其他各话题的占比都相应地比"坚持自己的观点"多。

表2　长三角农民工QQ群"沉默的螺旋"形态与程度

QQ群使用	经常谈论的话题		公共因子 坚持自己观点	模型2 迎合式"沉默的螺旋"	模型2 回避式"沉默的螺旋"	模型3 "沉默的螺旋"	总计
老乡群	工作	计数（行%）	230 (32.5)	222 (31.4)	256 (36.2)	478 (67.5)	708
		列%	68.9	56.3	68.4	62.2	
	情感	计数（行%）	122 (28.8)	184 (43.4)	118 (27.8)	302 (71.2)	424
		列%	36.5	46.7	31.6	39.3	
	交友	计数（行%）	124 (29.1)	168 (39.4)	134 (31.5)	302 (70.9)	426
		列%	37.1	42.6	35.8	39.3	
	生活	计数（行%）	248 (31.9)	232 (29.8)	298 (38.3)	530 (68.1)	778
		列%	74.3	58.9	79.7	69	
同事群	工作	计数（行%）	294 (35.7)	258 (31.3)	272 (33)	530 (64.3)	824
		列%	72.4	57.3	67.3	62.1	
	情感	计数（行%）	174 (31.9)	228 (41.8)	144 (26.4)	372 (68.1)	546
		列%	42.9	50.7	35.6	43.6	
	交友	计数（行%）	146 (30.5)	214 (44.8)	118 (24.7)	332 (69.5)	478
		列%	36	47.6	29.2	38.9	
	生活	计数（行%）	300 (34.7)	254 (29.4)	310 (35.9)	564 (65.3)	864
		列%	73.9	56.4	76.7	66	
交友群	工作	计数（行%）	152 (34.2)	154 (34.7)	138 (31.1)	292 (65.8)	444
		列%	62.8	42.3	60.5	49.3	
	情感	计数（行%）	114 (28.2)	182 (45)	108 (26.7)	290 (71.8)	404
		列%	47.1	50	47.4	49	
	交友	计数（行%）	136 (27.9)	232 (47.5)	120 (24.6)	352 (72.1)	488
		列%	56.2	63.7	52.6	59.5	
	生活	计数（行%）	174 (33.5)	188 (36.2)	158 (30.4)	346 (66.5)	520
		列%	71.9	51.6	69.3	58.4	
爱好群	工作	计数（行%）	92 (38.7)	80 (33.6)	66 (27.7)	146 (61.3)	238
		列%	62.2	39.2	55	45.1	
	情感	计数（行%）	58 (28.7)	98 (48.5)	46 (22.8)	144 (71.3)	202
		列%	39.2	48	38.3	44.4	
	交友	计数（行%）	64 (27.4)	118 (50.4)	52 (22.2)	170 (72.6)	234
		列%	43.2	57.8	43.3	52.5	
	生活	计数（行%）	118 (33.7)	134 (38.3)	98 (28)	232 (66.3)	350
		列%	79.7	65.7	81.7	71.6	

而在交友群、爱好群中,所有的话题都倾向于选择"迎合式沉默",相应地,除了爱好群的工作外,其他话题都比"坚持自己的观点"多。而在同一群中,对两种不同的沉默螺旋的形态的四个话题的占比情况进行纵向对比时,在四个群中有关生活方面的话题比其他话题都倾向于选择"回避式沉默",但在"迎合式沉默"中有所分化,其中在老乡群、爱好群中,生活方面的话题最高,分别为58.9%和65.7%;在同事群中,工作方面的话题最高,占57.3%;而在交友群中,交友方面的话题最高,为63.7%。可见,在QQ群中,"迎合式沉默"与"回避式沉默"并存,但在话语表达方面存在差异,假设2与假设2A成立。

(三)长三角农民工QQ表达与底层抗争

本文为了研究长三角农民工QQ表达的"沉默的螺旋"的状态,进一步将表2中的模型2最终合并成"沉默的螺旋",并与"坚持自己的观点"生成一个二分变量,见表2模型3。结果发现,在长三角农民工QQ表达中"沉默的螺旋"现象比较突出,但同时也发现,在不同的QQ群中仍有30%左右的长三角农民工会选择"坚持自己的观点",其中有关工作与生活方面的话题最趋于"坚持自己的观点"。这说明部分长三角农民工在QQ群中倾向于表达而不是沉默,特别是在自己工作与生活方面。研究还发现,"沉默的螺旋"与"坚持自己的观点"(中坚分子)在长三角农民工使用的横向对比中,在同个QQ群中相同的话题不仅比例差距比较大,从总体上来讲二者的趋势还明显地出现背离现象,如图3所示。

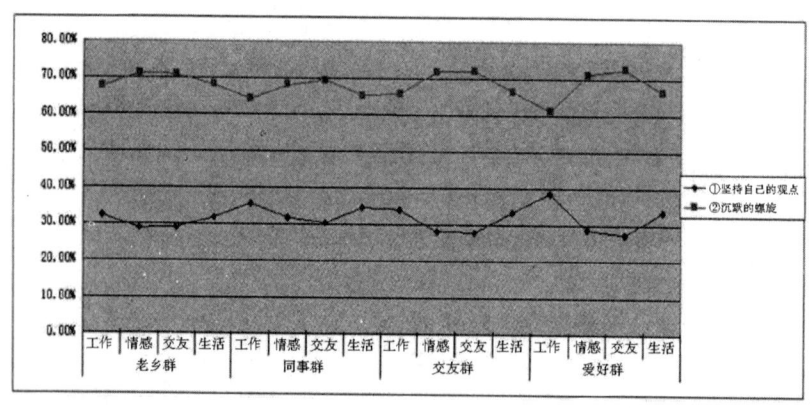

图3 意见气候情境下QQ群中长三角农民工各话题"沉默的螺旋"对比情况

而不同群中长三角农民工沉默者与中坚分子的各话题力量对比情况,如图4所示。发现在老乡群、同事群与爱好群中选择"坚持自己的观点"与"沉默"策略的长三角农民工都出现同一趋势变化,其中在老乡群与爱好群中各话题所占比例由高到低依次为生活、工作、交友、情感,而在同事群中由高到低的话题依次为生活、工作、情感、交友。但在交友群中选择"坚持自己的观点"与"沉默"策略的长三角农民工却比较分散,其中选择"坚持自己的观点"反应策略最高的话题是有关"生活"方面的,占71.9%,而选择沉默策略的最高的话题是有关"交友"方面的,占59.5%。综上所述,在QQ群中长三角农民工有关"生活"与"工作"方面的诉求最突出,也最容易产生冲突。

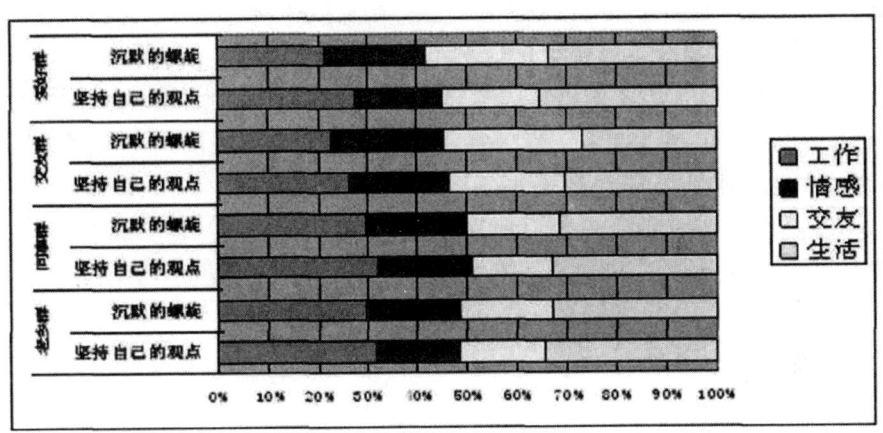

图4 意见气候情境下QQ群中长三角农民工"沉默的螺旋"与不同话题对比情况

为了考察长三角农民工的QQ表达对虚拟与现实生活的影响与转换,本文将模型3与一些长三角农民工QQ行为变量对比进行了A.OVA交差分析,在是否"想进一步交流时"变量中,发现"坚持自己的观点"的长三角农民工更愿意"继续群聊"(24.1%),而选择"沉默"的农民工更喜欢"私聊"(64.5%)。在是否参加"组织线下见面活动"变量中,"坚持自己的观点"比"沉默"的长三角农民工更能主动参加,占64.3%。但在与虚拟网友交往方面,"沉默"的长三角农民工更倾向经常"通过微信摇一摇或QQ查找功能主动加过陌生人"(14.3%),而"坚持自己的观点"的则只有"当网上有陌生人主动打招呼,要求加你时"才行动(13.8%)。由此可见,长三角农民工在QQ表达中的不同立场也影响其在虚拟与现实的不同行为,假设2B成立。此外,本文还对长三角农民工在"遇到不公或困难时"手机媒介作用进行了研究。结果显示,"坚持自己的观点"的长三角农民工在"很气愤"(13.2%)、"劝导或安慰"(49.5%)与"抱怨社会的不满"(2.4%)等方面的表现更明显,而倾向于"沉默"的农民工在"也说自己遇到的不公"(10.9%)、"帮出主意"(16.8%)等方面更强烈。其中在"支持老乡去维权"方面虽然选择"沉默"(13.3%)的农民工略占优势,但二者的差别不大。这说明,特定情境可以打破网络表达的"沉默的螺旋",刺激长三角农民工的抗争意识与能量,但抗争的方式有所差别,假设2C成立。

五、结论与讨论

经上述的研究分析,本文发现"沉默的螺旋"在长三角农民工QQ社交平台中仍然存在,并具有以下主要特征:

第一,长三角农民工的个体差异与社会经济地位差别对其QQ表达造成社会孤立压力,"沉默的螺旋"在性别、年龄、社会地位认知上存在着统计学显著性。其中在性别中,女性对QQ群更有认同感,男性更倾向听从优势群体或意见领袖的意见。年轻的农民工虽然参与表达能力强,但却悖论地更容易陷入"沉默的螺旋",其中前三位的分别是"18岁以下",占66.0%;"18—24岁(90后)",占62.7%;"35—39岁(75后)",占61.3%。而社会地位认知与"沉默的螺旋"具有统计强显著性,并且随着社会地位认知的增强,其"沉默的螺旋"越弱。

第二,长三角农民工的现实社会孤立压力与QQ的"个人表达"、长三角农民工QQ个体表达(少数人)与意见气候(多数人)并不同步,存在着一定的意见气候隔离。

第三,在意见气候情境下,长三角农民工反应策略比较多元、相互糅杂,其中"坚持自己的观点"(中坚分子)与"沉默的螺旋"的力量对比出现背离,"沉默的螺旋"中"迎合式沉默的螺旋"与"回避式沉默的螺旋"并存,同时,长三角农民工QQ群中虚拟拼凑QQ群(如交友群、爱好群)、半虚拟拼凑群(如老乡群)、熟人群(如同事群)以及QQ群中不同话题的"沉默的螺旋"的形态与程度存在着差异。

第四,"沉默的螺旋"不仅影响长三角农民工的虚拟QQ空间的表达,也影响着其现实行动取向与能力,其中"坚持自己的观点"(中坚分子)更趋于积极主动。从总体上来讲,手机媒介在一定程度上为长三角农民工底层抗争的意识提升与能量释放提供了平台与途径。

本研究主要是从定量分析视角研究长三角农民工的QQ表达与"沉默的螺旋"情况,并在前人研究的基础上,对沉默螺旋的社会孤立压力、意见气候以及沉默螺旋的形态等方面进行了探讨。但这一过程中,限于篇幅的约束,并没有对长三角农民工的QQ表达进行动态历时的考察,缺少对"沉默的螺旋"在一定的QQ群交流平台中的发展演变的研究,这将在今后的研究中不断推进与落实。

参考文献:

[1] 王士军、彭忠良:《论移动新媒体破解新生代农民工信息饥渴的机遇与挑战》,载《河北北方学院学报》2013年第3期,第61—63页。

[2] 周葆华:《上海市新生代农民工新媒体使用与评价的实证研究》,载《新闻大学》2011年第2期,第145—150页。

[3] 陈韵博:《新媒体赋权:新生代农民工对QQ的使用与满足研究》,载《当代青年研究》

2011年第8期,第22—25页。

[4] 于建嵘:《转型中国的社会冲突——对当代工农维权抗争活动的观察和分析》,载《领导者》2008年第2期,第28—31页。

[5] oelle-.eumann, E., The Spiral of Silence: A Theory of Public Opinion, Journal of Communication, no. 24, 1974, pp. 43—51.. oelle-.eumann, £., Turbulences in the Climate of Opinion: Methodological Applications of the Spiral of Silence Theory, PublicOpinion Quarterly, vol. 41, no. 2, 1997, pp. 143—158. oelle-.eumann, E., The Theory of Public Opinion: The Concept of the Spiral of Silence, Communication Yearbook, vol. 14, 1991, pp. 256—287. oelle-.eumann, E., The spiral of silence? public opinion, our socialskin (2nd ed.), Chicago: University of Chicago Press, 1993.

[6] oelle-.eumann, E., Die Schweigespirale, Ojfentliche Meinung—Unsere soziale Haut, Miinchen: Langen Mtiller, 2001. de Vreese C. H. & Boomgaarden H. G., Media Message-Flows and Interpersonal Communication: The Conditional .ature of Effects on PublicOpinion, Communication Research, vol. 33, no. 1, 2006, pp. 19—37.

[7] Jong Hyuk Lee, Influence of poll results on the advocates' political discourse: An application of functional analysis debates to online messages in the 2002 Korean presidential election, Asian Journal of Communication, vol. 14, no. 1, 2004, pp. 126—132.

[8] Kwan Min, L., Effects of Internet Use on College Students' Political Efficacy, Cyber-Psychology & Behavior, vol. 9, no. 4, 2006, pp. 415—422.

[9] Rainie, L. (2005), The sate of blogging, Pew Internet and American Life Project, PewResearch center, Retrieved March, 20, 2009, from http://www.pewinternet.org/. Ward, I. and Cahill, I. Old and new media: Blog in the third age of political communication, Australian Journal of Communication, vol. 34, no. 3, 2007, pp. 1—22.

[10] Singer, B. J., The socially responsible existentialist: A normative emphasis for journalists ina new media environment, Journalism Studies, vol. 7, no. 1, 2006, pp. 2—18.

[11] 侯斐斐:《探索网络舆论中的沉默螺旋现象——以天涯论坛为例》,载《学理论》2013年5期,第147—148页。

[12] 朱珉旭:《网络交往环境下的个人态度与意见表达——沉默的螺旋理论之检视与修正》,博士论文,武汉大学2012年。张金海、周丽玲、李博:《沉默的螺旋与意见表达——以"抵制家乐福"事件为例》,载《国际新闻界》2009年第1期,第45—48页。陈强、曾润喜、徐晓林:《网络舆情反沉默螺旋研究——以"中华女事件"为例》,载《情报杂志》2010年第8期,第5—8页。黄京华、常宁:《新媒体环境下沉默螺旋理论的复杂表现》,载《现代传播》2014年第6期,第109—114页。

[13] Muhtaseb, A, & Frey, L. R., Arab Americans' motives for using the Internet as afunctional media alternative and their perceptions of U. S. public opinion, Journal of Computer-Mediated Communication, vol. 13, no. 3, 2008, pp. 618—657.

[14] Yang, C., The use of the internet among academic gay communities in Taiwan: An exploratorystudy, Information, Communication & Society9 vol. 3, no. 2, 2000, pp. 153—172.

[15] Myers, Paul, Patton, Rob, Stoltzfus, Kimberly, *A Comparison of Self－Categorization andSpiral of Silence Explanations for Speaking Out*, International Communication Association, 2006, pp. 1－29. Matthes, J., Hayes, A. F., Rojas, H., Shen, F. C., Min, S., &Dylko, T. B., Testing spiral of silence theory in nine countries, paper presented at the annualmeeting of the International Communication Association, Santeev city, Singapee (2010, May).

[16] Hayes, A. F., Uldall, B. & Glynn, C. J., *Validating the willingness to self－censor saleii: Inhibition of option expression in a real conversational setting*, Communication Methodsand Measures, no. 4, 2010, pp. 256－272.

[17] Witschge, T., *Representation and inclusion in the online debate: The issue of honorkillings*, European Communication Research & Education Association, vol. 7, no. 3, 2007, pp. 130－150.

[18] 王宏昌:《"沉默的螺旋"与弱势群体媒体话语权的关联辨析》,载《宜宾学院学报》2007年第4期,第107－109页。

[19] 崔岩:《流动人口心理层面的社会融入和身份认同问题研究》,载《社会学研究》2012年第5期,第141－160页。

[20] 刘海龙:《沉默的螺旋是否会在互联网上消失》,载《国际新闻界》2001年第5期,第62－67页。

[21] Ho, S. S. & McLeod, D. M., *Social－psychological influences on opinion expression in face－to－face and computer－mediated communication*, Communication Research, vol. 35, no. 2, 2008, pp. 190－207. Li, X., Information exchange in the Internet and likelihood ofexpressing deviant views on current affairs in public, paper presented at the InternationalCommunication Association, San Francisco, CA., 2007.

[22] 高宪春:《新媒体环境下"沉默的双螺旋"》,载《中国社会科学报》2013年1月9日,第A08版。

[23] 孟威:《新媒体语境下对"反沉默螺旋"现象的思考》,载《中国广播电视学刊》2013年第8期,第48－49页。

[24] Glynn, Carroll J., *The Spiral of Silence and the Internet: Selection of Online Content and thePerception of the Public Opinion Climate in Computer－Mediated Communication Environments*. International Communication Association, Annual Meeting, 2012, pp. 1－34.

[25] 文远竹:《微博维权与底层抗争》,载《青年记者》2013年12月上,第65－66页。

[26] 李路路:《社会结构阶层化和利益关系市场化——中国社会管理面临的新挑战》,载《社会学研究》2012年第2期,第1－19页。

(作者简介:宋红岩,浙江传媒学院社科部副教授;曾静平,浙江省钱江学者,浙江传媒学院特聘教授,北京邮电大学教授。原文刊登于《新闻与传播研究》2015年第4期。)

公安机关新录用民警的媒介素养研究
——以 450 名新警为样本

卫兰兰　音卫东

一、研究缘起

随着各类媒介技术的应用和推广，传播媒介早已渗透到公民生活的方方面面，而媒介素养已成为现代社会公民素养的重要组成部分。通常意义上，媒介素养是传统的读写能力的延伸，是指人们面对各种传媒信息时的认知能力、理解能力、选择能力、质疑能力、评估能力、创造和生产能力以及思辨和反应能力。[1]媒介素养一词，自20世纪30年代英国学者ER·利维斯和丹尼斯·桑普森在《文化和环境：培养批判意识》中首次提出，到20世纪90年代后期通过译介文章传入中国大陆，再到当下中国纳入理论探讨和实践推广并行的研究视域，其重要性不断凸显。

警察群体作为媒介素养个案研究的对象之一，已引起研究者的关注。原因在于警察不仅是普通公民，更是具备刑事司法权和行政管理权的公务人员，职务性社会角色彰显。警察的媒介素养直接关系到公安机关的执法形象和执法能力。面对经济社会发展中的新问题、新挑战，党和政府提出了以人为本、科学发展的执政理念，着力打造阳光政府和服务型公安机关。在这一进程中，公安机关的人民警察必须主动适应"新媒体时代信息传播格局、社会舆论生态环境和公众参与方式的深刻变化"，牢牢掌握话语主动权，有效推进公安工作。关于这个命题，近年来，张颜华对湖南公安高等专科学校（现湖南警察学院）的大学生开展问卷调查，对统计数据展开综合性论述，研讨如何科学设计公安院校媒介素养教育的目标、内容和渠道等问题，培养适应社会发展的高素质预备警官。[2]沈晓霞认为，警察媒介素养教育势在必行，认为应从领导重视、建立培训体系、发挥警察主体能动性、充分利用社会资源四个维度构建警察媒介素养教育的实施路径。[3]赵文辉从当前警察应对媒体的角度，提出了警察媒介素养教育的目标体系、知识体系和实施路径。[4]李敏蓉通过十七个典型案例分析，讨论了公安领导者媒介素养的提升路径。[5]总体而言，相对媒介素养研究中对领导干部、农民工、大中小学生、儿童等其他社会阶层或群体的关注和考量，媒介素养关于警察群体的研究数量很少。媒介素养教育因公安民警的职务、岗位、层级等不同应各有侧重，因此必须进行细化式研究。

新录用公安民警（以下简称新警）有其身份的特殊性，作为社会公民，他们是怎样接触、认识和使用媒体的？面对身份向警察的转化和过渡，他们又应如何认识和应对媒体？怎样的媒介素养教育体系建构才能使他们通过分析、推理、传播和自我表达技能的发展来提升日后工作的自主权、社会沟通能力和公共管理效度？为此，2014年4月至6月，研究者在安徽省新录用公安民警中进行了一次媒介素养专项调研。

二、研究方法

（一）调查对象及样本

此次调查样本总体为安徽省2013年度公安机关考试录用的1304名人民警察。按照《安徽省公安厅政治部关于举办2013年度全省公安机关考试录用人民警察初任培训班的通知》提供的花名册，随机抽取了考入安徽省铜陵、安庆、蚌埠、池州、淮南、淮北、黄山、宣城八个地区的461名新警，抽取比例为35%，有利于提高调查结论的准确度。

（二）调查内容及组织实施

针对公安民警的职业要求，将媒介素养研究分为：日常生活和工作中的媒体接触与消费情况；对媒介运作、功能等方面知识的认知情况；新闻基础知识的掌握情况；对公安机关与媒体关系的基本认知；突发事件、公共危机事件的应对能力；媒介活动的参与能力。采用问卷调查（以选择题为主）的方法，将调查对象分四次集中组织起来，专人分发，现场填答后回收。期间，共发放问卷461份，回收有效问卷450份，有效回收率达97.6%。后期采用OFFICE EXCEL和SPSS分析软件，对数据进行录入、整理和分析。

（三）样本特征

在样本性别比例中，男性占74.84%，女性占25.16%，男女比例近3∶1，符合样本总体实际。在样本年龄结构上，主要以占90.9%的20—29岁年龄段为主，30—39岁年龄段仅占9.1%。在专业类别上，人文社会学科和自然理工学科比例接近1∶1；在学历构成方面，81.6%的本科学历所占比例最高，其次是专科学历15.4%，硕士研究生学历3.5%。整体而言，此次调查样本是一个以男性为主、年轻的、具备较高学历的新警群体，也比较符合近年来安徽省招录新警的总体情况，因此具有一定的代表性。

三、研究发现及分析

（一）处于深度媒介消费状态，互联网成为日常接触最多的媒介

媒介素养的形成首先建立在媒介消费上，因而调查先从新警的媒介使用情况着手。如图1所示，新警在学习或工作之余的活动是多样的，但83.08%的活动是"上网"，"看书报杂志"和"看电视"位列第二、第四，分别是39.7%和

第五部分 其他群体媒介素养

35.57%。平均每天上网3小时以上的新警占44.5%；对电视和报刊的每天消费时间，近六成的新警均控制在半小时以内；75.18%的新警对广播没有接触（参见图2）。从时间分配上直观可见，上网已经成为最受欢迎的媒介使用方式，对传统媒体中电视和报刊的需求也是比较明显的，不过接触时间不算长，而广播媒体已遭到严重边缘化。

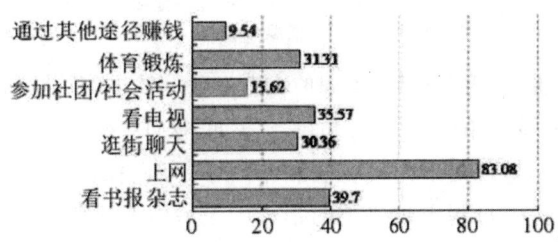

图1 新警在学习/工作之余的主要活动统计（N=450）（单位:%）

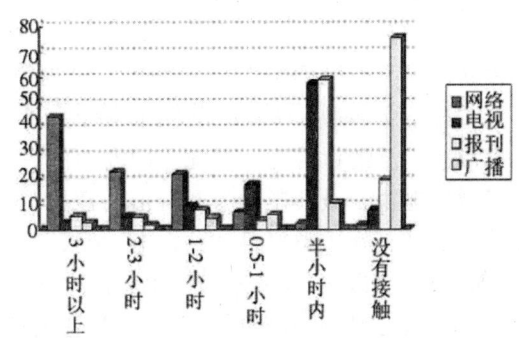

图2 新警平均每天接触媒体的时间统计（N=450）（单位:%）

（二）"了解新闻"成为不同媒介消费的主要内容

统计显示，新警上网目的选择位列前三的选项分别是"消遣娱乐"57.7%、"了解新闻"56.18%和"社交需要"51.41%；看电视的目的按选项比例依次是"消遣娱乐"55.1%、"了解新闻"43.82%和"打发时间"26.03%；阅读报刊的目的按选项比例依次是"了解新闻"49.24%、"增长知识"33.62%和消遣娱乐22.56%；接触广播的目的按选项比例依次是"消遣娱乐"8.51%、"了解新闻"7.08%和"增长知识"4.54%。可见，不同的媒介消费均以"了解新闻"为主要目的。尽管传统媒体在满足通讯、交友等社交需要（电视2.82%、报刊3.47%、广播1.12%）方面先天不足，但网络强大的交互和沟通功能受到了追捧（如图3所示）。

为进一步了解新警对新闻报道类型的偏好，结合其政法工作者的职业特色，在"最关注媒体上的哪类新闻"题目选项中设置了时事热点分析、经济新闻、民生新闻、体育新闻、法制新闻、娱乐新闻、气象新闻等。统计结果前三位分别为时事热

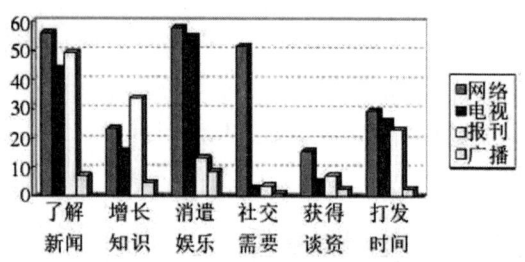

图3 新警接触媒介目的统计（N=450）（单位:%）

点分析74.62%、体育新闻39.91%和民生新闻38.18%。按照研究假设，公安工作和警察形象的媒介呈现最常出现在法制新闻中，而法制新闻报道对新闻事实的叙事模式和诸如案件侦破过程再现之类的报道手法最引人入胜，新警应当予以较高的关注。研究结论却出乎意料，新警对法制新闻（19.4%）的关注度较低，其深层原因值得探讨。对国际国内时事及热点分析的高关注度，在一定程度上显示了新警的新闻阅读视野和政治敏锐度，与其受过较高的学历教育密切关联，对警察职业的角色胜任大有裨益。体育新闻具有较强的消遣娱乐特质，位列第二。值得一提的是，我国新闻媒介正在发生"民本化转型",[6]民生新闻报道作为近年来异军突起的一种新闻实践，在新警中也具有广泛的认可度。对此，问卷中的另一调查结果也与其形成印证。在"你认为安徽省电视台最具影响力和价值的栏目"一题五个选项（民生类新闻栏目、经济文化类栏目、娱乐类栏目、独播电视剧、戏曲栏目）中，79.3%的新警选择了以《第一时间》、《夜线60分》为代表的民生新闻栏目。

（三）系统知识较为欠缺，对媒介社会功能及性质等认识存在严重误区

一般意义上的媒介知识，指对媒介类别、媒介特征、媒介语言形式、媒介组织管理、媒介运营规律和媒介产品制作技术和流程等方面的认识。[7]掌握新闻媒体运行规律等知识，形成对媒体运作的正确认识，是新警在工作中正确而有效地应对、参与和利用媒体的前提。调查表明，虽然62.88%的新警看到了"我国新闻媒体既属于上层建筑范畴，又属于信息产业，媒介产品具有商品属性"的事实，但仍有四分之一以上的人表示完全不清楚（参见表1）。在"大众媒体的社会功能是什么"一题选项中，认为媒体"行使话语权，帮助社会正常运转，实现了社会各部分的沟通、协调与统一"占74.43%；"帮助人们及时收集和提供关于环境变化的信息"占55.6%；"起到文化传承作用"占20.1%；"提供娱乐"占21.04%；"创造经济价值"占16.9%。七成以上新警认识到大众媒体在行使话语权方面的巨大功能，但媒介素养教育需要对媒体话语权进行深入解读。问卷中关于"你对安徽电视台《第一时间》、《帮女郎帮你忙》、《夜线60分》新闻栏目的感受和评价"一题的统计结果显示出新警对媒体话语权理解的误区：40.19%的新警认为"有困难找媒体，有问题找这些记者曝光，在当下切实可行，表示非常认同"。事实上，新闻舆论监

第五部分 其他群体媒介素养

督只能推进而不能取代政府职责的履行,"媒介审判"更不能有碍司法公正。当下,我国媒体全面推行"事业性质、企业管理",媒体的经济效益直接关乎市场化媒体的生存,追逐经济利益甚至会直接异化新闻媒体的价值取向,而新警对媒介在经济、文化功能的认识不够充分。

表1 新警对新闻媒体运行等知识掌握情况的统计(N=450)(单位:%)

选项	比例
事业性质,企业管理	31.08
属于国有资产,全民所有	13.18
属于上层建筑范畴,又属于信息产业,媒介产品具有商品属性	62.88
没有单独成文的《新闻法》,但新闻法规的有关条文已写入其它专用法律条款中	23.64
所有情况我都不清楚	25.6

如图4所示,在"媒体的发展趋向"方面,仅22.78%的新警认为应"坚持社会主义原则",表现出对基本原则和立场的模糊,对我国社会主义制度下新闻事业的特殊性认识不清。76.14%的新警虽然反对接受"政府调控",但仅16.7%赞同媒体的"完全市场化",反映出新警从社会公民的角度期待政府行为更充分地尊重新闻传播的客观规律和媒介组织的自我管理权,同时也对媒体完全市场化难以抵制商业污染表示担忧。对此问题,92.84%的新警支持媒体"去意识形态化,争取自由独立"的观点,从对新闻宣传、管理模式的批判和反思,陡然转向传媒的自由至上主义(libertarianism)极端。[8]事实上,绝对的新闻自由必然对国家意识形态安全和社会和谐稳定构成威胁,党和国家也一直将意识形态工作作为党的一项极端重要的工作常抓不懈。因此,这种观点应予以摒弃,媒介素养教育亟须对此纠偏。

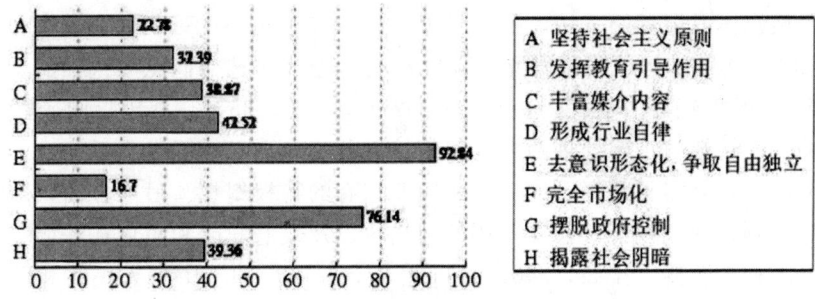

图4 新警对我国新闻媒体发展趋向认识的统计(N=450)

依据调查,受调查者中没有人具备新闻学的学科背景,只有三人本科所学专业为广告学;受调查者中亦没有人在高等教育阶段学习过媒介素养相关教育课程。由此推断,新警对上述媒介性质、运营、功能等知识的获取更多是一种自发性和偶得性行为,对这些媒介知识难辨真伪,存在诸多疑虑和困惑。那么,架构与新闻媒体相关的系统知识应作为新警培训中媒介素养教育的开篇。

(四)对警媒关系认知与处理之间存在内在冲突

通常,狭义的媒介素养指为获取、分析、评价和传播各种形式信息的能力,而广义的媒介素养包括了"认识媒介内容和规则,认知其政治经济语境及其和社会进程互动的关系"。[9]所以,正确认识媒体与公安机关的关系,是对新警媒介素养的必然要求,是警察面对媒体能否采取理性态度、趋利避害的必要前提。本次调查分别对"主动发布信息是警务公开的表现"、"新闻媒体是治安管理的有效载体"、"新闻媒体是警察形象的塑造者和传播者"、"新闻媒体是和谐警民关系的促进者"四个问题涉及的观点进行考察,在"同意"、"不同意"和"不清楚"的选项中,四个问题选择"同意"选项均占85%以上,这在很大程度上显示出新警对警媒关系已经达到较高的认知水平(参见表2)。

表2 新警对警媒关系认知方面的统计(N=450)(单位:%)

态度\选项	同意	不同意	不清楚
主动发布信息是警务公开的表现	86.43	4.34	9.22
新闻媒体是治安管理的有效载体	85.7	5.77	8.52
新闻媒体是警察形象的塑造者和传播者	86.1	6.29	7.55
新闻媒体是和谐警民关系的促进者	85.12	5.93	8.94

为了获得新警在警媒关系方面认知对行为的影响力,我们把"主动发布信息是警务公开的表现"(以下简称"题A")与"面对突发事件和公共危机事件,公安机关有权拒绝媒体或记者的采访,采取封锁消息、大事化小的处置手段"(以下简称"题B")两个问题进行了关联研究。分析发现,题A中选"同意"选项的389名新警在题B中仍然选择"同意"选项的有262人,占67.35%,突出反映了新警对警媒关系的良好认知与正确处理两者之间的关系并不存在必然因果关系。

一方面,它暴露了新警可能对警察职业抱有的特权幻想。另一方面,新警还未能充分意识到媒介化社会对公安工作的挑战,以及政府职能和角色在法律、制度和实践层面的积极转变。比如,2007年11月1日起施行的《中华人民共和国突发事件应对法》,为规范突发事件应对活动明确了法律依据;2008年5月1日起施行的《中华人民共和国政府信息公开条例》,明确了政府负有向社会公开信息的义务;2008年10月17日起施行的《中华人民共和国外国常驻新闻机构和外国记者采访条例》,为促进国际交往进一步开放了信息传播尺度。因此,政府要认真研究新闻传播的规律,加强政府新闻策划;第一时间发布权威信息,提高时效性,增加透明度,牢牢掌握新闻宣传工作的主动权;不断完善新闻发布制度,充分发挥社会舆论的监督作用。公安机关要为新闻机构合法的新闻采访提供必要支持,新闻记者合法的新闻采访应受法律保护。2012年8月18日,公安部下发《公安机关执法公开规定》,明文规定了在不涉及国家秘密的前提下,必须充分保障公民的知情权、参与权、表达权和监督权。面对突发事件和公共危机事件,拒绝采访、封锁消息意味着公安机关新闻话语权的丧失,负面影响会迅速扩散。比如,云南晋宁"躲猫猫事件"、湖北"石首事件"和"伊春空难"处置中的警媒冲突就是其中的典型。由此可见,新警对警媒关系的良好认知只是媒介素养教育的基点,上升到理性应对媒体的行动并非想象中那样顺理成章,媒介素养教育需要大量案例分析并融入相关法律,强化良性警媒关系构建的紧迫性、必要性以及策略与机制,提升与媒体打交道的能力。

(五) 媒介批判与参与能力较低,与媒介消费程度反差过大

媒介素养的核心理念之一,就是传播媒介的意义是通过受众的协商来完成的。也就是说,受众不是被动地接受媒介内容,而是根据自己的需要来确定、诠释媒介讯息的涵义并对媒介施以影响。[10] 媒介批判与参与能力能够衡量出作为受众的新警对媒介文本的选择和辨别力,以及他们究竟是媒介内容的被动接受者,还是主动参与者和影响者。

在"对媒体上暴力、色情等负面信息的看法"一问中,9.76%的新警明确了"不反对"的态度,15.18%表示"无所谓",53.15%认为"存在就是合理的","坚决反对"的仅占31.67%。众所周知,公安机关负有监督管理公共信息网络安全和维护社会治安秩序的职责,数据显示结果不仅与新警较高的文化素养极不相称,也折射出他们对大众媒介中某些违法信息的冷漠和对警察职业角色令人担忧的认知缺陷。

当下,面对社会矛盾凸显,各类突发案事件和涉警舆情信息的汹涌之势,从推进公安中心工作和警务改革创新的视角出发,学会与媒体打交道、掌控新闻并引导舆论已经不只是公安领导者和公安宣传工作者的工作事务,而是全警应具备的媒体公关素养。因此,对媒介内容解读能力的测量,主要以新闻文本为研究视角。正确处理媒介内容中的新闻报道能够反映新警对新闻信息的质疑与批判能力。问卷设计了三个问题,均以"新闻不是对真实事件的反映,而是新闻工作者的建构"[11]为理论基础:是否留意新闻信息来源;是否了解新闻标题与导语的作用;是否能分辨新闻报道中的事实与观点。用意在于表明:掌握新闻源是新警判断新闻报道真实程度的重要条件之一。新闻标题用来揭示、评价新闻内容,新闻导语是整个新闻报道的核心环节,对标题和导语作用的了解考验新警对媒介庞杂新闻信息的获取速度和对新闻内容的解码能力。在新闻实践中,媒体从业者常常采用"夹叙夹议"的写作手

法,对新闻事实有选择性地展开评论,试图得出一般性结论,而这种"杂糅"会产生偏见,使新闻报道的真实性大打折扣。准确区分新闻事实和观点是对新闻内容具备批判和思考能力的体现。调查显示,仅36.88%的新警表示会留意新闻源,12.8%的新警了解新闻标题和导语的作用,31.25%的新警能区分新闻报道中事实与观点(参见表3)。总体而言,新警对新闻内容的选择和辨别力有待加强。

表3 新警对新闻报道解读能力测量的统计(N=450)(单位:%)

选项\认知	是	否	不清楚
是否留意新闻信息来源	36.88	18.44	44.68
是否了解新闻标题与导语的作用	12.8	35.51	51.68
是否能分辨新闻报道中的事实与观点	31.25	29	39.74

对新警媒介参与能力的考察,围绕"参与媒体工作或活动经历"、"媒介产品制作能力"和"利用媒介自我表达"三个方面。95.84%的新警"从未"有过媒体实习或参与媒体举办的各类活动等方面经历。仅8.46%的新警"会"制作网页、动画或短片,34.71%"懂一点",55.75%"完全不会"。在"是否会利用媒体传播涉警类话题"一问中,选择"经常利用电视、网络媒体发表个人见解,希望传递正能量影响他人及社会"的新警仅占2.39%,选择"从没这样想过"和"想过没做过"的60.09%成为"沉默的大多数"。90.94%的新警拥有个人微博、微信,71.8%的新警却"从未"使用过自媒体传播或评论涉警新闻话题,52.93%的新警认为以民警身份认证的个人微博不需要备案或审批。如今,公安微博在社会管理创新方面成效明显,各类民警工作微博已经成为警务公开、化解矛盾、引导舆论的新平台,新警在微博知识、微博信息传播技能方面的"微素养"已拥有较高水平,但对工作微博的使用和管理风险认识不足,角色意识不强,缺乏主体能动性。对自媒体参与能力的培养,需要引导新警关注与职业角色相关的公共话题,鼓励他们积极参与话题交流,学会依法、理性地表达与讨论,自觉维护良好的警察形象和公安机关的公信力。

四、结论与建议

受调查新警从年龄层次上属于伴随着媒介技术日新月异的新一代媒介消费者,某种程度上,频繁且深度的媒介接触与消费已经内嵌入他们的生活方式,成为一种"集体无意识"行为。不过,从自我教育的角度,这并不能直接带来"质"的改变,在对媒介的理解、媒介信息的选择、质疑和批判以及媒介参与能力方面表现较弱。可见,帮助新警在媒介化社会的实践中形成正确的价值观,引导他们承担积极主动的受众角色,提升新媒体时代社会沟通能力,是建构警察媒介素养教育体系的核心任务所在。

第五部分 其他群体媒介素养

调查也直接反映了新警群体对获得媒介素养教育的需求：81.56％的新警认为需要开展警察媒介素养教育方面的培训；在开展警察媒介素养教育的建议中，60.48％的新警希望将媒介素养纳入公安机关新录用人民警察的入职培训，37.74％的新警认为应在各类民警培训中开展媒介素养主题讲座或者在线学习。以安徽省为例，2009 年之前的各类民警在职培训从未涉及过媒介素养知识，之后的各类培训大纲虽陆续加入了"新媒体时代涉警舆论引导"专题，但单一、笼统的培训课程设置远远不能满足不同层级警察对媒介素养教育的需要。

据此，我们认为，建立分层培训体系和完善教育系统是提高新警媒介素养的必然选择。公安机关教育培训部门在树立全警培育媒介素养的良好意识基础上，还应在分层教育上下足功夫。比如，通过深入调研，确定新警媒介素养培养目标；组织编写专门读本，为新警媒介素养教育提供全面系统的训练指导大纲；充分挖掘系统内部各业务部门的专门人才，培养教官队伍。同时，善于与高校、新闻媒体等单位形成区域范围内的横向合作，利用他们的人才资源，合力形成优质的教学团队，提高媒介素养教育的深度。针对新警的学历层次和工作岗位大多面向公安基层的实际情况，将新闻媒体运作、新闻传播理论、媒介产品制作、案事件现场媒体应对等尽可能丰富的课程引入培训内容，激发新警的学习潜能，训练基本媒介能力，拓宽媒介素养的教育广度。此外，还可借鉴国外较为成熟的媒介素养教育课程模式，为实现新警媒介素养全面提升进行有益的尝试。

参考文献：

[1] 张开. 媒介素养概论 [M]. 北京：中国传媒大学出版社，2006：301.
[2] 张颜华. 当前公安院校传媒素养教育之研究 [D]. 武汉：湖北师范大学，2009：32－39.
[3] 沈晓霞. 信息时代警察媒介素养教育研究 [D]. 石家庄：河北师范大学，2010：5－28.
[4] 赵文辉. 从媒体应对能力析警察媒介素养教育 [J]. 四川警察学院学报，2010（6）.
[5] 李敏蓉. 媒体时代公安领导者的媒介素养 [M]. 北京：中国方正出版社，2013：10.
[6] 罗以澄，王俊荣. 提升中国司局干部媒介素养的建议与对策 [J]. 现代传播，2010（6）.
[7] 张男星，王炳明. 当前我国大学生媒介素养调查研究报告 [J]. 大学·研究与评价，2008（9）.
[8] [美] 弗雷德里克·S·西伯特，西奥多·彼得森，威尔伯·施拉姆. 传媒的四种理论 [M]. 戴鑫译. 北京：中国人民大学出版社，2007：30.
[9] [美] 马克·波斯特. 第二媒介时代 [M]. 南京：南京大学出版社，2000：22.
[10] 周汉桥. 理解媒介走进媒介——对在汉大学生媒介素养调查 [D]. 武汉：华中师范大学，2007（5）：14.
[11] [美] 詹姆斯·波特. 媒介素养 [M]. 李德刚等译. 北京：清华大学出版社，2012：167－187

（作者单位：卫兰兰，安徽公安职业学院；音卫东，合肥市公安局。原文刊登于《湖北警官学院学报》2015 年第 1 期。）

大数据背景下教师数据素养的内涵、价值与发展路径

张进良　李保臻

人类已进入大数据时代[1]，数字、数据、图表充斥着我们的生活，基于数据的决策主导着教育、医疗和政府。"这是一场革命，海量的数据使得各个领域开始了量化进程，无论教育部门、商业部门还是政府，几乎所有领域都将卷入这种进程"[2]，这也是一种价值观、方法论、思维的大变革。谁能率先掌握大数据，谁能对大数据的挖掘更深入、更彻底，谁就能抢占先机[3]，大数据必将成为教育研究者竞相争夺的前沿。随着移动互联、MOOC等技术在教学中的深入应用，每时每刻会产生海量学生学习行为的非结构性数据，这些数据犹如一座金矿，不仅反映了学生的学习兴趣和对知识的掌握程度，还记录了学生的学习轨迹，教师既可以从中提取信息，也可以通过数据挖掘将其转化成更有价值的知识，为教学决策提供重要依据。如何挖掘隐藏在数据中的丰富价值，从而促进教学决策，改进教学实践，完善自身专业发展，这是当前教师面临的重大挑战。但是"不得不承认，对于学生，我们知道得太少"（美国卡耐基·梅隆大学 Carnegie Mellon University）[4]，教师不仅没有完全适应在线教学，而且对这些珍贵的数据无从下手，导致自己的教学不能得到学生的完全认可。因此，作为学校数字化变革的关键主体，教师不仅要具备扎实的专业知识和较强的信息化教育能力，更要具备数据素养。本文旨在以大数据时代教育变革为背景，探索教师数据素养的内涵、发展策略等问题，以期为教师的专业发展和在线教育的良性发展提供有效参考。

一、教师数据素养的内涵

（一）数据素养的内涵　"除了上帝，任何人都必须用数据来说话。"

美国教育部非常重视各层次教育的数据和证据的使用，教育政策制定者、教师和管理者强调使用数据的重要性至少已有10年之久，数据使用被广泛认为是课堂、学校和区域持续改进的关键策略。数据素养（Data Literacy），主要指教师在数据的采集、组织和管理、处理和分析、共享与协同创新方面的能力，以及教师在数据的生产、管理和发布过程中的道德与行为规范[5]。教师通过个体或团体的方式收集学生的考试成绩、学习行为及其他数据，以丰富其使用数据的知识和技巧，并为学校和学生的发展开发基于数据的策略。数据素养不仅强调组织、解释、整合和分析

等技能，而且注重评估知识、统计知识等[6]。数据素养是准确观察、分析和处理不断变化的各种数据，有效使用数据并促进决策的能力，教育者可以转换数据为信息，并最终转化为行动化的知识，能持续促进学校或班级中的教与学[7]。

（二）数据素养与信息素养、统计素养的区别与联系

信息素养是人能够判断确定何时需要信息，并能够对信息进行检索、评价和有效利用的能力[8]。统计素养就是掌握统计理论及方法的水平以及应用统计方法解决问题的能力，并在了解多方面信息的基础上做出决策[9]。数据素养包括以下内容：提出并且回答基于数据的问题；使用合适的数据、工具和表征；发展和评价基于数据的推断和解释。具备数据素养的人，能够在复杂的情境中定位数据，能够使用合适工具对数据进行表征和分析，具有评估和解释数据的能力，并掌握基于数据对相关情境进行说理的能力[10]。

三者之间的关系：数据素养与信息素养有着不容忽视的密切关系，信息素养是信息社会中公民必须具备的素养，教师必须具备相应的信息素养，才能够批判性地思考概念、论证、解释和评价信息。统计素养是信息素养中一个必不可少的成分，教师必须具备统计素养，能够批判性地思考关于基本描述统计问题。教师也必须具备数据素养，能够获取、评估、操作、总结和展示数据。数据素养是统计素养和信息素养的必要组成部分，因此数据素养是大数据时代教师的核心素养之一[11]。

（三）教师数据素养的构成要素

教师数据素养由数据意识、数据能力和数据伦理三大部分组成。具有数据素养的教师需要以下几个方面的关键能力。

1. 数据意识

数据素养是大数据时代公民的基本素养，公民必须重视数据的价值、善用数据。数据意识是整个数据素养的先决条件，是指客观存在的数据在人们头脑中的能动反映，表现为人们对所关心的事或物的数据敏锐的感受力、判断能力和洞察力以及对数据价值的认同。教师的数据意识就是教师对自己教学实践接触到的相关数据及其异动具有敏锐的嗅觉，对教与学的相关过程和行为等从数据的角度理解、感受和评价。通俗地讲，数据意识强的教师能积极主动地分析数据，及时地发现数据的相关性，并超越数据本身诠释数据的意义。

2. 数据定位与采集能力

数据定位和采集能力，就是教师在日常教学工作中利用必要的数据采集工具或系统，在复杂的表格和图表中收集学生学习的各种数据，并将其分类汇总，操作数据以支持合理的教学。学生学习的数据是多源的、形式各异的，教师要深刻理解如何用这些数据促进教学和学习，要认识到使用多元数据的重要性，并反思获取足够数据和信息的必要性。

加拿大卡尔加里大学数据权威专家Nancy Love教授勾勒出了教师常用的数据

图 1　数据金字塔图

金字塔（如图1所示），并诠释了教师需要收集的数据类型。金字塔的正面展示五种与学校发展相关的重要数据类型，塔底向塔顶依次为课堂形成性评价、常规的形成性评价、基于基准的常规评价、基于人、实践和感知数据的评价和总结性评价。数据金字塔的侧面显示每种不同类型数据的使用频率[12]。

第一层课堂形成性评价：位于塔底，是教师每天花大量时间使用的数据，为教师教学决策提供实时信息，为学生学习提供实时反馈并帮助学生提高学习绩效。第二层常规形成性评价，包括与形成性课堂评价同源的一些数据，如快速调查、学生写作样本、科学期刊等。第三层基于基准的常规评价，是每单元结束时由教同一门课的教师评估学生对最近所学知识和技能的掌握程度，这类数据是关于学生学习的及时数据。第四层是关于学生、实践和认知的数据：第一类是关于学生个人种族、语言和家庭背景等背景性数据以及学生的到课率、纪律、考勤和辍学率等价值性数据。第二类是教师观察学生学习的投入度等促进教师实践检查的数据。最后是来自家长、管理者、学生等多方面感知的数据，帮助教师更清晰地了解学生的参与度、归属感和学习机会等方面的重要信息。总结性评价，包括国家和地区的测试，这些数据以问责为目的，确定学生是否达到预期的目的，这些数据能为如何改善课程和教学、更好地为学生服务提供有用信息。

3. 数据分析与解读能力

具有数据素养的教师，一旦获取和收集数据，就知道如何组织、汇总或者综合、优化数据，并且在分析数据之前操作数据，剔除问题数据。教师的数据分析技巧包括：准确地应用最基础的测量工具；利用常见的数据可视化工具制作数据信息图，准确地解释折线图、饼图和散点图等；把分析结果和过程通过不同的方式演示或展示；识别并理解在分析过程中产生的模式和趋势；理解数据的可信性、有效性、价值性、文化敏感性和公平的重要性。

4. 数据反思与决策能力

伴随着学生逐渐多样化，教师面临着为不同知识和技能水平的学生提供不同教学的挑战。教师通过学生学习行为数据可以发现处在问题边缘的学生，或者分辨自己在教学中的不足和问题，这些数据都是激发教师改善教学行动的催化剂，教师要学会分析这些数据并及时调整教学，通过提升收集、分析和解释学生评价数据的相关技能，收集、解释相应的数据以便能理解学生学习行为的特征，教师尽快地调整自己的教学以满足学生的个性化需求，并为学生开发个性化、适应性的课程。对教

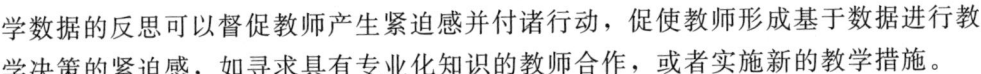

学数据的反思可以督促教师产生紧迫感并付诸行动,促使教师形成基于数据进行教学决策的紧迫感,如寻求具有专业化知识的教师合作,或者实施新的教学措施。

5. 数据伦理道德

在数据分析和使用过程中,教师要懂得科学性和伦理性原则。大数据时代的数据往往是在海量数据中分析挖掘数据的相关性,数据来源广泛、渠道多样。虽然数据是易得、开放和透明的,但是信息和数据的安全问题也值得人们注意,教师必须重视数据安全和保护用户隐私。个人隐私保护是实现数据采集和分析的重要前提条件,否则,教师则面临巨大的法律责任和道德压力。

二、教师数据素养的价值意蕴

数据素养是大数据时代对教师能力的新要求,既有助于学生批判性思维、沟通和合作能力、信息处理能力等技能的发展[13],也对教师自身发展具有重要价值。

(一)有助于教师适应数据文化,增强教学领导力

数据已经渗透到每一个行业和业务职能领域,成为社会重要的生产要素。数据是大数据时代的基础设施,数据是学校的重要资产,对数据的有效管理是数字化校园建设的重要内容之一。从管理学的角度看,基于数据的决策更为客观、科学、有效和合理。"数据素养"是嵌入在一个更大的文化实践中,数据文化在医疗、商业等领域逐渐传播,诸多商业公司积累了基于数据管理组织的经验,相信数据文化能为公司或组织带来变革。数据文化是指一个教育组织或系统内部崇尚数据对于各个层面决策过程的重要性,高度重视数据和分析,包括相应的价值观、态度和行为准则。数据驱动文化有四个基本要素。第一,重视数据的价值,麦肯锡公司最近的报告显示:开放数据蕴藏着难以估量的经济价值[14]。第二,提供广泛的数据访问机会。为每位员工提供尽可能多的访问数据的机会,让他们能随时了解与自己工作相关的真实数据。第三,形成用数据说话的氛围。重视量化管理的重要性,习惯用数据来证明自己的观点,做到真正的有理有据。数量化的精细管理、相信数据、用数据说话已成为沃尔玛等国际型企业的职业经理人的思维习惯[15]。第四,开放、透明地使用数据。重视数据分享的价值,鼓励员工尽可能地在更大范围内共享和交流数据,明白数据是促进公司和组织发展的原动力。

数据被教育部门重视并逐渐应用,数据文化在教育行业也逐渐生根发芽。教师在教书育人的过程中,需要做出一系列决策和判断,需要对学生的倾向、成就、动机、潜能和发展等进行全面的了解,这就需要众多的数据。但教师的经验受到以往信念、价值和文化的影响,教师的决策主要是依靠直觉和经验,这种决策缺乏有效的科学依据。在大数据时代,教师要适应数据文化,学会理解数据、相信数据、应用数据,将数据管理能力与教学领导力整合起来。如果教师适应这种文化,形成量化思维,就在教学过程中逐渐学会管理和共享数据,从而更好地为学生的学习服

务，并科学管理自己的教学。因此，在教育部门要倡导和强化数据文化，建立持久运作的收集、分析数据并将分析结果转换为教育决策和实践的体系，真正发挥大数据在学校发展中的价值。学校要创造一个数据开发人员和分析师茁壮成长的支持性环境，并将数据视为重要决策的核心因素。

（二）有助于教师科学决策教学，提升教学绩效

调研和数据是成功决策的基石，数据具有驱动决策的力量，数据为改革提供蓝图，它会告诉我们现在所处的位置，需要去的地方及谁处在危险状态[16]。教学信息和数据来源多样化，有些数据如学生的成绩是明显的、量化的；有些数据如学生的挫折感、参与度等虽然不是很明显，但却是学习动机和学习态度的迹象。教师基于这些数据践行教学，每天使用多种数据来理解学生的进步和状态，通过这种方式也使教师逐渐成为一个反思实践者，监控自己教学的实践和发展。

伴随着教师接触到的数据成倍增加，教师和学生需要从一个全新的视角去看待数据并将数据整合在教学之中[17]。大数据技术可以"数据化"教师和学生的行为表现，记录每名学生的"行为轨迹"，再聚合、分析全体学生的行为数据，描述出学生的思维状况图，深入挖掘学生成长规律，让学生的思维"透明"。大数据使教育所收集的数据的广度、深度和细度不断延伸，教育数据越来越多元化和非结构化。教育将会发生巨大变革，并在 21 世纪脱下"准科学"的外衣，全面迈入科学的殿堂[18]。教与学的方式发生了革新，教学走向精确化、科学化，从而帮助学生改进学习或改善教师教学[19]。传统的数据关注点在学生整体水平等宏观情况，而大数据关注点在学生个体的微观数据，这些数据是过程性的。具有数据素养的教师，借助大数据更能读懂千差万别的学生，走进每一个学生的真实世界。教师通过学生对学习资源的交互，研究学习者的活动轨迹，发现学生对不同知识点的反应，记录学生在知识学习中所用的时间以及对知识点的理解程度。教师可以在云里根据学生的认识，为他们推送教育资源，实现个性化教学。就要做到这些，要确保教师具有高效使用数据的知识和技巧，并告知决策者在教学中使用数据的重要性[20]。

（三）有助于教师适应 E 化科研，促进科研成果产出

科学数据是科学研究的基础设施和工具，已被人们视为一种战略资源，科学研究发生了革命性变化。科学研究已经由原来的实验科学、理论推演、计算机仿真等三种科学研究范式变迁为数据密集型范式。美国著名计算机专家、图灵奖获得者格雷（J.Gray）将这种基于数据密集型的科学研究模式称为科学研究的第四范式，这种范式由原来的假设驱动向基于科学数据进行探索的科学方法的转变[21]。近年来，英美等国先后启动 E-science 项目，为科学研究提供了一种全新的思维与科研模式，其目标就是构建具有信息密集、数据密集、分布式、协作和多领域特征的第四科研范式，各种数据生产、处理、存储和管理等工具的应用旨在解决现代科研中的海量数据问题[22]。数据素养成为大数据时代学校科研创新能力的必备部分，数

据密集型科研环境要求教师必须掌握数据组织、管理和分析等方面的能力,才能顺利开展研究[23]。其实,科研领域中的科学研究生命周期与数据的生命周期息息相关,在数据收集阶段,教师需要搞清楚研究数据的特征、格式、来源,以及数据收集的工具和途径。在数据存储阶段,科研人员必须了解相关的数据标准,并按照相关规范描述、存储和共享数据。在数据分析阶段,教师必须熟悉相关的数据分析工具、数据可视化工具,具有研究数据解释和建模的能力。在课题结题阶段,教师必须学会数据备份、共享和发布等方面的知识,了解相关的政策、法律和数据安全等知识。

具有数据素养的教师,对新的数据技术具有较强的敏锐度和理解力,理解科学数据在科学研究中的重要价值,将科学数据处理作为一种新的科学投入模式,能有效管理数据洪流,从数据仓库中挖掘科研价值,这不仅有助于教师教研协同,也能有效促进教师专业发展。

三、教师数据素养发展的路径选择

教育的发展是以人的发展为本质,而教师是教育发展改革过程中的执行者,扮演着重要的角色,所以,教师数据素养的发展是大数据时代教育发展的核心内容之一。数据素养的发展是一个复杂的、动态的和充满问题的主题[24]。教师数据素养发展不仅仅是教师个人的问题,而是教师所在教育系统观念更新和体制转变等面向数据的变革过程[25]。系统思维为解决教师数据素养提供了多层次综合分析框架,教师数据素养的提升是一个系统工程,要将其放在整个国家教育生态系统中来考量。教师数据素养发展的过程,也就是教育系统数据驱动文化构建的过程,实质上是一个新的教学文化实施的路径选择问题,如图2所示。

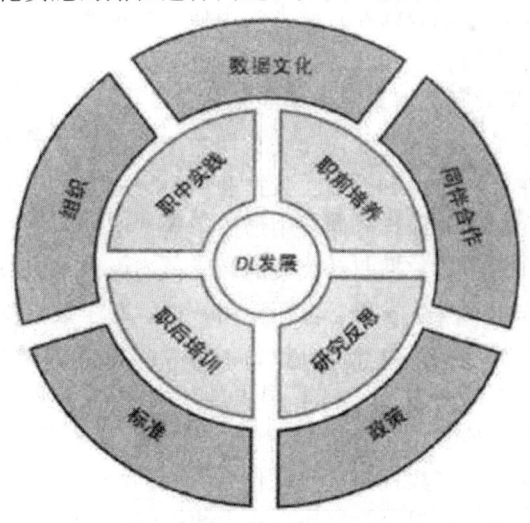

图 2 教师数据素养发展路径图

(一) 标准与政策的制定是教师数据素养发展的前提

教师数据素养的发展很大程度上受教育系统的观念、体制和政策的影响,从国家或地区层面制定相应的政策或标准,能为教师数据素养的发展提供政策保障。许多国家已对教育领域中的数据使用予以高度重视与投入,美国从国家战略层面投资2亿美元,于2012年3月公布了"大数据研发计划",提出"通过收集、处理庞大而复杂的数据信息,从中获得知识、提升能力、转变教育和学习模式"等任务。美国教育部在2012年10月发布了《通过教育数据挖掘和学习分析促进教与学》报告,内容包括教育数据挖掘和学习分析解读、美国的大数据教育应用挑战和实施建议等[26]。随后美国耶鲁大学、哈佛大学、斯坦福大学等世界知名高校也启动了教育大数据相关研究计划,欧盟也已对科学数据基础设施投资1亿多欧元,并将数据信息化基础设施作为Horizon2020计划的优先领域之一。美国联邦政府教育部秘书Arne Duncan说:要求全美教师利用学生成绩等数据来驱动教学和评价,联邦政府政策鼓励并支持构建教师利用数据促进教学的能力。教师专业发展标准应该加入数据分析的内容,数据素养是美国州际教师评估和支持协会、州际学校领导认证协会(ISLLC)对教师标准的一个发展主题。美国国家专业教学标准委员会、全国教师教育资格认证委员会(NCATE)和美国大学教师教育协会等组织声明可为创造变化、明确强调数据素养的标准和基于证据的认证提供帮助。

我国国家发改委2012年12月将数据分析软件开发和服务列入专项指南。教育领域应该及时制定激励和支持措施,制定教师数据素养发展规划或标准,并在高校教师教育学院试点教师数据素养发展的专题项目,吸引大数据分析者和管理者投身到教育研究中来。在各级各类教师培训和发展项目中加入数据素养内容,营造数据驱动教学的文化氛围,鼓励教师在日常教学中使用数据改进教学实践、课程评价和专业发展,并给予相应的资金和资源支持。

(二) 职前培养是教师数据素养发展的基础

教师数据素养不是短期的过程,而是长期的渐进积累和内化的过程,需要职前和在职联动培养。在美国已经有教师将数据驱动决策成功应用于课程教学的成功案例,西俄勒冈大学在教师职前培养课程中增添了数据驱动的概念,培养教师使用数据和证据改善教学和学习。数据驱动决策的教学模型由以下内容组成:收集基线数据,为了课程改革和识别学生学习需求而使用数据,基于数据修改和评估教学已确认有效。经过9年多的教学实践,该机构已经转变成基于数据文化的学习型组织,数据已经成为该校变革的动力[27]。在我国大学教师教育专业学生培养的体系中增加数据分析模块,现有的教师教育教学计划中鲜有数据素养或统计素养的相关课程。只有少数学校开设了"教育测量与评价",而且这门课程的内容主要包括基本的教育评价和常见的测量知识。学校缺少从大数据的视角,对教师教育专业学生开设数据分析、数据处理和数据理解等方面的课程。而数据素养是未来公民的基本素养之一，作为培养未来人民教师的教师培训机构，应该开设专门的数据素养系列课程，培养学生数据处理、分析和解释的能力。所以，在教师职前培养过程中，应该增添数据素养相关的内容，开展相关的教学实践活动，使用大数据技术，对学生学习和教师教学的非结构性数据进行处理和分析，为今后教师数据素养发展提供示范并打下坚实的基础。

（三）基于数据的教学革新是教师数据素养发展的关键

教师数据素养发展的过程呈循序渐进的趋势，开始，教师对多元数据非常关注，紧接着会考虑这些多元数据如何改进自己的教学以便满足学生的个性化需求，当教师开始关注不同学生及其需求时，促进教学而行动的紧迫感油然而生。最后，这一系列复杂的使用数据行动会导致教师专业实践的变革[28]。教师数据素养的发展本质是教师自主发展过程，需要教师在教学实践中主动使用数据来支持教学决策和改革，在具体的教学实践中训练数据管理、处理和分析的技能，是提升教师数据素养最关键的环节。使用数据来改善学生学习带来了许多挑战，将数据转换成信息的一个重要挑战是提高学生的学习能力，教师需要有机会去反思和思考他们在实践中如何使用数据、如何利用数据来制定教学策略以及如何将教学知识、内容知识和数据管理知识等完美整合到自己的教学实践中。教师的数据素养必须通过课堂活动中的真实数据得到发展，教师必须在更高层次的课程中训练自己的数据素养，英国测量和教育资源中心（TERC）数据使用项目为了帮助教师发展分析和使用数据的能力，创建了一个文化适应和数据使用的过程。澳大利亚在新南威尔士州公立学校的项目旨在为学校有效地使用数据提供支持：如提供测量、评估和报告工具包（智能），以便于收集、监测、分析和报告数据[29]。

当然基于数据支持的教学改革还需要教师专业发展支持者、专业组织和教学单位等利益相关者提供必要的支持和帮助。教师访问数据、知道如何理解和使用数据以有效改进教学，不仅需要教师单方面的努力，也需要学校的文化和学校组织的支持。国家或地区应给学校提供资源供给以支持地区教育管理部门和学校制定灵活的教师数据素养发展策略：如促进学校数据支持的文化，以允许教师有时间在小范围内讨论数据使用和教学；为学校配备专业的数据专家以便传播数据文化及促进学生学习绩效等。

（四）职后培训是教师数据素养发展的保障

教师培训是教师专业发展的基本前提，也是教师数据素养提升的一个重要途径和保障。如美国数据质量活动中心（DQC）和美国生产和质量中心（APQC）研究发现：美国最佳实践地区以专业发展为契机，创建和促进数据驱动教学和指导协作、数据被用来评估绩效文化，实践证明：这些地区比其他地区为新教师提供了两倍多的数据及相关专业发展机会。后续的专业发展需要关注赋予数据的意义的过程，而不只是技术，如果教师学习和采用数据分析的结构化过程，将能极大地提升教师的数据分析能力[30]。我国对教师的培训有国培、省培、校本培训和网络培训等方式，这些培训虽然取得了较大的成就，但还存在培训内容不能满足教师的需求、培训效果不理想等问题。教师培训机构和组织应该为教师培训构建立体联动的学习型组织，充分利用大数据技术分析教师培训需求，利用教师个人信息和工作档案等数据来确定合理的培训目标，选择和开发个性化的培训策略，转变教师参加培训的观念，使教师成为主动的探究者。在不同层次的教师培训中增设教师数据素养内容，召开教师数据使用能力等专题培训会议或学术会议，为教师数据素养提供相应的保障。

参考文献：

[1]［英］维克托·迈尔—舍恩伯格，肯尼思·库克耶．大数据时代生活、工作与思维的大变革［M］．周涛，等译．杭州：浙江人民出版社，2013：9～10．

[2] 张进良，何高大．学习分析：助推大数据时代高校教师在线专业发展［J］．远程教育杂志，2014，（1）：12～15．

[3] 张韫．大数据改变教育，写在大数据元年来临之际［J］．上海教育，2013，(10)：8～11．

[4] M Miller. Teachers' Use of Data to Impact Teaching and Learning [EB/OL]．(2009−8−18)［2014−9−25］. http：//all4ed. org/webinar−event/teachers−use−of−data−to−impact−teaching−and−learning/.

[5]［23］张静波．大数据时代的数据素养教育［J］．科学，2013，(7)：29～32．

[6] Ellen，B. M.，Edith，S. G.. Defining Data Literacy：A Report on A Convening of Experts [J]. Journal of Educational Research and Policy Studies，2013，13 (2)：6～28.

[7]［27］Ellen，B. M.，Edith，S. G.. A Systemic View of Implementing Data Literacy in Educator Preparation [J]. Education Researcher，2013，42 (1)：30～37.

[8] 张进良．从美国的信息素养教育谈我国大学生信息素养的培养［J］．电化教育研究，2003，(8)：72～74．

[9] 李俊．论统计素养的培养［J］．浙江教育学院学报，2009，(1)：10～15．

[10] 陈娜萍．数据素养研究评述［J］．高中数学教与学，2013，(8)：13～15．

[11] Milo Schield. Information Literacy，Statistical Literacy and Data Literacy [EB/OL]．(2005−8−18)［2014−9−25］. http：//www. statlit. org/pdf/2005Schield IASSIST. pdf.

[12] Nancy Love. Data Literacy for Teachers [M]. National Professional Resources Inc./Dude Publishing，2013：1～6.

[13] 邱超．中国教师的过去、现在和未来——顾明远教授访谈［J］．教师教育研究，2014，(03)：1～6．

[14] 王磊智．大数据：你的规划是什么？［M］．上海：上海交通大学出版社，2014：77～79．

[15] 崔小屹，韩青．用数据说话，大数据时代的管理实践［M］．北京：北京大学出版社，2013：12～16．

[16] Duncan，A.. Robust Data Gives Us the Roadmap to Reform [EB/OL]. Speech Made at the

Fourth Annual IES Research Conference，Washington，DC.（2009－06－06）［2014－9－25］. http：//www. ed. gov/news/speeches/2009/06/06－82009. html.

[17] Office of Educational Accountability. How Use Data for Data －Informed Instruction to Personalize Teaching & Learning［EB/OL］（2010－9－12）［2014－9－25］. http：//oea. dpi. wi. gov/files/oea/pdf/datause10. pdf.

[18] 张杰夫. 大数据 大视野 大教育［J］. 中小学信息技术教育，2013，(10)：12～14.

[19] 王左利. 校园大数据规划先行［J］. 中国教育网络，2014，(1)：27.

[20] Governor Bob Wise. Teachers' Use of Data to Impact Teaching and Learning［EB/OL］.（2009－8－13）［2014－9－25］. http：//all4ed. org/

（作者单位：张进良，湖南科技大学农村教育改革与发展研究基地；李保臻，西北师范大学教育学院。原文刊登于《电化教育研究》2015年第7期。）

学术卡片

公民批判性媒介素养构建
——基于西方媒体对华报道倾向性的解读

甘璐瑶

《视听》2015 年第 8 期

随着经济的腾飞和国际地位的攀升，中国正凭借自己独特的影响力一次次地成为国际社会的视线焦点。然而另一方面，"中国威胁论"也不断在西方世界蔓延，西方主流媒体的对华报道内容呈现出强烈的倾向性，在全球范围内损害我国国家形象，对国内而言则有损公民的身份认同和民族凝聚力。近些年，西方世界对中国的警惕度不断增加，西方媒体对中国"妖魔化"的报道也不断增加，而国内一些公民在面对这些负面信息时如"一击即倒"的靶子，对国家的不满情绪甚至崇洋媚外之心高涨，造成身份认同危机。面对这些带有严重倾向性的新闻报道，本国公民迫切需要建立媒介素养批判性思维，解构西方新闻报道背后的意识形态立场，识破其背后的阴谋，加强对国家和民族身份的认同。

20 世纪 80 年代在西方国家兴起的媒介素养的"批判"范式，进一步巩固和明确了媒介素养教育的"批判性"意义。总的来说，批判性媒介素养强调人们对媒体信息的辨别能力以及对媒体信息中包含的价值观和意识形态进行思考和批判性解读的能力。笔者认为，在参与式文化背景下的新媒介环境中，批判性媒介素养拥有了更深刻的文化内涵，它要求人们在认知层面成为一个独立的批判性思考者，学会批判地理解媒介再现和媒介话语，在行动层面上使用媒介来表达自我、参与社会。

美国学者 W·兰斯·班尼特在认为西方新闻有四种倾向性，分别是：个人化、戏剧化、片段化、权力—无序的倾向性。其中的个人化倾向主要指媒体往往从个人的奋斗、成败的表层进行报道，突出领导人的光辉魅力，这种倾向主要体现在西方媒体对其国内的报道，而后三种倾向则更明显体现在西方媒体对其他国家的报道中。

西方媒体对华倾向性报道从根本上看是西方国家对我国实施"西化""分化"战略图谋的重要组成部分。批判性媒介素养要求公众在面对这些报道时，对其中包含的价值观和意识形态进行思考和批判性解读，甚至积极表达自我，参与社会讨论。然而这种能力不是一蹴而就的，这意味着公众首先要在认识层面上了解媒介信息包含的价值观和意识形态是什么、从何而来，进而在行动层面上建立公民意识，把批判性媒介素养转化为公民自觉行动。

在国际环境日益复杂的今天，公民批判性媒介素养从宏观上来看具有关乎社会稳定、民族兴衰的重大意义。如今，媒介的赋权使得公民媒介接近权得以实现，公民的发声机会越来越多，但是盲目和不理性的声音也不绝于耳，西方媒体对我国的各种负面报道更是给这种躁动煽风点火，使"塔西佗陷阱"急速滋生和膨胀，给社会带来危害。在复杂的国际局势和舆论环境中，批判性媒介素养在于培养成熟和理性的公民，用冷静和理性的视角看待西方媒体的对华报道，积极发表观点和意见，不被西方媒体报道隐含的意识形态和价值观所影响。

（张杰摘）

公务员群体媒介素养的影响因子与差异化分析
——以浙江省公务员为例

王井

《领导科学论坛》2015年11期

所谓媒介素养，就是指人们对于媒介信息的选择、理解、质疑、评估的能力，以及制作和生产媒介信息的能力。媒介素养主要包括利用媒介资源动机、使用媒介资源的方式、方法与态度、利用媒介资源的有效程度以及对传媒的批判能力等。具体到公务员人群的媒介素养，既包含普通民众认识媒介、使用媒介，但其更主要的是指通过正确的、建设性的运用大众传播资源，管理公共事务，推动社会进步，塑造政府形象。

本次调查公务员群体的媒介素养主要由使用和态度两部分构成。媒介使用我们主要考察年龄、职级、受教育程度对其的影响。本次问卷投放地均衡，覆盖地区基本照顾到浙江省发达、发展中、欠发达三个地区类型。覆盖部门性质为党政机关公务员449名，事业单位公务员106名，企业37名，其他14名。被调查对象的行政级别涉及地厅级公务员104名，县处级公务员166名，科级公务员228名，无级别108人。本次调查样本分布合理、调查方法属于随机抽样，本次调查依托党校系统进行，因此调查没有缺失值。

通过因子分析，我们可以将影响干部们媒介素养的因素归纳为三个因子：分别为媒介整体感知、政治报道态度、媒介评价。媒介整体感知因子包含：媒介对工作的影响与媒介对生活的影响。媒介对生活的影响，对媒介整体感知因子的贡献更大。本次调查数据显示，公务员群体认为媒介对工作的影响更大一点，但是公务员群体针对媒介对工作的影响这个问题，个体之间的判断差异更大。政治报道态度因子包含：对媒介政府形象报道评价与对媒体政治报道内容关注度。在这两个观测变量中，针对媒介政府形象报道评价，其对政治报道态度因子的贡献更大。媒介评价因子包含：对政治公开透明化的影响与媒介对解决现实问题的作用。媒介对解决现实问题，其对媒介评价因子的贡献更大。本次调查数据显示，公务员群体认为媒介对现实问题的解决作用更大。但是公务员群体针对媒介对政治公开透明化影响力大小这个问题，个体判断的差异也比较大。

本次调查首先对报纸、广播、电视、网络等平面、电子、数字媒体的使用在人口统计学层面进行了分析比对，考察了媒体使用与人口统计学变量之间的交互关系。分析指出，年纪越大、级别越高的公务员越倾向于报纸，他们对报纸的忠诚度较高，网络取代了电视成为公务员最日常化使用的媒介，但是由于使用场所一般是在单位，所以该群体对网络的使用一般是作为工作的辅助手段。虽然报纸和网络是公务员最倾向的两大媒体，但是该群体同时认为电视对政府的形象传播是最好的途径，可电视作为营造家庭公共空间平台的功能在公务员当前生活中并未发挥出来。

其次，媒介素养的第二大方面是正确看待媒介，即批判性的媒介态度形成，本调查结果因子分析发现，公务员群体目前的媒介态度由三大方面构成，即当前媒介的整体感知、对媒介政治报道的态度、对媒介作用的评价。经过权重分析，我们得到批判性媒介态度构成最科学的权重，可以直接对某甲公务员与某乙公务员的媒介态度是否具有批判性进行直接比较。

最后，我们认为提高公务员媒介素养，在媒介使用方面，公务员群体需要将报纸作为观点评论、观点交流、扩展意见广度的推手而不仅仅是将其作为获得新闻资讯的平台。而是更科学地使用电视作为形象传播方面、诉之于人类情感方面的功能。进一步拓展新媒体的使用范围，进一步开拓政府信息、政府形象的定点推送功能。

在传媒态度的形成方面，我们需要使媒介对工作的影响比对生活影响的权重更大，需要对媒介政府形象报道更关注，这样我们对媒介的态度，看待媒介内容会更趋于理性。

（张杰摘）

第五部分 其他群体媒介素养

互联网新常态下网络编辑的素养提升

杨 迪

《出版参考》2015年21期

2014年,中央网络安全和信息化领导小组正式成立,习近平总书记任组长,完成了国家在互联网层面的顶层设计。这一年,网络空间更加清朗,网络正能量更加巨大,网上舆论生态发生了积极而深刻的变化,我国开始进入"互联网新常态"。如何认识、维护这种"新常态",适应、引领这种"新常态",成为摆在每位网络编辑面前的新课题、新任务。追根溯源,唯有全面提升网络编辑的整体素养,才是巩固、发展"互联网新常态",营造绿色网络文化空间的根本途径。

媒介素养的概念最早由英国学者利维斯和桑普森在《文化与环境:培养批判意识》一书中提出,是指人们面对媒体各种信息时的选择能力、理解能力、质疑能力、评估能力、创造和生产能力以及思辨的反应能力。网络编辑的媒介素养是指网络编辑认识、批判、综合运用传媒的能力,特别是对海量复杂信息进行选择、整合、传播和推广的能力。良好的媒介素养是网络编辑履行好网络信息"把关人"职责的基础,体现在:(1)信息选择能力;(2)信息整合能力;(3)信息传播和推广能力。

互联网发展到今天,已成为人们获取各类信息的重要来源之一,它不仅向广大受众提供大量信息,还引导着受众的思想意识和舆论导向。如何使网络成为弘扬传统美德,引领社会风尚的主阵地?还要靠具有良好职业素养的网络编辑从业人员。网络编辑要在工作中努力提升职业素养,不断净化网络宣传环境,重构网络媒体的公信力。具体表现在:(1)提高政治素养,具备"把关人"的意识与能力;(2)提高文字功底,正确驾驭文字;(3)深厚的知识储备,强烈的求知欲;(4)掌握跨媒体技术的综合编辑能力,带给大众全新媒介体验;(5)与网民建立良好的互动,引导积极健康的舆论导向;(6)具备审美能力,布局谋划好网页呈现形式;(7)树立著作权保护意识;(8)培养良好的职业道德。

"互联网新常态"贵在"新"、重在"常",网络编辑作为网络信息的传播者和网民的指导者,面对"互联网新常态"既要有"新"的思路和观念,来迎接前所未有的挑战,也要有"平常心"和定力,不断加强自身素养,努力成为复合型、全能型的编辑人才。

(张杰摘)

基层政府公务员媒介素养提升策略探讨

赵世环　王惠英
《人民论坛》2014年第32期

政府特别是基层政府工作人员作为社会中的特殊群体，其媒介素养不仅是其本人公民身份的需求，也是实现本地区公众利益的必要条件，因此对其媒介素养进行研究是提高其管理效果，保障公众权益的迫切要求。

我国基层政府公务员如何认识接触媒体特别是以网络为载体的新媒体，如何与各式媒体开展合作，是否能合适有效地利用媒体为公众服务是我们研究基层政府公务人员媒介素养的主要内容。目前，整体来说国家公务员准入制度越来越严格，人员素质也大幅提升，但是由于基层政府公务员教育层次普遍偏低、传统领导方式和惯性思维、对社会前沿知识了解较少等原因，致使仍有大量基层政府工作人员在面对媒体时表现出越来越多的问题。笔者所在学校于2014年5月~6月在徐州市某县县级公务员150人中开展了关于基层政府公务员媒介素养调查。从调查结果来看我国基层政府公务员媒介素养主要存在的有问题：媒介认知不准确。基层政府公务员对媒介认知是其媒介素养的基础，主要内容包括对新闻记者权利和社会义务的认识和界定、对政府与媒介关系的定位等等；媒介接触较为传统和单一；基层政府公务员普遍缺少在网络中捕捉信息的能力；基层政府人员在应对网络中有害信息的负面影响上，也比较被动，表现出不知所措；突发公共危机中对媒介应对水平参差不齐。

因此，要提升基层政府公务员媒介素养。首先要对基层公务员尤其是官员展开具有针对性的媒介素养理论正规化培训。媒介认知是公务员媒介素养的基础，在现实中，国家对这方面的财政投入也不能满足他们的需求，仅有少数高层政府官员能够拥有专业培训的机会，但是基层政府管理的复杂性和利益的多样性迫切要求基层公务员提高媒介素养。

第二，基层政府官员应加强新闻知识和危机管理的相关理论学习，并对国家近年来推行的相关法律做到基本了解，只有在新闻发布、媒体管理和舆论引导的法定框架内，基层政府官员才能更好地应对媒体，在媒体的帮助和监督下开展政府管理。

第三，在基层政府建立和完善新闻发言人制度。近年来，我国逐步在省级及省级以上政府、大型央企等机关单位配备新闻发言人，但很多基层政府单位和机关尚未设立此制度，一般仍由各单位的宣传部门担任。

第四，基层政府应尽快适应来自新媒介的挑战。以网络为载体的新媒介出现后，网络群体性事件频发，面对地方网络群体性事件的种种影响，我国应在各级政府尤其是基层政府中推行网络媒体运行项目，如政府部门间高度互动的新媒体的引入使用；基层政府官员主动上网与网民交流；在突发危机时，相关部门协调围绕具体事务使用微博等平台发布紧急消息；专人轮流值班维护与公众交流的社交媒体平台等等。通过实践操作让基层工作人员更深入了解并使用和利用新媒体。

在信息充斥生活各个角落的大众传媒时代，可以说每一个公职人员都是党和政府的"代言人"，尤其是和普通民众亲密接触的基层政府公务员，对其来说，与媒体打交道已经成为政府日常行政的一个组成部分，并且是越来越为重要的一个部分。目前许多基层干部媒介素养状况仍然堪忧，因此加强理论培训和实践锻炼提高其媒介素养，在大众传媒时代提高政府传播效果，维护政府形象具有非常现实的意义。

（张杰摘）

农民工媒介素养对其话语权的影响研究

党静萍　甄雪瑶
《中国广播电视学刊》2015年第2期

中国是农业大国，农民工问题是中国的重要问题，关注农民工的话语表达有着深远的意义。由于农民工自身缺乏媒介素养，缺乏对媒介的认知、理解与使用能力，他们难以清醒认识在大众媒介迅速发展的今天缺乏话语权的不利地位，也很难真正实现自己的话语权。只有当农民工学会主动表达，才能在不断发展的社会中发出自己的声音。

宏观层面上，本论文主要采用问卷调查的方法，并且进行数据解释和分析，同时结合对农民工的观察和个人访谈的研究方法，对在陕西西安打工的农民工进行抽样调查。本次调查将传播学、社会学、统计学等学科的方法予以有效整合，通过问卷调查获得数据，建立实证模型，使用SPSS（18.0）等统计软件予以定量化操作，将农民工的媒介素养、农民工话语权等抽象的概念，都予以具体的简化，以此得出结论。

中国人民大学教授郑保卫认为，话语权是公民运用媒体对其关心的国家事务、社会事务及各种社会现象提出建议和发表意见的权利，是公民的一项不可让与和不可剥夺的民主权利。中国由于历史原因和社会现实造成的城乡二元化，乡村社会一直相对落后。可以说，农民工是社会的弱势阶层，他们由于缺少参与传播活动的机会和手段，对媒介的认知能力就不足，致使不能得到与自身利益相关的各种信息、无法发出自己的声音，而只能被动地、无条件地接受来自大众传播媒介的信息。只有当农民工清楚地认识到他们的话语权行使是媒介的一个重要作用的时候，他们才能从观念和意识上愿意接近媒介、信赖媒介，推动农民工话语权的行使。

同时，农民工媒介认知水平高，对于媒介报道的真假分辨能力高，也就避免了农民工话语表达中的盲目性，提高了话语权行使的有效性。暨南大学董天策教授认为：就受传者方面来说，接受讯息后总要产生不同程度的反应，在思想、感情、态度和行为等各方面发生某种变化，这种反应或变化就是传播效果。媒介对于农民工的效果不仅仅是认知层面上的效果，也是态度层面上的效果，作用于人们的观念上的变化，更是一种行为层面上的效果，即发生的变化通过人们的言行表现出来。

接触媒介的选择和偏好是话语权行使的动机，是促进农民工行使话语权的根本推动力。接触媒介的范围越宽，则给予了农民工更多的话语表达空间。而且，每一种媒介的特点、性质都不尽相同，农民工接触媒介的深度越深，则对媒介的操作更为熟悉，也能够选择合适的媒介种类发表意见，话语权行使则更加游刃有余。

媒介参与对农民工话语权的影响主要体现在：农民工对媒介信息的传播是其实现话语权的有效途径。媒介活动形式多样，农民工利用媒介表达观点、参与媒介投票、通过媒介维护权利、服务方便个人生产生活，这些都演绎了一个"媒介使用者"的角色。农民工本应更加主动地利用媒介，在一定程度上让社会听到他们的声音。同时，媒介参与能力和效果也直接影响了农民工参与的热情和积极性。此次调查显示，农民工对于参与社会的议题主要集中在和自己切身利益有关以及为维护自己的权益方面。而对于在网络上参与讨论社会公共事务以及对于接受记者采访，对新闻媒体提供线索，刊登广告启事都参与较少，对于政府机关执法能力等重大事件方面关注力度也相对小一些。可见农民工的关注点仍然聚焦于与自身利益相关的社会议题，符合现实情况。也可看出农民工在话语权上，结构呈现不平衡状态，其参政意识不强，尚不能够有效地表达对社会公共事务的认识和意见。农民工在媒介信息传播过程中不仅需要积极参与媒介，而且要有政治参与意识，才能把自己的想法传播给社会，实现话语权的正常行使。

提高新生代农民工媒介素养水平，提高他们获取和鉴别信息的能力，提高他们利用媒介的水平是本研究的终极目标和结果。应努力通过媒介素养教育使农民工具有驾驭媒介信息的素质，破除对传播媒介的被动接受和绝对信任，由此上升到对现代媒介的主动选择和相对质疑，从而成为具有健康的媒介批评能力的现代媒介受众群体。显然，媒介素养不是与生俱来的能力，而是通过后来的媒介素养培育获得的。在全面提高农民工群体媒介素养中,要重视农民工利益诉求,完善体制机制,拓宽其参与社会事务的渠道,提高农民工正确的话语表达能力,减少非制度化和不理智的利益诉求方式。

(张杰摘)

提高大学生村官媒介素养策略研究

尼欣欣　林炜
《中国报业》2015年第4期

大学生村官是指由政府部门正式发文、选聘的,到农村基层去担任村党支部书记助理、村主任助理或其他村"两委"职务的,具有本科以上学历的应届或往届大学毕业生。大学生村官计划是政府为更好地满足公共需求,提供公共服务的导向性公共政策,对促进农村经济发展和推动新农村建设等具有十分重大的意义和实践价值。当前,媒介快速发展,媒介形式、媒介技术不断推陈出新,虽然为大学生村官在推动新农村建设时带来了机遇和挑战,但同时又造成了信息过载的现象发生,大量冗余无关的数据信息严重干扰了大学生村官对有用信息的准确性选择。由此,提高大学生村官的媒介素养就显得尤为重要了。

媒介素养作为正确解读和使用媒介信息所需要的知识、技能和素养,旨在帮助大学生村官形成一种理性的批判态度,培养对大众媒介本质的知晓和批判的理解力,最终成为对信息过载独立思考有主体意识的优秀大学生村官,并且能够利用媒体、制造媒体产品来加速新农村建设。提高大学生村官媒介素养的必要性有:(1)推动新农村现代化;(2)促进农村经济发展;(3)构建村民诉求渠道。

提高大学生村官媒介素养具有重要的现实意义和长远的战略意义,不仅为大学生村官提升自我、服务基层提供了一个渠道,促进大学生计划的顺利实施,助推社会主义建设接班人的成才成长;更为新农村建设增添活力、促使新农村建设加快步伐,以及推动社会的可持续发展。提高大学生村官的媒介素养虽已取得部分成效,但仍存在着一些困境,阻碍发展。目前的困境主要有:(1)对媒介认识的深度不足;(2)对媒介使用的强度不足;(3)对媒介素养教育认识不足。

在当前信息过载的背景下,不断对大学生村官媒介素养提出了新的机遇和挑战,以跨学科的综合要求培养科学素养和人文素养的全面发展人才,以优秀的综合能力促进新农村建设。由此,媒介素养教育显得刻不容缓。要以长远性与阶段性相结合、普遍性与典型性相结合的原则为基础，积极探索提高大学生村官媒介素养的途径。首先，要明确教育内容；第二，发挥政府的主导作用；第三，加大大众媒介的参与力度；第四，提升自我素养的培育能力。

（张杰摘）

网络环境下高校辅导员的媒介素养培育

高国伟　孙　萍
《武汉理工大学学报（社会科学版）》2015 年第 5 期

在网络信息时代背景下，高校辅导员承担着教书育人的重要职责，是网络等媒介信息资源的重要组织者、传播者，是党的理论、路线、方针、政策的宣讲者，是大学生健康成长的指导者和引路人，其媒介素养水平将直接影响当代大学生的媒介素养水平和核心价值观的培育。所以切实提升高校辅导员的媒介素养，培育他们正确有效地使用媒介的能力，培育获取、分析、评价、质疑、批判及传播各种媒介信息的能力，更好地利用这些媒介及媒介信息为自己的学习和育人服务，并培育提升大学生的媒介素养，提高人才培养质量，已经越来越成为政府、高校和社会共同关注的问题。

关于媒介素养的概念，不同的学者有不同的界定。段京肃、杜骏飞认为："媒介素养是指公众接触、解读、使用媒介的素质和修养，它包括了三个主要的环节：接触媒介——获取信息；解读媒介——批判地接受媒介信息；利用媒介——借助媒介工作和生活，通过媒介发出自己的声音并维护自己的利益。"但随着网络媒介的迅速崛起和广泛应用，使人类社会进入了一个数字化的网络时代，一些学者提出了新媒介素养的概念，如伦敦政经学院社会心理学的教授苏菲·利文斯通认为："新媒介素养最主要的应该是让人们能够不再仅仅是一个被动接受的、被选择的，而是批判性的、主动参与的。简而言之，人们不再是消费者，而是公民。"

高校辅导员是开展大学生日常思想政治教育的主体力量，年龄与学生接近，沟通互动较易，是离大学生最近的人；同时他们还承担大学生党课、团课、思想道德修养与法律基础、形势政策教育、心理健康教育、就业创业指导等课程的教育教学，所以他们的综合素质对学生的健康成长具有重要的示范引导作用。网络等新媒介作为时下重要的信息交流形式与人际交往方式，对高校师生、特别是青年大学生的思想行为和学习生活方式有着巨大影响，网络环境下的大学生思想政治工作面临

第五部分　其他群体媒介素养

一系列全新的问题，准确把握现代大学生在网络时代的思想倾向和行为特征，是新时期开展大学生思想政治工作的基础和前提。媒介素养是高校辅导员综合素质中的重要组成部分，高校辅导员只有提升自身的媒介素养，成为主动、成熟、理性的媒介使用者，才能在信息爆炸的时代不迷失于信息迷雾中，并教会学生用马克思主义的基本立场、观点和方法甄别是非，使其具有独立思考问题和分析问题的能力。

综上所述，高校辅导员不只是一名普通的社会成员，而是扮演着教师和思想政治教育工作者等熏人育人角色，具有自己的职业特点。因此，笔者认为，网络环境下高校辅导员的媒介素养，既包含传统媒介素养的内涵，也包含着新媒介素养的内涵其具体包括两个方面的内容：一是作为社会人，高校辅导员应具备基本的媒介知识、媒介意识、媒介道德，能够正确使用网络等媒介，具有获取、分析、评价、质疑、批判和传播网络等媒介信息的能力；二是作为教师和思想政治教育工作者，高校辅导员还应具备有效使用网络等媒介开展教育教学的能力和帮助提升大学生媒介素养的能力。

近年来，国内关于媒介素养培育的理论研究和实践都得到了一定的发展，但不可否认的是，我国还没有真正意义上的系统的媒介素养培育规划，而且针对高校辅导员的媒介素养培育的研究和探讨则更少。因此，结合我国国情和高校辅导员的职业特征，开展高校辅导员媒介素养培育应注重三个基本策略：第一、要做到将西方经验与中国实际相结合；第二、要做到保护主义和赋权主义相结合；第三、以适应网络信息环境为中心。

网络环境下，高校师生理应带头自觉践行社会主义核心价值观，弘扬网上正能量，倡导文明健康的网络生活方式，培育崇德向善的网络行为规范，用优秀思想道德文化滋养网络、滋养校园、滋养社会，自觉把网络谣言、网络暴力、网络欺诈、色情低俗等污泥浊水清除出去，让网络空间清朗起来。基于国内外学者对媒介素养培育内容的阐述，结合当前网络信息的特点、我国的国情以及高校辅导员群体的特殊性，高校辅导员媒介素养培育的内容体系可分为媒介知识、媒介意识、媒介信息能力、媒介道德法制安全及大学生媒介素养能力五个方面。

（张杰摘）

县级高中教师媒介素养的实证研究
——以河南省通许县和博爱县为基础的调查

李贝贝
首届长三角影视传媒研究生学术论坛论文集

随着数字媒介的快速发展，媒介环境已经由影响社会变革的一个次级元素，变为与政治环境、经济环境、文化环境等同等重要的影响因子。尤其是伴随着新媒体而来的媒介变革，使多媒体与跨媒体成为当前信息传输和知识累积的主要渠道。与此伴随而生的媒介素养，就前所未有地成为当前信息化环境中的一个重要元素。因此，我们决定以媒介素养为核心问题设计问卷，选择了河南省三所县级高中的在职教师作为抽样样本，分别在2010年5月和2014年5月，两次发放调查问卷进行调查，以期对当前我省高中教师的媒介素养有一个初步了解。

媒介素养就是作为主体的人，面对外界信息，为达到既定的目标和较好的生活状态，所应具备的信息使用能力。这种能力主要包括两个方面，信息的接收和信息的发布。接收信息时要具备选择、甄别能力，带有批判意识，发布信息时要具备使用媒介工具的能力。我国关于媒介素养的研究始于20世纪90年代，研究内容主要集中在对外国媒介素养及媒介素养教育方法的引进、相关理论探索和调查性研究等方面。

基于媒介素养的上述特点，调查问卷的内容设计主要分为三大板块。一是个人的基本信息，譬如年龄、教育程度、是否拥有电脑和智能手机、何时拥有等。二是县级高中教师的媒介使用情况调查。如使用什么终端上网、上网主要做些什么、是否开通了微博或者微信、是否会在网上进行发言、是否网购等。三是县级高中教师的媒介素养情况调查。这是本调查问卷的重点，包括对网络上的言论如何看待、觉得网络信息的可信度多高、对网络流行语怎么看、是否知道"高大上"等网络词语的意思、如何看待高中生上网、是否在日常教学中提醒学生注意新媒体动向、对新媒体的日益普及持什么态度等。

根据问卷中的问题设计，对调查结果的整合与分析主要从河南省县级高中教师所处的信息环境、媒介素养和媒介素养教育意识三大板块进行，提取数据，综合分析，力求相对全面、准确地把握被调查对象的媒介素养状况。信息环境是指被调查对象接触信息的可能性和便捷度，本调查主要考察被调查对象的信息获取渠道、媒介接触时间和网络终端的普及情况，据此了解高中教师所处的信息环境。分析统计数据可知，目前河南省高中教师所处的信息环境较为理想。对河南省县级高中教师媒介素养的考察主要从网络接触情况、网络语言认知、媒介信任度、对新媒体的态度、网络参与度和网购情况六个方面展开，涉及对网络的接触、认知和应用，基本能够代表被调查对象的媒介素养程度。数据显示，虽然被调查对象具备一定的媒介素养教育意识，但 2010 年和 2014 年的两组数据并无明显变化，这说明被调查对象的媒介素养教育意识无明显变化。结合上一部分针对被调查对象媒介素养的数据进行分析，此处遇到的问题是：为什么县级高中教师自身的媒介素养提高了，却并没有带来其媒介素养教育意识的同步提高？

纵观目前国内外的研究，对于媒介素养高低的判定尚无统一标准。无论何种媒介，归根结底都是为人们的生活服务，人们能否有效地利用媒介满足生活需求、并能使之有所提升，是媒介素养的核心。通过此次调研，不仅可以看出河南省县级高中教师的媒介素养程度，也给媒介素养和媒介素养教育带来了启示：（1）媒介素养可以在媒介环境中自发形成；（2）智能手机加速了媒介素养的提升；（3）媒介素养教育需要给予更多的关注。

（张杰摘）

现阶段老年人媒介素养现状考察与提升对策

邬晶晶

《传媒评论》2015 年第 4 期

在信息社会，媒体对人们的生活影响巨大，老年人具备一定的媒介素养是优化老年生活的有效途径。我国在 1999 年就已经进入老龄化社会，而且老龄化程度在日益加剧。按照联合国标准，一个地区 60 岁以上老人达到总人口的 10%，65 岁老人占总人口的 7%，即该地区被视为进入老龄化社会。宁波老龄化更早，1987 年就已是老龄化城市，老年人口每年以 3% 左右的速度递增。作者通过调研宁波老年人的媒介素养现状和需求，来分析老年人媒介素养现存的问题，研究如何根据老年人的需要来提升其媒介素养，进而优化他们的晚年生活。

调研主要在宁波市区和下属奉化、鄞州、余姚、北仑等地进行，共发放 600 份问卷，回收有效问卷 578 份，主要调研他们的媒体使用和需求情况。此次受调研的老年人男女比是 1∶1.48，其中男性 233 人，女性 345 人。450 人来自城镇，128 人来自农村。年龄覆盖 50—80 岁以上，其中 60—69 岁的最多（44%）。教育程度最多的是初高中及中专学历，其次是大专，本科学历的有 48 人，硕士及以上的为 3 人。此次受调研者中，退休前的职业最多是企业职工（30.6%），其次是机关事业单位工作人员（26.6%），第三是企业管理者（12.6%），然后依次是自由职业者（10.4%）、农民（7.4%）、个体工商业者（6.7%）。

有 519 位被调研者平时有读报习惯，占总数的 89.8%。在有读报习惯的受调研者中，超半数的人平均每天读报 0.5－1 个小时。有 539 位被调研者平时有看电视的习惯，占总数的 93.3%。在看电视的受调研者中，近七成的人平均每天看 1 个小时以上的电视。有 260 名被调研者平时有听广播习惯，占总数的 45%。在收听广播的受调研者中，近半数的人平均每天听广播 0.5－1 个小时。网络已经成为很多老年人的日常媒体，有 382 名被调研者平时有上网习惯，这部分人数占到总数的 66.1%。浏览新闻是被调研的老年人上网的主要目的（64.7%），其次是收看网络影视（29.1%），第三是通过搜索引擎寻找信息（26.7%）。有 512 名被调研者使用手机，占总数的 88.6%。值得关注的是，有一成多的老人已在使用微信这一新兴的社交互动媒体。有 356 名被调研者知道数字电视有点播节目和查询信息的功能，占总人数的 61.6%。50.9% 的被调研者听说过但没有使用过平板电脑，24.7% 的人没说过平板电脑，24.4% 的人用过平板电脑。48.8% 的被调研者听说过但没有使用过电子书，35.3% 的人没听说过电子书，由此可见电子书不如平板电脑在老年群体中知名度高。

从以上数据，我们可以看到宁波老年人最常使用的媒介仍是属于传统媒体的电视和报纸，尤其是电视在老年群体中很受欢迎，听广播的老年人比例相对低。已经有很多老年人会使用电脑上网，大部分老人上网只是浏览信息，而不会主动发布信息。他们既不会使用更方便的平板电脑，也不会使用数字电视的生活媒介功能。尽管手机在老年人中的普及率已经比较高，但目前键盘操作仍是老年人使用手机的主要方式，说明他们还在使用功能机，而不是智能机。他们使用手机的主要目的是为了打电话和收发短信，没有充分利用手机的移动互联网功能。

因此，为有效提升老年人媒介素养。第一、政府要继续推进信息无障碍工程，努力消除数字鸿沟；第二、社会各界要为提高老年人媒介素养创造各种有利条件；第三、家庭成员互助，帮助家里老人提高媒介素养。第四、老年人要与时俱进，注重自觉提高自身媒介素养。

（张杰摘）

新生代农民工媒介素养研究

周明星　康艳钦
《中国劳动关系学院学报》2015 年第 2 期

作为我国现代化建设重要力量的新生代农民工媒介素养的高低在一定程度反映了农民工群体的精神风貌。新生代农民工具有受教育水平低、乡土观念弱、社会阅历相对较少、对城市生活执着追求的新特点。当前，部分新生代农民工的权益受到损害时，忍气吞声而不会利用现代传媒手段维护自身权益，最终酿成令人惋惜的惨剧，例如富士康跳楼事件，新生代农民工媒介素养不高就是其重要促成因素。因此，深入分析新生代农民工的媒介素养现状，培育新生代农民工科学的媒介价值观念，从而有效地促进新生代农民工自媒介素养的提升。

新生代农民工的媒介使用主要体现在如何使用这些媒介来为自己服务，以及对这些新媒体的使用程度。新生代农民工的媒介认知主要包括两个方面：新生代农民工对媒介角色的认知与新生代农民工对媒体中关于新生代农民工相关报道的认识。新生代农民工的媒介评判也主要有两方面的含义：一是要求新生代农民工对媒介传播信息的真实性加以评估，即媒介信息的真实性评估；二是新生代农民工对媒介信息的处理加工能力，即对媒介信息的利用性评估。媒介参与主要是判断新生代农民工能够在多大程度上主动创造或者制造信息。

相关研究显示，在新媒体环境下新生代农民工使用手机每天 90 分钟左右、上网每天 40 分钟左右、看电视的时间每天 35 分钟左右、阅读报纸杂志 30 分钟左右、听广播 10 分钟左右，可以看出，新生代农民工使用时间最多的是手机和电脑，其次是电视，广播最少，说明随着我国网络技术的快速发展，新生代农民工也开始比较频繁地接触网络世界。每天接触手机、互联网的用时都比较高，每天都在 40 小时以上，反映出新生代农民工通过手机、互联网获悉了自己感兴趣的新闻、拓展了自己的知识视野的同时，对手机、网络呈现出过度依赖的趋势。他们对电视、报纸杂志有一定的使用，而广播则慢慢淡出他们的世界，这说明新生代农民工在媒介类型选择上更加倾向于新媒体。

新生代农民工运用媒介主要是发挥新闻媒介信息传递角色，其次是信息的娱乐角色，获取信息的角色（主要表现为了解时事政治和舆论监督角色），说明新生代农民工的媒介素养不高，对媒介的使用侧重点还集中在媒介的原始功能上，缺乏对大众媒介利用的能力。因此，充分发挥大众传播媒介的效能，提高新生代农民工对媒介的接受能力、理解能力和思辨能力仍是一个亟待解决的问题。

新生代农民工认为媒体普遍存在不实报道，不能准确、完整地报道事实的真谛。在媒介评判方面，新生代农民工对各类媒介的可信度评价都不太高，普遍认为自媒体传递信息的能力更强、更便捷、互动性更强，但是同样缺乏可信度。新生代农民工对于媒体报道的信息持中立态度占的比例最多，其次是同意态度，不同意和完全不同意相对较低，说明新生代农民工对于媒体的评判能力还需加强。

新生代农民工具有一定媒介参与意向，尤其是自媒体，但是由于受种种因素的影响，媒介参与效能不是很好。当代农民工具有较强的接受媒介信息的能，但是利用媒介解决问题、发表自己意见、维护自身权利、积极主动地运用其享有的话语权的人并不多。当新生代农民工利益受到侵害时，大部分新生代农民工会诉诸媒体，但是媒体究竟能解决到什么程度，多数被调查者对此持怀疑态度，这反映出新生代农民工对媒介存在认知与信任的矛盾。

通过新生代农民工媒介素养现状的分析，我们发现整体上新生代农民工的媒介素养还处于较低水平。为此，新生代农民工的媒介生态的培养需要融入多元治理的理念，即新生代农民工的媒介素养需要社会媒体、政府、社会团体组织、企业单位、新生代农民工个人共同完成，积极促进新生代农民工做到"知行合一"。具体途径有：（1）大众媒体要发挥"推动者"作用；（2）政府发挥"引导者"的作用；（3）社会组织、企业单位需积极提供帮助；（4）新生代农民工自身媒介素养的提升；（5）促进媒介受众"知行合一"的实现。

（张杰摘）

> 专家述评

2015年国内大众媒介素养研究述评

朱小翠

2015年大众媒介素养研究发展现状引人深思。本年度大量真实可信的研究成为构建有序知识体系的必要条件。如何综合各个主题相关的以往研究,这就必须对本年度论文进行详细的元分析。

一、关于"大众媒介素养"概念的由来

要综合各个主题的相关研究,首先要明确这一主题的命题。在2012年、2013年、2014年的相关述评中,均把媒介素养的这一类别归为"不同群体的媒介素养","其他群体的媒介素养"。那么"大众媒介素养"这一概念是否更为适合呢?

"大众传播"的创始人是美国著名的社会学家罗伯特·E·帕克(Robert Ezra Park)。1922年在他唯一的著作,《移民报刊及其控制》进行大众传播理论研究中提到"大众传播"的话题。在本书中涉及,比如:媒体内容怎样影响公众意见?大众媒体是怎么被公众意见所影响的?大众媒体是否能够带来社会改变?人际传播是怎样与大众传播进行联系的?其对于"大众传播"的定义与香农后来提出的信息理论有相似之处。

大众媒介素养,就是指大众面对大众传播媒介中各种信息时所表现出的信息的选择能力、质疑能力、理解能力、评估能力、创造和生产能力以及思辨的反应能力。大众媒介素养是大众接受媒介信息的重要联结。

1929年,以佩里基金研究(Payne Fund Studies)作为起点,研究了电影对儿童的影响,媒介素养就已经拿上了议事研究日程。在《大众传播效果研究的里程碑》(第三版)一书中,记录了14个里程碑,提供了关于大众传播研究所走过的"学术路线"。这些研究有一半是在1960年以前进行的。这些研究提供的重要证据表明:媒介也许不能决定公众怎样思考,但是在影响公众思考什么这一点上,扮演了十分重要的角色。比如:人民的选择;政治宣传的媒体;日间广播连续剧的听众;使用与满足;传播与说服;寻找魔力的要素;儿童生活中的电视;早期研究;

中国媒介素养研究年度报告：2015

暴力与媒体：动荡的60年代等研究等等。这些研究项目已经开始涉及了早期媒介素养研究的一些范围。

大众媒介素养是伴随大众媒介的发展而产生并不断丰富起来。大众媒介的研究最早起源于心理学家、社会学家和政治家们的理论。大众并不是人口众多，而是其社会成员的相互联系。媒介以其巨大的权利和影响力，剧烈地改变了信息社会中社会成员对待媒介的态度。正如罗杰斯所言"一旦大众传播研究在大学的院系和研究机构中被制度化，这一领域便开始表现出更强的一致性，并向前进步，发展成一门学科"[①]随着大众传播研究的发展，伴随而来的媒介素养研究也在快速发展和不断深化。

关于"大众媒介素养"研究的发展状况，在ProQuest检索中，搜索到唯一一篇博士学位论文，写于1981年，作者是A.M·埃尔-伊力特尼（El-Zilitni, Abdussal Mukhtar.），题目是：利比亚的大众传播媒介对于提升识字能力的作用——种可行性的研究（Mass Mediafor Literacyin Libya _ A Feasibillity Study）[②]。"Mass Mediafor Literacy"第一次如此紧密地出现，但论文谈论的是关于利比亚识字能力提高的问题。真正出现"大众媒介素养"一词，是2007年，在美国德克萨斯州圣安东尼奥召开的一次"社会信息技术和教师教育国际会议"上，爱达荷州立大学的贝弗莉·蕾写的会议论文，《恐怖主义年代的数字技术与大众媒介素养：为什么教师需要懂得在民族创伤期的媒介使用》（Digital and Mass Media Literacy in the Age of Terrorism: What do Teachers Need to Know about Media Use in Times of National Trauma?）一文中，提到"大众媒介素养"一词。此次会议论文集，由高级计算机教育联盟出版（Association for the Advancement of Computing in Education (AACE), Chesapeake, VA）[③]。在ERIC教育资源信息中心，这是美国教育部资助的世界上最大的教育资源数据库，还有Apollo剑桥大学机构知识库，以及EBSCO学术论文检索和许多家国外知识数据库检索到的相关论文中，只是提到大众传播环境下的媒介素养问题。除了贝弗莉·蕾那篇论文，是唯一一次提到"大众媒介素养"问题的论文。于是"大众媒介素养"的概念就那么一闪而过，被人们忽视了。

在国内CNKI、万方、维普等数据库搜索到的有关"大众媒介素养"的论文有：2009年《新闻战线》第7期，常松《网络时代大众媒介素养的提升路径》，2011年，《东南传播》第5期，王雪、周杰的论文《论消费主义文化视阈下大众媒介素养的构建》，2014年，《商情》第10期，李博的论文《自媒体视阈下的大众媒介素养探析》。文章中提到的大众媒介素养的具体操作问题，并没有对这一概念进行论证。

2015年，自媒体快速介入几乎每个中国人的生活。网络娱乐，网络购物，网络视频直播，教育移动服务，电影在线，出门叫车，餐饮外卖，视频电商等，在人们的生活中无处不在，无所不有，从而引发人们对大众媒介素养的关注度迅速增加。和2013年22篇学术论文相比，有了数量上的变化。2015年大众媒介素养研究，在CNKI中以"媒介素养"为检索词，以2014年11月—2015年10月为检索

第五部分 其他群体媒介素养

时段，排除细分的儿童媒介素养，青少年媒介素养之外的其余研究对象，均归结为大众媒介素养范畴。共检索到 7 篇硕士论文，49 篇学术论文，共 56 篇。这些论文从理论框架，知识创新点，内容侧重点，研究工具等方面，探讨了大众媒介素养的发展状况。

一个民族的进步，首先是人民的进步。如果人民的精神和潜力得不到发展，那么这个国家就不会有经济的发展、政治的发展和文化的发展。所以在大众媒介快速发展的时期，提升大众媒介素养成为时代的重要话题。只有提升大众的素养，拥有人力资本，才能推进社会的发展。要建立人力资本，就必须改善大众的教育状况，提升工作技能，让大众在精神上充满希望。由于文化发展的不平衡，大众传播普及的范围业不尽相同。在中国广大的地区，人们在接触媒介，但是绝大多数人并没有接受过媒介素养教育，所以大众媒介素养研究成为当前一个十分重要的研究话题。

二、2015 年大众媒介素养研究的理论框架

学者很早以前就开始关注大众传播对个人和社会的影响。如何用科学的理论解释其因果关系，如何引导大众明白各种宣传术的影响，成为大众媒介素养研究者们高度关注的话题。2015 年的大众媒介素养研究和社会发展三大潮流有着密切的关联。

第一是网络视频用户规模稳健增长。2015 年 12 月，网络视频用户规模首次超过网络音乐，成为娱乐类第一大应用。网络视频用户不断向手机端迁移。视频网站逐渐把"流动人口"变成"忠实粉丝"，视频能够承载用户来自真实世界的需求，内容营销的比例不断扩大。

第二是即时通讯用户规模稳定增长，主流即时通讯功能广泛外延。2015 年 12 月，网民中即时通信用户规模达到 6.24 亿，较 2014 年底增长了 3632 万，占网民总体的 90.7%。

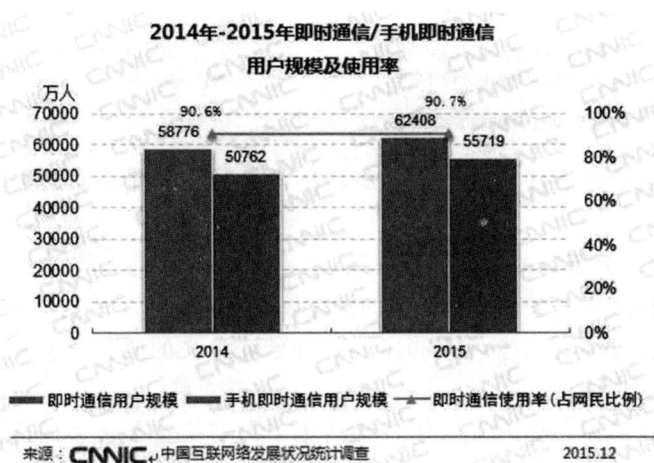

即时通信的广告业务在2015年获得了显著增长。微信朋友圈和陌陌的广告仅上线一年就为各自的广告业务营收做出了较大贡献，企业公众号也逐渐成为商家产品营销过程中的标配。移动支付功能辅助即时通信连接各种民生服务，如购物、出行、娱乐类商业需求和医疗、政府办公、公共缴费等民生服务。未来，即时通信将作为网民日常生活中最为基础的应用类型，在更多生活场景下体现其作为信息沟通工具的价值。④

第三是农村电子商务推进工作效果显著。2015年，随着政府推动和社会资本的引入，农村电商发展迅猛。一方面，多项政策出台支持农村电商发展。中央一号文件从农产品电商、涉农电商平台建设、电子商务进农村三个方面进行了重点部署；另外，国务院办公厅下发《关于促进农村电子商务加快发展的指导意见》，推动农村电商与农村一二三产业的深度融合。另一方面，电商下乡加速。以阿里巴巴为例，截至2015年底已在全国20个县建设了1万个农村淘宝服务站，加快农村地区电商基础服务点建设。截至2015年12月，农村网民网络购物用户规模为9239万，相比去年增加了1525万，年增长率达19.8%，农村地区网络购物市场依然保持着稳健的增长速度。城镇网民网络购物用户规模低于农村网民。⑤

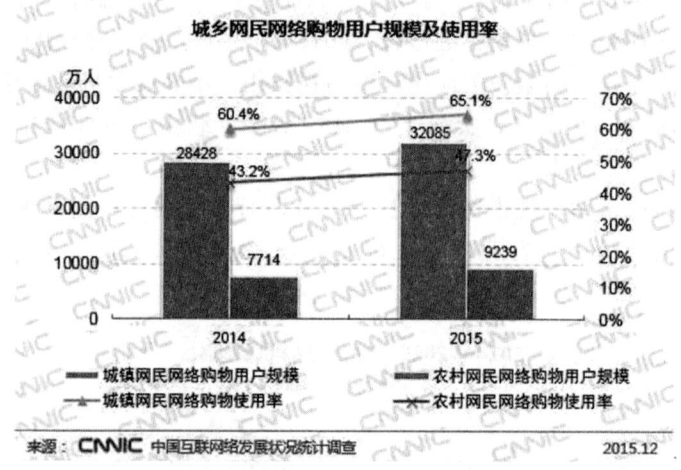

在这样的社会发展环境之下，大众媒介素养发展的理论框架主要有如下几个类别。

（一）大众媒介素养的视角理论框架

视角理论框架，是关于研究对象的描述体系，包括了与研究对象有关的概念界定、分类及特征方面的论述。从2015年媒介素养论文的研究对象和概念界定上主要分为以下五大群体。

媒体工作者群体。类论文共有17篇左右，是研究数量最多的群体。杨迪《互联网新常态下网络编辑的素养提升》一文认为，网络编辑的媒介素养是指网络编辑

第五部分 其他群体媒介素养

认识、批判、综合运用传媒的能力,特别是对海量复杂信息进行选择、整合、传播和推广的能力。谢欣在《论广告主的广告素养》一文中认为:广告素养是"对广告背后的说服意图的更好理解",这种定义暗含的假设是成年人和孩子们一样都需要被"事先警告",以促进其对说服性传播的认知防御。郑秀莹在《新媒体时代新闻编辑的媒介素养》中认为,新闻编辑的媒介素养应该注意重新建构。定位上也应该从信息把关等方面的人逐渐转变成为信息产品的经理进行负责,知识结构应该从知识复合型人才转变为行知并重型人才,编辑技能也应从幕后制作者里面走出来并逐渐转变成为公共论坛主持人的形象走上舞台前面来。管理理念方面要从信息管理方面转化成知识管理方面。媒体工作群体还涉及了广播节目主持人,传统媒体编辑,广告工作者,学术期刊编辑等。

公务员群体。这类群体的研究论文共有 16 篇。张萌在其硕士论文《传播能力视角下基层政府媒介素养评价体系研究——以 K 县为例》中,将政府媒介素养分为作为组织的政府媒介素养、作为个人的政府媒介素养,即政府机构及政府工作人员的媒介素养。政府机构媒介素养是指作为组织的政府在信息传播中的制度资源、人为资源、媒介资源水平,及政府个体媒介素养整体水平,尤其关注到政府宣传人员的媒介素养水平。政府工作人员媒介素养主要是指媒体关系的把握 W 及与记者打交道的能力。[6]

陈明在其硕士论文《社会化媒体时代政府官员的媒介素养研究——基于辽宁地区政府官员的调查分析》中认为,政府官员媒介素养应包括如下几项:其一,能够正确认知媒介的作用。其二,正确解读媒介信息并对其具有辨别能力。其三,具备科学合理管理媒介的能力。其四,能够合理利用媒介提升执政水平。[7]

王井的《公务员群体媒介素养的影响因子与差异化分析——以浙江省公务员为例》一文,公务员人群的媒介素养,既包含普通民众认识媒介、使用媒介,但其更主要的是指通过正确的、建设性的运用大众传播资源,管理公共事务,推动社会进步,塑造政府形象。在公务员群体中,还包括城建设管理者,公安民警,领导干部,新闻发言人等,涉及的范围很广。

教育工作者群体。共有 9 篇文章了教育工作者媒介素养的问题。高国伟,孙萍《网络环境下高校辅导员的媒介素养培育》一文中认为,高校辅导员新媒介素养内涵,其具体包括两个方面的内容:一是作为社会人,高校辅导员应具备基本的媒介知识、媒介意识、媒介道德,能够正确使用网络等媒介,具有获取、分析、评价、质疑、批判和传播网络等媒介信息的能力;二是作为教师和思想政治教育工作者,高校辅导员还应具备有效使用网络等媒介开展教育教学的能力和帮助提升大学生媒介素养的能力。

陈娜的硕士论文《高校思想政治理论课教师媒介素养培养研究》谈到,高校思想政治理论课教师媒介素养培育是指:教育者对高校思想政治理论课教师有计划、有组织、有目的地施加基础媒介素养和职业媒介素养影响，进而使教育对象能够充分利用媒介资源完善个体发展、职业发展及参与社会发展的实践活动。⑧

池安琪在其硕士论文《重庆城乡幼儿教师媒介素养现状对比研究》中从媒介意识、知识和能力三个维度阐述了幼儿教师媒介素养的内涵。幼儿教师的媒介意识主要包括：对媒介素养重要性的认识，提升自身媒介的意识，具有反思的意识。幼儿教师的媒介知识是指幼儿教师对媒介素养的了解程度、认同程度以及不同媒介中学前教育专业信息的了解程度。幼儿教师的媒介能力包含了对媒介的使用、应用、分析与评价能力，以此构成幼儿教师媒介素养的起码要求。⑨教育工作者群体还包括高级中学教师，高校领导等。其中关于高校辅导员的论文最多。

农民工群体。共有7篇论文。周明星，康艳钦在《新生代农民工媒介素养研究》一文中，对新生代农民工媒介素养的四个维度进行了界定，包括媒介使用、媒介认知、媒介评价、媒介参与四个维度。⑩孙宾，崔尧，李菲在《西安市新生代农民工媒介素养因子的实证研究》一文中，从媒介认知、媒介使用、媒介评判以及媒介参与四个因子了解新生代农民工的媒介素养现状。吴麟的《新生代农民工：媒介素养有多高？》一文，从认知与行为两个层面，对新生代农民工的媒介素养水平进行衡量。党静萍，甄雪瑶的《农民工媒介素养对其话语权的影响研究》一文，从农民工认知媒介水平、参与媒介能力、使用媒介能力三个方面，研究了媒介素养对农民工行驶话语权的影响。

公民群体。除以上群体，其余均归为公民群体，共有论文13篇。李梓瑄的硕士论文《危机事件下公众媒介素养评价——以"兰州4.10水污染事件"为例》中散在论及，公众媒介素养，是在危机事件传播中，面对零碎的媒介信息和观点的分散，公众如何辨别信息真伪、如何适度行为的一项公众的基本技能。⑪

刘奕婷在其硕士论文《安康市小学生父母媒介素养研究》中，界定了小学生父母媒介素养的内涵："小学生父母在媒介化环境中利用媒介进行社会参与和家庭互动的综合素质。具体来说，小学生父母媒介素养包括八个方面的可操作的测量维度，它们分别是：①快捷地获取信息的能力；②自主地选择信息的能力；③充分地理解信息的能力；④辩证地评价信息的能力；⑤创造和传播信息的能力；⑥媒介素养教育观；⑦家庭媒介素养教育的方法与态度；⑧利用媒介进行家庭互动的能力。"⑫

甘璐瑶《公民批判性媒介素养构建——基于西方媒体对华报道倾向性的解读》认为，公民批判性媒介素养拥有了更深刻的文化内涵，它要求人们在认知层面成为一个独立的批判性思考者，学会批判地理解媒介再现和媒介话语，在行动层面上使用媒介来表达自我、参与社会。

公民群体还包括老年人媒介素养，大学生村官媒介素养，观众媒介素养，高水平运动员媒介素养，文章涉及的公民群体的范围十分广泛。

第五部分 其他群体媒介素养

(二) 大众媒介素养研究的创新点

2015年，随着大众对媒介的依赖程度越来越高，媒介成为教化大众的有效力量，媒介补充和延伸了普通学校、公共图书馆与大众教育的功能。所以媒介素养教育不只是学校，面对儿童、青少年和大学生的教育，更是面对大众如何应对媒介的教育。2015年，大众媒介素养研究的创新点主要表现在以下几个方面：

1．"大众媒介素养"概念的提出及衍生新概念的界定

大众媒介素养。"大众"一个标准的字典释义将它界定为"在其中丧失了个性的集合体"（《简明牛津英语字典》）。今天，从大量表面上没有区别的大众媒介受众这一现状看来，这一界定有其合理性。在《现代汉语词典》里则把"大众"定义为"群众，民众"，则是一个没有褒贬内涵的中性词。"大众媒介最为显著的特征就是它们被设计出来向许多人传播的。"⑬

大众媒介素养，在此重申一下，就是指大众面对大众传播媒介中各种信息时所表现出的信息的选择能力、质疑能力、理解能力、评估能力、创造和生产能力以及思辨的反应能力。大众媒介素养是大众接受媒介信息的重要联结。

数据素养。张进良、李保臻《大数据背景下教师数据素养的内涵、价值与发展路径》数据素养（DataLiteracy），主要指教师在数据的采集、组织和管理、处理和分析、共享与协同创新方面的能力，以及教师在数据的生产、管理和发布过程中的道德与行为规范。

批判性媒介素养。甘璐瑶在《公民批判性媒介素养构建——基于西方媒体对华报道倾向性的解读》一文中认为，批判性媒介素养强调人们对媒体信息的辨别能力以及对媒体信息中包含的价值观和意识形态进行思考和批判性解读的能力。

受众媒体素养。黄香君在《广播新闻节目创新与受众媒介素养的关系浅谈》一文中谈到，受众媒体素养简单可以概述为社会公众对于媒介的了解与认识。首先是公众对于大众传播这一过程和媒介不可忽视的影响力的认识，同时欣赏媒介的能力，并在此基础上，可以简单分析阐述媒介信息的策略，其次需要理解媒介对于社会及生活的一些预见性推论。

新媒介素养。杨宁《大数据时代媒体人的新媒介素养》一文，提出：大数据时代媒体人应该具备的"新媒介素养"，主要应该包括评判新媒介、新技术的新态度，运用新媒介、新技术的新技能，获取、解读、运用数据信息的新能力以及较高的职业伦理道德标准。

2．大众媒介素养研究的新思路

无论是传统媒体还是新媒体，所有的媒介形式都在走向网络化，报纸作为被网民们认为是比较权威的媒体，那么当它走向网络，成为电子报刊的时候，传统媒体人应该具备什么样的媒介素养，才能更好地实现报网融合呢？

传统媒体人的媒介素养教育新思路。赖雄伟在《融合背景下传统媒体人的新媒介素养》一文中认为：第一，传统媒体人提高新媒介素养，要有居安思危，因势而动的意识。新闻网站保持并秉承原来纸媒所具备的优秀基因，通过手机报、开官方微博、推出二维码"云报"、微信公众号等许多手段，与网民保持交互式沟通。传统媒体人与新媒介加强深度磨合、融合、整合，这才是他们对新媒介所应具备的基本态度。第二，传统媒体人运用新媒体，要对其技术属性和新媒体的双面性有清醒的认识。互联网是把双刃剑，它在推动中国信息产业发展进步的同时，也成为一些人凭空捏造、传播虚假信息的工具，就要求报纸网站编辑要有很强的大局意识和严谨的工作态度。第三，传统媒体人运用新媒体要恪守必要的行为准则可概括为：依靠而不依赖，引导而不误导，多元而不单一，快速而不迟缓，深入而不肤浅。

广告制作者的媒介素养教育新路径。在我国受众媒介素养水平持续提高，因此，广告制作者媒介素养水平也随之提升，才能增强广告的宣传效果。谢欣在《论广告主的广告素养》一文中谈到：广告素养是随着媒介素养在全球范围内受到的重视而发展起来的一个概念，有重要的实践意义。（1）减小广告的负面效果。商业广告的逐利性使得一些广告主与广告公司完全以广告的收益回报为第一考量，忽视了广告的社会效益，从而制作出那些带有明显负面效果的广告。如果广告受众不具备一定的广告素养，他们就可能在虚假与低俗的广告信息中无所适从，甚至于被广告所带来的种种不良思想所影响。（2）改变广告受众的弱势地位。提高他们的广告素养就是最有效的方式之一，当广告受众开始了解广告的运作规律，并且对广告及商品信息具有正确的分析与解读、评价与质疑能力时，广告受众就能尽可能多地分辨出哪些属于不良广告，哪些广告会对自己的生活与价值观产生不良的影响，从而尽量避开它们；甚至，这些拥有较高广告素养的受众还能集合成受众团体，联合抵制一些不良广告。（3）帮助广告公司制作出更好更优质的广告。广告人若是不具备较高水平的广告素养，就不能抓住产品中最能吸引消费者注意力的特质，也就没有办法将好的创意与商品特性相结合，当然更不会用全局的眼光来对广告商品进行整合营销传播，甚至还会因为误读了广告与社会的关系，而导致整个品牌的危机。

教师的媒介素养培育新策略。教师的媒介素养能力直接影响学校媒介素养教育的推行。陈娜在其硕士论文《高校思想政治理论课教师媒介素养培育研究》中，从以下几个方面分析了高校思政课教师媒介素养培育的新策略：（1）构建思想政治理论课教师媒介素养培育的目标及内容体系；（2）增强培育高校思想政治理论课教师媒介素养的师资力量；（3）创新媒介素养培育方式、教学方法；（4）打造媒介素养培育实践平台。

政府公务员媒介素养提升新思考。普通民众将公务员视为国家和政府的化身。陈明在其硕士论文《社会化媒体时代政府官员的媒介素养研究——基于辽宁地区政府官员的调查分析》中提到，政府官员在社会化媒体追求公开、参与、共享的时代，面对新的媒介环境，在提升媒介素养方面需更加重视。政府官员媒介素养需提升的内容包括：（1）媒介认知与责任素养。具体细化为：①媒介环境的认知；②媒介性质的认知；③媒介角色的认知；④媒介功能认知；⑤媒介责任意识。（2）媒介使用与技术素养。（3）信息生产与消费素养。（4）社会交流与参与素养。

青年农民工媒介素养新对策。根据国家统计局抽样调查结果，2015年农民工总量为27747万人，比上年增加352万人，增长1.3%。农民工受教育水平不断提高。农民工中，未上过学的占1.1%，小学文化程度占14%，初中文化程度占59.7%，高中文化程度占16.9%，大专及以上占8.3%。高中及以上文化程度农民工所占比重比上年提高1.4个百分点。其中，外出农民工中高中及以上文化程度的占27.9%，比上年提高1.9个百分点；本地农民工中高中及以上文化程度的占22.6%，提高1.2个百分点。⑭

随着青年农民工接触媒介的人数在快速增长的状况下，黄梅芳在《多媒体时代青年农民工媒介素养现状与对策》一文中认为：对农民工群体开展媒介素养教育，应当做好以下几个方面：第一，社会公益组织成员与志愿者可以介入农民工媒介素养教育工作中。第二，政府要充分发挥农民工媒介素养教育中的领导作用。第三，农民工群体要充分发挥意见领袖的重要作用。第四，学术界提高对农民工群体媒介素养教育的关注度。不仅是因为学术界能够真实反映某个问题的状况而引起社会注意与警醒，还因为学术界对相关问题的解决提供了正确的理论基础与科学的实践途径。

（三）大众媒介素养研究方法

2015年媒介素养研究论文中，多种研究方法的运用，显示了研究者的学术功力。

量化研究方法的综合运用。宋红岩，曾静平《新媒体视域下"沉默的螺旋"理论的检视与研究——以长三角农民工的QQ表达为例》，本文通过对长三角农民工分层抽样问卷调查，对其手机QQ社交平台的使用与"沉默的螺旋"状况进行了实证研究。

1. 数据来源与样本设计

课题组在2014年5—8月，对长三角地区上海、杭州、无锡、绍兴等共15市的外来农民工，按照随机分层抽样的方法进行了自填式问卷与访谈调研工作。本次调研先后共发放4000份问卷，其中有效问卷为3840份，有效率为96%，并使用SPSS19.0软件进行数据录入与分析工作。

2. 研究变量

根据"沉默的螺旋"理论、文献及研究假设，本文除了关注长三角农民工的个体差异外，还从三个层面进行了设计研究：（1）QQ使用的意愿与能力；（2）社会孤立压力与自我审查因素；（3）"沉默的螺旋"的形态、程度及走向。

本研究主要是从定量分析视角研究长三角农民工的QQ表达与"沉默的螺旋"

情况，并在前人研究的基础上，对沉默螺旋的社会孤立压力、意见气候以及沉默螺旋的形态等方面进行了探讨。

结果发现，长三角农民工手机使用中仍存在着"沉默的螺旋"现象，存在着一定的社会孤立压力与意见气候。在 QQ 群意见气候语境下，长三.角农民工反应策略多元，其中"迎合式"与"回避式"沉默的螺旋同时存在，但其在性别、年龄、社会地位认知以及 QQ 群类型、话题表达等方面有所差别。此外，研究也显示，长三角农民工通过手机掌握了一定的媒介话语表达权，并有向现实行动转化的可能性。

本文采用了量化研究的方法，并且使用了多变量统计，运用了社会科学统计软件 spss19.0。把统计学、社会学、传播学多种学科知识纳入传播学知识体系范畴。同时还采用了分层抽样问卷调查研究方法。通过图表、条形图、折线图等统计图方式，精确地展示了量化研究的结果。多种研究方法的融合，既满足了交叉学科融合发展的需要，也明确地解析了传播现象、深化了理论研究。

调查研究法。卫兰兰，音卫东在《公安机关新录用民警的媒介素养研究——以 450 名新警为样本》一文中，通过对 450 名新警媒介素养的问卷调查，分别从媒介接触、媒介认知、媒介批判和媒介参与等方面进行了系统考量，发现新警媒介消费程度与其他媒介素养能力之间存在较大反差，进而提出分层培训的设想和完善警察媒介素养教育系统的初步建议。本文的调查研究在内容深度上有了进一步提升。问卷设计科学合理，对调查对象及样本，调查内容及组织实施，以及样本特征等问题元素形成了一系列具有内在逻辑联系、操作性极强的样本。经过量化统计分析，得出了较为科学的结论。本文是一篇较好地运用调查研究方法的优秀论文。

质化研究法。张进良，李保臻《大数据背景下教师数据素养的内涵、价值与发展路径》一文，采用了较为典型的质化研究方法。对于教师数据素养的内涵的界定，进行了大量的文献引证。如：美国于 2012 年 3 月公布了"大数据研发计划"，提出"通过收集、处理庞大而复杂的数据信息，从中获得知识、提升能力、转变教育和学习模式"等任。美国教育部在 2012 年 10 月发布了《通过教育数据挖掘和学习分析促进教与学》报告，内容包括教育数据挖掘和学习分析解读等。我国国家发改委 2012 年 12 月将数据分析软件开发和服务列入专项指南。英国测量和教育资源中心（TERC）数据使用项目为了帮助教师发展分析和使用数据的能力，创建了一个文化适应和数据使用的过程。澳大利亚在新南威尔州公立学校的项目旨在为学校有效地使用数据提供支持：如提供测量、评估和报告工具包（智能），以便于收集、监测、分析和报告数据。

在论述美国的大数据教育应用挑战和实施建议对于教师数据素养的构成要素时，采用了权威专家的数据金字塔图，教师数据素养发展路径图。本文引用大量的来自世界各国的数据素养的文献资料，图片，经验材料，推断出科学的结论。"质

第五部分 其他群体媒介素养

化研究像一把大伞",外延是如此宽泛,几乎存在于所有的研究论文当中。

科学研究方法的运用,是一篇优质论文成功的关键,所以,2015年的媒介素养研究,在研究方法的运用上仍有待提高。

三、大众媒介素养的存在问题及展望

纵观2015年大众媒介素养研究现状,大众媒介素养研究,还处于及其不系统的状态,较为普遍的研究路径是:第一步:界定媒介素养的概念的内涵。第二步:提出当前媒介素养的现状和存在的问题。第三步:寻找问题的成因。第四步:探索提高媒介素养的对策。论文侧重于谈论个人对媒介素养提升的一些想法。从科学研究的角度来看,这些学术论文,涉及的范围之广,角度之多,对象之宽泛,极大地丰富了大众媒介素养研究的领域,对今后的研究将产生一定的影响。由于学术研究的自发性,对于信度和效度的积累不足,大众媒介素养研究的仍处于有待深入发展的状态。

大众传播研究的历程已经十分漫长,但是大众媒介素养的研究从国内的发展状况看来依然十分薄弱。研究仍处于无序散在的状态。也许大众媒介素养的概念过于宽泛,也许大众媒介素养理论体系还未发展成熟,也许大众媒介素养还需要更多人的关注。总之,我们先要对大众传播(mass communication)的概念有所了解,进而理解大众媒介(mass media),最后进入大众媒介素养(mass media literacy)研究。希望2016年大众媒介素养研究有一个新的飞跃。

注释:

①②希伦·A·洛厄里、梅尔文·L·德弗勒著,刘海龙等译:《大众传播效果研究的里程碑》,中国人民大学出版社2009年版,第2页。

③http://www.editlib.org/p/25085/

④⑤中国互联网络信息中心:http://www.cnnic.net.cn/hlwfzyj/fxszl/fxswz/201601/t20160122_53262.htm

⑥张萌:《传播能力视角下基层政府媒介素养评价体系研究——以K县为例》,兰州大学硕士论文,2015年5月,第23页。

⑦陈明:《社会化媒体时代政府官员的媒介素养研究——基于辽宁地区政府官员的调查分析》,渤海大学硕士论文,2015年8月,第18—19页。

⑧陈娜:《高校思想政治理论课教师媒介素养培养研究》,西南大学硕士论文,2015年,第16页。

⑨池安琪:《重庆城乡幼儿教师媒介素养现状对比研究》,重庆师范大学硕士论文,2015年5月,第13—14页。

⑩周明星、康艳钦:《新生代农民工媒介素养研究》,载《中国劳动关系学院学报》

2015年2月,第44页。

⑪李梓瑄:《危机事件下公众媒介素养评价——以"兰州4.10水污染事件"为例》,陕西师范大学硕士论文,2015年5月,第17页。

⑫刘奕婷:《安康市小学生父母媒介素养研究》,南京师范大学硕士论文,2015年5月,第15页。

⑬[荷]麦奎尔著,崔保国、李琨译:《麦奎尔大众传播理论:第五版》,清华大学出版社2010年版,第45页。

⑭新华网 http://news.xinhuanet.com/politics/201604/28/c_128940738.htm

(作者系广东工业大学编审)

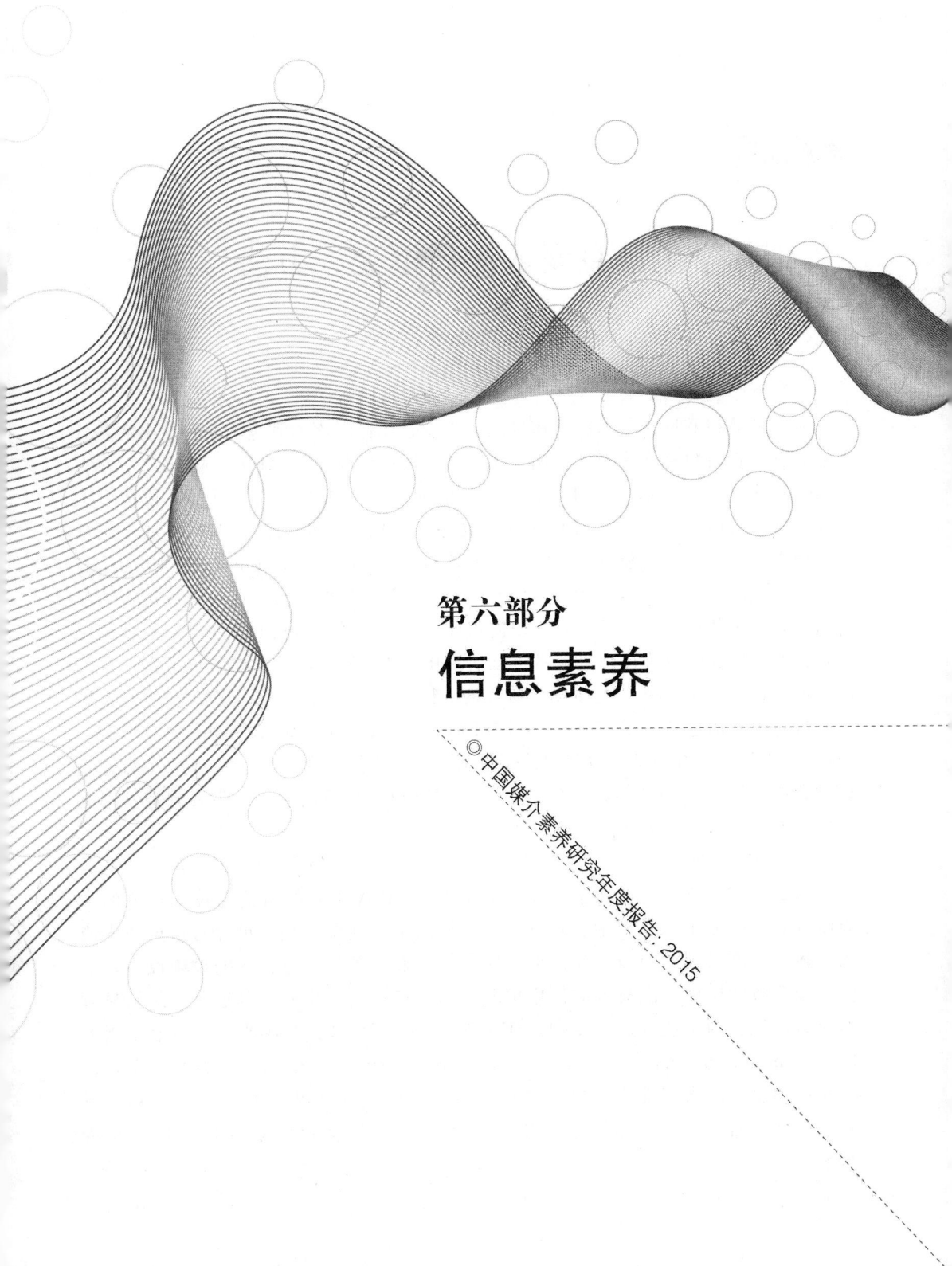

第六部分
信息素养

全文刊登

国际学生信息素养测评框架、方法与评价

唐晓玲

随着计算机和网络技术的飞速发展，信息技术已经深入到包含教育在内的各行各业，并发挥着愈来愈重要的作用。国际教育成就评价协会（International Association for the Evaluation of Educational Achievement，简称IEA）认为，要适应未来经济和社会的发展需要，必须让学生具备必备的计算机和信息素养。基于此认识，IEA于1989年实施了教育中的计算机研究（the Computers in Education Study，简称COMPED），1992年进行了跟进研究，调查评估学校与计算机相关的设施设备以及使用情况，并研究学校使用计算机及其相关设备与学生学习成就的关系，促使政府在学校推广信息技术。该研究中，有21个教育系统参与了第一阶段的测试，12个教育系统参与了第二阶段的测试。1998—1999年，IEA又进行了第二次教育中的信息技术研究（Second Information Technology in Education Study，简称SITES），调查教师在教学中使用信息技术的支持态度，并收集了27个教育系统的数据。2001—2002年，IEA实施了SITES第二阶段的研究，主要调查各国利用信息技术进行的教学创新，对28个国家的174个案例进行了定性分析。2006年SITES研究又调查了22个教育系统的八年级数学和科学教师使用信息技术的情况[1]。IEA实施的与信息技术相关的大规模调查，凸显了信息技术在教育教学领域的重要地位，是全世界对信息技术应用于教学高度重视的积极回应。但这些调查主要是关注信息技术的设施设备，关注学校和教师层面信息技术的使用情况，而没有面向学生开展真正意义的信息素养能力测试。为了填补这一空白，IEA于2013年启动了国际计算机与信息素养研究（the International Computer and Information Literacy Study，简称ICILS），以期通过学生信息素养能力的跨国比较，调查全球学生关于信息技术的知识、理解、态度、内容和技能水平，评估学生在数字时代是否具备合格的信息素养水平。

第六部分 信息素养

一、国际计算机与信息素养研究背景与现状

(一) 研究背景

1. 信息素养已成为推动现代社会发展的重要基石

最近20年，计算机和其他信息技术取得了飞速发展和巨大成就，公众一致认为通过信息技术进行知识交换和知识转化是现代社会的一个主要特征。信息技能不仅改变了学生的日常生活，而且影响到学生今后的职业生涯。2008年，欧盟委员会指出，信息素养愈来愈成为数字化时代必不可少的基本能力，不能有效访问信息和使用信息技术将成为社会发展、个人发展的极大障碍[2]。2010年5月，欧盟发布了"欧洲数字议程"（the Digital Agenda for Europe），提出了提高全民数据素养、信息知识和信息技能等要求，并将其纳入"2020欧盟战略"七大计划之一，建立了"数字化欧洲标准"的概念框架[3]。

2. 强化信息素养教育已成为当前各国的政策导向

随着信息技术影响力的不断增强，许多国家意识到信息素养教育的重要性。2007年，英国资格与课程局（Qualifications and Curriculum Authority，简称QCA）指出："信息技术是生活中必需的技能，能让学习者尽快适应不断变化的世界环境。"[4]美国也出台了一系列鼓励学校使用信息技术的政策，各州也陆续通过了国际教育技术协会（the International Society for Technology in Education，简称ISTE）在2007年发布的《全国教育技术标准》，以建立中小学信息技术课程和评估体系。美国国家教育技术行动计划（National Education Technology Plan）指出，各州应该持续推动培养学生在21世纪所需要的信息素养和技能，包括批判性思维、复杂问题解决、多媒体通信等能力[5]。在2014年的全国教育进展评估（NAEP）中，将开展学生的信息技术能力测评，包括计算机和学习软件精通能力、理解网络系统和网络规范、熟练应用手持数字设备，以及获取、提供和交流信息等能力[6]。拉丁美洲国家也开始关注课堂教学中使用信息技术的情况，阿根廷、巴西、智利、秘鲁和乌拉圭等国目前都已实现了"一生一机"目标。

(二) 研究现状

对信息素养内涵的研究最初起源于美国，英文为"information literacy"，在20世纪70年代至20世纪90年代经历了较快的发展，1989年，美国图书馆协会提出了较为权威的定义："要想成为具备信息素养的人，必须能够明确何时需要信息，具有查找、评价和有效利用信息的能力。"这一概念被各国普遍认同，标志着人们把握了信息素养的本质。此后出现过多种概念表述，但均是对它的继承。随着信息技术的进步，新的信息技术成果不断出现，信息素养的内容也变得更为庞大，信息素养的内涵也需要更新。

对信息素养标准的研究也引起各国的普遍重视。国外影响较大的标准有：1998

年美国学校图书馆协会（AASL）和教育传播与技术协会（AECT）共同制定的《中学生九大信息素养标准》；1999年，英国国家和大学图书馆学会提出的《英国信息素养评估标准》；2000年，美国大学与研究图书馆协会（ACRL）制定的《美国高等教育信息素养能力标准》；2001年，澳大利亚大学和新西兰大学出版的《澳大利亚和新西兰信息素养评估框架》。我国信息素养标准研究起步较晚，较权威的是2005年清华大学颁布的《北京地区高校信息素质能力指标体系》。这些标准的制定均由较高威望的学会或专业机构完成，具有较强的学术性和专业性。但是，已有信息素养标准大多针对高校学生，而面向中学生的信息素养标准较少。另外，目前还没有世界范围内公认的统一信息素养评价标准，无法对各国学生信息素养能力进行横向比较。

尽管各国越来越重视公民信息素养能力的培养，但各国在信息素养课程设置、资源开发与利用、教学组织与实施上存在巨大差异。很多国家对学校信息素养教育达成何种目标、涵盖哪些内容、如何开展课堂教学缺乏一致意见。基于对当前信息素养教育现状的认识，IEA启动了国际计算机与信息素养研究项目，通过对全球学生信息素养能力以及各国如何开展信息素养教育展开广泛调查，来探寻当前信息素养教育存在的普遍性问题，以拓展信息素养教育范围，提高信息素养教育的质量。

二、国际学生计算机与信息素养研究框架

ICILS是利用计算机测评方式来评估八年级学生的计算机与信息素养水平。测试调查的具体内容包括学生使用计算机或其他电子设备的能力，学生对计算机和其他电子设备的态度，以及影响年轻人发展计算机与信息素养的各种因素，如学生特征、教师信息、学校和教育系统的政策和资源等背景信息。因此ICILS研究的主要问题包含两个方面：学生的信息素养能力和学生信息素养发展的背景，前者通过对学生进行测试获得，而后者则通过调查问卷获得。

（一）ICILS国际学生信息素养测评内容框架

信息素养的内涵是通过图书馆学和心理学的发展而逐渐完善起来的，其主要内容为：识别信息需要；检索和定义信息；评价信息质量[①]。ICILS指出，信息素养是个人利用计算机进行调查、创造和通信的能力，这种能力在家、学校、工作场所和社会均起重要作用。此定义包含的范围较广，不仅包含了计算机使用、计算机熟练度以及对计算机的态度，还包括利用数字技术、通信工具和/或网络进行访问、管理、集成、评估和创建信息，以适应数字时代的要求。根据此定义，ICILS提出两个标准：第一个标准为收集和管理信息，包含3个子标准；第二个标准为制造和交换信息，包含4个子标准，如图1所示：

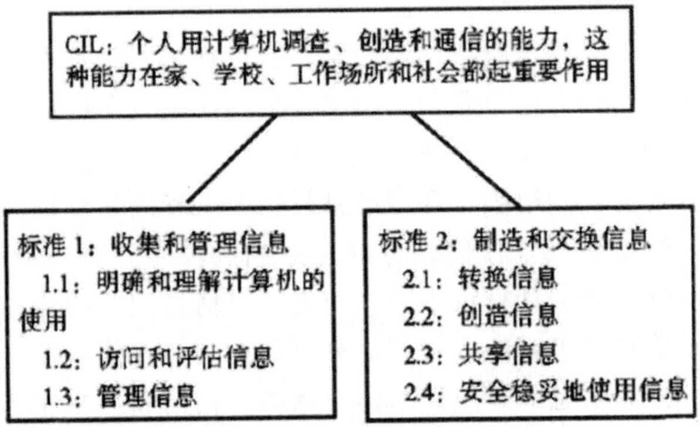

第六部分　信息素养

图 1　ICILS 信息素养框架的概念结构

注：CIL：computer and information literacy

标准1和标准2分别表示计算机的两个工具性用途：获取信息、接收信息的工具；处理信息进而创造新信息的工具。标准1和标准2是计算机使用的两个层次，收集和管理信息是最基本的信息能力，而制造和交换信息则要以收集和管理信息为基础，所以，两个标准不是孤立的，需要整合为一体才能充分发挥作用①。

1. 收集和管理信息

收集和管理信息包含3个子标准，即明确和理解计算机的使用、访问和评估信息、管理信息。

（1）彰显计算机基础理论知识的掌握。"明确和理解计算机的使用"要求学生掌握计算机的基本特点和功能，属于最基本的知识和技能，但早期的信息技术和数字素养一般都忽视了这个部分，认为学生会使用计算机及相关设备就已经足够。2012年，美国教育科学研究所、美国国家教育统计中心强调："尽管学生们不要求理解这些设备内部是如何工作的，但他们应该掌握足够的内部原理，了解其工作的基础。"理论是实践的前提和基础，只有了解计算机的基本知识，才能更深入地学习实际操作。知识包括描述性知识和程序性知识，描述性知识是指计算机和网络基本原理相关知识，计算机知识包括计算机的基本组成、计算机执行程序的方式、程序的种类等。网络知识包括了解网络的工作方式、网络程序、站点、博客等。程序性知识是与操作相关的知识，包含熟悉软件界面、执行基本的文件操作，如打开文件、保存文件到指定位置，抓取图形，复制和粘贴文本，通过扩展名识别文件类型等。

（2）重视信息的相关性、完整性和有用性判断。网络上的信息和知识呈指数级增长，其存在形式也从静态的、简单的而变得复杂而动态。用户要获得真正需要的信息必须首先过滤掉大量无用信息。访问和评估信息需要一系列与数字和媒体相关的处理技术，来检索信息并判断信息的相关性、完整性和有用性。例如，从网站或文件列表中选择与特定主题一致的信息；描述和解释不同计算机信息搜索程序的功能和参数；提出检索信息的策略或调整搜索参数以便更好地搜索目标信息；识别和解释信息的特征，如是否太过夸张，无事实根据；识别发布的信息是否有隐秘的动机；判断信息的准确性。

（3）强调信息的分类和组织。管理信息是指个人管理计算机信息的能力，包括对信息进行分类，组织规划，让信息更好地陈列和储存，以便更有效地使用和重用。管理信息与明确和理解计算机不同，因为要对信息使用的方式作决定，而不是简单地知道和表示信息是可用的。管理信息也与访问和评估信息不同，它是在具体环境中管理信息，控制信息的组织和结构。例如，在已知的文件结构中找出一个文件属于管理，而不是访问和评估信息。管理信息主要内容为：根据给定的参数在目录里创建一个文件结构；在互联网数据库中分类和过滤信息；为了给定的目的，在简单的数据库里使用最有效的数据结构。

2. 制造和交换信息

此标准主要将计算机作为创造性工具，用于思维、创造和交流信息，包含4个子标准，分别为：转换信息、创建信息、共享信息、安全地使用信息。

（1）凸显信息的转换与创造。无论是转换信息还是创建信息，都是为了特定的目的，为了满足特定的需要，利用计算机和相关设备在特定对象面前呈现出理想的信息，转换信息是对原来的信息进行修改、变换、加工和完善，而创建信息只给出一个主题，或一些简单的文字材料，要求作者凭借自身能力完成创作设计，如用画图程序或其他图形工具设计一个生日卡；设计和编写一个演示文稿，解释历史事件的主要元素；使用给定的信息制作计划书，包含文本、数据和图表。更加强调创建者本人对信息的转换力与创造力。

（2）关注信息的共享和安全。信息共享是通过计算机和互联网与其他人交流和交换信息，将信息共同分享，以便提高信息资源利用率，避免在信息采集、存贮和管理上重复浪费，从而节约成本。信息共享的渠道很多，如电子邮件、维基百科、博客、即时消息、共享媒体和社会网络站点等。共享信息包括：识别通信媒体间的主要不同；用软件传播信息，如用电子邮件发送附件，或在维基百科上添加信息条目；在给定的背景中评估信息是否恰当；为特定的交流目的，评估并选择最好的交流平台；为了特定的观众和目的创建或改变信息产品。

基于互联网的信息通信平台为用户共享信息提供了太多的便利，同时也带来了潜在的信息误用和安全风险。安全地使用信息指个人既作为信息的发布者也作为信息的消费者，在信息通信过程中对信息安全及伦理和道德有所认识和理解。安全风险主要有：身份盗窃、非授权访问或扮演、身份隐藏、网络仿冒、恶意软件攻击、互联网使用数据的自动捕获、个人信息的提供和使用、发布到互联网中的各种媒体版权限制。安全地使用信息包括的内容为：识别设置的密码是否是高级别的；明确个人信息公开后的结果;掌握保护私密信息的方法;理解网络是怎样给目标用户打广告的;解释仿冒邮件使用的技术。

(二) ICILS 国际学生信息素养测评背景框架

研究学生信息素养成就,必须要研究影响学生信息素养成就的因素。学生的 CIL 能力,是在不同的教育层次(小学、初中、高中、大学)、各种不同的场所(如学校内或学校外),通过一系列活动、经历而形成的。学生校外使用信息技术的经历会影响其校内的学习方法,而学校对信息技术的重视程度又直接影响学生的信息素养水平。所以,学生学习信息素养的环境是处于校内环境和校外环境的交叉重叠之中,而校外环境又处在地方、国家、超国家和国际的大环境中。影响学生信息素养的背景因素复杂,层次较多,必须将其分类。ICILS 将背景因素分为 4 类:(1) 个人因素。包括学习者的特征,如性别、年龄、学习动机和学习过程等。(2) 家庭背景。学生的家庭背景特征,也包括其他校外背景,只要与信息技术学习相关。(3) 学校/课堂背景。包括学校的信息技术课程、教师的信息素养能力等。(4) 宏观背景。描述信息素养学习的广泛背景,教育系统和社区背景,如是否偏远、是否容易访问网络等[9]。

影响学生信息素养的因素通过关联程度还可分为直接因素和间接因素。间接因素是信息素养形成的外部条件,如学生家庭的社会经济地位,学校条件和家庭资源等,不直接影响学习效果。直接因素则直接影响学生的信息素养,受间接因素或更高层次因素的制约。它包括:在课堂中学习信息素养的机会,老师对使用信息技术的态度,学生在家使用计算机的情况。

直接因素和间接因素都能够用来解释学生信息素养培养的结果。间接因素外塑和限制了学生信息素养的发展,直接因素也受学生信息素养水平的影响。而宏观背景、学校/课堂背景、学生、家庭环境都有直接因素和间接因素,见图 2。

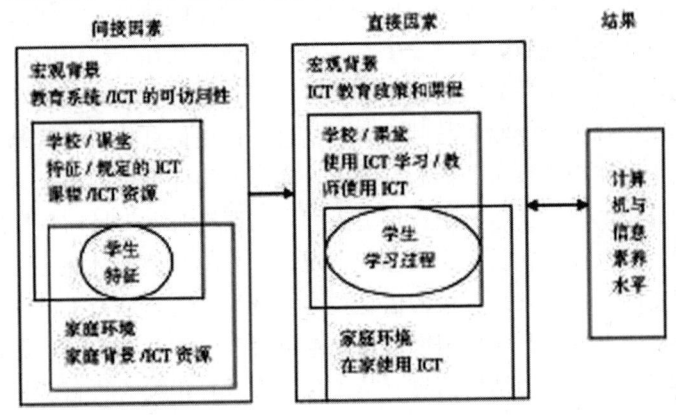

图 2　ICLIS 的信息素养测评背景框架

注:ICT:inform ation and communication technologies

图 2 描述了信息素养的背景框架，对间接因素和直接因素进行了分类，间接因素和直接因素中宏观背景、学校/课堂背景、家庭环境、学生包含的具体内容都给出了实例，直接或潜在地影响着信息素养的学习过程和结果。单箭头表示间接因素与直接因素之间的关系，间接因素作用于直接因素，如教育系统的特点决定着信息技术教育政策和课程标准。双箭头表明直接因素与学习结果是相互影响的，直接因素作用于学习结果，学习结果又反作用于直接因素，如学生在家使用信息技术越频繁，学生的信息素养能力越强，学生的信息素养能力越强，学生在家使用信息技术则更频繁，如此形成良性循环。宏观背景会对学校环境、家庭环境、学生个体都产生作用，学生个体的成长、个性的形成又受到学校环境和家庭环境的双重影响。

三、国际学生计算机与信息素养研究的对象、工具、方法和结果

（一）测评对象

ICILS 参与调查的是八年级的学生、学校教师、学校负责人或信息技术协调员。在大多数国家的教育系统中，八年级学生的年龄在 13.5 岁及以上，如果某个教育系统中八年级学生的年龄低于 13.5 岁，则 9 年级的学生被定义为测试对象。目标学校是按简单随机抽样法选择的，在每个选择的学校中，同样用简单随机抽样法选择 20 个学生进行测试。教师的选择是将被选学生的所有任课教师组成一个集合，在其中随机选择 15 个作为被测对象。调查的数据来自于 60 000 个 8 年级的学生、21 个国家或教育系统的 3 300 所学校。同时调查的还有参与学校的 35 000 位教师，背景数据的收集是通过信息技术员协调员、校长和 ICILS 国家研究中心来收集的。

（二）测评工具

测试工具包括测试模块集、学生问卷、教师问卷、学校负责人问卷、信息技术协调员问卷、国家背景调查问卷：（1）测试模块集由 4 个模块构成，每个模块都由一系列任务组成，学生选择两个模块完成，以此测试学生的信息素养能力。（2）学生问卷是基于计算机的调查项目，测试学生背景变量，在家和在学校访问、利用和熟悉信息技术的情况，还包括学生对信息技术的态度。（3）教师问卷的调查对象为目标学生所有科目的任课教师。问卷收集教师的背景信息、使用信息技术的情况，还包括了解教师在课堂教学中使用计算机的信心有多大，实际使用计算机的情况，以及他们对在教学中使用计算机的态度。（4）学校负责人问卷的调查对象为目标学校的负责人，调查学校的特征、信息技术在教学中的应用情况、学校对信息技术的管理情况等。（5）信息技术员问卷的调查对象是学校的信息技术协调员，内容是关于学校信息技术的资源和对信息技术的支持度。（6）国家背景调查由每个国家 ICILS 国家研究中心的专家完成。调查各国教育系统的结构信息、与信息素养教育相关的状态以及信息技术相关的国家课程、政策、举措和资源，获得的数据能够描述各国与信息素养相关的教育背景，帮助理解学生、学校、教师问卷的测试结果。如表 1 所示：

第六部分　信息素养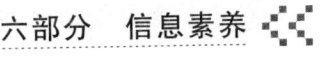

表1　背景框架与测试工具之间的对应关系

层次	间接因素	直接因素
宏观背景	NCS(国家背景调查问卷) 教育结果/ICT的可访问性	NCS(国家背景调查问卷) ICT在课程中的角色
学校/课堂	PrQ(学校负责人问卷)、ICQ(ICT协调员问卷)和TQ(教师问卷) 学校特征/ICT资源	PrQ(学校负责人问卷)、ICQ(ICT协调员问卷)和TQ(教师问卷) 教学中ICT的使用
学生	StQ(学生问卷) 性别/年龄	StQ(学生问卷) ICT活动/ICT的使用
家庭环境	StQ(学生问卷) 父母的社会地位/ICT资源	StQ(学生问卷) 在家学习ICT

注：NCS：national contexts survey；PrQ：principal questionnaire；ICQ：ICT coordinator questionnaire；TQ：teacher questionnaire；StQ：student questionnaire

(三) 测评方法

ICILS的学生测评采用计算机软件测试学生的信息素养能力，所有的测试和问卷通过USB接入学校计算机，学生在计算机上完成。计算机软件测试有4个模块（A、B、C、D），参与测试的学生选择完成其中的两个模块，每个模块完成时间是30分钟，模块测试时间共60分钟。另外，学生还要完成学生问卷调查，需要30分钟，整个测试用时90分钟。测试时，学生先完成第一个模块，再完成第二个模块，最后完成学生问卷，可能的组合如表2所示：

表2　学生测试组合情况

模块组合	第一模块 (30分钟)	第二模块 (30分钟)	学生问卷 (30分钟)
1	A	B	S
2	A	C	S
3	A	D	S
4	B	C	S
5	B	A	S
6	B	D	S
7	C	A	S
8	C	B	S
9	C	D	S
10	D	A	S
11	D	B	S
12	D	C	S

每个测试模块由 5—8 个任务构成，任务类型有 3 种：第一种是基于信息响应的任务，相当于完成一份电子试卷，主要考察学生的知识和对信息素养的理解，其操作也是简单的选择或拖动。第二种是技术任务。要求学生操作软件或应用程序，如粘贴、拷贝、打开文件，或是一系列简单行为的组合，如将文件用一个特定的名字保存到某个特定的位置。第三种是创作任务。要求学生利用软件制作新信息，学生根据给定的要求，综合应用电子邮件、网页、办公软件、多媒体软件等完成特定任务，如制作一个演示文稿或宣传海报。所有测试任务的测试内容都来自于 ICILS 的内容框架，每个任务会包含多个子标准。

表 3　信息素养测试内容分布

信息素养要求	任务数	分值（百分比）
标准1：收集和管理信息		
1.1 明确和理解计算机的使用	12	13
1.2 访问和评价信息	10	15
1.3 管理信息	5	5
合计	27	33
标准2：制作和交换信息		
2.1 转换信息	16	17
2.2 创建信息	15	37
2.3 共享信息	8	1
2.4 信息安全	14	12
合计	53	67

表 3 是信息素养测试的内容分布情况。从表 3 可以看出，制作和交换信息所占任务数和分值是收集和管理信息的 2 倍，说明信息素养研究更关注学生制作和交换信息的能力，特别是学生转换信息和创建信息的能力，也即学生的信息创造力。测试内容并没有平均分配每个子标准的分值比重，而是尽可能地覆盖所有的子标准，以期测试出学生信息素养的真实水平。

（四）测评数据及结果

ICILS 2013 的正式实施是从 2013 年 2 月持续至 2013 年 12 月，北半球的调查时间为 2013 年 2 月—2013 年 6 月，南半球的调查时间是 2013 年 10 月—2013 年 12 月。学生信息素养水平划分为 4 个等级，分别为 Level 4（661 分以上）、Level 3（577—661）、Level 2（492—576）、Level 1（107—491）。各国学生详细得分情况如表 4 所示：

第六部分 信息素养

表 4 各国学生信息素养能力平均得分及标准差

国家	所有学生		女生		男生	
	均值	标准差	均值	标准差	均值	标准差
捷克共和国	553	62	559	60	548	63
澳大利亚	542	78	554	73	529	80
波兰	537	77	544	75	531	78
挪威	537	72	548	70	525	72
韩国	536	89	556	81	517	92
德国	523	78	532	75	516	79
斯洛伐克共和国	517	90	524	91	511	90
俄罗斯	516	77	523	76	510	78
克罗利亚	512	82	520	80	505	83
斯洛文尼亚	511	69	526	63	497	71
立陶宛	494	84	503	84	486	84
智利	487	86	499	81	474	89
泰国	373	96	378	96	369	96
土耳其	361	100	362	100	360	100
未达到样本要求的国家和地区						
丹麦	542	69	549	67	534	70
中国香港	509	95	523	91	498	97
荷兰	535	82	546	79	525	83
瑞士	526	72	529	72	522	71
参照地区						
加拿大纽芬兰省	528	80	544	74	509	82
加拿大安大略省	547	73	560	70	535	75
未达到样本要求的参照地区						
阿根廷布宜诺斯艾利斯	450	94	453	95	448	93

由表 4 可见，平均得分最高的国家是捷克共和国，分数为 553，然后是加拿大安大略省、澳大利亚、丹麦，而得分最低的为泰国和土耳其。标准差代表一国内部学生分数分布的离散程度，通过标准差发现，各国内部学生之间的 CIL 表现差异较大，甚至高于国家之间的平均分差。标准差最小的是捷克共和国，为 62 分；土耳其标准差最大，为 100 分。

从整体来看，各国的平均分值不高，在 361—553 之间，所处等级均为 Level 1 或 Level 2。81% 的学生 CIL 成就为 Level 1、Level 2 和 Level 3，有两个国家例外，分别是土耳其和泰国——Level 2 的学生比率最大，测试结果表明这两个国家绝大部分学生只具备基础软件最低限度的知识，仅有 2% 的学生得分达到四级水平。从测试结果来看，学生性别与 CIL 成就有密切关系，几乎所有国家的女生 CIL 得分都比男生高。问卷调查发现，学生在家使用计算机比在学校多；不到 50% 的教师在完成较为复杂的任务时，觉得自己精通计算机知识和操作方法，只有 22% 的教师上过与 ICT 有关的高级课程；参加调查的 21 个国家中，有 18 个国家出台了各级层面的与教育信息化相关的政策。

另外，ICILS 还利用回归技术对学生 CIL 成绩与现状调查进行分析，显示以下的变量也与 CIL 成就有关：国家的社会经济状况、国家政策、学生期望的教育成就、父母受教育程度、父母的职业状态、家中书的数量等。在大多数国家，学生使用计算机的经历，在家使用计算机的频率对 CIL 分数有正向的影响。约 50% 的教育系统显示，学生在家使用互联网，学生家里拥有计算机的台数与 CIL 分数有明显关系。但是，在考虑了社会经济背景因素之后，学生家里计算机台数与学生的 CIL 成绩不再相关。

此次测评，我国仅有香港特别行政区参与，平均得分为 509，但香港特别行政区的学生信息素养水平并不能代表我国内地学生的信息素养水平，另外，我国内地学生也曾参与大规模国际测评项目，如 PISA 的数学、科学测评。因此，我国完全有必要且能够参与国际计算机与信息素养测评，从而了解我国学生计算机与信息素养的发展状况，但需要将测评工具进行本土转化，用中文表达题意。

四、结论

IEA 进行的国际学生信息素养测评，测试了 21 个国家或地区八年级学生的信息素养水平，并调查了这些国家或地区进行信息素养教育的现状，是数字时代各国对公民信息素养重视的积极回应。同时，ICILS 制定的内容框架、背景框架、测评工具、测评方法具有很强的理论意义和实践价值。

（一）ICILS 体现了鲜明的时代特征

当今的时代是一个数字时代，人们的学习、生活、工作都建立在电子信息的基础上，电脑及其他电子设备从高端走向了大众化。公民要适应数字时代，必须发展和提高相应的技能，教育必须重视学生信息素养的培养，让学生学会使用信息技术。获取信息、利用信息、交换信息、创造信息的能力是信息素养的主要内容，同时也是衡量人才、预测人才未来前途的重要标准。

各国研究团队和政策制定者越来越重视提升年轻人信息素养的问题，但国与国之间仍然存在较大的差距，在 ICT 课程、资源和教学方法上都很不相同。这些问题不仅源于信息技术课程和教学方法，还在于学校和教育系统是否支持年轻人发展计算机与信息素养。学校和教育系统在发展学生信息素养时扮演何种角色，如何更有效地促进信息素养水平的提高仍然不太明确。ICILS 正是在这种时代背景下发展起来的，它总结了前几次相关测评经验，给出了自己的测评框架，提供了世界各国了解信息技术和信息素养的方法，回应了数字时代各国对公民信息素养教育的重视和要求。

（二）ICILS 测评框架

数字时代，公民的信息素养能力日益受到各国政府和教育系统的重视，而制定行之有效的信息素养能力标准是信息素养教育的前提。国外比较权威的信息素养标准有美国的 ACRL 标准、澳大利亚与新西兰 ANZIIL 标准以及美国 SCONUL 标

第六部分 信息素养

准。这几个标准中，每种标准内容基本相似，只是表述和表现指标略有不同。值得一提的是，SCONUL 没有提出信息伦理，而 ACRL，ANZIIL 则强调信息伦理，ACRL 标准中包括信息创新能力。

以 ACRL 标准为例，ACRL 提出的五大标准为：（1）有信息素养的学生有能力决定所需信息的性质和范围；（2）有信息素养的学生可以有效地获得需要的信息；（3）有信息素养的学生能评估信息和它的出处，然后把挑选的信息融合到他（她）们的知识库和价值体系中；（4）不管个人还是作为一个团体的成员，有信息素养的学生能够有效地利用信息来实现特定的目的；（5）有信息素养的学生熟悉许多与信息使用有关的经济、法律和社会问题，并能合理合法地获取信息。其基本内容包括了信息需求、信息获取、信息评价、信息创新、信息伦理。ICILS 综合了 ACRL 的所有标准，并在标准中加入了计算机基础知识的理解和应用，另外，ICILS 标准的表现指标比 ACRL 标准的表现指标难度更低，如 ACRL 标准三的表现指标中，要求构建新概念、判断信息是否增值、与学科专家或行家讨论来验证信息是否正确，这种标准不能要求八年级的中学生达到。ICILS 标准的对象是八年级学生，构建尽可能合理的测评框架，为世界各国评估本国中学生信息素养能力提供方法借鉴，有助于整个国际社会有关中学生信息素养标准的达成一致。

（三）更加关注信息素养背景信息

比起阅读、科学和数学科目，信息素养与教育背景有更为紧密的关系。DECD 认为在国家层面上，各国数字技术水平不同，学生的信息素养水平也有很大不同。很多国家在信息基础设施建设上加大投入，增加学校和社会访问互联网的访问量，增加学校的硬件设备，其目的也是为提高学生的信息素养水平，如澳大利亚、加拿大、爱沙尼亚、以色列、新西兰、葡萄牙和韩国。

ICILS 主要通过出版物和国家背景调查获得学校信息技术资源的数据。ICILS 国家背景调查收集了关于学校 ICT 基础设施、硬件、软件以及关于这些供应的相关政策。具体数据包括每个学生的计算机数、每个教师的计算机数、网络连接（覆盖范围和速度）、软件授权和数字课程资源等情况。这些数据信息的分析是评估学生信息素养的前提，学生在高水平数字资源的学校，才有更多使用信息技术的经历，从而具有更高水平的信息素养。

学生的家庭背景，包括父母的社会经济地位、家庭里使用的语言、父母和子女是否有移民背景等影响信息技术技能的学习。大量文献表明学生的社会经济背景影响学生很多学习领域的学习成就。为了评估学生父母的社会经济地位，ICILS 学生问卷包括父母的受教育水平、父母的职业、家中有多少本书等。同时，学生在家访问数字资源的差距更是直接影响学生发展信息素养的机会。因此，ICILS 通过学生问卷收集学生家中的数字资源的信息，包括学生家中的计算机及相关设备的数量、能否访问网络、在家使用信息技术的情况以及与家庭成员的交流情况等。

(四)强调信息技术作为一门学科领域而不仅是工具

在某种意义上,信息素养与阅读素养很相似,两者不仅是学校教育的一个结果,同时也是学校教育的一种方法。信息技术最初被引入学校教育系统,纯粹是作为一种教育工具,大规模的跨国学业成就测试也只是将计算机作为工具,如2009年DECD实施的基于计算机的数字阅读测评[⑬],OECD的国际成人能力测评项目(Programme for the International Assessment of AdultCompetencies,简称PIAAC)包含数字阅读测评和在丰富技术环境中的问题解决能力测评。IEA即将进行的国际数学和科学趋势研究(Trends in International Mathematics and Science Study,简称TIMSS)和阅读素养进步研究(Progress in Reading Literacy Study,简称PIRLS)则调查学生在学习数学、科学和阅读时信息技术的角色。

教育系统要发展学生的信息技术知识和技能,理解信息技术在学习、工作和社会中的角色定位,重视学生的信息素养教育。ICILS首次提供了获取信息素养教育结果的方法,并将信息技术当作一门独立学科来看待。

(五)有助于推动各国信息素养教育的发展

ICILS是对现代社会信息技术迅速发展并广泛应用的回应,也是公民不断发展相关技术,有效地参与现代社会的重要体现。ICILS研究团队系统地调查了各国学生信息素养水平的差异,调查各参与国怎样实施信息素养教育,分析信息素养水平与学生特点、学校背景有何联系,这种联系在不同国家之间、同一国家不同地区、不同学校之间又有何差异。除此之外,参与国还提供了实施信息素养教育的国家背景的详细信息,包括政策、资源、课程和评价。研究满足了政策执行者和教育系统的需要,能使他们了解其他国家的信息素养教育情况,更好地理解本国与信息素养相关的教育政策的背景和结果,找出存在的问题,吸收有益经验,对本国信息素养教育进行相应的政策调整和修改。

ICILS国际信息素养测评是第一个关于全球学生信息素养水平的测评项目,测评的结果和出版的相关文献将会激发政府、学校、社会对本国信息素养问题的讨论,从而影响各国信息素养课程开发、教学、信息素养教育教师的培养和学校管理改革,进而推动各国信息素养教育的发展。

注释:

①Amtmann R, Poindexter S. Literacy in information end communication technology: Standards and practices of secondary schools [J]. International, Journal of Learning, 2008, 15 (5): 281—290.

②European Commission. Digital Literacy European Commission working paper and recommendations from Digital Literacy High-Level Expert Croup [EB/OL]. [2015—06—24]. http://www.ifap.ru/library/book386.pdf

③Hoedl E. Europe 2020 Strategy and European Recovery (Strategia Europa 2020 I Europejska Odbudowa) [J]. Problemy Ekorozwoju-Problems of Sustainable Development, 2011, 6 (2): 11—18.

④Qualifications and Curriculum Authority. Developing the landscape for 14—19 learning [EB/OL]. [2015—06—02]. http://www.qca.org.uk/6.html

⑤Organisation for Economic Co-operation and Development (OECD). 21st century skills and competences for new millennium learners in OECD countries [J]. OECD, 2009, 41 (12): 1—33.

⑥Bakia M, Murphy R, Anderson K, et al. International experiences with technology in education: Final report [R]. Washington, DC: US Department of Education, Office of Educational Technology, 2011.

⑦Australian Curriculum, Assessment and Reporting Authority (ACARA). National Assessment Program-ICT literacy: Years 6&10 report [R]. Sydney: Ministerial Council for Education Early Childhood Development& Youth Affairs, 2012.

⑧Bawden D. Information and digital literacies: A review of concepts [J]. Journal of Documentation, 2001, 57 (2): 218—259.

⑨Fraillon J, Schulz W, Ainley J. International computer and information literacy study: Assessment framework [R]. International Association for the Evaluation of Educational Achievement, 2013. [2015—07—04] http://eric.ed.gov/}? id=ED545260

⑩Organisation for Economic Co—operation and Development (OECD). P1SA 2009 results: Students on line: Vol. 6. Digital technologies and performance [R]. Paris: OECD Publications, 2011.

⑪Group P. PIAAC Literacy: A conceptual framework [R]. OECD publishing, 2009. [2015—07—05]. http://eric.ed.gov/?id=ED530712.

（作者系四川外国语大学图书馆副研究员，博士研究生。原文刊登于《图书情报工作》第59卷第15期。）

社会化媒体信息共享虚拟空间特征及其对信息素养培育的启示

鲍雪莹 赵宇翔 朱庆华

社会化媒体是Web2.0时代的产物，以互动性为主要特点，鼓励用户参与内容的创造、发布、传播和交流。在社会化媒体环境下，信息技术的发展使得社会化媒体具备了信息共享空间的典型特征：（1）普遍性：社会化媒体在各个终端上的软件和服务是相同或一致的；（2）适应性：社会化媒体中涵盖了海量的信息，涉及人们生活、学习、工作的方方面面，可以满足用户各种信息需求；（3）灵活性：社会化媒体能够适应不断变化的需求环境和技术环境；（4）公共性：社会化媒体的社交性为用户的学习、交流提供了良好的平台和空间。因此，本文尝试把信息共享空间的概念引入到社会化媒体情境中，构建社会化媒体信息共享虚拟空间的概念，通过对该空间中的信息资源和环境特征的分析与论述，提出该环境下用户信息素养培育的策略。

一、社会化媒体信息共享虚拟空间

信息共享空间（IC）是图书馆领域率先提出的概念，并广泛地用于优化图书馆服务的质量和提高图书馆服务的水平。信息共享空间是一种高度整合的信息服务模式和服务空间，满足人们在学习、交流的模式和空间上的需求[1]，主要包括实体空间和虚拟空间两个部分[2]，集成了计算机和信息技术、物理设备、信息资源和智力资源，为用户提供一个全天候、不受时空限制的、一站式服务的学习交流空间和资源空间。[3]任树怀[4]将信息共享空间的概念模型分成三层实体层、虚拟层和支持层，并指出虚拟层是用户学习、交流和共享的知识门户和虚拟社区，包括各种社会网络空间（如学习社区、兴趣社区等）。信息资源以及各类网络软件。

社会化媒体是伴随着Web2.0技术的发展而出现和流行的，其最大的特点就是鼓励用户参与信息内容的创造、传播和分享，在社会化媒体情境下，出现了一大批新的技术和服务并形成了大量的虚拟社区（如微博、豆瓣、天涯社区等），为用户提供了进行信息和知识的交流、共享的虚拟空间，实现用户的参与和双向互动，以虚拟社区的方式构建全球信息共享空间。[5]赵宇翔在其研究中已经论述了社会化媒体即在线社区这一命题[6]，即是说，社会化媒体可以被认为是在线社区，具有在线社区的典型特征，能够为人们提供不同程度上的信息服务，满足人们工作、学习和生活中的各类信息和情感需求，并构建出虚拟社会空间。[7]从这个角度上说，社会化媒体与信息共享空间的虚拟空间有着很大程度的共同点。二者都是由信息资源、用户、网络软件和网络服务集合而成的虚拟社会空间，能够实现用户之间的互动和交流，满足用户各个层次各个方面的信息需求，是高度整合的信息服务模式和服务空间。鉴于此，本文提出社会化媒体信息共享虚拟空间的概念，用以描述社会化媒体中的信息共享空间和信息资源环境。

笔者认为，技术的发展催生了社会化媒体，引发了信息生成、组织、获取、评价等信息活动方式的变化，以及人们进行信息交流和互动方式的变化，在社会化媒体中，信息资源的深度聚合和用户与信息、用户与用户的深层次互动改变了原有的信息环境，从而形成了社会化媒体信息共享虚拟空间。在这一空间中，信息资源和信息服务工具的类型、特征都发生了很大的变化，人们在该空间中进行信息活动时需要具备的信息素养也因为情境的变化而被赋予了新的要求[8]，因此，社会化媒体信息共享虚拟空间中用户的信息素养培育需要依据该空间的特征进行新的思考。由于社会化媒体信息共享空间是一个宏观的信息环境，其涉及的内容包罗万象，为了系统、条理清晰地论述其特征，本文引入了信息生命周期对其进行解构。社会化媒体带来的技术和服务重塑了信息生命周期的内涵，使得信息生命周期在各个阶段的具体体现发生了巨大的变化。本文便是从信息生命周期的视角出发，论述了社会化媒体环境中信息生命周期的各个阶段中出现的典型技术、产品和用户行为的变化，用信息生命周期解构社会化媒体信息共享虚拟空间，在此基础上总结了社会化媒体信息共享空间的主要特征，以及对用户信息素养培育的启示，根据社会化媒体信息共享虚拟空间的特征有针对性地进行信息素养培育，是为了让用户能够更好更顺畅地使用社会化媒体，用社会化媒体提供的信息服务满足自己的信息需求，或解决他人的信息问题，从社会化媒体中获益。

二、社会化媒体环境下的信息生命周期

如上文所述，社会化媒体重塑了信息生命周期的内涵。本文通过分析和总结信息生命周期各个阶段的典型技术和典型产品的特点，对社会化媒体环境下的信息生命周期进行了思考，并将其作为总结社会化媒体信息共享虚拟空间特征的基础。在论述中，本文沿用了Horton对信息生命周期六个阶段的划分[9]，从信息生成、信息标引、信息的组织和存储、信息检索和获取、信息评价和甄别以及信息的适应性使用这六个阶段来阐述社会化媒体环境中信息生命周期的特征，其中，由于信息的适应性使用在社会化媒体环境下并表现出明显的不同，该环节本文不再阐述。

（一）信息生成

社会化媒体的发展使得用户成为生产和创造信息的最大主体，用户生成内容成为最广泛的信息生成方式，在学界和业界都受到了广泛的关注，已经产生了很多成

熟的产品，如维基百科、百度知道等。在国内的研究中，朱庆华等对用户生成内容和行为进行了详细而系统的研究，包括用户生成内容的动因、特征和机理、共享意愿、视频网站的用户生成内容特性分析和质量评测框架、协作生产内容的可信度评估等方方面面。[10]目前，微博等各类社交网站已经成为产生用户生成内容的最大平台，渗透到人们生活、学习、工作的各个方面，信息生成变得更加生活化、个性化和多元化。

（二）信息标引

在社会化媒体环境下，标签和社会化标注满足了用户对个人信息进行标引和管理的需求，成为用户常用的信息标引方式。标签是用户自主创建的、用于描述网络信息资源特征，以达到分类、检索和共享目的的应用，标签能够反映用户对信息资源的认知，其使用与主题词类似，但不受词表和各种规则的约束，非常适合普通用户的信息标引活动。社会化标注是多个用户对多个对象添加标签的行为模式，建立了用户、标签和资源之间的关系网络。社会化标注可以从多个维度对信息资源进行描述，有社区聚合和资源发现功能，能够反映用户的词汇、需求及其变化。目前，标签和社会化标注已经得到了广泛的应用，如Delicious、Flicker、豆瓣等都是成功运用Tag的案例。除此之外，图书馆也引入标签技术提高信息服务水平，如南京大学图书馆将馆藏资源辐射到豆瓣上实现服务的延伸。

（三）信息的组织与存储

云存储是伴随云计算产生的新兴的存储技术，是以数据存储和数据管理为中心的云计算系统，可扩展性好，更易于管理，成本更低廉，并且数据安全和数据服务不受单一硬件或存储服务器限制。[10]云存储在公共服务领域的应用已经得到诸多学者的广泛讨论和认可。同时，基于云存储的用户软件服务早已占据了大块的市场份额，最常见的是网盘和云笔记，前者是一种基于网络的在线存储服务，向用户提供文件的存储、共享、备份等管理功能，如新浪微盘、百度云盘、金山快盘等；后者是一款跨平台的个人记事备忘工具，能够实现PC、移动设备和云端之间的信息同步。[11]常见的云笔记产品主要是有道云笔记、印象笔记、为知笔记等。云笔记为用户提供了一站式的信息管理服务，以为知笔记例，除了创建笔记，添加文件、图片等附件的功能外，用户还可以在浏览器中安装为知笔记插件，在浏览网页时可以直接将自己感兴趣或觉得有价值的网页直接保存至为知笔记中，对于每一个保存的信息，包括笔记、文件、网页，用户可以对其评级和添加评论，便于后续的阅读和使用。[12]除此之外，有道云笔记还开发了协作版，能够实现团队快速的资源共享、动态更新和多人协作办公。[13]

（四）信息的检索和获取

在社会化媒体环境下，全文检索、语义检索、协同检索等技术的发展和实现，降低了对用户检索语言使用技能的要求，但海量的信息和复杂的信息环境给人们的信息检索提出了新的要求：（1）从信息源选择的角度上说，用户应当能够根需信息快速定位最佳信息源，而不是一味地依赖综合性搜索引擎，如：需要查找书评、影评使用豆瓣网，查找餐厅的评价可以使用大众点评，查找人的信息可以通过微博、人人等社交网站等；（2）从检索内容上说，在文本检索之外，图片、音频、视频等多媒体信息也成为重要的检索对象，跨媒体信息检索已经受到关注；（3）从检索技术角度上说，垂直搜索（如大众点评）、协同检索、社会化搜索（如 Volunia、知乎、百度知道）[14] 的概念和产品已经得到了学术界和产业界的关注。总的来说，在社会化媒体环境中，用户的信息检索应当以解决问题为导向，塑造一种全网络全资源的检索意识，能够快速定位信息源，实现个性化、跨媒体、跨平台的信息检索。

（五）信息的评价与甄别

在社会化媒体环境下，用户是创造信息的主体，因而也导致检索得到的很多网络信息都带有浓厚的个人色彩，信息的真伪、相关度、专业度都是需要思考和商榷的，信息评价和甄别成为常见的用户信息行为。社会化媒体环境下，信息评价在电商平台、社会化问答网站中极为常见，评价的实现方式主要是用户的文字评论、等级或星级评定、投票赞同等，用户的评价是组织对产品和服务进行质量评估的依据，也是机构改善服务方式和服务水平的指导，因此用户评价在商业和公共服务领域都有着重要的参考价值。

三、社会化媒体信息共享虚拟空间的主要特征

通过上文的论述，可以发现，社会化媒体信息共享虚拟空间有着几个典型特征，本文将其概括为一个快速增长、两个转变和三个多样化。一个快速增长：即信息量的快速增长。在社会化媒体信息共享虚拟空间中，微博等产品的出现使得普通用户成为信息生产和创造的主要群体，以微博为例，每天都有大量的用户发布新鲜事，以前所未有的速度快速增长，信息过载现象愈发显著。用户如何在海量信息中寻找和定位自己需要的信息、避免因信息过载导致的信息焦虑成为信息素养培育的主要目的之一。

两个转变：（1）用户角色的转变。在社会化媒体信息共享虚拟空间中，用户从单纯的信息消费者成为集信息生产和消费于一体的主体，在角色的转变中，用户所需要具备的信息能力和信息素养也相应地发生了变化，文章第五部分对此进行了具体阐述；（2）产品定位的转变。在社会化媒体信息共享虚拟空间中，几乎所有的服务与产品一改以技术为中心开发的惯例，转变为以用户为中心进行开发，以满足和迎合用户的信息需求及信息行为特征为主要目的，如标签、云笔记、云存储等都是为了满足用户进行个人信息管理的需求和实现异地、多终端的工作学习特征而实现的。

三个多样化：（1）产品服务多样化。在前文论述中可以发现，在社会化媒体信

息共享虚拟空间中,新的产品和服务层出不穷,同一类型的产品也是多种多样,信息素养教育不可能一一教导用户使用各个信息服务产品,用户在不同产品和服务中信息能力的延伸以及自主学习能力显得尤为重要;(2)信息类型多样化。在社会化媒体信息共享虚拟空间中,多媒体信息日益丰富,图片、音频、影视都占据了一席之地,用户的信息需求也不再是单一的文字信息可以满足,多媒体信息素养和跨媒体信息素养也极具重要性;(3)信息来源多样化。社会化媒体信息共享虚拟空间中,可以为用户提供有效信息的服务和产品已经细分到各个领域,快速准确地定位信息源能够收获事半功倍的效果,在该文信息检索与获取中已有所论述。

四、社会化媒体信息共享虚拟空间中用户信息素养培育的策略

社会化媒体信息共享虚拟空间是人们日常生活中最经常接触到的信息环境。在该环境中,信息量快速增长,用户角色发生转变,信息产品、信息资源类型、信息行为等都有着泛在性和多样性的特点,社会化媒体信息共享虚拟空间的这些特征对用户信息素养培育提出了新的要求,即用户应当能够在该空间的海量信息中快速、准确地定位信息源和获取信息,判断信息的真伪和对自身信息需求的价值,无障碍地使用各类信息产品或可以通过学习消除使用中的困难,遵守相关的道德规范和信息伦理等。

(一)重视传统信息素养的支撑作用

在分析中发现,传统信息素养在社会化媒体信息共享虚拟空间中仍然占据着重要的地位。其一,用户使用标签、社会化标注技术进行信息标引,以及运用云存储工具和云笔记服务进行信息存储时,都还是需要具备基本的信息组织和管理能力,即指用户在进行个人信息管理时一般应具有基本的信息组织意识,在进行标引、存储和管理时能够做到条理清晰,存储后的信息能够易于查找和共享,否则,随意的标引和存储分类会导致信息的混乱,违背了个人信息管理的初衷。这一要求是针对标签和社会化标注的缺点提出的,由于用户知识结构的不同和用户在标注时的个性化信息表达,社会化标注存在着标签的同义和多义问题、缺乏层次性、没有标准的结构、标注粒度不统一等缺点。[15]这些缺点要求用户在使用时不仅是会使用,而且更要能合理使用,扬长避短。其二,社会化媒体信息共享虚拟空间中的信息检索也依赖于传统的信息检索技能,对其的扩展主要是树立跨媒体、跨平台的检索意识,即在检索中不局限于单一信息源(如网络搜索引擎)和载体形式,相关内容在前文中已经有所论述。除此之外,在单个信息源中的检索跟传统环境下的检索大致相同,一般的检索技巧都能派上用场。其三,信息伦理和法规在社会化媒体信息共享虚拟空间中同样非常重要,尤其是人肉搜索带来的社会负面影响更是将信息伦理与法规的重要性推到了新的高度。这些都是传统信息素养的重要内容,可见传统信息素养对于社会化媒体信息共享虚拟空间中的信息素养培育有着重要的支撑作用。

第六部分　信息素养

（二）重视信息能力在社会化媒体信息共享虚拟空间中的延伸

社会化媒体给用户提供了一个良好的交流和互动的平台，用户的参与是其主要特征。在社会化媒体信息共享虚拟空间中，传统的信息技能除了可以直接使用，还能够得到一定的延伸。譬如，当需要了解某一领域的知识时，可以通过数据库、图书馆、搜索引擎等进行检索，社会化媒体信息共享虚拟空间还提供了其他的方式在社交网站上寻找该领域的专家直接进行交流、在知乎等在线问答社区中提问等。这事实上是把现实生活中向专家请教的行为放到了网络上，是获取信息能力在社会化媒体信息共享虚拟空间中的一种延伸。

除此之外，还有计算机技能和知识的延伸。在社会化媒体信息共享虚拟空间中，新的服务和产品层出不穷，在进行信息素养培育时，不可能穷举所有的产品服务和软件知识，用户对新的产品和服务的接受和使用大多依赖于技能和知识的延伸和移植，这在同类型产品和服务的使用中最为常见。以云存储为例，假设用户掌握了有道云笔记，相应地也能够快速运用印象笔记、为知笔记等同类产品，并且，如果未来出现了基于云笔记产生的新产品，用户也能依据已有的知识和技能很快地掌握其使用。

（三）重视用户作为信息生产者和信息消费者不同的信息素养需求

在社会化媒体信息共享虚拟空间中，普通用户才真正能够作为信息的生产者参与到信息生成阶段中去。作为信息生产者，用户应当具备更高的信息表达能力和知识水平，才能使其创造的信息具有可读性和价值性，促进信息的分享、传播和交流；同时，用户也应对自己的言论负责，适时适度地表达观点，遵守信息伦理和信息法规，以构建一个和谐发展的社会化媒体环境。在普通用户之外，一些企业、政府机构、社会名人、草根大户等把微博等社交媒体作为信息发布、知识分享和公关的平台，由于这些账户往往拥有大量的粉丝群体，任何言论和观点都会呈指数传播，因此对于这些账户的管理者而言，信息表达能力和信息伦理尤其重要。

作为信息消费者，最重要的是信息的甄别和使用能力。由于在社会化媒体信息共享虚拟空间中，普通用户参与信息生成，用户的知识能力和文化水平都难以预知，社会化媒体信息共享虚拟空间中的信息良莠不齐，真假混杂，用户对信息进行评价与甄别的能力显得尤为重要。在信息评价中，信息的外部特征是重要的判断依据，如信息发布者的信用或等级、信息发布者身份、信息来源等，一般而言，发布者信用等级高、信息来源于政府或企业官方的发布和声明的信息可信度更高。社会化媒体信息共享虚拟空间中，对信息的评价可以延伸出多种方式，如通过知识社区寻找该领域的专家进行交流，对发布在不同平台的信息进行交叉验证等。

（四）重视和其他新型信息素养内容的融合

近年来，在国内外的学者对信息素养内涵进行反思的过程中，形成了许多新的信息素养类型，如信息素养2.0[16]、跨媒体素养[17]-[18]、视觉素养[19]-[20]、听觉素养、信息安全素养[21]-[22]、健康素养等。结合社会化媒体信息共享虚拟空间的特点可以发现，这些各种用户信息素养类型在社会化媒体信息共享虚拟空间中集成了。首先，社会化媒体信息共享虚拟空间包含了大量信息，能够满足人们在工作、生活、学习各方面的信息需求，健康信息也不例外，健康素养的内涵和要求只是社会化媒体信息共享虚拟空间中用户信息素养在健康领域的体现；其次，在社会化媒体信息共享虚拟空间中，信息总是通过多种媒体形式呈现的，如文字、图片、音频、视频等，需要用户综合运用视觉、听觉等多方面的能力，是视觉素养、听觉素养和跨媒体素养的有机结合；最后，社会化媒体尤其是社交网站的信息过度分享现象已经导致了大量的用户个人信息泄露，特别是定位功能和图片发布，个人隐私和个人信息安全已经受到重视，同时信息的过度分享和传播还可能在文化意识、国家安全等更高层面上威胁我国的发展，因此在社会化媒体信息共享虚拟空间中，信息安全素养也是不容忽视的主题。基于此，本文认为，社会化媒体信息共享虚拟空间的用户信息素养培育，一定要重视和这些新型信息素养的有机融合，才能得到全面提高和事半功倍的效果。

（五）结合社会化媒体信息共享虚拟空间的特点，探索新的信息素养培育方式

前文在论述中已然指出，社会化媒体信息共享虚拟空间事实上也是一个泛在信息环境。在该空间中，信息素养培育的受众不局限于学生和科研工作者，而是应该囊括所有的社会化媒体信息共享虚拟空间用户，同时，课程教学不能穷举所有的信息资源和信息需求，教学设计的内容应该以从传统的知识传授为主逐渐转变为以支持学习活动开展为主[23]，因此，社会化媒体信息共享虚拟空间中的信息素养培育，不仅是需要让用户学会信息技能和知识，而且更是培养用户自主学习信息技能的能力以及对信息能力运用的迁移，并在此过程中培养用户其他方面的信息素养，如：信息意识、信息道德和伦理等。因此，既是为了适应这种要求，同时又是为了改善传统的用课堂教学培养信息素养的成效不显著的现状，探索新的信息素养培育方式显得尤为重要。

从教育的角度说，近年来，受到广泛热议 MOOC（大规模在线开放课程）。翻转课堂和游戏化学习都可以运用到社会化媒体信息共享虚拟空间的信息素养培育中来，其中 MOOC 和游戏化学习方式的应用已经得到了初步的探索，并取得一些成果。中科大的罗昭锋教授成功开设了网络公开课"文献检索与信息分析"，突破了教室和课堂的限制，面向社会人员普及信息技能，得到了非常积极的反响。该课程已经连续开展好几年了，是对 MOOC 模式用于信息素养教育的有益探索。游戏化学习以其在提高学生的参与度、投入度方面的优势已经得到重视。在国内，韩宇[24]、苏云[25]等已经对以游戏化的方式进行信息素养教育的可行性和实施策略等进行了探讨；而国外学者亦对此展开了研究。虽然这些大都还处于起步阶段，需要学者们进行更加深入而系统的探讨和实践，但已经证实了游戏化、MOOC 作为信

息素养培育方式的可行性和实践价值。

注释：

[1] 施强. 信息共享空间：意蕴，构成与保障 [J]. 大学图书馆学报，2008（3）：53—57.

[2] beagle, D. Conceptualizing an Information Commons [J]. Jour-nal of academic Librarianship, 1999, 25 (2): 88—89.

[3] 戴维民, 孙瑾. 论信息共享空间 [J]. 中国图书馆学报，2007，33（6）：22—25.

[4] 任树怀, 盛兴军. 信息共享空间理论模型建构与动力机制研究 [J]. 中国图书馆学报，2008（4）：34—40.

[5] 邱璇. Web2.0环境下信息共享空间的动力机制研究 [J]. 情报探索，2010（2）：6—8.

[6] 赵宇翔, 彭希羡. 媒体即社区？信息系统领域基于文献的研究主题分析 [J]. 现代图书情报技术，2014（1）：56—65.

[7] Preece J. Sociability and Usability in Online Communities：Determining and Measuring Success [J]. Behavior & Information Technology, 2001, 20 (5): 347—356.

[8] 范哲. 社会化媒体情境中信息素养的内容框架研究 [J]. 情报杂志，2012，31（10）：170—174.

[9] Horton FW. Information Resources Management [M]. London: Prentice-Hall, 1985.

[10] 赵宇翔, 朱庆华. Web2.0环境下影响用户生成内容的主要动因研究 [J]. 中国图书馆学报，2009（5）：107—116.

[11] 张龙立. 云存储技术探讨 [J]. 电信科学，2010（8）：71—74.

[12] 百度百科. 云笔记 [EB/OL]. [2015－01－07]. http：//baike. baidu. com/view/6841129. htm? fr=aladdin.

[13] 有道. 有道云笔记 [EB/OL]. [2015－01－07]. http：//co. youdao. com/? keyfrom=guanw.

[14] 孙晓宁, 朱庆华, 赵宇翔. 社会化搜索研究进展综述 [J]. 图书情报工作，2014，58（17）：5—13.

[15] 魏建良, 朱庆华. 社会化标注理论研究综述 [J]. 中国图书馆学报，2009（6）：88—96.

[16] Tuominen K. Information literacy 2.0 [J]. Signum, 2007, 35 (5): 1—7.

[17] Wilkinson L. Bridging the Gaps：Teaching Transliteracy [EB/OL]. [2015－01－07]. Brick and Click Libraries, 2011（6）：27－35. http：//

files. eric. ed. gov/fulltext/ED526899. pdf#page=35
[18] 黄丹俞. 跨媒体信息素养的概念、特点及对图书馆的意义 [J]. 图书情报工作, 2013, 57 (14): 56—60.
[19] 朱静秋. 信息技术支撑下的视觉素养培养研究和实践 [D]. 南京: 南京师范大学, 2004.
[20] 张舒予, 朱静秋. 信息技术支撑下的视觉素养培养 (上) [J]. 电化教育研究, 2005 (3): 12—16.
[21] Gathegi JN. Balancing Sharing, Privacy and Law in Social Media Networking: Need for a New Literacy? [D] //北京大学信息管理系. 2014年信息资本、产权与伦理国际学术交流研讨会论文集. 北京: 北京大学, 2014: 8—13.
[22] 罗力. 论国民信息安全素养的培养 [J]. 图书情报工作, 2012, 56 (6): 25—37.
[23] 钟晓流, 宋述强, 焦丽珍. 信息化环境中基于翻转课堂理念的教学设计研究 [J]. 开放教育研究, 2013, 19 (1): 58—64.
[24] 苏云. 高校信息素养教育游戏化策略 [J]. 图书情报工作, 2014, 58 (8): 53—58.
[25] 韩宇, 朱伟丽. 当信息素养教育遇到游戏 [J]. 大学图书馆学报, 2011 (3): 86—90.

(作者简介: 鲍雪莹, 南京大学信息管理学院2013级情报学专业硕士研究生; 赵宇翔, 教授, 南京理工大学经济管理学院; 朱庆华, 教授, 南京大学信息管理学院。原文刊登于《图书馆工作与研究》2015第9期。)

国内外高校信息素养MOOC关键成功因素研究

蒋丽丽　陈幼华

一、引言

信息素养是信息数据时代公民生存及发展所必需的一项基本素养与能力。高等教育机构出台了相关的能力标准，并开展形式多样的信息素养教育项目。近年来，对教育领域影响最大的莫过于大规模在线开放课程（massive open online course, MOOC）。MOOC以学生为中心，为学生提供个性化的教育服务和支持，更加注重学生兴趣的激发和主观能动性的发挥，是对传统大学以教师单向传授为主的教学方式的颠覆。因此，MOOC 的兴起和独特优势适应了读者个性化的学习需求，也为高校信息素养教育改革和创新带来了新契机。

在此形势下，国内外一些学者开始致力于 MOOC 与信息素养教育方面的研究。2013 年国外学者 G. Creed-Dikeogu 等[1]从理论上阐述了 MOOC 环境下信息素养教育与学习者信息素养技能的提升。随后，L. Sutton[2]和 B. L. Eden[3]则从应用上阐释了维克森林大学（Wake Forest University）的 Z. Smith Reynolds 图书馆利用社交媒体开展信息素养课程"Lib 100：Acessing Information in the 21st Century"和纽约州立大学图书馆开设元信息素养 MOOC 的案例。P. Bond[4]研究了 MOOC 环境下信息素养教育的模式以及适应 MOOC 学习需求的信息素养能力标准。国内以黄如花为代表的学者对国内外信息素养 MOOC 及其富媒体素养采集特点等进行了调查与分析[5-6]；基于用户视角对爱课程网"信息检索"MOOC 学员学习需求以及课程质量的反馈进行了分析[7]；调查了 UNESCO、IFLA、ACRL 等机构对信息素养概念的最新定义与要求，以爱课程网开设的"信息检索"MOOC 为案例，提出了 MOOC 背景下信息素养教育变革的对策[8]。叶小娇论述了基于 MOOC 理念的信息素养教育平台的功能结构、教学流程和技术架构设计[9]。卜冰华构建了关联主义 MOOC 学习者应具备的信息素养内容框架，并对 MOOC 平台开展信息素养的教育模式进行了探究[10]。孙辉探讨了基于 MOOC 的翻转课堂在高校信息素养教育中的应用[11]。

综上所述，国外学者在理论上侧重于 MOOC 环境下信息素养技能、信息素养教育能力标准以及信息素养教育模式等方面的研究；国内学者侧重于国内外信息素养 MOOC 建设现状的调研、基于 MOOC 的信息素养平台设计、信息素养教育内容框架与教育模式以及翻转课堂在信息素养教育的应用等方面的研究。在已有理论和实践研究中，缺少对国内外信息素养 MOOC 的影响因素分析及关键成功因素总结研究，但这方面的调研分析和归纳总结对于国内高校信息素养 MOOC 建设和发展非常重要。本文在调研 27 门国内外高校信息素养 MOOC 的基础上，利用典型案例分析法和基于专家访谈的关键成功因素分析法总结信息素养 MOOC 的关键成功因素，旨在为国内高校信息素养 MOOC 的建设与发展提供参考。

二、现状调研与研究方法

（一）信息素养 MOOC 建设与应用现状

英国国家和大学图书馆协会（简称 SCONUL）下属的信息素养咨询委员会于 1999 年提出"高等教育中的信息技能——7 项指标"模型[12]；2011 年 SCONUL 发布新版信息素养七要素标准时指出信息素养是"一个覆盖数字、视觉及媒体素养、学术能力、信息处理、信息技能、数据监护及数据管理的涵盖性概念"[13]。

基于SCONUL对于信息素养概念范围的界定，本文在已有文献[5]基础上，利用网络调研法对国内外主要MOOC平台上信息素养MOOC建设与应用情况进行调研。调研发现：截至2015年6月12日，在国内外14个MOOC平台上高校共开设27门信息素养类MOOC，其中国外高校开设17门，占63%；国内高校开设10门，占37%。最早开设的信息素养类MOOC是多伦多大学于2013年4月在Coursera平台开设的"统计：让数据更有意义（Statistics: Making Sense of Data）"。基于SCONUL新版信息素养七要素标准的范围界定，按照内容划分，信息素养MOOC主要包括：传统信息素养、数据素养、媒体素养、视觉素养和新时代信息素养5种类型。其中，传统信息素养MOOC有6门，占22%；数据素养MOOC有11门，占41%；媒体素养MOOC和视觉素养MOOC各有4门，各占15%；新时代信息素养MOOC有2门，占7%。可见，数据素养MOOC所占比例位居首位，其原因在于：大数据环境下，数据素养显得尤为重要，对数据的管理能力是未来信息素养的重要能力之一。新时代信息素养MOOC根据SCONUL信息素养新标准来设计教学内容的，仅有纽约州立大学的"元素养"和武汉大学的"信息检索"。此外，一些信息素养MOOC的学员关注度较高，报名注册的人数较多，结课率也较高。对这些信息素养MOOC的关键成功因素进行归纳总结对于信息素养MOOC的建设与实践具有重要参考价值和指导意义。鉴于此，本文在典型案例分析基础上运用基于专家访谈的关键成功因素法来分析和总结信息素养MOOC的关键成功因素。

（二）关键成功因素法之专家访谈

关键成功因素（key success factors，KSF）分析法由哈佛大学教授W. Zani于1970年首次提出，是用来确定影响行业成功关键因素的一种研究方法[14]。

关键成功因素分析法根据目标与影响因素的相互作用，通常结合专家访谈法、竞争分析法、层次分析法、因子分析法等来确定主要关键因素。本文基于典型案例分析和研究初步提出国内外高校信息素养MOOC的成功关键因素，采取常用的专家访谈对受访对象进行面对面、邮件等形式的深度访谈，以进一步分析和佐证成功关键因素。

专家访谈对象选取原则为受访对象具有代表性、权威性和可靠性。在受访对象选取时充分考虑了同质性（访谈对象均为图书情报界人士且曾参与过信息素养MOOC的授课或学习）和异质性（身份涵盖专家、学生、教师、图书馆员）问题，最终确定10名受访对象，包括：信息素养MOOC授课者2名、信息素养MOOC学员3名、图书情报专业学生2名、图书馆员2名以及专职教师1名。这些受访对象来自国内不同知名高校，且身份具备代表性；信息素养MOOC授课者为国内图书情报界专家，具有权威性和可靠性。访谈采取面对面和邮件的半结构化访谈方式。访谈内容主要包括：信息素养MOOC课程优势、信息素养技能提升、教学目标、设计思路、教学方法及内容设计,课程素材选取、制作与运维,课程互动与新技术应用,课程考核与结课率影响因素,课程评价与学员反馈等方面。

受访对象普遍认为信息素养 MOOC 与传统信息素养课程相比,最大优势在于提供了互动的机制,包括人机互动、师生互动和学生互动,为学习者提供了完整的学习体验。信息素养 MOOC 改变了传统以教师单向传授知识为主的教学方式,强调以学习者为中心、交互式学习、提供各种学习支持服务,更加注重激发学习者的学习兴趣和主动性;在教学目标和信息素养能力培养方面,信息素养授课者均紧密结合国际最新信息素养能力标准,将一些新信息素养技能和能力标准融入课程中,注重信息素养技能培养的与时俱进;在教学总体设计方面,授课者信息素养教育要结合现实社会所需展开,具备解决实际生活中各种问题的能力;在课程素材选取、制作与运维方面,授课者注重图片、动画、电影等大量不同类型的媒体素材的应用,有利于激发学员的学习兴趣;在课程运维方面 MOOC 团队负责课程的运行和维护,主要包括:负责 QQ 群、课程论坛、微博等的交流回复,负责单元测验和考试的评分,负责课程相关通知的发布等;在课程互动性方面,受访对象普遍认为课程互动与新技术应用是信息素养 MOOC 受到学习者欢迎的重要因素之一,授课者在课程设计时均充分考虑到互动性,为学生提供了各种用户交互性社区,同时也尝试引入 QQ 等社交媒体,并得到了学员的良好评价;在课程考核方面,考核成绩一般由多部分成绩组成,授课者鼓励学生进行互动式学习,将课程讨论纳入考核指标,并使其在课程成绩中占有较大比重,考核方式更加注重学生综合能力和实践能力的考核,而不仅是知识记忆能力;在结课率影响因素方面,学员普遍认为资源版权问题在一定程度上影响了结课率,学分和证书奖励是学员完成 MOOC 全程学习的重要激励因素。

三、信息素养 MOOC 关键成功因素分析

在典型案例分析和专家访谈基础上,本文根据教学设计所包含的教学设计、教学内容、教学方法、教学考核和教学效果 5 个主要环节[15]将国内外高校信息素养 MOOC 关键成功因素归纳如下:

(一)教学总体设计注重实际应用

SCONUL 信息素养模型从两方面诠释了高校信息素养教育的内涵:①围绕高校学习中所需的信息检索、分析和研究技能展开;②结合现实社会中的信息获取、管理和使用及在不同社会环境,围绕更为宽泛的信息素养技能展开。其中第二个方面强调了信息素养教育要结合现实社会所需展开,具备解决实际生活中各种问题的能力。由此可见,信息素养课程是一门应用性很强的课程,其宗旨是解决人们学习、工作、科研、生活中各种与信息相关的问题。

大多数信息素养 MOOC 在课程总体设计上非常注重实际应用,注重理论与实

践相结合。在讲授检索工具或数据库使用方法时，不仅仅从功能、使用等方面加以介绍，更有大量生动的具体案例，便于学生通过案例掌握信息素养理论、技能和方法。例如，武汉大学的"信息检索"MOOC结合电影《搜索》片段介绍信息检索概念及其在实际生活中的应用；西北大学的"理解谷歌，理解媒体"MOOC介绍Google等新媒体与出版、广告、视频、社会媒体、移动电话等的关联，课程内容与实际生活联系非常紧密。武汉大学"信息检索"MOOC的学员反馈为："课程内容充实，既贴合实际生活又对专业知识做了讲解，收获很大；课程与实际生活联系紧密，为承担信息检索课程的工作人员的授课思路带来很大启发"。由此可见，注重实际应用的课程总体设计，不仅有利于学生掌握信息素养的相关知识和技能，还有利于真正达到学以致用的学习目标。

（二）教学内容设计注重结合国际最新信息素养能力标准

2011年，SCONUL发布新版信息素养七要素标准；2014年11月，美国大学与研究图书馆协会（Associa-tion of College & Research Libraries，ACRL）也推出了面向高等教育的信息素养框架第三版，对信息素养重新定义：信息素养的概念正不断扩大，还包括数据素养（data literacy）、视觉素养（visual literacy）和媒体素养（media literacy）等一些新兴信息素养技能，它们通常被称为21世纪的必备技能[16]。

通过对国内外高校开设的27门信息素养MOOC进行调研发现：数据素养MOOC、媒体素养MOOC和视觉素养MOOC共占信息素养MOOC的71%。由此可见，数据素养、媒体素养和视觉素养3类信息素养MOOC是高校信息素养MOOC的主力军，尤其是数据素养MOOC所占比例最高。调研发现：这3类信息素养MOOC大多数在课程教学目标和课程体系设计上体现了与信息素养国际最新能力标准框架相结合的特质，将其包含的数据素养、视觉素养和媒体素养能力要求融入和贯穿到整个课程中。如复旦大学的"大数据与信息传播"主要介绍人、媒介、信息在社会化媒体环境下的新规律，在课程内容设计上融入社会化媒体环境下信息传播新规律、数据分析工具和方法等知识点，课程教学目标之一就是提升学生在社会化媒体环境下处理和利用数据信息的能力，与2011新版SCONUL信息素养框架中数据素养的培养目标基本吻合。

相对于传统信息素养MOOC，这3类信息素养MOOC更加容易引起学生的学习兴趣，学生关注度较高；缺点是对授课教师挑战较大，需要教师花费大量时间和精力设计教学内容和备课。国内信息素养MOOC则更倾向于将数据素养、视觉素养、媒体素养等新信息素养技能嵌入到传统信息素养课程中，其优点是一定程度上易实现与传统信息素养的整合；缺点是新兴信息素养授课时间有限导致内容介绍深度不够。例如：武汉大学的"信息检索"MOOC第12讲中，介绍了大数据的概念和特点，并举例说明企业应该如何利用大数据进行市场分析，了解用户的需求[17]；

第 3 讲"如何利用信息检索提高综合素质"中讲授了如何利用新兴媒体工具（豆瓣、微博、网盘、论坛等）获取研究资料、竞争情报等有价值的信息[18]。可见，"信息检索"这门 MOOC 巧妙地将数据素养、媒体素养相关知识嵌入到整个课程中。专家访谈中，2 名信息素养 MOOC 授课者均表示课程教学目标与内容设计考虑到与国际最新信息素养能力标准相结合，将一些新信息素养技能和能力标准融入整个课程中，并得到了学员的较好评价。由此可见，紧密结合国际最新信息素养能力标准的课程内容体系设计是信息素养 MOOC 成功的核心要素。

（三）教学内容注重碎片化和模块化

MOOC 课程的特点之一就是微视频和知识内容的碎片化。2013 年，美国哈佛大学的一项研究表明，微视频有助于学习者保持注意力高度集中，从而提高学习效果[19]。通过调研发现：被调研 MOOC 微视频长度一般为 10 分钟左右且教学内容相对独立和完整，非常注重知识内容的碎片化，方便学习者利用其碎片化的空闲时间随时完成课程内容的学习，受到了广大学习者的欢迎和认可。此外，MOOC 微视频教学内容按照主题和知识单元进行切分，内容设计相对独立和完整，充分体现了内容设计的模块化。以武汉大学的"信息检索"MOOC 为例，该课程采集的媒体素材多为短小精悍为主，视频素材多为片段形式，电影素材多以 3 分钟以内的片段为主；文本素材多为简洁的提纲式短语形式，知识内容条理清晰且便于学生掌握学习重点。按照学习对象的不同，该课程将教学内容分为 3 个模块，即公众模块、学习和科研模块、商业应用模块。公众模块在内容选择上多以生活中经常遇到的信息检索相关问题和生动有趣的案例、电影片段等为主；学习和科研模块主要讲授信息检索常用的基本方法、信息检索常用工具、使用方法和技巧，教学内容相对公众模块而言专业性更强，主要是以图像、文本和实例来辅助教学；商业应用模块总结了利用信息检索解决问题的流程，并采用多个贴近主题的视频，包括各种具有现实意义的访谈，结合案例讲解如何通过信息检索解决工作、生活中的各种问题。

（四）教学方法强调交互式学习和新媒体运用

交互式学习是 MOOC 的一个显著特征，贯穿于测验、作业、考试等过程中。MOOC 的互动性为信息素养课程中学生的交流与互动创造了有利条件。通过调研发现：目前信息素养 MOOC 的互动模式包括线上互动和线下互动两种，其中大多数信息素养 MOOC 更注重线上互动，依托网上讨论区、社交媒体、QQ 群等进行互动交流。国内信息素养 MOOC 侧重利用网上讨论区、QQ 群进行线上动。如武汉大学的"信息检索"MOOC 采用 QQ 群、课程论坛、微博等方式进行在线交流和讨论，其中课程讨论区包括：教师答疑区、课堂交流区、综合讨论区、师生实践互动区等版块。而利用社交媒体来增强学生互动性的模式多见于国外信息素养MOOC。大多数国外的 MOOC 平台有其专门的社交媒体（如 Facebook、Twitter）登录接口，学生可以直接通过自己的社交媒体账号进行交流与互动，分享学习心得。例如，奥克兰大学的"洞察数据：数据分析导论"和德克萨斯大学阿灵顿分校的"数据，分析和学习"两门MOOC均利用Twitter等社交媒体发起讨论话题，并鼓励学生积极参与。大多数信息素养MOOC依托网上讨论区等进行线上交互，主要表现为：（1）师生交互，教师参与讨论区等进行在线辅导和答疑；（2）学生交互，学生之间围绕问题进行交流、互动与分享，营造协作式学习的氛围；（3）人机交互，系统会自动记录学习轨迹并对在线提交练习自动评分，学生可查看相关评估。

此外，被调研信息素养MOOC比较重视新媒体的运用，通常在课件中插入图片、动画、电影等大量不同类型的媒体素材。新媒体的运用不仅丰富了教学内容，而且还有利于激发学员的学习兴趣，带来全新的课程体验和学习感受。例如，武汉大学的"信息检索"这门MOOC包含了1500余幅图像、28段视频、2段动画、1段声音等[6]，在第9讲"求助专家"章节中，使用8幅生动有趣的图片，阐述了向图书馆员求助是解决信息检索难题的有效渠道。

综上所述，交互式学习注重学习渠道的建立，学生要探寻与各类信息资源的交互渠道以及与他人的交流渠道。新媒体的运用丰富了教学内容和教学形式，给学生带来了全新的课程体验和学习感受。由此可见，交互式学习和新媒体运用在一定程度上能激发学生学习兴趣，促进学生主动思考，进而提高学生的学习效果。

（五）建立多元的评价考核方式

大多数信息素养MOOC均采用多元的评价考核形式，考核一般由单元测验和单元作业、讨论互动和结课考试3部分组成。其中，单元测验和单元作业要求学生在规定时间段内完成并提交，单元作业主要是与课程内容有关的应用性练习，考核为方式多要求学生提交综述、论文、报告等，较之简单的测验，这种考核形式为学生以后独立从事科学研究奠定了良好基础。学生在准备撰写综述和论文过程中，锻炼了自己信息分析和归纳总结的能力。单元作业采取互评方式并通常规定了作业互评最少个数，学生只有提交作业后才能参加互评。讨论互动包括学生参与讨论区提出和回答问题的活跃程度以及单元作业互评的活跃程度。结课考试要求学生在规定时间段内完成并提交，考试包括单项选择题、论文等形式。例如，武汉大学"信息检索"MOOC的考核方式为单元测验占30％，单元作业占10％，课程讨论占30％，考试占30％[20]；哈尔滨工业大学的"大数据算法"MOOC平时成绩和期末成绩各占50％，平时成绩是每次课布置的作业，每讲之后会有一个半开放式的作业，采取互评的方法打分，取最高两次分数的平均分作为平时成绩，期末考试是一篇结题论文，学生需要在结课之后2个月内完成初稿[21]。

由此可见，被调研的国内外高校信息素养MOOC多数采取多元化的评价考核方式，鼓励学生互动式学习，将课程讨论纳入考核指标，并在课程成绩中占有较大比重。多元化的评价考核方式更加注重学生综合能力（如逻辑分析、信息分析、归纳总结能力等）和实践能力的考核，而不仅是知识记忆能力，这种交互式学习和结题论文等考试方式对学生综合能力的提升大有裨益。此外，由于信息素养课程的实践性比较强，因此只有采用多元的评价考核方式才能达到课程能力培养的最终目标。

（六）积极利用 OA 资源和证书奖励提升结课率

目前，MOOC 发展面临的最大问题就是资源的版权问题。授课教师若直接使用数据库的资源作为链接，非本校学习者就不能访问资源，且会产生版权问题。这就导致 MOOC 课程在资料的利用深度和规模上，很难将学习资料无缝、全面、系统地融合到 MOOC 教学中。在被调研的信息素养 MOOC 中，大多数 MOOC 均非常注重对开放获取（OA）资源的积极利用，所使用的绝大部分信息资源都是可以免费使用的。随着 OA 运动的快速发展，OA 资源占有越来越大的份额。国外综合性的 OA 资源网站有 DOAJ、Seirus、Open-Science Directory、High Wire Press 等。充分利用好这些 OA 资源，能在一定程度上解决 MOOC 发展面临的资源版权问题。例如，武汉大学的"信息检索"MOOC 拓展阅读材料均来自网站公开的免费资料，视频均来自优酷、我乐等免费视频网站；中国科技大学的"文献管理与信息分析"MOOC 在介绍信息跟踪与管理时利用免费、开源的软件工具阐述其功能和使用方法。因此，高校可借鉴这些做法，充分利用 OA 资源，在一定程度上解决信息素养 MOOC 所遇到的资源版权障碍难题。

在被调研的 27 门高校信息素养 MOOC 中，有 23 门 MOOC 提供证书，占总数的 85%。证书包括免费/付费证书、仅免费证书和仅付费证书 3 种类型，分别占 31%、52% 和 17%。提供免费/付费证书的 MOOC 如北卡罗来纳大学教堂山分校的"元数据：组织和发现信息"等；仅提供免费证书的如加州理工学院的"从数据中学习"等；仅提供付费证书的如伊利诺伊大学香槟分校的"数据可视化"等。国内高校信息素养 MOOC 提供的证书包括免费/付费证书和仅免费证书两类，其典型代表分别是中国科学技术大学的"文献管理与信息分析"和华中师范大学的"视觉信息设计"两门 MOOC。中国科学技术大学的"文献管理与信息分析"MOOC 声明：与其合作学校的学生选课并完成课程要求后，即可获得本校的学分，可获得有授课教师签名的结课证书；与其合作学校之外的其他高校及社会人士完成课程且分数达到及格线后，将获得中国科技大学和 Top U 共同提供的证书[22]。

综上所述，积极利用 OA 资源不仅可以保证学生能无障碍地获取课程相关教参资料，也有利于学生完成 MOOC 的全程参与和学习，一定程度上保障和提高 MOOC 的结课率。此外，学分和证书奖励既是鼓励学生完成 MOOC 课程学习的重要激励因素，也是提升学生结课率的关键影响因素。

四、总结与展望

随着新技术的不断涌现，学习者的学习习惯、学习行为、学习环境、信息需求等都在不断变化。高校信息素养教育也应与时俱进，不断更新其教学内容，借助信息技术手段，采取更适合的教学方式，不断提升新环境下学习者的信息素养技能。本文通过对国内外主要 MOOC 平台上的 27 门高校信息素养 MOOC 的调研，基于典型案例分析和专家访谈结果，根据教学设计的 5 个主要环节，将高校信息素养 MOOC 关键成功因素归纳总结为 6 个方面。本文对 MOOC 关键成功因素的总结，意义主要体现在两个方面：①关键成功因素的初步归纳，可为今后以实证研究为导向的研究和验证提供基础；②关键成功因素的识别有助于为国内高校信息素养 MOOC 建设和发展提供参考。国内高校可充分利用 MOOC 的优势与理念，将 MOOC 融入信息素养教育中，借鉴国内外高校信息素养 MOOC 实践的成功经验，不断探索和推进高校信息素养教育的改革和创新。

参考文献：

［1］Creed-Dikeogu G，Clark C. Are you MOOC-ing yet？［EB/OL］.［2015－05－15］. http：//newprairiepress. org/cgi/viewcontent. cgi? article＝1030&context＝culsproceedings.

［2］Sutton L. A MOOC of our own［EB/OL］.［2015－05－15］http：//lj. libraryjournal. com/2013/12/academic-libraries/a-mooc-of-our-own.

［3］Eden B L. A review of "Metaliteracy：Reinventing Information Lit-eracy to Empower Learners"［EB/OL］.［2015－05－15］. http：//www. tandfonline. com/doi/pdf/10. 1080/1941126X. 201. 999568.

［4］Bond P. Information literacy in MOOCs［J］. Current Issues in E-merging e Learning，2015，2（1）：1－19.

［5］黄如花，钟雨祺，熊婉盈. 国内外信息素养类 MOOC 的调查与分析［J］. 图书与情报，2014（6）：1－7.

［6］黄如花，李英子. MOOC 中富媒体素材采集的特点——以信息素养类课程为例［J］. 图书与情报，2014（6）：8－13.

［7］黄如花，李白杨. 用户视角下的信息素养类 MOOC 需求分析与质量反馈［J］. 图书馆，2015（7）：26－29.

［8］黄如花，李白杨. MOOC 背景下信息素养教育的变革［J］. 图书情报知识，2015（4）：14－25.

［9］叶小娇，贺俊英，刘博影. 高校信息素养教育中 MOOC 与课堂混合教学模式研究［J］. 西昌学院学报（自然科学版），2015（2）：104－107.

［10］卜冰华. 关联主义 MOOC 的信息素养教育探究［J］. 图书馆，2015（4）：99－101.

［11］孙辉. 基于 MOOC 的翻转课堂在高校信息素养教育中的应用探讨［J］. 甘肃科技纵横，2015（2）：69－71.

［12］Use of SCONUL'S 7 pillars model for information literacy［EB/OL］.［2015－05－12］. http：//www.sconul.ac.uk/search? search Box＝information％20literacy&sort_by＝created&sort_order＝DESC&page＝5.

［13］The SCONUL seven pillars of information literacy core model forhigher education［EB/OL］.［2015－05－12］http：//www.sconul.ac.uk/sites/default/files/documents/coremodel.pdf.

［14］关键成功因素分析法［EB/OL］.［2015－05－10］.http：//baike.baidu.com/link? url＝L0GTa JAX l8e4Avnf JJ7YA8HFpb7I9JNPp GXBTVLIQXXn Svlvoy7lj－9GAFQ21l P8ry WAJb_6nab I0o3GDw T4Rq.

［15］教学设计环节［EB/OL］.［2015－06－20］.http：//zhidao.baidu.com/link? url＝v Zvz LJAEoi5diwj3o_ywkRGpxrl Aarub5 Zi V8zd K5h Vga_6qzq Er8T24K_4uu Y－bf X1BHXtj Z_lom I2Kx ZVI5q.

［16］黄如花，钟雨祺.信息检索MOOC教学内容的设计思路［J］.图书与情报，2015（1）：3－7.

［17］如何利用大数据获取市场信息［EB/OL］.［2015－06－25］.http：//www.icourse163.org/learn/whu－29001? tid＝244006 ♯/learn/content? type＝detail&id＝520346.

［18］如何利用信息检索提高综合素质［EB/OL］.［2015－06－25］.http：//www.icourse163.org/learn/whu－29001? tid＝244006 ♯/learn/content? type＝detail&id＝520279.

［19］Massive open online course［EB/OL］.［2015－06－25］.http：//en.wikipedia.org/wiki/Massive_open_online_course.

［20］信息检索MOOC评分标准［EB/OL］.［2015－06－25］.http：//www.icourse163.org/learn/whu－29001♯/learn/score.

［21］大数据算法MOOC评分标准［EB/OL］.［2015－06－25］.http：//www.icourse163.org/learn/hit－10001? tid＝253002 ♯/learn/score.

［22］文献管理与信息分析MOOC证书要求［EB/OL］.［2015－06－25］.http：//www.topu.com/mooc/3805? EDM0228

（作者单位：上海交通大学图书馆。原文刊登于《图书情报工作》第59卷第15期。）

新加坡国家图书馆网络素养教育探析

罗　皓

新加坡国家图书馆十分热衷于社会公益事业，特别是积极开展消除社会信息鸿沟的活动。同时，新加坡国家图书馆在社会公共管理活动中扮演了越来越重要的角色,在许多方面都发挥了不可替代的作用,有效弥补了政府职能空缺和缺位[1]。

新加坡国家图书馆主要在以下三方面发挥了重要作用:首先,是社会网络素养教育的发起者和推动者,引领社会网络素养教育的发展方向;其次,国家图书馆弥补了政府在网络素养教育方面的职能空缺,是健全和完善新加坡国民素质教育的重要补充力量;最后,国家图书馆承担着为社会培养和输送网络素养教育人才的重任,是国家教育体系的重要组成部分。

1 网络素养教育的内涵

网络素养教育,是指针对网民提供技能培养的教育活动。"网络素养"主要是指网络信息搜集、分析、利用和加工能力,以及网络自我保护和信息安全能力等[2]。"网络素养"是从"媒体素养"概念延伸出来的,所谓"媒体素养",也叫作"媒介素养",主要是指用户在浏览互联网、电视、书报杂志信息时的辨别判断能力,以及利用新闻媒体信息指导自身理性消费的能力。"媒体素养教育",一般是指强化媒体素养而进行的有针对性的培训活动。

值得一提的是,"媒体素养教育"和"网络素养教育"作为一种新的概念,既与传统新闻教育有本质的区别,又与计算机技术教育有着密切的关联性,可以说,它是二者相互融合形成的一个新事物。

新加坡官方给出了"媒体素养"的标准定义。新加坡媒体发展管理局是本国最高新闻媒体管理的政府机构,其对"媒体素养"的定义如下:"媒体素养"是指用户正确利用和接受媒体信息的能力;如果读者具有较高的媒体素养,他就能够从繁杂的媒体信息中筛选出有用的、有价值的信息,不管他是想达到什么样的目的,都能够保证其不被媒体信息误导[3]。换言之,如果用户的网络素养很低,不能正确判断新闻媒体信息的真伪,就十分可能被各种不实信息误导和伤害。例如,现实生活中一些网络素养相对较低的青少年,很容易被网上各种不健康的信息如色情小说、图片、网游等所深深吸引,无法自拔,荒废学业和事业,给个人成长造成巨大的负面影响。

随着互联网的不断普及和推广,新加坡开始高度关注网民综合素质,逐渐将注意力从"媒体素养教育"转移到"网络素养教育"方面上来。"网络素养"英文名称有几种说法,例如"Cyber literacy"、"Internet literacy"、"Network literacy"等。从当前新加坡开展网络素养教育的情况来看,其比较关注"网络健康"(Cyber wellness)和"网络安全"(Cyber safety)方面的内容,注重提高网民健康、安全使用网络的综合技能。其中,"网络健康"(Cyber wellness)是新加坡政府最重视的教育问题之一。例如,新加坡就如何维护网络安全和健康专门成立了一个咨询委员会(Advisory Council on the Impact of New Media on Society),该委员会主要负责研究社会新媒体发展动态,并提出应对措施和建议。2008年,该委员会向新加坡政府提交了一份调研报告,对"Cyber wellness"进行了深入阐述,这是新加坡独创的一个名词,是指能够为网民带来积极正面效果的健康网络氛围。它包含判断网络有害信息的能力、自我防护网络虚假信息侵蚀的能力、维护网络健康的意识,以及利用网络信息促进个人健康发展的能力[4]。新加坡提出的"Cyber wellness"拓展了"网络健康"的定义范围,它不仅包含网络健康方面的内容,还涉及网络安全内容。新加坡提出的"Cyber wellness"是网络素养教育中的一个专业名词,对网络健康和安全提出了相应要求和标准。

2 新加坡国家图书馆是网络素养教育的先行者

在开展网络素养教育方面,国家图书馆充当了主力军的角色,发挥了十分重要的引领作用。新加坡国家图书馆在网络素养教育方面主要有以下几方面贡献。

2.1 在全国率先开展网络素养教育,推出全新的国民素质教育模式

20世纪90年代末期,新加坡就开始制定和实施网络素养教育计划。1999年,新加坡国家图书馆成立了教育培训公司"The One Learning Place"(简称NOLP),NOLP的主要宗旨是提高国民信息素质,充分发挥网络的积极促进作用。NOLP推出的教育项目大多通过委托专业教育机构来完成。在几年之内该机构就发展了数百名志愿者,这些志愿者从事不同的职业,包括企业人士、教师、公务员和退休专家等。志愿者们利用自己的专业知识和网络技能,为青少年提供网络教育和指导,教会他们学会如何甄别网络信息,鼓励他们与负面信息进行斗争,净化网络空间环境[5]。

NOLP在开展网络素养教育方面进行了大胆创新,推出了各种具有可操作性的项目,例如老年人网络素养拓展项目(Outreach Programmes);1999年,发起成立了PAGi网站,主要为父母与子女交流提供沟通平台;2000年,组织编写了网络安全教材,并在此基础上推出了一项名为"安全之旅"的网络培训项目,主要为父母提供网络知识培训;同年,还针对社区网络教育,制定了一系列信息安全主题教育活动,为社区居民提供网络安全学习指导。

2.2 与其他图书馆密切合作,在全国范围内普及和推广网络素养教育

除了开展上述活动以外,NOLP还同其他图书馆、社会团体组织和专业机构开展教育合作,通过举办各种丰富的网络培训活动和培训班,为社会公众提供灵活的网络素养教育机会。目前,NOLP与多家著名社会团体组织建立了战略合作关系,比如印度华人自强独立团体(the Singapore Indian Development Association)、马来西亚华人学习共进团体(MENDAKI)、新加坡平民发展团体(the People's Association)、新加坡社会公共福利保障团体(Touch Youth Services)、社会综合救援组织(Parents Advisory Group for the Internet)等等[6]。

NOLP通过与其他图书馆、社会团体和公益组织开展多层次合作,为公众提供了丰富多样的网络素养培训,实现了提高国民网络素质的目的。

2.3 重视与国外教育机构的合作，通过交流和学习引进国外最新教育方法和手段，不断提高本国网络素养教育水平

可以说，新加坡最初开展网络素养教育就是受到国外公益组织的影响和帮助，通过开展战略合作，有效提高了本国网络素养教育水平。例如，新加坡国家图书馆与美国著名的网络素养教育机构"网络天使"（Cyber Angels）开展合作，共同建立了"网络妈妈和爸爸"（Cyber Mums & Dads）管理组织，通过利用网络教育平台为青少年提供信息安全教育。又比如，国家图书馆与美国"在线因特网研究会"（The Online Internet Institute）合作，为新加坡公民提供网络安全技能培训。

此外，NOLP还是"互联网内容评估协会"（theInternet Content Rating Association）成员，通过积极参加国际学术交流活动，获取了大量宝贵的知识和经验，显著提高了组织工作效率。

2001年，NOLP与本国"国家因特网咨询委员会"（The National Internet Advisory Committee）签订了战略合作协议，共同举办了第一届网络安全国际研讨会，会议主题是"安全冲浪2011"（Safe Surfing 2001），与会成员来自全球一百多个国家[7]。"安全冲浪2011"国际研讨会的成功举办，大大提高了新加坡在网络素养教育方面的国际水平，也意味着新加坡网络素养教育开始走向政府主导模式。同时，新加坡国家图书馆在网络素养教育方面也完成了角色转变，从开拓者向推进者、主导者过渡和发展。

3 新加坡国家图书馆是政府推进网络素养教育的战略伙伴

通过回顾新加坡网络素养教育的发展过程，我们可以认为新加坡国家图书馆是政府开展网络素养教育的战略合作伙伴，二者紧密协作，共同致力于网络素养教育，取得了十分突出的成就。国家图书馆与新加坡政府战略伙伴关系，可以从前者所开展的各项网络素养教育活动中体现出来，政府几乎每次都充当了活动背后的支持者，为活动提供人、财、物等资源保障。换言之，高效、廉洁的新加坡政府，在促进和支持网络素养教育方面做出了十分突出的贡献，这也是国家图书馆之所以能够在这方面取得重要成就的原因之一。

新加坡国家图书馆管理局学院（The NLBAcademy）是负责网络素养教育具体工作的主要部门，网络素养教育水平在新加坡也是首屈一指。这些年来，在该学院的努力推进下，新加坡网络素养教育水平快速提升。1992年，NLB正式宣告成立，该部门主要致力于社会公益事业，主要服务对象是社会老弱病残和弱势群体，例如青少年、老年人和低收入家庭等。1998年，NLB被新加坡政府授予"公共服务奖章"，这是新加坡国内最高的勋衔。2001年，NLB新成立了一个网络素养教育服务中心，并针对全国青少年推出了一项名为"接触网络健康"（Touch Cyber Wellness）的计划，主要是通过各种宣传手段提高青少年网络信息辨别能力。该部

门如今已是新加坡网络素养教育的重要推动机构之一。

自成立以来,NLB 已在全国开展了不同规模的网络素养教育活动,为各类社会人群提供了 80 万人次的培训教育服务,有效增强了国民网络素质。NLB 之所以能够取得巨大的成果,主要是因为有政府作为强大的后盾。换言之,NLB 开展的许多网络素养教育活动都离不开政府部门的支持和帮助。通过浏览 NLB 网站,我们可以找到许多其与新加坡政府合作的项目资料,比较有代表性的有:

2001 年,NLB 推出了一个名叫"CRUSH"的计划,该计划主要为提升中小学生网页使用技巧,该项目得到了新加坡政府的大力支持,包括提供人力和财力保障。

2004 年,NLB 与新加坡新闻管理局携手合作,组织编写了一套网络素质教育教材,为其他培训教育机构提供了教材保障和指导。2005 年,NLB 经新加坡新闻管理局授权,为政府公务员人员提供网络技能培训,覆盖全国 80%的公务人员。

2006 年,NLB 与新加坡青年协会合作,针对父母和广大教师编写了一套网络在线应用培训教材(The Offline Guide for the Online Generation)。

2008 年,NLB 在新加坡社会发展改革局的支持下,组织编写和出版了一套《父母网络健全手册》(Cyber Wellness Handbook for Parents),该套丛书被新加坡中小学校作为素质拓展教材,纳入到全日制教学范围当中。

2011 年,新加坡新闻发展管理局和 NLB 组织发起了"网络健全运动"(Cyber Wellness Campaign),覆盖了 20%的新加坡公民,大大提高了国民网络综合素质[8]。

由于 NLB 在社会公益活动方面做出了十分突出的成就,2011 年其被新加坡政府授予"2011 年新加坡青年奖"(The Singaproe Youth Award 2011),该奖项是新加坡社会公益领域的最高荣誉。除此之外,新加坡其他图书馆在开展和从事网络素养教育公益活动时,也得到了政府部门的慷慨支持和资助。国家图书馆作为新加坡政府战略合作伙伴,利用政府强大的资源保障,将网络素养教育推向了一个全新的发展阶段。

4 新加坡国家图书馆是网络素养教育的"无冕导师"

一直以来,新加坡国家图书馆秉承坚持为民众服务的公益精神,勇于承担起国民网络素养教育的重任,当之无愧地成为该领域的"无冕导师",为提升国民网络素养做出了突出贡献。新加坡国家图书馆的"无冕导师"称号,主要可以从以下两个方面体现:一是"师资培训",国家图书馆为学校、社会培训机构教员提供了丰富的网络素养培训活动,大大提高了学校和社会教育机构的网络素养教育水平;二是组织编写了多个专业网络素养教育教材,通过向社会免费提供,大大提高了网络素养教育普及范围。新加坡国家图书馆还在网络上开展了多个网络素养教育师资培训活动。例如,2003~2005 年期间,NLB 在南洋理工大学举办了多次网络素养教育培训,为全国 2000 名教师提供了培训服务,帮助教师们学会从青少年角度来预防和化解网络使用危机。2005 年,NLB 受新加坡政府委托,对国内 5 家比较有代表性的社会培训机构进行了深度教育培训，大大增强了这些机构在青少年网络安全教育方面的教育实力。截止到 2006 年 6 月底 NLB 共为两百多名社会教育者提供了网络素养教育培训，大大提高了他们的专业教育水平[9]。

除此之外，NLB 还对社会志愿者开展了大量培训活动，2001～2005 年期间，NLB 共为 600 多名青年志愿者提供了相关培训，这些志愿者学成之后又向其他学生提供专业帮助和咨询，为促进广大青少年学生形成健康的网络使用习惯做出了突出贡献[10]。

培训师资之外，国家图书馆还负责培训教材的编写和优化工作。NLB 建立了网络素养教育在线教育网站，为网民免费提供各种教学资源下载，例如：（1）教学教材，包括《父母网络安全知识教材》、《新加坡网络信息安全教育手册》、《互联网时代技术应用与规范》等；（2）教育项目，例如学校教育项目、社会实践项目、青少年强化培训项目、残障人士提升项目等，每个项目都给出了相应的教学大纲和计划；（3）网站还免费提供一些互动学习活动，供学习者借鉴和学习[11]。

上述网络素养教育资料和资源，有部分被新加坡政府确定为中小学全日制教材或者辅助资料。从中可见，新加坡国家图书馆在网络素养教育方面具有较高的地位，是当之无愧的"无冕导师"。虽然没有学校教育资格，但是其却承担了许多学校的工作职责和义务。

5　结束语

新加坡国家图书馆充当了网络素养教育的中流砥柱，它不仅是网络素养教育的排头兵和开拓者，而且还与政府部门建立战略合作关系，在教材编写、活动项目策划、师资队伍建设和志愿者管理方面，发挥了不可替代的作用。在国家图书馆的不懈努力下，新加坡网络素养教育水平显著提升，极大地促进了社会发展。新加坡国家图书馆在网络素养教育方面的做法，十分值得我国学习和借鉴。在政策制定方面，我国要充分调动各级各类图书馆的积极性和主动性，通过政策引导和激励，发动更多的图书馆参与到网络素养教育当中去；在图书馆管理方面，要建立一套与国际接轨的现代管理组织架构，为开展网络素养教育提供组织保障；另外，政府还要从财政和人力等方面给图书馆支持。除此之外，我国政府要高度重视网络素养教育的推动和普及工作，要充分发挥自身资源配置作用，引导社会教育资源合理流向网络素养教育领域，促进网络素养教育健康快速发展。

注释：

[1] 黄弘. 以坚实的步伐迈向明天和未来：新加坡国家图书馆管理局简介[J]. 图书馆杂志，2003（9）：71-73.

[2] 肖自力. 信息素养教育和高校图书馆的使命[J]. 大学图书馆学报，2005

(3)：2—5.

[3] What is Media Literacy [EB/OL]. [2014—09—01]. http://www.mda.gov.sg/Public Education/Media Literacy/Pages/Media Literacy.aspx.

[4] 牛静. 新加坡网络管理体制探究 [J]. 中国传媒报告，2007 (4)：59—65.

[5] Handbook of Children and the Media [M]. Sage Publications，2011：57.

[6] Guozhen W. Internet Regulation and Internet Literacy Education in Singapore [J]. Journal of International Communication，2011 (10)：33.

[7] Lim L H，Theng Y L. Are Youths Today Media Literate? A Singapore Study on Youth's Awareness and Perceived Confidence inMedia Literacy Skills [J]. Proceedings of the American Society for Information Science and Technology，2011 (1)：1—4.

[8] Mokhtar I A，Chang Y K，Majid S，et al. National Information Literacy Survey of Primary and Secondary School Students in Singapore—A Pilot Study [M]. Worldwide Commonalities and Challenges in Information Literacy Research and Practice. Springer International Publishing，2013：485—491.

[9] Foo S，Majid S，Mokhtar I A，et al. Information Literacy Skills of Secondary School Students in Singapore [J]. Aslib Journal of Information Management，2014 (1)：54—76.

[10] Chang Y，Zhang X，Mokhtar I A，et al. Assessing Students Information Lliteracy Skills in Two Secondary Schools in Singapore [J]. Journal of Information Literacy，2012 (2)：19—34.

[11] Foo S，Zhang X，Chang Y K，et al. Information Literacy Skills of Humanities，Arts，and Social Science Tertiary Students in Singapore [J]. Reference & User Services Quarterly，2013 (1)：40.

（作者单位：山东外贸职业学院图书馆。原文刊登于《图书馆学研究》2014年第23期。）

> 学术卡片

高校图书馆读者个人信息共享的促进研究

李 仪 张 娟

《图书馆建设》2015 年第 3 期

一、探究读者个人信息共享的意义

（一）高校图书馆读者个人信息的阐释

按照欧洲联盟（以下简称欧盟）《个人数据保护指令》（以下简称欧盟指令）第一章的表述，个人信息（personal information）专指能将特定主体（包括高校图书馆读者，下同）从人群中识别出来的数字、符号及它们的组合。

读者个人信息还能够被图书馆等机构加以积极利用，从而消除它们在决策时面临的不确定因素。因此，高校图书馆有必要通过共享读者个人信息来发挥其效用，进而实现信息资源的优化配置，美国与欧盟在此方面已取得了可观的学术成果与实践经验。本文旨在借鉴国外经验并立足于国内实情，就我国如何促进读者个人信息共享的问题提出建议。

（二）共享的内涵及主要形式

高校图书馆读者个人信息共享主要有两种形式：一是为发挥高校管理服务职能，信息在图书馆内的部门之间或图书馆与学校其他部门之间被共享；二是在高校图书馆社会化服务背景下，图书馆与校外公共机关或私人机构进行信息共享。

（三）促进的必要与消除安全风险所造成的共享障碍

在信息管理学视野中，信息安全是共享活动得以开展的前提。就读者个人信息本身的内容与运行方式而言，信息安全主要包括如下几个要素：一是真实性；二是保密性。

二、吸取欧美促进信息共享的经验

美国大学与图书馆研究协会于 2012 年发布了有关影响图书馆发展趋势的报告，该项报告的核心内容之一是：高校图书馆需要获取读者个人信息，进而通过技术手段对信息进行科学分析，并在必要时将信息传输给图书馆以外的其他用户共享，以此来优化图书馆服务。在此指引下，美国高校图书馆纷纷采取措施来促进读者个人信息的共享活动。

三、提出促进信息共享的基本思路

（1）以培育信息素养进而维护信息安全作为根本途径：在个人信息共享活动中，信息安全的真实性与保密性得以维护正是读者最重要的需求。

（2）以立法规制与高校自律相结合作为促进手段：我国需要制订具有权威性与强制性的法律规范来约束高校图书馆等共享者的行为，促使其提升管理人员的信息道德水平，改变他们为了片面追求共享效率而任意收集与更改信息的不良偏好，从而在确保信息安全的基础上促进信息共享。

四、采取促进信息共享的具体措施

提高读者对信息共享的知情度与参与度，从而培养其信息安全意识。对管理人员设定维护信息安全的义务，以此提升其信息道德水平。设定信息共享的具体方式，以便发挥信息的效用。

（盛慧摘）

基于文献调研的国内外高校信息素养教学内容与模式趋势探析

龚芙蓉

《大学图书馆学报》2015 年第 2 期

本文拟通过对近 5 年来国内外信息素养教学研究论文的归纳梳理，对教学内容及教学模式变革的新趋势进行探析，从而为提高信息素养教学质量提供参考。

自 1974 年美国信息产业协会主席首次提出"信息素养"这个概念以来，信息素养的内涵和外延在不断深化与扩大，信息素养教学的内容也随之不断地发生变化。基于文献调研，笔者总结出了以下几点：从强调信息意识、信息能力到越来越强调信息道德。从偏重信息的获取能力到偏重信息的管理、评价、利用能力，强调批判性思维。重视可迁移性技能与学术技能。

随着信息素养内涵的不断深化以及以 MOOC 为代表的新型教育模式的推动，国内外信息素养教学的内容和模式也在发生着巨大变化。这就要求我们深刻思考信息素养教学改革的本土化，既不可故步自封，停滞不前，亦不可脱离实际，盲目跟风。

信息素养教学中的信息道德（伦理）内容需要进一步深化与完善。信息的管理、评价、利用能力需要分层次教学，逐步提高。重视可迁移技能与学术技能，切忌过于迎合功利性学习。

综上所述，在数字技术快速发展的今天，无论教师还是学生都比以往任何时候依赖信息素养，国内的信息素养教学内容与模式亟待进行更深入与完善的变革。我们期待高校领导以及教学部门更加重视信息素养教学，期待图书馆馆界通过更多的交流与合作，共同探讨信息素养教学的最优实践。

（盛慧摘）

美国信息素养新标准：元素养解读及其启迪

邓灵斌　余　玲
《情报理论与实践》2015年第9期

我国学者杨鹤林认为，元素养指"催生其他素养的素养"，它是一个面向新Web互联网环境的综合素养框架；通过整合和吸收其他素养的理念和技术，指导人们在新信息化环境下，通过新媒体情境（如社交媒体、网络虚拟社群等）来获取、分享和加工利用信息，并提升人们在数字化时代的批判性思维和合作能力。这应该是国内对元素养较为全面的阐释。由此可以推断，元素养的构成模型要素主要有信息素养、元认知、信息的获取、生产、共享及协同合作等。

元素养学习的目标领域主要牵涉到信息情境（Information Affective）、信息认知（Information Cognitive）、行为（Behavioral）、元认知（Meta Cognitive）4个方面。

信息素养是其他相关素养形成的基础和源泉，是其他素养的元素养；元素养的定位可概括为信息素养的"新标杆"。信息素养从本质上指的是人们在信息社会学习过程中应具备的综合素质，是人们培养其他素养的基本要求，其他素养则是在信息素养基础上的适当扩展。

美国"元素养"新标准对我国的启迪：思想观念新认识：坚持元素养新标准，助推信息素养之发展；发挥图书馆界的主导作用，推进元素养新标准的制定，彰显图书馆的社会价值；以元素养为契机，积极开展元素养教育。

（盛慧摘）

第六部分　信息素养

面向阅读困难群体的图书馆阅读资源配置机制研究
——基于信息公平视角

李昊青

《图书馆建设》2015 年第 8 期

本文将"阅读困难群体"界定为：在获取与利用阅读资源或享有社会阅读服务和权益等方面其基本阅读能力和阅读境遇处于弱势地位或被排斥状态的社会群体。阅读困难群体受各种障碍因素影响而所处的弱势地位主要体现在价值认同、资源建设、能力支持、服务保障四个方面，尤其在社会阅读资源数量、质量与渠道等方面受阻境遇往往成为一种常态性的存在，与此也加深了现实的信息分化。其二，图书馆服务阅读困难群体是一项以图书馆核心价值为导向、以阅读资源建设为基础、以主体阅读能力提升为支撑、以社会阅读服务为保障的系统的民生工程、信息公平视角下图书馆服务阅读困难群体的角色定位。基于信息公平理念，图书馆在服务阅读困难群体过程中，其角色定位主要体现在四方面：其一，阅读权益保障的捍卫者。其二，社会核心价值的承载者和践行者。其三，在图书馆信息生态系统中，阅读困难群体以一种特殊信息消费者的身份出现，并具有自己的信息需求。

图书馆服务阅读困难群体的阅读资源配置机制。以信息需求为导向的阅读资源采选机制；以普遍获取为目的的阅读资源建设机制；以阅读能力为基础的信息素养教育机制；以权利保障为要义的服务制度建设机制。

（盛慧摘）

嵌入新生专业导航课的图书馆信息素养教育
——以河北工业大学图书馆为例

庞丽川　田　洁　李　媛

《图书馆工作与研究》2015 年第 3 期

嵌入大学专业课的信息素养教育是以学生需求为主体，学科馆员将信息素养与专业课程结合起来的新型教学模式。2014 年 6 月，河北工业大学拟在秋季学期而向本科一年级新生开设"新生专业导航课",目的是让新生进校后尽快适应大学学习环境,激发学生学习兴趣,树立专业认同和学校认同感,培养学术探索精神和职业生涯规划理念。该馆借助学校设置"新生专业导航课"这个平台,申请了"嵌入新生专业导航课的读者信息素养基础教育"课程,将新生信息素养教育正式纳入新生专业导航课中,适时地将新生信息素养教育由过去的等待咨询变为主动授课,引导新生尽快适应大学学习。

开设嵌入新生专业导航课的信息素质教育意义:通过引导,让新生适应大学学习方式;通过引导,提高新生获取知识的能力;通过引导,提高馆藏资源使用效率

目前越来越多的高校意识到信息素质教育的重要性,该馆嵌入新生专业导航课的信息素养教育只是一次性的嵌入模式,在未来,应对嵌入式的信息素养教育内容进行归类和挖掘,对形式进行创新规划,更好地配合学科的需要开展多层次的嵌入式服务。开展普及性信息素养教育:(1)常规信息素养教育;(2)专题信息素养教育;(3)文化信息素养教育。开展拓展性信息素养教育:(1)局部嵌入式信息素养教育;(2)跟踪进阶式信息素养教育;(3)全程合作式信息素养教育。

嵌入式信息素养教育是对图书馆学科服务的创新和延伸,是未来图书馆事业发展的方向,它充分体现了图书馆已开始从资源主导型向服务主导型的转变和发展,即为用户的教学、科研和学习提供更加优质的、个性化的服务,最大限度地发挥信息素质教育在学校教学、科研和人才培养过程中的重要作用。

(盛慧摘)

日本高等教育信息素养标准及启示

梁正华　张国臣
《情报理论与实践》2015 年第 8 期

1984 年,教育部颁布了《关于在高等学校开设文献检索与利用课的意见》后,我国各个高校纷纷开设了信息检索课。信息检索课一般是面向全校学生的一门公共选修课,学时不多,大班授课,学生人数较多。学生来自不同院系、专业和年级,并且学生自身信息素养的基础也不同。然而目前的现状是教师却采用相同的教学大纲和教学计划,在教学内容和教学方式上也没有差别,这就导致了信息检索课难以达到最佳的教育教学效果,这不利于学生的自主学习以及兴趣的培养。

因此,我国高校的信息检索课可以借鉴日本《高等教育信息素养标准》以及体

系表，尝试教学内容循序渐进、分层教学。同时，高校院系为了辅助专业课的学习，往往还会设置专门针对本专业的信息素养教育的专业选修课程，或者设置将信息素养教育嵌入到专业课的教学当中。

培养学生终身学习的能力是信息素养教育的时代要求。在终身学习当中，信息素养是以学习者为主体，培养人们解决问题的能力、逻辑性（批判性）思维能力以及创新性思维能力的基础。这三个能力的培养和强化，都离不开对信息的检索和利用。信息素养教育可以提高学生获取、利用信息的能力，对学生这三个能力的提高具有很强的针对性和影响力。培养学生终身学习的能力是当今社会赋予信息素养教育的时代要求，随着信息网络技术的不断发展，信息素养教育要不断深化教育理念，积极探索有利于终身学习的教学模式，发挥信息素养教育在终身教育中其他课程不可替代的作用。

期待我国高校信息素养标准的出台，并结合学校实际制定各自的信息素养标准。期待尽快出台适合于我国国情的信息素养标准。目前，我国各高校应该借鉴国外已有的标准制定各自的信息素养教育目标和信息素养教育内容以及评价标准，这是保障信息素养教育质量的前提，对于学校培养学生的素养和造就创新型人才有着十分重要的意义。

（盛慧摘）

信息超载时代的用户信息素养

廖建国

《编辑之友》2015 年第 6 期

所谓信息超载，指大量分散的信息需要用户搜集、鉴别、归纳、整理并内化进个人的知识结构体系，由于信息量巨大，信息处理任务重，超过了用户的处理能力而对用户形成的身心压力状态。信息超载程度主要受三个要素的影响：信息的数量，信息的组织化程度和用户的信息处理能力。

海量的信息环境中，人们用于信息处理的时间越来越长，病态信息使用行为已给使用者带来种种威胁：信息反客为主、身体疾患增加、催生精神疾病、弱化社交能力，影响创新能力。

面对日益严重的信息超载问题，信息用户并非无所作为，虽无法突破个人的信息处理能力极限，但用户可通过科学组织信息活动避免超载带来的负面影响。养成良好的信息使用习惯、科学组织信息来源与内容、合理分配信息使用的时间、掌握现代信息使用技术、付出必要的信息服务成本。

此外，还要有合作共享的精神，许多有价值的信息散落各处，一个人很难将这些信息迅速搜集在一起，即使有现代网络搜索技术的帮助，许多非结构化的信息也很难被搜索到。因此，为提高个人的信息使用效率，在信息使用上可与有共同信息偏好的人加强合作，实现资源共享。

应对信息超载问题，信息用户既要避免一味追逐新信息而沦为信息的奴隶；又要注意在减负过程中避免信息偏食，造成信息的结构性营养失调，影响个人的全面发展。

（盛慧摘）

研究生信息素养现状、需求与课程对策建议
——以首都师范大学为例

李金芳　钟宇　王莲
《图书情报工作》2015 年第 5 期

调查表明，研究生虽然有一定的信息基础，但是整体上仍然存在信息能力欠缺、信息道德缺失的典型现象。虽然研究生自认为在文献检索中不存在困难，忽略了对信息素养能力、信息管理能力的自我培养，但实际上能顺利完成检索全过程的人却很少，在关键的信息评价、选择与利用中更存在一定的问题。首先，研究生虽然认识到有效检索的重要性，但受制于知识和应用能力的欠缺，忽视对检索结果的分析，无法有效地完成检索。并且，研究生仅仅满足于"有文献"，不重视检索结果的质量，无法获取全面、优质的科研信息。最后，信息利用中存在缺乏综合利用，违反学术规范的现象。具体表现为：在信息获取中存在恶意下载的行为；在信息利用中，不了解参考文献的标引和著录规则，没有进行规范引用；在信息传播中，有非典型的虚拟获利行为。

无论是个体还是组织都对信息素养教育具有比较强烈的需求。对研究生群体、培养单位与主管单位的调研结果一致表明，研究生对信息素养教育的需求强烈。培养单位和主管单位均表示非常支持图书馆开展通识选修课，以提高研究生群体的整体信息素养。研究生部甚至认为"无需调研，直接开课让同学们选就可以了"。

研究生信息素养课程设置与学校和图书馆的总体安排、选课需求、师资等均有

一定关系,是各校结合自己的实际情况做出的选择,是对各种因素综合考量的结果。研究生信息素养课程必须系统化地考虑课程类型、课程内容、课程模式、课程评价等4个方面:课程定位综合考虑现实需求与长远发展;课程内容以嵌入研究生培养环节为核心,全面而专业和系统地支持学习与科研;采用多元化的授课模式,不断丰富课程元素;采用二元化的课程评价模式。

(盛慧摘)

由慕课引发的关于高校信息素养教育的思考

唐 著 方东权 熊 蝉
《情报理论与实践》2015年第10期

一、MOOC对我国高校信息素养教育带来的影响

MOOC作为新兴的教学方式加之受到社会各界的高度关注势必会对高等教育的发展产生影响。由于MOOC采取的是完全不同于以往的教学模式,它对我国高校图书馆开展信息素养教育提出了更高的要求。

1. 改革信息素养课程教学模式的要求。

完全自由选择的模式决定了落后、呆板的课程内容和授课方式将无法吸引学生的兴趣。各类学科课程都在MOOC平台上百花齐放的今天,已经被边缘化的信息素养课程如果不主动改革教学手段和内容,注定将会被淘汰。

2. 拓展信息素养教育内容的要求。

现在应该比以往更加重视对教师和学生的信息道德教育,培养他们在教学活动中如何尊重他人的学术成果,保障知识产权,合理合法地使用信息资源。

3. 息素养教育全球化和泛在化的要求。

面对规模巨大的学习参与者,专业授课教师尚且无法做到及时发现和解决学生学习过程中遇到的专业问题,图书馆更要考虑如何提供泛在化的信息素养教育,让学生的信息素养在潜移默化中受到影响,得到提升。

4. 深化嵌入式信息素养教育的要求。

针对以知识点为核心而被碎片化拆分的MOOC课程,图书馆员需要研究如何将信息素养的内容相应地拆解,进而逻辑重组应对MOOC挑战,创新信息素养教育。

二、应对 MOOC 挑战，创新信息素养教育

MOOC 诞生在大数据和云计算的时代背景中。海量知识充斥着互联网，无论教师还是学生都比以往任何时候依赖信息获取、分析和利用技能去掌握有效的信息资源。

1. 创律信息素养 MOOC 课程。
2. 整合教学资源，做信息资源的引导者。
3. 广泛运用社交媒体，创新信息素养教育手段。
4. 挖掘 MOOC 平台数据，全面分析和掌握用户行为。
5. 全程跟踪参与 MOOC 课程，在 MOOC 中嵌入信息素养教育。

（盛慧摘）

《全球媒体和信息素养评估框架》（UNESCO）解读及其启示

程萌萌　夏文菁　王嘉舟　郑　颖　张剑平
《远程教育杂志》2015 年第 1 期

2013 年 12 月 11 日，联合国教科文组织（UNESCO）发布了《全球媒体与信息素养评估框架》（Global Media and Information Literacy Assessment Framework），为各成员国开展针对媒体与信息环境的综合性评估提供了实用工具和方法指导。该框架旨在从国家、区域和个人层面上监测媒体与信息素养（以下简称 MIL）水平，尤其面向服务与培训领域中的教师，并以此为依据部署针对本国实际情况的、行动导向的规划和战略决定。[1]

近年来，信息与通信技术（ICT）的迅猛发展，促进了媒体和信息的大规模聚集、处理和呈现，搭建了一个全球共享的虚拟世界。ICT 为公民自由表达、融入社会、经济和文化提供新形式的同时，也加剧了数字鸿沟，带来了全新的挑战。UNESCO 自成立以来，一直致力于改善信息、媒体和教育的地域不平等，致力于推进世界范围内获取与应用信息、知识的自由。

为将媒体和信息素养有效地纳入全球教育计划，培养信息时代的新公民，UNESCO 近年来采取了一系列举措，这充分反映了 UNESCO 对媒体和信息素养的高度关注与重视。

第六部分 信息素养

"素养"是一个多元、情境、动态的概念。人类进入21世纪以来,世界各国纷纷由工业社会进入信息社会,新型社会要求公民具备新的能力以适应不断变化的环境。受到信息、媒体、通信技术和数字世界持续的影响和冲击,素养这一概念在过去10年中历经发展,不同素养概念之间的界限逐渐模糊,有多个概念逐步走向复合的趋势。

虽然信息素养聚焦于如何使用不同的技术工具管理不同格式和形式的信息;媒体素养聚焦于媒体的获取与发展;数字素养集中于使用数字设备、软件的能力以及信息通信技术的开放透明,但它们都表现出以下相似之处:

首先,关注培养人的能力—获取、理解、评价、交流、使用和创建媒体消息与信息的能力,致力于促进终身学习、全民参与,促进建构知识社会的目标。强调道德地使用信息、批判性地分析内容、多媒体平台的使用、知识生产这四个方面重要性。

其次,促进人类的基本权利和自由,尤其是发表和获取信息的自由。媒体素养尤其考虑言论自由、新闻自由和媒体多元;信息素养则强调通过任意媒体,不论国界地找寻、收集信息和思想的权利;数字素养涉及信息和信息通信技术(尤其是互联网)的开放、多元、包容和透明。

最后,都越来越重视信息和通信技术支持下的多媒体资源的使用。关注的重心包括对内容的批判性评价,对媒体和信息供应者职能的理解,对媒体信息产品、服务与过程的了解等。

UNESCO将上述各个相关概念融合一体,并对"媒体与信息素养(Media and Information Literacy"的概念作了界定。在这里,MIL被定义为一组能力,这些能力允许公民使用一系列工具,以批判的、道德的和有效的方式获取、检索、理解、评估和使用、创造、分享所有格式的信息和媒体内容,以参与和从事个性化、专业化和社会化的活动。UNESCO认为,提升公民的MIL对于公民权利的享有和社会的持续发展都是极为重要的。每位公民都需要学习、理解媒体与信息的传播规则,学习管理资源的能力,了解更多来自虚拟世界的机遇和威胁。

UNESCO支持和鼓励各成员国通过创建有利的环境来帮助本国公民成为具有媒体和信息素养的人,享有基本权力和自由,构建知识社会。

UNESCO发布了《全球媒体与信息素养评估框架》(以下简称《MIL评估框架》),力求为各成员国开展针对媒体与信息素养的综合性评估,提供实用工具和方法指导。《MIL评估框架》包括三个部分:其一,理论依据;其二,评估框架细则;其三,评估的实施。该《MIL评估框架》包括了两个层面:MIL的国家准备度、MIL能力。

《MIL评估框架》是UNESCO首次提出的针对MIL评估的一个纲领性文件,该框架在宏观战略、中观策略和微观操作等多个层面,为信息时代下我国公民的媒体和信息素养的培养和提升提供了诸多启示：（1）宏观战略层面：完善 MIL 教育教学体系，健全媒体与信息的相关法规；（2）中观策略层面：MIL 评估与干预并重，充分发挥民间机构的力量；（3）微观操作层面：要重视教师培训，发挥国家和个人 MIL 的桥梁作用。

（盛慧摘）

ACRL 的《高等教育信息素养框架》解读与启示

刘彩娥　冯素洁

《图书情报工作》2015 年第 9 期

美国大学与研究图书馆协会（Association of College & Research Libraries，ACRL）于 2000 年制定了《高等教育信息素养能力标准》（Information Literacy Competency Standards for Higher Education）（以下简称《标准》），这一《标准》实质上成为 21 世纪初始美国乃至国际范围内高校信息素养教育的指导性文件，很多国家和地区围绕这一标准，制定了符合本国教育实践的信息素养教育评价指标体系。但《标准》至今已有多年的历史，其间人类的信息环境发生了翻天覆地的变化。因此，2012 年 ACRL 成立信息素养工作组，对《标准》的内容进行评估。2013 年 6 月，工作组又开始着手更新《标准》的工作，并于 2014 年 4 月和 6 月先后发布了《高等教育信息素养框架》（Framework for Information Literacy for Higher Education）第一版、第二版。经过广泛收集反馈意见和进行开放性的调查研究，2014 年 11 月，ACRL 发布了《高等教育信息素养框架》第三版（以下简称《框架》）。到目前为止，这是最新的版本，也是最后的版本，用以取代 2000 年制定的《标准》。这一框架必将成为新信息环境下国际范围内高校信息素养教育的指导性文件。深入解读它的内涵，对我们的信息素养教育实践大有裨益。

《框架》的主体内容由 6 个部分组成，每部分都包含阈值概念（Threshold Concepts）、知识实践（Knowledge Practices）和意向（Dispositions）3 个方面的内容。Threshold Concepts 描述了本部分涉及的知识范围或内容；Knowledge Practices 展示如何掌握"阈值概念"所阐述的内容；Dispositions 解决学习者情感领域的问题，即学习者应有的态度和心理准备。

六部分内容如下：

• Authority Is Constructed and Contextual（权威是人为创造的概念，并且存

第六部分 信息素养

在于特定环境）；
- Information Creation as a Process（信息创造是一个系统的过程）；
- Information Has Value（信息是有价值的）；
- Research as Inquiry（研究是反复探询的过程）；
- Scholarship Is a Conversation（学术研究过程是一种交互式的对话）；
- Searching Is Strategic（检索是讲究策略的）。

在《框架》3个版本的发布过程中，ACRL工作组通过意见表、听证会、社交媒体等多种途径广泛搜集反馈意见，并不断修订，最终形成第3版的内容。《框架》发布以后，美国本土对此意见不一，毁誉参半。有人认为信息素养应该抵制信息霸权的倾向，《框架》摆脱了《标准》的死板和教条，《框架》中的"阈值概念"灵活、开放，具有包容性；有人则对《框架》的可操作性、可实施性提出质疑，并担心可能丧失2000年以来信息素养教育所取得的成果。与此同时，有人已经在自己的博客里按照《框架》的指导思想重新设计教学项目。

《框架》的内容特点有：（1）将信息素养与学术过程相融合；（2）《框架》具有很大的开放性与模糊性；（3）《框架》基于Web 2.0环境，重视信息的交互参与过程；（4）《框架》借鉴"元素养"概念，重新定义信息素养概念。

作为信息素养教育的指导性文件，它的思想内涵必然广泛影响国际范围内的信息素养教育实践的开展。也由于《框架》的灵活、自由与模糊的特点，给具体执行带来不少困惑。我们需要结合教育实践的具体情况，思考信息素养教育的具体内容与形式。（1）建立围绕学术过程的信息能力培养评价体系；（2）构建Web 2.0环境下信息素养教育的内容考核评价体系；（3）借鉴其他信息素养指导性文件，使教育内容、目标明朗化。

《高等教育信息素养框架》只是一个框架，而不是一个具体的标准或指标体系，没有明确规定学习的内容和评价的指标；它基于一连串互相关联的核心概念，这些概念具有含义的模糊性、内容的开放性、操作的灵活性等特点。但《框架》是指导新信息环境下信息素养教育的重要文件，我们需要学习其思想精髓，研究探索并形成适合国内情况的高校信息素养教育的内容纲要与评价体系，以指导国内的信息素养教育实践的开展。

（盛慧摘）

> 专家述评

信息素养：走向深化与融合
——2015 年研究述评

于翠玲

信息素养是一个不断拓展的学术概念，也是正在实施的教育活动，而针对大学生的信息素养教育尤其受到关注。本文主要对 2015 年国内期刊发表的相关论文进行综述，但有关学术热点问题也会涉及 2015 年前后的资料。

一、信息素养概念的拓展及解读

信息素养并非新概念。在当今媒介融合的环境中，信息素养逐渐成为图书馆学、计算机科学和传播学等领域共同关注的一个焦点，而美国有关信息素养研究的动态信息对中国学者产生了直接影响。

1. 图书馆学领域对信息素养概念的拓展

中国历史悠久，文献积淀丰富，因而有关文献学及工具书检索的知识，自民国时期以来就受到图书馆界学者的重视。1984 年教育部曾下发《关于在高等学校开设"文献检索与利用"课的意见》，高校主要根据各专业的需要，讲授纸质文献检索与利用的知识，以后拓展到利用计算机检索信息的途径。

然而，信息素养的概念来自美国。国内图书馆界的学者多引述 1974 年美国信息产业协会主席保罗·泽考斯基提出了"信息素养"概念。1989 年美国图书馆协会对"信息素养"概念的界定是："要想成为具备信息素养的人，必须能够明确何时需要信息，具有查找、评价和有效利用信息的能力。"随着信息环境的变化，信息素养的内涵不断拓展和深化。美国大学与研究图书馆协会（ACRL）2000 年颁布了《高等教育信息素养能力标准》，2014 年又发布了《高等教育信息素养框架》（第三版，简称《框架》），其中定义"信息素养是一系列连续的能力、实践与思维习惯，并通过参与信息生态系统拓展深化学习"。或者说，"信息素养是一套综合能力，包含思考、发现、理解信息如何产生、如何实现价值，并用信息创造新知识，还包括参与信息活动的道德"。[①]信息素养不仅是个人利用信息的能力，还包括在"信息生态系统"中应该具备的一套综合能力。因此，对美国这一《框架》的解读

第六部分 信息素养

成为中国图书馆学领域的一个热点,有多篇论文发表。

2. 信息科学领域提出的信息素养概念

基于信息技术的发展,信息素养与数字化信息发生密切关系。唐晓玲《国际学生信息素养测评框架、方法与评价》一文介绍:2010年5月,欧盟发布了"欧洲数字议程"(the Digital Agenda for Europe),提出了提高全民数据素养、信息知识和信息技能等要求,并将其纳入"2020欧盟战略"七大计划之一,建立了"数字化欧洲标准"的概念框架。而国际教育成就评价协会(International Association for the Evaluation of Educational Achievement,简称IEA)于2013年启动了国际计算机与信息素养研究(the International Computer and Information Literacy Study 简称ICILS),其中指出:"信息素养是个人利用计算机进行调查、创造和通信的能力,这种能力在家、学校、工作场所和社会均起重要作用"。文章评述"ICILS体现了鲜明的时代特征","公民要适应数字时代,必须发展和提高相应的技能,教育必须重视学生信息素养的培养,让学生学会使用信息技术。获取信息、利用信息、交换信息、创造信息的能力是信息素养的主要内容,同时也是衡量人才、预测人才未来前途的重要标准"。②

3. 联合国教科文组织提出的媒体信息素养概念

2013年12月11日,联合国教科文组织(UN-ESCO)发布了《全球媒体与信息素养评估框架》(Global Media and Information Literacy Assessment Framework),提出了"媒体与信息素养(Media and Information Literacy)"概念及其评估框架。张婷婷编译了有关信息:"据联合国教科文组织网站2014年3月4日报道,联合国教科文组织意识到培养全民的媒体与信息素养(Media and Informational Literacy,简称MIL)需要各个国家的政策支持,于是发布了《媒体与信息素养策略与战略指南》(Media and Informational Literacy Policy and Strategy Guidelines)。"这一指南"首次将信息素养与媒体素养合二为一,组成一个复合概念——媒体与信息素养"。③这一复合概念在中国引起了信息素养与媒介素养两个学术圈的关注,有多篇论文予以解读。例如,程萌萌等人的论文解读:"媒体素养、信息素养和数字素养有着不同的学术起源和研究范畴。媒体素养源于媒体和公民的研究,关注媒体内容、媒体行业和社会影响,具有强烈的社会性内涵;信息素养源于图书馆学和信息科学,关注知识的创造和使用,以及对学习过程(信息存储、处理和使用)充分知情;数字素养源自计算机科学和信息学";而"UNESCO将上述各个相关概念融合一体,并对'媒体与信息素养(Media and Information Literacy)'的概念作了界定。在这里,MIL被定义为一组能力,这些能力允许公民使用一系列工具,以批判的、道德的和有效的方式获取、检索、理解、评估和使用、创造、分享所有格式的信息和媒体内容,以参与和从事个性化、专业化和社会化的活动"。还有,《MIL评估框架》从国家和个人两个维度描述了MIL的水平。"国家的 MIL 环境、资源和基础设施等要素会影响个人和团体的 MIL 水平，而个体和团体能力也会在一定程度上映射出国家 MIL 环境的优劣。而教师作为个人和国家层面的衔接，在引导、培养信息社会的学习者、劳动者和变革者，以及构建知识社会等方面都是至关重要的"。④ 吴文涛、张舒予《"媒介与信息素养"的多视角解读》一文，从三个视角解读"媒介与信息素养"这个复合概念：从社会学视角看，可视为一项基本权利；从系统论视角看，可视为一种综合素养；从心理学视角看，可视为一类成功智力。⑤

4. 基于信息素养建构的"元素养"概念

伴随着信息技术的发展，信息素养概念必然有所拓展，从而与媒介素养、视觉素养、数字素养等概念产生交集，如何界定诸多素养概念及其相互关系，成为国内外学者共同关注的问题。有文章介绍，美国学者雅各布森提出了元素养的概念："元素养可理解为'催生其他素养的素养'。在新媒体情境中，元素养是一个通过对相关素养理念和新技术进行整合吸纳，指导人们在网络协同环境下，通过社交媒体及在线社群进行信息获取、生产、分享的综合框架，能提升人们在数字化时代的批判性思维和合作能力"。其中还引述"雅各布森指出，尽管目前多种新素养都宣称与信息素养有别，但不难看出信息素养仍然是这些概念的核心基础：它们都关注信息，以及信息使用、理解及评估能力，把培养面向信息的批判性思维作为根本任务。这些素养的差异在于关注的具体技术和信息形式有所不同，因此完全可以基于信息素养构建数字化时代的元素养"。文章也提到其他学者的看法，"布斯曼指出信息素养与文献检索一脉相承，重心仍然是摸清人的认知基础，培养面向信息的批判性思维；对信息进行有效识别、获取、评估及应用都是批判性思维的最好体现。他不认同歧视地把文献检索称为'过时'能力的说法"。因而需要"以信息素养作为元素养，保留信息查找、获取、评估、理解等最基本的能力要求，在此基础上强化信息素养与其他概念的联系，通过构建一个博采众长的框架，对新信息媒体、新社交情境和网上信息协同生产做出更相符和细致的响应，使信息素养能更好地支持不同类型的信息形式"。⑥ 元素养概念对中国学者探讨信息素养与媒介素养的关系，以及在中小学采取融合方式开展素养教育活动都是有启发的。

二、信息素养教育的课程创新

信息素养的理论探讨是开发教学课程的指南，国内外的高校图书馆都是推广信息素养教育的基地。随着信息技术的发展，信息素养的教学内容和教学方式也在不断创新。蒋丽丽、陈幼华调研了国内外主要 MOOC 平台上高校开设的 27 门信息素养 MOOC，根据教学设计包括的教学设计、教学内容、教学方法、教学考核和教学效果 5 个主要环节，分析并总结高校信息素养 MOOC 的关键成功因素。其中提到英国国家和大学图书馆协会（简称 SCONUL）新版信息素养七要素标准的范围

第六部分　信息素养

界定，"按照内容划分，信息素养 MOOC 主要包括：传统信息素养、数据素养、媒体素养、视觉素养和新时代信息素养 5 种类型"。而"信息素养 MOOC 与传统信息素养课程相比，最大优势在于提供了互动的机制，包括人机互动、师生互动和学生互动，为学习者提供了完整的学习体验"。例如数据素养的内容是"提升学生在社会化媒体环境下处理和利用数据信息的能力"，在传统信息素养课程中嵌入了媒体素养的内容。而"紧密结合国际最新信息素养能力标准的课程内容体系设计是信息素养 MOOC 成功的核心要素"。[7] 此外，《MOOC 背景下信息素养教育的变革》一文也介绍了国内外的课程开发情况："美国图书馆协会（American Library Association，ALA）2015 年 1 月 5 日起开设了'给大学生教信息素质课程'（Teaching Information Literacy to College Students）等 3 门课程。国内很多公司都已推出或计划推出 ILI 类 MOOC"。比较新颖的元素养概念也进入了课程，"纽约州立大学的 MOOC '元素养'（Meta literacy），讲授了在多种参与式环境中获取与共享信息的方法，包括从学术文献、博客、维基、在线社群等不同格式内容中获取有效信息并合理引用，使用 Web2.0 技术构建知识交流空间等"。[8]

元素养概念已经将信息素养拓展到社交媒体及在线社群的信息交流活动。鲍雪莹等人的文章探讨了"社会化媒体信息共享虚拟空间的特征"，认为"技术的发展催生了社会化媒体，引发了信息生成、组织、获取、评价等信息活动方式的变化，以及人们进行信息交流和互动方式的变化。在社会化媒体中，信息资源的深度聚合和用户与信息、用户与用户的深层次互动改变了原有的信息环境，从而形成了社会化媒体信息共享虚拟空间"。因此，需要依据这一空间的特征来思考信息素养培养问题，"不仅是需要让用户学会信息技能和知识，而且更是培养用户自主学习信息技能的能力以及对信息能力运用的迁移，并在此过程中培养用户其他方面的信息素养，如信息意识、信息道德和伦理等"。[9] 信息素养拓展到这样的空间，必然面对新的问题，而与传统的文献信息检索与利用有了区别。文章也提到"人肉搜索带来的社会负面影响更是将信息伦理与法规的重要性推到了新的高度"、"在社交网站上寻找该领域的专家直接进行交流、在知乎等在线问答社区中提问"等现象。[10] 值得关注的是，在不同的语境和领域中，信息的概念是不同的。图书馆系统的信息素养是从文献信息而来的，学术数据库也来自纸质文献信息的数字化，属于有系统的、有历史积淀的知识信息。而在社会化媒体空间，人们检索或者互动问答的信息大多是个人化的、需要即时解答的日常生活中出现的问题。这种流动性的、即时需要的信息未经专家编辑，不是以规范格式所呈现的知识体系中的具体条目，只能作为参考。因而使用者要认识基于互动媒介平台所产生的信息的特点，提升对媒介的认知能力，这也是媒介素养教育关注的问题。

图书馆学领域对信息素养概念的拓展，必然涉及新媒介素养问题。《新加坡国家图书馆网络素养教育探析》一文，介绍新加坡的国家图书馆与国内外机构合作，在政府支持下开展各种活动,针对不同对象推广网络素养教育,超越了原来的信息素养教育。"网络素养教育,是指针对网民提供技能培养的教育活动。'网络素养'主要是指网络信息搜集、分析、利用和加工能力,以及网络自我保护和信息安全能力等。'网络素养'是从'媒体素养'概念延伸出来的,所谓'媒体素养'也叫作'媒介素养',主要是指用户在浏览互联网、电视、书报杂志信息时的辨别判断能力,以及利用新闻媒体信息指导自身理性消费的能力";建议参照新加坡的经验,"我国要充分调动各级各类图书馆的积极性和主动性,通过政策引导和激励,发动更多的图书馆参与到网络素养教育当中去"。⑪实际上,中国的媒介素养教育主要在中小学、大学开设课程,很少有图书馆界的专家参与。而高校的图书馆及专业院系如何有效合作,探讨媒介信息素养课程的内容融合与教学方法问题,还需要在具体的教学实践中总结经验。

三、大学的媒介与信息素养教育

高校是推广信息素养和媒介素养教育的重要基地。有学者统计 1986—2014 年刊发的文献,发现"两个领域的高频关键词中都出现了关键词'大学生',说明这两个领域都对大学生表现出高度的关注,两个领域的研究范畴和研究对象很多都面向大学生这一群体"。因此,高校不同学科的学者"可以找寻到两个领域融合的桥梁,即'大学生'可以成为两者融合的载体"。⑫

高校的大学生群体具有专业的知识背景,媒体与信息素养也是其不可或缺的通识教育课程。伴随着新媒介技术的发展,大学生的生存环境和学习方式都发生了变化,基于新媒介的信息素养教育内容必然与时俱进。《ACRL 的〈高等教育信息素养框架〉解读与启示》一文介绍:美国大学与研究图书馆协会(ACRL)2014 年发布的《高等教育信息素养框架(第三版)》有了很大变化,以往的信息素养的概念将信息素养作为独立的、静态的一种素养,而新的框架"把信息素养与学术过程有机地融合在一起,将信息素养作为学术过程的一部分";而且"基于 Web2.0 信息环境,强调信息的交流,强调信息环境的动态性、交互性,而不是单一的信息获取、评价、利用"。由于网络技术的发展,"在信息生态系统中,每一个人的每一次信息行为都是信息生态系统的一部分";"在网络协同环境下,通过社交媒体及在线社群进行信息获取、生产、分享的综合框架,能提升人们在数字化时代的批判性思维和合作能力"。因此,"《框架》注重信息的交流过程,主张学生以积极和开放的态度参与学术活动中各种交流与会话,并指出信息交流的规范与道德伦理"。⑬

美国《高等教育信息素养框架》提出了全新的理论观念,拓展了大学信息素养教育的空间。有学者从学术图书馆的工作伦理、信息素养理论的批判取向、信息素养教育的新策略等方面,进一步阐释《框架》产生的背景,指出"《框架》将发现、评估、质疑信息的权威性作为教育的核心内容,将学生的批判性思维的培养作为教育重点,突破了传统的以技能为主的信息素养教育理念"。其中列举了美国的教学案例:比如一个图书馆员团队"设计了针对二年级学生的有关民族志研究的信息素养课程,其中涉及大量专业内容,和学生探讨研究策略问题,包括构思、开发关键字,做访谈或民族志等调查方法。德保罗大学图书馆开设的一门面向低年级学生的课程,以甄别见诸公共报道的营养与健康报道为课程内容。因为报道一般不附加引用信息,课程通过引导学生查找文献,发现这些报道所依据的背景研究,来培养学生溯源和判断知识的能力。这些案例都不只是传授信息检索技能,而是立足图书馆特色,建构以激发学生主动学习、自主探究为目的的教学内容"。[14]由此体现了《框架》中"研究即探究"的概念以及批判主义的研究取向。中国高校也可以参照这种理论视角和知识框架,图书馆与各专业院系进行合作,有效开发新媒介环境下的信息素养教育,同时也提升大学生对媒介信息的认知能力。然而,不可忽视的是问题是,中国在制定信息素养的标准方面还刚刚起步,梁正华、张国臣指出:"目前仅仅有北京高校图书馆学会制定的《北京地区高校信息素质能力指标体系》,而这个信息素养标准适用的范围有限。期待尽快出台适合于我国国情的信息素养标准。目前,我国各高校应该借鉴国外已有的标准制定各自的信息素养教育目标和信息素养教育内容以及评价标准,这是保障信息素养教育质量的前提,对于学校培养学生的素养和造就创新型人才有着十分重要的意义"。[15]

信息素养教育还涉及信息伦理及批判性思维。《基于文献调研的国内外高校信息素养教学内容与模式趋势探析》一文介绍,北京大学信息管理系张久珍老师开设的大类平台课"信息素养概论"分7种素养分别讲授,其中信息伦理包括"学术规范、信息安全、信息自由与隐私、网络素养";而且强调"从偏重信息的获取能力到偏重信息的管理、评价、利用能力,强调批判性思维,这是信息素养教学的一个发展趋势"。[16]而信息素养的批判性思维与媒介素养教育是一致的,需要各方共同推进。《大学生阅读素养、媒介素养及信息素养教育融合的可行性分析》一文,针对联合国教科文组织提出的"媒介与信息素养"的概念,提出"通过高校图书馆打破大学生阅读素养、媒介素养及信息素养教育的壁垒,在阅读教育和信息素养教育中融合媒介素养教育,以提升素养教育的功效";"从阅读素养、信息素养和媒介素养教育的概念,教育的对象、目的、内容及方式方法和图书馆开展素养教育的优势等三方面,分析论证了这种融合教育的可行性"。从人类的阅读史来看,阅读与媒介信息技术相互依存。媒介信息化,信息媒介化,媒介与信息日益趋同。媒介素养和信息素养殊途同归,最终关注人的综合素养以及个体的终身学习和自我完善发展的能力。从图书馆来说,针对在校的大学生,"尝试阅读教育、媒介素养教育和信息素养教育三位一体教育模式,三位归一,提升教育的质量和效率",是可操作的。[17]但从媒介环境学的观点来考察,传统的阅读素养有其特殊价值,来自大众媒介的信息对大学生的传统阅读素养产生了很大冲击,这是融合式素养教育应该有所区分的问题。或者说，对媒介文化的认知需要更为深刻的批判性思考能力，图书馆的优势反而在于提高大学生对传统文献信息的认知能力。

四、信息素养研究的论文统计与分析

中国的信息素养研究已经有较长时间的积淀，图书馆学期刊发表此类论文较多，因而有多篇论文统计分析以往的研究成果。龚芙蓉的《基于文献调研的国内外高校信息素养教学内容与模式趋势探析》一文，对国内外信息素养教学论文来源出版物进行统计和比较，发现"国外文献重视信息素养教学理论研究、信息素养合作与信息素养考核评估，少有专门的教学方法、教学体会类的文献。而国内偏重实践研究，文献多集中在信息素养教学模式和教学体会上"。[18]

国内图书馆学界专家持续关注国外信息素养研究的动态。周晶等《基于CSSCI（1986—2014）的信息素养与媒介素养的比较研究》一文发现："信息素养领域排名第八的高频关键词是'美国'，说明了美国在信息素养领域的权威性和前瞻性，显示了国内信息素养领域的学者对美国的高度关注，很多学术论文都展示与借鉴了美国在这一领域发展的成就与经验。"[19]鉴于信息素养已经涉及网络媒体，相关的动态信息也是媒介素养研究者应该关注的。

联合国教科文组织"媒介信息素养"概念被引入中国后，对相关概念的比较和分析成为2015年的一个热点，2016年还在延续。周晶等人的文献统计发现："由于这两个领域针对不同的研究对象，立足不同的研究视角，采用不同的研究方法，所以这两个领域在研究主题与研究热点方面也呈现明显的差异性，信息素养与图书馆情报学呈现高度的相关性，而媒介素养与媒体内容、媒体行业和新闻传播出版有着密切的联系。"因而，"媒介素养并不是信息素养的子集，两者不是包含与被包含关系，只能说两者有很多的交集。打造媒介融合背景下的信息素养教育以及信息技术环境下的媒介素养教育，进而拓展目前信息素养和媒介素养的研究内容和教育范畴"；"要加强两个领域的全方位合作，以找到共同点，促进二者融合"。[20]

值得指出的是，信息素养与媒介素养这两个概念，在不同语境中有不同表述，彼此有所交集但不能重合。中国的信息素养与媒介素养研究，在概念及知识框架方面都受到国外的影响，图书馆学领域在信息素养方面积淀深厚，新闻传播学在媒介素养方面与时俱进。这两个领域有不同的学科背景和发展轨迹，也有各自的推广活动及协作组织。基于"媒介信息素养"这一复合概念或"元素养"概念，两个领域的学者专家有必要联合召开学术研讨会，共同探讨媒介融合背景下的素质教育问题，相互借鉴，资源共享，协力推动针对所有公民的媒介信息素养教育。高校的图书馆和新闻传播学、教育学等专业院系，在针对大学生进行媒介信息素养教育方面可以搭建多学科合作的平台，进行理论创新研究，探索有效的教学模式。

随着媒介环境的发展变化，信息素养的概念内涵不断深化，但依然需要保持传统文献和知识信息优势。MOOC 的开发与教学方法的创新也需要一个经验积累过程。中国既要参照国外的相关研究成果，也要针对中国本土的具体情况，开设基于专业的或不同层次的媒介信息素养课程。中国目前的媒介素养推广活动比较关注青少年群体，有的中小学正在尝试将媒介素养教育融入信息技术、语文等课程。如何以融合的、开放的方式进行媒介与信息素养教育，来自不同学科的学者以及中小学教师，可以借鉴"元素养"理论及其教学活动，共同进行探索。总之，无论是理论探讨还是教学实践，信息素养已经渗透诸多学科领域，呈现不断深化与融合的趋势，成为学者广泛关注的研究课题。

注释：

① 刘彩娥、冯素洁：《ACRL 的〈高等教育信息素养框架〉解读与启示》，载《图书情报工作》2015 年第 9 期。
② 唐晓玲：《国际学生信息素养测评框架、方法与评价》，载《图书情报工作》2015 年第 15 期。
③ 张婷婷编译：《联合国教科文组织发布〈媒体与信息素养策略与战略指南〉》，载《比较教育研究》2014 年第 7 期。
④ 程萌萌等：《全球媒体和信息素养评估框架（UNESCO）解读及其启示》，载《远程教育杂志》2015 年第 1 期。
⑤ 吴文涛、张舒予：《"媒介与信息素养"的多视角解读》，载《新闻战线》2015 年第 1 期下。
⑥ 杨鹤林：《元素养：美国高等教育信息素养新标准前瞻》，载《大学图书馆学报》2014 年第 3 期。
⑦ 蒋丽丽、陈幼华：《国内外高校信息素养 MOOC 关键成功因素研究》，载《图书情报工作》2015 年第 15 期。
⑧ 黄如花、李白杨：《MOOC 背景下信息素养教育的变革》，载《图书情报知识》2015 年第 4 期。
⑨ 鲍雪莹、赵宇翔、朱庆华：《社会化媒体信息共享虚拟空间特征及其对信息素养培育的启示》，载《图书馆工作与研究》2015 年第 9 期。
⑩ 同上。
⑪ 罗皓：《新加坡国家图书馆网络素养教育探析》，载《图书馆学研究》2014 年第 23 期。
⑫ 周晶、兰国帅、张一春：《基于 CSSCI（1986—2014）的信息素养与媒介素养的比较研究》，载《现代远距离教育》2015 年第 3 期。
⑬ 刘彩娥、冯素洁：《ACRL 的〈高等教育信息素养框架〉解读与启示》，载《图书情报工作》2015 年第 9 期。

⑭ 桂罗敏:《从技术到价值:〈美国高等教育信息素养框架〉的文化阐释》,载《图书情报知识》2016年第2期。
⑮ 梁正华,张国臣:《日本高等教育信息素养标准及启示》,载《情报理论与实践》2015年第8期。
⑯ 龚芙蓉:《基于文献调研的国内外高校信息素养教学内容与模式趋势探析》,载《大学图书馆学报》2015年第2期。
⑰ 罗文华、唐芬芬:《大学生阅读素养、媒介素养及信息素养教育融合的可行性分析》,载《图书馆理论与实践》2015年第3期。
⑱ 龚芙蓉:《基于文献调研的国内外高校信息素养教学内容与模式趋势探析》,载《大学图书馆学报》2015年第2期。
⑲ 周晶、兰国帅、张一春:《基于CSSCI(1986—2014)的信息素养与媒介素养的比较研究》,载《现代远距离教育》2015年第3期。

[作者系北京师范大学文学院教授、博导。本文受中央高校基本科研业务费专项资金资助(supportod by "the Fundamental Research Funds for the Central Universities"),项目编号:SKZZA 2015014,《媒介文化素养的理论体系创新与教育推广实践研究》]

第七部分
硕博士论文摘要

◎中国媒介素养研究年度报告：2015

小学媒介素养"晶体"课程实施路径研究

东北师范大学 吴 靖

随着大众媒介的发展,大众文化席卷全球,在后现代思潮的影响下,大众传播逐渐抛弃了宏大叙事的传统话语架构,转而强调微观的受众主体性建构。因此,各国纷纷在教育领域里开展媒介素养课程的实践,欧美国家的媒介素养教育较成体系,而我国大陆媒介素养教育几乎没有得到较为系统的开发,尤其是中小学阶段的媒介素养课程更为急需建设。

本研究正是对小学阶段的媒介素养课程进行了系统的开发、设计与实践。在大量国内外媒介素养教育研究的基础上,基于大数据库时代的学习环境,通过考察西方课程思潮,提出了"晶体"课程理念,并在该课程理念下,从不同维度构筑了我国小学媒介素养课程的实施路径,具体表现为对小学媒介素养"晶体"课程标准的研制、课程教材和"晶体"课程资源的设计与开发、"晶体"教学策略的提出、"晶体"教学环境以及教学评价的设计与实践,其全文研究重点指向该小学媒介素养"晶体"教学策略的开发和应用。

小学阶段媒介素养课程系统的开发在"晶体"课程理念下展开,该课程理念以"自组织"理论为核心隐喻,吸纳了美国建设性后现代课程的核心精神,其课程理念具体表现为"四个核心隐喻"和"十二个课程主张",并提出了"潜结构"课程模体作为"晶体"课程的实现途径。小学媒介素养"晶体"课程的构建和实施,实现了"自组织"理论在教学设计中的鲜有实践与应用。

全文分为上中下三篇。上篇为第一章至第三章,主要探讨"晶体"课程理念的理论架构。第一章为绪论,第二章介绍"晶体"课程理念的提出及依据。第三章主要论述"晶体"课程的实现途径,提出了"潜结构"课程模体作为"晶体"课程的实现途径。中篇为第四章至第七章,作为论文的主体部分,主要从课程设计的不同维度来探讨小学媒介素养"晶体"课程的实施路径,包括课程标准的研制、教材和课程资源的设计、教学策略的创建、教学环境及教学评价的设计,其中,第六章"晶体"课程教学策略的提出及应用作为全文的重点给予阐释。下篇为全文的最后一章,主要对小学媒介素养课程进行实践研究,针对小学媒介素养"晶体"课程实施路径的理论假设进行验证和反思。

总之,全文分别从宏观层面的课程理论架构到微观层面的课程实践,对小学阶段的媒介素养"晶体"课程的教学系统给予了设计与开发,期望为我国小学媒介素养课程的建设与实践提供一种可能的向度,并期望该课程的实现,能够成为课程学家小威廉姆·多尔和杜威所期待的课程愿景。

（王楷摘）

重庆市城乡幼儿教师媒介素养现状对比研究

重庆师范大学　池安琪

在信息化社会中,媒介已然形成了一个巨大的网络,覆盖了生活的每一个角落。众所周知,幼儿教师作为幼儿的教育启蒙者,在传播媒介信息时,则更需要注重提升自身的媒介素养水平,通过将媒介素养融入教学活动的同时,潜移默化地引导幼儿媒介素养的启蒙。因此,对幼儿教师开展媒介素养的研究,就显得尤为紧要与迫切。

由于我国媒介素养研究起步晚,就媒介素养研究而言,理论研究多、实证研究少,单一研究多、对比研究少,且研究群体失衡,对幼儿教师媒介素养关注不够。基于我国媒介素养的研究背景,笔者在文献梳理的基础上,通过问卷调查法、访谈法以及对比法,对重庆市城乡幼儿教师媒介素养的现状进行了对比研究。

调查结果表明,重庆市城乡幼儿教师媒介素养水平不容乐观,亟待提高。具体体现在,城乡幼儿教师在媒介意识上有显著性差异以及存在着共性问题,差异体现在城市幼儿教师反思意识较差于农村幼儿教师,共性问题在于城乡幼儿教师媒介意识热忱不高。城乡幼儿教师在媒介知识上无显著性差异,其共性问题在于城乡幼儿教师对媒介知识水平的掌握较欠缺。城乡幼儿教师在媒介能力上的有着不同的差异以及相同的共性,差异体现在农村幼儿教师在媒介使用能力水平较低、城市幼儿教师媒介应用能力有待提升以及城市幼儿教师分析媒介时把握主旨能力较差,共性在于城乡幼儿教师媒介能力均亟待提升。针对重庆市城乡幼儿教师媒介素养的现状,辅之对城乡幼儿教师的深度访谈,本研究从政府、教育主管、社会团体、幼儿园以及幼儿教师五种渠道分析了影响城乡幼儿教师媒介素养现状的因素。

本研究通过对城乡幼儿教师媒介素养的调查结果以及影响因素分析,尝试融合社会的五种教育渠道提出了一些对策及建议。政府部门要为城乡幼儿教师提供法规与政策上的保障、加大媒介教育资源配置与利用；教育部门要组织高校设置媒介素养课程、加大对城乡幼儿教师的培训；社会团体要给予城乡幼儿教师支持和帮助；

城乡幼儿园要创设有利于幼儿教师媒介素养发展的环境、开展园本培训、加大幼儿园与社会的合作；城乡幼儿教师要分别从整体上提高自身媒介素养、并在总结与反思中提高自身的媒介素养。

（王楷摘）

中小学媒介素养教育实践探究

山东师范学院　邵恩君

在《现代汉语词典》中，媒介指的是"使双方（人或事物）发生关系的人或事物"，媒介的变化自然会引起人与自身、人与他人、人与物质世界关系的变化。20世纪中期，加拿大学者麦克卢汉在《理解媒介》一书中提出，技术改变着人类和世界，印刷技术的出现以及随后电视技术取代印刷技术，使得社会的主导媒介发生变化和更迭，信息的传播方式、速度、质量等被改变，从而改变了人的认知方式。相比较成长在前后两代媒介技术过度中的一代，从出生就完全在新媒介技术包围下的新一代，在价值取向、行为方式等方面与上一代相异众多。在这样一种认识下，越来越多的研究发现，现代社会中信息的制造、传播、接受随着各类媒介技术的发展盛行，已经界限模糊，任何一个人都主动或者被动地成为信息的制造者、传播者和接受者这样三位一体的角色，这带来了人类认识和行为的新一轮巨大变革。

尤其是青少年一代，出生在媒介化的生存环境中，探索、认识和实践基本都要通过媒介。有大量的调查已经揭示包括青少年在内的全社会已经生存在媒介中。中小学生作为千禧一代，媒介的大量接触改变了他们，也改变了社会传统的学生观念，深深地影响了教育的发展。可喜的是，随着改革开放的进展，教育界也积极地向外探索，20世纪90年代初就有学者开始关注媒介素养教育这一新概念新实践，在引进这一概念后，我国本土化理论方面的研究开始兴起。特别是2004年以后，以卜卫、陆晔、白传之、闫欢、张洁、李艳等人为代表，媒介素养教育理论研究进入高潮，同时复旦大学等多所高校和机构开始在大学设立专门的研究团队或者针对大学生这一成年人群体开展媒介素养课程，深入研究媒介素养教育。这一过程中，我们大量翻译引进了国外的先进理论和实践，从媒介素养发源地英国、大众文化中心美国、当代媒介素养教育先进国加拿大等，他们的媒介素养教育体系，如课程目的、教材、教学方法等，被我们所研究和重视，在对比国外经验过程中，开始越来越多的学者思考中国语境下的媒介素养教育实践问题。进而,从 2008 年左右开始,我国各地开始有不少中小学学校开展了媒介素养教育课程,不管是独立课程还是融合课程,实践的开展是我国中小学媒介素养教育的大发展,但是对于这些实践的整合总结工作却做得还不是很到位,这并不利于研究的深化和推广。

因此,本文选取了几位媒介素养教育实践方面有代表性的课程实验,通过广泛查阅研究文献,总结梳理他们各自课程从设计理念到实施过程的细节,然后按照教学设计理论和课程理论,从教育目的、对象、内容、方法等角度,对其进行分析,以期发现目前我国中小学媒介素养教育课程开展过程中的共性之处,也找出目前普遍存在的不足与问题,根据当前教育实际,提出合理可行的发展建议,从而为下一步中小学媒介素养教育深入开展提供参考。

(王楷摘)

图像传播中视觉暴力的冲击与抵制

山东师范大学 惠希娟

图像传播中的视觉暴力现象由来已久,它的出现有特定的技术、网络环境、社会、受众心理等多重因素。作为一种错综复杂的传播现象,它给受众带来了极大的困扰和负面影响。其形成因素的复杂性、影响的多重性,决定了只有深入分析视觉暴力的影响,才能在瞬息万变的媒介环境中采取最有效、最切实可行的应对举措。

文章一共分为四个章节,从认识事物的一般的逻辑顺序出发,分别从视觉暴力的概况、成因、影响、对策四个方面对视觉暴力进行了比较全面的研究。

第一章主要是视觉暴力的相关知识的概述。首先,依据绪论部分对于"视觉暴力"概念的界定,对新闻图片、广告、漫画以及影视作品中的视觉暴力内容进行了显性暴力与隐性暴力的划分。其次,分析了媒体图像传播中视觉暴力的呈现方式。媒体通过运用的"合理化"与"乌托邦"叙事策略以及"写实"与"美学"这两种表达方式,将视觉暴力内容推送给受众。

第二章分析视觉暴力的成因。视觉暴力现象成因是多方面的,文章主要从心理因素、社会因素、技术因素以及视觉暴力图像的传播动因四个方面进行了深入分析。人类的暴力天性与集体无意识、求异猎奇与宣泄娱乐的心理是视觉暴力的个体成因;自由开放的媒介环境,以及视觉文化背景下的图像消费是视觉暴力的社会成因；媒介技术与移动互联网技术的发展为视觉暴力图像的传播提供了技术条件；媒介与广告的经济诉求是视觉暴力图像的传播动因。

第三章主要探讨视觉暴力的冲击，即负面影响。视觉暴力对受众的心理、认知、行为等的具有负面影响。主要表现在：对受众尤其是青少年产生涵化效果；图像中的视觉暴力内容容易让受众产生恐慌与害怕的情绪；影响受众的社会认知，对真实世界的看法形成偏差；主导受众的消费行为；弱化人们的道德界线，挑战传统伦理等等。

第四章是本文的策论部分。文章从涉及视觉暴力的三大主体入手，对于如何抵制视觉暴力提出自己的看法。政府要尽快制定视频内容等级制度，完善相关的法律法规；同时，要加强管理，进一步完善网络实名制，加强对媒体的监督，适当干预媒体的行为。媒体要增强责任意识，履行好社会公器职责。媒体要完善内容自我审查机制，严格自我把关；媒体从业人员要提高自身的职业素养，内化责任意识，增强道德观念。受众也应提高自身的媒介素养，改变阅读习惯，形成健康的心理与健全的人格，为抵制视觉暴力贡献自己的力量。

（王楷摘）

高中语文教学中学习者媒介素养提升研究

长春师范大学 姜德智

在大数据时代背景下，媒介传播途径迅速增多，媒介信息种类繁杂，内容包罗万象。这就要求高中学习者具备相应的媒介素养，而当下高中语文教学中缺少提升媒介素养的相关内容。因此，提升高中学习者的媒介素养成为当下高中语文教学领域中值得研究的课题。学习者媒介素养的提升，有助于其语文素养的提高。但关于在高中语文教学中提升学习者媒介素养的研究现状中仍存在很多的问题，如对媒介素养的认识不足、相关课程资源利用不足以及教师自身媒介素养尚需提高等。本文立足于时代背景，从界定媒介与媒介素养等相关概念入手，通过借鉴国外提升媒介素养的相关内容与母语教育结合的经验，分析我国高中语文教学中学习者媒介素养提升的现状及存在的问题，提出在高中语文教学中提升学习者媒介素养的建议。

本论文共分为四个部分：第一部分是对媒介素养相关概念的界定。主要通过界定媒介与媒介素养的定义，概括提炼媒介素养的内涵。第二部分选取英、美两国可借鉴的有关提升媒介素养的相关内容进行分析研究。第三部分是结合我国关于媒介素养研究的现状,以及笔者实证研究得出的数据进行分析,总结高中语文教学中媒介素养缺失的原因。第四部分提出促进高中语文教学中学习者媒介素养提升的建议。

父母媒介接触行为对学前儿童平板电脑使用的影响

——以广州为例

暨南大学 陈子晞

近年来,随着平板电脑普及率的不断提升,越来越多的儿童在婴童时期就开始在家庭的影响下接触平板电脑,成为"触屏一代",儿童的平板电脑使用问题越来越引起社会的关注。对于正处个人社会化和心智发展初始阶段的学前儿童,他们的平板电脑使用情况如何?家庭是学前儿童接受社会化的第一个社会环境,父母是他们最重要的"初级群体"。那么,父母的媒介行为对学前儿童的平板电脑使用行为有何影响?造成这些影响的原因是什么?针对这些问题,本研究以广州市3家学前儿童园的学龄前儿童及其父母为调查对象,结合问卷调查、定性访谈和观察等方法,探讨学前儿童及其父母的平板电脑使用情况,并从家庭的角度切入分析影响学前儿童平板电脑使用行为的可能因素。

本研究发现:首先,广州地区学前儿童的平板电脑使用并不多。虽然有超过七成的学前儿童家庭拥有平板电脑,但是学前儿童在日常生活中使用的时间多在一小时以内,看动画片和玩游戏是他们的两大喜好项目。学前儿童擅用、乐用平板电脑,但在使用过程中常常受到来自父母的限制性干预,相反地获得的家长指引与帮助却不多,因而亲子间的使用冲突也较为常见。其次,父母的平板电脑使用行为、态度在不同程度上影响着学前儿童的使用行为。从内容偏好看,学前儿童会受父母的平板电脑内容偏好影响倾向偏好相似的内容。从媒介接触习惯看,手机、电脑高接触量的父母其学前儿童平板电脑使用量也更高。亲子间的平板电脑冲突越多,孩子的平板电脑使用越多、玩游戏的偏好越大。父母越是认为平板电脑妨碍交流,就越容易采用限制手段进行干预,学前儿童也更偏向玩游戏。最后,本研究提出家庭中如何培养学前儿童平板电脑媒介素养的策略和建议:检视父母自身的平板电脑使用行为、加强学前儿童平板电脑内容选择指引、加强共用与讨论等积极介入、加强使用坐姿与时间的调节、树立积极的媒介态度与教育观。

现代化进程中的农民媒介素养研究

暨南大学 李 悦

要实现中国特色社会主义现代化建设,现代化的核心在于人的现代化。要实现人的现代化,媒介素养作为公民的基本素养之一,非常值得关注。随着经济的发展,近年来农村居民接触媒介越来越频繁,接触媒介类型也越来越多样他们在使用媒介的过程中呈现出各种特点,大众媒体在经济欠发达的农村地区产生了各种影响。

本文围绕构成媒介素养的各个要素即:信息接触能力、判断能力、分析解读能力、使用参与能力这几个要素,采用问卷调查、观察、个人访谈等方法,对佛冈县石角镇的农村居民媒介素养进行了实地调研。

本研究发现,粤东西北地区农村居民总体上来说媒介素养还处在一个较弱的阶段。农村居民的媒介素养状况参差不齐。政府部门、大众媒介以及当地的农村居民需要重视媒介素养的教育,对自身发展,对当地现代化的发展都是有重要意义的。

(王楷摘)

青少年网络媒介素养实证研究
——以广东省青少年网络媒介素养调查为例

暨南大学 王星榆

当今,互联网逐渐成为人们认识世界、相互交流过程中所必需的工具。网民的人数也不断壮大,青少年成为其中规模较大、参与度较高的一个群体。由于互联网信息来源广泛、庞杂,青少年缺乏对网络媒体必要的认识容易受不良信息误导。因此,开展青少年网络媒介素养让青少年更好适应信息时代具有必要性和迫切性。本论文在广东省14个地市的青少年网络使用情况调查基础上,针对当前广东省青少年网络媒介素养的现状进行深度分析。结果显示,当前广东省青少年普遍具有基本的网络媒介信息获取、生产、传播的能力,对所接触到的信息有基本的分析、判断能力。但调查中也显示青少年对网络媒介素养知识的了解尚有不足,有深入学习的必要。

本研究认为提升青少年的网络媒介素养应充分调动政府、学校、家庭、社会、媒体等多方力量，各方联动共同作用。政府通过出台相关的法律法规营造良好的网络环境；进行网络媒介素养教育宣传；加大对研究机构的资金支持等方法为网络媒介素养教育营造良好的社会环境。学校和社会机构共同建立网络媒介素养教育体制，覆盖到不同年龄、不同受教育程度的青少年。家长对青少年进行合理的监督与引导，同时媒体也应承担社会责任对青少年进行宣传指引。

（王楷摘）

北京市农民工手机阅读内容分析

北京印刷学院　朱文娇

手机阅读在美国、日本、韩国、德国等国家发展较早，在我国则起步较晚。由于近年来手机用户和手机上网用户数量发展迅猛，加之手机阅读特有的及时性，接近性等特点，手机阅读已经成为国人阅读的新宠。"农民工"群体是我国在农业文明向工业文明转化的社会转型时期，从农民阶级中分化出来的一个新群体，他们为我国工业化、城镇化的发展做出了巨大努力。手机阅读不仅能够帮助农民工了解社会动态和与其利益切实相关的法规政策，还能帮助他们利用法律维护自身的合法权益。然而，农民工这个独特的群体在手机阅读方面尚存在一些问题。本文通过对北京市两代农民工的手机阅读现状进行问卷调查，运用数理统计方法分析、研究北京市农民工在手机阅读方面存在的问题，以及该群体的阅读需求，最终得出受北京市农民工欢迎且有利于改善北京市农民工阅读现状的内容方案。

Web2.0时代青少年群体的网络道德问题及对策研究

浙江财经大学　沈　楼

21世纪以来，随着以强调用户间的信息交互分享和网络无中心化为代表的Web2.0技术的发展，网络的人文性因素开始不断突显，不仅在技术层面拓展了传统媒介的传播方式,也在文化层面重塑了人类社会的生活方式。而随着Web2.0技术的普及,青少年的社会化模式也产生了许多改变——越来越多的青少年自童年时期就开始接触网络,其社会交往模式由传统的以家庭和学校为中心逐渐转变为以媒体为主要代表的多元中心模式,而其社会化环境也由传统的以家庭和学校为中心逐渐转变为以Web2.0为代表的网络平台与现实逐渐融趋同的生活空间。然而,处于青春期的青少年往往容易陷入"观察的我"(主我"I")和"被观察的我"(客我"Me")之间的矛盾而深陷于道德窘境之中,成为网络道德问题的滥觞者和受害者。因此,网络对青少年的影响也越来越受到社会的关注。

基于Web2.0时代下的网络环境与青少年群体的特征,青少年群体Web2.0时代中可能产生的道德问题主要表现在认知偏差,网络沉溺,网络暴力等三个主要方面,进而对青少年的认知、情感和言行产生一定的负面影响。青少年在后现代性的网络实践过程中,容易湮没传统意义中具有中心化和人格稳定性的主体,而呈现出不稳定的、多维化和分散的主体——这既是危机,也是网络道德建设的契机。

青少年在Web2.0时代下产生的上述道德问题可以从道德心理学视角下的内在影响与宏观社会视角下的外在影响两方面分析。就青少年自身的内在影响而言,主要体现在道德认知、道德情感以及主体意志指导下的道德选择三个方面。首先,在道德认知上,由于网络改变了原有的道德认知结构而引起主体在道德认知上的不足与扭曲;其次,在道德情感上,由于网络当中虚拟的道德情感体验无法代替真实的道德情感,因此网络会造成主体对真实的道德情感体验的忽视;其三,由于青少年主体的不成熟,因此青少年在道德选择过程中出现自我认知与行为实践上的不一致,从而无法有效地履行道德实践。就青少年所受到的外在社会影响而言,主要表现为大众传媒的普及过程中人文关怀的缺乏,多元化价值观引起的道德混乱以及社会结构转型下青少年社会化模式的变迁三个方面。主体人格的形成需要通过个体心理机能与社会文化的力量,经主体与社会环境的互动,将外在的社会规范内化为个体的道德观念与品质。因此,利用好网络进行因势利导,将对当代中国青少年的道德教育建设带来良好的效果。

由此,应对青少年的网络道德问题应当从以下几个方面入手。首先,学校应当加强青少年的媒介素养教育,从教学素材、教学形式、教学目的三方面入手培养青少年的道德自觉性。其次,媒体应当通过人文关怀引导青少年发掘网络的真善美,让青少年能够有机会反观自身,实现主体的自我超越。其三,在家庭中,长辈应当持宽容的心态看待青少年的成长,实现后喻文化时代下代际鸿沟的融合。其四,实现社会各部门对青少年上网的社会共管。

总之,应当在思想道德教育的过程中建立起社会主义核心价值体系指导下的道德自觉性,让青少年有足够的能力能够独立面对网络与现实逐渐趋同的现代社会才是Web2.0时代下青少年网络道德建设的关键。

北京市高校青年体育教师信息素养现状及对策研究

首都体育学院 张 彬

随着教育技术水平的飞速发展，中国的基础教育已逐步走向了信息化。高校青年体育教师的信息素养问题也成为教育界研究的焦点课题。目前，学术界有许多关于体育教师信息素养的研究成果，但针对高校青年体育教师教师的信息素养状况的研究成果则很少，而针对北京市高校青年体育教师信息素养现状的研究成果则更少。因此，本文在新媒体信息化的背景下来深入分析北京市高校青年体育教师信息素养的现状和提出提高北京市高校青年体育教师信息素养的策略研究很有必要并具有很强的理论意义与实践价值。

本文首先通过运用文献资料法，从网络数据库、国内外期刊、教育图片和影像资料中将有关体育教师信息素养的材料进行收集、整理、分析和提炼。发现了在关于高校青年体育教师信息素养的研究较少，大多数研究并没有考虑高校青年体育教师的年龄特征、学历特征和心理特征等因素。研究结果不能对高校青年体育教师信息素养实现有效的提升。在对文献进行收集、整理和分析后，根据高校青年体育教师在信息素养方面所存在的问题，并遵循体育科学研究方法设计了调查问卷。调查问卷的内容包括：调查对象的基本情况、北京市高校青年体育教师基本信息素养现状和体育学科信息素养现状。向40所北京市高校进行问卷的发放和回收，通过运用数理统计法对问卷的数据进行统计。并针对问卷中所发现的问题向专家进行访谈，对专家的意见进行收集和整理并运用到论文的研究中。本文的研究对象是北京市高校青年体育教师信息素养现状与对策，主要内容是分析北京市高校青年体育教师信息素养的现状包括对北京市高校青年体育教师个人的基本情况、信息意识现状、信息知识现状、信息能力现状、信息道德现状、教学信息素养现状、体育科研信息素养现状和课外体育信息素养现状进行分析。随后针对北京市高校青年体育教师信息素养中所出现的问题提出了提高北京市高校青年体育教师信息素养的策略和方法。

本文研究结论：

（1）北京市高校青年体育教师获取信息的渠道较为单一。

（2）北京市高校青年体育教师对生活中出现的体育有关信息的关注和收集、整理的意识较低。

(3)北京市高校青年体育教师具有较高的学历,但是对信息知识的一些概念、内涵了解较为肤浅。

(4)北京市高校青年体育教师的计算机操作能力较为一般,利用英语进行外文检索的频率较低,对于外文网站的内容理解起来难度较大。

(5)北京市高校青年体育教师对学生反馈的信息不够重视,不能够很好地在课下与学生通过沟通和互动的方式来提高学生的体育参与意识和体育常识。

(6)北京市高校青年体育教师对于新体育知识、新体育信息的融入率较低,不能够很好地将所接收到的信息向学生进行传授。

(7)手机媒体已经成为北京市高校青年体育教师在课下获取体育信息的主要渠道。

通过本文的研究,从理论上来说可以完善北京市高校青年体育教师基础教育信息化理论知识和北京市高校青年体育教师学科信息素养理论;从实践上来说,此研究所提出的策略和方法可以为新时代背景下提升北京市高校青年体育教师信息素养提供一定的帮助和指导。

中学生化学信息素养量表的开发与使用

山东师范大学 李 敏

21世纪人类进入信息时代,信息已经成为社会系统的重要组成部分,社会个体的活动都与信息系统密切相关。作为社会的一员,除了应该具备读、写、算等工业社会所需要的文化素养外,还应该具备适应信息社会所特有的修养—信息素养。化学作为基础科学教育的重要组成部分,作为一门与实际生产、生活联系较为密切的学科,它对提高学生的科学素养,促进学生的全面发展有着至关重要的作用。信息时代的化学教学不仅是教给学生化学专业知识,还要有意识地在教学中培养学生获取、加工、评价、利用等化学信息的技能。

本研究主要是在国内外对信息素养及化学信息素养研究的基础上,结合化学学科特点,尝试构建中学生化学信息素养理论框架;同时基于理论构想编制和使用中学生化学信息素养的调查量表,分析量表结果,为中学教师了解中学生的化学信息素养现状和改进教学策略提供一定参考。

本论文共分为七部分,每部分的主要内容如下:

第一部分,阐述了问题提出的背景。

第二部分,综述了国内外对信息素养的相关研究,分析了国内化学信息素养的

第七部分　硕博士论文摘要

研究现状。

第三部分，阐述本研究的目的、任务、方法和思路。

第四部分，构建了中学生化学信息素养理论框架，对化学信息素养进行了界定，详细描述了化学信息素养的构成要素，构建了化学信息素养评价指标体系。

第五部分，详细展示了量表开发过程，利用统计软件对量表进行项目分析和探索性因素分析，并进行信度和效度检验，最终得到符合测量学意义的正式量表。

第六部分，利用编制的量表，对两所高中部分学生进行调查，通过对收集到的数据进行深入的分析，得出相关的结论；主要分析了中学生化学信息素养现状水平以及中学生化学信息素养在性别、年级和学校类型上的差异性。根据调查结果，提出相应的教学建议，为中学教师的化学教学提供一定参考。

第七部分，问题与展望。分析了研究过程中存在的问题，明确了未来的进一步研究方向。

（王楷摘）

广州市番禺区教师信息素养提升平台的设计与实现

吉林大学　伍健强

21世纪将是一个信息时代。信息化是当今社会发展和科技进步的大趋势，更是我国产业优化升级和现代化的关键环节。教师信息素养的提升是促进我国教师发展的重要工作。年教育部下发了关于实施全国中小学教师信息技术应用能力提升工程的意见，根据各级教育部门的要求，结合番禺区中小学教师的实际情况及学习需要，为提升番禺区中小学教师信息技术应用能力水平，创建一个在线学习平台，学会自主学习和网络研修。因此，设计番禺区教师信息素养提升平台是很有必要的。本文设计并实现了一个基于B/S架构的教师信息素养提升平台，以帮助中小学教师提升信息素养。论文的主要工作包括：分析了建立教师信息素养提升平台的背景和意义；介绍了SpringMVC应用架构和对象关系映射工具Hibernate，介绍了Ajax技术和jQuery框架，分析了基于模型的软件开发方法MDA技术，分析了各种技术的优缺点和在本文中的主要作用，为教师信息素养提升平台的开发做了技术准备；对教师信息素养提升平台中的各个功能模块进行了详细的需求分析，分析了系统的用户类型，以及各类用户的功能需求，从而确定了整个系统的功能，并用

UML 建立了系统的功能需求模型；对教师信息素养提升平台中的各个功能模块进行了详细的系统设计，给出了教师信息素养提升平台的设计模型，该设计模型包括总体框架、功能模块模型、数据模型等三个方面。

在设计模型中，总体框架规定系统的运行环境和体系结构；功能模块模型规定了系统的功能和业务逻辑；数据模型规定了系统所用数据结构和数据间关系。本文设计了系统的四层架构，并进行了相应的数据库设计，使用 PowerDesigner 设计了系统的数据库物理模型；采用 Java 语言、MySQL 完成了教师信息素养提升平台的开发工作，给出了关键模块的实现步骤和代码，最后列举了部分模块的实现效果。

本论文实现了一个通用的、易于扩展和维护、运行稳定、界面友好的教师个人教师信息素养提升平台，系统的建成和使用将为中小学教师提升信息技术水平和信息素养起到非常积极的作用。

（王楷摘）

青岛市幼儿教师信息素养的现状调查与培训对策研究

山东师范大学　白恩唐

当今社会高度信息化，学前教育信息化也是大势所趋。幼儿教师的信息素养成为衡量其综合素质的重要指标。随着学前教育得到国家政府的空前重视，加强幼儿教师的培养和培训，提高幼儿教师队伍整体素质，成为当前和今后相当一段时期内国家教育战略的重要内容之一。

本课题通过文献研究法、问卷调查法和访谈法对青岛市幼儿教师的信息素养情况从信息化环境、信息意识和态度、信息技术知识和技能掌握、信息技术与教育教学活动整合、信息技术促进家园互动、信息技术促进个人终身学习和自主发展、参加信息技术培训情况 7 个方面进行了全面调查。通过对青岛市 6 区 4 市 585 名幼儿教师样本的问卷分析，得出了青岛市幼儿教师信息素养的现状情况。发现了幼儿教师在信息技术知识和技能、信息技术促进家园互动和信息技术促进终身学习和自主发展方面存在的问题，进而提出了 7 点培训对策。即抓好信息化环境建设，让幼儿教师培训后有用武之地；做好培训需求调研，增强培训工作的针对性；强化信息化教育理念，让幼儿教师对信息化教学产生需求和依赖；集中培训与跟踪指导相结合，提高培训实效性和长效性；突出培训重点，提高培训效率；采取多元评价，增强培训效果;加强培训资源建设,做好自主学习和园本培训支持。

在暑假进行的幼儿教师信息技术培训中灵活应用了这些对策。经过对随机抽取的10名参训教师的访谈,发现这些培训对策的应用有效地提高了培训的效率,增强了培训效果,开启了幼儿教师信息技术培训的新模式。这些培训对策将从培训方式、培训内容、培训策略和培训组织等各个角度对幼儿教师信息技术培训实践提供非常有价值的指导和借鉴。从而指导青岛市后续开展的幼儿教师信息技术培养和培训工作,也为其他同类地市幼儿教师的培养培训工作提供了切实可行对策参考,以期促进全国学前教育事业的繁荣发展。

限于研究者的水平和时间,研究过程仍存在很多不足,如调查问卷的问题及选项设置还不是非常科学规范;对调查问卷统计结果的分析挖掘得不够深刻;开展跟踪性评价的评价量规还不够规范等等。在今后的研究中,随着网络环境的不断完善,将把微信订阅号公众平台在幼儿教师信息技术培训中的广泛应用作为研究的重点,将集中培训与跟踪培训充分地结合起来,建立起幼儿教师信息技术培训和信息素养提升的长效机制。

(王楷摘)

安徽省高校图书馆信息素养教育的调查与研究

安徽大学 汪炅

随着20世纪80年代以来计算机技术的普及以及90年代后信息技术不断地发展创新,人们的生产方式从注重物质发展的工业时代,演变成信息产业的进步发展,信息化成为产业化的全球社会发展状态。随着网络化的逐渐深入,产业化和经济结构的深入改革,全球经济格局也在发生改变。但是随之而来的问题是,在信息庞大冗杂的时代,如何抓住信息所带给我们的价值,摒去信息垃圾,这需要现代人有着良好的信息素养和对信息正确的认知。在高校之中,图书馆是学校信息资源的集中地,以图书馆为中心和出发点,加强对高校学生的信息素养教育,会更有专业知识的支持和实践操作的可行性。然而虽然研究早已提上日程,但是高校学生信息素养水平依旧堪忧。随着我国对教育重视逐渐提高,并且提升到优先的战略角度,以及本科生、研究生的逐年扩招,我国高等教育所占人口比例越来越高。而高等教育的学生如何在信息产业迅猛发展的今天完成自己的学习任务,提高自己的科研能力水平,承担科研任务,就需要具备良好的信息素养。

本文以安徽省几所代表性高校为调查对象，以信息素养为基本的研究背景，围绕高校图书馆利用情况以及高校图书馆在对学生信息素养教育中所起的作用进行详细调查。希望对信息素养教育这个提出由来已久，却始终缺乏效果的问题给予实践性的参考，并通过调查分析，针对安徽省高校现状分析问题，给出具体参考措施。并着重强调图书馆在信息素养教育中加强创新，改变模式，发挥重要作用。从而为如何提高信息素养教育提供借鉴作用。本文共分为六个部分。第一部分是绪论。主要论述论文的研究目的和意义、国内外研究现状、研究内容、研究方法与思路以及论文的特色和创新点。第二部分是高校图书馆信息素养教育概述。主要对高校图书馆的信息素养教育的含义、重要性和常见方式进行了介绍。第三部分是对安徽高校图书馆信息素养教育现状的三个案例具体分析。第四部分是基于第三部分现状调查的结果上指出安徽省高校图书馆信息素养教育出现的问题。第五部分是针对安徽高校图书馆信息素养教育的问题提出相应的解决对

第六部分是文章的结论与展望。

（王楷摘）

物理师范生信息素养现状与影响因素

沈阳师范大学　高静茹

教育是国家发展的基础，教师则是教育教学实施的主要因素，提升教师素质是提升教育质量及进一步推进新课程改革的重要的一步。随着新课程改革的持续推进，国家也相继出台了一系列提升职前教师的举措，也逐渐对教师及职前教师的信息素养开始关注与发展。信息社会中，信息素养关系到一个人的全方位发展，不仅仅是现时发展，也包括未来的发展，未来的职业规划及教师的终身教育。

本研究选取物理教育专业、化学教育专业、生物教育专业、小学教育专业、信息与计算科学专业五个专业的大学生为研究对象，以信息素养为研究内容，重点对这几个专业师范生信息素养的四个维度展开现状调查，分析影响师范生信息素养的主要影响因素得出研究结论。本研究在文献研究的基础上，自主编制信息素养调查问卷，对四个专业的师范生、信息与计算科学本科生及研究生（课程与教学论专业）进行信息素养现状的测量与分析，以比较其差异。

本论文首先梳理现有研究，对目前研究的背景、国内外研究现状进行文献综述，针对现有研究指出本研究的研究目的及意义。

其次，确定信息素养指标体系。信息素养指标体系的确立直接决定着信息素养程度的评价，更是问卷设计的依据。本章采用文献法建立初级指标体系，采用专家法评价指标，采用主成分分析法赋权，建立物理师范生信息素养评价指标体系，并编制预测问卷。

再次，对初级信息素养指标体系进行实证检验。通过两次测量及项目分析检验初级指标体系，反复修改，最终建立信息素养指标体系，编制信度、效度均良好的测量问卷。

然后，对大学生进行现状测量。对2011级物理师范生的信息素养深入分析研究，分析得出物理师范生的整体信息素养中等，其中信息知识的水平较低，信息道德水平较高，在信息知识与能力方面有待提高。同时，测量多个专业与不同学历程度学生的信息素养，并与化学、生物、小学教育、信息与计算科学的大学生及硕士研究生的信息素养水平进行对比分析。分析得出，物理师范生的信息意识和信息能力水平亟待提高，应多参与实践活动提升自我信息素养。

最后，利用相关分析，分析影响物理师范生信息素养的显著性因素。对物理师范生信息素养的影响一方面来自于社会网络道德建设、学校管理导向和图书馆的建设情况，另一方面受到个人非智力因素的影响，例如学生对于信息素养的重视程度、参与实践的态度和作为一名未来教师在教学中应用信息技术的意识。同时，对学校的管理、高校教师的信息素养、信息技术课程体系及网络道德环境提出有效的建议。

（王楷摘）

我国高校网络道德教育存在的问题及解决对策

河北师范大学　马梦瑶

网络信息技术的发展给人们的生活带来了无限便利和翻天覆地的变化，改变了人们的生活方式。它的虚拟便捷、自由平等、广容开放等天然特质吸引着人们纷纷"情迷其中"，但同时，网络在给大学生的学习和生活带来巨大便利的同时，也带来了许多良莠不齐、真假难辨的信息，它的虚拟状态也为人们的网上行为提供了安全屏障，给非正当的行为和不道德的行为披上了漂亮的外衣，其负面影响日益凸显。"90后"的在校大学生是受网络影响最深的一代人，从小接触网络，但对网络的了解却十分有限。大学生虽然是整体素质较高的网民，但是网络道德失范行为也频频出现,这是由于大学生自身的年龄特点和自身修养不足以抵御网络不良现象的侵袭,也是长期缺乏网络道德教育和网络知识造成的。由此,高校网络道德教育的重要性显现,高校有义务担起网络道德教育的责任,必须高度重视加强网络道德教育。

本文除引言和结语外,共分为三大部分:

第一部分对整篇论文涉及的相关概念进行了界定,详细阐述了网络社会与网络道德的含义,道德教育与网络道德教育的含义,并进一步论证了网络道德教育的特殊性。接下来,文章借用笔者做过的对省会理工科、综合、医学的四所高校300名在校生网络道德现状的问卷调查,以调研的数据为例证,对在校大学生的媒介消费习惯、使用现状、认知判断做了分析,从大学生在网络道德上存在一定失范行为的客观现状出发,揭示了在当前网络社会的情境下,高校加强网络道德教育的重要意义,即高校开展网络道德教育为提升大学生道德素养开辟了新渠道,更是构建和谐网络环境的题中之意。

第二部分对高校网络道德教育存在的问题及其背后原因进行了全面而深刻的分析。目前,我国高校网络道德教育存在诸多问题,主要是网络道德教育主体存在诸多问题;网络道德教育目标缺乏针对性;网络道德教育内容缺乏时效性;网络道德教育方法缺乏实效性;网络道德教育机制尚未形成。论文着重对目前我国高校网络道德教育存在问题的原因进行了深层次的梳理,我国高校网络道德教育存在诸多问题的原因是:教育管理部门缺乏重视和政策;教育主体对网络道德教育的认识模糊;大学生身心发展波动性大;网络法规制度建设滞后;网络环境差强人意。

第三部分着重对我国高校开展网络道德教育中的创新途径和具体实践提出了几点思考。首先,必须从教育事业的管理层面高度重视,建立网络道德教育体系,尽快建立网络道德教育的常态化机制和高校、社会、个人三位一体的网络道德教育机制。其次,必须要尽快建立一支符合网络时代需求的、素质过硬的教育工作队伍,这支网络道德教育队伍必须转变传统的德育观念,具备深厚的马克思主义理论功底和扎实的业务水平,率先接受信息素养教育,在学生中逐步开展网络道德教育常态化教学,并培养大学生健康的人格和高尚的网络品德。其次,高校教育主体必须创新思路,多管齐下改变教育模式,关注90后大学生群体,以增强教育的针对性;同时要丰富教育内容,注重人文精神的构建和培养;借鉴美国经验,在学生中开展信息素养教育;并注重大学生的现实性教育,着力唤醒大学生在现实生活中的主体意识。在教育的同时,高校应制定出符合自己校情、舆情的网络规范,从刚性制度上给予网络道德教育的约束和支撑,使网络道德教育的内容更加有章可循、有法可依。最后,建议政府应当加强网络行业的规范管理,从源头治理网络环境,努力构建良好的网络生态环境。

总之，高校开展网络道德教育是一项系统性工程，需要全社会的重视，相关部门的政策指引，学校的有效实施，形成一个长期教育机制，才能有效开展网络道德教育，培养大学生形成健康的网络品格。

（王楷摘）

基于手机媒体传播的体育信息对北京市大学生参与体育的影响研究

首都体育学院　李全凯

随着科学技术的飞速发展、移动终端设备智能手机技术的日益成熟，手机媒体凭借其特有的便捷性、即时性、互动性和个性化等优势成为人们信息传播的重要工具。手机媒体与网络媒体及传统媒体的融合使其成为体育信息传播的首要途径，而对体育信息最为关注的莫过于在校大学生，他们受益于手机媒体体育信息的随时随地传播，这些基于手机媒体传播的体育信息正积极地影响着他们的体育生活。

本研究以清华大学、北京工业大学、中央财经大学、北京邮电大学、首都体育学院5所北京地区院校在校大学生为调查对象，通过文献资料法、专家访谈法、问卷调查法、数理统计法、逻辑分析法对数据进行了归纳整理，对北京市大学生接触手机媒体体育信息的现状进行分析，认为手机媒体已超越网络媒体成为北京市大学生关注体育信息的最主要途径；大学生从手机媒体中获取体育信息的主要途径是内容一应俱全的手机WAP门户网站，传播效率较高的手机社交软件和个性化较强的体育类APP发展势头迅猛；2/3的大学生会经常甚至每天都接收手机媒体体育信息，但平均每天的关注时间在30分钟以内的居多；获取手机媒体体育信息的目的以了解体育动态、观赏体育比赛和增加体育知识为主；主要关注体育新闻类、体育知识类和赛事直播类体育信息；最看重手机媒体即时性强和便利性强的传播优势；认为手机网络不稳定、手机电池续航能力差和4G网络还未普及影响上网速度是手机媒体在传播体育信息上的缺陷。

基于手机媒体传播的体育信息对北京市大学生参与体育有积极影响，影响较大。对北京市大学生参与体育态度的积极影响问题上，体育专业大学生和非体育专业大学生存在明显差别，非体育专业大学生在对参与体育的重视程度和体育信息素养问题上还有待进一步提高；运动工具类APP对大部分大学生参加体育锻炼有较强的督促作用,但仍有近 1/3 的同学未使用过值得我们反思;手机媒体社交类软件中好友对其运动经历和感受的分享对大学生参加体育锻炼有一定的刺激作用;体育知识类信息在手机媒体中出现的频率较高,实用性也较强,为大学生参加体育锻炼提供了理论和实践支持,对他们参与体育有一定影响,但体育知识类信息在手机媒体中的分享率一般。

(王楷摘)

信息技术伦理动画教学资源的设计与开发

山东师范大学 成淑琳

信息技术引发的信息技术伦理问题对青少年的发展意义重大,青少年在信息社会中扮演着极为重要的角色,他们既是未来信息发展的支柱与希望,也是信息发展衍生问题下的重度受害者。青少年的信息技术伦理观念相对淡薄,极易受到不良道德行为的负面影响,因此,在青少年中开展信息技术伦理教育、设计开发合理的动画教学资源显得尤为迫切和必须。

本文首先通过文献研究,了解国内外信息伦理与动画教学资源的相关概念与理论知识;其次通过问卷调查和访谈从教师与学生两个角度,调查信息技术伦理的教学现状与动画教学资源的设计应用情况,并总结存在的问题与不足;然后设计开发符合小学生认知发展与视听心理规律的信息技术伦理动画教学资源,提出了信息技术伦理动画教学资源的设计理念与教学模式;最后进行信息技术伦理动画教学资源的案例开发与实验应用,并对学生的学习效果进行评价与分析。

在信息技术伦理动画教学资源的研究中,充分考虑学习者的意愿,将学生喜爱并需要的动画教学资源通过调查分析,合理应用于设计理念之中,让动画教学资源的设计真正做到来源于学生并授之于学生。在信息技术伦理动画教学资源的设计与开发中,严格遵循动画创作的艺术理论原则,与教育学、心理学等相关理论相结合,以科学严谨的态度,采用多种制作方法与手段,丰富了信息技术伦理动画教学资源的表现形式与内容。

通过本研究设计开发的信息技术伦理动画教学资源案例,运用于信息技术课伦理知识模块的课堂教学,实验调查显示,学生能够将绝大部分的注意力转移到观看动画教学资源、学习信息技术伦理知识上来,提升了学生上课的专注程度,积极活跃的课堂气氛,更强化了学生的思维认知与发展。通过实验数据分析发现,本研究

第七部分　硕博士论文摘要

设计开发的信息技术伦理动画教学资源有利于加强学生的信息伦理认知发展,提升学生信息技术伦理知识的学习效果,培养学生的信息素养与综合实践能力,为信息技术伦理动画教学资源的设计与开发提供了新的设计理念与教学模式。

(王楷摘)

MOOCs背景下大学课堂教学模式的反思与建构

山东师范大学　李桂芳

《国家中长期教育改革和发展规划纲要(2010—2020年)》明确提出"加强教育信息基础设施建设"、"强化信息技术应用"等,把教育信息化摆在非常重要的位置。2012年国家教育部进一步制定了《教育信息化十年发展规划(2011—2020年)》,强调"推动信息技术与高等教育深度融合,创新人才培养模式",把中国的教育信息化推向新的发展阶段。可见,国家意识到教育信息化对于高等教育发展的重要性。近两年,随着MOOCs的发展,高校改革的需要更加迫切,尤其是高校课堂教学模式的改革已迫在眉睫。本文基于这种需要,就MOOCs背景下大学课堂教学模式的反思和建构进行了详细探讨。

MOOCs是近两年兴起的大规模开放网络在线课程,具有开放性、碎片化和生成性等特点,有利于改变学生学习方式和教师教学方式,实现资源共享,提高教学质量。这就要求大学课堂教学从教学主体、教学内容、教学方法和教学评价等方面做出转变。

基于这种需要,运用问卷法和访谈法进行大学课堂教学模式现状调查,发现大学课堂教学模式存在一系列问题。大学课堂教学形式陈旧单一,大学教师操纵教学过程,师生关系不和谐,教学内容预成化,教学方法不够灵活,教学评价不合理。

基于上述内容,根据大学课堂教学模式构建的原则,试图建构一种分层混合教学模式。根据高校专业课、选修课和通识课的课程分类标准,提出了"课堂为主、线上为辅"的专业课教学模式、"在线为主,线下为辅"的选修课教学模式和"线上线下,多层互动"的通识课教学模式。该模式的实施需要四个方面的条件保障即高校制度保障、高校技术保障、师生信息素养和教学与辅导团队的组建。

(王楷摘)

面向个性化学习的高中信息技术微课程设计与应用研究

山东师范大学　张立强

随着人们教育理念的转变和国家教育信息化工作的深入开展，教育者对信息化教学、终身学习、个性化学习等理论和概念越来越重视，并不断地进行深入的探索和实践。实践证明，利用先进的信息化资源或设备，将个性化学习与传统教学相结合，有助于满足学习者的不同学习需求，同时，有助于提高学习者的学习效率。

在当今高中信息技术教学中，正面临着难以满足个别学生需要的挑战，难以达成高级教学目标的困境。如何实现分层教学，提高课堂学习效率，进而实现信息技术全面提高学生整体信息素养的课程目标，成为当下高中信息技术教学亟需解决的问题。

而"微课程"这一概念的引入和迅速发展，为高中信息技术教育突破现有教学瓶颈、完成课程目标，提供了契机。因为"微课程"资源以视频为主，具有短小精悍、主题突出、内容具体、教学形式多样有趣，互动性、参与性较强的特点。恰好可以满足教师分层教学，学生个性化学习的需求；同时也有助于课堂的翻转，打破传统教学模式过分注重教师作用，忽视学生主体地位的弊端。因此，研究面向个性化学习的高中信息技术微课程，优化教学设计与应用方案，应具有积极的研究意义。

本论文的研究写作，可以分为以下六部分：

第一部分介绍本研究的背景与意义，阐述国内外关于相关课题的现状和发展趋势，表明研究的目标、思路和研究内容，并对具体用到的研究方法进行阐述。

第二部分通过文献分析，具体阐述个性化学习理论和微课程理论，从理论上论证面向个性化学习的高中信息技术微课程设计与应用的可行性。

第三部分通过对实验对象及教师的相关调查，了解当今高中信息技术教学中存在的问题和不足，通过分析，找出解决措施，尤其是提出通过微课程的设计与应用解决问题的必要性；并进一步深入调查分析微课程在高中信息技术教学中的需求，论证微课程在高中信息教学中的可行性。

第四部分在分析高中信息技术教学设计原则和高中信息技术微课程设计原则的基础上，构建面向个性化学习的高中信息技术微课程设计与应用策略，提出现阶段微课程的应用模式和微课程的设计、开发与评价准则，并针对每一部分构建一系列设计与应用标准，由此形成了面向个性化学习的高中信息技术微课程设计与应用创作标准。

第五部分根据形成的微课程应用模式，设计具体的高中信息技术微课程案例，并应用于教学实践中,通过对教学效果数据的采集、整理与分析,验证微课程在促进学生个性化学习、提升学生信息素养中起到的重要作用。

第六部分实验总结、对研究的局限性及未来发展趋势进行展望。

(王楷摘)

安康市小学生父母媒介素养研究

南京师范大学 刘奕婷

随着科学技术的进步和大众传媒的发展,媒介在大众生活中越来越不可或缺。在新媒体时代,媒介充当主要的信息载体,人们在关注科技进步与大众传媒发展的同时,也应该关注民众的媒介素养问题。媒介素养、媒介素养教育在西方国家和东方少数发达国家已经形成正规的学校教育机制,然而在世界许多欠发达国家仍未引起充分重视。我国的媒介素养教育在学校教育领域内开展的效果并不理想,媒介素养教育走出校门,走进家庭,走进社区,走向社会既有必要性也有可行性。父母是孩子人生的启蒙之师,家庭教育贯穿于孩子成长的始终,父母的媒介素养是新媒体时代父母素养的重要方面,它不但影响孩子的媒介素养的形成和发展,也决定着成人的终身学习和自我完善的水平。中国的媒介素养研究关注成人、关注家庭、关注父母群体,是媒介素养教育本土化发展的必经之路。

本文运用文献分析法和问卷调查法对安康市小学生父母的媒介素养进行研究。第一部分是对小学生父母媒介素养的内涵进行理论分析,厘清媒介素养与小学生父母媒介素养的定义;第二部分选取陕西省安康市 A 小学为例,对四、五、六年级学生及学生父母的媒介素养现状进行问卷调查研究。从快捷获取信息能力、自主选择信息能力、充分理解信息能力、辩证评估信息能力、创造和传播信息能力、媒介素养教育观、家庭媒介素养教育的方法与态度、利用媒介进行家庭互动的能力这八个小学生父母媒介素养的测量维度来分析安康市小学生父母的媒介素养现状;第三部分,对小学生父母媒介素养的影响因素做数据验证,发现影响小学生父母媒介素养个体因素和家庭环境因素,及影响的程度和方向;最后,在理论分析的基础上,结合调研数据的发现,从父母自身、政府、媒介、社区、学校五个责任方的角度提出提升小学生父母媒介素养的策略。

(王楷摘)

传播能力视角下基层政府媒介素养评价体系研究
——以 K 县为例

兰州大学　张　萌

信息化、媒介化社会环境下，媒介素养已成为 21 世纪人类必备的基本素质。基于传播全球化和社会风险化背景，及转型期中国的社会现状，我国的政府传播问题日益凸显，政府传播能力亟待提高。提升政府尤其是基层政府的媒介素养水平对提高政府传播能力、构建政府现代传播体系意义重大。

本文在理论研究的基础上对"政府传播能为"进行概念界定，并通巧"政府传播能力"的构成分析，阐述媒介素养与政府传播能力的关系。并以基层政府为对象，结合媒介素养概念及现有理论模型总结出一套适用于基层政府的媒介素养评价体系，包括政府机构、政府工作人员两个层面。即政府机构媒介素养评价体系包括：媒介素养制度、媒介体系、人力、媒介素养水平四个指标，政府工作人员媒介素养体系包括：即媒介素养意识、传播意识、制度知识、媒介认知、媒体关系把握、媒介信息处理、媒介信息传播、媒介信息回应八个指标。最后，以康县为调查对象进斤问卷调查，通过因子分析法对基层政府媒介素养的构成因素进行总结。对以前提出的媒介素养评价体系进行修正，对基层政府媒介素养评估及攻府传播能力构建有一定的启示意义。

（王楷摘）

高校思想政治理论课教师媒介素养培育研究

西南大学　陈　娜

媒介技术的快速发展正把我们推进"媒介社会"，日益庞大的媒介家族和媒介信息正全方位、全覆盖的影响着大众的思维模式、行为方式及社会发展范式。基于媒介时空境遇下，本文以高校思想政治教育理论课教师作为研究"内核"，以高校思想政治理论课教师媒介素养与个体发展、职业发展之间的意义关系为"立足点"，以促进高校思想政治理论与教师媒介素养的养成和提高思想政治理论课的实效性为"落脚点",围绕高校思想政治理论课教师"应该培育哪些媒介素养,如何培育这些媒介素养"这一基本问题,对高校思想政治理论课教师媒介素养培育的价值理念、内容、策略进行了探索。全文包括三个部分:

第一章:高校思想政治理论与教师媒介素养培育的相关理论。这一部分作为本文的逻辑起点,旨在为高校思想政治理论教师媒介素养培育基本问题作科学界定。本章系统的阐发高校思想政治理论课教师媒介素养的基本内涵、价值理念、内容构想等问题,厘清高校思想政治理论课教师媒介素养培育研究理论及现实意义。

第二章:高校思想政治理论课教师媒介素养培育存在问题及成因分析。这一部分作为本文的逻辑中项,在第一部分的基础上探究高校思想政治理论课教师媒介素养培育存在问题,并对存在问题的成因进行系统分析。

第三章:高校思想政治理论与教师媒介素养培育的实践策略。这一部分作为本文的逻辑终点和研究旨归,针对第二章对高校思想政治理论课教师媒介素养培育存在问题及成因分析,提出高校思想政治理论课教师媒介素养培育的策略。

(王楷摘)

社会化媒体时代政府官员的媒介素养研究

——基于辽宁地区政府官员的调查分析

渤海大学 陈 明

当前传媒业的多样化发展和移动终端技术地不断进步,带来了社会化媒体的繁荣发展,随之媒介信息的传播方式也不断发生着变化。政府官员作为社会化媒体时代媒介的使用者及传媒业和政府机构的管理者和领导者,面对社会化媒体时代新的传播互动模式,所表现出的适应能力和应对能力都较弱。针对这一现象,通过对媒介素养内涵的梳理,得出在社会化媒体时代政府官员媒介素养的主要内涵及官员群体具备媒介素养的重要意义,并结合问卷调查的研究方法,以辽宁地区部分官员为样本分析得出目前政府官员在媒介素养方面普遍存在的一些问题。作为媒介的使用者官员群体存在媒介接触动机单一,对媒介的认知不全面,缺乏相应的媒介应用技术,对媒介利用不充分,应对突发危机公共事件能力较弱,对信息解读及舆情预警能力弱等问题;作为媒介的管理者官员群体还存在对媒体的经营管理策略滞后,对组织媒介素养培训不够重视的问题。由此导致,近年来政府官员群体在媒体中频频暴露出媒介素养缺乏的事件，官员群体及所在政府机构在公众面前的形象受到很大影响。经研究分析得出，当下政府官员的媒介素养整体水平均不高，其重要原因之一是官员群体缺少对提升媒介素养水平的意识和实践行动，而且部分官员在日常的工作生活中不主动接触媒介，且接触媒介的动机较单一化，获取信息的方式被动化。由此可见，政府官员所应提升的媒介素养包括：媒介认知与责任素养，媒介使用与技术素养，信息生产与消费素养，社会交流与参与素养。而政府官员媒介素养提升的具体实施策略应包括政府方面的支持、社会方面的参与配合和官员自身方面的努力，三者有效结合才会从根本上提升官员群体的媒介素养。由于政府官员身份的特殊性，官员的媒介素养水平，不仅彰显着政府的执政水平和能力，更是国家软实力的组成部分，值得全社会为提升官员媒介素养水平做出积极努力。

（王楷摘）

危机事件下公众媒介素养评价
——以"兰州4.10水污染事件"为例

陕西师范大学　李梓瑄

我国当前正处在一个公共危机多发的时代，仅发生在2014年的危机事件就不下十件。公众在危机事件中扮演很重要的角色，同时也是直接或间接的参与者，公众的行为态度可能会对危机事件的控制产生积极推动作用，也可能会因为判断力不足等原因阻碍危机的控制甚至产生次生危机。

尽管公众对信息有着自己的筛选标准和判断力，但事实上，公众鉴于危机频发的社会环境的影响W及自身知识水平的限制、也理认知差异等各种因素，不可避免地会在危机来临时产生不理智行为，对爆发式出现的危机信息，识别、控制和批判的能力较弱，表现出媒介素养缺失、低下的情况。

在此背景下，本文选取"兰州4.10自来水苯含量严重超标"的危机事件为案例，通过网络问卷和纸质问卷结合的调查方式研究公众在该事件发展过程中的行为、态度、认知等方面呈现的状态，重点了解被调查者对媒介的认知和对媒介素养概念的认知情况，进而掌握公众在媒介认知、媒介参与、媒介使用方面呈现的面貌、特点等，发现公众具有一定媒介信息的获得性素养，可以主动接触各类形式的媒介获取信息，但在危机来临的时候，公众存在不理性的行为，在综合判断信息真伪和理性对待危机方面能力较弱等情况。针对以上现象并结合数据，本文分析了公众媒介素养缺失的原因，从政府、媒体、企业、公众四方面提出较具有可行性的解决办法，包括：政府推进政务微博的应用、升通危机事件处理过程中公众参与的通道，加强与公众的沟通；媒体需要用职业操守衡量言行，有效引导舆论的同时努力消除小道消息对公众产生的负面影响，树立媒体公信力，争取有所作为；而类似兰州水污染事件中的涉事企业应主动承担社会责任，及时通报危机信息，坦然接受公众质疑；最后，对公众而言，媒介素养通识教育需加强，对危机的认知需更全面、合理，公众调动内在自觉性了解媒介知识，理性应对危机。

（王楷摘）

2015中国媒介素养研究论文索引

（2014.11—2015.10，按首字母排序）

"媒介依赖"理论视域下的大学生"社交"成瘾——以对四川大学学生微信使用情况的调查为例/朱亚希//今传媒/2015/2

"媒介与信息素养"的多视角解读/吴文涛，张舒予//新闻战线/2015/2

"手术室自拍事件"传播中的媒介素养问题/黄姗姗//新闻世界/2015/10

"双微"时代大学生的媒介素养培育/孙夏卿//青年记者/2015/11

"网瘾学生"转型"网商学生"的思考：四个反思性的观察维度/柳俊丰//山西高等学校社会科学学报/2015/6

"微传播"时代理工院校媒介素养现状研究——以西安石油大学微信使用状况为例/张瑜，雷洁，刘小静//新闻知识/2015/2

"微时代"大学生媒介素养现状及教育对策——以福建部分高校为例/陈燕红//青少年学刊/2015/2

《全球媒体和信息素养评估框架》（UNESCO）解读及其启示/程萌萌，夏文菁，王嘉舟，郑颖，张剑平//远程教育杂志/2015/1

2010年以来国内大学生媒介素养教育研究综述/陈勇//新闻研究导刊/2015/15

2014年"网民媒介素养"研究综述/王艳平//科技传播/2015/13

90后大学生的社交媒体使用与公共参与——一项基于全国12所高校大学生调查数据的定量研究/郭瑾//黑龙江社会科学/2015/1

90后大学生网络媒介素养调查研究——以中国石油大学（北京）为例/王茹//北京教育（德育）/2015/4

ACRL的《高等教育信息素养框架》解读与启示/刘彩娥，冯素洁//图书情报工作/2015/9

MOOC背景下信息素养教育的变革/黄如花，李白杨//图书情报知识/2015/4

OA环境下图书馆开展学术出版素养教育的探讨/徐速，张新鹤//图书与情报/2015/2

Web2.0时代青少年群体的网络道德问题及对策研究/沈楼//浙江财经大学硕士论文/2015/

安徽省高校图书馆信息素养教育的调查与研究/汪炅//安徽大学硕士论文

/2015/
安康市小学生父母媒介素养研究/刘奕婷//南京师范大学硕士论文/2015/
北京市高校青年体育教师信息素养现状及对策研究/张彬//首都体育学院硕士论文/2015/
北京市农民工手机阅读内容分析/朱文娇//北京印刷学院硕士论文/2015/
编导专业学生的媒体素养教学研究/杨晨蕊//新闻研究导刊/2015/19
不同层次护生资讯素养能力现状调查/王沛文，戴叶花，黄红玉，伍文琴，王志容，肖丽兰//湘南学院学报（医学版）/2015/3
城市青少年接触媒介行为与家庭环境的相关性研究——以江苏省为例/刘荃//现代传播（中国传媒大学学报）/2015/6
城乡青少年媒介使用的家庭环境差异及其影响因素——基于2013年度中国教育追踪调查（CEPS）数据的分析/郑素侠//现代传播（中国传媒大学学报）/2015/9
城乡小学生新媒介素养现状对比及提升策略研究——以鲁西南地区为例/康宁丁，梦鸽，付宗玲，任士伟，胡彪//中国信息技术教育/2015/8
赤峰学院学生媒介素养教育的调查研究/赵晓清//赤峰学院学报（自然科学版）/2015/3
传播能力视角下基层政府媒介素养评价体系研究/张萌//兰州大学硕士论文/2015/
传媒专业大学生的媒介素养培育/刘昂//青年记者/2014/35
创新、转向、融合：论网络素养教育与高校思想政治教育/刘洪波//延边大学学报（社会科学版）/2015/5
从"成都女司机被打事件"看公民的网络素养建设/邓皓静//新闻研究导刊/2015/12
从"媒介素养教育"看特色高中建设中的评价因素/潘建荣//上海教育/2015/Z1
从"释放"到"赋权"：自媒体语境下媒介素养教育理念的嬗变/闫方洁//现代传播（中国传媒大学学报）/2015/7
从儿童对网络素养的现实需求看网络素养核心能力构建：基于儿童学习成长视角/李宝敏，张良//全球教育展望/2014/11
从个案看医护人员新媒介素养及提升策略/郑红燕，乐海霞，陆明凤//医院管理论坛/2015/1
从接触媒介到提升自我——当代大学生媒介素养现状及提升策略新探/朱正华//吉林省教育学院学报（上旬）/2015/8
从媒介对学前儿童的影响看家庭媒介素养教育/贾晓真//文教资料/2015/13

从媒介素养到媒介伦理——新媒体时代公民的传播抉择/冯若谷//新闻战线/2014/12

从媒介素养入手做好大众媒介人才教育/崔冰蕊，李彦琴，任雁//科学中国人/2015/12

从日本影视赏析透视新生代大学生异文化认知特征/王俊红//安徽文学（下半月）/2015/5

从思想政治教育角度看大学生媒介素养教育策略/刘娇蕾//高教学刊/2015/18

从网络恶搞看大学生媒介素养教育——基于安徽省六所高校的实证调研/曲欣欣，许鹤//新余学院学报/2015/4

从网络媒介审判看网民媒介素养/余瑶//新闻世界/2015/4

打破技术迷思：儿童媒介素养教育的重要视角/李树培//全球教育展望/2015/9

大数据背景下教师数据素养的内涵、价值与发展路径/张进良，李保臻//电化教育研究/2015/7

大数据时代媒体人的新媒介素养/杨宁//中国广播电视学刊/2015/2

大数据时代医学期刊编辑的信息素养/姜立会，程琳//青年记者/2015/24

大数据视阈下的媒介素养教育/段文娥//岭南师范学院学报/2015/4

大四男生过度使用网络媒介的心理动机探究——兼论大学生网络媒介素养评估方法/毛家武，王裕文//玉林师范学院学报/2015/3

大学生参与电子竞技的基本素养简析/秦海权，吴韶光//体育文化导刊/2015/8

大学生对网络谣言的认知和行为的研究及分析——基于天津三所本科院校的调查/孙倩，吕玥，王敏//今传媒/2015/7

大学生媒介沉迷对新闻传播教育的影响/贾广惠，邓建农//河北师范大学学报（教育科学版）/2014/6

大学生媒介素养教育与高校校媒发展互动探析/赵亮//文教资料/2015/1

大学生媒介素养现状调查/赵娟娟//理论学习/2015/1

大学生媒介素养现状调查研究——基于河南焦作地区/于向向//中华少年//2015/17

大学生批判性思维培育的实证研究/陈世华//集美大学学报（教育科学版）/2015/2

大学生日常上网行为探析/赵玲娟，张瑞静//东南传播/2015/2

大学生社交媒介素养及其教育研究/张军芳，闫文捷//中国成人教育/2015/18

大学生社交网络使用行为的实证研究——以包头地区为例/陈海波//今传媒/2015/1

大学生手机依赖引发焦虑的现状调查/周琳琳，王晶晶/全/科护理/2015/22

大学生手机阅读行为研究/毕秋敏，曾志勇，陈楠//昆明理工大学学报（社会

科学版）/2015/4
大学生网络行为失范的原因及教育对策探析/李彤，牛欣欣//现代交际/2015/4
大学生网络媒介素养的差异及其原因探究/李梓镒//新闻研究导刊/2015/18
大学生网络媒介素养教育研究/孙荣利，孟令军//新闻战线/2014/11
大学生网络媒介素养培育研究/蔡梦婷//改革与开放/2015/10
大学生网络素养的现状及对策研究/王璇//党史博采（理论）/2015/1
大学生网络素养教育存在的问题与应对措施/胡静娴，吴秀云//吉林省教育学院学报（中旬）/2015/2
大学生网络素养提升路径研究——基于社会主义核心价值观向度/戴仁卿，张福贵//湖北函授大学学报/2015/7
大学生网络素养现状及对策研究/何带桂//中国市场/2015/28
大学生网络素养现状及教育对策研究/王少成//科技与企业/2015/17
大学生网络学习社群实践分析/屠以撒//新西部（理论版）/2014/21
大学生新媒介素养的现状调查与提升路径/李留义//新闻与写作/2015/8
大学生阅读素养、媒介素养及信息素养教育融合的可行性分析/罗文华，唐芬芬//图书馆理论与实践/2015/3
大学生自学能力与网络媒介素养研究/叶修廷，汪国翔//东南传播/2015/5
大众传媒影响下大学生媒介素养教育现状与思考/范新爱//河南教育（高教）/2015/6
傣族景颇族地区大学英语教师信息素养调查研究/龙桃先//中国教育信息化/2015/12
弹幕与媒介素养研究/宫超//新闻研究导刊/2015/18
当代大学生对新媒体的媒介素养现状调查——以兰州地区高校为例/卫中亮//赤峰学院学报（汉文哲学社会科学版）/2015/7
当代大学生媒介素养教育中批判性思维的培养——基于贵州省五所高校的实际调查/曹正勇//贵阳学院学报（社会科学版）/2015/2
当代大学生网络素养现状及对策研究/王禄佳，高庆勇，陶珠//常州信息职业技术学院学报/2015/3
当代大学生新媒介素养的现状分析及提升策略研究/黄旺，胡满英，张小雨//南方论刊/2015/9
当下广播节目主持人的媒介素养/林杉杉//西部广播电视/2015/12
低龄学生使用手机需约束引导/姚跃林//辽宁教育/2015/4
地方本科院校师范生媒介素养提升策略研究/白静华//经营管理者/2015/19
东北地区师范生媒介素养现状及提升策略/唐小童//传播与版权/2015/6
对"媒介素养"教育理论的认识与应用/崔冰蕊，冯黄伟//科技风/2015/11

对传播学教学中媒介素养战略实施的思考/姜华//现代语文（教学研究版）/2015/6

对媒体人媒介素养缺失的原因分析/曾婷婷//新闻研究导刊/2015/14

对我国中小学媒介素养教育的探究/高晶晶//才智/2015/30

对新媒体时代高校思政工作者媒介素养的思考/郭霞，唐桂莲，亓慧坤//长春教育学院学报/2014/24

多媒体时代青年农民工媒介素养现状与对策/黄梅芳//新闻战线/2014/12

儿童媒介素养教育：实践、问题与路径/李树培//中国电化教育/2015/4

发展指导视野下媒介素养教育初探/潘建荣//基础教育参考/2015/2

泛媒体时代日本的媒介素养教育与文化/吕萍，杨美谕//东北师大学报（哲学社会科学版）/2014/6

泛在学习视域下媒介素养教育的变革/邓红影，黄琼//阜阳师范学院学报（社会科学版）/2014/6

父母媒介接触行为对学前儿童平板电脑使用的影响/陈子晞//暨南大学硕士论文/2015/

高校大学生媒介素养培养研究/段旭光//河南教育（高教）/2014/12

高校德育视角下媒介素养教育课程研究/刘颖洁//学理论/2015/11

高校媒介素养教育的融合式课程探索/羊晓莹//重庆第二师范学院学报/2015/3

高校媒介素养课程开设现状与对策/曹勇//传媒观察/2015/4

高校思想政治理论课教师媒介素养培育研究/陈娜//西南大学硕士论文/2015/

高校图书馆读者个人信息共享的促进研究/李仪，张娟//图书馆建设/2015/3

高校新闻宣传工作者媒介素养教育研究/曾妍//佳木斯职业学院学报/2015/7

高校信息素养教育与MOOC的有机结合/赵飞，艾春艳//图书情报工作/2015/12

高校学生网络素养教育研究——以衢州学院为例/唐宏，刘庆华//长春教育学院学报/2015/17

高校英语报刊媒介素养教学现状分析/赵姗姗//海外英语/2015/5

高校英语教师信息素养现状及培养策略研究/高海燕//中国成人教育/2015/1

高职大学生记者团对媒介素养教育影响的实证研究/周曦//晋城职业技术学院学报/2015/3

高职思想政治理论课网络实践教学研究/张俊//广西教育/2015/31

高职学生媒介素养调查分析——以杭州职业技术学院为案例/周曦//晋城职业技术学院学报/2014/6

高职英语报刊教学与媒介素养教育/封海燕//黑龙江教育学院学报/2015/9

高职语文课程中的媒介素养教育浅析——以《难忘的人物形象》综合实践课为例/丁赟//学周刊/2015/12

高职院校网络营销复合型人才网络素养培养途径研究/李志勤//商场现代化/2015/5

高职院校招生管理人员的媒介素养与应用分析/杨志皇//考试周刊/2015/18

高中语文教学中学习者媒介素养提升研究/姜德智//长春师范大学硕士论文/2015/

工科大学生校园媒介接触特征的实证研究——以西北工业大学为例/王凡华//新闻研究导刊/2015/11

公安机关新录用民警的媒介素养研究——以450名新警为样本/卫兰兰，音卫东//湖北警官学院学报/2015/6

公安民警媒介素养教育评价体系研究/万亮亮//北京警察学院学报/2015/2

公安院校大学生媒介素养存在的问题及对策/左富兴//知识经济/2015/8

公安院校大学生媒介素养调查分析/陈勇//湖南警察学院学报/2015/1

公民批判性媒介素养构建——基于西方媒体对华报道倾向性的解读/甘璐瑶//视听/2015/8

公务员群体媒介素养的影响因子与差异化分析——以浙江省公务员为例/王井//领导科学论坛/2015/11

公务员群体媒介素养整体认知的态度——以Z省公务员为例/王井//学习月刊/2015/10

公众媒介素养指数初探/白传之//青年记者/2014/33

构建媒介素养与小学语文教育的整合/吴昌明//小学生（教学实践）/2015/1

故事的魅力——图书馆微视频启示/鲁海宁//图书馆工作与研究/2015/2

关于高校媒介素养教育的思考/赵世环//新闻战线/2015/11

关于农村受众媒介素养的思考/王雪芹//新闻研究导刊/2015/7

关于新媒体环境下大学生媒介素养教育策略探讨/周婧//人力资源管理/2015/6

关于自媒体时代公民媒介素养研究——以微博为例/冉然//新闻研究导刊/2015/14

广播新闻节目创新与受众媒介素养的关系浅谈/黄香君//科技传播/2014/23

广州市番禺区教师信息素养提升平台的设计与实现/伍健强//吉林大学硕士论文/2015/

国际学生信息素养测评框架、方法与评价/唐晓玲//图书情报工作/2015/15

国内外高校信息素养MOOC关键成功因素研究/蒋丽丽，陈幼华//图书情报工作/2015/15

国内外信息素养类MOOC的调查与分析/黄如花，钟雨祺，熊婉盈//图书与情报/2014/6

国外媒介素养教育对我国思想政治教育的启示——以英国和加拿大为例/李靖

瑶//学理论/2014/31

国外网络欺凌研究的回顾与最新进展/祝玉红,陈群,周华珍//中国青年研究/2014/11

国外中小学媒介素养教育述评/孟秋霞//中小学电教/2015/Z1

韩剧《匹诺曹》的媒介素养观/贾媛媛,白敬谊,王姝媛//新闻世界/2015/4

衡水市大学生媒介素养现状及对策研究/王玲玲,王玲端//鸭绿江(下半月版)/2015/10

互联网时代高等学校辅导员媒介素养探析/王文娟//新闻研究导刊/2015/18

互联网时代提高公安民警媒介素养的必要性/姜华//辽宁公安司法管理干部学院学报/2015/3

互联网新常态下网络编辑的素养提升/杨迪//出版参考/2015/Z1

华威大学教育信息化现状与启示/宋亮,张文博,康娜//中国远程教育/2015/4

基层广播电视从业人员媒介素养的提高/方维林//西部广播电视/2015/10

基层政府公务员媒介素养提升策略探讨/赵世环,王惠英//人民论坛/2014/32

基层政府官员媒介素养分析/韩英军,王晓阳,韩继伟//新闻战线/2015/15

基于AHP的高职院校学生信息素养综合评价模型的构建/李佳芮,胡北,金芳,葛仁福,王继顺//中国教育信息化/2014/22

基于CSSCI(1986—2014)的信息素养与媒介素养的比较研究/周晶,兰国帅,张一春//现代远距离教育/2015/3

基于教学的国外高校图书馆文献资源保障研究/郭敏,张黎,张为杰//图书馆工作与研究/2014/11

基于马克思主义人学思想的大学生现代媒介素养教育研究/丁北川//大庆社会科学/2015/1

基于媒介素养培养的聋生语文课程项目开发研究/袁芯//语文建设/2015/2

基于媒介素养视角提升大学生就业竞争力/雷永汉//宁德师范学院学报(哲学社会科学版)/2015/3

基于生态意识的大学生网络信息素养研究/冯丹娃,吕红美//黑龙江高教研究/2014/12

基于数学建模竞赛的信息素养教育探索与实践/张秀芳//图书情报工作/2014/S2

基于微信的大学生网络媒介素养现状调查与分析/席韩花,高鸣//改革与开放/2015/15

基于微信平台的独立学院大学生媒介素养教育/张玉凤//新闻传播/2014/17

基于微信平台的女大学生媒介素养实证探析——昆明学院为例/孙雪莹//亚太教育/2015/4

基于文献调研的国内外高校信息素养教学内容与模式趋势探析/龚芙蓉//大学图书馆学报/2015/2

基于新媒体背景下媒介素养在高职思政教育中的融入/刘亮//亚太教育/2015/7

基于新媒体时代提高高职学生媒介素养的有效策略研究/张玲//重庆电力高等专科学校学报/2015/1

基于信息技术学科的批判性思维能力培养研究/张成伟，袁庆飞//现代教育技术/2015/7

基于学习过程的嵌入式信息素养教育实践/唐权//图书情报工作/2015/S1

吉林省大学生媒介素养现状与教育应对/刘津池，包文泉//长春师范大学学报/2014/12

吉林省大学生社交媒体使用现状及影响因素探析——以微信为例/吴雅楠，李娇//新闻研究导刊/2015/8

记者职业道德自律和受众媒介素养培养/尚志伟//西部广播电视/2015/9

技术为桨 人文为舵——高中信息技术教学中渗透人文教育初探/佘丽萍//中国教育信息化/2015/10

加强全媒体时代基层政治干部媒介素养/郑金岩，张伟//军事记者/2015/10

家长如何帮助孩子适应新媒介/孙云晓//中华家教/2015/Z1

简论大学生网络素养的培养/门爱华//赤峰学院学报（自然科学版）/2015/20

教师的视角：美国媒介素养教育的冷思考及展望/孙珏//教育参考/2014/12

教师媒介素养的建构与策略研究/张晓寒//现代教育科学/2014/12

教师媒介素养与外语教育技术应用的关系研究/李艳//海外英语/2015/14

近年来高校辅导员信息素养研究综述/谢志芳//学理论/2014/32

近十年国外媒介素养课程研究的现状与发展趋势/耿益群，徐玥//中国电化教育/2014/12

精品视频公开课建设的探索与实践——以"心连'芯'的思维之旅"为例/申艳光，宁振刚，张艳丽，王彬丽//中国大学教学/2014/12

镜像神经元研究及其对家庭媒介素养教育的启示/卢锋，韩璐//长春教育学院学报/2015/17

军校大学生媒介素养实证分析与启示/李晓洁//武警学院学报/2014/11

开设"大学图书馆利用"课 培养大学生的信息素养/尹益民，胡雅凌//图书情报工作/2015/S1

开展小学生媒介素养教育活动的现状及策略/龚雪梅//生活教育/2015/16

看·媒介语境·视觉素养/姜丛丛，李民//大众文艺/2015/5

理工科院校媒介素养教育的方式与意义——以河南理工大学为例/吴鋆萍//高教学刊/2015/16

历史、界定与策划：《电视综艺节目研究》基于媒介素养课的内容设置/刘晓慧//高教学刊/2015/17

论城市外来务工人员媒介素养与现代性建构影响/陈尚荣，朴明哲//淮阴师范学院学报（哲学社会科学版）/2015/5

论城市文化建设与城市管理者媒介素养的提升/康化夷，邓黎黎，吴思建//湖南商学院学报/2015/3

论高校图书馆的网络媒介素养教育/吴淑娟//农业图书情报学刊/2015/5

论高职院校施行媒介素养教育的必要性/周曦//闽西职业技术学院学报

论国学教育与媒介素养教育/黄洁//中国广播电视学刊/2015/2

论基层领导的媒介素养与执政能力——基于安徽四起媒体事件的思考/姚道武，何静//今传媒/2015/8

论媒介素养核心评论能力及其培养——基于新闻评论课的实践/陈瑛，潘涌//中学语文/2015/4

论社会化媒体环境下大学生网络素养能力结构的调整/杨克平，刘存地，汪洪//湖北行政学院学报/2014/6

论手机媒介素养的涵义和特点/于杨，李静霞//现代传播（中国传媒大学学报）/2015/2

论网络电视批评对文化公民的塑造/谭玲//西南民族大学学报（人文社会科学版）/2015/1

论新媒介环境下的大学生媒介素养教育/王刚//新闻研究导刊/2015/6

论新媒介时代媒体人如何提高素养/贾雪倩//西部广播电视/2015/9

论新兴大众传媒对青少年的影响及应对/姚望//考试周刊/2014/97

论学前儿童的家庭媒介素养教育/魏艳//教育导刊（下半月）/2015/7

论学生批判性思维在高中语文教学中的培养/冯硕//新课程（下）/2015/8

略论大学生在新媒体中自我教育的培养/顾栋栋//黑龙江教育（理论与实践）/2014/11

媒介暴力对青少年暴力犯罪的影响及其控制/葛双龙//中国人民公安大学学报（社会科学版）/2014/6

媒介底层赋权下信息真相的传播/张恺夫//艺术教育/2015/6

媒介环境学视野下的社交媒体依赖现象/聂莺//东岳论丛/2015/2

媒介及信息素养教育推广面临的问题与挑战/何村，王晴//中国广播电视学刊/2015/2

媒介融合环境下媒体"把关人"需要更高的媒介素养/陈娟，孙志刚，高萍//视听/2015/9

媒介融合时代下的"青少年媒介素养教育"探讨/叶姝//科技传播/2015/13

媒介融合下的新闻人应具备的媒介素养/马小喆//西部广播电视/2015/8
媒介融合语境中的媒介素养教育创新/周灵，张舒予//教育发展研究/2015/Z1
媒介素养：全媒体时代依法治国的新要求/赵世环//鄂州大学学报/2015/8
媒介素养教育：大学生思想政治教育的新领域/许珍//科教文汇（下旬刊）/2015/8
媒介素养教育：让少年儿童远离网络伤害/谢苗枫//南方日报/2015/6/5
媒介素养教育的CRT模型构建研究/吴兵，陈立钢//巢湖学院学报/2015/2
媒介素养教育课程教学内容、教学方法初探/孙莹//新闻世界/2014/11
媒介素养教育嵌入高校文献检索课的探究/李晓蕾//上饶师范学院学报/2015/4
媒介素养教育校本课程开发：以新闻社为例/刘仲轩//中国校外教育/2014/S3
媒介素养教育与高中语文课程的整合/陆建红//学园/2014/34
媒介素养进入高校课堂的思考/黄新宇//广西职业技术学院学报/2015/4
媒介素养视角下的大学男生网络游戏成瘾问题/毛家武，廖月//玉林师范学院学报/2015/1
媒介素养研究热点及趋势分析——基于教育学、新闻学与传播学CSSCI（2012—2013）来源期刊数据/赵丽，张舒予//电化教育研究/2015/5
媒介素养研究之文献综述/杨璇，张凌霄//新闻研究导刊/2015/8
媒介素养应成必修课/郭立场//人民教育/2014/24
媒介素养应成自媒体时代的必修课/郭立场//课程教材教学研究（小教研究）/2015/Z1
媒介素养在高中物理教学中的应用/郝建议//考试周刊/2015/63
媒介素养在政治教学中的渗透/刘海//思想政治课教学/2015/9
媒介素养之塔：新媒体技术影响下的媒介素养构成/卢峰//国际新闻界/2015/4
媒介与青少年发展视野下的网络欺凌/黄佩，王琳//中国青年社会科学/2015/4
媒体融合语境下传统媒体编辑的媒介素养再造/唐银辉//传播与版权/2014/11
媒体形态裂变中的媒介素养缺失与提高——基于李光耀去世假消息的传播分析/闫晋瑛//新闻知识/2015/5
媒体在网络舆情传播中的媒介素养探析/曾红宇//传播与版权/2015/4
美国《高等教育信息素养框架》分析与思考/杨鹤林//图书情报工作/2015/12
美国的媒介素养教育：历史、问题与发展趋势/赵蒙成，刘卫琴//外国中小学教育/2015/4
美国高校"新生共同阅读计划"及其启示/吕雪梅//图书馆建设/2014/12
美国信息素养新标准：元素养解读及其启迪/邓灵斌，余玲//情报理论与实践/2015/9
美剧文化对大学生价值观的影响/厉国刚//今传媒/2015/9

弥合数字鸿沟/构建公民社会——全媒体时代的媒介素养教育/董小玉，胡杨//新闻界/2015/10

面向工程类专业综合课程设计的信息素养训练研究与实践/张洁，杨新涯，袁刚//图书情报工作/2015/8

面向阅读困难群体的图书馆阅读资源配置机制研究——基于信息公平视角/李昊青//图书馆建设/2015/4

民族地区中学生媒介素养调查研究/吴小叶，万乃华//贵州民族大学学报（哲学社会科学版）/2014/6

慕课环境对大学生媒介素养的影响及对策研究/周国华，张艳丽，阎瑞华//中国管理信息化/2015/14

南京高校大学生网络媒介素养调查/唐丽雯，沈忱，刘念//今传媒/2015/10

内地及港澳籍大学生微信使用状况的比较研究——以暨南大学为例/李龙//青年探索/2015/1

拟态环境下高校馆院协同开展新式媒介素养教育的应然策略/兰孝慈//图书馆学研究/2015/15

逆转新闻的成因及应对策略——从媒介素养的视角分析/黄楚新，王丹//新闻与写作/2015/10

农村地区媒介素养培养渠道研究/张成良//传播与版权/2015/8

农村留守儿童媒介素养教育现状的调查与分析——以广西兴业县高峰镇为例/孙雯雯，潘攀//视听/2014/11

农村留守儿童媒介素养实证研究——以安徽省石台县为例/陈炜//青年记者/2015/18

农民工媒介素养对其话语权的影响研究/党静萍，甄雪瑶//中国广播电视学刊/2015/2

浅论大学生媒介素养之"新常态"/李威，郑素洁//辽宁工业大学学报（社会科学版）/2015/4

浅说医学研究生信息检索再教学/朱进忠//内蒙古师范大学学报（教育科学版）/2015/1

浅谈初中思想品德教学中学生媒介素养的培养/李丽双//新校园（中旬）/2015/4

浅谈独立学院国贸专业大学生创业教育中媒介素养教育的重要性/王睿，陈炳新//时代金融/2015/12

浅谈高校大学生媒介素养教育体系的构建/张楠，朱志超//新课程（下）/2014/12

浅谈媒介素养对语文教学的影响/李爽//中学语文/2015/21

浅谈媒介素养教育/王琳，李春会//吉林日报/2014/11/18
浅谈美国青春题材影视作品对中国青少年价值观的影响/冯雨薇，周琰，黄文君//品牌（下半月）/2015/4
浅谈新媒体时代下党政干部的媒介素养/李丹//人才资源开发/2015/18
浅谈以视觉文化为导向的媒介素养教育/杨航//赤子（上中旬）/2015/8
浅析大学生的网络媒介素养现状/赵金//才智//2015/3
浅析大学生网民的新媒介素养建构/王蕾//新闻知识/2015/2
浅析大众传播下的媒介素养/杨佳佳，吕春梅//新闻研究导刊/2014/17
浅析当代大学生媒介素养的培育/赵晓娟//科技展望/2014/23
浅析公民媒介素养提高对我国政治传播带来的挑战/高洋洋//传播与版权/2015/8
浅析媒介素养教育融入中学语文教学的思路/方骥//中国校外教育/2015/9
浅析媒体人的媒介素质与媒介素养/吴建新//西部广播电视/2015/4
浅析青少年媒介素养教育的途径/沈奕圻//今传媒/2015/7
浅析新媒体环境下高校媒介教育的基本要素/张楠，朱志超//课程教育研究/2014/36
浅析新媒体时代新闻编辑的媒介素养/梁治国//视听/2015/6
浅析新闻传播者媒介素养存在的问题及对策/马英立//新闻研究导刊/2015/10
浅议传统媒体对提升全民媒介素养的作用/唐坤//新闻研究导刊/2015/18
浅议微博在高校思想政治理论课教学中的应用/史叶婷//现代交际/2015/5
嵌入新生专业导航课的图书馆信息素养教育——以河北工业大学图书馆为例/庞丽川，田洁，李媛//图书馆工作与研究/2015/3
青岛市幼儿教师信息素养的现状调查与培训对策研究/白恩唐//山东师范大学硕士论文/2015/
青年思想引导中媒介素养教育价值研究/韦金红//科技创新导报/2014/36
青少年的网瘾问题与网络素养教育/王国珍//现代传播（中国传媒大学学报）/2015/2
青少年媒介素养教育之目的解读/邵恩君//课程教育研究/2015/11
青少年面对网络媒介的媒介素养研究/刘书生//科技视界/2015/8
青少年网络法律素养的培育/柳琦，鲍韵，易军//中国青年研究/2014/12
青少年网络媒介素养实证研究/王星榆//暨南大学硕士论文/2015/
青少年在大众媒介背景下的媒介素养教育问题发展探析——以海南省三亚市青少年为例/解岩，肖灿//科技传播/2015/1
请关注提高媒介素养/陈尚忠//青年记者/2015/22
全媒体时代高校校报育人功能探究——从当代中国大学生媒介素养说起/齐轶

丹//产业与科技论坛/2015/16

全媒体时代媒介素养教育的博弈与重构/张莉琴，万春晖，武宁//传媒/2015/14

全媒体时代新媒介素养内涵分析/吴倩//新闻研究导刊/2015/2

全媒体时代主持人素养探析/付海恋//时代文学（下半月）/2015/7

人大代表的媒介素养/周建军//浙江人大/2015/5

任务类型对网络健康信息搜寻行为的影响及其预测模型研究/孙丽//吉林大学硕士论文/2015

日本高等教育信息素养标准及启示/梁正华，张国臣//情报理论与实践/2015/8

融合背景下传统媒体人的新媒介素养/赖雄伟//新闻战线/2014/11

如何通过互动提升观众的电视媒介素养——以《一年级》为例/唐旭//传媒/2015/9

弱势群体公共信息需求与障碍的实证研究/陈婧//图书情报知识/2015/3

三网融合发展与媒介素养提升的整合研究/楼旭东//今传媒/2015/1

山西农村受众媒介信息处理能力研究——以C村为例/王秀芳//新闻研究导刊/2015/10

社会化媒体环境下受众应对信息风险的路径——基于媒介素养教育的研究视角/刘君荣，信莉丽//现代传播（中国传媒大学学报）/2015/3

社会化媒体时代政府官员的媒介素养研究/陈明//渤海大学硕士论文/2015

社会化媒体信息共享虚拟空间特征及其对信息素养培育的启示/鲍雪莹，赵宇翔，朱庆华//图书馆工作与研究/2015/9

社会建构理论框架下的青少年网络欺凌/方伟//中国青年社会科学/2015/4

社会主义核心价值体系与高校媒介素养教育/朱岩岩，王泉//北京教育（高教）/2015/Z1

社交媒体对大众审丑行为的促进——以新浪微博为例/刘娇//新闻世界/2015/9

师范生媒介素养现状调查——以东三省部分师范高校为例/刘崇岩//新闻世界/2015/6

世代特征/信息环境变迁与大学生信息素养教育创新/周剑，王艳//中国图书馆学报/2015/4

事实真相、新闻尊严和道德共识的媒介素养框架——基于"陈永洲"事件的观察与分析/张瑜烨//湖北大学学报（哲学社会科学版）/2015/4

试论案例教学法在媒介素养教育中的应用/李盎//传播与版权/2015/3

试论办报实践对学生媒介素养的影响——以高校学生报《事件直击》为个案/王之延//中国报业/2015/14

试论麦克卢汉的媒介观及媒介素养——从麦克卢汉的学术经历的角度/胡东芳

//才智/2015/20

试论媒介素养教育的理论探索与实践操作/李斌//中学语文/2015/13

试论媒介素养教育与高校思想政治理论教育的有机融合/杨克平,徐柏才//学校党建与思想教育/2015/1

试论全媒体时代政府官员的媒介素养/周进//艺术百家/2014/S1

试论思想品德教育与媒介素养教育的融合/王浩宇//中学政治教学参考/2014/33

试论新媒介环境下高校学生媒介素养教育模式——以内蒙古民族大学为例/董拓/中国报业/2015/16

试论新媒介素养中法制内涵的重要价值/刘辛未//新闻研究导刊/2015/8

试论新媒体时代下高校领导干部群众工作的媒介素养/刘占军//科技资讯/2015/6

试论新闻发言人媒介素养/张茹//新闻传播/2015/14

手机新媒体环境下大学生媒介素养教育研究/孔卓瑶//江苏科技信息/2015/5

数据素养及其对科学数据管理的影响/沈婷婷//图书馆论坛/2015/1

数字悟性：基于数字原住民和数字移民的概念初探/赵宇翔//中国图书馆学报/2014/6

司法公开背景下提升媒介素养的意义与途径/石安琪//法制与社会/2014/34

思想品德课提高学生媒介素养的思考与探索/王沈华//思想政治课研究/2015/3

思想政治教育视角下的大学生媒介素养教育/赵娟娟//齐齐哈尔师范高等专科学校学报/2015/4

谈高中语文教学中的媒介素养教育/孙丽丽//考试周刊/2015/56

谈中职语文教学与媒介素养教育/徐敏//语文学刊/2015/7

探讨媒介传播内容的影响因素——以新闻传播为例/魏娜//语文学刊/2015/17

探析媒介素养形成的合理路径——基于体验学习理论的视角/王亚//湖南大众传媒职业技术学院学报/2015/2

探析新媒体视角下的大学生媒介素养教育工作/蔡丽丽//新闻传播/2015/6

提高大学生村官媒介素养策略研究/尼欣欣,林炜//中国报业/2015/4

提高高校辅导员媒介素养若干理论探讨/蒋晴云,朱璐//黑龙江教育学院学报/2015/3

提升大学生网络素养的途径探究/杨克平,舒先林//思想政治教育研究/2014/6

提升高校思想政治辅导员媒介素养的有效策略研究/卫茹静,陈岑//新课程研究（中旬刊）/2015/10

提升高职类院校大学生网络媒介素养的策略分析——以包头地区为例/陈海波//东南传播/2014/11

提升领导干部网络媒介素养——一项基于环太湖城市局级领导干部的调研/沈佳文//中国领导科学/2015/6

体改生媒介素养状况调查及教育对策初探/卫兰兰//江西警察学院学报/2015/4

网络暴力对大学生思想和行为的负面影响研究/王曦,唐冰寒,江利//科教文汇(下旬刊)/2015/7

网络编辑媒介素养的提升研究/孙凯//新闻研究导刊/2015/17

网络恶搞与大学生媒介素养摭谈/姚江龙,曲欣欣//湖北科技学院学报/2015/6

网络环境下高校辅导员的媒介素养培育/高国伟,孙萍//武汉理工大学学报(社会科学版)/2015/5

网络流行语透视大学生文明意识/丁慧民,周彬//高教学刊/2015/19

网络流行语在当代大学生中传播的调查与对策/周莹萍,陈泽虹//广东第二师范学院学报/2014/6

网络流言在大学生中的传播路径及应对策略/孙琦琰//思想理论教育/2015/1

网络媒体影响下的新生代农民工社会认同研究/张青,李宝艳//福建农林大学学报(哲学社会科学版)/2015/1

网络朋辈辅导:青少年道德行为养成的新视角/彭榕//学校党建与思想教育/2015/6

网络情境下大学生异化行为研究/崔磊//长江师范学院学报/2015/3

网络生态视角下的数字化学习研究/崔承耀//中国远程教育/2014/11

网络时代研究生信息素养与电子文献的利用/冯丹娃,任倩//黑龙江高教研究/2015/7

网络时代医学院校大学生媒介素养教育调查探析/张晋,吕振波//辽宁医学院学报(社会科学版)/2014/4

网络素养:信息时代的通行证/郭艳军//西部广播电视/2015/13

网络素养教育与创新型人才培养/胡明辉,蒋红艳//中国高校科技/2015/9

网络素养教育与青少年网络暴力治理/李岩,高焕静//新闻界/2014/22

网络舆论对少先队员影响的调查分析——以初二年级少先队员为例/宁道夫,朱启洪//上海少先队研究/2015/1

网络舆情引导与大学生网络素养的培育/杨丽英,郁有凯//人民论坛/2014/32

网络语言主流化与大学生媒介素养培养研究/党东耀//文化与传播/2015/1

网媒对培养高校学生媒介素养功能研究/靳秀兰//新闻战线/2015/3

网民的道德素养及不良信息的法律惩治/赵雪//西部广播电视/2015/12

危机事件下公众媒介素养评价/李梓瑄//陕西师范大学硕士论文/2015/

微博对大学生的负面影响及其控制策略——以合肥师范学院部分在校大学生的问卷调查为据/李言菁//传媒/2015/13

微博反腐中的公民网络素养——以"杨达才事件"为例/郑智斌，赵静静//传媒/2015/2

微博时代高职院校媒介素养教育探讨/姜燕//教育与职业/2014/35

微时代大学生媒介素养的提升/贾媛媛//新闻世界/2015/2

微时代大学生媒介素养教育探究/万纤，睢国荣//湖北经济学院学报（人文社会科学版）/2015/2

微时代视阈下高校德育的网络舆情引导困境及其破解/吴志成//黑龙江生态工程职业学院学报/2015/4

微时代信息传播形态下的高校辅导员媒介素养建构/郑苏文//洛阳师范学院学报/2015/6

微时代中学生网络素养提升策略/梁晴，胡尊让//中学政治教学参考/2015/27

微信背景下创新大学生思想政治教育工作模式/姚婉清//襄阳职业技术学院学报/2015/4

微信背景下大学生思想政治教育的挑战及对策/简洁//教育与职业/2015/30

微信时代背景下的高校思想政治教育工作对策研究/莫华伟//柳州师专学报/2014/6

问题与策展：微媒体时代的青少年媒介素养建构/漆亚，林高敏//中国青年社会科学/2015/1

我国大学生网络素养教育研究概况及展望/梁丽//中小企业管理与科技（下旬刊）/2015/2

我国高校网络道德教育存在的问题及解决对策/马梦瑶//河北师范大学硕士论文/2014/

我国高校学生图书馆焦虑及其影响因素研究/宋志强//图书情报工作/2015/1

我国媒介素养实证研究中研究主体的选择特征——以中国知网2012年至2014年数据为例/李萌萌//新闻世界/2015/7

物理师范生信息素养现状与影响因素/高静茹//沈阳师范大学硕士论文/2015/

西安市新生代农民工媒介素养因子的实证研究/孙宾，崔尧，李菲//山西农业大学学报（社会科学版）/2015/9

西部大学生网络素养教育探析/马晓娟//青海师范大学学报（哲学社会科学版）/2015/4

西方媒介素养教育路径研究/吴靖//媒介秩序与媒介文明研讨会暨第二届新闻传播伦理与法制学术研讨会论文集

县级高中教师媒介素养的实证研究——以河南省通许县和博爱县为基础的调查/李贝贝//首届长三角影视传媒研究生学术论坛论文集

现代化进程中的农民媒介素养研究/李悦//暨南大学硕士论文/2015/

现阶段老年人媒介素养现状考察与提升对策/邬晶晶//传媒评论/2015/4

小学媒介素养"晶体"课程评价及实践研究/吴靖，陈晓慧，张煜锟//中国电化教育/2015/2

小学媒介素养"晶体"课程实施路径研究/吴靖//东北师范大学硕士论文/2015/

小学媒介素养"晶体"课程资源设计及应用研究/陈晓慧，吴靖张，煜锟//中国电化教育/2015/1

小学信息技术教学中应重视网络素养的培养/梁建亮//新课程（上）/2015/6

校园媒体发展与大学生媒介素养互动研究——以广西师范大学为例/张婷婷，杨凯//中国报业/2015/16

新传播环境下的新问题、新素养与新途径/房金环//安庆师范学院学报（社会科学版）/2015/4

新加坡国家图书馆网络素养教育探析/罗皓//图书馆学研究/2014/23

新建地方本科高校大学生媒介素养研究——以郑州师范学院为例/汪鹏//东南传播/2015/5

新媒介人视域下视觉素养的多维审视/宫承波，张学成//新闻研究导刊/2015/8

新媒介素养对大学生创业教育的影响/黄鸿业//新闻前哨/2015/4

新媒介素养教育：大学生思想政治教育工作的新使命/季海菊//理论与改革/2015/4

新媒介素养在大学生创业教育中的定位与培养路径/黄鸿业//传播与版权/2015/2

新媒介下大学媒介素养教育初探/田贵阳，敬昕燃，樊琴霞//新课程学习（下）/2015/3

新媒介在少小民族大学生媒介素养教育中的意义/杨艾伦，李昌/时代文学（下半月）/2015/9

新媒体背景下的大学生网络媒介素养教育研究/何书彩//中国成人教育/2015/13

新媒体背景下提升领导干部媒介素养策略研究/张仕勇//新闻研究导刊/2015/14

新媒体对大学生的影响及对策研究/曹静，冯慧卿，鄢来均//江苏科技信息/2015/19

新媒体环境下大学生媒介素养的实证研究/马超//新闻世界/2015/7

新媒体环境下大学生媒介素养的提升路径/史永红//2015/15

新媒体环境下大学生媒介素养现状调查分析/王刚//高校辅导员学刊/2015/3

新媒体环境下党政领导干部媒介素养研究/孟书玉//人才资源开发/2015/18

新媒体环境下的大学生网络媒介素养教育研究/赵欣，龚妍丹//佳木斯职业学院学报/2015/6

新媒体环境下的媒介素养研究/杨梅//科技传播/2015/7
新媒体环境下地方高校学生媒介素养探究/陈德力//唐山师范学院学报/2015/1
新媒体环境下对媒介素养的研究/徐勇//科技传播/2015/4
新媒体环境下高职院校学生的网络素养教育/成林娜//佳木斯职业学院学报/2015/8
新媒体环境下领导干部应树立媒介新思维/乔智玉//新闻世界/2015/7
新媒体环境下如何提高大学生的网络媒介素养/王晓晓//才智/2014/33
新媒体环境下医学院校大学生的媒介素养/宁寒松//西部广播电视/2015/15
新媒体环境下意识形态建设规律探索/杜艳梅,鲍雪松//党政干部学刊/2014/12
新媒体环境下政府公务人员媒介素养研究/陈思妤//中国报业/2015/14
新媒体环境中大学生媒介使用和媒介素养教育创新/鲁玲悦,熊仁国,唐丽雯//西部广播电视/2015/16
新媒体时代背景下辅导员媒介素养的提升策略/邱立楠//淮海工学院学报(人文社会科学版)/2015/8
新媒体时代大学生党员的媒介素养提升思考/李进//青春岁月/2015/1
新媒体时代大学生媒介素养现状及对策/闫宇//新闻传播/2014/17
新媒体时代大学生媒介素养现状研究——以大学生手机使用为例/冯莉,杨丽//传播与版权/2014/12
新媒体时代大学生群体"把关人"意识淡薄与媒介素养缺失的研究/王继文,周乃东,马明杰//中国市场/2015/9
新媒体时代高校辅导员对大学生媒介素养提升的策略研究/刘倩//山西科技/2015/5
新媒体时代高校辅导员媒介素养的提升策略探析/王璐//当代经济/2015/28
新媒体时代高职学生媒介素养现状及提升策略研究/马艳,闫庆//文教资料/2015/14
新媒体时代广交院大学生媒介素养调查研究/贾先涛,白冰//广东交通职业技术学院学报/2014/4
新媒体时代媒介素养教育在高校思想政治教育中的意义/云少虹//环球市场信息导报/2015/19
新媒体时代媒介素养融入高职思政教育探析/周曦//高等职业教育党建与思政工作研究/2014/0
新媒体时代民办高校大学生媒介素养培育探究/王轶群//新闻研究导刊/2015/19
新媒体时代图书馆工作者的媒介素养/李晓蕾//新闻战线/2015/9
新媒体时代下大学生媒介素养培养思考/刘小勇//人才资源开发/2014/24
新媒体时代新闻编辑的媒介素养/刘仕杰//视听/2015/7

新媒体时代新闻编辑的媒介素养/王辉//西部广播电视/2015/13
新媒体时代新闻编辑的媒介素养/郑秀莹//新闻研究导刊/2015/17
新媒体时代舆情传播与大学生媒介素养关联性研究/周乃东,王继文//中国市场/2015/13
新媒体视域下"沉默的螺旋"理论的检视与研究——以长三角农民工的QQ表达为例/宋红岩,曾静平//新闻传播与研究/2015/4
新媒体视域下高校青年教师思想政治工作新探/李顺//沈阳建筑大学学报(社会科学版)/2015/1
新媒体视域下西部农村教师网络素养实例研究——基于广西玉林市某乡镇教师的调研/曹宁燕//东南传播/2015/3
新媒体视阈下的儿童媒介素养教育/时静//视听/2015/1
新媒体视阈下的高职院校媒介素养教育研究/丁馨//长春教育学院学报/2015/17
新媒体下大学生交往形态及媒介素养培育研究/张海峰,张闽//北京城市学院学报/2015/2
新媒体影响下的高职学生媒介素养教育探讨/成林娜,毕於生//电脑知识与技术/2015/14
新媒体用户媒介素养的提升方法探讨/张睿//科技传播/2015/1
新媒体语境下大学生媒介素养的提升/朱珠,刘青//新闻传播/2015/1
新媒体语境下高校辅导员媒介素养培育刍议/徐鹏//东南传播/2015/9
新媒体语境下如何提升我国高水平运动员的媒介素养/袁慧侠//新闻世界/2015/1
新媒体语境下提升大学生媒介素养的路径探究/黄乐,王冠中,付昌义//吉林省教育学院学报(下旬)/2015/5
新媒体语态中政府官员媒介素养的缺失与提升/田晓平//宁波教育学院学报/2015/4
新生代农民工:媒介素养有多高?/吴麟//中国工人/2015/4
新生代农民工媒介素养教育探析——以浙江省为例/马莉//中国成人教育/2015/19
新生代农民工媒介素养研究/周明星,康艳钦//中国劳动关系学院学报/2015/1
新闻界关于媒介素养的导向功能探析/刘洋//前沿/2015/1
信息超载时代的用户信息素养/廖建国//编辑之友/2015/6
信息化环境下教师媒介素养的提升策略/施凯莉//现代教育科学(中学教师)/2015/5
信息化社会媒介素养教育内容的多维拓展/黄淑敏,江川//新闻传播/2015/14

信息偶遇模型研究回顾/王文韬,谢阳群//图书情报工作/2014/21
信息时代广播电视媒介素养教育研究/谢志敏//中国报业/2015/4
信息素养与媒介素养的对比研究——基于知识图谱可视化分析的视角/兰国帅,张舒予,张一春//现代远距离教育/2014/6
学前儿童媒介素养教育中影像解读能力的培养研究/郝建宇//艺术品鉴/2015/5
研究生信息素养现状、需求与课程对策建议——以首都师范大学为例/李金芳,钟宇,王莲//图书情报工作/2015/5
研究生学术信息查寻行为模型与实证研究/盖晓良,刘娟//图书情报工作/2015/8
要素性补位:正视媒介素养的缺失与错位/江作苏,廖冬妮//中国出版/2015/6
一堂中学生媒介素养教育课的教学设计/祝传鹏//青春岁月/2014/23
移动互联网时代提升大学生网络素养的对策/焦晓云//学校党建与思想教育/2015/15
移动教育对教师专业发展的挑战和对策/李佳//中国成人教育/2014/23
以批判性思维夯实大学生的媒介素养/高萍//工业和信息化教育/2015/7
以微博谣言传播为例浅析社交媒体的媒介素养/邹淼淼//科技传播/2015/6
艺术类大学生媒介素养的影响因素及提升路径分析/黄永圳//艺术教育/2015/7
英国媒介素养教育的理论与实践对我国的启示/王琪//新闻知识/2015/2
用户思维对媒介素养教育理念的影响/迟晓明,张媛媛//新闻研究导刊/2015/4
由慕课引发的关于高校信息素养教育的思考/唐菁,方东权,熊婵//情报理论与实践/2015/10
幼儿媒介素养启蒙的家庭路径初探/孙绍荣//山东英才学院学报/2015/3
语文媒介素养策略研究/潘娆//语文学刊/2015/10
云南边境民族地区青少年网络行为及引导机制探讨/马慧//科技情报开发与经济/2015/9
掌握搜索技巧 提升学生信息获取能力/彭晖//中国教育信息化/2014/22
制衡视角下媒介素养赋权范式的新诠释/廖峰//中国广播电视学刊/2015/2
中小学教师数字媒介素养及培养模式研究/李运福//中国教育信息化/2015/8
中小学媒介素养教育实践探究/邵恩君//山东师范大学硕士论文/2015/
中学生化学信息素养量表的开发与使用/李敏//山东师范大学硕士论文/2015/
中学生计算机与信息素养形成与发展的影响因素研究——以2013计算机与信息素养国际测评为例/覃丽君//中国电化教育/2015/3
中学生媒介素养调查报告——以江苏、甘肃、河南等地高中为例/冯莉//传播与版权/2014/11
中学政治课学生网络媒介素养培养研究——基于包头市第二中学的调查/闫静/

才智/2015/6

重庆市城乡幼儿教师媒介素养现状对比研究/池安琪//重庆师范大学硕士论文/2015/

自媒体传播与大学生媒介素养教育/乔宏波,刘青,施威//安徽文学(下半月)/2015/10

自媒体发展对吉林省大学生媒介素养的影响/孙丽君,石丹妮//吉林农业科技学院学报/2015/1

自媒体时代大学生的网络媒介素养教育/王湘宁,萧翔宇//青年记者/2014/35

自媒体时代大学生媒介素养提升途径探析/牛雅莉//艺术科技/2015/9

自媒体时代大学生网络素养教育探析/吴毓//新校园(上旬)/2015/2

自媒体时代高校辅导员媒介素养提升及思想政治教育策略/张璐,王崎峰//高校辅导员/2015/1

自媒体时代公民媒介素养研究/林影,杨智雅//新课程学习(下)/2015/3

自媒体时代女大学生网络媒介素养教育思考/韩淑芹,廖琪//通化师范学院学报/2015/4

自媒体时代下大学生媒介素养教育探析/薛婧//中国教育技术装备/2015/16

自媒体时代下的大学生媒介素养教育/刘曦//科教导刊(中旬刊)/2015/1

自媒体时代下的大学生媒介素养教育/王晓敏,杜通//艺术教育/2015/6

自媒体视域下微博用户媒介素养分层提升的途径/董玉芝//传媒/2015/12

自媒体视阈下大学生媒介素养教育的养成与发展/黄荣//文学教育(上)/2015/9

自媒体视阈下高校学生媒介素养提升途径研究/王东兴,方菲//济南职业学院学报/2015/4

自媒体视阈下高职生微博责任意识构建探讨/张羽程//职业技术教育/2014/35

自媒体语境下高校媒介素养教育探析/穆建亚//中国出版/2015/7